北京市朝阳区乡志文化工程系列丛书

高碑店乡志

北京市朝阳区高碑店乡志编纂委员会 编

方志出版社
Publishing House of Local Records

图书在版编目（CIP）数据

高碑店乡志 / 北京市朝阳区高碑店乡志编纂委员会编. — 北京 : 方志出版社, 2024. 7. —（北京市朝阳区乡志文化工程系列丛书）. — ISBN 978-7-5144-5709-4

Ⅰ. K291.5

中国国家版本馆 CIP 数据核字第 2024G9J181 号

责任编辑：丛珺
责任校对：张玉霞
责任印制：梅中英
出 版 者：方志出版社
地　　址：北京市朝阳区潘家园东里 9 号（国家方志馆 4 层）
邮　　编：100021
网　　址：http://www.zgfzcb.cn
发　　行：方志出版社图书营销中心（010-67110500）
印　　刷：北京中科印刷有限公司
开　　本：787 毫米×1092 毫米　1/16
印　　张：38
字　　数：845 千字
版　　次：2024 年 7 月第 1 版
印　　次：2024 年 7 月第 1 次印刷
定　　价：390.00 元

高 碑 店 乡 人 民 政 府 大 门（2021 年摄）

平津闸遗址图

高碑店村史馆保存的娘娘庙前的井口石

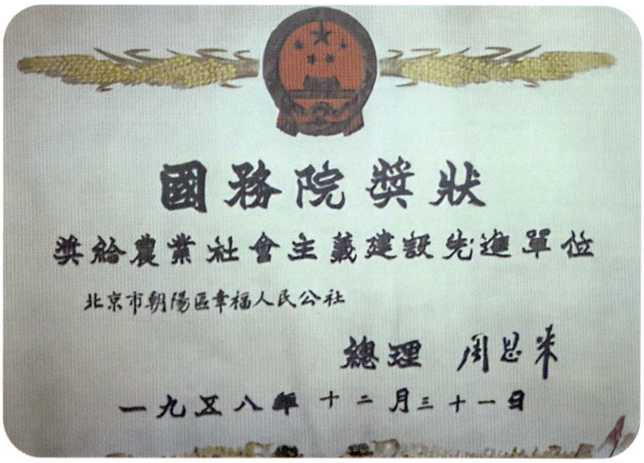

1958 年 12 月，幸福人民公社获国务院奖状

1962 年，圆白菜收获季节，八里庄生产大队熏皮厂生产队社员在菜地工作间隙合影

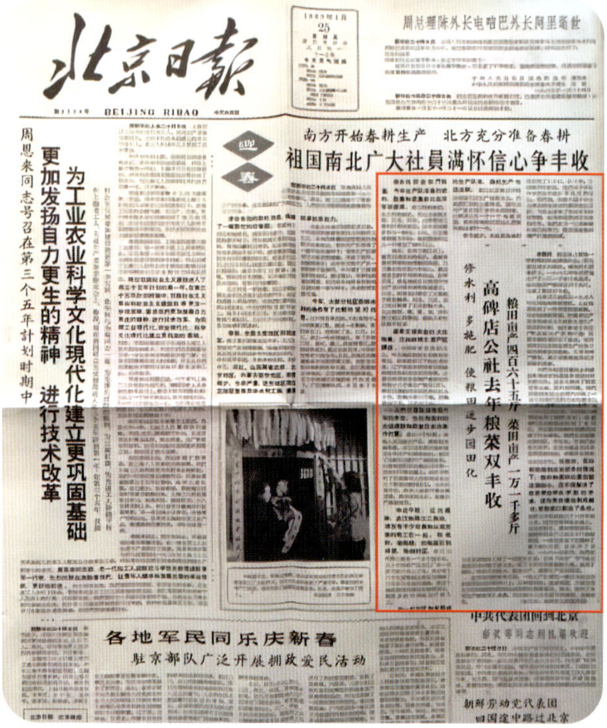
北京日报
BEIJING RIBAO
周总理陈外长电唁巴外长阿里逝世
南方开始春耕生产 北方充分准备春耕
祖国南北广大社员满怀信心争丰收
迎春
周恩来同志号召在第三个五年计划时期中
为工业农业科学文化现代化建立更巩固基础
更加发扬自力更生的精神 进行技术改革
粮田亩产四百六十五斤 菜田亩产一万一千多斤
高碑店公社去年粮菜双丰收
修水利 多施肥 使粮田逐步园田化
各地军民同乐庆新春
驻京部队广泛开展拥政爱民活动
中共代表团回到北京
朝鲜劳动党代表团
回国途中路过北京

1963 年 1 月 25 日，《北京日报》报道高碑店人民公社农业丰收

1993 年 9 月 23 日，高碑店地区办事处成立大会召开

朝阳公安分局高碑店社区保安中队（2001 年摄）

2004 年 6 月，高碑店乡第六届村民委员会换届选举动员大会召开

2005 年 2 月 3 日，中国残联主席邓朴方（右一）视察高碑店村级残疾人协会工作并题词“高碑店残疾人工作五好村”

高碑店村古家具街（2021 年摄）

位于八里庄村的华腾世纪总部公园（2018 年摄）

位于半壁店村的通惠河畔文创园（2018 年摄）

位于高井村的北京东亿国际传媒产业园（2018 年摄）

位于北花园村的吉里国际艺术区（2021 年摄）

2021 年 10 月 21 日，高碑店乡第十四次党代会召开

2021 年 8 月 5 日，高碑店地区园区党建联盟成立大会召开

2021 年 5 月，高碑店乡机关党总支开展党史学习教育

2021 年 11 月 23 日，高碑店乡第十八届人民代表大会第一次会议召开

高碑店社区卫生服务中心（2017 年摄）

高碑店地区政务服务中心大厅（2021 年摄）

高碑店智慧新村大数据平台（2020 年摄）

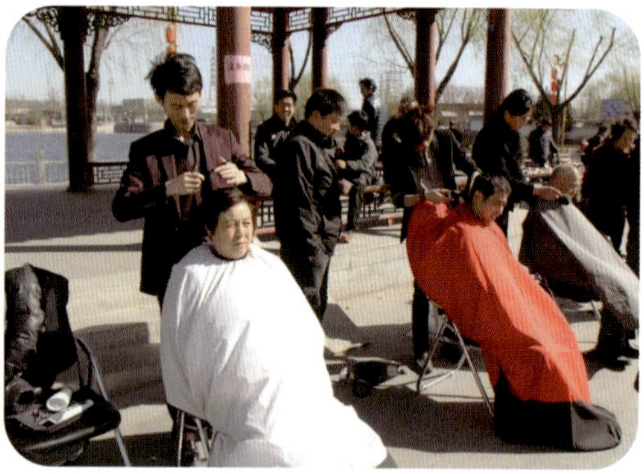
高碑店村开展为村民义务理发活动（2019 年摄）

2002 年 4 月，高碑店乡举办第十一届春季运动会

2007 年 2 月，高碑店村高跷秧歌在美国洛杉矶街头演出

2015 年 4 月，第十六届全乡春季运动会上的千人太极拳、太极扇表演

2017 年，高碑店村端午民俗节舞狮表演

兴隆郊野公园西大门（2021 年摄）

兴隆郊野公园将军林（2021 年摄）

通惠河畔再生水湿地公园（2021 年摄）

序　一

这部凝聚着高碑店乡各界人士期望和心血的《高碑店乡志》终于面世了。这是全体高碑店人生活中的一件大事，是“京东第一乡”文化自信的生动体现，是文化建设的又一项丰硕成果。

《高碑店乡志》描绘的是一幅璀璨夺目的地方历史画卷，它全景式展现了高碑店地域的人文地理和社会民情，忠实记录了高碑店各个时期、各个领域发展的历史轨迹。全书50余万言，纵贯千载、横跨百业，从实际出发，追寻历史足迹，把握时代脉搏，挖掘闪光亮点，感受奋斗气息，借鉴有益经验，探索创业新路，是高碑店乡有史以来最全面、最系统、最完整、最丰富的一部人文大全，填补了乡志历史的空白。它的出版发行，对于充分了解和认知高碑店的悠久历史和璀璨文化，充分展示丰富的地域文化特色，以及挖掘历史文化资源助推地方经济发展，都具有十分重要的意义。

高碑店有着深厚的历史文化底蕴。早在一千多年前，高碑店先民就在这片富有传奇色彩的土地上繁衍生息，他们用勤劳的双手创造了灿烂夺目的历史文化。通惠河上那曾经历览千帆竞渡盛况的老闸石，娘娘庙门前那勒满绳迹的老井口，都是高碑店悠久历史文化的见证。这既是大自然和历史的馈赠，也是高碑店的魅力所在、精神所在、希望所在，更是高碑店借以腾飞的基石。

高碑店乡钟灵毓秀，人才辈出。独特的地理人文环境造就了独特的群体个性和高碑店精神。缓缓流淌的通惠河孕育和激荡出一代代风云人物，从一百多年前高碑店高跷老会的创始人张家斌，到新中国成立前后活跃在东郊高碑店村的教育先驱王润黎，再到社会主义现代化建设时期带领群众艰苦创业、建设美好家园的基层各级领导干部，他们的事迹一个比一个令人惊叹，他们的故事一个比一个传奇。漫长的历史和厚重的文化孕育并传承了高碑店人的血脉精神和创新能力，这是高碑店先民馈赠给我们的一笔厚重的文化遗产，更是一笔弥足珍贵的精神财富，我们应世代传承。

今日高碑店已成为长安街东延长线上一道亮丽的风景。四惠公交枢纽蜿蜒顺畅，东西与南北走向道路纵横交错；地铁八通线和美丽的通惠河并行而过，通惠河两岸郁郁葱葱。得天独厚的旅游资源、生态资源和人文资源，成就了域内各项事业的飞速发展，注入了无穷无尽的活力。回望过去，展望未来，红色是基因，绿色是底色，文化是底蕴，创新是动力。

“以古人之规矩，开自己之生面。”诚望此志，能够让人们透过历史的年轮，成为外界了解高碑店的窗口，让外界洞察高碑店，走进高碑店，也让高碑店面向全国，走向世界，面向未来，走向新的辉煌。更希望全乡广大干部群众从中领悟高碑店沧桑之巨变，汲取奋进的动力，感知高碑店古今之变迁，鉴古知今，继往开来，讲好高碑店故事，在“京东第一乡”的土地上继续谱写新时代的华彩乐章。相信在全乡人民的共同努力奋斗下，一个更加富裕、宜居、平安、幸福、和谐、智慧、活力的高碑店定以其独特的魅力展现在人们的面前。

最后，在《高碑店乡志》出版之际，谨向为志书付出艰辛努力的全体编纂人员致以崇高的敬意，并向所有关心、支持、为《高碑店乡志》作出贡献的父老乡亲和社会各界人士表示衷心的感谢！

中共北京市朝阳区高碑店地区工作委员会（乡委员会）书记　顾洪涛

2022 年 11 月

序　二

高碑店地区有上千年的发展历史，但一直没有一部记载自己历史的志书。《高碑店乡志》历经数载，终于付梓成书，填补这一空白，值得庆贺。

方志乃“一方之全史”。这部志书内容丰富，资料翔实。从时间跨度看，重点记述了本地域有乡建置开始，一直到2021年底近70年的发展历程，并一直追溯到了地区有人类居住以来有文字记载的信史。时间上贯通古今，达到“全”的要求。从内容来看，涉及领域非常广，系统记述了本地域的建置沿革、自然环境、人口、政治、经济、文化、社会、民俗、语言、人物等，基本涵盖各个方面。各领域内容梳理细致、清晰，基本达到“全”的目标。可以说，这部志书既是一本综合性的资料汇编，一座完整的信息库，也是了解本地各方面发展实际的一部百科全书。

古人云：“治天下者，以史为鉴；治郡国者，以志为鉴。”《高碑店乡志》既已成书，万不能将其视为纯历史之作，放入故纸堆，或束之高阁。以志为鉴，面向未来，充分发挥“志”的作用以达到“治”的效果，也是我们编纂这部志书的一个重要目的。比如，贯穿这本志书的一个重要线索就是通惠河的运河文化。历史上，高碑店因河而生，拥河而兴，明清时期成为京东繁荣的漕运码头和远近闻名的商业中心。21世纪以来，我们等于是顺着这条历史脉络，通过挖掘通惠河的历史文化资源，大力发展文化产业，复兴了这条道路。并且将其进一步拓宽，利用优越的区位地理优势，发展和集聚形成了各大文化创意产业园区，推动地区经济的腾飞。近年来，高碑店地区又以大运河文化带建设为契机，通过举办龙舟赛、文化艺术节等活动，不断扩大影响力，打造了独具文化特色的地方品牌。下一步，我们应该把这项工作做得更细、更深，从这部志书当中提取更多的历史文化元素，活化文化遗产，将其与现代科技结合，开发有价值的文创产品，推动地区文化、传媒、影视、科技、旅游等各产业融合，实现高质量发展。

在基层治理方面，亦有诸多以志为鉴之处。就像很多党和国家领导人一样，每到一处，必先读其志，了解当地的历史发展和风土民情。我们的每一位基层管理者、社区工作者也要通读此部志书，培养自己的历史感、责任感和使命感，用心、用情、用力做好基层服务工作。基层的精细化治理说到底是针对特定人群和具体问题的治理，人人都要当好一根“绣花针”。只有了解它的历史、来龙去脉，才能理解对象人群的特点，找出解决问题的办法，才能在穿针引线的过程中织得牢、织得巧、织得妙。另外，深入汲取高碑店地区在历史发展中所体现的精神力量，能够在基层治理中起到凝聚人心的作用。基层治理并不是管理者单方面的治理，离不开各个层次的主体乃至个人的积极参与。人心齐、泰山移。通过大力宣传务实创新、开放包容的高碑店精神来感染人、鼓舞人、激励人，调动区域内每个社会主体和个人的积极性、主动性、创造性，才能够形成人人有责、人人尽责、人人享有的社会治理共同体，从而达到“善治”的目标。

借此志书出版之际，特向在高碑店乡战斗、工作过的老领导、老干部致敬，向在修志过程中给予关怀指导的各级领导、专家以及为乡志编纂工作付出辛勤劳动的所有工作人员表示诚挚的谢意。

朝阳区高碑店地区办事处主任、乡长　闫博

2023年7月

凡　例

一、总则　本志以马克思列宁主义、毛泽东思想、邓小平理论、“三个代表”重要思想、科学发展观、习近平新时代中国特色社会主义思想为指导，坚持辩证唯物主义和历史唯物主义的立场、观点和方法，遵循“广征、核准、精编、严审”方针，结合高碑店地区（乡）的历史与现状组织编纂。

二、体例　述、记、志、传、图、表、录诸体并用，以志为主。

三、结构　按高碑店地区（乡）所涉行业与社会分工设置篇目。“横排门类”：以章为编写单元，设“章下序”，使其既是全书的有机组成部分，又可独立成章阅读。“纵写历史”：章下设节，节下设目，目下设子目。设子目的节，目列序号，子目不列序号，加粗提示。涉及交叉事物从不同角度记述，或此详彼略，做到“通典不录”“述而不论”。

设卷首图、彩照及黑白照集锦。正文插图，配表格。表格统一编号为“章数—本章表序号”。表格画斜线处，表示资料缺失，情况不详。

四、时限　上限为1953年高碑店地域建立乡建置始，有历史资料记载的追溯至事物发端；下限2021年12月底。书中未注明世纪的年代均指20世纪各年代。

五、地标　域内地标起点为原乡政府所在地，即高碑店村。

六、排序　城乡表述以先乡后城、先农村建制村后城市社区为序。

地名：1953年建乡前，统一称“高碑店地域”；建乡后，按各历史时期实际域名称谓；1993年8月成立高碑店地区办事处后，称高碑店地区（乡）。涉及隶属沿革，在“第一章 建置区划”记述，其余各章节不再重复。

村序：1984—2021年，各建制村按当地习惯排序，依次为高碑店村、八里庄村、北花园村、半壁店村、高井村。

社区序：按批准建立社区时间为序，依次为甘露园南里一社区、甘露园南里二社区、花园闸北里东社区、花园闸北里西社区、太平庄北社区、太平庄南社区、康家园西社区、康家园东社区、大黄庄社区、兴隆家园社区、通惠家园社区、丽景馨居社区、北花园社区、八里庄社区、高井社区、高碑店东社区、高碑店西社区、西店社区、方家园社区、文化园社区、半壁店社区、小郊亭社区、花园闸社区、力源里社区、水南庄社区、太平庄社区、古街社区、汇星苑社区。

七、人物　“人物传”坚持“生不立传”原则，收录对高碑店乡有突出贡献或在高碑店乡有较大影响的去世人物，以卒年为序。“人物录”收录对高碑店乡有突出贡献或在高碑店乡有较大影响的在世人物，以生年为序。先进个人、先进集体选录获得北京市级以上（含市级）荣誉的人物和集体，以获得荣誉时间为序。

八、简称　机构、组织、职务名称首次出现写全称，括注简称，以下均写简称。

中国共产党、中国共产主义青年团、中国共产党北京市朝阳区委、北京市朝阳区人民政府、高碑店人民公社党委、高碑店人民公社管理委员会、高碑店乡党委、高碑店乡人民政府、中国共产党党员等，分别统一简称为中共（或党的）、共青团、区委、区政府、公社党委、公社管委会、乡党委、乡政府、党员等。

涉及人员性别、民族等基本情况，仅标注女性、少数民族。少数民族使用全称。

居民称谓，依时相称。1953—1983 年农业合作化与农村人民公社时期，百姓称“社员”；其他历史时期称“村民”。

九、纪年　民国之前采用历史纪年括注公元纪年的方法，如“乾隆三十一年（1766）”。民国时期采用民国纪年括注公元纪年的方法，如“民国 3 年（1914）”。中华人民共和国成立后采用公元纪年。

十、统计数据　经济数据以朝阳区统计局、朝阳区经管站提供的数据为准；其他数据以相应权威部门提供的数据为准。

十一、计量　数字用法、标点符号分别采用国家标准《出版物上数字用法》（GB / T 15835 —2011）、《标点符号用法》（GB / T 15834 —2011），计量单位采用国家技术监督局 1993 年 12 月发布的《量和单位》系列国家标准。历史上使用的计量单位，如斗、石、里、尺、磅、华氏度等，在引文时可照录。考虑到社会使用习惯，全书中亩不统一换算。

目 录

概　述

高碑店地区（乡）位于北京长安街东延长线上，距天安门 8 千米，素有“京东第一乡”的美誉。地域地貌平坦，地势西北高东南低，海拔 28 ~ 36 米。区域整体轮廓呈东西略长、南北略窄的不规则多边形。通惠河自西向东横贯乡域，流经中部汇集成高碑店水库，川流不息，孕育了高碑店丰富的自然资源和悠久的历史文化。

高碑店地区（乡）建置历经数次调整。1953 年 6 月，建立高碑店乡（小乡）。1956 年 3 月，全区合乡并社，建立高碑店乡（大乡）。1958 年 8 月，建立幸福人民公社，高碑店、八里庄为工作站建置。1961 年 6 月，调整建立高碑店人民公社。1983 年 3 月，恢复高碑店乡建置。1993 年 8 月，设立高碑店地区办事处，同时履行街乡双重管理职能。

至 2021 年，高碑店地区（乡）辖域面积 15.08 平方千米。辖高碑店、八里庄、北花园、半壁店、高井 5 个建制村和甘露园南里一、甘露园南里二、北花园、八里庄、兴隆家园、太平庄、高碑店东、高碑店西、西店、半壁店等 28 个社区。有常住人口 119473 人，其中，户籍人口 54870 人、流动人口 64603 人，有农业人口 712 户 1099 人。有少数民族 36 个，其中，满族、回族、蒙古族位列前三。乡人民政府驻地位于高碑店北路甲 1 号。

长安街东第一乡

地理位置优越　高碑店地区（乡）位于北京城区东部，是北京中心城区与城市副中心的重要通道，地理位置得天独厚，有着比较独特的优势，利于长远发展。乡域东接三间房地区（乡）与中国传媒大学相邻，南与王四营、南磨房、豆各庄地区（乡）接壤，西接建外街道和八里庄街道，紧邻北京商务区核心区，北接平房地区（乡），便于利用周边丰厚的文化教育资源和商业资源。辖域地貌平坦开阔，属暖温带半湿润大陆性季风气候，气温适中，是理想的宜居之地。始建于元代的通惠河横穿乡域，历史文化资源丰富。地域属北京市第一道、第二道绿化隔离地区，兴隆公园、通惠河畔再生水湿地公园、高碑店水库是京东重要的绿色生态景观。

交通路网发达 地域交通干线纵横交错，乡村路网密布，交通十分便捷，百姓出行便利。有四惠公交枢纽，设置20余条公交线路起终点。东西走向有朝阳北路、朝阳路、建国路、京通快速路、广渠快速路横穿而过，连接中心城区与北京城市副中心。南北走向有四环路、高碑店北路、高碑店路、五环路等，连接乡域内外。地铁1号线和八通线在域内设四惠、四惠东、高碑店等站，地域有43条公交线路过境或始发，居民出行方便，安全快捷。

文化资源丰富 高碑店地域历史悠久，形成了丰富的地方文化资源。京杭大运河最北段通惠河穿流而过，孕育了独具特色的古运河漕运文化。位于通惠河平津闸南岸的高碑店村是千年古村，明朝中期这里就是重要的漕运码头、皇粮商品集散地，客商云集，商业发展盛极一时。至今留存通惠河上唯一一座河闸遗址——平津闸。悠久的历史文化促进了民间文化艺术的繁荣，高碑店村高跷秧歌享誉京城。21世纪初，高碑店村高跷会数次走出国门演出，赢得赞誉。2009年，高碑店村高跷秧歌被列入第三批北京市级非物质文化遗产名录。清末民国初，高碑店村娘娘庙会是北京城最大的庙会之一。改革开放以后，漕运庙会、元宵灯会、端午民俗节、中元节等传统的民俗节庆得到恢复和发展，成为高碑店乡的民俗文化品牌。地域文化旅游资源丰富，古典家具一条街、民俗文化街、龙王庙、关帝庙、平津闸等一批旅游景点热度不断升高，吸引中外游客驻足。

名贤英杰辈出 古老的通惠河哺育了两岸百姓，众多贤人志士辈出。1886年，张家斌创办高碑店高跷老会，百余年来，高跷会闻名遐迩，享誉京城。二十世纪三四十年代，王润黎奔波于东郊高碑店，创办高碑店工学团，是地域教育、文化、医疗卫生事业发展的重要奠基人。康伯卿创办北京德寿堂药店，治病救人，并将药方无偿捐献国家。50年代，中国人民解放军第四野战军战士田巨丰等血洒朝鲜战场，为国捐躯。社会主义建设时期，参加“两弹”研制的吴景云、少将杨存仁为国防事业默默奉献。在改革开放和农村城市化征程中，各级党员干部带领群众为家乡富裕、百姓安康艰苦奋斗，不断探索创新，涌现出一批先进模范人物。

经济强乡

首都副食品供应基地 20世纪60—80年代，高碑店人民公社（乡）大力发展蔬菜种植、葡萄种植、养猪、养鸭、养鱼等农副业，服务首都市民，成为首都重要的副食品供应基地之一。发展经济增加社员收入，解决了温饱问题。1979年，全公社种植蔬菜5856亩，总产量 4066.9 万千克，达到历史最高水平，尤以八里庄生产大队生产蔬菜的品种和产量最多，占全公社 60% 以上。六七十年代，高井生产大队是北京葡萄酒厂的酿酒葡萄原料生产基地。1984 年，种植规模最大时，全乡种植葡萄 2000 亩，总产量达到 211.75 万千克。地域从 50 年代末 60 年代初开始兴建集体鸭场、猪场，以八里庄生产大队为主。1976 年，公社全年养鸭 82634 只，出售商品填鸭 60538 只。1978 年，全公社养猪 14936 头，平均每人 0.96 头。地域还是首都水产品市场供应地之一，养鱼以高碑店生产大队为主。70 年代初期，公社大力发展养鱼。1979 年，全公社有养鱼水面 330 余亩，全年捕鱼量 6.19 万千克。直至 21 世纪初，随着产业结构调整，高碑店地区（乡）农副业生产退出主导产业领域，在 40 余年时间里，地域为首都副食品供应作出重要贡献。

乡镇企业异军突起 80 年代中期，高碑店乡党委提出“工业要先行，第三产业要发展，大农业要稳定提高”的发展思路，乡镇企业尤其是工业企业迎来快速发展时期。全乡发展建设资金投向、劳动力布局向乡镇企业倾斜，每年新成立企业六七十家，加强企业管理，推行生产责任制，调动企业职工生产、销售积极性。乡直属企业羊毛衫厂、针织厂、龙骨加工厂、农机厂、燕惠喷漆厂规模不断壮大。1986 年，羊毛衫厂年产羊毛衫 38 万件，总产值 496.6 万元。产品进入国际市场，远销日本、美国、澳大利亚和东欧等国，质量达到国际标准。此后，乡镇企业通过“外引内联”，学习先进管理经验，努力使企业上技术、上规模、上水平，重点培养骨干企业，提高企业竞争力。至 90 年代中期，乡镇企业发展达到顶峰，地区（乡）年产值 500 万元以上企业 26 家，全年工业总产值达到 3.97 亿元。乡镇企业的繁荣极大地推动了地域经济的发展，提高了群众的生活水平。

推动产业转型升级 20 世纪 90 年代，高碑店乡党委科学研判经济总体发展趋势，抓住落实北京城市总体规划的机遇，兴建千亩兴隆片林，为全乡环境的改善、经济的发展和 5 个工业区的规划打下坚实的基础，以良好的生态环境建设为先导，推动产业转型升级。随着京通快速路、高碑店污水处理厂、华能电厂、地铁复八线、四环路等一大批国家、北京市重点工程建设以及北京大绿化建设启动，地域绝大部分耕地被征用，农业逐渐退出主导产业领域。同时，关、停、并、转小、微、亏企业和高污染企业，各村兴建工业小区，将骨干企业向工业小区聚集。优化投资环境，筑巢引凤，招商引资，提升工业企业整体竞争力。2000—2003 年，地区陆续落实北京市第一道、第二道绿化隔离带建设，进一步优化产业结构。乡党委提出“原地消化第一产业，整合提升第二产业，扶植做大第三产业”的思路，在通惠河两岸发展民俗文化产业，在朝阳路两侧建立服务商圈，第三产业迅速发展起来。2010 年，地区第二、三产业占比约为 30% 和 70%。

振兴文化创意产业 明清时期，通惠河漕运的兴盛繁荣为高碑店地域沉淀了丰富的商业资源、文化资源和民俗资源，成为地区现代文创产业发展的思想宝库。21世纪初，依托通惠河历史文化资源，经过不断优化经营环境，在通惠河南岸形成古典家具一条街。2005年，古典家具街云集商户300余家，从业人员2000余人，产品远销欧美、东南亚十几个国家和地区，年销售收入超1.5亿元，被北京市商务局命名为“市级特色商业街”。2006—2010年，地区在高碑店村古典家具街附近打造民俗文化街和水乡茶楼一条街，在通惠河高碑店段沿岸八里庄村和半壁店村打造通惠河文化产业景观带，在高井村打造东亿国际传媒创意园，文创产业发展初具规模。2011—2015年，地区文创产业发展继续优化结构、提升品质，扩大文化产业覆盖区域和范围，形成“传统、传媒、旅游”三大文化产业格局。2016—2021年，继续推进文创产业园区集聚，北花园村吉里（国际）产业园区建成，5个建制村建成五大文创产业园区，有大小园区、楼宇69个，文创产业形成规模化，具有一定的品牌影响力。

经济发展连创佳绩 1978年改革开放后，地域突破长期以来以农业为主导的单一经济结构，“农林牧副渔、工商运建服”十业并举。无工不富，工业企业的崛起推动乡域经济迅速发展。1988年，全乡经济总收入超过1亿元，成为朝阳区7个“亿元乡”之一。1997年，地区经济总收入超过10亿元。2015年，地区经济总收入跃升至217.74亿元。2016年，北京市转变统计口径，不再统计地区经济总收入，地区（乡）依托文化创意产业园区建设，加强税源地管理，促进集体经济增收。2017年，完成集体经济总收入3.66亿元，实现利润2625.1万元，上缴税金1914.7万元。2021年，完成集体经济总收入6.54亿元，实现利润7347.7万元，上缴税金4216.2万元，人均劳动所得55700元，成为北京市较为富裕的乡镇。

改革惠乡

推进农村城市化 20世纪70年代末，地域逐渐开启农村城市化进程。1978—1980年，因国家建设征地，八里庄生产大队白家庄、小庄生产队农民陆续转居、转工，撤销生产队建置。1985—1986年，八里庄村道家坟、居民区生产队农民陆续转居、转工，撤销生产队建置。同时期，加强城市居民管理，按聚居区域陆续成立10余个居（家）委会。1993年，设立高碑店地区办事处，同时履行街乡双重管理职能。同年，地域城市人口数量超越农村人口并占据主导地位，农村城市化实现跨越式发展。90年代中后期，农村城市化进程加快推进。因京通快速路、地铁复八线、通惠河治理、东四环路等国家及北京市重点工程建设征地，地域5000余人转居，9个生产队建置被撤销。2005年，成立18个新型社区。

至2021年，高碑店地区（乡）共建成28个社区。农业人口仅占总人口数2%，农村普遍实行社区化管理，农村城市化建设基本完成。

提升社区治理水平 二十世纪八九十年代，在居（家）委会管理城市居民过程中，注重从管理到服务的转变。2006—2010年，新型社区成立后，着力加强社区规范化建设，提高社区管理、服务水平。地区建成社区服务中心，为居民提供文化、教育、医疗、保健等数十个服务项目。各社区成立社区服务站，成立80余支文体活动队伍和百余支志愿者服务队伍。2011年，形成社区党委、社区居民委员会、社区服务站三位一体规范化服务管理体系。2011—2018年，重点推进干净、规范、服务、安全、健康、文化“六型”社区建设，建设和谐社区。28个社区全部实现居民议事厅全覆盖、“一刻钟服务圈”全覆盖。2019—2021年，以党建引领社区精细化治理，形成“社区吹哨、科室报到”的社区治理长效机制。不断提升社区精细化治理水平，建设“YI+空间”社会动员平台，真正实现居民“共商、共治、共享”。

改善提升人居环境 二十世纪八九十年代，地域加强精神文明建设，开展创建文明乡、文明村（厂）活动，地域卫生环境、村民生活环境得到极大改善。同时，村民通过新建、翻建房屋，改善居住条件。21世纪初期，随着新农村建设和美丽乡村建设，大部分村民搬迁上楼，居住条件大为改观。高碑店村西区、东区和半壁店村西店（自然村）通过新农村建设，村民住进整齐划一的明清仿古建筑群。高井村白家楼（自然村）建成现代化新居，市政设施直接入户。北花园小区建成后，村民回迁高层楼房，生活便利。2016—2021年，地域部分村庄继续推进美丽乡村建设，对环境、设施等进行改造提升。半壁店、小郊亭、方家村3个自然村新农村建设基本完成，即将入住。高碑店地区已成为环境优美的宜居之地。

事业兴乡

文化生活丰富 高碑店地域有着千年文化积淀。古老的通惠河哺育着两岸儿女，他们用勤劳和智慧创造了灿烂的地域文化。清末民国初，地域形成龙王庙、关帝庙、朝阳庵、五圣祠和娘娘庙五大庙会。21世纪初，高碑店村高跷秧歌4次走出国门，享誉海外。盛世龙源舞蹈队、威风锣鼓队、兴隆舞蹈队等多支艺术团体远近闻名。从80年代初开始，地域每年举办“五月的鲜花”“夏日广场”“金秋艺术节”等大型传统文化活动，年年坚持。群众文化活动推动艺术创作发展。2006年，地区成立多家文艺创作团体，创作、出版近百件文学、书法、摄影等艺术作品。2021年，高碑店地区（乡）有各类文化场所110

余处，各类文化团体、队伍107支。

教育全面发展 高碑店人注重尊师重教。中华民国时期，地域各村都有私塾教育。20世纪30年代起，开始出现新式小学教育。1946年，王润黎在高碑店村创办工学团，播撒现代教育的种子。1952年，北京市第十七中学在高碑店村建校。六七十年代，各生产大队建立托儿所、幼儿园，推进教育事业发展。1985年，高碑店乡与北京市第十七中学联合办学，开设职业高中班，为地域发展培养了大批实用人才。至90年代末，大力推进干部学历教育，提升各级干部学历。进入21世纪，地区在实行高水平九年义务教育同时，加快公办中小学学校建设，鼓励民办教育发展，积极推进全民教育。2021年，高碑店地域有幼儿园12所、小学6所、中学5所。

医疗普惠民生 50年代初，由王润黎创办的敦化医院改名为高碑店门诊部，后来发展为公社卫生院、高碑店医院、高碑店社区卫生服务中心，为地域主要医疗卫生机构，救死扶伤，惠及地域百姓。六七十年代，高碑店人民公社建立较为完备的农村合作医疗制度，为保障社员身体健康和生命安全作出重大贡献。八九十年代，继续健全医疗保障体系，使广大村民获得基本的医疗服务保障。2005年，地区开始实施新型农村合作医疗（简称新农合）。2010年，全地区（乡）共2231名农民参加新农合，参合率达到100%。各村还对医疗费个人支出部分实行一次性补助或二次报销。2018年，“新农合”并入城乡居民医疗保险体系，各村为农民缴纳居民医疗保险，使广大群众身体健康得到可靠保障。

体育强体兴乡 热爱体育运动是地域广大人民群众的优良传统。八九十年代，地域兴起全民体育健身热。1985年，高碑店乡召开第一届全民运动会，至2021年，已举办18届。1989年，参加朝阳区第二届农民运动会，荣获团体总分第一名。进入21世纪，地区群众体育活动方兴未艾，先后被评为“北京市群众体育先进单位”“体育先进乡”，荣获国家体育总局颁发的“全国亿万农民健身活动先进乡镇”奖牌。各村、社区每年举办运动会、篮球赛等。2021年，高碑店地区（乡）有各类体育场所20余处，各类体育健身队伍30余支。全地区强身健体蔚然成风。

回首过去，成就不凡；展望未来，任重道远。正是“雄关漫道真如铁，而今迈步从头越”。把握新时代，立于新的历史起点，勤劳智慧、勇于奋斗的高碑店人将继续迎接新的发展机遇，“拥河而兴”，全力推动通惠河文旅科创产业带建设，打造社区、园区、景区、商区“四区一体”融合发展新格局，为建设更加美丽、富饶、宜居的新家园而努力奋进，其时已至，其势已成。

大事记

春秋战国时期

今高碑店地域为燕国属地。

秦汉时期

属广阳郡蓟县。

唐朝

属幽州蓟县。

辽、宋、金时期

辽会同元年（938）

属辽朝南京幽都府蓟北县。

辽统和七年（989）

地域有“郊亭淀”地名。

辽开泰元年（1012）

属辽朝南京析津府析津县。

金贞元二年（1154）

属金朝中都路大兴府大兴县。

地域有“交亭”地名，有村落分布。

元朝

至元九年（1272）

属中书省大都路大兴县。

至元三十年（1293）

开浚通惠河竣工，高碑店地域通惠河上修郊亭上闸、郊亭中闸、郊亭下闸 3 闸。

明朝

永乐十九年（1421）

属京师顺天府大兴县。

弘治十八年（1505）

地域高密店、大王庄成为皇庄。

嘉靖三十九年（1560）

张爵编著《京师五城坊巷胡同集》刊行，记载地域半边店、头闸高碑店、东西郊亭、八里庄 4 铺建置。

清朝

康熙二十四年（1685）

新修《大兴县志》刊印，地图中标记高碑店、花园闸、北花园、大黄庄等地名。标记通惠河平津上闸为高碑店闸，标记平津下闸为花园闸。

光绪十二年（1886）

高碑店村人张家斌创立高跷老会。

中华民国

民国 19 年（1930）

北花园村建立北平市东郊私立求新小学，为地域最早新式学校。

民国 24 年（1935）

王润黎创建高碑店短期小学。

民国35年（1946）

王润黎在高碑店村创办北平东郊乡村教育实验区工学服务团（高碑店工学团）。

同年，王润黎在高碑店村朝阳庵创办敦化医院。

民国38年（1949年1月1日—9月30日）

3月10日 高碑店村废除保甲制，成立高碑店乡政府。

4月22日 高碑店乡成立消费合作社，是北平第十四区成立的第一个消费合作社。

6月8日 第十四区委在高碑店乡进行土地改革试点。

7月28日 地域建立高碑店、八里庄、慈云寺、小庄、七圣庙、关东店、花园闸、西店、大黄庄9个行政村。

中华人民共和国

1949年

10月27日 八里庄行政村开展土地改革。是年12月25日结束。

10月 第十三区人民政府接管敦化医院。

同年 高碑店小学定名为北京市第十三区第四中心小学。

1950年

1月5日 大黄庄、花园闸、慈云寺、西店行政村开展土地改革。是年2月1日结束。

2月22日 关东店、小庄、七圣庙行政村开展土地改革。

3月25日 地域9个行政村全部完成土地改革。各行政村在土地改革中成立党、团组织。

5月 各行政村组织学习、宣传《中华人民共和国婚姻法》。

10月 敦化医院更名为第十区高碑店门诊部。

1951年

4月 各行政村召开村人民代表大会，选举正、副村长及村政府委员。

6月 高碑店行政村建立民兵中队，为地域最早的民兵组织。

7月 在抗美援朝战争中，花园闸行政村小花园自然村志愿军战士田巨丰在朝鲜龙头山战场牺牲。

同年 地域成立农业生产互助组，开始走向农业生产合作化。

1952年

1月10日 高碑店文化馆开办农民速成识字实验班。同年底，速成识字法在全地域推广。

12月　北京市第十七中学在高碑店村建校，当时为农村初级中学。

同年　地域兴办农民冬学，开展扫盲工作。

1953年

6月　地域调整建置区划，成立高碑店、八里庄、慈云寺、小庄、七圣庙、花园闸、大黄庄7个乡政府。

10月22日　地域开通第一条公交线路9路公交，设终点站红庙站。

1954年

10月1日　高碑店高跷老会参加国庆庆典活动。

10月　地域建立七圣庙初级农业生产合作社、慈云寺“五五”初级农业生产合作社。

11月　地域建立高碑店一社、高碑店二社、花园闸一社、花园闸二社、花园闸三社、兴隆社、万盛社7个初级农业生产合作社。

同年　大黄庄乡乡长沈玉珍（女）被评为北京市农业劳动模范。

1955年

10月　小庄团结初级农业生产合作社、八里庄初级农业生产合作社成立。

12月4日　全国人大常委会委员长刘少奇视察大黄庄乡兴隆初级农业生产合作社。

1956年

1月　地域各初级农业生产合作社合并建立高碑店高级农业生产合作社、八里庄光辉高级农业生产合作社、小庄团结高级农业生产合作社。

3月11日　东郊区举办农村青年运动会，慈云寺乡获得团体第二名。

3月　全区合乡并社。建立高碑店乡。

4月　成立高碑店乡党总支，书记王春湘。

6月　地域遭遇洪涝灾害，淹没土地4000余亩。

同年　乡第二届人民代表大会召开。

1957年

8月28日　高碑店乡开展社会主义教育运动。是年11月14日结束。

9月　各生产队推行包工、包产、包财务、超产奖励“三包一奖”制度。

同年　地域扫盲工作结束，共扫除文盲534人。

1958年

2月12日　全乡开展“除四害”运动。是年4月底结束。

3月　原王四营乡并入高碑店乡。

4月30日 召开高碑店乡第三届人民代表大会第一次会议。

8月25日 高碑店乡、南磨房乡与八里庄幸福高级农业生产合作社合并，建立幸福人民公社。高碑店、八里庄为工作站建置。

10月 北京市委副书记刘仁在半壁店生产队建小麦密植试验田。

12月31日 幸福人民公社出席全国农业社会主义建设先进单位代表会议，获国务院总理周恩来签发的“奖给农业社会主义建设先进单位”奖状。

同年 幸福人民公社建立农机修配厂。1961年，改为农机厂。

1959年

1月20日 幸福人民公社更名为高碑店人民公社。

5月25—28日 召开第二次公社党代会。（第一次公社党代会，未查到历史资料。）

11月 朝阳人民公社成立，高碑店、八里庄为工作站建置。

12月 八里庄工作站刘德强作为先进共青团干部代表参加国务院宴会。

1960年

3月 半壁店良种繁育试验场成立。

同年 地域通惠河南侧建成高碑店简易城市污水处理试验厂。

1961年

6月21日 原朝阳人民公社高碑店工作站、八里庄工作站、半壁店良种繁育试验场合并成立高碑店人民公社，下设高碑店、八里庄、北花园、半壁店、西店、高井6个生产大队。

7月5日 召开高碑店人民公社第四届人民代表大会第二次会议。

同年 公社制定“千斤粮、万斤菜、一头猪、四百块”经济发展目标。

同年 各生产队基本实现国家供电。

1962年

8月23日 朝阳区委在高碑店人民公社召开小麦现场会，总结交流小麦增产经验。

同年 公社成立武装部。

同年 地域开始使用小麦脱粒机脱粒。

同年 地域开始种植水稻。当年种植面积134亩。

同年 公社对117位无依无靠老人实行“五保”（保吃、保穿、保住、保医、保葬）政策。

1963年

3月 西店生产大队与半壁店生产大队合并成立半壁店生产大队。全公社调整为5个生产大队。

4月14日　公社第五届人民代表大会第一次会议召开。

6月　地域连降暴雨，2500亩小麦受损严重。

1964年

2月　朝阳区派“四清”工作队进驻高碑店人民公社各生产大队，社会主义教育运动开始，1966年5月结束。

同年　公社有5个生产大队26个生产队。至1976年未变。

同年　八里庄生产大队建成工具厂。

1965年

10月　公社组织举办第一期半农半医学习班。

1966年

4月10日　召开公社第六届人民代表大会第一次会议。

5月　“文化大革命”开始，中小学被迫停课。

10月　公社组织400余人参加京密引水渠海淀段北安河挖土方工程。

同年　高碑店、八里庄生产大队建立医务室。

1967年

高碑店人民公社蔬菜种植占用耕地亩产创下6823.1千克历史纪录。

1968年

2月4日　高碑店人民公社革命委员会成立。

同年　公社耕地面积13550.58亩，达到公社成立以来最高水平。

同年　八里庄生产大队建成民用电器厂。

1969年

11月18—27日　公社第三次党代会召开。

同年　八里庄生产大队道家坟生产队对作业组实行“四定一奖”管理办法。

同年　朝阳区下放学校管理权，北京市第十七中学由高碑店人民公社管理。高碑店小学、北花园小学、半壁店小学、大黄庄小学分别由高碑店、北花园、半壁店、高井生产大队管理。

1970年

2月　高碑店门诊部更名为高碑店人民公社卫生院。

10月　公社组织500多人参加温榆河朝阳区楼梓庄沙窝段疏挖土方工程。

同年　公社成立种子站。

1971 年

4 月 在通惠河上修建花园闸桥，解决北花园生产大队南北运输问题。

1973 年

2 月 9—14 日 朝阳区召开“农业学大寨”会议，半壁店生产大队西店生产队在大会上介绍先进经验。

12 月 召开第三届贫下中农协会会员代表大会。

1974 年

4 月 公社在高碑店生产大队建成 22 米高水塔 1 座，解决社员饮水不便问题。

同年 组织全公社力量大规模兴修水利工程，挖掘大小沟渠 169 条。

1975 年

8 月 1 日 召开公社第四次党代会。

10 月 15 日 公社组织社员参加治理疏挖坝河、北小河土方工程。

同年 全公社各医务室共有赤脚医生 72 人，人数达到历史最高水平。

1976 年

3 月 成立公社羊毛衫厂。

11 月 北花园生产大队何家坟生产队划归双桥中古友好人民公社豆各庄生产大队管辖。

同年 公社农业劳动力数量 7257 个，达到历史最高水平。

同年 八里庄生产大队退出粮食作物生产。

1977 年

11 月 公社组织大规模兴修水利工程。共清理、新挖沟渠 192 条，总长约 15 千米。

同年 全公社养鱼水面 334 亩，达到历史最高水平。全年捕捞量首次突破 5 万千克，达到 5.455 万千克，在北京市作经验介绍。

同年 公社派 10 名技术人员赴海南岛开展育种工作。

1978 年

12 月 撤销八里庄生产大队白家庄生产队建置。

1979 年

1 月 建成东郊高碑店汽车停车场，含住宿、餐饮。

7 月 八里庄生产大队道家坟生产队“四定一奖”劳动管理经验被朝阳区革命委员会在全区农村地区推广。

1980 年

3 月 召开公社第七届人民代表大会第一次会议。

同月 公社党委决定将高井生产大队葡萄种植扩展至全公社，发展2000亩葡萄种植基地。

8月 公社成立纪律检查委员会。

12月 撤销八里庄生产大队小庄生产队建置。

同年 公社成立计划生育委员会，主管和推进公社计划生育工作。

1981年

2月26—28日 召开公社第五次党代会。

3月 公社革命委员会撤销，公社管理委员会成立。

8月 八里庄生产大队团结湖鸭场经朝阳区园林局征地，鸭场撤销，农民转居、转工。

1982年

7月 开展第三次全国人口普查。全公社户籍人口19536人。

9月 公社党委开展反腐蚀教育工作。

同年 公社羊毛衫厂产品荣获国际羊毛局优质证章，被市、区评为先进企业。

1983年

3月 撤销高碑店人民公社，恢复高碑店乡建置。成立乡党委、乡政府和乡农工商总公司。

5月 京秦铁路北京十字枢纽工程开工建设。高碑店乡集中人力、物力支援京秦铁路重点工程建设。

6月 北花园生产大队1800锥形脱粒机被北京市工业局评为优质产品。

8月 根据朝阳区统一部署，乡集中开展第一次“严打”斗争。次年底结束。

同年 乡推行工业企业经济责任制。由乡工业公司与企业签订以“六定”（定设备、定人员、定工资、定库存、定产值、定利润）为基础的承包合同。

1984年

3月 全乡设立高碑店、八里庄、北花园、半壁店、高井5个村民委员会。

同月 高碑店乡党委开始整党工作。次年6月底结束。

11月19—20日 召开乡第八届人民代表大会第一次会议。

同月 乡林业技术员福永年采用省工、丰产、修剪“一、二、三育苗法”，获北京市科技成果奖。

同年 乡开展“五讲四美三热爱”活动。

1985年

5月15日 举办乡第一届春季运动会。

同日　撤销八里庄生产大队道家坟生产队建置。

同月　高碑店乡与北京市第十七中学合作，联合开办北京市第十七中学职业高中班。

1986 年

12 月　撤销八里庄生产大队居民区生产队建置。

同年　乡成立外来人口办公室，开展外来人口登记工作。

同年　北花园农工商公司与内蒙古物资局合资兴建内蒙古饭店。

1987 年

4 月　第一届村民委员会换届选举。

5 月 6—8 日　召开乡第九届人民代表大会第一次会议。

6 月 1 日　乡第六次党代会召开。

7 月　乡政府迁至高碑店北路甲 1 号康家沟 5 层大楼办公。

12 月 31 日　因扩建高碑店污水处理厂，征用高碑店乡土地 1002.84 亩。

同年　高碑店高跷秧歌参加北京市龙潭杯民间花会表演大赛，荣获优秀表演奖。

1988 年

1 月　制定《高碑店乡计划生育目标管理实施意见》，实行计划生育目标管理。

12 月　乡经济总收入超过 1 亿元，受到朝阳区政府表彰，获颁“亿元乡”牌匾。

同月　高碑店人民公社卫生院更名为高碑店门诊部。

同年　建成乡综合畜牧场。

1989 年

4 月　参加朝阳区第二届农民运动会，荣获团体总分第一名。

同年　乡成立教育委员会，由乡长任教育委员会主任，开启“乡管校”时期。

同年　八里庄村民委员会被北京市政府授予“北京市先进村民委员会”荣誉称号。至 1996 年，连续 8 年获此殊荣。

同年　辖区各村成立治安联防队，建立治安管理责任制。

1990 年

6 月　高碑店乡组织民兵代表朝阳区参加北京市 18 个区县民兵正规化工作比武，荣获第一名。

7 月 14 日　地域遭遇暴雨和龙卷风灾害，葡萄园、房屋等受损严重。

9 月　半壁店村成立全乡第一家农民书画研究会，市区领导到会祝贺。

12 月　进行第二届村民委员会换届选举。

同年　开展第四次全国人口普查。全乡户籍人口 20358 人。

同年　成立乡计划生育协会，5个建制村分别成立计划生育协会分会。

1991年

1月29—30日　召开乡第十届人民代表大会第一次会议。

1月　高碑店乡第一个三资企业北京华都聚氨酯制品有限公司成立。

3月　乡集资助学60万元，为搞好“四教”提供资金。

8月　成立乡经济联合社。5个建制村成立经济合作社。

同年　完成第一届居（家）委会换届工作。

1992年

2月22日　兴隆片林（兴隆公园）开工建设。

6月　市委市政府绿化会议在兴隆片林召开，并植树14棵。

10月29日　召开乡第七次党代会。

同月　高碑店门诊部更名为高碑店医院。

1993年

2月17日　兴隆湖景别墅区举行开工奠基仪式。国防科工委主任丁衡高、国务院港澳办公室主任鲁平及市区领导参加。

4月　第三届村民委员会换届选举。

7月　半壁店村划分为半壁店村和华东公司（村）。

8月　设立高碑店地区办事处，成立高碑店地区工作委员会，实行“两块牌子，一套班子”，同时履行街乡双重管理职能。

同年　地区（乡）成立信访办公室，专门负责全乡信访工作。

同年　因建华能北京供电厂一、二期工程，共征用乡域土地799.4亩。

1994年

2月19日　召开地区（乡）第十一届人民代表大会第一次会议。

3月11日　乡鼓风机厂自主研发的DQ35-11系列高效低噪声轴流通风机获国家实用新型专利。

同年　在高碑店中心小学成立少年军校。

同年　高碑店中学建校，位于高碑店村陶家湾甲80号。

同年　高碑店地区（乡）成立书画研究会。

同年　八里庄、北花园、半壁店、高井4个村医务室被评为朝阳区甲级医务室。

1995年

1月　地区（乡）统一实行老社员退休制度。全年发放退休金150万元，1050名老人领取退休金。

3月12日 中央军委副主席刘华清、张震，国防部部长迟浩田，总参谋长张万年，总政治部主任于永波，总后勤部部长傅全有率领58名将军与部队官兵到兴隆公园参加义务植树。

4月 地区（乡）成立农民体育协会。

5月 乡鼓风机厂自主研发的DQ35-11系列高效低噪声轴流通风机荣获国家科学技术委员会等五部委联合颁发的1995年度国家级新产品证书。

8月28日 因建设京通快速路，征用乡域土地717.58亩。

12月27日 京通快速路顺利通车。途经辖区6.5千米，占全长1/3。

12月31日 完成兴隆公园1017亩大环境绿化任务。共植树8.1万株。

同年 完成乡机关职能配置、内设机构和人员编制改革。

1996年

3月 兴隆公园被北京市园林局批准为市级一级公园。

6月 地区（乡）获北京市“八五”期间城市规划管理突出贡献奖。

9月25日 首届金秋农民艺术节在兴隆公园开幕。

11月21日 召开地区（乡）第八次党代会。

12月10日 乡鼓风机厂自主研发的DQ35-11系列高效低噪声轴流通风机被机械工业部列为机械工业第十七批节能机电产品推广项目。

同年 北花园村兴福商厦建成营业。

同年 高碑店医院通过北京市卫生局一级甲等医院评审。

1997年

1月9日 撤销北花园村花园闸东、花园闸西2个生产队建置。

1月11—12日 召开地区（乡）第十二届人民代表大会第一次会议。

4月3日 撤销高井村高井、太平庄、兴隆庄3个生产队建置。

4月 第四届村民委员会换届选举。

6月 地区（乡）成立工会工作委员会。

1998年

3月3日 地区（乡）第十二届人民代表第一次会议召开。

4月16日 因建设地铁复八线，征用乡域土地753.87亩。撤销八里庄村陈家林、康家沟2个生产队建置，农民转居、转工。

5月18日 乡农工商总公司成立北京天翌房地产开发有限公司。

10月 兴隆家园小区开工建设。

12月1日 地区（乡）成立市容城管分队。

12月30日 撤销八里庄村慈云寺、熏皮厂2个生产队建置。

同年 地区（乡）成立残疾人联合会。各村、居（家）委会成立残疾人工作小组。

同年 地区（乡）开始推行村务公开。

1999年

12月15日 召开地区（乡）第九次党代会。

同年 各村建立财务公开制度。定期公布财务收支情况，接受群众监督。

同年 高碑店地区（乡）被评为“北京市计划生育工作先进单位”“城市环境综合整治先进单位”。

2000年

1月6日 召开地区（乡）第十三届人民代表大会第一次会议。

3月 地区（乡）全面启动第一道绿化隔离带建设。

11月1日 开展第五次全国人口普查工作。地区（乡）常住人口56438人，其中户籍人口29564人。

12月 半壁店村和华东公司（村）合并。

同年 高碑店地区（乡）被评为“北京市民政工作全优乡镇”“北京市1995—2000年群众体育先进单位”“北京市2000年度体育先进乡”“北京市残疾人康复工作先进单位”“北京市交通安全宣传工作先进单位”“2000年首都绿化美化达标乡镇”。

2001年

3月3日 高碑店地区（乡）红十字会成立。

6月 第五届村民委员会换届选举。首次通过“海推直选”选出村民委员会成员。

8月22日 地区（乡）成立科学技术协会。

9月 高碑店羊毛衫厂关闭。

10月16日 高碑店乡农工商总公司撤销。

12月20日 地区（乡）成立社会保障事务所。

同年 地区（乡）开始推行政务公开。

同年 地区（乡）被评为北京市“京郊税收超亿元乡”先进单位。

同年 地区（乡）被评为“北京市1996—2000年法制宣传先进集体”“2001年北京市人口与计划生育工作先进单位”。

2002 年

2 月 高井工业小区被评为北京市优秀工业小区。

3 月 兴隆公园被北京市园林局批准为市级一级公园。

5 月 撤销生产队级管理体制，各业经济统一到村级核算，做到乡、村两级专业化管理。

同月 成立高碑店地区（乡）外来务工人员流动人口协会。

12 月 15 日 地区（乡）第十次党代会召开。

12 月 31 日 北花园村经济合作社会计王学仁荣获“全国先进村组财会人员”称号，是高碑店乡首位获得国家级荣誉的财会人员。

同年 高碑店地区（乡）被评为“北京市民政工作全优乡镇”“北京市 2002 年绿化隔离地区建设先进乡镇”“2002 年度交通安全先进单位”“2002 年度朝阳区先进体育乡”“北京市人口与计划生育工作先进单位”，荣获“北京市农村体育先进乡镇一等奖”。

2003 年

1 月 5 日 召开地区（乡）第十四届人民代表大会第一次会议。

4 月 27 日 高碑店地区（乡）成立“非典”防控工作领导小组，落实“非典”防控工作。

5 月 第五届居（家）委会换届选举。家委会全部改为居委会。

7 月 25 日 高碑店地区（乡）在抗击“非典”工作中荣获“首都防治非典型肺炎工作先进单位”称号。

8 月 16 日 高碑店地区（乡）社会捐赠工作站揭牌。成立北京市首家“爱心超市”。

11 月 12 日 举办易初莲花朝阳路店专场招聘会，1400 多人参加招聘会，422 人通过面试。

12 月 18 日 开展第六届村党总支“两推一选”试点工作，为朝阳区次年进行村党总支部换届选举实行“两推一选”提供经验。

2004 年

1 月 9 日 乡社区矫正中心成立。

3 月 30 日 易初莲花朝阳路店正式开业。

4 月 1 日 全地区（乡）启动第一次全国经济普查工作。

5 月 18 日 举办首届职业技能大赛。涉及家具木工雕刻、电工、焊工、汽车修理等 6 大内容，132 名选手参加比赛。

6 月 进行第六届村民委员会换届选举。高碑店、北花园、半壁店、高井 4 个建制村

2235户、4021名选民参加选举。

7月5日 组织125名民兵代表北京市参加总参谋部组织的全国29个省市民兵正规化工作比武，受到通报表彰，奖品为面包车10辆。

10月16日 地区（乡）被评为全国亿万农民健身活动先进乡镇。

11月26日 “世界家庭峰会：社会与家庭、发展变化”新闻发布会在高井村召开。

同年 高碑店地区（乡）被评为首都文明乡镇。至2010年，连续7年获此荣誉。

同年 高碑店地区（乡）被评为“北京市环境优美乡镇”。

2005年

1月8日 乡为民服务大厅建成。设置21个服务窗口，办公面积约600平方米。

2月3日 中国残联主席邓朴方考察高碑店乡村级残疾人协会工作，为高碑店村残疾人协会题词“高碑店残疾人工作五好村”。

8月23日 高碑店乡残疾人联合会被中国残疾人联合会评为“全国残疾人工作先进单位”。

8月26日 高碑店村成立古典家具行业协会。

9月 地区（乡）成立甘露园南里一、甘露园南里二、北花园、八里庄等18个新型社区。

12月2日 高碑店古典家具一条街被北京市商务局命名为“市级特色商业街”。

同年 地区（乡）全面完成绿化隔离带建设任务，完成绿化1032亩，植树27万余株。

同年 高碑店乡党委被北京市委评为“五个好”党委。

同年 高碑店地区（乡）被评为“全国创建文明村镇工作先进村镇”“北京市十富乡镇”“北京市‘四五’普法先进集体”“首都文明乡镇”“北京郊区环境优美乡镇”“2005年度北京市计划生育先进集体”。

2006年

1月9日 高碑店村荣获第二批“全国民主法治示范村”荣誉称号。

2月28日 中国人口文化促进会在北花园村召开第三次全国会员代表大会。北花园村被授予“全国人口文化工作先进集体”称号。

2月 第六届社区居民委员会换届选举。18个社区中，有11个社区参加换届选举。

5月27—31日 地区（乡）承办首届端午民俗节活动。

10月12—13日 召开地区（乡）第十一次党代会。

11月16—17日 召开地区（乡）第十五届人民代表大会第一次会议。

11 月 25 日　高碑店地区（乡）企业联合会正式成立。

同年　高碑店村被列入北京市社会主义新农村建设试点村。

同年　村医务室转建工作全部完成，统一更名为社区卫生服务站。

同年　辖区中小学划归管庄学区管辖。

同年　高碑店地区（乡）被评为“北京市村务公开民主管理示范乡镇”“北京市婚育新风进万家活动先进单位”“北京市社会捐助工作先进集体”。高碑店村、高井村、北花园村、半壁店村被评为“北京市村务公开民主管理示范村”。

2007 年

2 月　高碑店村高跷老会受邀到美国洛杉矶表演。

同月　高碑店医院更名为高碑店社区卫生服务中心。

6 月　第七届村民委员会换届选举。高碑店、北花园、半壁店、高井 4 个村民委员会参加选举。

11 月 16 日　中国残联主席邓朴方到高碑店考察爱心超市，指导残疾人服务工作，题词“温馨家园”。

同年　地区（乡）开始对村级正职干部离任经济责任进行审计。

同年　地区（乡）荣获“全国人口和计划生育外事工作单位先进集体”荣誉称号，被北京市评为“社区矫正工作先进集体”。

2008 年

1 月　高井村荣获第三批“全国民主法治示范村”荣誉称号。

5 月 1 日　兴隆郊野公园免费向社会开放。

5 月 25 日　组织全地区（乡）为“5・12”汶川特大地震捐款，114451 人捐款 220 余万元。

8 月　北京奥运会期间，地区（乡）组织志愿者 600 余人，向社会公众提供服务 123 万余人次。

同年　完成白家楼新村一期工程，建设新居 201 栋。首批进行房屋置换的村民全部入住。

同年　高碑店村文化广场建成。建有 162 平方米大舞台和 1000 平方米文化活动广场，配备 100 平方米电子显示屏。

同年　高碑店地区（乡）被评为“中国民间文化艺术之乡”“全国村务公开民主管理先进乡镇”。高碑店村被评为“全国绿色小康村”“北京市最美的乡村”。

同年　高碑店地区（乡）和高碑店社区温馨家园被北京市奥组委评为“北京奥运会、

残奥会先进集体”。高碑店地区（乡）党委、八里庄村党总支、高井村党总支、太平庄北社区党委和通惠家园社区党委被授予“朝阳区2008年奥运集体功勋奖”。

2009年

2月　北花园村正式启动北花园小区建设项目。

3月19日　高碑店村新农村建设西区改造项目正式启动。

5月　第七届社区居民委员会换届选举。18个社区中，有14个社区参加换届选举。

10月12日　高碑店村高跷秧歌被列入第三批北京市级非物质文化遗产名录。

2010年

2月1日　全国人大常委会副委员长顾秀莲到高碑店村考察指导工作。

2月　高碑店地区（乡）被评为“北京市新农村建设先进乡镇”。

3月16日　高井村东亿国际创意园建成开园。

4月　开始第六次全国人口普查工作。是年底结束。全地区（乡）常住人口118094人，户籍人口45804人。

5月7日　北京市人大常委会主任杜德印到高碑店村调研农村城市化、城乡接合部建设等工作。

5月　第八届村民委员会换届选举。

11月26日　高碑店地区（乡）总工会成立，隶属朝阳区总工会。

12月　高井白家楼新村建设全部完成，新建村民住宅409套，村民入住新居。

同年　高碑店地区（乡）被评为“全国妇联基层组织建设示范街道”“北京市‘五个好’乡镇党委”“2009年度首都精神文明创建工作先进单位”。

2011年

2月19日　民革中央主席周铁农携民革各界人士120余人到高碑店村文化街参观。

4月　撤销高碑店社区，重新划分成立高碑店东社区和高碑店西社区。

9月8日　召开地区（乡）第十二次党代会。

11月16日　召开地区（乡）第十六届人民代表大会第一次会议。

12月　高碑店村西区新农村建设全部完成，建成明清风格新居660栋。

同月　高井村红星美凯龙家居城建成营业。

同年　5个建制村全部实现“村账托管”。

同年　地区（乡）实施居家养老工程，全乡1187名80岁以上老人享受到居家养老服务。

同年　高碑店社区卫生服务中心荣获卫生部“全国示范社区卫生服务中心”称号。

2012 年

5 月 第八届社区居民委员会换届选举。18 个社区居民委员会参加选举，其中 4 个采取社区居民直接选举方式。

7 月 半壁店村“盛世龙源文化创意园”更名为“通惠河畔文化创意产业园”。书法家欧阳中石先生题写“通惠河畔”4 个字。

10 月 20 日 位于辖区四惠桥东南角的四惠交通枢纽站建成，为北京市第一座涵盖省际长途换乘功能的综合交通枢纽。

同年 乡信访办公室成立。

同年 高碑店西社区、兴隆家园社区被评为“首批全国社会工作服务标准化建设示范社区”。兴隆家园社区被评为“全国地震平安示范社区”。高井村被评为“首都绿色村庄”。

2013 年

1 月 13 日 高井村荣获“2011—2012 年度北京最美乡村”荣誉称号。

4 月 撤销半壁店西社区，重新划分成立西店社区和方家园社区。

6 月 第九届村民委员会换届选举。高碑店、半壁店、高井 3 个村民委员会参加选举。

5 月 文化园社区成立。

6 月 15 日 华冉建设集团党委成立，是地区（乡）首个非公企业党委。

12 月 撤销半壁店东社区，重新划分成立半壁店社区和小郊亭社区。

同月 花园闸社区、力源里社区成立。

同年 地区（乡）落实北京市人口调控政策，按计划核减外来人口。

同年 高碑店西社区成立“光合团”青年汇，成为北京市首批青年汇组织。

同年 平津闸作为通惠河段仅存的一处老闸入选第七批全国重点文物保护单位。

2014 年

6 月 4 日 高碑店西社区获得中国“社区发展创新奖”。

6 月 22 日 平津闸遗址作为大运河项目遗产点入围 2014 年世界文化遗产名录。

10 月 兴隆郊野公园被评为国家 AAA 级旅游景区和北京市第十二批精品公园。

12 月 31 日 水南庄社区、太平庄社区成立。

同年 各村、社区妇代会完成妇联转建工作。

2015 年

3 月 25 日 半壁店村荣获第六批“全国民主法治示范村”荣誉称号。

7 月 第九届社区居民委员会换届选举。24 个社区居民委员会参加。

同年 地区（乡）党委建立党风廉政建设责任制主体责任落实体系，制定《高碑店地区工委关于落实党风廉政建设党委主体责任工作方案》《高碑店地区完善预防腐败体系工作实施方案》。

同年 高碑店地区（乡）“六五”普法验收指标完成率100%。乡司法所被评为“北京市AAA司法所”。

2016年

3月22日 世界首个手足口相关疫苗肠道病毒71型（EV71）灭活疫苗全球首针接种仪式在高碑店社区卫生服务中心举行。

6月 古街社区成立。

同月 第十届村民委员会换届选举。高碑店、半壁店、高井3个村民委员会参加选举。

7月7日 全国妇联主席沈跃跃一行来到兴隆家园社区，实地考察家庭教育情况。

9月12日 召开地区（乡）第十三次党代会。

11月28—29日 召开地区（乡）第十七届人民代表大会第一次会议。

12月 通惠河畔产业园党委成立。

同年 高碑店地区（乡）被评为“北京市法治宣传教育先进集体”。高碑店社区卫生服务中心荣获“全国百强社区卫生服务中心”称号。

2017年

5月 汇星苑社区成立。地区（乡）有社区28个。

10月 高碑店村、半壁店村西店（自然村）、高井村白家楼（自然村）被纳入朝阳区首批10个美丽乡村建设范围。

同年 各建制村实行会计、出纳“村账双托管”。

同年 位于高碑店村的通惠河连心桥建成。

同年 高碑店社区卫生服务中心荣获“全国百强社区卫生服务中心”称号。高碑店村荣获“首批全国农村社区建设示范单位”。高井村荣获“北京市首批农村社区建设示范单位”。

2018年

1月8日 位于西店社区的通惠河同心桥建成。

3月 正式启动高碑店村、半壁店村西店（自然村）、高井村白家楼（自然村）美丽乡村建设。

6月9日 地区（乡）召开第十七届人民代表大会第五次会议，审议批准高碑店乡

《“美丽乡村”建设工作实施方案》《美丽乡村建设项目公开招标工作的组织实施意见》。

8月 高井村建成“智慧高井”大数据平台。

12月 第十届社区居民委员会换届选举。全地区28个社区参加。

同年 地区（乡）制定《高碑店乡社区党务公开方案》《高碑店乡村级组织“三务公开”方案》，继续推进党务公开、村务公开、财务公开工作。

同年 通惠河畔文化创意产业园党委“通惠河畔·爱特”被评为“北京市社会领域优秀党建活动品牌”。

同年 北花园村、半壁店村、高井村被评为“2015—2017年度首都文明村”。西店社区“六巷一园”管家式服务模式获得2018年“朝阳区社区治理创新奖”及“朝阳区优秀街巷奖”。

2019年

年初 高碑店中心小学并入北京市第十七中学，成为北京市第十七中学小学部。

2月28日—3月4日 地区（乡）残疾人旱地冰壶队（听力组）参加全国第十届残疾人运动会暨第七届特殊奥林匹克运动会旱地冰壶比赛，为北京队夺得唯一一块银牌。

5月5日 通惠河畔再生水湿地公园正式开工建设。是年8月30日竣工。

11月 进行第十一届村民委员会换届选举。高碑店、半壁店、高井3个村民委员会参加选举。

同年 地区（乡）全面推进垃圾分类工作。

同年 半壁店村小郊亭（自然村）、方家村（自然村）被纳入朝阳区第二批美丽乡村建设范围，启动美丽乡村建设。

同年 地区（乡）制定《高碑店乡新时代文明实践站建设工作方案》，牵头筹备乡级文明实践所和各村、社区文明实践站建设。

2020年

6月7日 召开乡第十七届人民代表大会第十次会议，提出“七个高碑店”发展目标，即建设宜居、平安、和谐、幸福、富裕、活力、智慧的高碑店。

6月 花园闸桥桥梁加固工程完工。

8月7日 高碑店村“红店”党建主题园区正式开园。

10月 通惠河高碑店水库段正式通航，成为北京城区内首个实现通航的开放河湖。

同年 开展第七次全国人口普查工作。全地区常住人口109631人、户籍人口54489人。

同年 高碑店地区（乡）按照“七办一队一委五中心”构架，完成机构改革。

同年　高井村被中央文明委授予第六届“全国文明村镇”荣誉称号。

2021 年

1 月 25 日　召开地区（乡）第十三次党代会第五次会议，提出“一带四区”发展战略，即打造通惠河文创文旅科技产业带，打造百姓宜居的社区、文旅科创的园区、风景美丽的景区、人间烟火的商区。

1 月 30 日　完成村、社区党组织换届选举工作。

4 月　第十二届村民委员会换届选举。高碑店、半壁店、高井 3 个村民委员会参加选举。

同月　第十一届社区居民委员会换届选举工作。28 个社区居民委员会参加。

8 月 5 日　成立高碑店地区园区党建联盟。

10 月 20—21 日　召开地区（乡）第十四次党代会。

11 月 5 日　区第十七届、乡第十八届两级人大代表选举投票。

11 月 23—24 日　地区（乡）召开第十八届人民代表大会第一次会议。

第一章　建置区划

高碑店地区（乡）位于北纬 39°55′，东经 116°31′，北京长安街东延长线上，距天安门约 8 千米。东邻三间房、豆各庄地区（乡），南与王四营、南磨房地区（乡）接壤，西接建外街道和八里庄街道，北与平房地区（乡）毗邻。辖域面积 15.08 平方千米。“高碑店”名称由高蜜店、高密店演变而来（一说源于“高米店”），明嘉靖年间已有“高碑店”称谓。明清时期，隶属顺天府大兴县。1953 年 6 月，建立高碑店乡。1958 年 8 月，隶属幸福人民公社。1961 年 6 月，高碑店人民公社独立建置。1983 年 3 月，恢复高碑店乡建置。1993 年 8 月，设立高碑店地区办事处，同时履行街乡双重管理职能。

1978—1998 年，由于国家建设征地等原因，八里庄生产大队（村）8 个生产队陆续转居、转工撤队，辖域范围逐步缩小。2005 年 9 月，高碑店地区（乡）在各村辖域成立甘露园南里一、八里庄、北花园、半壁店西、高井、高碑店等 18 个社区。从 2013 年 4 月开始，陆续成立西店、方家园、文化园等社区。截至 2021 年底，高碑店地区（乡）下辖 5 个建制村、28 个社区。

第一节　建置沿革

1949 年 1 月 31 日北平和平解放前，高碑店地域实行保甲制。同年 3 月至 4 月底，根据《北平市人民政府关于废除保甲制度，建立街乡政府初步方案》，北平市第十四区建立 10 个乡，包括高碑店乡，成立乡人民政府。同年 7 月，第十四区并入第十三区，第十三区政府对镇、乡、村建置做统一调整，设 1 个镇、30 个行政村。其中，高碑店地域建立高碑店、八里庄、慈云寺、小庄、七圣庙、关东店、花园闸、西店、大黄庄 9 个行政村，成立村政府。

1953 年 6 月，东郊区撤销村政府，调整、建立乡政府。高碑店地域建立高碑店、八里庄、慈云寺、小庄、七圣庙、花园闸、大黄庄 7 个乡政府（俗称“小乡”）。

1956年3月，全区合乡并社，高碑店乡与花园闸乡、大黄庄乡合并，建立高碑店乡（俗称“大乡”），成立高碑店乡人民委员会。撤销八里庄乡、慈云寺乡、小庄乡、七圣庙乡，农村地区并入八里庄光辉高级农业生产合作社和小庄团结高级农业生产合作社，分别隶属八里庄办事处和小庄办事处。

1958年3月，八里庄光辉高级农业生产合作社与小庄团结高级农业生产合作社合并建立八里庄幸福高级农业生产合作社。

1958年8月25日，根据中共中央《关于在农村建立人民公社的决议》及中共朝阳区委决定，建立幸福人民公社，原高碑店乡、原八里庄幸福高级农业生产合作社改为工作站。1959年1月20日，幸福人民公社更名为高碑店人民公社。同年11月，成立朝阳人民公社（俗称“大朝阳”），高碑店人民公社并入朝阳人民公社，高碑店、八里庄为工作站建置。

1961年6月，中共朝阳区委贯彻执行《农村人民公社工作条例（草案）》，对全区人民公社进行调整。高碑店人民公社为独立建置。同时，成立公社党委和公社管理委员会。高碑店人民公社建置至1983年2月。

1983年3月，根据朝办发〔1983〕13号文件，撤销高碑店人民公社，恢复高碑店乡建置。同时成立乡党委、乡政府和乡农工商总公司。

1993年8月，根据朝办发〔1993〕17号文件，设立高碑店地区办事处，成立高碑店地区工作委员会，实行“两块牌子，一套班子”，同时履行街乡双重管理职能。高碑店地区办事处（乡）建置至2021年12月底未变。

第二节　行政区划

高碑店地域春秋战国时期隶属燕国。秦朝实行郡县制，高碑店地域属广阳郡蓟县。西汉至隋唐时期一直归属蓟县。公元938年，五代后晋割让幽云十六州，高碑店地域属幽州，始归契丹。辽宋时期，高碑店地域已有“郊亭”地名，有村落分布。金时隶属中都路大兴府大兴县。元代属元大都大兴县。明、清时期隶属顺天府大兴县。

1912年中华民国建立，顺天府辖20县，高碑店地域隶属顺天府大兴县。1914年10月，顺天府改为京兆地方，直辖于北洋政府，高碑店地域隶属京兆地方大兴县。1925年，京兆地方首次设区，北京郊区划分为东、西、南、北4个郊区，高碑店地域隶属北京东郊区。1928年6月28日，国民政府废京兆地方，改北京为北平特别市，高碑店地域隶属北平市东郊区。同年12月19日，北平市推行“地方自治”，设立市辖区（“自治区”），将全市划分为 15 个区（内城 6 个区、外城 5 个区、郊区 4 个区），各区以序号命名，高碑店地域隶属第十二区。1945 年抗日战争胜利后，北平设为国民政府行政院直辖市，全市划分为 16 个区（内城 7 个区、外城 5 个区、郊区 4 个区），各区以序号命名，高碑店地域隶属第十三区。1947 年 3 月，原第十三区至第十六区调整分界，由原来 4 个区改为 8 个区，即从第十三区至第二十区，高碑店地域隶属第十三区和第十四区。1949 年 1 月 31 日，北平和平解放，高碑店地域隶属关系不变。

1949 年 7 月，北平市第十三区、第十四区合并为第十三区，高碑店地域隶属北平市第十三区。1949 年 9 月，中国人民政治协商会议召开，改北平为北京，高碑店地域隶属北京市第十三区。

1950 年 8 月 1 日，第十三区改称第十区，高碑店地域隶属第十区。1952 年 9 月，第十区更名为东郊区，高碑店地域隶属北京市东郊区。1958 年 5 月，东郊区改称朝阳区，高碑店地域隶属北京市朝阳区。隶属关系至 2021 年底未变。

1949 年 7 月，高碑店地域有高碑店、八里庄、慈云寺、小庄、七圣庙、关东店、花园闸、西店、大黄庄 9 个行政村，共 65 个自然村。其中，高碑店行政村下辖高碑店、小花园、东店、小郊亭、田家洼 5 个自然村；八里庄行政村下辖东八里庄、道家坟、甜水井、清真寺、药王庙、窑口、红墙庙、十里堡、佟家坟、延静寺 10 个自然村；慈云寺行政村下辖慈云寺、熏皮厂、陈家林、康家沟、甘露庵、东八里庄（不同于八里庄行政村的东八里庄）6 个自然村；小庄行政村下辖小庄、白家庄、马道口、水碓子、小猪店、红庙、善家村、教厂、舍茶棚、黄姑坟 10 个自然村；七圣庙行政村下辖七圣庙、豫王坟、松公坟、八王坟、柴家湾、一间楼、二闸、南獐鹿房、北獐鹿房、郎家园 10 个自然村；关东店行政村下辖关东店、呼家楼、核桃园、化石营 4 个自然村；花园闸行政村下辖花园闸、北花园、小花园、何家坟 4 个自然村；西店行政村下辖西店、半壁店、水南庄、方家坟、五辈王坟、石板房、东石门、百子湾、西洼、鸭子咀、唐家坟、四根旗杆 12 个自然村；大黄庄行政村下辖大黄庄、高井、太平庄、兴隆庄 4 个自然村。

1953 年 6 月，东郊区调整建置区划，高碑店地域撤销关东店行政村；高碑店行政村、西店行政村调整、合并，建立高碑店乡；白家楼自然村由平房乡划入大黄庄地域，建立大黄庄乡。高碑店地域建立高碑店、八里庄、慈云寺、小庄、七圣庙、花园闸、大黄庄 7 个乡，共 63 个自然村。其中，高碑店乡下辖高碑店、东店、五辈王坟、半壁店、水南庄、西洼、百子湾、西店、小郊亭、田家洼、方家坟 11 个自然村；八里庄乡下辖东八里庄、居民区（因农民征地拆迁新形成的聚居区）、道家坟、甜水井、清真寺、药王庙、窑口、红墙庙、十里堡、佟家坟、延静寺 11 个自然村；慈云寺乡下辖慈云寺、熏皮厂、陈家林、康家沟、甘露庵、东八里庄6个自然村；小庄乡下辖小庄、白家庄、马道口、水碓子、小猪店、善家村、红庙、关东店、核桃园、黄姑坟、松公坟、舍茶棚、教厂13个自然村；七圣庙乡下辖七圣庙、郎家园、二闸、南獐鹿房、北獐鹿房、柴家湾、松公坟、豫王坟、八王坟、一间楼、呼家楼11个自然村；花园闸乡下辖何家坟、大花园、小花园、花园闸4个自然村；大黄庄乡下辖大黄庄、高井、北太平庄、南太平庄、兴隆庄、白家楼、铁家坟7个自然村。

1956年3月，全区合乡并社。高碑店乡与花园闸乡、大黄庄乡合并为高碑店乡，下辖高碑店、田家洼、西店、居民区、水南庄、百子湾、方家坟、五辈王坟、半壁店、小郊亭、东店、何家坟、大花园、小花园、花园闸、大黄庄、白家楼、高井、兴隆庄、铁家坟、南太平庄、北太平庄22个自然村。撤销八里庄乡、慈云寺乡、小庄乡、七圣庙乡，农村地区并入八里庄光辉高级农业生产合作社和小庄团结高级农业生产合作社，包括东八里庄、居民区（不同于高碑店乡居民区）、道家坟、甜水井、清真寺、药王庙、窑口、红墙庙、十里堡、佟家坟、延静寺、慈云寺、熏皮厂、陈家林、康家沟、甘露庵、东八里庄、小庄、白家庄、马道口、水碓子、小猪店、善家村、红庙、关东店、核桃园、黄姑坟、松公坟、舍茶棚、教厂、七圣庙、郎家园、二闸、南獐鹿房、北獐鹿房、柴家湾、松公坟、豫王坟、八王坟、一间楼、呼家楼41个自然村。

1958年3月，原王四营乡并入高碑店乡。八里庄光辉高级农业生产合作社与小庄团结高级农业生产合作社合并建立八里庄幸福高级农业生产合作社。同年8月25日，经中共朝阳区委批准，原南磨房乡、高碑店乡及八里庄幸福高级农业生产合作社合并成立幸福人民公社。1959年1月20日，幸福人民公社更名为高碑店人民公社，下辖高碑店、八里庄、王四营和南磨房4个工作站，共36个生产队、136个自然村。

1961年6月，原朝阳人民公社高碑店工作站、八里庄工作站、半壁店良种繁育试验场合并成立高碑店人民公社，下辖高碑店、八里庄、北花园、半壁店、西店、高井6个生产大队、33个生产队。经域内多次调整，至1964年底，高碑店人民公社下辖高碑店、八里庄、北花园、半壁店、高井5个生产大队、26个生产队。1966年，高碑店生产大队第一生产队调整为高碑店人民公社直属试验场。

1972年1月，大黄庄苗圃（原大黄庄自然村）改为国有制，土地收归国有，划归朝阳区建设局管理。

1973年，高碑店人民公社试验场调整恢复为高碑店生产大队第一生产队。

1976年11月，北花园生产大队何家坟生产队划归双桥中古友好人民公社豆各庄生产大队管辖。高碑店人民公社下辖高碑店、八里庄、北花园、半壁店、高井5个生产大队、

25 个生产队。

1978 年 12 月，根据朝阳区养鱼试验厂占用八里庄生产大队白家庄生产队耕地协议，白家庄生产队农民全部转居、转工，撤销生产队建置。1980 年，大黄庄苗圃（原大黄庄自然村）划归八里庄街道管辖。同年 12 月，根据北京纺织科学研究所征用八里庄生产大队小庄生产队土地协议，小庄生产队农民全部转居、转工，撤销生产队建置。高碑店人民公社下辖高碑店、八里庄、北花园、半壁店、高井 5 个生产大队，23 个生产队。

1985 年 5 月，因国家建设征地，根据京政地字〔1985〕79 号文件，八里庄生产大队道家坟生产队农民全部转居、转工，撤销生产队建置。1986 年 12 月，因国家建设征地，根据京政地字〔1986〕124 号文件，八里庄生产大队居民区生产队农民全部转居、转工，撤销生产队建置。高碑店人民公社下辖高碑店、八里庄、北花园、半壁店、高井 5 个生产大队、21 个生产队。

1987 年 3 月，北花园村 338 亩葡萄园成立北花园苗圃，划归朝阳区农林局。1993 年 8 月，设立高碑店地区办事处，大黄庄苗圃划归高碑店地区（乡）管辖。

1997 年，根据京政地字〔1997〕6 号文件，撤销北花园村花园闸东、花园闸西 2 个生产队建置。同年，根据京政地字〔1997〕109 号文件，撤销高井村高井、太平庄、兴隆庄 3 个生产队建置。1998 年 4 月 16 日，因建设地铁复八线征地，根据京征地〔1998〕14 号文件，撤销八里庄村陈家林、康家沟 2 个生产队建置。同年 12 月 30 日，因国家建设征地，根据京征地〔1998〕94 号文件，撤销八里庄村慈云寺、熏皮厂 2 个生产队建置。至此，八里庄村 8 个生产队全部撤销，其中白家庄、小庄、道家坟、居民区、慈云寺、熏皮厂 6 个生产队地域管辖权先后划归团结湖街道、六里屯街道、八里庄街道、建外街道和呼家楼街道。2005 年 9 月 2 日，根据朝阳区《关于高碑店地区办事处成立社区的请示批复》，高碑店地区（乡）建立 18 个社区。

截至 2021 年底，高碑店地区（乡）辖域面积 15.08 平方千米，下辖高碑店、八里庄、北花园、半壁店、高井 5 个建制村，以及甘露园南里一、甘露园南里二、花园闸北里东、花园闸北里西、太平庄北、太平庄南、康家园西、康家园东、大黄庄、兴隆家园、通惠家园、丽景馨居、北花园、八里庄、高井、高碑店东、高碑店西、西店、方家园、文化园、半壁店、小郊亭、花园闸、力源里、水南庄、太平庄、古街、汇星苑 28 个社区。

高碑店乡政府因驻地最初位于高碑店村而得名，具体位置在高碑店村南后头郭家大院内。1971 年，迁至通惠河南岸高碑店生产大队北后街。1978 年，迁至通惠河北岸原八里庄生产大队种子站。1987 年，迁至康家沟高碑店北路甲 1 号。至 2021 年底未变。

第三节　建制村

高碑店村村民委员会

高碑店村　位于高碑店地区（乡）南部，距天安门约8千米。村名由“高蜜（密）店”音变而来。2005年建立社区前，东临东五环路，南至广渠路，西至半壁店建制村，北至通惠河。辖区面积2.63平方千米。地势西南高、东北低，海拔30～33米，聚落海拔32米。土壤为褐潮土。村落为集团型，呈方形分布。村民以汉族为主。少数民族有满族、回族、蒙古族、鄂温克族等。主要姓氏有张、刘、陈、周、赵、王、褚、卢等。

1949年3月10日，高碑店村废除保甲制，成立高碑店乡人民政府。同年7月，设为行政村，成立高碑店村政府。1954年11月，建立高碑店一社、高碑店二社2个初级农业生产合作社。1956年1月，高碑店一社、高碑店二社合并成立高碑店高级农业生产合作社。1958年1月，高碑店高级农业生产合作社与王四营“十一”农业生产合作社合并，成立高碑店乡“十一”高级农业生产合作社。1961年6月，成立高碑店生产大队，隶属高碑店人民公社，下辖高碑店一队、二队、三队、四队、五队、六队和东店7个生产队。1962年，调整为高碑店一队、二队、三队、四队、五队5个生产队。1966年，高碑店一队调整为高碑店人民公社直属试验场。1973年，公社试验场恢复为高碑店一队。1984年3月，高碑店生产大队设为建制村，成立村民委员会。1991年8月，撤销高碑店生产大队建置，成立村经济合作社。2005年，村域成立高碑店社区。2011年4月，撤销高碑店社区，重新划分成立高碑店东社区和高碑店西社区。2013年，成立文化园社区。2016年，成立古街社区。截至2021年底，高碑店村域有高碑店东、高碑店西、文化园和古街4个社区。

1949年6月8日，根据北平市东郊委员会关于土地改革部署，第十四区委在高碑店村进行土地改革试点。二十世纪五六十年代，以粮食种植为主，鱼塘养鱼、卖鱼也是重要经济来源。80年代初至21世纪初期，因京秦铁路、污水处理厂、东五环路等建设工程征地拆迁，高碑店村大部分农民转为居民，大量耕地被征占，农业退出主导产业领域。1978年，开始发展工副业，成立电镀磨光厂。八九十年代，社队企业（乡镇企业）获得发展，兴办砖厂、玉器加工厂、玻璃器具厂等。受高碑店千年文化底蕴影响，从90年代起，一些经营古典家具的商户陆续自发迁移到高碑店村，逐渐形成古典家具一条街。2005年12月，古典家具街被北京市商务局命名为“北京市特色商业街”。2006年，成为北京市新农村建设试点村。自2009年3月始，高碑店村西区、东区分三批进行新农村建设，共拆除平房院落1293个，新建住宅1708套，总建筑面积66.64万平方米。至2019年底完成。2017年，高碑店村被纳入朝阳区首批10个美丽乡村建设范围，启动美丽乡村建设，2019年完成阶段性任务。2020年8月，建成“红店”党建主题园区，占地面积12000余平方米，内有奋进长廊及村史博物馆、高跷博物馆、社情民意收集站、大数据中心、儿童之家、温馨家园、党群服务中心、文化中心“一廊八馆”园区布局。村内有文物古迹平津闸遗址和北京市级非物质文化遗产高碑店高跷秧歌。

2021年，高碑店村集体经济总收入14949.2万元，上缴税金402.9万元。有农业人口551户、670人。

八里庄村村民委员会

八里庄村　位于高碑店乡西部，长安街东延长线上。因距离朝阳门8里得名。2005年建立社区前，东临高碑店北路，南至通惠河，西与建外街道、八里庄街道接壤，北接朝阳路。辖区面积2.65平方千米。地势西北高、东南低，海拔32～36米，聚落海拔35米。土壤为褐潮土，耕层土质肥沃。村落为散列型，呈横向长条状分布。村民以汉族为主，少数民族有回族、满族、壮族、苗族、朝鲜族等。主要姓氏有张、王、李、刘、于等（道家坟生产队撤队前有回族100余户，主要居住于清真寺附近。主要姓氏有李、景、金、穆等）。

1949年7月，八里庄设为行政村，成立村政府。1953年6月，撤销村政府建置，成立八里庄乡。50年代中后期，八里庄所辖地域广阔，东到今高碑店北路和平房地区（乡）界，南到通惠河北岸，西到东大桥，北接东风乡界，辖区面积近20平方千米，下辖41个自然村。1954年10月，建立七圣庙初级农业生产合作社、慈云寺“五五”初级农业生产合作社。1955 年 10 月，建立小庄团结初级农业生产合作社、八里庄初级农业生产合作社。1956 年 1 月，慈云寺“五五”初级农业生产合作社与八里庄初级农业生产合作社合并，成立八里庄光辉高级农业生产合作社。同时，七圣庙初级农业生产合作社与小庄团结初级农业生产合作社合并，成立小庄团结高级农业生产合作社。1958 年 3 月，八里庄光辉高级农业生产合作社与小庄团结高级农业生产合作社合并，成立幸福高级农业生产合作社。同年 8 月，八里庄幸福高级农业生产合作社与高碑店乡、南磨房乡合并，成立幸福人民公社。1961 年 6 月，成立八里庄生产大队，隶属高碑店人民公社，下辖白家庄、小庄、道家坟、清真寺、居民区、红墙庙、郎家园、熏皮厂、慈云寺、陈家林、康家沟 11 个生产队。1964 年，合并为白家庄、小庄、道家坟、居民区（简称北四队）和熏皮厂、慈云寺、陈家林、康家沟（简称南四队）8 个生产队。1965 年，八里庄生产大队成立试验站，至 1975 年撤销。1978 年 12 月，因国家建设征地，农民转居、转工，撤销白家庄生产队建置，划归团结湖街道。1980 年 12 月，撤销小庄生产队建置，划归团结湖街道和呼家楼街道。1984 年 3 月，八里庄生产大队设为建制村，成立村民委员会。1985 年 5 月，撤销道家坟生产队建置，划归八里庄街道管辖。1986 年 12 月，撤销居民区生产队建置，划归八里庄街道管辖。1996 年，道家坟、居民区以二道沟为界，以北划归六里屯街道管辖。1998 年 4 月，撤销陈家林、康家沟生产队建置。同年 12 月，撤销慈云寺、熏皮厂生产队建置，其中慈云寺划归八里庄街道管辖。至此，八里庄村 8 个生产队建置全部撤销。2005 年 9 月，八里庄村域成立甘露园南里一、甘露园南里二、康家园西、康家园东、通惠家园、丽景馨居、八里庄 7 个社区。2013 年 12 月，成立力源里社区，八里庄村管辖区域进一步缩小。截至 2021 年底，八里庄村下辖康家沟、熏皮厂、田家洼 3 个自然村，以及道桥公司家属院和 9 个出租公寓。

1949 年 10 月，八里庄村开展土地改革，农民获得土地，发展农业生产。20 世纪 50 年代，以粮食、蔬菜种植为主。1957 年，建成团结湖鸭场。养殖鸡鸭和生猪是重要副业收入来源。八里庄生产大队由于贯彻“农林牧副渔、工商运建服”全面发展方针，经济收入比较充裕。1965 年，八里庄生产大队成立信用分社，做到存储、借贷不出村。60 年代，大力发展蔬菜种植，是北京市重要蔬菜种植基地之一。1978 年，八里庄生产大队种植蔬菜 2445 亩，总产量 1864.7 万千克，鸭场养鸭达到 11442 只。八里庄社队企业起步早，发展规模大，有八里庄修建队、汽车队、五金厂、工具厂、塑料厂、制管厂等 20 多家企业。1979 年，八里庄生产大队道家坟生产队“四定一奖”生产责任制成功经验在朝阳区农村地区推广。21 世纪初期，八里庄村城市化进程加快，大力发展文化创意产业，打造通惠河北岸产业带，发展传承运河文化，提升产业结构。相继建成晋商博物馆、桥艺术文化中心、茶文化艺术中心、弘德裕商城、天洋运河壹号等，以廊道经济为引领，推进以华腾世纪总部为代表的文创产业发展。八里庄村文化设施齐全，建成八里庄村史陈列室，建有1200平方米文化活动中心、1800平方米文化活动广场及4个体育健身园。2020年，建成2228平方米新时代文明实践站。文体组织有书法协会、幸福舞蹈队等，定期开展文化体育活动。文化资源丰富，有丰伸济伦石碑、席氏墓碑、镇南将军墓、孟公墓等古迹，流传着康八姑娘、佛手公主坟等传说。

2021年，八里庄村集体经济总收入6989.2万元，上缴税金781.1万元。原有农民均已转为居民。

北花园村村民委员会

北花园村 位于高碑店乡东部，距天安门约13千米。2005年建立社区前，东与三间房地区（乡）毗邻，南接豆各庄、王四营地区（乡），西邻高碑店村、高井村，北连高井村。辖区面积2.41平方千米。地势南高北低，海拔26～30米，聚落海拔30米。土壤为褐潮土，耕层土质肥沃。村落为集团型，呈长方形分布。村民以汉族为主，少数民族有满族等。主要姓氏有卢、王、刘、高、田、张、毕等。

1949年7月，北花园地域所属花园闸设为行政村。1953年，建立花园闸乡，北花园地域隶属花园闸乡。1954年11月，花园闸乡成立花园闸一社、二社、三社3个初级农业生产合作社。1956年1月，3个初级农业生产合作社并入高碑店高级农业生产合作社。1961年6月，成立北花园生产大队，隶属高碑店人民公社，下辖何家坟、大花园、小花园、花园闸4个生产队。1962年，调整为何家坟、大花园、小花园、花园闸一队、花园闸二队、花园闸三队、花园闸四队7个生产队。1964年，合并为何家坟、大花园、小花园、花园闸东、花园闸西5个生产队。1976年11月，何家坟生产队划归双桥中古友好人民公社豆各庄生产大队管辖。至此，北花园生产大队下辖大花园、小花园、花园闸东、花园闸西4个生产队。1984年3月，北花园生产大队设为建制村，成立村民委员会。1991年，撤销北花园生产大队建置，成立村经济合作社。1992—1995年，由于全国妇联小区建设及京通快速路建设征地，根据京政地字〔1992〕117号、京政地字〔1995〕178号文件，花园闸东、花园闸西生产队大部分农民转为居民。1997年，撤销花园闸东生产队和花园闸西生产队建置。2008年，根据京政地字〔2008〕74号文件，国家征用北花园村土地建设北花园小区。2011年9月—2012年10月，原大花园、小花园2个自然村村民全部入住北花园小区。截至2021年底，北花园村辖域有北花园、花园闸、花园闸北里东、花园闸北里西4个社区，人口由4个社区服务和管理。

北花园地域于1950年初进行土地改革。二十世纪六七十年代，以种植粮食为主。70年代后期至80年代，北花园生产大队发展社队企业（乡镇企业），有修配厂、印刷厂、玻璃仪器厂、肠衣膜提炼厂、喷涂厂、保温材料制品厂、远红外线元器件仪器厂、汽车修理厂等。80年代后期，北花园生产大队通过“内引外联”，建成内蒙古饭店、复兴商业城、台湾家具厂、东华印刷厂等。工业反哺农业，大田粮食生产从耕、耙、播种到收割，全部实现机械化。从2009年开始，北花园工业区经过转型，从以制造业为主，转变成为以文创、服务业为主的文化产业园。发展文化创意产业，建成花园里文创园、吉里国际艺术区等产业园区，引进北花园置业、四季花园里、中科中电等公司，集体经济收入成倍增长，园区环境明显提升。

2021年，北花园村集体经济总收入4593万元，上缴税金985万元。原有农民均已转为居民。

半壁店村村民委员会

半壁店村 位于高碑店乡西南部，通惠河南岸。村名由“半边店”谐音演变而来。2005年建立社区前，东至五环路并与高碑店村接壤，南与王四营地区（乡）接壤，西接王四营、南磨房地区（乡），北依通惠河南岸。辖区面积3.63平方千米。地势西北高、东南低，海拔31～33米，聚落海拔32米。土壤以褐潮土为主。村落为集团型，呈“龙”字形分布。村民以汉族为主，少数民族有满族、回族、壮族、蒙古族等。主要姓氏有董、陈、康、朱、崔、张、方、周、李、刘、宋、钱等。

1949年1月北平和平解放前，地域隶属北平市第十四区。1949年7月，西店设为行政村，今半壁店地域隶属西店行政村。1953年6月，撤销西店行政村建置，所辖地域划归高碑店乡。1958 年 8 月，成立半壁店生产队和西店生产队，隶属幸福人民公社高碑店工作站。1960 年 3 月，在半壁店生产队基础上建立半壁店良种繁育试验场。1961 年 6 月，半壁店良种繁育试验场与高碑店工作站、八里庄工作站合并成立高碑店人民公社。同年，半壁店生产大队所辖生产队调整为半壁店一队、半壁店二队、半壁店三队 3 个生产队。1963 年 3 月，半壁店生产大队与西店生产大队合并成立半壁店生产大队，隶属高碑店人民公社，下辖半壁店一队、半壁店二队、小郊亭、西店、水南庄、方家坟 6 个生产队。1964 年，调整为半壁店、小郊亭、西店、方家坟 4 个生产队。1984 年 3 月，半壁店生产大队设为建制村，成立村民委员会。1991 年 8 月，撤销半壁店生产大队建置，成立村经济合作社。1993 年 7 月，半壁店村分成半壁店村和华东公司（村）。至 2000 年底，重新合并为半壁店建制村。截至 2021 年底，半壁店下辖半壁店、西店、方家村、小郊亭、水南庄 5 个自然村，村域成立半壁店、西店、方家园、小郊亭、水南庄 5 个社区。

1950 年 1 月，半壁店地域进行土地改革，发展农业生产，主要以粮食种植为主。六七十年代，是全公社重要粮食产区。80 年代，开始种植葡萄。2006 年，半壁店村在通惠河南岸打造“盛世龙源”文化创意产业园，占地面积 56 万平方米，建筑面积 16.2 万平方米，分为美食苑、酒吧苑、演艺苑、国粹苑等，成为半壁店村支柱产业。2012—2013 年，西店自然村进行新农村建设，建成 515 套村民住宅和 2 栋高层住宅楼。2017 年，半壁店村西店（自然村）被纳入朝阳区首批 10 个美丽乡村建设范围，启动美丽乡村建设。2018 年，半壁店、小郊亭、方家村 3 个自然村启动新农村建设。2019 年，建成通惠河畔再生水湿地公园，占地面积 738 亩。同年，半壁店小郊亭（自然村）、方家村（自然村）纳入朝阳区第二批美丽乡村建设范围，启动美丽乡村建设。半壁店村内文化设施齐全，建有村史馆、新时代文明实践大讲堂等。

2021 年，半壁店村集体经济总收入 5860 万元，上缴税金 166.3 万元。有农业人口 323 户、471 人。

高井村村民委员会

高井村　位于高碑店乡东北部。因村北土岗上有一口井而得名。传说从该井水面可见倒映出的朝阳门城楼（另有一说，立于井沿可见北海公园白塔），故名“高井”。2005

年建立社区前，东邻北花园村，并与三间房地区（乡）接壤，南至通惠河，西至高碑店北路，北与平房地区（乡）接壤。辖区面积3.74平方千米。地势西北高、东南低，海拔31 ~ 33.6米，聚落海拔32米。土壤为褐潮土，耕层土质肥沃。林木覆盖率10.3%。村落为散列型，沿朝阳路两侧呈带状分布。村民以汉族为主，少数民族有满族、蒙古族等。主要姓氏有刘、衡、马、孟、高、宋、谭、沈、于、布、魏、张等。

1949年7月，辖域设为大黄庄行政村，成立村政府，辖大黄庄、高井、太平庄、兴隆庄4个自然村。1953年6月，撤销大黄庄村政府建置，建立大黄庄乡，辖大黄庄、高井、太平庄、兴隆庄、白家楼5个自然村。1954年11月，成立兴隆初级农业生产合作社和万盛初级农业生产合作社。1956年1月，兴隆初级农业生产合作社和万盛初级农业生产合作社并入高碑店高级农业生产合作社。同年3月，大黄庄乡并入高碑店乡。1958年8月，隶属幸福人民公社高碑店工作站。1959年11月。隶属朝阳人民公社高碑店工作站，辖大黄庄、白家楼、高井、太平庄、兴隆庄5个生产队。1960年3月，朝阳区撤销大黄庄生产队建置，改建大黄庄苗圃。1961年6月，成立高井生产大队，隶属高碑店人民公社，辖高井、兴隆庄、太平庄、白家楼一队、白家楼二队（本队社员称白家楼东队、白家楼西队）5个生产队。1964年，调整为高井、兴隆庄、太平庄、白家楼4个生产队。1984年3月，高井生产大队设为建制村，成立村民委员会。1991年8月，撤销高井生产大队建置，成立村经济合作社。1997年，撤销高井村高井、太平庄、兴隆庄3个生产队建置，农民全部转居、转工。截至2021年底，高井村下辖白家楼自然村，辖域建有高井、大黄庄、兴隆家园、太平庄南、太平庄北、汇星苑6个社区。

20世纪50年代初期，村域开展土地改革，走农业合作化道路，发展粮食生产。1955年12月4日，全国人大常委会委员长刘少奇视察兴隆初级农业生产合作社。六七十年代，高井生产大队主要发展葡萄种植，是北京葡萄酒厂葡萄种植基地之一。1984年，葡萄种植发展至高峰时，种植面积780余亩，总产量约156.7万千克。高井葡萄种植产业的发展及地处朝阳路、建国路优越的地理位置，促进社队企业（乡镇企业）发展。八九十年代，高井村乡镇企业数量多，发展早、规模大、经济效益好，通过购买农业机械等支援农业。21世纪以后，高井村加快农村城市化进程。2007年，域内白家楼启动新农村建设，利用两年多时间建成409栋独立二层小楼，村民通过宅基地置换入住新居。至2010年底，置换工作基本完成。高井村以“责任高井”为理念，大力发展传媒文化产业，辖区商业繁荣，有东亿国际传媒文化产业园、红庄国际文化保税创新园两个主要文化产业园区，以及光明山老年公寓、红星美凯龙、宝马5S店、奔驰4S店等系列配套服务产业。居民生活便利，有民航总医院、卜蜂莲花等大型超市。交通发达，紧邻朝阳路、京通快速路、朝阳北路、东五环路。文化设施健全，设有文化活动中心、便民图书馆、文化活动广场，形成“高井道德讲堂”文化品牌。2008 年，建成 200 余平方米高井村史馆。2017 年，白家楼（自然村）被纳入朝阳区首批 10 个美丽乡村建设范围，启动美丽乡村建设，两年完成。2018 年，建成全市首家村级党建馆，占地面积 440 平方米。2019 年初，建成全国首家数字化村级档案馆。白家楼精品示范村成为乡村振兴朝阳样板。2020 年，高井村被中央文明委授予第六届“全国文明村镇”荣誉称号。2021 年，被评为“北京市农村工作（2017—2021）先进集体”。

2021 年，高井村集体经济总收入 6676 万元，上缴税金 413.7 万元。有农业人口 361 户 622 人。

第四节　社　区

甘露园南里一社区　2005 年 9 月成立，11 月成立社区党委和社区居委会，简称甘一社区。社区位于高碑店地区西北部，东邻甘露园南里二社区，南部和西部为京包铁路干线，北至朝阳路。面积 0.16 平方千米，包括 25 座住宅楼和 1 个平房院。人口以汉族居多，少数民族有满族、回族、蒙古族、土家族、朝鲜族等。

甘露园南里一社区居民委员会

公交 75 路、419 路、468 路、494 路、运通 111 路在社区附近均设有站点。文化资源丰富，设有甘露艺术幼儿园、芳草地国际学校甘露分校中学部和小学部。社区建设构建“1+6”关爱服务模式，即一个社区居家养老服务站为主，爱心接力团、医疗救助团、生活助老团、关爱帮扶团、心理督导团、司法援助团 6 支特色服务团队为辅，为社区空巢、独居老人提供爱心倡导、健康保健、生活照料、心理抚慰等服务，推动社区养老服务规范化发展。社区有夕阳红合唱队、夕阳美太极队、欢乐舞蹈队、同乐书法班、枫叶绘画班、甘露琴歌乐坊 6 支文化队伍。

截至 2021 年底，社区有居民 2824 户，常住人口 6217 人，其中常住户籍人口 2715

人、流动人口1895人。

甘露园南里二区居民委员会

甘露园南里二社区 2005年9月成立，同年11月，成立社区党委和社区居委会，简称甘二社区。社区位于高碑店地区西北部，东邻丽景馨居社区，南接康家园西社区，西接甘露园南里一社区，北至朝阳路。面积0.12平方千米，有楼宇21栋，其中居民楼18栋、商业楼3栋。居民大部分由北京城区南小街、牛街等地搬迁而来。

公交75路、419路、468路、494路、运通111路等在社区附近均设有车站。社区建有650平方米文化广场，内有健身器材、乒乓球台、儿童娱乐设施、篮球场、足球场等健身设施和场所。社区成立党员红色先锋队、妇联紫色巾帼队、工会蓝色模范队、垃圾分类志愿者服务队等组织。建立85名队员的社区巡逻队，负责治安巡逻、环境保护、矛盾调解等工作。每月5日是“社区环境日”。

截至2021年底，社区有居民2599户，常住人口5270人，其中常住户籍人口2693人、流动人口920人。

花园闸北里东社区 2005年9月成立，11月成立社区党委和社区居委会，简称花北东社区。社区位于高碑店地区东部，京通快速路北侧，东接三间房地区（乡），南至京通快速路，西至花园闸北里西社区，北至朝阳路。面积0.09平方千米，包括16栋居民楼。居民主要为朝阳门外拆迁居民及京通快速路建设征地形成的农转居

花园闸北里东社区居民委员会

转工人员。

社区有物业单位 3 个、社区便民店 3 个。有 5 支志愿者服务队伍，人数约 450 人。文化团体有花东情舞蹈队等。

截至 2021 年底，社区有居民 2064 户，常住人口 3829 人，其中常住户籍人口 2123 人、流动人口 1016 人。

花园闸北里西社区　2005 年 9 月成立，11 月成立社区党委和社区居委会，简称花北西社区。社区位于高碑店地区东部，东邻花园闸北里东社区，南接京通快速路，西靠东五环路，北至朝阳路。面积 0.14 平方千米，共有居民楼 14 栋（塔楼 4 栋、单元楼 10 栋）及征而未拆的妇联平房区 89 个院落。居民为北京站泡子河、朝阳门、东单电话局宿舍楼、协和医院家属楼等地拆迁人口，以及当地农转居转工人员。人口以汉族居多，少数民族有满族、回族等。

花园闸北里西社区居民委员会

2008 年，建成 200 平方米社区文化中心。2014 年，升级改造建成 6000 平方米健身园。2015 年，建成 100 米长社区长廊。有合唱队、交谊舞队、广场舞队等文艺团体。2014 年 10 月，社区成立“巧娘堆绣班”，定期组织学习培训，举办堆绣展等活动。

截至 2021 年底，社区有居民 2025 户，常住人口 4570 人，其中常住户籍人口 3050 人、流动人口 520 人。

太平庄北社区　2005 年 9 月成立，11 月成立社区党委和社区居委会，简称太北社区。社区位于高碑店地区北部，东邻汇星苑社区，南至建材制品总厂南街，西至阿曼寓所，北接平房地区（乡）。面积 0.13 平方千米。社区楼房或平房为 20 世纪 80 年代初所建，包括建材厂宿舍、乡企局宿舍、四建宿舍、电建宿舍、叠彩园以及泰和园小区。2017 年 5 月，四建宿舍、叠彩园划归汇星苑社区。

社区有金隅爱馨泰和养老照料中心、北京市第八十中学管庄分校汇星校区。2013 年建成 200 平方米文化广场。社区有广场舞队、舞蹈队、太北之星合唱队、交谊舞队、篮球队、羽毛球队、太极队等文体组织。2020 年 7 月，成立泰和书画院，邀请名师名家走进

太平庄北社区居民委员会

社区、服务社区，打造高端亲民的服务品牌。

截至2021年底，社区有居民2489户，常住人口5062人，其中常住户籍人口2082人、流动人口1751人。

太平庄南社区 2005年9月成立，11月成立社区党委和社区居委会，简称太南社区。社区位于高碑店地区北部，东邻大黄庄社区，南至朝阳路，西接高井社区，北至汇星苑社区。面积0.11平方千米，包括朝阳路67、69、71号院，共13栋楼宇，其中居民楼5栋、写字楼8栋。

社区紧临朝阳路，公交350路、488路、517路、648路、快速公交2线等经过。社区服务站建有党员活动室、警务工作室、文体活动室、日间照料室、老年活动室、图书室及多功能厅。社区成立火之舞舞蹈队、蓝之翔羽毛球队、风之韵合唱团、梨园豫剧社、快乐杯乒乓球队、墨香书画班等群众组织。

太平庄南社区居民委员会

截至2021年底，社区有居民108户，常住人口245人，其中常住户籍人口54人、流动人口50人。

康家园西社区 2005年9月成立，11月成立社区党委和社区居委会，简称康西社区。社区位于高碑店地区中部偏西，地铁1号线四惠东站停车场北侧，东邻康家园东社区和丽景馨居社区，南至地铁八通线，西至京包铁路，北接甘露园南里二社区。面积0.11平方千米，共有居民楼15栋（12栋多层板楼、3栋塔楼）。居民大部分为呼家楼北京第一机床厂宿舍和朝阳门搬迁居民以及当地农转居转工人员。

社区紧临地铁八通线。有综合市场、小学、社区卫生服务站、垃圾中转站、文化广场等设施。社区建设中注重志愿者队伍建设，有老年志愿者、青少年志愿者、巾帼志愿者、党员志愿者、治安巡逻队、老龄志愿者、义工服务队等群众组织。文化生活丰富，有合唱队、舞蹈队、交谊舞队、广场舞队、京剧队、模特队等文艺团体，开展各类文体生活。

康家园西社区居民委员会

截至2021年底，社区有居民2523户，常住人口5430人，其中常住户籍人口2750人、流动人口1020人。

康家园东社区　2005年9月成立，11月成立社区党委和社区居委会，简称康东社区。社区位于高碑店地区中部，东至高碑店北路，南临京通快速路，西接康家园西社区，北至丽景馨居社区。面积0.1平方千米，包括白领家园小区和康家园26号院。白领家园为商品房小区、共有7栋居民楼；康家园26号院于1990年建成并投入使用，为北京农商银行高碑店支行与中国农业银行宿舍楼。

社区靠近地铁四惠东站，公交468路、553路经过。辖域有国家级单位中国检验检疫科学研究院和央企华润时代中心。绿地面积7000余平方米。在白领家园2号楼地下室建有900平方米活动场所。社区有“春之声”合唱队、梦幻舞蹈队文艺团体及巾帼志愿者队、党群志愿者服务队。

康家园东社区居民委员会

截至2021年底，社区有居民814户，常住人口1271人，其中常住户籍人口425人、流动人口327人。

大黄庄社区居民委员会

大黄庄社区　2005年9月成立，11月成立社区党委和社区居委会。社区位于高碑店地区东北部，东至三间房地区（乡），南至朝阳路，并与花园闸社区接壤，西至太平庄南社区及汇星苑社区，北至高井村白家楼及平房地区（乡）。面积0.79平方千米。社区成立时，有平房院259个，共387户，户籍人口787人。至2021年底，社区有68个平房院。辖区单位有大黄庄绿化队、中国传媒大学附属小学（低部）、特色创意产业园等各类单位、商铺105家。居民以汉族居多，另有满族、回族等少数民族。

社区位于朝阳北路、朝阳路、东五环路等主干路交叉地段，乘坐411路、488路、517路、615路、639路、648路、690路、运通111路等公交车均可到达。社区建有90平方米文化活动室和200平方米文体广场。有夕阳红合唱团、老来俏秧歌队、快乐广场舞队、踏歌民族舞队、花梦舞魂交谊舞蹈队等文艺团体。

截至2021年底，社区有居民1262户，常住人口2431人，其中常住户籍人口180人、流动人口2251人。

兴隆家园社区居民委员会

兴隆家园社区　2005年9月成立，11月成立社区党委和社区居委会。社区位于高碑店地区中部，东至兴隆西街，南至京通快速路，西至高碑店北路，北至朝阳路。面积0.34平方千米。1998年10月，兴隆家园小区开始兴建。1999年12月，居民开始入住。社区有住宅楼31栋，其中拆迁安置楼3栋、商品楼27栋和中国联合网络通信有限公司北京市五区分公司高碑店分局宿舍楼1栋。业主以汉族为主，少数民族有回族、蒙古族、满族、朝鲜族、土家族、白族等。有外籍人员58人，其中常住11人、租住47人。

公交468路、553路、517路、专141路、350路、451路、488路、615路、639路、690路等经过。辖区单位有朝阳区残疾人联合会、北京燃气集团工程一所、北京市自来水集团有限公司朝阳营销青年路所、高碑店电话局、北京农商银行高碑店支行、中国紫檀博物馆、兴隆小学、向日葵幼儿园等。建有兴隆家园南区活动室、兴隆家园3号楼地下活动室、兴隆家园4号楼兴隆书苑图书室共计800余平方米。社区邻里之家活动中心有篮球馆、羽毛球馆和网球馆；24号楼地下室设有乒乓球室。社区有红袖标志愿者服务队、兴隆金色时光模特队、兴隆飞扬交谊舞队、兴隆兴雅京剧社、兴隆合唱团、兴隆舞星舞蹈队、兴隆弹拨吧队、兴隆空竹队、兴隆书法社等文艺团体。

截至2021年底，社区有居民5030户，常住人口14000人，其中常住户籍人口4556人、流动人口9236人。

通惠家园社区　2005年9月成立，11月成立社区党委和社区居委会。社区位于高碑店地区西部，东至四惠东地铁站，南至长安街东沿线北侧，西至四惠地铁站、力源里社区，北邻八里庄村、八里庄社区。面积0.29平方千米，由惠民园、惠生园、惠润园、惠泽园4个园区组成，有楼宇62栋，其中居民住宅楼43栋、附属楼宇19栋。

通惠家园社区居民委员会

社区紧临地铁四惠站、四惠东站和四惠公交枢纽站。有日坛中学四惠校区、日坛小学四惠校区和光华路幼儿园、红黄蓝幼儿园、向日葵幼儿园。2015年，通惠家园社区获得首都绿化美化花园式社区，绿地面积9.5万平方米。社区建有惠民园中心广场、惠生园中心广场、社区健身广场、惠润园健身广场等健身场所。成立金秋合唱队、梨园票友协会、巧手布艺班、陶然书画协会、快乐民乐队、金秋舞蹈队、相知乒乓球协会、金秋萨克斯队、篮球队等文体组织。

截至2021年底，社区有居民5862户，常住人口12784人，其中常住户籍人口4786人、流动人口7998人。

丽景馨居社区居民委员会

丽景馨居社区 2005年9月成立，11月成立社区党委和社区居委会，简称丽景社区。社区位于高碑店地区北部，东至高碑店北路，南接康家园东社区，西邻甘露园二社区，北至朝阳路。面积0.15平方千米，有丽景馨居、甘露晴苑、都市经典3个小区，共有12栋楼。

社区紧临康家沟公交场站。社区设物业单位4个、社区便民店2个、国有银行2家。社区内建有100平方米活动室。社区成立丽景合唱团、丽景舞蹈队、丽景交谊舞队、丽景电声乐队、丽景民乐队等文化团体。

截至2021年底，社区有居民1897户，常住人口4836人，其中常住户籍人口1497人、流动人口1940人。

北花园社区 2005年9月成立，11月成立社区党委和社区居委会。社区位于高碑店地区东部，东至三间房地区（乡），南至豆各庄、王四营地区（乡），西至高碑店东社区，北接花园闸社区。面积1.95平方千米，住宅区包括北花园小区3号院、6号院。居民多为原北花园村大花园和小花园回迁居民。

社区建有北花园社区卫生服务站。建有30平方米综合活动室，为书香花园图书室及炫彩舞蹈队、巧娘工作室活动场所，为居民搭建实现自身价值、缓解生活压力、服务广大市民的服务平台。

截至2021年底，社区有居民2934户，常住人口6887人，其中常住户籍人口3220人、流动人口3567人。

北花园社区居民委员会

八里庄社区　2005年9月成立，11月成立社区党委和社区居委会。社区位于高碑店地区西部，京通快速路、地铁八通线与东四环交会处。东至京包铁路，南起通惠河北岸，西临大望路，北至北京国华热电厂专用铁路线。面积1.61平方千米。北京城建道桥建设集团、四惠交通枢纽、四惠长途汽车站、四惠和四惠东地铁场站位于本辖区。社区有现代城市综合体佳兆业广场及锦裕写字楼、大望写字楼商业楼宇。有大望路电影产业园。住宅区包括城建道桥职工宿舍西大望路12号3幢楼房和2处平房院落、原红星酒厂职工宿舍平房区51户、国华电厂征而未占的松公村10个院落。康家沟、熏皮厂、田家洼3个自然村由八里庄社区和八里庄村双重管理。

八里庄社区居民委员会

社区辖区面积较大，地理位置跨度大，服务居民8216人。设立两个服务站：2007年，启动康家沟服务站；2019年，启动佳兆业服务站，打通服务群众“最后一公里”。同年，成立半小时公益服务队。

截至2021年底，社区有居民489户，常住人口1537人，其中常住户籍人口101人、流动人口1424人。

高井社区　2005年9月成立，11月成立社区党委和社区居委会。社区位于高碑店地区东北部，朝阳路两侧。东至北花园村、大黄庄社区，南至通惠河，西至平房地区（乡），北至平房地区（乡）。面积1.42平方千米。社区原管理阿曼寓所（商品房）、美丽亚洲（商品房和经济适用房）、民航总医院

高井社区居民委员会

家属楼、木材经营处宿舍 4 个居住小区和白家楼农民新村。2014 年 12 月 31 日，成立太平庄社区，阿曼寓所小区、美丽亚洲小区、民航总医院家属楼、木材经营处宿舍划归太平庄社区管辖。

公交 350 路、411 路、488 路、517 路、615 路、639 路、690 路等可达小区附近。社区有摄影队、朗诵队等文艺团体。

截至 2021 年底，社区有居民 1024 户，常住人口 1108 人，其中常住户籍人口 519 人、流动人口 589 人。

半壁店西社区　2005 年 9 月成立，11 月成立社区党委和社区居委会。2013 年 4 月，撤销半壁店西社区，重新划分成立西店社区和方家园社区。

半壁店东社区　2005 年 9 月成立，11 月成立社区党委和社区居委会。2013 年 12 月，撤销半壁店东社区，重新划分成立半壁店社区和小郊亭社区。

高碑店社区　2005 年 9 月成立，11 月成立社区党委和社区居委会。2011 年 4 月，撤销高碑店社区，重新划分成立高碑店东社区和高碑店西社区。

高碑店东社区居民委员会

高碑店东社区　2011 年 4 月成立，同时成立社区党委和社区居委会，简称高东社区。社区位于高碑店地区中部偏东，紧临通惠河南岸。东邻花园闸社区、北花园小区，南邻古街社区，西邻高碑店西社区，北依通惠河。面积 0.57 平方千米，有新村住宅 932 套，楼房 11 栋（兆维集团 3 栋、陶家湾小区 8 栋），简易楼 9 栋（东大楼）。居民为原高碑店村村民。社区有 500 余家商户。有北京市第十七中学陶家湾校区、高碑店社区卫生服务中心、高碑店派出所等 10 家市、区级企事业单位。

社区办公楼配备党员活动室、日间照料室、图书室、民调室、法律服务室、文体活动室等室内活动场所。2015 年，建成 150 平方米社区活动室。2018 年，建成 3000 平方米的高碑店东区露天文化广场。自 2011 开始，至 2021 年连续举办元宵节灯会、端午民俗节等节庆活动。

截至2021年底，社区有居民5767户，常住人口4492人，其中常住户籍人口1986人、流动人口2506人。

高碑店西社区　2011年4月成立，同时成立社区党委和社区居委会，简称高碑店西社区。社区位于高碑店地区中部，紧临通惠河南岸。东邻高碑店东社区、古街社区，南至京哈（京秦）铁路，西至西店社区，北至京通快速路。面积0.26平方千米。新村住宅分为新村一区、新村二区。

高碑店西社区居民委员会

社区南侧建有1000余平方米居民文化健身活动广场，是高碑店村举办重大活动首选场地。通惠河高碑店段留存平津闸遗址，作为大运河项目遗产点入围2014年世界文化遗产名录。通惠河南侧建有郭守敬石像。社区办公楼地处滨河路南侧，占地3000平方米，设有党员活动室、益民书屋、社区青年汇等场所。社区先后成立“半亩园”阳台绿化协会、“巧媳妇”协会、民艺文体协会等自治组织。各类志愿者300余人。社区建有北京市首座垃圾分类社区宣传科普小屋。

截至2021年底，社区有居民2560户，常住人口4267人，其中常住户籍人口1928人、流动人口2339人。

西店社区居民委员会

西店社区　2013年4月成立，同时成立社区党委和社区居委会。社区位于高碑店地区西南部，东至高碑店西社区，南至京哈（京秦）铁路北侧，西至水南庄社区，北至通惠河南岸。面积0.56平方千米，有新村住宅房530套、新村置换楼2栋。

北京市第十七中学高中部、北京市第十七中学小学部、高碑店地区西店社区卫生服务站坐落于本社区。社区志愿服务队有党员先锋队、“益青春”志愿服务队、“我是一个兵”志愿服务队、绿色年华垃圾分类志愿服务队、“六巷一园”志愿服务队等。2018 年 4 月，社区活动功能室陆续开放，有阅习室、墨香堂、畅舞坊、民议汇、连心社等。2020 年，建成 100 平方米残疾人康复活动室。社区有“忆芳华”老年模特队等 5 支文体队伍。

截至 2021 年底，社区有居民 1223 户，常住人口 3669 人，其中常住户籍人口 1213 人、流动人口 2456 人。

方家园社区 2013 年 4 月成立，同时成立社区党委和社区居委会。社区位于高碑店地区西南部，东邻文化园社区、古街社区，南靠王四营地区（乡），西接南磨房地区（乡）（辖区内综合市场“百姓菜篮子”占地面积 14.5 亩，隶属方家园社区），北依西店社区和京哈（京秦）铁路。辖区面积 0.59 平方千米。

方家园社区居民委员会

社区紧临广渠东路，11 路、23 路、455 路、541 路等多条公交线路经过，方便周边企业和居民出行。社区内有群众文化组织红日暖心党员志愿者服务队、夕阳红舞蹈队、金色年华合唱队、毫雅苑书法协会、凤玲珑剪纸协会、粉黛工艺坊。2018 年，建成 5000 平方米“同心园”党建主题公园。

2018 年 11 月，在方家村原址启动新农村建设，拆除平房院落 175 个。截至 2021 年，建成新村住宅 392 套，市政处、卫生局宿舍楼 2 栋，总建筑面积 217320 平方米。

截至 2021 年底，社区有居民 523 户，常住人口 1050 人，其中常住户籍人口 725 人、流动人口 325 人。

文化园社区居民委员会

文化园社区 2013年5月成立，12月成立社区党委和社区居委会。社区位于高碑店地区中南部，东至东五环路，与北花园社区交界，南邻半壁店社区、小郊亭社区，西邻方家园社区，北至京哈（京秦）铁路。面积1.48平方千米。社区有商务楼宇55栋，内有企业、商户500余家。社区内有人文雕塑景观11处、文化墙2处、宣传栏23块。

社区建筑采用中国明清古典建筑风格。辖区内有中国艺术研究院油画院、中国雕塑院、印象里文创园、科举匾额博物馆、华膳园文化传媒产业园区、华声天桥民俗文化园等知名艺术机构和企业。从2003年培育发展至2021年，形成以中国书画艺术、文化传媒为主导，集制作、教研、交流、创作、展示于一体的文化创意产业园。社区成立文化园社区企业志愿者服务队、“墨香溢园”书画协会。社区绿化面积43万余平方米，绿化覆盖率39.4%。

截至2021年底，社区有2074户3172人。

半壁店社区 2013年12月成立，同时成立社区党委和社区居委会。社区位于高碑店地区南部。进行新农村建设前，东至高碑店污水处理厂南门，南至王四营地区（乡）观音景园东区，西邻方家园社区，北邻文化园社区，面积1.06平方千米。居民为原半壁店村民转居，多为汉族，有少数回族和满族。

半壁店社区居民委员会

北京市属企业北京排水集团高碑店再生水厂坐落于本社区。社区交通便利，公交11路、23路、322路、363路、455路、699路途经辖域。社区有京鼓韵味社、南北缘舞龙队、红羚羽舞蹈队、红珊瑚太极队、彩虹合唱队、同心共乐小车圣会等。社区热心公益志愿队伍有：红心互助帮帮团、红烛、彩梦、博爱、春晖、凝心雨志愿服务队等。

2018年11月，启动新农村建设，原259个平房院落迁至华能桥南西侧。至2021年，建成新村住宅340套，楼房2栋，总建筑面积237473平方米。新村东至高碑店污水处理厂，南与王四营地区（乡）接壤，西至半壁店1号产业园，北邻文化园社区。

截至2021年底，社区有居民682户，常住人口1951人，其中常住户籍人口1531人、流动人口420人。

小郊亭社区居民委员会

小郊亭社区　2013年12月成立，同时成立社区党委和社区居委会。社区位于高碑店地区东南部。新农村建设前，东、西、北部均与文化园社区接壤，南至广渠东路华能热电厂北门东侧，面积0.73平方米。

11路、23路、363路、455路、541路公交在社区附近设有站点。社区具有千年文化底蕴，明代万历年间“普门寺”即在此营建，占地面积3000平方米，有东、南、北三座禅房；普门寺内有一棵国家二级保护树木侧柏。社区有向日葵、蓝鹰、芳华、康亭、手牵手、亭暖心6支志愿服务队。有“国韵香”戏曲队、轻舞飞扬舞蹈队、太极扇队、忆青春合唱队、绿植园艺队、巧手编织队共6支文体队伍。

2018年11月，启动新农村建设，原239个院落迁址于华能热电厂西侧。至2021年，建成新农村住宅房320套，总建筑面积162425平方米。新村东至东五环路，南与王四营地区（乡）接壤，西至半壁店社区，北至文化园社区。

截至2021年底，社区有居民395户，常住人口876人，均为常住户籍人口。

花园闸社区　2013年12月成立，同时成立社区党委和社区居委会。社区位于高碑店地区东部，通惠河两侧。东至三间房地区（乡）交界处，南至北花园社区，西与高碑店东社区、高井社区接壤，北至朝阳路南侧（首创中传传媒产业创新中心、紫檀大厦）与大黄庄社区接壤。面积0.23平方千米，有北花园小区1、2号院12栋住宅楼和京通快速路辅路南侧花园闸平房区近300个院落。

花园闸社区居民委员会

2015年，建成234平方米的图书室，有图书3000余册。2020年，成立小蜜蜂志愿服务队。文艺团体有太极舞蹈队、新飞逸舞蹈队、合唱队等。社区有党员活动室、多功能厅、青年之家等，每月定期开展丰富多彩的文体和宣传活动。

截至 2021 年底，社区有居民 3614 户，常住人口 8007 人，其中常住户籍人口 1586 人、流动人口 4275 人。

力源里社区　2013 年 12 月成立，同时成立社区党委和社区居委会。社区位于高碑店地区西北部，地铁四惠站北侧。东邻通惠家园社区，南至四惠地铁 1 号线，西至东四环路，北至北京国华热电厂铁路线南侧、八里庄社区。面积 0.11 平方千米，由金地名京、东恒时代和力源里小区 3 号院 3 个小区组成，有居民楼 14 栋、商业楼 2 栋。

力源里社区居民委员会

社区建有人口文化长廊一座，文化广场一处。在 3 个小区均设有居民接待室、居民活动室、多功能室、舞蹈室、日间照料室、党员活动室等。社区成立 8 支志愿者服务队，成立英姿舞蹈队、源声合唱队、交谊舞队、太极拳队、篮球队、乒乓球队等 6 支文体队伍，开展丰富多彩的文体活动。

截至 2021 年底，社区有居民 2567 户，常住人口 4901 人，其中常住户籍人口 2112 人、流动人口 2789 人。

水南庄社区居民委员会

水南庄社区　2014 年 12 月成立，同时成立社区党委和社区居委会。社区位于高碑店地区西南部，东至京包铁路西侧，南至京哈（京秦）铁路北侧，西与南磨房乡接壤，北至通惠河南岸。面积 0.69 平方千米，包括水南庄新村 1 栋回迁楼和 24 栋自建房，以及通惠河畔产业园，含国粹苑、四惠大厦、自空间、君天大厦和通惠大厦等楼宇。

公交 31 路、439 路、专 87 路、专 113 路、快速直达专线 34 路经过。社区内有通惠河畔文化产业园，是通惠河文化创意产业之一，建筑群用现代的规划理念展示高碑店的千年文化底蕴，给社区群众带来优越方便的居住环境。社区有福利院、幼儿园、诊所、便民药店等。社区建设方面有紫春藤老年辅警队、紫竹韵快板队、阳光 365 和谐队伍、紫羽宣书法协会、紫梦幻舞蹈队等多支文化组织，打造“科学、文明、健康、快乐、幸福”的社区文化。

截至 2021 年底，社区有居民 2019 户，常住人口 5012 人，其中常住户籍人口 3562 人、流动人口 1450 人。

太平庄社区居民委员会

太平庄社区 2014 年 12 月成立，同时成立社区党委和社区居委会。社区位于高碑店地区北部，东邻高井社区，南至京通快速路中线以北，西至兴隆西街，北至朝阳路北（含阿曼寓所小区）。辖区面积 0.74 平方千米，有 18 栋居民楼、2 处商业楼宇，包括美丽亚洲小区、阿曼寓所小区、民航总医院、朝青汇、木材经营处宿舍区。

社区靠近地铁八通线高碑店地铁站，有公交 411 路、451 路、488 路、517 路、639 路、690 路、快速公交 2 路经过。民航总医院、兴隆公园坐落在辖区。社区有文化活动室、图书室。有老年文艺表演队、舞动夕阳太极拳队和 8 支社区志愿服务队。

截至 2021 年底，社区有居民 1641 户，常住人口 2252 人，其中常住户籍人口 971 人、流动人口 1281 人。

古街社区 2016 年 6 月成立，10 月 21 日成立社区党委和社区居委会。社区位于高碑店地区中部偏南，东至五环外高碑店东路与北花园社区接壤，南至京哈（京秦）铁路，西至高碑店西社区和方家园社区，北至高碑店东社区。面积 0.32 平方千米，有村民住宅 484 个院落（其中 439 个院落于 2014 年参与新农村建设改造），有粮管所和污水处理厂集体宿舍 4 户。古家具一条街有平房及二层楼房约 150 栋，入驻商户近 400 家。

古街社区居民委员会

2005 年 12 月，高碑店古典家具一条街被北京市商务局命名为“市级特色商业街”。2007 年 1 月，建成 400 平方米“社区之家”，有民间艺术体验馆。2018 年，建成 4000 平方米文体中心，500 米健身步道；同年，建成 11000 平方米停车场，有车位 891 个。自 2019 年起，社区同“携手筑梦义工团”共建“携手筑梦志愿服务队”，共同开展走进河北涞水龙门乡偏道子小学爱心捐赠活动。由高碑店村投入资金，分别于 2020 年和 2021 年建成 900 平方米和 1300 平方米两处“口袋公园”。社区有红色古韵合唱团、彩韵升辉交谊舞队、靓丽古街广场舞队、古街彩韵腰鼓队 4 支文体队伍，有党员志愿者服务队、青年志愿者服务队和心理健康疏导、矛盾调解小组。

截至 2021 年底，社区有居民 484 户，常住人口 2736 人，其中常住户籍人口 1834 人、流动人口 902 人。

汇星苑社区　2017 年 5 月成立，9 月底成立社区党委和社区居委会。社区位于高碑店地区北部，从原太平庄北社区划出。东邻大黄庄社区，南与太平庄南社区交界，西至汇星路，北与平房地区（乡）交界。面积 0.22 平方千米，有汇星苑小区、叠彩园小区、电力建设公司宿舍、建工四建高井宿舍等 32 栋楼房，以及 3 片 75 户平房宿舍。

汇星苑社区居民委员会

辖区社会单位有信粮实业、星牌建材销售部、思建新创实验室、四建建筑设计研究院、四建水电分公司、四建装饰分公司、四建金属结构分公司、朝花幼儿园汇星园等。建有 77880 平方米汇星苑城市森林公园、300 平方米羽毛球场、100 平方米儿童游乐场、50 平方米健身园。有星光太极队、模特队、合唱队、舞蹈队等文艺团体。

截至 2021 年底，社区有居民 3947 户，常住人口 10544 人，其中常住户籍人口 8364 人、流动人口 2180 人。

第二章 自 然

高碑店地区（乡）位于北京市朝阳区中部。辖域轮廓东西略长，最长处约 6.7 千米；南北略窄，最宽处约 4.3 千米。土壤肥沃，适合粮食、蔬菜等农作物生长。属暖温带半湿润季风型大陆气候，气温适中，适宜居住。地域自然资源丰富。通惠河自西向东川流不息，不仅是地区的重要自然资源，更是促进地区经济社会发展的重要历史文化资源。用于生产生活的林业资源、河流资源塑造了地域优美的自然环境。

第一节 地质地貌

高碑店地区（乡）属北京洪积冲积扇平原，主要由永定河携带大量泥沙长期沉积形成。地势西北高、东南低，坡度较缓，地形平坦开阔。区域轮廓呈东西略长、南北略窄不规则多边形。海拔 28 ~ 36 米。

土壤多为轻壤土，兼有黏土和砂土特点，通气透水、保水保温性能较好，耕层土质肥沃，是较为理想的农业土壤。土质以潮褐土为主，质地疏松、透气，养分含量高，适宜种植粮食、蔬菜等农作物。东北部有少量砸石黑土。中部高碑店村有少量盐碱地。

水文地质方面，沉积物质颗粒细，以中细砂、粉砂为主，渗透性能差。地下含水层多埋藏在 20 米以下，含水层厚度为 20 ~ 35 米，大黄庄社区一带含水层厚度在 50 米以上。

第二节 气 候

气温 高碑店地区（乡）属暖温带半湿润季风型大陆气候。春季干燥多风，昼夜温差较大；夏季炎热，时间较长；秋季冷暖适宜，时间短促；冬季寒冷干燥，时间最长。

1959—2021年，年平均气温12.9℃[①]；1月最冷，月平均气温-3.1℃；7月最热，月平均气温26.7℃。

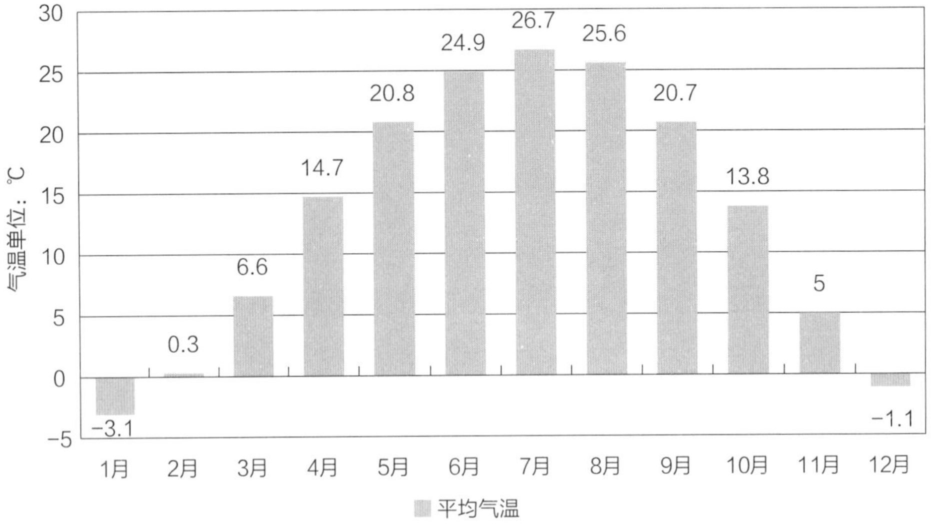

图2-1　1959—2021年高碑店地域各月平均气温示意图

历年极端最高气温41.9℃（1999年7月24日），极端最低气温-21.2℃（1966年2月23日）。地域昼夜温差较大，随季节变化，区间为9～12℃。每日最高气温一般出现在15—16时，最低气温出现在日出前后。

1959—2021年高碑店地域各月极端气温统计表

表2-1

项目	月份	1	2	3	4	5	6	7	8	9	10	11	12
极端最高	气温（℃）	14.3	19.8	29.5	33.5	41.1	41.6	41.9	38.2	35.9	31	21.6	18.7
	出现日期	4	13	18	29	29	10	24	4	8	4	4 3	3
	出现年份	2002	1996	2009	2017	2014	1961	1999	2017	2019	2006	1984 2006	1989

① 由于高碑店地区（乡）没有设立气象观测站，本节所用气象数据均为朝阳区气象局全区气象统计数据。

续表 2–1

项目＼月份		1	2	3	4	5	6	7	8	9	10	11	12
极端最低	气温（℃）	−18.6	−21.2	−13.9	−3.8	2.7	9.8	14.2	10.9	4.3	−4.9	−13.2	−17.8
	出现日期	27	23	5	1	4	4	27	31	29 19	30	24	28
	出现年份	1960	1966	1969	1972	1976	1997	1989	1972	1985 1989	1986	1993	1986

降水　地域年降水量相差较大。1959—2021 年，最高年降水量为 1169 毫米（1959 年），最低年降水量仅为 266.9 毫米（1999 年），相差 4.38 倍。年平均降水量为 596.8 毫米。春、冬少雨，降水大多集中在 6 月、7 月、8 月三个月。全年降雪较少，平均积雪深度 10 ～ 15 厘米，平均年降雪累计 6 ～ 8 天。初雪一般出现在 10 月末 11 月初，终雪在 2 月末 3 月初。

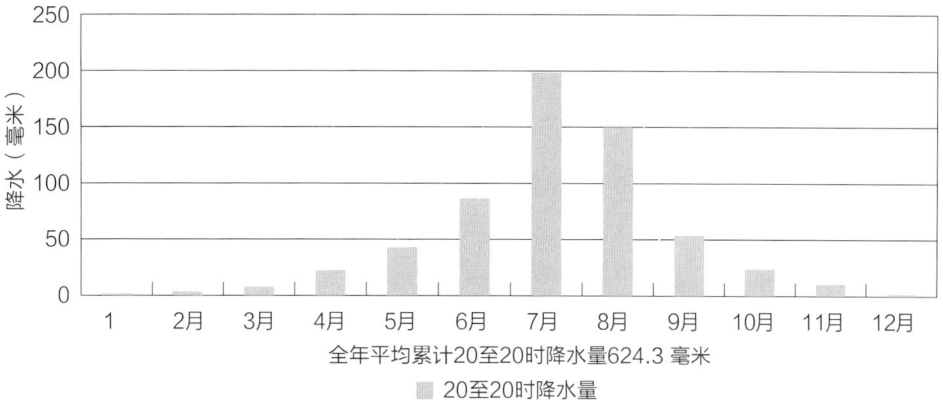

图 2–2　1959—2021 年高碑店地域月平均累计降水量示意图

风速　受季风气候影响，高碑店地域冬季盛行偏西北风，夏季盛行偏南风。年平均风速 2.3 米 / 秒，年最大平均风速 5.3 米 / 秒。全年春季多风，4 月份风速最大，月平均风速 2.8 米 / 秒，月最大平均风速 6.5 米 / 秒。年平均大风日数 25 ～ 30 天。

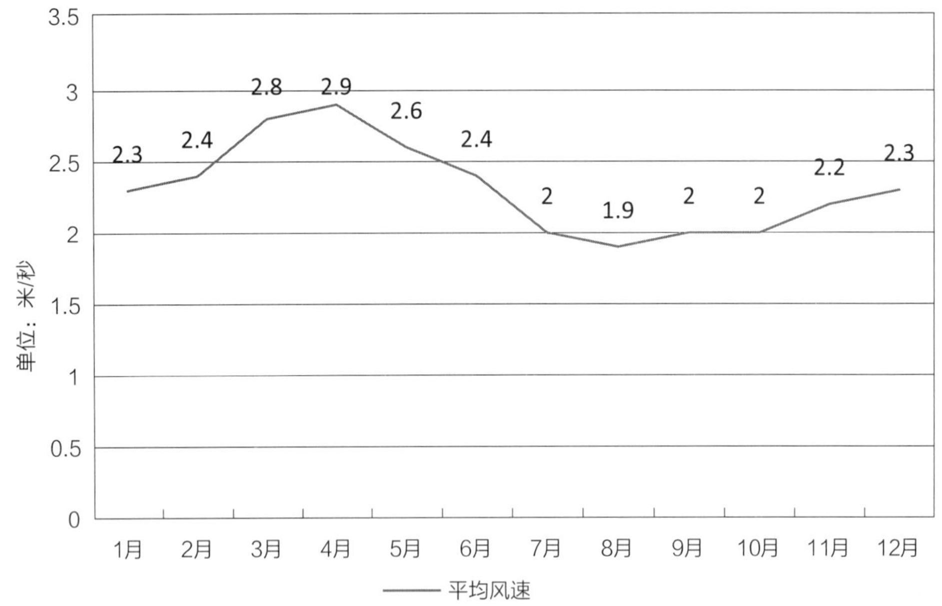

图 2-3　1959—2021 年高碑店地域各月平均风速示意图

日照　1959—2021 年，高碑店地区（乡）平均年累计日照时数 2523.6 小时，平均每天日照时数 6.9 小时。5 月份日照时数最多，为 265.6 小时；12 月份日照时数最少，为 172.6 小时。

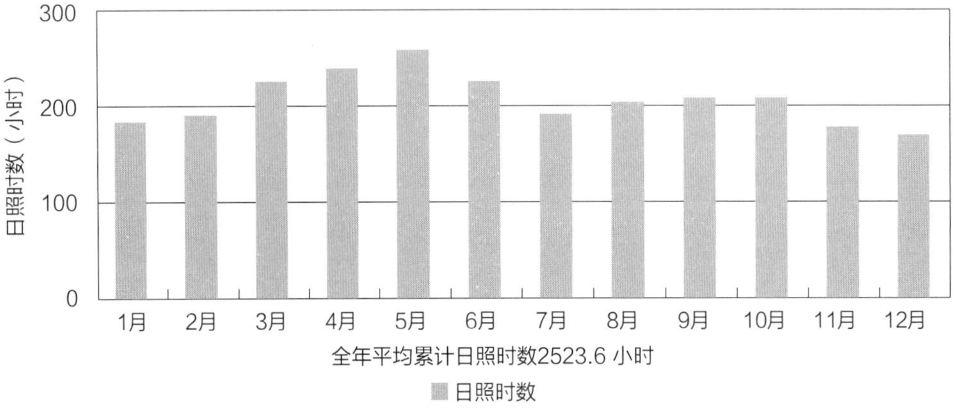

图 2-4　1980—2021 年高碑店地域月平均累计日照时数示意图

第三节　水系　水道

通惠河高碑店段　通惠河属海河支流北运河（潞河）水系。高碑店段西起汇通桥，流经八里庄、半壁店、高碑店、高井村，东至北花园村界，全长 5.7 千米。明清时期，通惠河是北京地区漕运最发达的水道。元至元二十九年（1292），天文学家、水利学家、数学家郭守敬主持开浚，次年竣工。元世祖忽必烈赐名“通惠河”。上至昌平白浮泉，下至通州张家湾河口，全长82千米。明朝嘉靖七年（1528），吴仲再次成功疏浚通惠河，使水势大盛，漕运兴旺。清朝基本继承明朝通惠河设施，未进行大规模疏浚。光绪二十七年（1901），通惠河漕运废止。至20世纪50年代初，通惠河未进行全面规划整治，行洪能力约为350立方米每秒。高碑店地域因通惠河漕运兴起获得发展，平津上闸是重要的漕运码头，明清时期商业繁荣。漕运衰落后，部分高碑店人以挖塘养鱼、卖鱼为生。人民公社时期，渔业养殖发展到很大规模，至20世纪末结束。

1958年，在西大望路东、通惠河北兴建东郊热电厂。因取用河水需要，在高碑店村北建闸壅水，兴建高碑店水库。同时，为保证高碑店人民公社附近农业灌溉用水，建通惠灌渠，引通惠河水灌溉。1959年4月，开工新建高碑店闸，位置在古高碑店闸下游。次年9月竣工。新高碑店闸由拦河闸和拦河堤组成。拦河闸设三孔，通流能力210立方米每秒。闸南堤北，堤顶宽10米，特大洪水时可溢流。工程做土方11万立方米，混凝土及砌石0.8万立方米。新闸建成后，古高碑店闸废弃。通惠河水经新闸分流，一部分沿通惠河继续东流，一部分流入通惠灌渠。

1960年，为解决工业及生活用水排放导致通惠河污染问题，建成高碑店简易城市污水处理试验厂。位于通惠河南岸，占地13公顷，每日接受污水量40万吨，日处理污水20万吨。1961年投入运行，污水经沉淀处理后送入污水灌渠。

1965年9月，因北京热电厂供水紧张，开工建设大循环冷却系统工程。包括改建红领巾湖和朝阳灌渠、疏浚二道沟和通惠河内阻水浅滩及淤岛。同年12月竣工。大循环冷却系统用水顺序为：热电厂退出的热水经退水渠流入红领巾湖冷却，再经二道沟回流到通惠河高碑店闸前散热。

1979年，北京市规划局制定《通惠河规划报告》，按20年一遇标准分期整治通惠河。1981年，开工改建高碑店闸（1976年唐山大地震时上部结构被震裂）。新闸位于旧闸北，设4孔，按20年标准设计，百年洪水校核。1984年，高碑店新闸建成并投入使用。同年，挖泥船在高碑店闸前湖区疏挖阻水坝埂，扩大水库库容，建成高碑店水库，解决汛期蓄水问题，达到20年一遇行洪标准。

20世纪80年代初期，通惠河附近工业废水和生活污水排入河内，造成严重污染。据1980年监测，通惠河有机污染为5级，有毒污染为5级。据1985年监测，通惠河化学需氧量超标84倍，氨氮超标764倍，挥发酚超标65倍。1990年12月5日，为解决污染问题，开工建设高碑店污水处理厂一期工程。1993年，一期工程竣工投产，日污水处理量

50万立方米。1999年底，二期工程竣工投产，日污水处理量100万立方米。北京市每天近一半污水在这里进行处理，二级出水排入通惠河下游。

从1993年3月开始，北京市政府对通惠河进行全面治理。经过不断治理，通惠河及周边地域环境不断改善，带动高碑店地区运河相关文化产业发展。1998—1999年，北京市分三期对通惠河全线进行治理，提高排洪能力。高碑店段治理工程分属第一期和第三期。2006年，按照北京市政府关于“打造通惠河滨水文化景观带”要求，半壁店村在通惠河南岸打造“盛世龙源”文化产业长廊，吸引众多知名企业入驻，促进地区经济发展。

2011年，高碑店村在原平津闸遗址处复建漕运码头遗址公园，成为重要文化景观。2014年6月，京杭大运河作为整体申遗项目入选世界文化遗产名录。通惠河高碑店段作为京杭大运河组成部分，是高碑店地区（乡）重要文化遗产。2015年，通惠河实行河长制，落实属地责任。

2017年2月，通惠河进行全线清淤，周边环境进一步改善。2020年10月，通惠河高碑店水库段正式通航，成为北京城区内首个实现通航的开放河湖。

2021年，高碑店地区（乡）发掘通惠河历史文化资源，拥河而兴，提出和推进“一带四区”建设，即打造通惠河文创文旅科技带，将高碑店地区（乡）建设成为百姓宜居的社区、文旅科创的园区、风景美丽的景区、人间烟火的商区。

二道沟高碑店段 属通惠河水系，是亮马河与通惠河之间主要排水沟。因有两道沟渠组成，故名。原西起东大桥一带，向东流泄，在高井村太平庄折向南流，在高碑店闸上游汇入通惠河。二道沟明渠高碑店段位于高碑店北路东侧，长约885米。2006年10月，北京市水务部门实施二道沟环境综合治理工程，通过河道拓宽、清淤、绿化、截污等办法，使河道由原来河底6～8米、河面20米，拓宽至河底12米、河面30米左右。

半壁店引水河 位于广渠路南侧，西起半壁店方家村小区东侧，东至高碑店路西侧，全长约555米。原名半壁店沟，因流域主要区域位于半壁店村，故名。1959年，北京市东部汛期大水，使广渠门外工业区被水淹泡。为解决该地区平日排放工业废水、汛期排除雨水出路问题，北京市政工程局于汛后在低洼连村路基础上，疏挖而成半壁店排水沟。西起广渠门外，东至小郊亭村东，注入通惠干渠，然后沿渠北流至泄洪闸进入泄洪沟，在北花园村东入通惠河。全长10千米，流域面积11.4平方千米。

1964年4—5月，高碑店人民公社组织200人清除沟内沉积的电石渣，清除淤积物3.15万立方米。因无防毒面具，清淤任务未彻底完成。1969年12月—1970年11月，自通惠干渠泄洪闸至通惠河887米泄洪沟开挖新沟；通惠干渠以西3000米沟段进行清淤。

由高碑店人民公社和双桥农场分段组织施工，完成清淤及新挖沟土方2.7万立方米。改建整修桥梁8座、跌水1处、护砌2处，做砖石砌体及混凝土0.31万立方米。治理工程共用工2.47万个工日。治理后，半壁店沟最大断面底宽6.5米，最大过流量每秒18立方米，排洪标准为10年一遇。1980—1982年，市防汛办公室投入10万元，改建半壁店沟蔡家坟、半壁店村中和村东、方家坟等四座桥梁。改建后，各桥长16.5米，宽6米，均为钢筋混凝土"T"型梁结构，荷载标准汽车10吨。

2018年，朝阳区水务部门开展新一轮半壁店沟治理，新建雨水、污水管道。半壁店村负责整修两岸护坡，治理河道沿岸环境。河边修建生态停车场。2018年7月，半壁店沟正式更名为半壁店引水河。在引水河沿岸两侧建设广渠路沿线滨水景观漫行公园。

青年路排水沟白家楼段 位于高井村白家楼（自然村），东西走向，东至三间房地区（乡）东白家楼村，西至平房地区（乡）亮马厂村，白家楼段全长736米。1989年10月—1990年6月，乡政府投入20万元做衬砌。2004年7月，高井村投入350万元进行整治，对沟段进行清淤、加封，对地面进行绿化，加装护栏，安装座椅、健身设施等，历时2个月完成。

通惠灌渠高碑店段 位于高碑店地域东南部，是通州区新河灌区从通惠河引水的主要通道。1957年10月，启动开挖建设。北起通惠河高碑店闸，南至凉水河高各庄闸，全长14.4千米。域内从通惠河高碑店水库引水后，向东南流经高碑店东区，向东流经北花园社区，折向南穿过百花郊野公园，长约3.1千米。其中，在高碑店村内长1.8千米。

流经高碑店村的通惠灌渠

二十世纪八九十年代，通惠灌渠高碑店段污染严重，两侧私搭乱建、垃圾成堆，渠道淤积，影响周边百姓生活和高碑店村域经济发展。2004年2月，为改善古典家具街周边环境，在乡政府支持下，高碑店村启动通惠灌渠一期治理工程。乡、村两级共出资330多万元对渠道及北岸进行治理，拆除违章建筑，迁坟300余座，清运垃圾、清理渠坡，布设污水管线，修建桥梁，对岸边进行绿化美化。经过100多天奋战，通惠灌渠一期北岸治理工程竣工。河渠水清岸绿，周边环境得到极大改善。2005年3月，通惠灌渠启动二期治理工程。乡、村两级共出资400多万元，拆迁房屋2000多平方米，在灌渠南岸拓出5～6米宽路面，拆除所有私搭乱建。同年4月底竣工。经过治理，在通惠灌渠北侧建成一条1500米长、具有明清风格的集休闲、观光、娱乐、餐饮为一体的水乡茶楼一条街。南侧古家具街商户从环境治理前10多户，迅速增加至400多户。通惠灌渠、古典家具街和水乡茶楼都是通惠河南岸文化产业带重要组成部分。

污水灌渠 1956年6月底，北京市农林水利局在通惠河南岸建成水南庄灌区，提取通惠河水灌溉农田，修干渠1条、支渠3条，共长8.5千米。1960年，高碑店简易城市污水处理试验厂建成。为解决水南庄灌区水源不足问题，改用高碑店简易城市污水处理试验厂处理后的污水为水源进行灌溉，对水南庄灌区原干支渠进行改建、扩建，形成污水灌渠。范围包括干渠2条，长11.5千米；支渠8条，长2千米。至70年代初期，由于污水灌溉导致粮食有害元素超标，逐渐停止使用污水灌溉，污水灌渠废弃。

第四节 自然资源

土地资源 高碑店地域土地资源总量相对较少。1956年，高碑店乡成立时，全乡有农业用地1165.8公顷（当时仅有对农业用地的统计，不包括宅基地等其他用地）。1961年，高碑店人民公社成立时，有农业用地885.4公顷，约占公社总面积的49.5%。至70年代中期，地域土地资源以农业用地、居住用地为主，土地利用格局基本保持稳定。

70年代中后期，由于北花园生产大队何家坟生产队调出、八里庄生产大队白家庄和小庄生产队征地撤队，乡域面积从1790公顷减至1430公顷，农业用地减少150余公顷，土地资源利用格局开始持续发生变化。80年代初至90年代中期，地域支援国家建设，因修建京秦铁路、北京污水处理厂、华能北京供电厂等国家重点工程项目，大量土地资源转为国有。至1996年，高碑店地区（乡）有土地面积1127公顷，约占地区总面积的78.8%。其中，国家用地410公顷，农村集体土地717公顷，国家用地占地域土地面积的36.4%。同时期，地域发展乡镇企业，规划建设工业区，人口增长使居住用地增加，地铁复八线、东四环路建设征地，多种因素导致土地资源利用格局更加多元。至2001年，地域土地面积1088.35公顷，约占地域总面积的71%。其中，农村居住用地193.03公顷，约占土地面积17.7%；乡镇企业用地198.65公顷，约占土地面积18.3%；城市建设用地68.01公顷，约占土地面积6.2%；国家征用建小区和公寓用地102.79公顷，约占土地面积9.4%；兴隆小区和朝阳路北侧居住用地36.86公顷，约占土地面积3.4%；交通设施与铁路用地 303.26 公顷，约占土地面积 27.9%；农村公建用地 4.52 公顷，约占土地面积 0.4%；市政设施用地 181.23 公顷，约占土地面积 16.7%。

2003—2004 年，高碑店地区（乡）落实北京市第二道绿化隔离地区建设，绿化用地占用地域全部耕地。2006—2015 年，随着地域社区建设、新农村建设逐步推进，文化创意产业园区建设逐渐完善，以居住用地和建设文化创意产业园区为主的土地资源利用新格局逐渐形成，土地利用效率显著提高。

至 2021 年，地域总面积 1508 公顷。其中，国有用地约 939 公顷，约占总面积的 62.27%；集体土地约 569 公顷，约占总面积的 37.73%。建设用地约 1291 公顷（包括城乡建设用地约 1096 公顷，特殊场地、水域和水利设施用地 195 公顷），非建设用地约 217 公顷。地域绿地面积约 136 公顷，约占总面积的 9.02%。

水资源 高碑店地域有通惠河（高碑店段）、高碑店水库、通惠灌渠等地表水域，总面积约 48 公顷。高碑店水库位于高碑店闸西侧，是通惠河河面最宽的水域，水面面积约 16 公顷，是开展水上运动项目训练、举办龙舟比赛等活动的主要场所。2021 年，为进一步开发利用高碑店水库水资源，朝阳区与高碑店乡实施运河文化水岸景观照明提升项目，打造京东独具特色的环湖景观带。

动植物资源 高碑店地域野生动物有泥鳅、青蛙、蟾蜍、蝈蝈、蜻蜓、蝴蝶、马蜂、七星瓢虫、飞蛾、萤火虫、螳螂、蜥蜴、土鳖、蚯蚓、蜗牛、田鼠、蛇、蝉、毛毛虫、啄木鸟、百灵、画眉、黄鹂、杜鹃、乌鸦、猫头鹰、燕子、蝙蝠、刺猬、蜘蛛、壁虎、蝎子、蜈蚣等。野生植物资源有荠菜、灰灰菜（藜）、苋菜、苜蓿、蒲公英、狗尾花、牵牛花、蒿草、婆婆丁、艾草、节节草、芦苇、蒲草、浮萍、苔藓等。随着农村城市化进程加快，部分动植物资源在本地区消失。

郎家园枣 郎家园自然村系清朝乾隆年间郎尚书之封地，曾隶属高碑店地域，是郎家园枣的原产地。郎家园枣有果形匀称、皮薄光亮、果汁甘美、果肉致密酥脆等优点，清朝时期为皇宫御果房的贡品枣之一。但其果形小，坐果少，产量低，经济收益不高，未能普遍栽植。20 世纪 40 年代，郎家园自然村有郎家园枣树百株。50 年代，随着郎家园一带建成工业区、居民区，郎家园枣随之流失。1985 年 10 月，朝阳区为恢复发展郎家园枣，以高碑店乡和郎家园一带为重点开展普查工作，发现尚存郎家园枣树 40 余株。高碑店乡域共 11 株，其中高井自然村 4 株，陈家林自然村 4 株，松公坟自然村 3 株。位于陈家林的 4 株郎家园枣树中，有 3 株树龄在 300 年以上，胸径约 37 厘米。位于松公坟最大的 1 株，实测胸径 44 厘米，树龄约 200 年。1986 年 9 月，朝阳区农林局在高碑店乡政府举办郎家园枣鉴评会，经鉴评组 20 余位权威林业专家对照“大白枣”“长枣”“璎珞枣”“晒枣”“老虎眼”“秤砣”等品种打分，郎家园枣平均得分高出对照品种4.8 ~ 24.1分，被确认为枣中佳品。1994年11月，高碑店乡政府组织人员将一直生长于郎家园的3株郎家园枣树移至兴隆公园内人工湖东南侧栽植。至2021年底，仍有1株存活。

第五节　自然灾害

高碑店地域自然灾害以干旱、暴雨、冰雹等为主，影响农业生产和人民群众财产、生命安全。1952年春夏之交，高碑店地域出现旱灾，其中半壁店村受灾严重，当地组织劳动力挖水井、修旧井，抗旱浇田。1956年6月，地域连降暴雨，淹没庄稼，大黄庄、高井、北太平庄、兴隆庄受灾严重，全乡淹没土地4000余亩。1959年7月下旬至8月上旬，地域屡降大雨。8月6日，大雨昼夜不停，持续14小时，全公社淹没农田18095亩，颗粒无收468亩；倒塌房屋912间，倒塌猪圈562间、牲口棚86间；死猪67头，跑鱼197万尾。1963年5月，遭冰雹袭击，持续23分钟，部分生产大队菜田受灾，造成严重减产。同年6月，连降暴雨十余天，五个生产大队2500余亩小麦严重受损，减产近2.5万千克。1966年5月，遭冰雹袭击，持续20 ~ 30分钟，部分菜地受灾，造成严重减产。1973年7月，连降暴雨六七天，致使全公社小麦歉收15万 ~ 18万千克，其中高井生产大队损失最大。1976年7月28日凌晨3时42分，河北唐山发生7.8级地震，波及辖域，地震强度为6级，未造成人员伤亡。地域多数村民在远离建筑物空旷地带，用塑料布、油毡等搭成临时住所避震，百姓住地震棚。

1990年7月14日傍晚，高碑店乡骤降暴雨，并伴有八九级大风。高碑店村至半壁店村公路两侧大树大部分被连根拔起，损失388棵，其中直径40 ~ 50厘米的90余棵。倒树砸断高压线1500余米，造成污水处理厂至半壁店村交通中断，全乡停电停水。全乡有615亩菜架被刮倒70%以上，180亩葡萄果被刮掉50%以上，部分围墙、房顶倒塌。

2012年7月21日，特大暴雨突袭北京，辖区主要交通干线朝阳路、广渠路及京通快速路辅路严重积水，大部分路段水深超过80厘米。朝阳路下水道倒灌，甘露园南里一、甘露园南里二、太平庄北社区半地下室400余户居民家中进水，其中有130余户水深超过80厘米。京通快速路两侧松公坟村21号院周围、四惠站平台北侧平房住户受灾。北花园铁路桥、方家村铁路桥涵洞水深超过2.5米。全地区积水点共46处，共有1135户家庭进水，受灾面积超过20000平方米。

为应对突发灾难，高碑店地区（乡）加强应急避难场所建设。2009 年 12 月，建成兴隆公园应急避难场所，总占地面积 43.3 公顷，用于应急避难场所面积 13.65 万平方米，可疏散 7.28 万人。

第三章　人　口

高碑店地域人口发展有上千年历史，明清通惠河漕运时期形成一定规模。20 世纪 50 年代中期，高碑店地域有近 3700 户 15000 余人。至 90 年代初期，发展至 2 万余人。21 世纪初期，人口迅速增长。截至 2021 年底，全地区（乡）有常住人口 119473 人，户籍人口 54870 人。1949 年至 80 年代末，高碑店地域以农业人口为主。1993 年，成立高碑店地区办事处，城镇人口开始占绝对优势。至 21 世纪初期，城镇人口占人口总量的 90% 以上。计划生育是人口控制的一项重要工作，1982 年被定为基本国策。80 年代初，高碑店人民公社落实计划生育独生子女政策，并实行严格的奖罚措施，人口出生率迅速下降。至 21 世纪初期，计划生育工作实现由管理向服务的转变。90 年代初，高碑店乡流动人口逐渐增多。21 世纪以后，流动人口迅速增长，从 2000 年 1.5 万余人，增长至 2012 年近 7.5 万人。从 2013 年起，高碑店地区（乡）落实北京市人口调控政策，按计划核减外来人口，使人口结构、规模逐渐趋于合理。

第一节　人口总量与分布

一、人口总量

1950 年，高碑店地域共有 2060 户、人口 9106 人。其中，高碑店行政村有 788 户 3110 人。花园闸行政村有 348 户 1717 人。西店行政村有 566 户 2529 人。大黄庄行政村有 358 户 1750 人（八里庄、慈云寺、小庄、七圣庙、关东店 5 个行政村无数据资料）。1953 年，进行第一次全国人口普查，高碑店地域数据未查到。

1956 年，经过合乡并社，高碑店乡有 2334 户 9446 人。1958 年，幸福人民公社成立时，高碑店工作站有 1725 户 7802 人。八里庄工作站有 1483 户 5867 人。1960 年底，朝阳人民公社时期，高碑店工作站有 1304 户 5889 人。八里庄工作站有 1288 户 5559 人。半壁店良种繁育试验场有 178 户 785 人。

1961年，高碑店、八里庄2个工作站和半壁店良种繁育试验场合并成立高碑店人民公社，共有农业户2559户10339人。1964年，进行第二次全国人口普查，未查到具体数据，根据高碑店人民公社内部统计，有农业户3511户14074人。1966年，有农业户3581户14509人。1976年11月，北花园生产大队何家坟生产队从高碑店人民公社划出后，全公社共有农业户4428户16341人。

1982年，根据第三次人口普查统计，高碑店人民公社共有5327户，户籍人口19536人。

1990年，根据第四次人口普查统计，高碑店乡共有6899户，户籍人口20358人。户籍人口总量比1982年增加822人，增长4.2%。

2000年，根据第五次人口普查统计，高碑店地区（乡）有常住人口56438人，其中户籍人口29564人。

2010年，根据第六次人口普查统计，高碑店地区（乡）有常住人口118094人，比2000年增长109.25%。有户籍人口45804人，比2000年增长54.93%。

2020年，根据第七次人口普查统计，高碑店地区（乡）有常住人口109631人，比2010年降低7.17%。户籍人口54489人，比2010年增长18.96%。

截至2021年底，高碑店地区（乡）有常住人口119473人，其中，户籍人口54870人，流动人口64603人。

1961—1992年高碑店地域农业户与农业总人口统计表

表3-1　　单位：人

年份	户数	总人口	年份	户数	总人口
1961	2559	10339	1971	4090	16106
1962	3332	13102	1972	4271	16055
1963	3475	13641	1973	4331	16610
1964	3511	14074	1974	4360	16523
1965	3488	14125	1975	4425	16414
1966	3581	14509	1976	4428	16341
1967	3672	14869	1977	4535	16212
1968	4033	15436	1978	4452	15405
1969	4134	15926	1979	4540	15674
1970	4235	15942	1980	4665	15884

续表 3-1

年份	户数	总人口	年份	户数	总人口
1981	4809	15571	1987	4751	12553
1982	4911	15819	1988	4741	11769
1983	5075	14711	1989	4873	11918
1984	5061	14461	1990	5040	12041
1985	4515	12568	1991	5182	12195
1986	4597	12454	1992	5314	12439

1993—2021 年高碑店地域户籍户数及总人口统计表

表 3-2　　单位：人

年份	户数	总人口	年份	户数	总人口
1993	10081	25341	2008	21323	43958
1994	10335	25839	2009	21820	44948
1995	10520	26271	2010	22236	45804
1996	10889	26434	2011	22388	46650
1997	11166	26786	2012	22635	47487
1998	11676	27583	2013	22847	48234
1999	14114	28934	2014	23386	49381
2000	14780	29564	2015	23661	49857
2001	15024	30576	2016	24430	51538
2002	15491	31593	2017	24781	52245
2003	15964	32722	2018	24982	52973
2004	17791	37177	2019	25247	54026
2005	19442	40365	2020	25405	54489
2006	20184	41657	2021	25596	54870
2007	20789	42835			

二、人口分布

城乡人口分布　1956 年 3 月，高碑店乡成立时，共有农业户 1746 户 7532 人；非农业户 588 户 1914 人。农业人口占全乡总人口 79.74%。

1961 年，高碑店人民公社共有农业户 2559 户 10339 人；非农业户 161 户 1725 人。农业人口占全公社总人口 85.7%。1972 年，高碑店人民公社有农业户 4721 户 16055 人；

非农业户 867 户 3071 人。农业人口占全公社总人口 83.94%。1976 年 11 月，北花园生产大队何家坟生产队从高碑店人民公社划出后，全公社共有农业户 4428 户 16341 人；非农业户 1174 户 3471 人。农业人口占全公社总人口 82.27%。

1978—1980 年，由于国家建设征地，八里庄生产大队白家庄、小庄生产队农民陆续转居、转工。根据 1982 年第三次人口普查，全公社共有农业户 4911 户 15819 人，非农业户 416 户 3717 人。农业人口占全公社总人口 80.97%。

80 年代末，由于国家建设征地，八里庄生产大队道家坟、居民区生产队农民陆续转居、转工。根据 1990 年第四次人口普查，高碑店乡共有农业户 5040 户 12041 人，非农业户 2647 户 7761 人。农业人口占全公社户籍人口总数 60.81%。农业人口比例比 80 年代初明显下降。

1993 年，由于国家建设征地，半壁店村半壁店、小郊亭生产队农民转居、转工。至同年 7 月高碑店地区办事处成立时，有农业人口 9312 人，非农业人口 16029 人。农业人口占全地区总人口 36.7%。非农业人口超过农业人口，并占据主导地位。1997—1998 年，因建设征地，高井、太平庄、兴隆庄、陈家林、康家沟、慈云寺、熏皮厂 7 个生产队农民转居、转工。1999 年，高碑店地区（乡）农业人口 3765 人，农业人口仅占全地区总人口 13%。

2000—2002 年，因落实北京市绿化隔离带建设，高碑店地区（乡）部分农民转居、转工。2003 年，农业人口 2515 人，占全地区户籍人口总数 7.7%。

2010 年，根据第六次人口普查统计，高碑店地区（乡）共有农业人口 2511 人，非农业人口 43293 人。农业人口占全地区户籍人口总数 5.5%。

2020 年，根据第七次人口普查统计，高碑店地区（乡）共有农业人口 1802 人，非农业人口 52687 人。农业人口占全地区户籍人口总数 3.3%。

截至 2021 年底，高碑店地区（乡）共有农业人口 712 户 1099 人。农业人口占全地区户籍人口总数 2%。

1993—2021 年高碑店地域农业人口与非农业人口统计表

表 3–3

年度	总人数（人）	农业人口	占总人口（%）	非农业人口	占总人口（%）
1993	25341	9312	36.7	16029	63.3
1994	25839	9442	36.5	16397	63.5
1995	26271	9586	36.9	16685	63.1
1996	26434	7336	27.8	19098	72.2
1997	26786	6379	23.8	20407	76.2

续表 3-3

年度	总人数（人）	农业人口	占总人口（%）	非农业人口	占总人口（%）
1998	27583	6453	23.4	21130	76.6
1999	28934	3765	13.0	25169	87.0
2000	29564	3424	11.6	26140	88.4
2001	30576	3323	10.9	27253	89.1
2002	31593	3313	10.5	28280	89.5
2003	32722	2515	7.7	30207	92.3
2004	37177	2522	6.8	34655	93.2
2005	40365	2529	6.3	37836	93.7
2006	41657	2537	6.1	39120	93.9
2007	42835	2537	5.9	40298	94.1
2008	43958	2535	5.8	41423	94.2
2009	44948	2520	5.6	42428	94.4
2010	45804	2511	5.5	43293	94.5
2011	46650	1984	4.3	44666	95.7
2012	47487	1976	4.2	45511	95.8
2013	48234	1961	4.1	46273	95.9
2014	49381	1955	4.0	47426	96.0
2015	49857	1942	3.9	47915	96.1
2016	51538	1924	3.7	49614	96.3
2017	52245	1888	3.6	50357	96.4
2018	52973	1850	3.5	51123	96.5
2019	54026	1855	3.4	52171	96.6
2020	54489	1802	3.3	52687	96.7
2021	54870	1099	2.0	53771	98.0

地域人口分布 1964 年，高碑店人民公社共有人口 14074 人。5 个生产大队中，人口最多的是八里庄生产大队，有 1571 户 5984 人，占全公社总人口 42.52%。人口最少的是高井生产大队，有 368 户 1601 人，占全公社总人口 11.38%。26 个生产队中，人口最多的是八里庄生产大队居民区生产队，有 292 户 1104 人。其次为八里庄生产大队道家坟生产队，有 257 户 826 人。人口最少的是半壁店生产大队方家坟生产队，有 47 户 216 人。

1964年高碑店地域各生产大队、生产队人口分布统计表

表 3-4　　　　单位：户、人

生产大队	生产队	户数	人口	男	女
高碑店	合计	614	2410	1159	1251
	高碑店一队	104	395	176	219
	高碑店二队	94	373	159	214
	高碑店三队	184	714	347	367
	高碑店四队	163	622	314	308
	高碑店五队	68	263	131	132
	直属	1	43	32	11
八里庄	合计	1571	5984	2998	2986
	白家庄	182	661	315	346
	小庄	143	585	278	307
	道家坟	257	826	401	425
	居民区	292	1104	503	601
	熏皮厂	178	612	316	296
	慈云寺	164	598	283	315
	陈家林	171	581	271	310
	康家沟	142	639	339	300
	基建队	12	189	152	37
	猪鸭场	19	101	71	30
	直属	11	88	69	19
北花园	合计	457	1961	948	1013
	何家坟	83	390	201	189
	大花园	96	418	189	229
	小花园	55	238	115	123
	花东队	114	460	223	237
	花西队	109	455	220	235
半壁店	合计	493	2056	1083	973
	半壁店	163	732	421	311
	小郊亭	92	370	172	198
	方家坟	47	216	111	105
	西店	191	709	353	356

续表 3-4

生产大队	生产队	户数	人口	男	女
半壁店	直属	0	29	26	3
高井	合计	368	1601	782	819
	白家楼	125	551	287	264
	高井	79	325	146	179
	兴隆庄	60	281	145	136
	太平庄	104	444	204	240

1982 年，高碑店人民公社下辖 5 个生产大队 23 个生产队。根据第三次人口普查统计，高碑店人民公社共有 5327 户 19536 人。5 个生产大队中，人口最多的是高碑店生产大队，有 1425 户 5095 人，占全公社总人口 26.08%。人口最少的是北花园生产大队，有 750 户 2748 人，占全公社总人口 14.07%。23 个生产队中，人口最多的是高碑店三队，有 572 户 2001 人。人口最少的是小花园生产队，有 116 户 373 人。

1982 年高碑店地域各生产大队、生产队人口分布统计表

表 3-5　　单位：户、人

生产大队	生产队	户数	人口	男	女
高碑店	总计	1425	5095	2516	2579
	高碑店一队	202	751	373	378
	高碑店二队	185	707	336	371
	高碑店三队	572	2001	1014	987
	高碑店四队	320	1132	551	581
	高碑店五队	146	504	242	262
八里庄	总计	1145	3856	1731	2125
	道家坟	265	948	404	544
	居民区	316	1016	460	556
	熏皮厂	119	396	180	216
	慈云寺	147	481	222	259
	陈家林	124	421	190	231
	康家沟	174	594	275	319
北花园	总计	750	2748	1425	1323
	花园闸西	215	730	361	369

续表 3–5

生产大队	生产队	户数	人口	男	女
北花园	花园闸东	233	742	337	405
	大花园	168	606	293	313
	小花园	116	373	183	190
	单位集体户	18	297	251	46
半壁店	总计	986	3723	1825	1898
	半壁店	276	1128	549	579
	小郊亭	162	577	290	287
	方家坟	118	409	207	202
	西店	430	1609	779	830
高井	总计	1021	4114	2167	1947
	白家楼	222	870	419	451
	高井	284	947	460	487
	太平庄	384	1433	714	719
	兴隆庄	130	487	215	272
	公司集体户	1	377	359	18

21 世纪初，高碑店地区（乡）经历农村城市化进程转变，实行城市社区化管理，常住人口增多，人口地域分布较为分散。2020 年，根据第七次人口普查统计，高碑店地区（乡）常住人口 109631 人，分布在 5 个建制村 28 个社区。其中，人口最多的为兴隆家园社区，有 10854 人，占常住人口总数 9.9%。

2020 年高碑店地区（乡）各村、社区常住人口分布统计表

表 3–6　　单位：人

名称	常住人口		
	合计	男	女
北花园村	522	239	283
半壁店村	55	23	32
高井村	2476	1278	1198
甘露园南里一区社区	5010	2409	2601
甘露园南里二区社区	4702	2280	2422
花园闸北里东社区	4100	1974	2126

续表 3–6

名称	常住人口		
	合计	男	女
花园闸北里西社区	4324	2109	2215
太平庄北社区	5209	2491	2718
太平庄南社区	196	99	97
康家园西社区	4700	2216	2484
康家园东社区	1396	653	743
大黄庄社区	1782	1027	755
兴隆家园社区	10854	5154	5700
通惠家园社区	10130	4798	5332
丽景馨居社区	3614	1715	1899
北花园社区	3271	1586	1685
八里庄社区	6891	3940	2951
高碑店东社区	4419	2235	2184
高碑店西社区	2513	1254	1259
西店社区	3533	1854	1679
方家园社区	538	303	235
文化园社区	3301	1918	1383
半壁店社区	310	251	59
小郊亭社区	84	42	42
花园闸社区	7980	3841	4139
力源里社区	3526	1622	1904
水南庄社区	1213	662	551
太平庄社区	3028	1437	1591
古街社区	2444	1460	984
汇星苑社区	7510	3682	3828

注：2020 年人口普查中，高碑店村下辖人口由高碑店东社区、高碑店西社区、古街社区、文化园社区 4 个社区代为普查，所以人普数据中无高碑店村人口数；高井社区下辖人口由高井村代为普查，所以人普数据中无高井社区人口数；八里庄社区和八里庄村无法分劈，都包含在八里庄社区下；方家园社区、小郊亭社区、半壁店村、半壁店社区因新农村改造，部分居民外出周转，导致常住人口较少。常住人口包括：居住在本乡镇且户口在本乡镇或户口待定的人，居住在本乡镇且离开户口登记地所在的乡镇街道半年以上的人，户口在本乡镇且外出不满半年或在境外工作学习的人。

第二节　人口变动

20 世纪 50 年代至 70 年代末，高碑店地域人口变动幅度较小。1961—1980 年，20 年间，高碑店人民公社农业总户数从 2559 户增长至 4665 户，增加 2106 户，增长 82.3%；农业总人口从 10339 人增长至 15884 人，增加 5545 人，增长 53.63%。人口变动较大时期为 2000—2010 年。10 年间，高碑店地区户籍人口从 29564 人增长至 45804 人，增加 16240 人，增长 54.93%。平均每年增长 1600 余人。2014 年以后，随着北京市落户政策收紧，地区人口增长幅度放缓。

在人口自然变动方面，受计划生育政策影响较大。80 年代落实独生子女政策后，出生人口数量锐减。1980 年，高碑店人民公社有出生人口 459 人。至 1990 年，下降至 150 人。出生率从 22.76‰ 下降至 16.06‰。人口自然增长率从 16.21‰ 降至 6.28‰。90 年代，继续推行计划生育政策。至 2000 年，高碑店地区（乡）共有出生人口 185 人，出生率降至 6.35‰，人口自然增长率降至 –0.17‰。人口自然增长首次出现负增长。21 世纪初，随着计划生育政策调整，人口出生率开始回升，至 2010 年上升到 10.55‰，并连续 6 年保持在 10‰ 以上，人口自然增长率保持在 8‰ 左右。2021 年，高碑店地区（乡）出生人口 525 人，出生率 9.57‰，死亡人口 447 人，死亡率 8.15‰，人口自然增长率 1.42‰。

1980—2021 年高碑店地域户籍人口出生、死亡情况统计表

表 3–7

年度	出生人口（人）	出生率（‰）	死亡人口（人）	死亡率（‰）	自然增长率（‰）
1980	459	22.76	132	6.55	16.21
1981	438	20.46	133	6.21	14.25
1982	478	29.90	114	7.20	22.70
1983	463	21.30	100	4.90	16.40
1984	263	12.52	72	3.43	9.90
1985	234	9.89	78	3.30	6.59
1986	262	13.70	61	3.19	10.51
1987	271	21.12	69	5.42	15.70
1988	180	9.41	70	3.66	5.75
1989	155	12.59	75	6.19	6.40
1990	150	16.06	120	9.78	6.28

续表 3–7

年度	出生人口（人）	出生率（‰）	死亡人口（人）	死亡率（‰）	自然增长率（‰）
1991	135	12.18	105	8.47	3.71
1992	183	18.07	137	10.95	7.12
1993	150	8.65	96	3.79	4.86
1994	217	8.24	137	5.30	3.84
1995	123	10.00	139	5.29	4.71
1996	221	8.37	181	6.85	1.52
1997	201	7.52	163	6.14	1.38
1998	187	5.52	138	3.60	1.92
1999	225	7.97	193	6.84	1.13
2000	185	6.35	190	6.52	–0.17
2001	186	9.05	116	3.79	5.26
2002	183	5.69	148	4.38	1.31
2003	135	5.00	157	4.80	0.20
2004	289	13.48	168	4.52	8.96
2005	346	7.13	175	4.34	2.79
2006	360	7.91	165	3.96	3.95
2007	485	9.48	172	4.02	5.46
2008	460	9.08	153	3.48	5.60
2009	502	2.77	211	4.69	–1.92
2010	497	10.55	251	5.48	5.07
2011	569	12.31	202	4.33	7.98
2012	663	12.27	182	3.83	8.44
2013	557	11.57	181	3.75	7.82
2014	794	14.13	308	6.24	7.89
2015	560	12.02	207	4.15	7.87
2016	917	9.43	237	4.60	4.83
2017	804	9.48	918	17.57	–8.09
2018	676	4.97	596	11.25	–6.28
2019	665	11.23	108	2.00	9.23
2020	1151	21.19	377	6.94	14.25
2021	525	9.57	447	8.15	1.42

第三节　人口构成

性别构成　1962 年，高碑店人民公社成立初期，有农业人口 13102 人。其中，男 6312 人、女 6790 人，性别比 92.96（女性 =100），女性居多。1976 年“文化大革命”结束时，公社有农业人口 16341 人。其中，男 7490 人、女 8851 人，性别比 84.62，仍以女性居多。

1982 年，高碑店人民公社有农业人口 15819 人。其中，男 7019 人、女 8800 人，性别比为 79.76。1990 年，高碑店乡有户籍人口 17594 人。其中，男 8665 人、女 8929 人，性别比为 97.04。2002 年，高碑店地区（乡）有户籍人口 31593 人。其中，男 15822 人、女 15771 人，性别比 100.32。男性人口首次超越女性，男女比例趋于平衡。2010 年，高碑店地区（乡）有户籍人口 45804 人。其中，男 22964 人、女 22840 人，性别比 100.54，男女比例保持稳定。2021 年，高碑店地区（乡）有户籍人口 54870 人。其中，男 27132 人、女 27738 人，性别比 97.82。

1993—2021 年高碑店地域户籍人口性别比统计表

表 3–8

年度	总人口（人）			性别比
	合计	男	女	
1993	25341	12533	12808	97.85
1994	25839	12776	13063	97.80
1995	26271	13025	13246	98.33
1996	26434	13084	13350	98.01
1997	26786	13252	13534	97.92
1998	27583	13647	13936	97.93
1999	28934	14379	14555	98.79
2000	29564	14691	14873	98.77
2001	30576	15282	15294	99.92
2002	31593	15822	15771	100.32
2003	32722	16427	16295	100.81
2004	37177	18703	18474	101.24
2005	40365	20370	19995	101.88

续表 3-8

年度	总人口（人）			性别比
	合计	男	女	
2006	41657	21005	20652	101.71
2007	42835	21565	21270	101.39
2008	43958	22078	21880	100.90
2009	44948	22533	22415	100.53
2010	45804	22964	22840	100.54
2011	46650	23327	23323	100.02
2012	47487	23701	23786	99.64
2013	48234	24003	24231	99.01
2014	49381	24577	24804	99.08
2015	49857	24792	25065	98.91
2016	51538	25711	25827	99.55
2017	52245	25935	26310	98.57
2018	52973	26227	26746	98.06
2019	54026	26714	27312	97.81
2020	54489	26956	27533	97.90
2021	54870	27132	27738	97.82

民族构成 高碑店地域人群以汉族为主，同时分布着满族、回族、蒙古族、壮族等少数民族。1959 年，高碑店人民公社（包括高碑店、八里庄、王四营、南磨房工作站）满族人口 872 人，回族人口 201 人。八里庄工作站清真寺生产队社员以回族为主。1982 年，根据第三次人口普查统计，高碑店人民公社有户籍人口 19536 人。其中，汉族 18888 人、满族 348 人、回族 248 人、蒙古族 49 人、壮族 3 人。

1990 年，根据第四次人口普查统计，高碑店乡有户籍人口 20358 人，其中，汉族 19914 人、满族 293 人、蒙古族 72 人、回族 64 人、朝鲜族 8 人、壮族 2 人、藏族 1 人、苗族 1 人、彝族 1 人、傣族 1 人、黎族 1 人。

2000 年，根据第五次人口普查统计，高碑店地区（乡）有户籍人口 29564 人，其中，汉族 27378 人、满族 1029 人、回族 811 人、蒙古族 204 人、朝鲜族 62 人，其他少数民族 80 人。

2010 年，根据第六次人口普查统计，高碑店地区（乡）有户籍人口 29564 人，其中，汉族 25706 人、满族 1594 人、回族 1031 人、蒙古族 532 人、朝鲜族 216 人，其他少数民族 485 人，少数民族人数明显增多。

2020 年，根据第七次人口普查统计，高碑店地区（乡）有常住人口 109631 人，其中，汉族 104866 人、满族 2100 人、回族 1252 人、蒙古族 628 人、朝鲜族 224 人、土家族 128 人、壮族 99 人、苗族 75 人、彝族 29 人、维吾尔族 28 人、侗族 24 人、达斡尔族 20 人、藏族 20 人、白族 18 人、布依族 18 人、锡伯族 17 人、瑶族 16 人、鄂温克族 8 人、仡佬族 7 人、哈萨克族 6 人、畲族 6 人、俄罗斯族 5 人、赫哲族 5 人、黎族 5 人、傣族 4 人、拉祜族 4 人、仫佬族 3 人、东乡族 2 人、哈尼族 2 人、傈僳族 2 人、毛南族 2 人、纳西族 2 人、羌族 2 人、布朗族 1 人、景颇族 1 人、水族 1 人、土族 1 人。

文化结构 20 世纪 50 年代，地域人口文化水平普遍偏低，文盲率高。1958 年底，扫盲工作结束后，根据北京市教育局和统计局对幸福人民公社青壮年（14 ~ 40 岁）人口文化程度的调查，高碑店工作站有青壮年（不包括中小学在校学生）人口 1353 人。其中，文盲 346 人、初小（扫盲结业）520 人、高小 456 人、初中 25 人、高中 6 人、大学 0 人，文盲占青壮年人口总数 25.6%。八里庄工作站有青壮年（不包括中小学在校学生）人口 803 人。其中，文盲 462 人、初小（扫盲结业）169 人、高小 134 人、初中 33 人、高中 5 人、大学 0 人，文盲占青壮年人口总数 57.5%。

1982 年，根据第三次人口普查统计，高碑店人民公社户籍人口文化程度分布情况：大学毕业 107 人、大学肄业或在读 25 人、高中 1791 人、初中 6813 人、小学 5792 人。不识字或识字很少 2909 人，其中 12 周岁以上 2458 人。

1990 年，根据第四次人口普查统计，高碑店乡户籍人口文化程度分布情况：大学本科 151 人、大学专科 178 人、中专 553 人、高中 2078 人、初中 8455 人、小学 5387 人。不识字或识字很少 1913 人。

2000 年，根据第五次人口普查统计，高碑店地区（乡）常住人口文化程度分布情况：研究生学历 142 人、大学本科 2096 人、大学专科 3508 人、高中 14377 人、初中 24551 人、小学 8098 人、不识字或识字很少 1653 人。相比于 1990 年，专科以上学历明显增多，文化水平显著提高。

2010 年，根据第六次人口普查统计，高碑店地区（乡）常住人口文化程度分布情况：研究生学历 3619 人、大学本科 19521 人、大学专科 14915 人、高中 24007 人、初中 40644 人、小学 9465 人、不识字或识字很少 1172 人。相比于 2000 年，高学历人群明显增多，不识字或识字很少人数明显降低。

2020 年，根据第七次人口普查统计，高碑店地区（乡）常住人口文化程度分布情况：研究生学历 7136 人，大学本科 28913 人，大学专科 17104 人，高中 20595 人，初中 20785 人，小学 8761 人，学前教育 2573 人，未上过学 1117 人。具有本科以上学历常住人口 36049 人，占全地区（乡）常住人口总数 33.7%。

2020 年高碑店地区（乡）各村、社区人口文化程度统计表

表 3–9　　单位：人

名称	3 岁及以上常住人口	未上过学	学前教育	小学	初中	高中	大学专科	大学本科	硕士研究生	博士研究生
北花园村	518	3	3	4	37	31	160	267	12	1
半壁店村	51	0	1	7	24	9	7	3	0	0
高井村	2428	28	34	202	948	612	297	290	15	2
甘露园南里一社区	4918	56	85	508	765	1137	637	1536	184	10
甘露园南里二社区	4589	63	97	358	790	1191	626	1257	193	14
花园闸北里东社区	3999	60	76	311	892	840	608	963	229	20
花园闸北里西社区	4248	75	57	460	1150	945	748	713	84	16
太平庄北社区	5047	69	175	501	573	793	740	1761	379	56
太平庄南社区	191	6	2	15	16	23	20	84	24	1
康家园西社区	4579	66	90	357	845	987	740	1180	298	16
康家园东社区	1344	19	50	106	140	162	170	495	189	13
大黄庄社区	1757	23	24	227	897	398	116	70	2	0
兴隆家园社区	10563	57	393	868	1370	1530	1619	3722	926	78
通惠家园社区	9854	63	316	639	726	917	1237	4429	1425	102
丽景馨居社区	3522	26	68	249	512	519	545	1435	137	31
北花园社区	3210	38	46	259	809	532	643	809	67	7
八里庄社区	6850	55	42	416	2068	1890	1228	1035	103	13
高碑店东社区	4304	37	114	614	1109	1092	851	463	21	3
高碑店西社区	2459	21	58	220	687	611	525	312	23	2
西店社区	3448	28	98	308	912	725	635	659	73	10
方家园社区	519	4	17	53	130	126	92	90	6	1

续表 3-9

名称	3岁及以上常住人口	未上过学	学前教育	小学	初中	高中	大学专科	大学本科	硕士研究生	博士研究生
文化园社区	3269	12	27	162	744	738	733	762	83	8
半壁店社区	309	0	0	2	39	98	91	47	31	1
小郊亭社区	82	0	2	14	25	20	15	6	0	0
花园闸社区	7779	105	141	523	1578	1542	1527	1968	378	17
力源里社区	3416	41	82	214	375	480	427	1190	575	32
水南庄社区	1195	13	21	112	364	245	213	183	37	7
太平庄社区	2959	26	83	220	424	389	499	1020	286	12
古街社区	2410	14	35	309	796	789	382	78	5	2
汇星苑社区	7167	109	336	523	1040	1224	973	2086	807	69

第四节 人口控制

一、机构与队伍

乡级机构与队伍 20世纪70年代，全国推行计划生育政策初期，高碑店人民公社没有成立专门计划生育管理机构，由妇联、卫生院及赤脚医生等负责计生服务工作。1980年，高碑店人民公社成立计划生育委员会，设计划生育办公室，配计划生育专职干部1人。1987年，成立高碑店乡计划生育综合治理领导小组，乡党委书记任组长，共17人组成。同年，乡计划生育办公室新增专职干部2名。

1990年，成立高碑店乡计划生育协会。第一届理事会由30人组成，乡党委书记、乡长任名誉会长，主管副乡长任会长。成员有机关相关科室负责人，辖区派出所、卫生院、学区负责人，各村计划生育干部。下设宣传组、技术组、联络组。成立乡、村、企业计划生育专职干部为主的小教员队伍。

1993年，乡计划生育委员会改为高碑店地区（乡）计划生育办公室。同时，成立综合治理办公室，承担地区流动人口计划生育管理工作。2001年底，机关进行机构改革，保留计划生育办公室，挂牌文化教育卫生科。

2002年5月，为加强对流动人员计生工作管理，成立高碑店地区（乡）外来务工人员流动人口协会，吸收80余名外地来京人员为计生协会会员。

2005年，原计划生育综合治理领导小组改为人口与计划生育工作领导小组。

2011 年，高碑店地区（乡）机关进行机构改革，计划生育办公室与公共卫生科合并成立科教文体办公室（公共卫生科、计划生育办公室）。有计划生育专职干部 3 名。

2020 年，机关合并相关科室，成立民生保障办公室负责地区人口和计划生育工作。至 2021 年底未变。

村级机构与队伍 20 世纪 70 年代初期，各生产大队、生产队开始实行计划生育，没有成立专门组织，由妇女队长、合作医疗组长、赤脚医生等负责计生及妇幼保健相关工作。

1982 年，辖区 5 个生产大队及属地单位共成立 53 个计划生育领导小组，每个小组有成员 2 ~ 7 人不等，其中有 1 ~ 2 名宣传员。1985 年，进一步落实配备基层计划生育专兼职干部，扩大宣传员队伍，15 户左右配备 1 名计生宣传员。

1990 年，辖域 5 个建制村分别成立乡计划生育协会分会。由各村主要领导及计划生育干部组成，下设宣传组、技术组、联络组。共有会员 120 人。同年，全乡有 88 个基层组织设置计划生育管理机构和专职干部，有计生宣传员 205 人。

2005 年，各村民委员会对计划生育专职干部、宣传员进行调整，共有基层专职计划生育干部 61 名。其中，中专以上学历 18 名。2007 年，有专兼职计划生育干部 31 人，宣传员 545 人，计生协会会员 6737 人。2012 年，各村、社区由计划生育办公室管理计生工作，共有计划生育专职干部 29 名。

截至 2021 年，全地区 5 个建制村、28 个社区均设置计划生育办公室，有计划生育专职干部 48 名。

二、管理与服务

推行计划生育 1971 年 7 月，国务院转发《关于做好计划生育工作的报告》，提出“要有计划生育”。同年，“四五”计划中提出“一个不少，两个正好，三个多了”，首次把控制人口增长指标纳入国民经济发展计划，全国开始逐步推行计划生育政策。

从 1974 年开始，落实中央提出的计划生育“晚、稀、少”政策（“晚”是指男 25 周岁、女 23 周岁结婚；“稀”是指拉长生育间隔，两孩要间隔 4 年左右；“少”是指只生两个孩子），公社党委及各大队党总支把计划生育工作列入工作议事日程，制定必要可行的措施；各级妇联组织发动群众，做群众思想工作。

1978 年，中央进一步明确提出“提倡一对夫妇生育子女数最好一个、最多两个”的政策。至 1979 年底，高碑店人民公社有育龄妇女 2754 人，计划生育率 88.3%。全年结婚 314 对，男晚婚率 71%，女晚婚率 95.5%。

制定奖励措施　进入80年代，随着改革新形势发展，高碑店人民公社将人口计划与区域社会经济发展计划联系起来，坚持“两种生产”（工农业生产、人口控制）一起抓，“两个指标”（物质资料生产指标、人口再生产指标）一起下，“两种责任制”（生产责任制、计划生育责任制）一起建，制定各种措施。1985年9月，制定《高碑店乡计划生育规定》。符合晚婚条件者，享受产假71天，不符合晚婚者给予产假56天。独生子女免费参加合作医疗、托儿所、幼儿园。每年由乡卫生院对独生子女进行免费体检一次。

1987年5月6日，高碑店乡第九届人民代表大会第一次会议通过《高碑店乡关于加强计划生育工作的管理办法》，第一次对全乡计划生育工作指导思想、组织领导、管理措施、奖励及处罚措施等各方面作出系统规定。文件规定，对于独生子女家庭，独生子女可免费加入合作医疗，看病医疗费给予100%报销。党员、团员干部要起到模范带头作用，做好群众、子女、亲属工作。各级团组织要达到晚婚率95%。

1999年5月，北京市通过《计划生育条例（修正案）》。高碑店地区（乡）对施行多年的计划生育管理办法进行修订。2000年8月15日，地区（乡）计生办制定《高碑店乡（地区办事处）计划生育管理暂行规定》，并于次年召开的乡第十三届人民代表大会第三次会议通过。文件根据计划生育形势发展需要，从标准化管理、领导体制、工作要求、奖励措施等方面做详细规定，并专门对流动人口计划生育工作作出规定。奖励措施方面，对男性年满25周岁、女性年满23周岁以上初婚者，除享受国家规定7天婚假外，增加奖励假7天；女性年满24周岁，初育第一个子女，除享受国家规定3个月产假外，增加奖励假30天。不休奖励假者，给予女方一个月工资奖励或由男方享受奖励假。凡领取“独生子女父母光荣证”夫妻，自领证之日起，每月享受独生子女父母奖励费10元，至子女满18周岁为止。对符合生育二孩条件夫妻，向地区办事处（乡）计生办书面表示不再生育者，给予1000～2000元一次性奖励。独生子女医药费由夫妻双方所在单位解决。

进入21世纪，随着全国计划生育工作形势的转变，高碑店地区（乡）制定《关于进一步完善人口与计划生育综合治理机制工作意见》，提出建立地区人口与计划生育综合治理长效机制，计划生育工作从管理转向服务，重点为辖区育龄妇女提供各种保健服务。

实行目标和标准化管理　1988年，根据《朝阳区计划生育目标管理方案》，全区实行计划生育目标管理。高碑店乡党政一把手与区长签订目标责任书，内容包括人口出生控制数、计划生育率等必保指标；晚婚率等力争指标；宣传教育率等巩固提高指标。年终根据各指标实现程度进行考核。高碑店乡根据上级要求，制定《高碑店乡计划生育目标管理实施意见》，明确目标管理总目标是抓基层、抓根本、上质量、上水平，初步实现管理系列化。高碑店乡在年终考核中被评为区计划生育先进单位。

1989年，继续实施目标管理。各部门齐抓共管，全年完成辖区8614张育龄妇女卡片录入工作，发放独生子女保健费、慰问款35万元，计划生育率达98.5%，被评为区先进单位。1990年，在实施目标管理同时，乡党委要求计划生育常抓不懈、注重宣传、讲究实效。基层计划生育干部要做到能全面掌握全心全意为人民服务的本领；做到心中有全局，手中有典型。做到育龄妇女两个月一次查体，全年共查体2248人，查体率99.7%。加大计生工作资金投入，全年在计划生育工作上总支出35万元，发放保健费98358.5元，奖励兑现5948元。

1992年，为落实全区计划生育标准化管理，向基层印发《朝阳区计划生育标准化管理实施细则》，内容包括领导重视、计划生育干部队伍建设、基层工作管理、宣传服务、协会工作等方面。在标准化管理细则指导下，乡与辖区各单位签订“星级管理承包任务书”。同年5月，开展计划生育宣传月，主要宣传学习中央9号文件精神、北京市计生条例和朝阳区计划生育标准化管理细则等，共出动宣传车8辆，出宣传板11块，表演文艺节目28场，参加宣传服务人员2399人。开展入户宣传2248户，发放宣传材料3068份，接受宣传教育人数10546人。宣传月期间举办3天计划生育学习班，对全乡计划生育专职干部、小教员、宣传员、药管员、协会干事进行政策、业务方面培训和考核，提升基层计划生育专职干部业务素质和政策水平。同年，建立计划生育协会之家6个。是年，全乡出生人口203人，其中计划内一孩189人，计划内二孩14人，晚育人数141人，晚育率74.6%，计划生育率100%。

1994—1996年，在标准化管理中加强对农转居人员和流动人口计划生育工作管理。地区有农转居人员1950人，育龄妇女565人。为流动人口办理婚育证，办证率93.2%。

加强服务管理　21世纪初期，随着北京市人口形势发生变化，全市计划生育工作要求贯彻“两个转变”。“两个转变”，即工作思路和工作方法由以往的就计划生育问题抓计划生育向与社会、经济发展紧密结合，采取综合措施解决人口问题转变；由以往的社会制约为主向逐步建立利益导向与社会制约相结合、宣传教育、综合服务、科学管理相统一的机制转变。“两个转变”通过加快行政管理部门职能转变，改进计划生育管理模式，拓展服务范围，提高服务质量，实现“三结合”，即将人口和计划生育工作同发展经济、帮助群众勤劳致富奔小康、建设文明幸福家庭相结合。

2000年，高碑店地区（乡）计划生育工作确立以“婚育新风进万家”为主线，要求积极为育龄妇女提供优质服务，明确提出“服务就是管理”的工作指导方针。加大计划生育工作资金投入，地区投入55万元，村投入98万元，中央市属单位投入40万元用于计划生育经费。为方便工作，乡人民政府计生办配备专用车，成为朝阳区唯一一个配备专车的计生办。是年，地区人口出生率降至 6.35‰，计划生育率 100%。

2001 年，根据《朝阳区计划生育工作基本实现“两个转变”评估方案》，地区对各村、各单位计划生育工作基本实现“两个转变”情况进行评估，评出合格村民委员会 5 个，合格中央、北京市属驻地单位 14 个，合格乡直属企业 8 个，合格居（家）委会 19 个。在高碑店地区，“两个转变”取代了过去标准化管理实施细则。同年 9 月 20 日，地区投入 60 万元，在高碑店医院建成人口培训学校，改善生殖健康教育条件。学校教室面积 150 平方米，可一次培训 120 余人。教室内有现代化电教、电视机、B 超机等设备，还有录像带、光盘、书籍、报刊、挂图等宣传材料。2002 年 5 月，高碑店村郭桂梅、半壁店村吴昊在北京市人口与计划生育知识竞赛中荣获三等奖。地区举办互动式青春健康知识讲座，为外来务工人员讲授计划生育及艾滋病防治相关知识。

2003 年“非典”期间，地区建立起计划生育宣传服务网络，落实“同宣传、同检查、同服务，疫情、孕情同掌握”工作责任制。同年 7 月，为庆祝第十四个世界人口日到来，开展以“走进青春驿站，共享健康夏日”为主题的庆祝活动，表彰抗击“非典”先进集体、先进个人及优秀独生子女家庭。全年为 6000 余名育龄妇女提供免费健康检查，为 720 名外地来京育龄妇女提供健康检查和孕情检查。发放独生子女父母奖励费 10.4 万元，协调各部门安排独生子女家庭再就业 427 人。同年，高碑店地区（乡）被评为“北京市人口与计划生育工作先进单位”和“朝阳区人口与计划生育示范乡”。2004 年 7 月 10 日，与朝阳区人口计生委联合举办“7・11”世界人口日活动，主题为“关心母亲健康、关爱女孩行动”。同年 8 月 2 日，承办由北京市人口计生委召开的全市避孕药具自助发放机现场会，有 18 个区县人口计划生育委员会主任参加。同年 11 月 26 日，高井村承办“世界家庭峰会：社会与家庭发展变化”新闻发布会。活动由国家人口和计划生育委员会、外交部、北京市人口和计划生育委员会主办。高井村在会议上介绍计划生育工作经验。

2005 年，地区计划生育工作确立以宣传教育为先导，以“婚育新风进万家”活动为主线，以综合改革为动力，以开展创建“优质服务先进县（区）”活动为载体，以信息化建设为手段的总体思路，改革管理体制，完善运行机制，健全保障体系，促进家庭和睦、社会和谐。“婚育新风进万家”活动是高碑店地区人口和计划生育宣传教育的创新。活动改变了以说教为主的传统教育模式，通过板报、宣传橱窗、横幅、录像、广播等多种形式及群众自编自演节目，调动群众参与积极性，大力宣传晚婚晚育、少生优生、生男生女都一样的社会主义新思想、新观念，普及婚、性、孕、育和生殖保健等方面科普知识。至 2021 年，持续开展“婚育新风进万家”活动。同年 2 月 17 日，联合国人口基金组织丽蒂娅女士等到地区参加“人口控制与发展”座谈会，并到兴隆家园观看免费避孕药具自助发放机使用情况，对发放形式和创新理念给予充分肯定。同年，地区投入计划生育经费44万多元，计划生育率99.5%。被评为“北京市计划生育先进集体”，荣获北京市“婚育新风进万家活动”先进集体称号。2005年，地区建立成年育龄妇女数据库，为全地区流动人口中的4938名妇女提供优质服务。2006年5月，高井村在朝阳区人口计生委召开的“2005年度朝阳区人口和计划生育十佳社区十佳村总结表彰大会”上荣获“双十佳”称号。2007年，地区荣获“全国人口和计划生育外事工作单位先进集体”荣誉称号。

2008年，地区将人口与计划生育工作纳入改善民生、促进地区和谐发展之中，将人口问题与建设“富民、人文、平安、环保、诚信、文明”高碑店六大目标相结合，形成地区各部门履行职责、分工合作、齐抓共管、综合治理新机制。北京奥运会期间，利用人口学校、计生协会、流动人口之家等宣传阵地，通过社区文化、楼道文化、入户走访和人口计生“平安奥运”专题培训等形式，全面宣传计划生育政策，营造人文奥运、平安奥运良好氛围。全年计划生育工作经费投入180余万元。发放独生子女费3066人，共178960元。为地区40户困难家庭、单亲家庭和低保家庭独生子女提供关怀，每户送去500元慰问金。组织流动人口育龄妇女773人集中孕检。

2011年11月，全国各地实施“双独二孩”政策。2013年11月，全国实施“单独二孩”政策。2014年，高碑店地区（乡）计划生育工作重在严格依法行政、提升服务水平。全年依法办理一孩生育服务证493个，独生子女证201个，二孩生育服务证185个。发放独生子女父母一次性奖励249人。发放免费避孕工具420000支，避孕药品780盒，叶酸97盒。为21对新婚未育夫妇、73名育龄妇女、120名农村长效措施人员提供免费体检。宣传“单独二孩”政策，投入1万余元制作宣传袋、折扇发放给辖区群众。村、社区计划生育干部进村入户，发放宣传资料2000余份，使其了解计生政策和可享受的计生服务项目，知晓办事流程，方便办理业务。全年开展人口文化活动室和会员之家讲座208次，参与人数6000多人。组织宣传活动166次，参与人数20000余人。

2016年1月1日，全国正式实施“全面二孩”政策。高碑店地区（乡）计划生育工作主要围绕“全面二孩”政策宣传及相关服务开展。全年办理一孩生育登记服务单279个，独生子女证55个，二孩生育登记服务单194份。全年发放避孕工具36万支，叶酸273盒。为40对新婚未育夫妇提供免费孕前体检。开展人口文化活动室和会员之家讲座35次，参与人数1500人次。组织宣传活动78次，参与人数6500人次。2018年，办理户籍人口一孩生育登记312人，二孩生育登记177人，全年上报出生422人，计划生育政策符合率99.7%。为流动人口办理一孩生育服务单448份，二孩生育服务单194份。为180名流动人口已婚育龄妇女提供免费健康体检。

2021 年 5 月 31 日，中共中央政治局会议决定进一步优化生育政策，实施一对夫妻可以生育三个子女政策。同年 6 月 26 日，《中共中央、国务院关于优化生育政策促进人口长期均衡发展的决定》发布，我国开始实施“全面三孩”政策。高碑店地区（乡）继续做好计划生育服务工作，办理生育登记 860 人。

第五节　婚姻与家庭

一、婚姻状况

20 世纪 50 年代至 70 年代末，高碑店地域男女青年结婚年龄偏低，婚姻关系较为稳定。1965 年，初婚登记 103 对。从初婚年龄看，男性结婚年龄在 20 ~ 22 岁之间的有 33 人，23 ~ 25 岁之间的有 29 人，26 ~ 30 岁之间的有 26 人，31 岁以上的有 15 人。男性 25 岁之前结婚人数占总人数 60.19%。女性结婚年龄在 18 ~ 19 岁之间的有 21 人，20 ~ 22 岁之间的有 42 人，23 ~ 25 岁之间的有 24 人，26 岁以上 16 人。女性 22 岁之前结婚人数占总数 61.17%，25 岁之前结婚人数占总数 84.47%。绝大多数女性在 25 岁之前结婚。此时期很少有离婚现象。

八九十年代，实行婚姻法和计划生育晚婚晚育政策，地域男女青年结婚年龄稍有推后。1990 年，全乡结婚登记 212 对。男性初婚年龄中，22 ~ 24 岁之间的有 116 人，25 ~ 29 岁之间的有 72 人，一半以上男性在 24 岁之前结婚，25 ~ 29 岁之间结婚人数占总数 33.96%。女性初婚年龄中，20 ~ 22 岁之间的有 116 人，23 ~ 25 岁之间的有 72 人，一半以上女性在 20 ~ 22 岁之间结婚，23 ~ 25 岁之间结婚的占总数 33.96%。此时期由于家庭纠纷增多，离婚现象相应增多。1990 年，全乡离婚 27 对。至 90 年代末，结婚年龄继续延后。1999 年，结婚登记 225 对，男性初婚年龄在 22 ~ 24 岁之间的有 48 人，25 ~ 27 岁之间的有 82 人。女性初婚年龄在 20 ~ 22 岁之间的 51 人，23 ~ 25 岁之间的有 103 人。

21 世纪以后，随着北京农村城市化发展，地域流动人口增多，绝大部分计入常住人口，就地办理结婚登记、子女生育手续，办理离婚等手续。受升学、房价、工作压力等方面影响，常住人口中，年轻人结婚年龄不断延后，大多 25 岁以后结婚，甚至 30 岁以后结婚。

二、家庭户规模

1956 年，经过合乡并社，高碑店地域共有 3698 户 15762 人，户均人口为 4.26 人。六七十年代，家庭户规模保持在户均 4 人左右。80 年代以后，受计划生育独生子女政策影响，户均人口降至3人以下。21世纪以后，随着社会流动性增强，家庭户规模进一步缩小，户均人口降至2.1人左右。2021年，地区家庭户均人口2.14人。

1961—1992年地域农业家庭户平均人口规模

表3-10 单位：人

年份	户均人口	年份	户均人口	年份	户均人口
1961	4.04	1972	3.76	1983	2.90
1962	3.93	1973	3.84	1984	2.86
1963	3.93	1974	3.79	1985	2.78
1964	4.01	1975	3.71	1986	2.71
1965	4.05	1976	3.69	1987	2.64
1966	4.05	1977	3.57	1988	2.48
1967	4.05	1978	3.46	1989	2.45
1968	3.83	1979	3.45	1990	2.39
1969	3.85	1980	3.40	1991	2.35
1970	3.76	1981	3.24	1992	2.34
1971	3.94	1982	3.22		

1993—2021年地域家庭户平均人口规模

表3-11 单位：人

年份	户均人口	年份	户均人口	年份	户均人口
1993	2.51	2003	2.05	2013	2.11
1994	2.50	2004	2.09	2014	2.11
1995	2.50	2005	2.08	2015	2.11
1996	2.43	2006	2.06	2016	2.11
1997	2.40	2007	2.06	2017	2.11
1998	2.36	2008	2.06	2018	2.12
1999	2.05	2009	2.06	2019	2.14
2000	2.00	2010	2.06	2020	2.14
2001	2.04	2011	2.08	2021	2.14
2002	2.04	2012	2.10		

第六节 流动人口

一、流动人口变化

20 世纪 50 年代中期至 70 年代末，我国实行计划经济体制下严格的户籍管理制度，形成城乡二元结构，限制人口流动。高碑店地域基本没有流动人口。

1978 年改革开放以后，随着北京市城乡建设加快推进，各类用工需求增加，流动人口逐年增多。1985 年，高碑店乡对辖区内流动人口进行全面调查，共有流动人口 810 人。其中，有租住房 450 人，包工队 160 人，包农队 20 人，建筑队和开办各种公司从事第三产业人员 180 人。

1987 年，全乡有流动人口 2807 人，来自全国 24 个省（自治区、直辖市）54 个县，以河北、河南、山东籍为主。主要从事建筑、餐饮等行业。1988 年，流动人口增至 3077 人。1990 年，第四次人口普查统计，全乡有流动人口 3300 人。

1996 年，随着社会主义市场经济发展，流动人口快速增加。全地区有流动人口 8432 人，比 1990 年增长 155.5%。2000 年，第五次人口普查统计，全地区有流动人口 14970 人，5 年间增加 6538 人，增长 77.5%。

2004 年，地区（乡）流动人口数量大幅增长。全地区有流动人口 51629 人，比 2000 年增长 244.88%。2010 年，第六次人口普查统计，全地区有流动人口 59471 人，比 2004 年增长 15.2%。

2012 年底，全地区有流动人口 74150 人。2013 年，高碑店地区（乡）根据市、区政策要求，加大流动人口调控力度，全地区流动人口减至 65619 人，比 2012 年降低 11.5%。

至 2021 年底，高碑店地区（乡）流动人口 64603 人。

二、流动人口管理与服务

1978 年改革开放后，随着外来流动人口增多，北京市逐步加强对外来人口管理。1985 年 11 月 26 日，北京市人民政府发布《关于暂住人口户口管理的规定》（京政发〔1985〕166 号文件），要求 16 周岁以上外来人员，暂住期超过 3 个月，必须申领暂住证。1986 年，为落实北京市外来人口管理政策，高碑店乡成立外来人口办公室，开展外来人口登记工作，全年共办理来京务工人员暂住证 2100 个。

1987—1992 年，除办理暂住证外，对外来人口管理重在加强出租房屋的清查和检查。辖区各村房主出租房屋，需与管理部门签订协议书，获得审批后方可出租。管理部门坚持每月检查和清查。1989年，全年清查各村出租房屋388户、782间、1222人。1992年，清理八里庄村无照服装加工户65户，劝退309人，劝退外地来京临时工700多人。

90年代中后期，高碑店地区将外来人口管理工作纳入地区治安综合治理工作中。1993年，地区成立综合治理办公室，承担外来人口管理职能，组织各村、居（家）委会治保主任对外来人口进行清查。1994年，综治办组织各治保会累计清查66次，补办暂住证1600余人，清理“三无”（无身份证、无暂居证、无用工证明）人员960人次。收取外来人口管理费595307元，房屋管理费76464元。1997年，高碑店地区制定《关于对出租房屋、外地来京务工经商人员、外地建筑施工队管理办法》，作为外来人口管理依据。1998年，在《北京市外地来京务工经商人员管理条例》颁布实施3周年之际，高碑店地区（乡）对辖区饭店、工地、企事业单位“三无”人员进行3次清理整治。共清查出租房屋607间，违法租房24间，“五小”门店321个。审查各类人员43人，劝返“三无”人员358人，遣送昌平收容243人，补办暂住证76人。停租取缔出租房屋15户98间。

1999—2003年，外来人口管理工作进一步规范化。1999年，地区成立外来人口管理领导小组，组建由30人组成的外来人口专职协管员队伍。建立外来人口一站式办公大厅。建立5个建制村外来人口管理站。

2004年，地区流动人口管理工作实现由管理向服务的转变。同年5月，高碑店地区成立流动人口管理领导小组，下设流动人口管理办公室（简称流管办），具体负责流动人口各项管理工作。同时，成立地区流动人口办证中心，由民警和协管员6人组成，具体负责办理流动人口暂住证及相关业务。办证中心在5个建制村分别成立流动人口管理站。乡、村两级共有流动人口管理人员105名。流管办组织开展辖区出租房屋及流动人口检查登记工作，全年入户登记42886人，办理暂住证40758个。在进行管理同时，注重加强对流动人口的服务工作。解决流动人口子女入学1036人；协助建立流动人口子弟学校3所，解决学生上学665人；协助建立幼儿园2所，解决儿童入托260人。广泛进行治安防范、安全防火、安全生产等方面宣传，入户发放各种宣传材料7万余份。为了更好地发挥辖区务工人员特长，展示他们的才华，多次组织以流动人口为主的各种技能大演练。如古家具木工雕刻技能大赛、电工技能大赛、焊工技能大赛、汽车修理技能大赛等。同年，高碑店地区（乡）流管办被北京市流动人口管理办公室评为市级先进单位。

2005年，地区流动人口管理服务水平进一步提高，形成三大网络管理体系：即党建带群团的流动人口党建工作管理体系；乡、派出所、村三级流动人口管理站管理体系；流动人口计划生育协会、非公经济协会、古家具行业协会、安全生产管理协会等自治管理体系。在流动人口党建工作方面进行创新，成立朝阳区第一个流动人口党支部——安徽省东至县坦埠乡驻京党支部。同时，在辖区设立15个流动人口党员服务站。为提高流动人口素质、技能，地区按照“公平对待、合理引导、完善管理、搞好服务”指导方针，实施“五大教育培训工程”，即文明素质培训、法治观念培训、安全教育培训、文体活动培训和专业技能培训工程。

2007年，地区对流动人口实行微机录入动态化管理，初步建立地区人口数据库。2008年，把流动人口子女教育纳入地区教育规划，做到绝大部分流动儿童就近进入公立学校读书。2009年，在各社区建立社区流动人口管理站，增聘流动人口协管员。为流动人口解决就业455人，解决子女入学320人，举办技能培训班15期，开展流动人口大讲堂13次。

2013—2021年，高碑店地区加大流动人口管控力度，将流动人口管理服务与地区安全相结合。在加强管控方面，2013年，根据上级要求，制定流动人口逐年递减、稳中有降的目标。同年5月，集中开展流动人口和出租房屋基础调查工作，完善出租房屋和流动人口管理台账。各流动人口管理站对辖区流动人口数据库进行入机，其中，出租房屋入机4496户，流动人口入机9581人。出动流动人口管理员125人次，检查流动人口73485人，检查出租房屋18206户40743间，清理整治群租房13户60间。按照朝阳区人口调控任务指标要求，高碑店地区（乡）从控违拆违、清理群租房、企业转型升级、关停打工子弟学校等方面入手开展调减工作。2014年，开展对流动人口“三彻底”（核查彻底、录入核销彻底、审核办证人员信息彻底）、出租房屋“四彻底”（核实核查彻底、录入彻底、核销彻底、用房性质了解彻底）基础调查工作，达到“底数清、情况明、数据实”。同年，完成朝阳区流管办下发的核减流动人口8928人的调控目标。至2021年，清查流动人口、检查出租房屋、清理整治群租房、按计划完成人口调控目标，成为每年流动人口管理重点工作。

在流动人口服务方面，服务于地区安全发展。2013年11月，流管办邀请朝阳区社区学院老师为本地区流动人口开展安全使用煤气、燃气，防范火灾方面的安全知识讲座，辖区流动人口130余人参加。2014年，流管办分别于6月、10月组织辖域流动人口300余人进行法律基础知识和房屋租赁管理规定、安全知识、文明礼仪常识等方面培训，提高了地区流动人口安全意识和法律意识。从2014年开始，每年集中开展预防煤气中毒工作，并加强流动人口出租房屋隐患排查工作，确保安全。2018年，在全国两会和中非合作论坛重要时期，地区共出动流动人口管理员3185人次，检查流动人口35191人次，检查出租房屋17504户。2020年，重点对八里庄村人口倒挂、隐患突出问题，组织各部门多次开展隐患排查、治安整治专项工作，疏解村内流动人口3000余人。2021年，重点加强对流动人口较多的老旧小区、城乡接合部重点村的管理，加强对流动人口的智能管理，安装智能门禁等技防设施，建立配套服务管理信息系统。

第四章　城乡建设与管理

20世纪80年代以来，高碑店乡、高碑店地区（乡）按照北京城市总体规划要求，加强城乡规划建设与管理，使京秦铁路、京通快速路、四环路、地铁复八线、五环路等国家重点建设工程顺利实施，陆续兴建兴隆公园，落实绿化隔离带建设，建成通惠河畔再生水湿地公园。加强环境治理与社区园林绿化，推进新农村建设和美丽乡村建设，乡域整体面貌发生重大改观。地域交通发达，京包、京承、京哈（京秦）等多条铁路过境，地铁1号线、八通线贯通，东四环路、东五环路、京通快速路、广渠快速路纵横其间，43条公交线路过境。居民生活便利。

第一节　乡域规划

高碑店乡域规划从属于北京城市总体规划，按照市、区规划要求和部署，不断推进各领域规划建设。20世纪50年代中期，按照北京市《改建和扩建北京市规划草案的要点》对首都发展的定位，发展工业成为“一五”计划时期北京城市规划建设核心内容之一。“一五”期间，北京市开始大规模推进东郊工业区建设，在当时高碑店地域所辖八里庄、小庄、慈云寺、七圣庙乡域内，建设北京市第一、第二、第三棉纺织厂和合成纤维厂，建设纺织科学研究院。相继扩建、新建北京第一机床厂、北京金属结构厂、北京教学仪器厂、北京光华木材厂、北京酿酒厂等一批机械加工、建材和轻工业工厂。在建设工厂同时，配套建设相应居住区和公共服务设施。1956年3月，经过合乡并社，工业区及配套设施区域划出高碑店地域，农业区域合并成立农业生产合作社，继续发展农业生产。六七十年代，高碑店人民公社按照市、区总体规划要求，在“以农为主”方针指引下，服务首都人民，全力保障粮食、蔬菜及各类副食品供应。

80年代初，北京市编制《北京城市建设总体规划方案》。农业发展面向首都市场、适应首都需要，把郊区建成为首都服务的、稳定的副食品生产供应基地。保证国家重点工程建设。继续抓好住宅建设，解决群众住房问题。80年代，高碑店人民公社（乡）贯彻市、区规划部署，稳定农业发展，促进“农林牧副渔、工商运建服”十业并举，全力保障首都副食品供应，推进乡镇企业快速发展。加强土地管理，做好乡域规划工作。1983年，全力保障京秦铁路重点工程顺利施工。对乡域建设用地和房屋进行调查统计，制定建设和发展规划，绘制“两图一书”（现状图、规划图、说明书），上报朝阳区规划办公室。1984年，召开干部大会，集中学习国务院关于《北京城市建设总体规划方案》批复文件，统一思想，使各级干部在各项工作中自觉服从、服务于首都发展大局。

90年代初，北京市制定《北京城市总体规划（1991年—2010年）》。按照“分散集团式”布局，以大环境绿化为中心，规划绿化隔离带建设，改善农村环境，促进经济发展。大力节约用地。1990年，高碑店乡制定实施《国民经济和社会发展“八五”计划》。按照“以绿引资、引资开发、开发造绿、以绿养绿”原则，开发建设兴隆片林（兴隆公园）。规划建设五大工业区，节约企业用地。高碑店污水处理厂、华能电厂、通惠河治理、京通快速路等一批国家重点工程建设顺利进行。1996年，制定乡域规划方案，报请北京市规划委员会办公室批准，完成乡域规划调整工作，被列为全市乡域规划改造开发试点乡之一。全乡总用地785公顷，其中绿化用地625公顷，居住用地106公顷，企业用地50公顷，公用设施建设用地4公顷。为保证全乡企业用地、改善群众居住环境、发展全乡经济打下基础。2001年，制定《高碑店乡控制性详细规划》，确定绿化隔离带地区建设用地566公顷（8490亩）。将乡域规划与工业发展、住宅开发与旧村改造、实施绿化相结合，促进地域经济社会发展。2004年，在全地区（乡）范围内对绿化用地、企业用地、建设用地和宅基地及使用情况进行统计，对辖区征地情况及道路、灌渠、铁路涵洞、征地边界逐一进行调查，为制定新一轮乡域规划奠定基础。按照“组团式规划建设、板块式经济发展”布局，适时调整工作思路，确定通惠河文化产业、现代服务业和现代制造业三大板块发展方向。

2005年，北京市制定《北京城市总体规划（2004年—2020年）》，加强京津冀区域合作，扩展东部中央商务区（CBD）建设，完善长安街及东延长线文化功能，大力发展文化产业。高碑店地区（乡）落实市、区规划部署，乡域规划以“优化结构、提升品质”为主线，把握CBD东扩区功能定位，大力发展“传统、传媒、旅游”三大文化产业。依规依法整合集体产业，通过置换产业用地、腾退小微企业用地等辅助手段，逐步接近北京城市总体规划要求，使集体产业土地利用集约化、产业类型专一化、企业手续合法化。

2017年，北京市制订《北京城市总体规划（2016年—2035年）》。新一轮规划落实城市战略定位，疏解非首都功能，促进京津冀协同发展。加强精细化管理，创建一流人居环境。高碑店地区（乡）全面落实北京城市总体规划部署，牢牢把握“疏解非首都功能”这个关键问题，坚持“提质、控人、增绿”同步推进，加快构建新发展格局。至2021年，完成乡域全要素测绘，建成全乡地理信息GIS系统，为全乡土地资源调查与管理、地籍权属、规划建设等工作提供有力支撑。提出“一带四区”建设，建成通惠河文创文旅科技带，将高碑店地区（乡）打造成为百姓宜居的社区、文旅科创的园区、风景美丽的景区、人间烟火的商区。

1983—1998年高碑店地域主要国家重点工程建设占地转工转居情况统计表

表4–1

序号	工程	文号	村名	征地（亩）	转居（人）	转工（人）
1	京秦铁路	京政地字〔1983〕152号（复函）	高碑店	275.73	561	295
			八里庄	101.84	378	200
			北花园	34.94	37	21
			半壁店	167.15	209	115
			合计	579.66	1185	631
2	高碑店污水处理厂	京政地字〔1987〕242号（批复）	高碑店（高碑店一、二、四生产队）	644.94	961	542
			半壁店（半壁店生产队、小郊亭生产队）	357.9	0	0
			合计	1002.84	961	542
3	华能北京供电厂一期工程	京政地字〔1993〕43号（批复）	半壁店（半壁店生产队、小郊亭生产队）	387.9	1114	667
4	华能北京供电厂二期工程	京政地字〔1993〕165号（批复）	半壁店（半壁店生产队、小郊亭生产队）	411.5	994	809
5	京通快速路	京政地字〔1995〕178号	八里庄	399.33	1153	730
			北花园	158.05	637	380
			高井	160.2	640	403
			合计	717.58	2430	1513
6	地铁复八线	京政地字〔1998〕14号	高碑店（高碑店一生产队）	22.5	102	59

续表 4–1

序号	工程	文号	村名	征地（亩）	转居（人）	转工（人）
6	地铁复八线	京政地字〔1998〕14 号	八里庄（陈家林生产队、慈云寺生产队、康家沟生产队）	711	1331	956
			半壁店（西店生产队）	20.37	135	79
			合计	753.87	1568	1094
7	通惠河治理	京政地字〔1998〕86 号	高碑店	99.5	502	305
			北花园	63	189	126
			合计	162.5	691	431
8	东四环路	京政地字〔1998〕94 号	八里庄（慈云寺生产队、熏皮厂生产队）	223.5	456	294

第二节　基础设施

一、道路

京哈铁路（京秦铁路）高碑店段　京哈铁路从北京东站东侧进入高碑店地域，向东经水南庄社区南侧，穿过西店社区、古街社区、文化园社区、北花园社区，域内全长约 5.8 千米。

1983 年 5 月，作为京秦铁路建设工程重要组成部分，北京枢纽十字疏解工程正式开工。工程中心位于乡域南部西店村。东、南、西、北分别连通双桥、百子湾、东郊（今北京东站）、星火（今北京朝阳站）4 站，主要用于疏解京秦铁路建成后引入的运量。工程包括在高碑店域内建设双星、百东、东星、百星 4 条联络线及丰双铁路环线（丰台西站至双桥站）复线。1984 年 6 月，开通百子湾至双桥复线；同年底，开通百子湾至东郊线；1985 年 12 月，开通星火至百子湾线和星火至双桥线。同时，京秦铁路全线电气化开通运营，年运煤能力达到 1000 万吨以上。1986 年，京秦铁路二期工程开工建设，同年 12 月，开通星火至东郊线。

2003 年 5 月，京秦铁路起点由北京站改为双桥站。2006 年 12 月 31 日，京秦铁路并入京哈铁路新线，全程统一称作京哈铁路。2014 年，高碑店地区投入 1017.8 万元对京哈铁路高碑店段沿线进行大规模环境整治。为方便村民出行，星火线与方家村路、丰双铁路与西店路段交叉口分别有铁路涵洞1处，京哈铁路与西店路段交叉口有铁路涵洞2处，在北花园村有铁路涵洞2处。

京承铁路高碑店段 京承铁路从北京东站东侧进入高碑店地域，东行经水南庄社区南侧，穿过西店社区、古街社区、文化园社区、北花园社区，并行于京哈铁路南侧，域内全长约5.6千米。2016年，为方便北花园及高碑店东区居民出行，在高碑店东路与京承铁路交汇处建设铁路涵洞。

京包铁路高碑店段 京包铁路纵穿高碑店乡域西部，经广渠路、方家园社区、西店社区、通惠河铁路桥、地铁四惠东站东侧、康家沟、朝阳路，域内全长约3.2千米。

1990年，京包铁路拆除热电厂至东郊站段。剩余路段从热电厂向东，经东四环路、八里庄村，从通惠家园北折，在京包线西侧与其并行北上，过朝阳路、二道沟，在朝阳北路南侧并入京包线，域内全长约2千米。2014年，高碑店地区投入911.85万元对京包铁路高碑店段沿线进行环境整治。为方便村民出行，京包铁路在八里庄村域有铁路涵洞1处。

四环路高碑店段 四环路纵穿高碑店乡域最西端八里庄村，北至四惠桥北侧，南至通惠河南岸惠河南街，域内全长约0.66千米。

四环路是北京城区一条环城快速路，1998年开工建设，1999年9月底东四环建成通车，2001年6月全线通车。全长65.3千米。主路双向八车道，最高限制时速80千米。

五环路高碑店段 五环路纵穿高碑店乡域东部，北起白家楼自然村北侧幺家店路，向南经白家楼桥、大黄庄桥、远通桥、小郊亭桥，域内全长约4.2千米。

五环路全称为“北京市五环绕城高速公路”，又称“北京市公路一环”，是北京市第一条环城高速公路，也是北京2008年奥运工程第一个率先建成的大型基础设施项目。2000年8月19日动工兴建，2003年11月1日全线通车运营。全长98.58千米。最高限速每小时100千米，为双向六车道。

朝阳北路高碑店段 朝阳北路自东五环白家楼桥向东横穿乡域东北部，东至定福庄西路，北侧为白家楼新村，南侧为大黄庄苗圃。域内长约0.88千米。

朝阳北路西起东大桥，东至朝阳区界，全长15.257千米。2003年11月，建成通车。四幅路形式，限制时速70千米。

朝阳路高碑店段 朝阳路于甘露园南里一社区北侧进入乡域，与高碑店北路相交，过大黄庄桥，域内全长约3.2千米。

朝阳路西起东大桥，东至朝阳区界，全长15.56千米，是朝阳区与通州区连接的主要道路。明代北京城建成后即形成从朝阳门到通州的土路，清康熙年间修成石路，时为京城通往通州的主路。漕运时期，江南粮食从大运河运到张家湾后，一条路是从通惠河继续用漕运运到大通桥下；另一条路是改用马车走通州至朝阳门的这条陆路。中华人民共和国成立初期，朝阳路破败不堪，50年代中期重修。2010年，新朝阳路东四环至杨闸环岛段9.5千米建成通车。主路为快速直行道并配有快速公交线路。

建国路高碑店段　建国路自西向东过大望桥后进入高碑店乡域，沿京通快速路两侧横穿高碑店乡域中部，经八里庄村、高井村、北花园村，域内全长约6.6千米。建国路西起国贸桥，与建国门外大街相连，东到通州八里桥。因居于建国门外，又区别于建国门外大街，故名。北临朝阳路，南临京哈（京秦）铁路，与通惠河平行。1955年成路，1965年改建拓宽，为双向、四车道、四条绿化隔离带道路，机动车与非机动车分驶。

京通快速路高碑店段　京通快速路从西到东在乡域内经过八里庄村、高碑店桥、远通桥，域内全长约6.5千米。1995年6—12月，在建国路基础上修建京通快速路。西起八王坟，东至通州京榆路，与地铁1号线、八通线平行。五环路以西，两侧为建国路。为全封闭、全立交、收费快速路。

经过高碑店地域的京通快速路和地铁八通线

广渠快速路高碑店段　广渠快速路横穿乡域南部方家村、半壁店、小郊亭3个自然村和文化园、北花园社区，域内全长约3.5千米。

广渠路西起广渠门桥，东至朝阳区界，全长14.67千米，是朝阳区通往通州副中心的城市快速路。西大望路以西路段建成于1939年，长2.8千米，时称广渠街。1958年，向东延伸至大郊亭桥，时称广渠东路。新广渠路一期工程2005年开工建设，2006年建成通车，西起东三环路，东至东四环路，全长3.03千米。二期工程西起东四环路，东至朝阳区界，全长10.1千米，2016年9月底建成通车。

高碑店北路　位于高碑店乡域中部。南北走向。北起朝阳路，南至建国路。与东侧二道沟平行。全长937米，宽11米。成路于20世纪60年代初，1979年铺装沥青路面，为无分道线标志机动车与非机动车混行道。该路因居高碑店村和高碑店路以北得名，是南北沟通朝阳路与建国路的一条交通干道。北端经朝阳路与青年路相通，南端经建国路东折，与高碑店路相通。路东为兴隆家园社区，与二道沟平行，路西邻丽景馨居社区、白领家园社区及康家沟公共汽车总站、高碑店乡人民政府、华润时代中心。

高碑店路高碑店段 位于高碑店地域南部，为市级公路。北起长安街东延长线建国路，南至王四营地区（乡）大柳树排水沟。全长5.5千米，宽9米。原为土路，20世纪50年代修成石屑路，70年代铺设沥青路面，中段与广渠路相交。2016年，高碑店路北段整修，从通惠灌渠南侧分成两条路，东侧线过京哈（京秦）铁路、京承铁路、双丰铁路环线涵洞与文化新大街相交，西侧线向南进入高碑店村。现高碑店路高碑店段分3段：第一段从高碑店桥向南，直至高碑店村内红店，长约0.75千米；第二段从通惠灌渠南侧与第一段平行向南，经涵洞与文化新大街相交折向西，长约0.98千米；第三段从京哈（京秦）铁路与京承铁路交会处南侧路口，向南穿过广渠路，至半壁店小学南侧乡界，长约1.3千米。

二、桥梁

汇通桥 位于高碑店地域西部八王坟自然村东南，呈南北向，为西大望路跨通惠河公路桥。1963年12月改建。桥体为3孔，上部为钢筋混凝土T梁，下部为钢筋混凝土灌注方形桥桩。全长55米，宽26米（人行道各宽3.5米），高5米，中间孔最大跨度为23米。沥青桥面，三幅双向。中间有隔离标志，两边有高1.2米钢筋混凝土挡墙。载重量为汽车18吨，挂车80吨。

通惠河铁路桥 为京包铁路东北环线建设时架设跨通惠河铁路大桥。位于辖域西店社区北侧，为京包铁路、东星联络线、双星联络线跨通惠河铁路桥。1972年10月开工，是我国第一座预应力混凝土3跨双线连续梁铁路桥。梁体在脚手架上就地浇注成型，后张拉预应力钢丝束。该桥在完成桩基础施工后，因东北环线缓建，墩台及梁体未能施工。1973年下半年起恢复建设，1974年初完成墩台施工，1976年基本建成。1986年6月，京秦铁路十字疏解工程百星联络线建成后正式使用。

通惠河同心桥 通惠河跨河人行天桥。位于西店社区，京包铁路东侧。2017年4月，正式动工建设。2018年1月8日，正式开通。钢结构船形桥体，长61米，宽6米，两侧桥台地基深15米。全桥造价1430余万元，大部分为半壁店村民委员会自筹，其中300万元由北京永诚社区公益基金会从爱心企业募集。桥体刻有“同心桥”名称，由中国佛教协会驻会副会长、北京广济寺方丈演觉法师题写。半壁店村成立“同心桥”志愿服务队，专门负责维护周边环境秩序。

高碑店闸桥 位于高碑店地域中部，高碑店水库东侧，为高碑店路跨通惠河公路桥，是通惠河中段南北两岸的重要通道。1984年12月建成。桥体为两孔，上部为钢筋混凝土

“T”型梁，下部为钢筋混凝土灌注桩。长 42.8 米、宽 12 米（两侧人行道各宽 1 米）、高 5 米。混凝土桥面，双向混行，两边设钢筋护栏。载重量为汽车 18 吨，挂车 80 吨。

通惠河连心桥　通惠河跨河人行天桥。位于高碑店村，高碑店闸下游 535 米处。于 2017 年施工建设并建成使用，由高碑店村民委员会与辖区企业捐款合资建设。桥梁全长 71.66 米，宽 6 米，上部结构跨径为 21.3+28+21.3 米。连心桥连接通惠河南北两岸，使行人从高碑店地铁站至高碑店村东区路程大大缩短。

花园闸桥　位于高碑店地域东部北花园小区北侧跨通惠河桥梁。1971 年修建，时为民办公助建设工程，由国家调拨资金，朝阳区水利局负责图纸设计，高碑店人民公社负责组织劳动力，八里庄修建队负责施工。全长 57.25 米，宽 6.36 米。当时主要用于马车通行。后年久失修，桥面破败，存在安全隐患。2014 年，经专业部门检测认定为危桥。2020 年 4 月初，由朝阳区交通委牵头，高碑店乡人民政府大力协助，对花园闸桥桥梁进行加固改造，主要包括桥下盖梁拆除重建、桥上原混凝土梁体更换为钢梁、浇筑桥面混凝土铺装层、摊铺沥青混凝土铺装层、安装防撞墩栏杆以及两侧道路进行接顺。同年 6 月底完工通行。

四环路四惠桥　位于高碑店地域西南部，长安街东延长线上，为东四环路立交桥，是连接东四环与长安街的重要枢纽。1999 年 5 月建成通车。南北长约 780 米，东西长约 850 米，整体面积 5 万多平方米，为当时北京最大的立交桥。四惠桥在设计上实现主辅路机动车和非机动车完全分行。立交形式为四层定向互通式立交，第一层为辅路系统，第二层为京通快速路及通惠河北路，第三层为东四环路，第四层为京通快速路、通惠河北路与东四环路的定向匝道。整个立交由 3 座跨线桥、8 座匝道桥及相应道路组成。桥梁下部结构为钻孔灌注桩，桩径 1.2 米，桩长 20 ～ 30 米。

五环路白家楼桥　位于高碑店地区东北部，靠近白家楼自然村。2003 年建成命名。该桥在朝阳北路上横跨五环路，长 65 米，宽 23 米，高 4.5 米，最大跨度 15 米。

五环路大黄庄桥　位于高碑店地区东北部。2003 年建成命名。该桥在朝阳路上横跨五环路，最大载重量 20 吨，长 45 米，宽 34 米，高 4 米，最大跨度 16 米。

五环路远通桥　位于高碑店乡域东部，京通快速路、建国路与五环路交会处。因南有北花园村，取“园”之谐音“远”与京通快速路“通”字，故名。2002 年开工建设，2003 年建成通车。为互通式立交桥，简支 T 梁、连续箱梁、铜砼组合箱梁结构。桥梁匝道桥长 785.1 米，主路桥长 848.4 米，匝道桥宽 35 米，桥梁总面积 40537.6 平方米。

三、交通

公共交通 1953年10月，高碑店地域开通9路公交，在红庙设终点站，为地域最早的公交线路。1954年，建成红庙公交场站。同年，开通11路公交，至地域八王坟。六七十年代，陆续开通12路、1路、363路、312路、306路、342路等通往市区及郊区的公交线路。

80年代，北京市公交系统陆续在高碑店乡建成康家沟公交场站和高碑店低保中心站（汽车场站）。至90年代末，陆续开通57路、115路、382路、411路等公交线路，途经或始发地域公交线路10余条。

进入21世纪，地域公共交通发展迅速，陆续开通4路、207路、475路、397路、468路、455路、75路等公交线路。2005年5月，四惠长途汽车站建成，占地面积15333平方米，停车面积7200平方米，可容纳100余部车辆停放。省际运营线路61条，营业范围覆盖吉林、河北、安徽、河南、内蒙古、天津等20多个地区。2008年7月，地域开通快速公交2号线，从朝阳门至杨闸环岛，横穿乡域，途经甘露园、朝阳路太平庄、民航总医院、大黄庄桥西站。

2012年10月，四惠交通枢纽站建成，位于地域西部四惠桥东南角，是北京第一座涵盖省际长途换乘功能的综合交通枢纽，集轨道交通、长途客运、市区公交、东部市域公交于一体。枢纽内有322路、397路、468路、475路、506路、553路6条东区始发线路；有1路、57路、58路、363路、405路、455路、496路、671路、865路、989路、夜1路、专113（原495）路12条西区始发线路；有605路、657路、666路3条途经线路。2015年2月，开通由四惠枢纽站至高碑店村东的“小黄蜂”微循环线路专167路，途经京通快速辅路、通惠河南街、高碑店路、京秦铁路南侧道路，最终到达高碑店东，使辖区居民出行更加便利。2020年底，位于高碑店北路的康家沟复合公交场站建成，为北京市首个复合公交场站。截至2021年底，途经或始发地域公交线路43条。

2021年途经高碑店地区（乡）部分公交线路一览表

表4–2

路别	起止站	途经辖域主要站点
1	老山公交场站—四惠枢纽站	八王坟东、四惠枢纽站
11	孛罗营—大北窑东	朝阳半壁店、方家村
23	朝阳半壁店—虎坊路	朝阳半壁店、方家村

续表 4-2

路别	起止站	途经辖域主要站点
35	小郊亭公交场站—天桥	小郊亭公交场站、文化新大街、高碑店南站、朝阳半壁店、方家村
54	三营门—四惠桥	八王坟东、四惠桥
57	靛厂新村—四惠枢纽站	四惠枢纽站
58	四惠枢纽站—神武门	四惠枢纽站
75	康家沟—和平东桥	康家沟
95	康家沟—惠新西街南口	康家沟
112	康家沟—亮果厂	康家沟
115	康家沟—东皇城根北口	康家沟
135	康家沟—二里庄	康家沟
312	东小营公交场站—马圈	朝阳半壁店
322	古城西桥公交场站—四惠枢纽站	四惠枢纽站
350	东大桥—焦庄桥北	朝阳路太平庄、民航总医院、朝阳路高井、大黄庄桥西、白家楼
363	四惠枢纽站—青青家园	四惠枢纽站、陈家林、四惠东站、高碑店桥南、高碑店、高碑店南站、朝阳半壁店北
397	大鲁店公交场站—四惠枢纽站	高碑店桥东、四惠东站、四惠枢纽站
405	四惠枢纽站—孙河公交场站	四惠枢纽站
411	小庄—富力又一城	民航医院、朝阳路高井、大黄庄桥东
455	南花园公交场站—四惠枢纽站	朝阳半壁店、方家村
468	朝新嘉园—四惠枢纽站	康家沟、兴隆家园南区、四惠东站、陈家林、四惠枢纽站
475	宇达创意公交场站—四惠枢纽站	远通桥西、高碑店桥东、四惠东站、陈家林、四惠枢纽站
488	马各庄坤江市场站—大北窑北站	朝阳路高井、民航医院、太平庄、青年路南口、甘露园小区
496	康静里南—四惠枢纽站	四惠桥、四惠枢纽站
506	石各庄—四惠枢纽站	远通桥西、高碑店桥东、四惠东站、四惠枢纽站
517	地铁草房站—四惠枢纽站	大黄庄桥东、朝阳路高井、民航总医院、朝阳路太平庄、康家沟、兴隆家园、兴隆中街、高碑店桥北、四惠东站、陈家林、四惠枢纽站
553	单店—四惠枢纽站	康家沟、兴隆家园南区、四惠东站、四惠枢纽站
605	黄杉木店—弘燕公交场站	四惠桥西

续表 4-2

路别	起止站	途经辖域主要站点
615	刘庄北站—神路街	朝阳路高井、民航总医院、朝阳路太平庄、甘露园
639	黎各庄—北京站东街	朝阳路高井、民航总医院、朝阳路太平庄、甘露园东、甘露园西
657	东湖—郎辛庄	四惠桥
666	京东运乔建材城—大北窑东	远通桥西、高碑店桥东、四惠东站、陈家林、四惠站
671	四惠枢纽站—西苑	四惠枢纽站
675	左家庄站—通州李庄站	白家楼桥东
690	康城南站—农业展览馆	朝阳路高井、民航总医院、朝阳路太平庄、甘露园东、甘露园西
865	小红门牌坊村—四惠枢纽站	四惠桥、四惠枢纽站
911	京东运乔建材城—北京朝阳站	白家楼桥东
989	顺义半壁店—四惠枢纽站	四惠枢纽站
快速公交2线	杨闸—朝阳门	大黄庄桥西、民航总医院、朝阳路太平庄
夜1	老山公交场站—四惠枢纽站	八王坟东、四惠枢纽站
夜27	武夷花园—大北窑东	高碑店桥东、四惠东站、陈家林、四惠站、八王坟东
专113	四惠枢纽站—百子湾家园东站	四惠枢纽站、四惠桥、水南庄、水南庄东站
专167	四惠枢纽站—金卫路西口	四惠枢纽站、陈家林、通惠桥东、高碑店、文化新大街、小郊亭公交场站、北花园村南

地铁交通 1991年1月，国家计委批复建设地铁复八线，从复兴门至高碑店乡八王坟，全长12千米。1992年6月，复八线工程正式动工。2000年6月，地铁复八线与原地铁1号线连通，运营区段自西向东由苹果园站至四惠东站，仍称地铁1号线。共23座车站，线路全长31千米。自西向东经过大望路站进入高碑店乡域，经四惠站到达终点站四惠东站，域内全长约3.2千米。

2001年12月，地铁八通线正式开工，一期工程从四惠站到通州土桥站，2003年12月开通运营，是北京市第四条建成运营的地铁线路。乡域内自西向东经四惠站、四惠东站、高碑店站，域内全长约4.8千米。四惠站与四惠东站为1号线与八通线换乘车站。2021年8月29日，地铁1号线与八通线正式全线贯通，结束了换乘历史。

四、码头

平津闸漕运码头遗址公园（2018 年摄）

高碑店地域在历史上地处大运河漕运最北端，仅在特定历史阶段存在漕运码头。嘉靖七年（1528）二月四日至五月二十二日，御史吴仲主持疏浚通惠河，打通元代淤塞的通州城北闸河旧道，使南方漕船北上后，经此向西进入通惠河，途经普济闸、平津下闸、平津上闸、庆丰闸，到达通惠河终点大通桥。由于通惠河自西向东水位落差较大，漕船自东向西途经河闸时，须将货物卸下，转运装入上游漕船，从而形成专门用于装卸、转运和短时存储货物的漕运码头。明朝漕运总督在高碑店地域平津上闸、平津下闸建置 2 处公署，委任闸官，管理漕运事务，从而形成平津上闸、平津下闸 2 处漕运码头。

明朝中期，高碑店地域漕运码头异常忙碌、繁华。运载南方稻米、丝绸、木材等物资的漕船，从通惠河水路源源而来。码头樯帆林立，沿岸茶楼酒肆鳞次栉比，士民会聚、商旅不绝。高碑店平津闸成为北京城东最繁华的码头。

此后 300 余年，平津上、下闸码头借助通惠河漕运持续繁荣发展。高碑店地域及附近青壮年大多依靠装卸漕船货物“扛大个儿”为生。码头附近高碑店村形成商业街市。在码头附近修建龙王庙、娘娘庙等。至 19 世纪末，东郊娘娘庙会成为北京城及周边规模最大的庙会之一。

1901 年，由于运河淤塞，清政府宣布废止漕运。高碑店地域漕运码头随即衰落。2005 年，高碑店地区（乡）在原平津上闸遗址处建成漕运码头遗址公园。平津下闸即花园闸附近已无码头遗迹可寻。

五、邮政

1949 年 1 月北平和平解放前，北平邮政系统归华北邮政总局管辖，北平邮区邮政局、邮政支局、邮政所都集中于市区。高碑店地域地处近郊，邮政设施缺乏，百姓邮递信件除到市区办理外，大多依靠亲戚、朋友捎带。信件数量极少。

50 年代初，高碑店地域建立呼家楼邮电局和慈云寺邮电局。高碑店地域各单位和百姓通过呼家楼、慈云寺邮电局办理业务，主要包括邮寄信函、包裹，办理小额汇款及订阅报刊。

六七十年代，邮电局专设邮递员负责地域机关、企事业单位及各生产大队、生产队信件、报纸的投送和邮寄。生产队社员将邮寄信件等统一放到生产队队部，邮递员每天骑绿色邮政自行车，到队部将信件取走，并将各地投寄的信件、报刊放到队部。市内信件投递周期从 50 年代初的半个月，到六七十年代缩短至五六天。

1980 年 7 月，北京市试行信封加填邮政编码。高碑店地域邮寄信件，须统一在信封上加填邮政编码。90 年代初，慈云寺邮电局改为邮电支局。地域居民可就近办理邮寄信件、包裹等，或到附近定福庄、双桥邮电所办理业务。同时，邮政局在机关、企事业单位内设置邮箱，路边繁华地区设置邮筒。居民有邮寄需求，可在邮电局购买信封、邮票，自己贴上邮票投递到信箱。邮递员每天定时取走信件进行投递。信件接收由邮递员送到各单位收发处，或直接送到居民家中签收。

1950—1990 年，高碑店地域邮政资费与全国一致，市内平信为 4 分钱，外埠平信为 8 分，外埠挂号信为 2 角。资费标准沿用 40 年。1990 年 7 月 31 日，外埠平信邮资调整到 2 角，外埠挂号信邮资调整到 5 角。1996 年 12 月 1 日再次调整，外埠平信邮资调整到 5 角，外埠挂号信调整到 1.5 元。1999 年，外埠平信调整为 1 元，外埠挂号信调整到 2.8 元。

1996 年，高碑店地区邮政通信服务及行业管理由北京市东区邮政局负责。

1998 年，国家进行邮电分营改革，成立国家邮政局。同年 8 月 7 日，成立北花园邮政所，占地 240 平方米，内设 6 间办公室，隶属三间房邮政支局。主营信函、包裹邮递及汇款等，同时开通邮政储蓄业务，为附近北花园居民及定福庄居民提供服务。11 月，成立康家园邮电所，位于康家园小区 26 号。同年 12 月，成立甘露园邮电所，位于康家园南里 2 区 5 号楼。

2000 年以后，由于互联网逐渐普及，辖域大多年轻人使用电子邮件传递信息，纸质信件量急剧下降，逐渐退出历史舞台。邮政所以邮寄大宗包裹、汇款为主。同时，随着互联网电子商务发展，民营快递业兴起，顺丰速运、京东物流、申通快递、韵达快递、圆通速递、中通快递、百世快递等大型民营快递企业在地域设立速递网点，居民邮递包裹、网购商品，逐渐使用民营快递。

2012 年，成立北京市东区邮政管理局，负责包括高碑店地区在内的北京东部区域邮政快递业务监管。至 2021 年底，乡域内邮电所有位于朝阳路南侧甘露园邮政所、康家园邮政所，位于京通快速路北侧北花园邮政所，位于西店村百子湾邮政所，形成以北京市东区邮政管理局监管下，各邮政所与各民营快递公司并存发展格局。地域机关、企事业单位邮寄公函，居民邮寄身份证等重要文件，为安全考虑，大多选择中国邮政快递；职工和居民日常邮寄函件、网购商品等，大多选择民营快递公司。同时，随着电子支付、扫码支付逐渐普及，邮政小额汇款业务逐渐退出，并入邮政银行业务体系。

六、电信

电报　50年代中期，国家实行邮电合一体制，当时的电信业务主要是电报。高碑店地域百姓平时有事往来一般通过书信，遇到有紧急情况才用电报。拍电报一般到呼家楼、慈云寺等邮电局办理。1958年，邮电部统一电报资费，按字计算，每字3分钱。尽管如此，人们用电报时也是惜字如金，尽量简短，以节省费用。1983年底，电报资费上涨到每个字7分钱。90年代中后期以后，随着电话业务兴起，百姓很少用电报通信。

电话　1958年，幸福人民公社安装电话总机，设4条外接线，可打长途电话。各工作站、生产大队安装分机。60年代初至90年代初，各生产队、乡直属企业均安装电话分机。1995年，高碑店地区有对外联络线路360条。至1999年，电话装机总量达到4500台。1997年，本地域内建成高碑店电话局，总建筑面积1.1万平方米。

移动通信　20世纪80年代初期，无线电寻呼进入我国。寻呼机又称BP机、传呼机，是用户佩戴的无线电接收机。90年代，高碑店地域很多百姓购买寻呼机，从最初的数字显示，发展为汉字显示。

1988年4月，北京移动电话网建成开通，7月对外放号，正式运行。90年代初，高碑店地域开始出现使用模拟手机的少数人群。当时，模拟手机入网费5000元，一部手机价格高达两三万元。持有模拟手机的人，绝大多数是企业经理，或是各村先富起来的个体经营者。

90年代中后期，高碑店地域原来使用大哥大的用户，纷纷换成数字手机，大多为诺基亚、西门子、摩托罗拉等品牌。2009年以后，移动通信进入3G时代。高碑店地域百姓很多人开始购买使用智能手机。智能手机除打电话、发短信这些基本功能外，可以安装丰富多彩的各类App应用，更加丰富了人们的生活。至2021年，移动通信跨入5G时代。

网络通信　网络通信传输主要载体是家用电脑或个人电脑。20世纪90年代中期，高碑店地区（乡）机关办公开始使用电脑，同时为每个村配备办公电脑。90年代末，电脑进入普通家庭。1999年，全地区共有电脑645台。早期电脑主要用于简单办公自动化操作、上网以及简单游戏使用。一般一台普通电脑需要花费上万元。前期大多为组装机，很少购买品牌机。上网速度较慢，最初为电话线拨号上网，后来到网通营业点办理上网包月套餐。2010年左右，家用电脑和手提笔记本电脑开始走入普通家庭，几乎每个家庭都有一台或多台电脑。4G网络兴起后，电脑大多用于办公使用，日常上网获取信息或网购等，大多使用智能手机。

七、生活设施

供电 1958年，幸福人民公社在通惠河花园闸附近利用民主德国援助的发电设备拦通惠河水发电，用于小范围民用照明，以及电动铡草机等农业生产设备供电。1961年，高碑店人民公社各生产大队普遍实现国家供电，用于社员家庭生活和农业生产。由公社统一给社员家庭安装照明电灯，功率为25瓦。每个家庭安装1～3盏不等，每盏灯按月收取0.5元电费，有电子管收音机的家庭按每台每月0.5元电费收取。用电后隔月收缴，按片区安排专人上门收费。电费上交公社后，由公社统一开具片区每月总额收据。1997年，北京市启动城市供电网络“9950工程”，改造用电设施，高碑店地区（乡）进行电网全面改造，实现一户一表，按户结算电费。2008年以后，高碑店地域供电全部隶属国家电网供电体系。截至2021年底，高碑店地区（乡）各村、社区建有变电室、配电室100余处。

供水 1955年，高碑店地域有生活用水井22眼。70年代，社员用水主要通过集体自建水塔、单位自备井及社员自打压水井等方式获得。1974年，高碑店人民公社在高碑店生产大队中部建成22米高水塔。70年代末，全公社建有自备井7眼。90年代以后，各新建楼房陆续开通市政自来水。至2015年，高碑店地区（乡）有自备井36眼。2015年以后，高碑店地域自备井陆续进行置换，居民用水纳入市政供水管网。截至2021年，辖域有供水泵合计300余台。

供气 90年代末以前，高碑店地域村民家庭做饭、取暖主要依靠烧煤。2002年，随着北京天然气管网供气网络建成，地域小区居民开始使用天然气。至2008年，五环路以内平房区部分接通天然气。2014年，地区（乡）开展“送气下乡”工作。村民实现炊事气化（使用液化石油气）供应和服务保障，并享受政府平价气补贴，每瓶气为村民节省50元，当年每户核定供气量8瓶。同时，推进辖区“减煤换煤、清洁空气”工作，完成600栋民房“煤改气”工作。2017年，地域液化气全部更换为北京市液化石油气公司气源。供气由北京市燃气公司统一负责。截至2021年，地域有燃气调压站10余处，实现天然气全覆盖。

第三节　环境治理

20世纪50年代，高碑店地域开展爱国卫生运动，打扫街边卫生；改进厕所管理和粪便处理，消灭蚊蝇；打扫工棚环境卫生等。1950年，各行政村将各类游商小贩进行登记编组，划定特定区域经营，以维护市容整洁。1958年，号召群众开展“除四害”运动。六七十年代，高碑店人民公社将环境治理纳入卫生工作当中，主要由公社卫生院及赤脚医生负责在公共场所消毒，开展祛病防害工作。同时，号召群众开展以挖蛹灭蝇、灭鼠为重点的爱国卫生运动。

八九十年代，高碑店乡每年通过清理垃圾渣土、清理堆物堆料，新建改建厕所及垃圾池、四旁植树、绿化美化院落小区环境等，加大市容环境整治力度。1983年，高碑店乡开始实行“门前三包”。1985年，高碑店乡成立市容办公室，设专职干部管理市容工作。1989年，对无照商贩和木材市场进行专项整顿，全年清走无照经商人员1148人。整顿木材市场，清理木材305立方米，清走外来人员156人，拆除违建房屋84间。1997年，成立朝阳区城市管理监察大队高碑店分队（简称城管分队），以专门机构管理地区市容环境卫生。高碑店地区（乡）以迎香港回归、全国城市卫生大检查、迎接中华人民共和国成立50周年等重大活动为契机，重点开展整治环境卫生、拆除违法建筑、取缔占路市场等综合性工作。

21世纪初期，地区城市化发展对于环境治理要求越来越高，需要不断创新管理思路和方法。2001年，进行公示教育，增强服务意识。城管分队根据辖区面积大，国家占地转工自谋生路人员多、门脸多、个体工商户多等特点，分不同地段、不同层次召开5次公示教育大会。进一步完善“门前三包”责任制。同年底，在全区“门前三包”考核中取得第一名。2002年，推行“门前三包”连片管理，对辖区内重点大街150余家“三包”单位划分成10个连片小组，每片推选出一名组长，负责小组日常协调，落实管理责任制。乡政府投入70余万元建成一套“可视化电子监控系统”，为全市第一家终端设在城管队、专门用于城市日常管理工作的系统，大大提高执法效率。

2005年，落实“三会四账”长效管理机制，全面启动“辖区管理责任制”。“三会”是指“门前三包”单位会、城管进社区会和施工工地负责人会。“四账”是指“门前三包”单位台账、施工工地台账、城管进社区台账和综合台账。完成“四账”登记造册工作，使工作情况一目了然。

2006—2008年，为做好奥运环境保障工作，城管分队制定并实施为期3年的市容环境整治计划。2007年，以年度挂账任务为重点，全力拆除违法建筑。拆除五环路大黄庄桥、远通桥下及周边违法建筑8608平方米，腾退空间23231平方米。拆除和制止各村内私搭乱建、新建违法建筑共900多平方米。清理辖区内通信、发射接收设施57处，共89个。以迎奥运为契机，整顿户外广告牌匾。共拆除户外广告199块，20620.93平方米。推进城管进社区，对甘露园南里一、甘露园南里二、太平庄南、太平庄北、花园闸北里东、花园闸北里西社区采取车巡与步巡相结合的方式，依法取缔无照经营、店外经营、露天烧烤、违法建设等行为。全年组织集中执法活动100余次，取缔无照经营等违法行为500余起。通过集中执法方式，对辖区内黑车现象聚集的四惠、八王坟、易初莲花门前等地区进行集中整治，共查处黑出租车无（证）照经营45起，立案16起，罚款84550元；查处人力三轮、三轮摩托车无照经营29起，罚款7000元。共取缔小广告窝点88个，没收小广告30万张，依法办理停机180个。组织夜间执法活动，共查处运输车辆70辆，暂扣无准运证件运输、道路遗撒等有问题车辆17辆，罚款62900元。2008年，在做好市容环境管理同时，注重开展联合执法。城管分队与综治办、计生办、民政科等相关部门密切配合，着重对高碑店地区进行全面清理整治，消除街边无照游商，统一规范广告牌匾，协助取缔有食品卫生安全隐患商户，按照“平安奥运”工作要求，确保奥运会期间食品卫生安全。

2009年，城管分队加强部门协调管理。与乡政府网格办进行对接，及时处理、回复网格案件。全年办理有效网格单12000余件，案件涉及占道经营、乱贴挂广告横幅、无照经营、违法建设等。与综治办、城建科、计生办、派出所、工商所、交通队、地区巡防大队等职能部门开展各项环境综合治理。开展专项整治行动58次。加强与各村联防队协作，形成每周一次小规模、每月一次较大规模联合执法。创新执法机制。包括实行弹性执法工作机制、组建临时工作模式机制、重点地区（时段）监控工作机制、上下沟通联动机制等。成立专项小组，加大挂账点位监控。分别成立四惠、八王坟人盯车巡监控组、朝阳路游商盯守组，对重点区域进行重点监控。

自2014年冬季开始，北京遭遇严重雾霾天气。积极防治大气污染成为环境治理重要任务。2015年，城管执法队主要从2个方面加强大气污染防治工作。一是加强施工工地管理，对辖区15处工地进行定期巡查，严控施工扬尘，规范使用施工扬尘视频监控，规范渣土车运输管理，推进绿色施工管理模式，以大幅减少扬尘污染，杜绝道路遗撒。二是加大对露天烧烤、焚烧垃圾、白色污染、无照售煤等违法行为管控力度。采取协调联合执法、机动组错时执法、白班不间断巡查盯守等方式，开展露天烧烤治理整顿工作。2017年，开展蓝天保卫战。进行露天烧烤大排档治理和施工扬尘、清理渣土治理。取缔露天烧烤大排档 27 家，处罚工地 6 家，处罚渣土车 13 辆。深入推进“减煤换煤”、清洁能源替代工作，拆改燃煤锅炉 12 台，完成“煤改电”住宅 3133 户，全地区高标准实现无煤化。2018 年，制定完善《2018 年高碑店地区大气环境综合治理工作方案》《高碑店地区 2018 年空气重污染应急预案》，强化工地扬尘污染和机动车污染防治。修订完善《高碑店乡落实“河长制”工作实施方案》，以生态环境部、住建部黑臭水体治理专项督察为契机，围绕辖区“一河三沟一干渠”，夯实“三查、三清、三治、三管”治理责任。完成黑臭水体治理通惠河流域截污管线工程、大黄庄后街排水沟截污工程，高碑店陶家湾黑臭水体截污工程进入收尾工作，辖区水环境质量和河道生态环境持续改善。2019 年，深入落实“河长制”，建立“河段长制”，压实三级巡河管理模式，实现河道管理精细化网格化，完成 1 处小微水体、3 处黑臭水体和 7 处长期排污口治理工程。同年，落实“街巷长制”，组建小巷管家队伍，开展城市环境“微诊疗”。2016—2021 年，共拆除违规广告牌匾 535 处，打造提升 10 条环境优美大街，完成 33 条背街小巷整治，打造通惠河环湖 2 公里“御水金环”亮化景观，持续改善人居环境。

第四节　绿化美化

一、绿化隔离带

高碑店地区（乡）地处北京城乡接合部，绿化隔离带建设在北京市整体规划下进行。1958 年，北京市制定《北京城市总体规划》，确立建设绿化隔离带政策，采取“分散集团式”布局，将市区划分为 26 个分散集团，集团之间保留成片菜地、丰产田、果木、林木，并种植花草，开辟水面。高碑店人民公社域内农田、菜田、林木、水面等，成为北京市最初绿化隔离带重要组成部分。1983 年，北京市制定《北京城市总体规划》，重新确立“分散集团式”空间布局，提出将市区中心集团和 10 个边缘集团之间用绿化隔离带分隔。1998 年编制的《北京市区绿化隔离地区规划》，进一步明确绿化隔离带重点是位于四环和五环之间的市区城乡接合部，围绕中心地区呈不规则环状分布。2000 年，北京市印发《关于加快本市绿化隔离地区建设的意见》，并召开绿化隔离带地区建设动员大会，提出用 3 ~ 4 年时间，完成原计划 10 年完成的绿化隔离带地区绿化任务，实现“绿化达标、环境优美、秩序良好、经济繁荣、农民致富”的目标。北京市第一道绿化隔离带建设全面启动。

2000 年 3 月，根据市区具体部署，高碑店地区（乡）绿化隔离带建设工作全面推开，力争“十年任务，三年完成”。在朝阳区农林局技术人员指导下，绿化隔离带绿化建设参照“网带林”形式着手实施，对规划区域土地进行平整，安排人员放线点坑，栽种苗木。全年完成以围带林186亩，修建草坪25亩，建设小苗圃38亩。为加强管护，确保苗木成活，打机井1眼，新建管理用房10间，并成立由17人组成的管护专业队伍。

2001年，为继续推进绿化隔离带建设，全年共拆除违法建筑6万多平方米，其中拆除绿化隔离地区2万平方米、主要道路两侧建筑4万平方米、小区违法建筑200平方米、占压市政管线违法建筑150平方米。拆迁企业67家，腾退土地18.63万平方米，其中建筑面积4.38万平方米，安置职工1796人。全年完成绿化隔离带绿化任务316亩，完成300亩规划任务，植树175656株。投入1000多万元，兴建占地80亩的四惠花园，并于8月开园。同年，四惠花园被评为“北京市春季绿化隔离地区建设优质工程”。

2002年1月，高碑店地区（乡）对绿化隔离带绿化工作作出进一步部署，做好拆迁安置工作，清理垃圾、渣土，平垫道路，整治周边环境。至3月15日，共拆除建筑面积10000多平方米，植树37000余株。至2002年底，高碑店地区（乡）超额完成第一道绿化隔离带建设任务，被评为“北京市2002年绿化隔离地区建设先进乡镇”。

2003年3月，北京市出台《关于加快本市第二道绿化隔离地区绿化建设的意见》。第二道绿化隔离带建设范围从第一道绿化隔离带外边线，一直到六环外延1000米。同年4月15日，高碑店地域第二道绿化隔离带建设工程正式启动，主要涉及五环路高碑店地区两侧。至2004年底，高碑店地区（乡）共拆迁企业117家，拆除建筑面积23.1万平方米，腾退土地面积40.271万平方米，清运渣土57万立方米，回填好土80万立方米，动用车辆6500余次，投入资金190余万元，绿化美化700余亩。位于五环路东侧的绿化带，总面积23亩，种植乔灌木5800余株，色彩搭配合理，施工质量精细；位于京通快速路北侧，五环路西侧与京通快速路交叉路以北绿化带，绿化总面积47亩，种植乔灌木8800余株，乔灌木与草坪、花卉有机结合，充分展现出绿化景观效果。两处绿化带都是绿化隔离带建设的亮点工程。

2005年，高碑店地区（乡）全面完成绿化隔离带建设任务，完成绿化1032亩，植树27万余株。日常工作重点转向绿化带树木养护、病虫害防治、亮点工程养护管理等。

二、兴隆郊野公园

位于高碑店地域中部，长安街东延长线北侧，西距天安门7.8千米。东至高井传媒产业园，南至京通快速路，西至兴隆街，北至朝阳路。

兴隆郊野公园建设用地原为高碑店乡高井村葡萄种植基地。20世纪80年代末，为加快改革开放步伐，促进首都经济社会快速发展，北京市政府制定《北京城市总体规划（1991年—2010年）》。文件要求，通过深化改革，以经济手段推动郊区开发建设和市区调整改造，鼓励各在京单位在绿化隔离带内成片植树造林或建设公园，允许公园、绿地建设者按规定建设一定比例的经营性项目，发展文化娱乐等设施，形成不同功能、各具特色、效益显著、环境优美的市区绿化系统。根据文件精神及乡域建设规划，高碑店乡决定在辖域高井村葡萄种植基地兴建兴隆片林。根据当时规划，兴隆片林东至北京东五环路，南临建国路，西起高碑店北路，北接朝阳路，东西长1050米，南北宽730米，占地面积1017亩。

1992年2月22日，兴隆片林破土动工，高碑店乡主要领导带领机关全体干部参加劳动。经过两个月奋战，在兴隆片林建湖、堆山，植树3.8万株。同年5月19日，北京市主要领导带领市绿化检查团共120余人视察兴隆片林，现场办公，对兴隆片林建设予以肯定，同意划出一部分绿地进行开发建设，以绿引资、引资开发、开发造绿、以绿养绿。6月，市委市政府绿化会议在兴隆片林召开，并植树14棵。同年10月28日，高碑店乡农工商总公司成立北京兴隆公园有限公司，与香港加力置业有限公司合作，在兴隆片林基础上开发建设兴隆公园，合作期限10年。按照合作协议，北京兴隆公园有限公司注册资本1200万美元，其中中方占股23%，外方占股77%；香港加力置业总投资2800万美元用于公园整体建设，公园所占土地范围内农民安置由高碑店乡人民政府负责解决，集体土地按规定程序办理征地手续；为筹集建设资金，从总占地面积中划出100亩用于建设别墅，盈利部分补助公园建设和运营；别墅总建筑面积控制在30000平方米内，绿地面积不低于75%；所建别墅可以出租或出售，以资养园。

1993年2月17日，香港加力置业有限公司开发的兴隆湖景别墅区在太平庄村东举行开工奠基仪式，公园整体建设持续推进。同年3月20日，兴隆公园建设二期工程开工。在1992年建设基础上，主要建设湖底人工防渗工程，建湖心亭、水榭山间亭子等，并栽植银杏树等珍贵树种20余株，栽植其他树木约8000株。1994年4月1日，高碑店地区（乡）共40多个单位及所属6个党总支，以及武警十三支队官兵700人参加植树劳动，参与公园建设。1995年3月12日，中央军委副主席刘华清、张震，国防部部长迟浩田、总参谋长张万年、总政治部主任于永波、总后勤部部长傅全有等率领58名将军，与北京卫戍区某团、51120部队200多名官兵，到兴隆片林参加义务植树。刘华清、张震副主席栽种两棵高大的华山松和三棵白皮松。此次植树共栽植桧柏、国槐、栾树、柳树、椿树、毛白杨等1200余株，给兴隆片林留下了一片具有纪念意义的将军林，成为园内一处特色景点。至1995年底，园区共完成绿化917亩，植树9.4万株；整地造型堆起8座小山，挖

兴隆郊野公园白玉石桥

掘人工湖45亩；铺设方砖路806平方米，柏油路3150平方米；建成八角重檐亭、水榭和拱形石桥各一座。兴隆公园基本建成。

1996年3月，兴隆公园被北京市园林局批准为市级一级公园。1997年，100亩别墅区和高尔夫球场基本建成，初步实现“以绿引资、引资开发、开发造绿、以绿养绿”。年内新建公园西大门和南门及部分围墙，共修路15764平方米。

2002年，经上级规划部门批准，在公园内新建一座兴隆网球馆，建筑面积7800平方米。至2004年，兴隆公园园内路面全部硬化，实现初步封闭。同年，新建铁艺护栏2500米，园内主要路段安装路灯30盏，新建厕所3座，园内公共设施基本完善。

21世纪初期，兴隆公园建设带动了高碑店地域经济转型发展。高碑店地区（乡）按照拆迁造绿、拆建结合、以绿养绿、以建带绿的原则，建设大绿化，形成绿色产业、绿色园林、绿色生态、绿色走廊，突出绿色景区，建造朝阳区东部良好的生态文明环境。加之公园地处东四环和东五环之间，紧邻京通快速、地铁八通线和朝阳路，交通便利，生活、商业设施逐步完善。2004年3月，世界500强企业正大集团易初莲花朝阳店开业。同年，公园北侧财满街商业楼盘开工建设。公园西侧兴隆家园、白领家园等楼盘也把坐拥兴隆公园当作一大亮点，促进了周边房地产市场的发展。该地段以兴隆公园为中心，形成集商务、商业、生活于一体的综合性社区。

2007年初，根据《北京城市总体规划（2004年—2020年）》，在绿色奥运的号召下，北京市启动“郊野公园环”建设，对北京市四环和五环之间第一道绿化隔离带绿地进行近自然化和公园化改造，计划一期建成15处郊野公园，其中就有在兴隆公园基础上建成兴隆郊野公园。同年4月，地区投入1978万元对兴隆公园进行二期改造，至2008年4月，新建西大门广场、西门景墙、湖心岛走廊及铁索桥；对公园南、西、北三座大门进行仿古改建，并安装中英文公园简介；园内新铺设各类渗水砖道路19700平方米，安装照明灯158盏，安装简易座椅130座、垃圾桶70个，安装各类指示牌方向标88个；完成园内3公顷湖泊改建工程；新建将军林广场和将军林碑。2008年5月1日，兴隆郊野公园免费向社会开放。2014年，兴隆郊野公园被评为国家AAA级旅游景区和北京市第十二批精品公园。2015 年，完成北京市园林绿化局精细化管理考评工作。2016 年 8 月，被评为朝阳区文明景区。

截至 2021 年底，兴隆郊野公园总面积 754.561 亩。其中，绿地 362253 平方米、道路 28329 平方米、广场 26641 平方米、停车场 4555 平方米，建筑占地面积 55062 平方米，水体 26200 平方米。园内有乔木 50 种，总量 10598 株；灌木 37 种，总量 5304 株；草坪面积 75580 平方米，花卉地被 20938 平方米。有 16 处主要景观：将军林景观石雕、揽月亭、碧玺水榭、石舫、聚玥亭、铁索桥、湖心岛、文化长廊、闲逸亭、和旭亭、白玉石桥、和乐廊亭、和義廊亭、水上楼阁、雷锋雕塑、蘑菇亭。有五大特色游人活动广场：将军林广场、樱花广场、西门广场、林荫广场、太极广场。有荷花池及观赏果园各一处。游乐项目主要有：卡丁车、兴隆森林拓展、真人 CS、五人制足球场、游船码头、儿童游乐场、云海武术苑。公园内安装座椅 387 座、果皮箱 139 个、路灯 198 个，以及警示牌和各种标识牌等配套设施，安装电子显示屏 1 块，以及广播系统、电脑智能发射机、无线电音箱、监控设施。兴隆郊野公园隶属高碑店乡人民政府，由乡属企业兴隆嘉禾有限公司管理。内设主任办公室、党建宣传、财务、生产管理、公园管理、设计、安全管理 7 个部门，下设水电、司机、保洁、保安、花卉、后勤、绿化工程、绿化养护 8 个班组，共有职工 132 人。

三、百花郊野公园

位于北花园社区南部，是北花园村属公园。东至杜仲郊野公园，南至广渠快速路，西至东五环路，北至北花园工业区。总占地约 21.53 万平方米，分东区和西区。2010 年 5 月建成并对外开放。

公园主要特色为“运动现代、简约时尚、花卉植被”。公园设计风格及配套设施运动现代，可以在园中开展各式休闲活动项目，如篮球、羽毛球、轮滑、滑板、自行车等，深受运动人士的喜爱。园内大量使用花灌木、观赏草和野生草本地被，营造郊野特色显著的公园景观。并在重要节点利用花卉造景，形成百花公园缤纷灿烂的景观。

四、通惠河畔再生水湿地公园

主体园区位于高碑店地区半壁店村，广渠路两侧，西起方家村小区东侧，东至东五环路小郊亭桥西，东西长约 3 千米。

2016 年 5 月，北京市人民政府印发《北京市进一步加快推进污水治理和再生水利用工作三年行动方案（2016 年 7 月—2019 年 6 月）》，要求进一步加快全市污水治理和再生水利用。同年，朝阳区制定“十三五”发展规划，要求加快建设绿色生态景观，完善首都功能核心区与北京城市副中心之间的生态保护带建设。为落实市政府文件及区“十三五”规划要求，高碑店地区（乡）统筹地区水网资源、绿地资源、土地资源，联合亚洲最大的再生水厂——高碑店再生水厂，实施乡厂共建、共治、共享，打造“高碑店生态水乡”新格局。

2018年7月，高碑店乡人民政府与北京北排水环境发展有限公司共同签署《关于高碑店乡水环境建设的战略合作框架协议》。根据协议，双方以区域水环境建设为主线，根据高碑店乡的控制性规划，以高碑店再生水厂水资源为基础，共同合作打造“高碑店生态水乡”示范基地项目，提高高碑店乡区域水环境生态质量。“高碑店生态水乡”以现有水资源为基础，通过先进的技术手段，将水系串联形成完整水系统，开发建设通惠河沿岸景观带。通惠水谷湿地公园为“高碑店生态水乡”建设一期工程。

2018年底，为落实通惠水谷湿地公园建设，半壁店村提前对半壁店、小郊亭、方家村3个自然村老旧村庄实施拆迁，历时60天基本完成周转腾退工作。共拆除老旧民宅705个、非村民住宅44处，周转村民3803人，疏解外来人员3.54万人，为通惠水谷湿地公园建设作出重要贡献。

2019年5月5日，通惠水谷湿地公园正式开工建设，同年8月30日竣工。占地面积63.8万平方米，由A区智慧谷、B区育秀谷、C区活力谷、D区生态谷、E区人文谷5个园区组成。绿化面积38.8万平方米，约占60.8%；湿地水面面积16万平方米，约占25%。是亚洲第一个以再生水为单一水源构建的生态湿地公园，也是连接首都核心区与城市副中心的生态景观廊道。园内植有各类乔木、亚乔木、灌木、地被、藤本116个品种，其中，乔木、亚乔木、灌木共8132株，绿篱地被植物95572平方米。园内有白鹅、锦鲤等自养动物。公园还是野生动物的栖息地和鸟类南迁越冬的中转站，湿地内常年栖息和出没的鸟类有天鹅、白鹳、鹈鹕、大雁、白鹭、苍鹰、浮鸥、燕鸥、苇莺、椋鸟等近百种。园内有普门寺、清代古碑、槐育椿、百年古井4处景点。

半壁店村成立公园运营管理委员会，下设党建办、人事行政部、工程部、安保部、环境部、文化宣传部、战略发展部、市场营销部、财务部9个部门，共有员工29人。

五、社区园林绿化

甘露园南里一社区　总绿化面积1500多平方米，绿化覆盖率约1%。种植银杏、玉兰、碧根、海棠、紫叶李、黄杨球、金枝槐、杨树、白蜡等共400余棵，占地1300多平方米。种植花卉月季约600株，占地200平方米。

甘露园南里二社区 总绿化面积约20000平方米，绿化覆盖率16%。有各种树木859棵。其中，槐树162棵、银杏树159棵、海棠树120棵、松树84棵、玉兰树76棵、樱花树73棵、杨树57棵、紫叶李47棵、桃树44棵、洋槐树14棵、桉树14棵、榆树5棵、枣树3棵、杏树1棵。

花园闸北里东社区 总绿化面积约17600平方米，绿化覆盖率18%。有草地400平方米，草地上建有休闲亭。有桃园40平方米，银杏大道长约40米。种植银杏树、桑树、松树、桃树、杨树、玉兰树、紫薇、冬青、黄杨、包头椿、槐树等共350株。

花园闸北里西社区 总绿化面积约30000平方米，绿化覆盖率37.5%。其中，草坪2万平方米，黄杨、冬青1万平方米。建有80平方米、30平方米2处花坛。花坛旁绿荫中建有休闲亭和百米长廊。种植柏树、银杏树、桑葚树、槐树、香椿树、白蜡树、杨树、龙爪槐树等1000余株。种植月季花、玉兰花、丁香花、迎春花、格桑花等600余株。

太平庄北社区 总绿化面积约21400平方米，绿化覆盖率30.30%。有休闲凉亭3个。种植有碧桃、垂柳、国槐、龙爪槐、千头椿、白蜡、山桃、西府海棠、银杏、玉兰、紫叶李、法桐、木槿、金银木、榆叶梅、雪松、白皮松、油松、云杉、桧柏等1455棵。

太平庄南社区 总绿化面积约18000平方米，绿化覆盖率30%。种植松树、柿子树、银杏树、柳树、法国梧桐、槐树、玉兰树、石榴树、桃树、海棠树、苹果树、紫叶李等10余种。花类有月季花、迎春花、蔷薇花等。

康家园西社区 总绿化面积约20000平方米，绿化覆盖率20%。种植银杏224棵、槐树106棵、大叶杨99棵、紫叶李84棵、海棠78棵、碧桃73棵、榆叶梅52棵、丁香41棵、玉兰41棵、刺槐14棵、桃树12棵、松树12棵、榆树11棵、龙爪槐11棵、樱花9棵、木槿花树6棵、樟树2棵、枣树1棵、枫树1棵。建有3个20余平方米休闲长廊及1处水榭观景台。

康家园东社区 总绿化面积7000余平方米，绿化覆盖率30%。建有100余平方米人工喷泉1处，四周绿茵中建有蘑菇休闲亭和绿色长廊。种植国槐、银杏、法国梧桐、雪松、丁香、龙爪槐、海棠、连翘、木槿、月季、迎春花等2000余株。有大小黄杨、四季青等绿篱1500余平方米。种植早熟禾草坪4500余平方米。

大黄庄社区 总绿化面积约720000平方米，绿化覆盖率91%。绿化面积包含大黄庄绿化队苗圃。除大面积城市干道两侧绿地景观草坪外，植物多以杨柳、松柏、银杏、桃树、黄杨等为主。社区绿化由朝阳区绿化队负责。

兴隆家园社区 总绿化面积约91000平方米，绿化覆盖率32%。种植柳树、白皮松、桧柏、银杏、雪松、海棠、山楂等20余种。种植月季、玉兰、丁香等花卉，种植面积约

兴隆家园社区绿化（2021 年摄）

1000 平方米。种植黄杨、女贞、金娃娃、萱草、玉簪等 20000 余株。

通惠家园社区 总绿化面积约 96000 平方米，绿化覆盖率 32.6%。社区共有 4 个园，每个园在楼宇中均有花园或花坛。种植有桑树、云杉、桃树、龙爪槐、石榴、金枝槐、油松、刺柏、垂柳、樱花树、白皮松、雪松、银杏及宿根花卉 9400 平方米。建有喷泉一处，凉亭 5 处。

丽景馨居社区 总绿化面积约 16393.8 平方米，绿化覆盖率 18.6%。包括 3 个小区：丽景馨居小区，绿化面积 6393.8 平方米，绿化覆盖率 10.7%。种植有杨树、法桐树、松树，大（小）黄杨树、玉兰、樱花、月季、芍药、牡丹、观赏石榴等各种植物 4000 余株。小区西南角小广场设有休闲廊庭 1 座。甘露晴苑小区，绿化面积约 6000 平方米，绿化覆盖率 15%。有杨树、大（小）黄杨树、月季、银杏树、槐树、松树、紫苑花、兰花等 2000 余株，小区西南角小广场旁设有廊道 1 处。都市经典家园小区，绿化面积约 4000 平方米，绿化覆盖率 30%。有杨树、桃树、白蜡树、柿子树、木槿树、海棠树、紫薇树、李子树、月季、玉兰花、蝴蝶兰、榆叶梅、串红、马莲花、华宝金莲花、迎春花等 2000 余株。中心小广场设有欧式风格狮头喷水池 1 处。

北花园社区 总绿化面积 32574 平方米，绿化覆盖率 16.65%。种植有木槿 200 棵、丁香 100 株、碧桃 80 棵、金银木 60 棵、悬铃林 60 棵、榆叶梅 58 棵、海棠 55 棵、柳树 50 棵、白蜡 50 棵、紫叶李 50 棵、国槐 30 棵、兰花 30 棵、栾树 25 棵、珍珠梅 20 棵、刺槐 14 棵、银杏 8 棵、梨树 3 棵。有锦带花 70 平方米、连翘 50 平方米、红端木 40 平方米。

八里庄社区 总绿化面积约 8000 平方米，绿化覆盖率 0.5%。有人工湖约 700 平方米。佳兆业广场有花园 1 个，花园里有水系、凉亭、假山等设置，主要植物有蒙古栎、油松、泰山松、对节白蜡、五角枫、杏树、云杉、山楂、枣树、玉兰、红枫、美人梅、紫叶李、柳树、丁香、菖蒲、千屈菜、八宝景天、玉簪、迎春花球、大叶黄杨、小叶黄杨、紫叶小檗、月季、马蔺、玉带草、刚竹、草坪等。酒厂宿舍、松公村区域有杨树 6 棵、榆树 2 棵。

高井社区　总绿化面积 379526.7 平方米，绿化覆盖率 26.7%。种植国槐、油松、银杏、柳树、杨树、白蜡、榆树、枣树、紫叶李、法桐、龙爪槐、栾树、河南桧、榆叶梅、海棠、樱桃、柿子树等乔木共 23153 棵。种植碧桃、女贞球、小叶黄杨、珍珠梅、金银木、连翘、红瑞木、木槿、黄杨球、沙地柏、丛生紫薇等灌木共 5913 株。

高碑店东社区　总绿化面积 13715.9 平方米，绿化覆盖率 25%。植有银杏 375 棵、柳树 195 棵、白蜡 80 棵、法桐 72 棵。

高碑店西社区　社区北侧通惠河岸边绿化带及通惠河高碑店路西侧绿化带占地 30000 多平方米，绿化覆盖率约 11.6%。种植松树、侧柏、银杏、槐树、白蜡、樱花、海棠、紫薇、木槿、丁香、连翘、柳树、山桃、白蜡、月季、紫叶李、龙爪槐、七叶树等 400 余棵。

西店社区　总绿化面积 7800 余平方米，绿化覆盖率约 1.4%。种植榆叶梅、海棠、樱花、玉兰、银杏、法桐、银红槭、栾树等乔木 500 余株。有丁香、紫叶李、木槿、金枝槐球、黄杨球、女贞球、鸡爪槭等灌木 800 余株。有竹子 2000 余株，大叶黄杨、小檗、月季等 12000 余株，草坪 800 余平方米，地被宿根 500 余平方米。

文化园社区　总绿化面积 436552 平方米，绿化覆盖率 39.4%。种植有法桐、梧桐、海棠、石榴、柿子、山楂、银杏、龙爪槐、日本红枫、樱花、李子、苹果、核桃、金银木、松树、槐树、松树、栾树、桃树、杏树等乔木 2320 棵。有万年青、玉兰、黄杨、月季、爬山虎、竹子、月季、冬青、黄杨、月季、无花果、紫叶小檗、绣球、金叶女贞、葡萄等灌木 10000 余株。有沙地柏等绿篱、草坪等 5 万余平方米。建有 750 平方米人工池塘 1 个，休息亭和水榭观景台 3 个，人文雕塑景观 11 处，文化墙 2 处。

花园闸社区　总绿化面积 32574 平方米，绿化覆盖率 33.3%。种植碧桃、白蜡、柳树、紫叶李、海棠、榆叶梅、梨树、山桃、银杏、悬铃木、国槐、刺槐、玉兰、樱花、栾树等乔木 500 余株。有丁香、珍珠梅、木槿等灌木 400 余株。

力源里社区　总绿化面积 23605 平方米，绿化覆盖率 20.8%。包括 3 个小区：东恒时代一期小区，绿化面积约 3850 平方米，绿化覆盖率 32%。种植有国槐、玉兰、榆叶梅、白皮松、油松、柿树、千头椿、银杏、杜仲、法桐、刺槐、元宝枫、合欢等乔木 130 余株。有丁香、芍药、红叶李、连翘、木槿、迎春、月季、红枫等灌木 5500 余株。有大（小）黄杨、金叶女贞、沙地柏等绿篱 900 余平方米。金地名京小区，绿化面积约 11860 平方米，绿化覆盖率 26.4%。种植国槐、银杏、海棠、樱花、玉兰、白蜡、柳树、栾树、枫树、紫叶李、红松、白皮松、鹅掌楸等乔木1300余株。有月季、丁香等灌木500余株。有毛竹350余株。有大（小）黄杨、金叶女贞、小叶紫檗、绿篱3500余平方米，草坪1000余平方米。建有喷泉景观池4处。力源里3号院小区，绿地面积7895平方米，绿地覆盖率29.5%。种植有松柏、银杏树、枫树、雪松、桐树、华山松、云杉、国槐、榕树、桃树、椿树共474棵。有大黄洋、小黄洋、月季、红叶小波、金叶女贞、地柏、紫薇、迎春、爬山虎、竹子10种灌木。

水南庄社区 总绿化面积约346000平方米，绿化覆盖率61%。有树木70种，1.2万余棵。种植花卉32种，面积12万平方米。有水系1.2万平方米，水生植物8种4000余株。

太平庄社区 总绿化面积约16000平方米，绿化覆盖率2.2%。包括2个小区：阿曼寓所，绿化面积约10000平方米。种植有大叶黄杨、柳树、榆树、槐树、银杏树、海棠树、玉兰树、碧桃树、青桐树、龙爪槐树、柿子树、石榴树等180余株。有80平方米喷泉1处、凌霄藤1处、葡萄长廊1处、紫藤1处。美丽亚洲小区，绿化面积约6000平方米。有泡桐树90余棵、樱花树30余棵。

古街社区 总绿化面积约18000平方米，绿化覆盖率5.7%。种植有松树2000棵、槐树500棵、银杏树100棵、杨树100棵，有黄杨、女贞、迎春、草坪面积约3000平方米。有“口袋公园”2处。

汇星苑社区 拥有汇星苑城市森林公园，绿化面积77880平方米，绿化覆盖率34.7%。种植有油松、桧柏、马尾松等常绿乔木576株。有大叶悬铃木、紫叶李、山楂等落叶乔木929株。有亚乔木1202株、灌木644株、地被及草坪55745.77平方米。

截至2021年底，半壁店社区、小郊亭社区、方家园社区处于新农村建设阶段，无法统计绿化信息。

第五节 新农村与美丽乡村建设

新农村建设 2005年10月，中国共产党十六届五中全会通过《“十一五”规划纲要建议》，提出按照“生产发展、生活宽裕、乡风文明、村容整洁、管理民主”要求，扎实推进社会主义新农村建设。2006年，高碑店村被列入北京市社会主义新农村建设试点村。按照“规划先行、市政优先、统筹发展、分步实施”原则，着手开展调研和专家论证工作。

2007年，高碑店地区（乡）落实朝阳区委关于在高碑店全乡推进社会主义新农村建设的指示精神，以高碑店村和高井白家楼自然村为试点，结合新农村规划和产业布局调整，将文化园区建设、基础设施建设、绿化美化与新农村建设同步规划、同步实施。高碑店村确定以西区改造为试点，采用组织村民集体翻建房屋传统方式破解新农村建设难题。涉及村民529个院落，共1528户、2576人。涉及流动人口4000余人。同年，正式启动高井白家楼自然村新农村建设。

2008年，完成白家楼新农村建设一期工程，建设新居201栋。小区绿化、配套设施建设全部完成，首批进行房屋置换村民全部入住。同年，完成高碑店村西区新农村建设规划方案，并通过朝阳区政府及规划部门审核。完成村内主要市政管线建设工作。2009年初，正式启动高碑店村西区新农村建设工程。

高井村白家楼（自然村）新农村建设俯瞰图

2010年底，高井白家楼新农村建设全部完成，共新建村民住宅409套，完成村民入住新居工作。2011年底，高碑店村西区新农村建设全部完成，建成明清风格新居660栋，市政设施全部入户，村民全部迁入新居。

2012年，启动高碑店村东区新农村建设。东区改造借鉴西区改造经验，结合村民住房实际情况，将村民住宅、公共设施、绿化美化、产业发展等进行统一规划、集中安置。同年，半壁店村西店新农村建设开工面积18.2万平方米，占总量90%；安置楼建设完成总量70%；市政基础设施主要管线铺设完成总工程量50%。2013年，高碑店地区（乡）新农村建设初具规模。半壁店村西店（自然村）一期、高碑店村西区、高井村白家楼（自然村）共建设新村住宅1562套，6125名村民搬入新居。

2015年，高碑店村东区建设持续推进，1300个宅院基本完成腾退工作。西店村二期建设方案完成意见征集，涉及284个宅院、449户村民。编制完成半壁店村半壁店、小郊亭、方家村3个自然村新农村建设方案，通过北京市发改委审批，2018年启动新农村建设。涉及916个宅院、1578户、3520人。同年，完成3个建制村89家企业近40万平方米拆迁腾退工作。

2019年，完成高碑店村东区新农村建设。至此，高碑店村西区、东区新农村建设全部完成，共建设新村住宅1708栋，总建筑面积66.64万平方米。

2021年，基本完成半壁店、小郊亭、方家村新农村建设，共建成新村住宅1052套，楼房4栋，总建筑面积61.72万平方米。

美丽乡村建设 2017年，朝阳区启动美丽乡村建设。高碑店村、半壁店村西店（自然村）、高井村白家楼（自然村）纳入朝阳区首批十个“美丽乡村”建设范围。高碑店地区（乡）围绕“产业兴旺、生态宜居、乡风文明、治理有效、生活富裕”目标，开启“靓化、绿化、文化、优化”新模式，推动村庄提质升级。截至2018年底，高碑店村、半壁店村西店（自然村）主体工程全部完工，高井村白家楼（自然村）完成总工程量85%。3个建制村累计美化墙体20万平方米，铺设污水、雨水、自来水等管道3.5万米，铺装硬化道路12.3万平方米，打造绿化景观8.4万平方米，增设路灯、视频监控、分类垃圾桶等2000余处。村庄面貌显著改善，群众获得感持续增强。

2019年，高碑店村、半壁店村西店（自然村）、高井村白家楼（自然村）3个首批美丽乡村建设任务完成。白家楼精品示范村成为乡村振兴朝阳样板。同年，朝阳区启动第二批美丽乡村建设。半壁店村小郊亭（自然村）、方家村（自然村）入围，开始美丽乡村建设。2020年，第一批美丽乡村高井村被中央文明委授予第六届“全国文明村镇”荣誉称号。至2021年底，半壁店村小郊亭（自然村）、方家村（自然村）完成美丽乡村建设阶段性任务。

口　述

通惠河花园闸忆事

口述人：孔继庆　整理人：宋富法

我是土生土长的花园闸人，从小在通惠河边长大，在花园闸工作，后来又担任了很长一段时间北花园村的党总支书记，很多事儿都是亲身经历。今天来重点回忆一下花园闸原来那座水电站，还有花园闸桥的变迁。

1958年那会儿，我年龄还小，上五六年级，放学后经常和小伙伴们在河边玩儿，夏天一起到河里游泳，一起捉螃蟹、捉鱼。当时出于好奇心，经常跑到花园闸边儿的小水电站去看。在靠闸口北面的位置，大约 30 米，修了一道导洪墙，旁边就是存放发电设备的槽子，得有三米多宽、五六米深。通惠河的水到了花园闸的时候，尤其是夏天北京发大水，落差非常大，动力足，具备发电的动力。水冲到闸口附近，通过导洪墙导入槽子进水口，这时水会冲到一块斜着的大木板上。大木板的作用是改变水的方向，让水继续往下冲，并且要比原来更加集中。水继续往下冲，就会带动底下螺旋桨片转动，螺旋桨是上下纵向转，上面带动大轮子，轮子上有皮带，皮带的另一头带着一个绿色的发动机，这样螺旋桨转动就会通过皮带带动发动机发电。发动机是横着转的。

那时候，我的哥哥孔继宝是电工，他和花园闸的于洪奎两个人在管这个水电站，后来一直也是他们俩在管。听他们讲，当时 380 千瓦的水力发电机是中德人民友好公社给的。那会儿老百姓没见过水电站，公社也不具备建发电站能力。水泥、大的石材都是上级下拨的，施工也是上级派来人指导，北花园生产大队出劳力，挖土方、夯土。据当时老人说，现场有外国专家在指挥，我们负责干活。在旁边还建了间仿苏联样式的房子，人字梁，用的空心砖。

那会儿发电主要是在夏天，其他季节河里没那么多水，压差不够发动机转不起来。一天发电两到三个小时，也不是一直转。停的时候，上面有个水桶式的罩子落下来。这个发电站发的电往村里送，是单独的线路，那会儿村里已经通国家电了。国家的电还是不足，灯是红的。用发电站的电，灯是白的，非常亮。村里用电主要是照明，花园闸有三分之一大约几十户用这个电，大多数还是用国家电。1958 年，龙王庙改成了牲口棚，棚里铡草机、猪场、汽车库照明都是用这个电。

到了 1963 年，北京下大暴雨，发大水，通惠河水暴涨。当时为了保发电站，把花园闸西南角掘开，闸被冲坏了，就再也没堵上。那时，春天水太小，夏天水又太大，没法发电。发电站只好废掉，设备由国家拆走，只剩下空房子改为他用。

再说说花园闸的事儿。老祖宗在修花园闸的时候，考虑到如果永定河泛滥，七八月份大雨下得特别大，这时得把闸板提起来，把水放下去。为了防止水量大时闸板提不起来，老祖宗在闸西河南侧修了一个泄洪闸，在闸的北边又修了一个泄水闸，这个闸基本上和花园闸的形式是一样的。靠南面那个叫西洪桥子，北边儿那个叫东洪桥子。我们小的时候还经常爬到上面去玩。

1963 年发大水之后，花园闸被冲坏了，大口子低下去五六米，南北交通阻断，花东、花西两个生产队运肥料、粮食都比较困难。北花园生产大队就用柳树搭建了浮桥，上面是棒子秸，可以过人，但不能过车。到了 1964 年，八里庄生产大队修建队给建了一座木头桥，暂时解决了南北交通问题，尤其是马车运粮、运肥料这些急难问题得到及时解决。到了1971年，木桥腐朽不能用了，就修了现在的花园闸桥。

当时修花园闸桥是民办公助，就是钢材、木材、水泥、沙子、石子儿这些由国家调拨，由高碑店人民公社运送过来，朝阳区水利局设计图纸，按图纸施工。高碑店人民公社筹集劳动力建设。当时公社技术员余永荣做技术指导，大花园刘万昌总负责，我大哥孔继宝管后勤供应。八里庄修建队负责施工。修的就是现在的花园闸桥。1972年，花园闸桥修好以后，因为国家拨给的物资有限，在修桥两侧的护坡时，就没有石料了。护坡不能用黄土，所以就拆掉原花园闸花岗岩的石料修的新桥两侧的护坡。

原来的花园闸老闸就是老祖宗修的平津下闸，位置在今天花园闸桥西大约二三十米，距离桥很近。老闸拆除以后，通惠河上就剩下高碑店村的老闸了。

口述人简介：

孔继庆　男，1945年10月出生，汉族。中共党员。曾长期担任北花园生产大队、北花园村党总支书记。高碑店人民公社第三届党委常委、高碑店乡第七届党委委员、朝阳区第四次党代会代表、朝阳区第七届人大代表。

第五章　中共基层组织

1949—1950 年土地改革时期，高碑店地域 9 个行政村分别成立党支部，发展党员。1956 年，高碑店乡成立党总支。1957 年，高碑店乡成立党委。1961 年，高碑店人民公社成立公社党委。六七十年代，高碑店人民公社各生产大队成立党总支，各生产队成立党支部。1983 年，成立高碑店乡党委。1993 年，成立高碑店地区工作委员会，与乡党委实行“两块牌子、一套班子”。21 世纪初，逐渐在非公经济组织和社会组织中成立党组织。2005 年底，新建 18 个社区分别成立社区党委。至 2021 年，高碑店地区（乡）共有党委 32 个、党总支 7 个。在地区工委（乡党委）领导下，形成区域化党建格局。

第一节　党　员

1946 年，共产党员王润黎在高碑店地域组建工学团，以教学为掩护，为革命培养人才。常振芳、刘恒博、杨豪清、王振等人于 1949 年之前入党，中华人民共和国成立初期到高碑店地域工作。据 1956 年 12 月统计，高碑店乡于 1949 年 10 月 1 日前加入党组织的正式党员有 13 名：邹志华（女）、范桂芳（女）、郭培莲（女）、牛秀芝（女）、王贵庭（女）、王荣（女）、曹美荣（女）、杜立斗、李大标、良玉华、高省芝、王春湘、陈宝善。1949 年 10 月 1 日至 1950 年 3 月底，在土地改革时期入党党员有 20 名：魏林、李德宝、石德山、刘兆兰（女）、王德福、马振全、范德海、陈占奎、邢富荣、李宝奎、张玉珍（女）、李德祥、秦玉、刘亮、于万林、杨万全、张朝宗、彭德才、张文秀、王淑敏（女）。农业合作化时期，高碑店地域党组织于 1954 年和 1956 年两次集中发展党员，党员总体数量有较大幅度增长。至 1956 年 12 月底，高碑店乡有党员 127 名。1958 年 8 月，幸福人民公社成立时，下辖高碑店工作站有党员 103 名，八里庄工作站有党员 69 名。

1961 年，高碑店人民公社共有党员 217 名。其中，高碑店生产大队 23 名，八里庄生产大队 76 名，北花园生产大队 29 名，半壁店生产大队 13 名，西店生产大队 16 名，高井生产大队22名，高碑店人民公社机关22名，粮店中心店9名，学校系统3名，高碑店派出所4名。正式党员205名，预备党员12名。男性党员147名，女性党员70名。农民196名，居民21名。25岁以下党员19名，26～30岁党员51名，31～45岁党员96名，46～60岁党员49名，61岁以上党员2名。31～45岁青壮年党员数量最多，占总数44.2%。少数民族党员2名，均为回族。高中学历党员4名，初中学历党员20名，小学学历党员142名，文盲51名。小学学历党员人数最多，占总数65.4%。

1965年，“四清”（清工分、清账目、清仓库、清财物）运动后期发展一批党员。至1970年底，高碑店人民公社有党员482名。

1978年，高碑店人民公社有党员563名。其中，男性党员370名，女性党员193名。25岁以下党员27名，26～35岁党员229名，36～55岁党员224名，56岁以上党员83名。26～35岁党员最多，占总数40.7%。大学学历党员2名，高中学历23名，初中学历257名，小学学历217名，文盲64名。初中学历党员人数最多，占总数45.6%。少数民族党员20名，其中满族12名、回族7名、蒙古族1名。

至1985年底，全乡共有党员528人。1993年，建立高碑店地区办事处，全地区（乡）共有党员725名。

1996年，高碑店地区（乡）共有党员783名，比1985年增加255名，增长48.3%。其中，25周岁以下党员11名，26～35岁党员64名，36～45岁党员173名，46～55岁党员232名，56～60岁党员95名，61岁以上党员208名。45～55岁党员数量最多，占总数29.6%。61岁以上党员占26.6%，党员年龄整体偏高。大专以上学历38人，中专学历91人，高中学历63人，初中及以下学历591人。高中以上学历党员占总数24.5%，学历水平较80年代有所提高。2000年，共有党员1012名。

2015年，高碑店地区（乡）有党员3596名。其中，男性党员2065名，女性党员1531名。女性党员占总数42.6%。30周岁以下党员184名，31～35岁党员212名，36～45岁党员327名，46～60岁党员839名，61岁以上党员2034人。35周岁以下年轻党员占总数11%，61岁以上党员占总数56.6%，党员年龄普遍偏高。研究生学历84名，本科学历541名，专科学历715名，中专学历483名，高中学历613名，初中及以下1160名。具有本科及以上学历党员占总数17.4%，学历水平明显提升。少数民族党员119名，占总数3.3%。

2021年，高碑店地区（乡）有党员6676名。其中，男性党员3951名，女性党员2725名。女性党员占总数40.8%。30周岁以下党员277名，31～35岁党员575名，36～45岁党员1160名，46～60岁党员1286名，61岁以上党员3378人。35周岁以下年轻党员占总数 12.8%，61 岁以上党员占总数 50.6%，党员年龄普遍偏高。研究生学历 533 名，本科学历 2054 名，专科学历 1337 名，中专学历 704 名，高中学历 751 名，初中及以下 1297 名。具有本科及以上学历党员占总数 38.8%。少数民族党员 294 名，占总数 4.4%。

1961—2021 年高碑店地域党员数量统计表

表 5–1　　　　单位：人

年份	党员人数	年份	党员人数	年份	党员人数
1961	217	1982	616	2003	1603
1962	233	1983	626	2004	2142
1963	224	1984	558	2005	1970
1964	217	1985	528	2006	2111
1965	226	1986	547	2007	2452
1966	385	1987	557	2008	2617
1967	409	1988	566	2009	2917
1968	456	1989	605	2010	3118
1969	481	1990	630	2011	—
1970	482	1991	643	2012	—
1971	516	1992	669	2013	—
1972	543	1993	725	2014	3478
1973	573	1994	742	2015	3596
1974	575	1995	768	2016	3902
1975	586	1996	783	2017	4178
1976	605	1997	804	2018	4554
1977	638	1998	824	2019	4876
1978	563	1999	887	2020	6269
1979	592	2000	1012	2021	6676
1980	614	2001	1426		
1981	592	2002	1426		

第二节　党代表

一、历届中共全国代表大会代表

1961 年 6 月—2021 年 12 月，中共高碑店乡（人民公社、地区）委员会选举产生中共全国代表大会代表 1 人次。

中共第十八次全国代表大会代表（2012.11—2017.10）

支　芬（女）

二、历届中共北京市代表大会代表

1961 年 6 月—2021 年 12 月，中共高碑店乡（人民公社、地区）委员会选举产生中共北京市代表大会代表 6 人次。

中共北京市第四次代表大会代表（1971.3—1982.11）

陈　山（1971.3—1975.8）

中共北京市第六次代表大会代表（1987.12—1992.12）

王秀兰（女）

中共北京市第七次代表大会代表（1992.12—1997.12）

王秀兰（女）

中共北京市第九次代表大会代表（2002.5—2007.5）

支　芬（女）

中共北京市第十次代表大会代表（2007.5—2012.6）

支　芬（女）

中共北京市第十一次代表大会代表（2012.6—2017.6）

支　芬（女）

三、历届中共朝阳区代表大会代表

中共朝阳区第二次代表大会代表（1971.1—1980.9）

董　英

中共朝阳区第三次代表大会代表（1980.9—1984.12）

王熙富　　白秀芝（女）　　李师魁（女）*　　宋　昆　　苗洪芳

董文海　　董书祥

中共朝阳区第四次代表大会代表（1984.12—1987.10）

孔继庆　白秀芝（女）　朱佩金（女）　齐付梅（女）　宋　昆

张建荣　张锡玉

中共朝阳区第五次代表大会代表（1987.10—1991.9）

王淑英（女）　宋　昆　张建荣　张锡玉　胡玉清（女）*

中共朝阳区第六次代表大会代表（1991.9—1994.12）

朱佩金（女）　李建同*　宋　昆　张锡玉　陈文奎

中共朝阳区第七次代表大会代表（1994.12—1999.1）

李世喆　李翠华（女）　宋　昆　张春生　陈文奎

中共朝阳区第八次代表大会代表（1999.1—2004.1）

王玉春（女）　刘雪静（女，回族）　李世喆　李翠华（女）

吴凤岐

中共朝阳区第九次代表大会代表（2004.1—2006.12）

刘美丽（女）　张雪梅（女）　张富生　赵年生　赵瑞生

中共朝阳区第十次代表大会代表（2006.12—2011.12）

王喜环（女）　支　芬（女）　庄虔春　刘美丽（女）

吴晓军　张富生

中共朝阳区第十一次代表大会代表（2011.12—2016.12）

王　雪（女）　王　静（女）　邢桂芬（女）　张春雷　张富生

黄晓宇

中共朝阳区第十二次代表大会代表（2016.12—2021.12）

方志伟（女，满族）　王　雪（女）　王　静（女）　邢桂芬（女）

李云飞　黄晓宇

中共朝阳区第十三次代表大会代表（2021.12—2021.12）

方志伟（女，满族）　李腊梅（女）　杜　磊　果屹娜（女）

顾洪涛　高　萍（女，满族）

注：上述标注*号代表，均为朝阳区委指派到本地区的参选代表。

四、高碑店乡（人民公社、地区）历次党代会代表

第一次党代会代表（资料缺失）

第二次党代会代表（资料缺失）

第三次党代会代表

1969 年 11 月，高碑店人民公社第三次党代会代表 121 名：

于　坤	于清福	于德水	王少振
王凤仪	王　全	王秀兰（女）	王秀春（女）
王秀珍（女）	王怀敏	王茂如	王学贤
王宝华	王荣光	王　顺	王淑兰（女）
王　琛	王道同	王熙富	牛士俊
孔传清（女）	孔继庆	卢德志	叶淑兰（女）
田万昌	田广志	田玉珍（女）	田振国
白秀芝（女）	冯　玉	司德顺	毕索荣（女）
毕敏通（女）	吕学舫（女）	朱廷礼	朱　兴
任凤玉	任德华	刘庆禄	刘　志
刘金兰（女）	刘金成	刘　顺	刘淑敏（女）
刘德旺	刘德强	祁兆会	杜淑琴（女）
杜淑英（女）	杜满堂	李开美	李凤岐
李玉玲（女）	李永明	李亚兰（女）	李秀红（女）
李昌琼（女）	李　信	李振兴	李　斌
杨淑珍（女）	吴振昌	何全顺	沈玉珍（女）
宋兰香（女）	宋廷宝	宋华珍（女）	宋秀如（女）
张子清	张　元	张凤祥	张世珍（女）
张世增	张　龙	张建荣	张建勇
张贵森	张继才	张　喜	张锡玉
张德福	陈　山	陈文深	陈玉贵
陈光霞（女）	陈宝君（女）	陈贵增	陈　祥
邵维元	苗洪芳	林书芹（女）	呼　连
周年贵	周向农	周金利（女）	周学忠
孟广庆	孟秀云（女）	赵秀英（女）	赵敏志
赵淑珍（女）	赵德江	胡永祥	费文忠
徐淑敏（女）	徐景浩	高振兰（女）	高淑清（女）
郭效芝（女）	黄淑敏（女）	曹　兴	崔文瑞
梁凤歧	彭月珍（女）	董文海	董　英

绽瑞才	靳　义	谭茂和	衡连贵（满族）
魏永平			

第四次党代会代表

1975 年 8 月，高碑店人民公社第四次党代会代表 160 名：

丁富才	于兆苓	于　明	马鸿锦（回族）
王凤仪	王凤兰（女）	王文海	王秀兰（女）
王秀珍（女）[①]	王秀珍（女）[②]	王茂如	王学贤
王宝华	王宝亮	王承富	王淑贤（女）
王淑敏（女）	王维才	王熙富	计凤岐
孔传清（女）	孔继庆	卢德志	叶淑兰（女）
田万云	田广志	田　坤	田振刚
田振国	田淑珍（女）	田淑清（女）	付汉强
白秀芝（女）	冯　祥	司德顺	邢玉启（女）
毕索荣（女）	毕敏通（女）	吕学舫（女）	朱大强
朱文善	朱佩金（女）	任德华	刘万昌
刘广秀（女）	刘正喜	刘汉卿	刘　志
刘志芳（女）	刘国栋	刘金兰（女）	刘洪华
刘淑秀（女）	刘淑敏（女）	刘淑琴（女）	刘　福
刘德喜	刘德强	齐付梅（女）	许茂才
孙印亮	孙福林	杜淑琴（女）[③]	杜淑琴（女）[④]
杜满堂	李　山	李凤鸣（回族）	李凤祥
李玉玲（女）	李丽珍（女）	李秀英（女）	李秀桂（女）
李　英	李　忠	李　荣（女）	李振兴
李　斌	杨淑珍（女）	吴振鹏	何全顺
沈德祥	宋廷宝	宋华园	张凤仙（女）
张世增	张　龙	张　忠	张金梅（女）
张宝恒	张宝清	张建荣	张春芳

① 单位为半壁店小学。
② 单位为高碑店人民公社修配厂。
③ 单位为八里庄生产大队鸭场。
④ 单位为八里庄生产大队小庄生产队。

张贵森	张　泉	张淑英（女）	张　锐
张锡玉	张　新	陈广才	陈文奎
陈文深	陈玉芳（女）	陈光霞（女）	陈　旺
陈佳喜	陈桂红（女）	陈维先	陈德才
邵维元	苗洪芳	范永山	呼凤兰（女）
周文华	周世珍（女）	周秉元	周振兴
郎荣勋	屈连囤	屈连库	孟广庆
孟昭玉	赵玉兰（女）	赵克泽	赵国新
胡永祥	钟祖化	侯桂兰（女）	姜秀山
姜　深	姜翠英（女）	耿连英（女）	倪淑珍（女）
高凤茹（女）	高志琴（女）	高　俊	高淑珍（女）
高淑清（女）	郭文新（女）	郭秀兰（女）	郭秀芝（女）
郭　忠	席玉珍（女）	黄淑敏（女）	常　利
崔恩厚	崔　通	康宝珍（女）	董文海
董书祥	董　伦	董振芳	董振祥
程文瑞	谢宝林	窦宝瑞	蔡景波
蔺志珍（女）	穆祥利（回族）	衡连贵（满族）	魏永平

第五次党代会代表

1981年2月，高碑店人民公社第五次党代会代表133名：

于　坤	于　明	马来利	王　友
王文兰（女）	王淑兰（女）①	王淑兰（女）②	王玉珍（女）
王志义	王秀兰（女）	王秀芬（女）	王秀萌（女）
王学军	王学良	王学富	王承明
王洪海	王殿臣	王熙春	王熙富
王　德	王德润	方志新	方　岗
尹世宏	孔继庆	邓永奎	布文仲（蒙古族）
卢淑英（女）	叶淑兰（女）	田玉珍（女）	付汉强
付　旺	白秀芝（女）	司德顺	邢玉启（女）

① 单位为高碑店生产大队建筑队。
② 单位为八里庄生产大队。

毕玉香（女）	毕国旺	吕学舫（女）	吕　贵
朱大强	刘万昌	刘广秀（女）	刘　志
刘国栋	刘金才	刘荣贞（女）	刘　顺
刘　敏	刘德敏	安秀林（女）	孙印亮
杜存富	杜振清	杜淑琴（女）	李凤祥
李文全	李永珍	李　成	李　英
李振全	李振兴	李翠华（女）	杨万银（女）
肖德顺	吴国荣	吴振鹏	吴海峰
余永荣	沈玉珍（女）	宋兰香（女）	宋华园
宋连生	宋　昆	宋国柱	张　才
张子和	张　元	张凤山	张凤仙（女）
张玉敏（女）	张　全	张　林	张建荣
张锡玉	张德山	张德福	陈广才
陈文龙	陈文奎	陈桂红（女）	陈德才
苗洪芳	金文志	金桂贞（女）	周秀荣（女）
周学华（女）	周桂英（女）	屈连囤	屈连库
孟广庆	孟昭玉	孟尊荣	赵玉兰（女）
赵玉英（女）	赵德江	修书敏（女）	侯桂兰（女）
姜　福	秦　玉	秦　英（女）	贾润深
殷德林	高凤霞（女）	高　俊	高振兰（女）
郭秀兰（女）	常淑珍（女）	常　利	崔恩厚
康秀敏（女）	董大禹	董文海	董书祥
董振芳	韩广福	韩永兴	韩慎忠
程文瑞	缐瑞才	蔺志珍（女）	穆祥利（回族）
魏永平			

第六次党代会代表

1987 年 6 月，高碑店乡第六次党代会代表 127 名：

丁启凤	于兆月	于兆印	于兆苓
王文兰（女）	王玉兰（女）	王永吉	王志毅
王秀兰（女）	王茂生	王金水	王学仁
王学军	王宝亮	王洪义	王洪海

王淑兰（女）[1]	王淑兰（女）[2]	王淑华（女）	王维才
王满茹	王殿臣	支　芬（女）	车淑敏（女）
方志新	孔继庆	布淑敏（女，蒙古族）	卢　广
田玉珍（女）	田益芬（女）	付　旺	白凤鸣
毕尚达	毕锁荣（女）	吕学舫（女）	吕　洪
朱佩金（女）	朱　谦	刘玉良	刘占凤（女）
刘旭峰	刘　顺	刘继昆	刘福旺
刘德敏	齐付梅（女）	祁　忠	孙玉敏（女）
孙印生	杜存富	杜德才	李子德
李世喆	李丽珍（女）	李　茂	李宝来
李顺利	李　信	李振兴	李翠华（女）
杨万银（女）	杨永学	吴海峰	余永荣
沈玉珍（女）	宋华园	宋秀兰（女）	宋　昆
宋国柱	张　才	张月兰（女）	张凤仙（女）
张凤荣	张凤祥	张文良	张玉珍（女）
张永茂	张　全	张　孝	张秀凤（女）
张秀琳（女）	张　林	张国祥	张宝清
张建荣	张树见	张淑秀（女）	张　锐
张锡玉	张福录	张德全	陈文奎
陈光新（女）	陈全福	陈　波	陈炳君
罗世宽	周世兰（女）	周秉龙	周学华（女）
周振兴	屈连库	孟广义	赵玉英（女）
赵德洲	柳金生	侯桂兰（女）	祖长海
顾文成	柴玉芝（女）	徐友明	高元兰（女）
高凤霞（女）	高　潮	郭文新（女）	郭秀兰（女）
郭秀芝（女）	康秀敏（女）	董书祥	董成海
董振祥	程文瑞	谢宝林	蔡淑敏（女）
蔺志珍（女）	谭淑琴（女）	魏永平	

① 单位为高碑店生产大队电镀磨光厂。
② 单位为八里庄生产大队建筑队。

第七次党代会代表

1992 年 10 月，高碑店乡第七次党代会代表 98 名：

于兆月	于兆印	马金东	王文兰（女）
王永亮	王秀兰（女）	王秀珍（女）	王茂生
王金水	王学军	王宝亮	王洪刚
王晓英（女）	王淑兰（女）[①]	王淑兰（女）[②]	王满茹
王殿臣	王熙富	支　芬（女）	方志强
方志新	尹世宏	孔继庆	布淑敏（女，蒙古族）
田凤林	田秀玲（女）	付　旺	冯玉香（女）
吕学舫（女）	朱佩金（女）	任凤林	刘玉良
刘占凤（女）	刘德敏	祁　忠	杜存富
杜淑琴（女）	杜德才	李世喆	李志山
李　贵	李　信	李振兴	李翠华（女）
杨万银（女）	杨永学	吴秀莲（女）	余永荣
沈玉珍（女）	宋华园	宋秀玉（女）	宋　昆
张士山	张月兰（女）	张凤荣	张　全
张　孝	张连会（女）	张秀凤（女）	张国祥
张宝清	张春生	张信英（女）	张俊增
张锡玉	张福善	张德全	陈文奎
陈光新（女）	陈全福	陈　波	武玉红（女）
金永吉	周秀敏（女）	周振兴	孟昭喜
孟宪章	赵克泽	赵德江	侯桂兰（女）
祖长海	徐友明	高寿华	高淑敏（女）
郭文新（女）	郭文德	常淑芳（女）	崔　荣
康秀敏（女）	梁惠敏（女）	董书祥	董振祥
韩广润	程文瑞	谢淑玲（女）	褚连胜
蔡淑敏（女）	蔺志珍（女）		

① 单位为高碑店村电镀磨光厂。
② 单位为八里庄村建筑队。

第八次党代会代表

1996年11月，高碑店地区（乡）第八次党代会代表88名：

于兆印	于兆苓	于宗林	于新华
丰月忠	王　山	王文兰（女）	王玉龙
王秀兰（女）	王秀英（女）	王金水	王学军
王荣芹（女）	王洪刚	王晓英（女）	王海星（女，蒙古族）
王晚荣	王满茹	王殿臣	支　芬（女）
方志安	方志强	尹士宏	孔继庆
布文仲（蒙古族）	布淑敏（女，蒙古族）	田万利	冯树营
刘有余	刘旭峰	刘秀荣（女）	刘胜成
刘　福	刘蕴英（女）	刘德敏	祁　忠
孙印生	孙秀珍（女）	孙雪梅（女）	杜德才
李世喆	李光仁	李　荣（女）	李　信
李翠华（女）	杨永学	杨桂鸾（女）	吴秀莲（女）
吴海峰	沈玉珍（女）	宋　昆	宋振平
张月兰（女）	张立元	张连会（女）	张秀杰（女）
张国祥	张宝清	张春生	张　润
张淑芹（女）	张福善	陈文治	陈文奎
陈全福	陈德海	呼淑兰（女）	罗椅民
金文志	周振兴	郑　波（女）	赵广福
赵玉春（女）	赵　生	赵克珍	高寿华
高原兰（女）	高淑清（女）	黄庆林	黄晓宇
屠宏一	董仲仪	董振祥	韩广润
褚　玉	褚连清（女）	褚宝忠	衡永利（满族）

第九次党代会代表

1999年12月，高碑店地区（乡）第九次党代会代表104名：

于兆月	于兆苓	于宗林	马玉才
丰月忠	王文兰（女）	王玉龙	王秀兰（女）
王君玲（女）	王茂全	王金水	王荣琴（女）
王洪刚	王晓英（女）	王海星（女，蒙古族）	王常英（女）
王晚荣	王满茹	王殿臣	支　芬（女）

毛会民	方志安	方志强	孔继庆
布文仲（蒙古族）	田万利	白秀芝（女）	冯丽丽（女）
冯树营	刘有余	刘　伟	刘旭峰
刘秀荣（女）	刘金甫	刘胜成	刘锦霞（女）
刘蕴英（女）	齐付梅（女）	齐立杰	许秀翠（女）
孙印生	孙淑芳（女）	李子德	李凤仙（女）
李世义	李世喆	李光仁	李则英
李　信	李　勇	李桂香（女）	杨桂鸾（女）
吴凤岐	吴秀莲（女）	吴应林	吴海峰
何艳霞（女）	佟继春（满族）	宋秀玉（女）	宋　昆
宋振平	张凤山	张芝义（女）	张　伟
张丽珠（女）	张连会（女）	张秀杰（女）	张国祥
张宝利	张宝清	张春生	张洪贵
张景兰（女）	张福善	陈文治	果　洪
罗椅民	金文志	郎荣勋	孟秀云（女）
赵玉春（女）	赵　生	赵年生	赵克珍
赵素芝（女）	赵淑云（女）	秦　英（女）	徐士平（女）
高原兰（女）	高继云（女）	高淑清（女）	郭永大
唐彩然（女）	黄晓宇	常淑芳（女）	董振祥
韩广润	谢淑玲（女）	褚连江	褚连清（女）
蔺志珍（女）	谭志亮	潘乃新	霍　强

第十次党代会代表

2002 年 12 月，高碑店地区（乡）第十次党代会代表 104 名：

于宗林	于爱军	马玉才	马洪亮
丰跃忠	王金水	王学军	王学富
王荣光	王荣琴（女）	王洪来	王素英（女）
王海星（女，蒙古族）	王晚荣	王淑华（女）	王淑芳（女）
王淑英（女）	王舒宪（女）	王　静（女）	支　芬（女）
方志安	方志强	方春玲（女）	布文仲（蒙古族）
卢翠平（女）	田万利	田桂福	由德禄
史　霞（女）	付本仁	冯树营	毕玉香（女）

朱艳红（女）	任　旺	刘永泽	刘　伟
刘旭峰	刘秀荣（女）	刘国珍	刘胜成
刘美丽（女）	许秀翠（女）	孙玉敏（女）	孙印生
孙雪梅（女）	孙淑芳（女）	李世义	李世喆
李武云	李　波	李茹云（女）	李德利
吴克强	吴秀莲（女）	吴　昊	吴美云（女）
吴晓军	何艳霞（女）	佟继春（满族）	宋振平
宋　瑶（女）	张文梅（女）	张　全	张秀凤（女）
张秀杰（女）	张宝清	张建华	张春生
张洪贵	张淑兰（女）	张景兰（女）	张富生
张静霞（女）	陈文治	陈文革	陈玉秀（女）
陈冬梅（女）	呼淑兰（女）	罗椅民	周学善
孟宪娥（女）	赵乃兴	赵　生	赵亚明（女）
赵年生	赵桂芬（女）	赵淑云（女）	赵瑞生
徐士平（女）	徐秀敏（女）	高凤霞（女）	高绪英（女）
郭凤红（女）	郭克君	郭雪松	唐彩然（女）
黄晓宇	常德亮	焦　伟（女）	谢淑玲（女）
褚连香（女）	褚连清（女）	颜廷建	魏凤玲（女）

第十一次党代会代表

2006 年 10 月，高碑店地区（乡）第十一次党代会代表 105 名：

于志远	于爱军	马玉才	马连英（女）
马洪亮	马桂芬（女，回族）	王文兰（女）	王　林
王学军	王学富	王建荣（女）	王荣琴（女）
王素萍（女）	王晚荣	王淑芳（女）	王喜环（女）
王　静（女）	支　芬（女）	方志安	方志胜
方春玲（女）	尹福有	孔广莹（女）	布文仲（蒙古族）
田万石	田万利	田秀英（女）	田桂福
冯国梅（女）	冯树营	邢迎祖（女）	邢桂芬（女）
毕玉香（女）	任　旺	庄虔春	刘友余
刘少君（女）	刘凤华（女）	刘永泽	刘　伟
刘旭成	刘军胜	刘连启（女）	刘秀荣（女）

刘美丽（女）	许秀翠（女）	孙印生	孙德玲（女）
杜振清	李云峰	李茹云（女）	李祝元
李德利	肖俊更	吴　昊	吴晓军
佟继春（满族）	宋淑清（女）	张凤苗（女）	张文梅（女）
张世秀（女）	张　丽（女）	张秀凤（女）	张　波
张宝贵	张富生	张德全	果屹娜（女）
明宝军	呼淑兰（女）	金文志	金殿军
周学善	周晨光	庞文霞（女）	孟广英（女）
孟宪娥（女）	赵　明	赵莉莉（女）	赵晓兰（女）
赵　萍（女）	赵淑云（女）	赵瑞生	胡友仁
俞　华（女）	施全意	姜　春	耿立红（女）
徐士平（女）	高凤霞（女）	高在斌	高　萍（女，满族）
高　潮	郭凤宏（女）	唐彩然（女）	常立忠
蒋先平	焦　伟（女）	褚连香（女）	褚连清（女）
蔡德江	谭志刚	颜廷建	衡永利（满族）
魏　鹏			

第十二次党代会代表

2011 年 9 月，高碑店地区（乡）第十二次党代会代表 105 名：

于志远	于金凤（女）	山德宏	马乃军
马玉才	马连英（女）	马洪亮	马桂芬（女，回族）
王　林	王　品	王　娟（女）	王小芬（女）
王云竹	王文兰（女）	王红燕（女）	王克本
王学富	王建荣（女）	王荣琴（女）	王秋英（女）
王洪润	王素萍（女）	王海星（女，蒙古族）	王　静（女）
支　芬（女）	方志伟（女，满族）	方志安	尹福有
孔春燕（女）	布文仲（蒙古族）	田万喜	田桂福
冯国梅（女）	冯树营	邢艳霞（女）	邢桂芬（女）
毕玉香（女）	任　旺	任春荣（女）	任振铎
庄虔春	刘　程	刘　新（女）	刘友余
刘少君（女）	刘凤华（女）	刘旭成	刘晓燕（女）
刘景雯（女）	刘燕红（女）	闫　敏（女）	许　斌

孙德玲（女）	李云峰	李秀芬（女）	李洪荣（女）
杨翠平（女）	肖　红（女）	吴　为（女）	吴为民（女）
宋淑清（女）	张文梅（女）	张秀杰（女）	张宝玲
张宝贵	张建敏（女）	张春雷	张桂茹（女）
张海峰	张富生	陈　玉（女）	陈延军
果屹娜（女）	明宝军	庞文霞（女）	孟广英（女）
孟昭侠（女）	赵京生	赵晓兰（女）	胡文新
柳凤云（女）	钟卫红（女）	施全意	姜　春
贾润菊（女）	徐士平（女）	高　萍（女）	高　潮
郭永大	郭光辉	黄晓宇	常九坤（女）
崔　欣（女）	董会波	蒋先平	谢文军
谢淑伶（女）	蒲立青（女）	褚连江	褚连清（女）
褚晶晶（女）	谭志亮	衡朝霞（女，满族）	魏荣江
魏　然（女）			

第十三次党代会代表

2016年9月，高碑店地区（乡）第十三次党代会代表105名：

于凤敏（女）	于志远	山德洪	马乃军
马玉才	马桂芬（女，回族）	王红燕（女）	王克本
王克俭（女）	王明江	王岩丰（女）	王建荣（女）
王　持	王荣琴（女）	王　雪（女）	王淑贤（女）
王　静（女）	支　芬（女）	毛会民	方志伟（女，满族）
尹福有	田永华（女）	田　利	田　柔
田桂琴（女）	田益芬（女）	冯国梅（女）	邢玉发
邢艳霞（女）	毕玉香（女）	师彩红（女）	任衍刚
刘　飞（女）	刘友余	刘少秋（女）	刘世荣
刘旭成	刘　红（女）	刘　佳（女）	刘　晖（女）
刘健秋（女）	刘清洁（女）	刘　强	刘　新（女）
刘燕红（女）	闫　敏（女）	关得志	许立强
许　斌	孙德玲（女）	杜振亭	李云飞
李秀芬（女）	李淑珍（女）	李腊梅（女）	杨建波
杨保红（女）	杨彩庆	杨翠平（女）	杨　蕊（女）

吴秀云（女）	吴蓉蓉（女）	佟明双（女）	宋淑清（女）
张文梅（女）	张玉平（女）	张永明（女）	张　丽（女）
张秀杰（女）	张宝玲	张春燕（女）	张　洋
张桂茹（女）	张　润（女）	张　槟	陈　科
范宇熙	果屹娜（女）	罗雪静（女）	周　坤
周金红	赵京生	胡文新	柳凤云（女）
战晓波（女）	俞　华（女）	高　潮	郭光辉
郭桂华（女）	唐彩然（女）	梅淑荣（女）	崔　欣（女）
崔　瑞（女）	章　亮	梁启能	彭大龙
蒋先平	鲁秀玲（女）	游　洁（女）	缐丽雪（女）
褚晶晶（女）	谭新波	穆少安	衡朝霞（女，满族）
魏　然（女）			

第十四次党代会代表

2021 年 10 月，高碑店地区（乡）第十四次党代会代表 104 名：

马乃军	马宏伟	马海滨	王子圣
王飞力（女）	王　丹（女）	王　伟	王　宇（女）
王红燕（女）	王建荣（女）	王洪来	王艳平
王晓丽（女）	王　雪（女）	王　静（女）	毛会民
方志伟（女，满族）	卢　宁	田　利	田　颖（女）
史宝叶（女）	代志祎	白　云（女）	冯国梅（女）
吕　蕾（女）	庄虔春	刘　飞（女）	刘友余
刘　红（女）	刘迎春（女）	刘晓燕（女）	刘　晖（女）
刘爱莉（女）	刘清洁（女）	刘　程	刘　强
刘　新（女）	刘燕红（女）	闫　敏（女）	纪　增
杜振清	杜　磊	李　文	李伟丽（女）
李奇峰	李俊利	李晓清（女）	李健佼
李海涛	李腊梅（女）	杨　多	杨志强
杨丽华（女）	杨建波	杨保红（女）	杨翠平（女）
杨　蕊（女）	吴秀云（女）	吴蓉蓉（女）	邱　菊（女）
邱　爽（女）	宋秀玉（女）	宋艳芬（女）	宋淑清（女）
张　申	张　帆（女）	张红霞（女）	张　丽（女）

张英明	张海峰	张　润（女）	张　槟
张瑾砚（女）	陈文君（女）	陈　玉（女）	陈宗岳
陈振雪	范宇熙	果屹娜（女）	罗雪静（女）
周海英（女）	赵　冉（女）	赵　燕（女）	姜　娜（女）
姚自然	顾洪涛	高文静（女）	高　萍（女，满族）
郭连英（女）	郭艳宁（女）	唐海生	桑凤羽（女）
黄晓宇	盛　威	梁　彬（女）	彭大龙
董秋宾	韩　琪	谢希英（女）	绿大杰
绿丽雪（女）	蔚炳建	谭志亮	籍文化（女）

第三节　党代会

第一次党代会　（资料缺失。）

第二次党代会　1959 年 5 月 25—28 日召开，出席会议代表 91 名。会议听取并审议通过高碑店人民公社党委工作报告。大会选举产生党委委员 18 名：王占成、辛地、邵文杰、宁雪山、沈玉珍（女）、孙瑞东、马鸿锦（回族）、张启龙、丁富才、韩永兴、郭荫庭、李旺、牛志刚、张世增、翁启瑞（满族）、成永昶、路希斌、高德山。选举产生党委书记王占成，副书记辛地、邵文杰。高碑店工作站党总支书记韩永兴，副书记朱兴。大会选举产生监察委员会委员 3 名：邵文杰、翁启瑞（满族）、成永昶。

第三次党代会　1969 年 11 月 18—27 日召开（当时称“首届党代会”），出席会议代表 121 名。会议听取并审议通过高碑店人民公社革命委员会党的核心领导小组工作报告，组建新党委。大会选举产生党委委员 18 名：李永明、刘庆禄、王宝华、张继才、沈玉珍、张世增、孔继庆、王秀兰（女）、杜淑英（女）、田振国、董英、孟广庆、崔文瑞、朱兴、董文海、李开美、王琛、李昌琼（女）。选举产生党委常委 7 名：李永明、刘庆禄、王宝华、张继才、沈玉珍（女）、张世增、孔继庆。选举产生党委书记李永明，副书记刘庆禄、王宝华。

第四次党代会　1975 年 8 月 1 日召开，出席会议代表 157 人。大会听取并审议通过高碑店人民公社党委工作报告。大会选举产生第四届中共高碑店人民公社委员会委员 21 名：王宝华、王凤仪、张世增、王秀兰（女）、苗洪芳、张建荣、张凤仙（女）、陈光霞（女）、张泉、杜满堂、马鸿锦（回族）、董书祥、田振国、董文海、陈文奎、司德顺、田淑珍（女）、耿连英（女）、刘德强、郎荣勋、孟广庆。选举产生党委常委 7 名：王宝华、王凤仪、张世增、王秀兰（女）、苗洪芳、张建荣、张凤仙（女）。选举产生党委书记王宝华，副书记王凤仪、张世增、王秀兰（女）、苗洪芳。

第五次党代会　1981 年 2 月 26—28 日召开，出席会议代表 133 人。大会听取并审议通过高碑店人民公社党委工作报告。大会选举产生第五届中共高碑店人民公社委员会委员 9 名：张建荣、陈文奎、王秀兰（女）、张凤仙（女）、苗洪芳、刘顺、韩慎忠、董书祥、周秀荣（女）。选举产生党委书记张建荣，副书记陈文奎、王秀兰（女）、张凤仙（女）。大会选举产生纪律检查委员会委员 6 名：王秀兰（女）、廖淑贞（女）、白秀芝（女）、张林、侯桂兰（女）、刘万昌。选举产生纪委书记王秀兰（女）。

第六次党代会　1987 年 6 月 1 日召开，出席会议代表 127 人。大会听取并审议通过高碑店乡党委《坚持四项基本原则，加强和改善党的领导，深化改革，为高碑店乡实现两个文明建设创双优而努力》工作报告、高碑店乡纪委工作报告。大会选举产生第六届中共高碑店乡委员会委员 9 名：张建荣、王秀兰（女）、张凤仙（女）、陈文奎、董书祥、罗世宽、李翠华（女）、张锡玉、宋昆。选举产生党委书记张建荣，副书记王秀兰（女）、张凤仙（女）、陈文奎。大会选举产生纪律检查委员会委员 5 名：张凤仙（女）、赵玉瑞、杨万银（女）、王茂生、蔺志珍（女）。选举产生纪委书记张凤仙（女）。

第七次党代会　1992 年 10 月 29 日召开，出席会议代表 88 人。大会听取并审议通过高碑店乡党委工作报告、高碑店乡纪委工作报告。大会选举产生第七届中共高碑店乡委员会委员 9 名：王秀兰（女）、王金水、李翠华（女）、陈文奎、张锡玉、宋昆、孔继庆、董书祥、方志新。选举产生党委书记陈文奎，副书记王秀兰（女）、王金水、李翠华（女）。大会选举产生纪律检查委员会委员 5 名：李翠华（女）、赵德江、隋炳章、支芬（女）、布淑敏（女，蒙古族）。选举产生纪委书记李翠华（女），副书记赵德江。

第八次党代会　1996 年 11 月 21 日召开，出席会议代表 88 人。大会听取并审议通过高碑店乡党委《加强和完善党的领导，为实现高碑店乡“九五”规划，为二十一世纪的新发展奠定坚实基础而努力奋斗》工作报告、纪委《深入持久地开展反腐败斗争，为我乡稳定、改革、发展服务》工作报告。大会选举产生第八届中共高碑店乡委员会委员 7 名：陈文奎、王秀兰（女）、李翠华（女）、王金水、黄庆林、吴海峰、吴秀莲（女）。选举产生党委书记陈文奎，副书记王秀兰（女）、李翠华（女）。大会选举产生纪律检查委员会委员 3 名：黄庆林、于兆印、王玉龙。选举产生纪委书记黄庆林。

第九次党代会　1999 年 12 月 15 日召开，出席会议代表 100 人。大会听取并审议通过高碑店乡党委《高举邓小平理论伟大旗帜，抓好机遇、发挥优势、加速发展，以出色的业绩谱写二十一世纪新篇章》工作报告、纪委《加强党风廉政建设，为我乡改革开放和现

1999年12月，高碑店乡召开第九次党代会

代化建设服务》工作报告。大会选举产生第九届中共高碑店乡委员会委员7名：吴凤岐、王金水、张伟、赵年生、王洪刚、吴应林、何艳霞（女）。选举产生党委书记吴凤岐，副书记王金水、张伟。大会选举产生纪律检查委员会委员3名：张伟、马玉才、吴秀莲（女）。选举产生纪委书记张伟。

第十次党代会 2002年12月15日召开，出席会议代表104人。大会听取并审议通过高碑店乡党委《全面实践“三个代表”重要思想 继往开来 与时俱进 夯实基础 务实创新 为率先基本实现农村城市化而努力奋斗》工作报告、纪委《深入贯彻落实党风廉政建设责任制 努力为高碑店乡两个文明精神服务》工作报告。大会选举产生第十届中共高碑店乡委员会委员7名：张富生、王金水、刘伟、赵年生、颜廷建、刘美丽（女）、李世喆。选举产生党委书记张富生，副书记王金水、刘伟、赵年生。大会选举产生纪律检查委员会委员3名：刘伟、孙淑芳（女）、桑志强。选举产生纪委书记刘伟。

第十一次党代会 2006年10月12—13日召开，出席会议代表105人。大会听取并审议通过高碑店乡党委《再接再厉，勇于创新，加快发展，为全面构建和谐高碑店而努力奋斗》工作报告、纪委《全面贯彻党风廉政建设责任制，努力开创党风廉政建设和反腐败工作新局面》工作报告。大会选举产生第十一届中共高碑店乡委员会委员7名：张富生、刘军胜、吴晓军、施全意、颜廷建、刘美丽（女）、支芬（女）。选举产生党委书记张富生，副书记刘军胜、吴晓军。大会选举产生纪律检查委员会委员3名：施全意、桑志强、谢庸。选举产生纪委书记施全意。

第十二次党代会 2011年9月8日召开，出席会议代表105人。大会听取并审议通过高碑店乡党委《凝心聚力 开拓创新 加快发展 为全面建设“健康高碑店”而努力奋斗》工作报告、纪委《惩防并举 标本兼治 构建体系 为全面建设“健康高碑店”保驾护航》工作报告。大会选举产生第十二届中共高碑店乡委员会委员9名：张富生、王秋英（女）、马玉才、张春雷、施全意、明宝军、郭光辉、任振铎、蒋先平。选举产生党委书记张富生，副书记王秋英（女）、张春雷。大会选举产生纪律检查委员会委员5名：施全意、衡朝霞（女，满族）、肖红（女）、山德洪、张建敏。选举产生纪委书记施全意。

第十三次党代会 2016年9月12日召开，出席会议代表102人。大会听取并审议通过高碑店乡党委《凝心聚力 主动担当 奋发有为 为全面建成“小康高碑店”而努力奋斗》工作报告、纪委《深化监督 严格执纪 强化问责 为全面建成“小康高碑店”保驾护航》工作报告。大会选举产生第十三届中共高碑店乡委员会委员11名：马玉才、刘红（女）、关得志、许斌、李云飞、李腊梅（女）、周金红、战晓波（女）、郭光辉、蒋先平、谭新波。选举产生党委书记李云飞，副书记关得志、郭光辉。大会选举产生纪律检查委员会委员7名：山德洪、王晓丽（女）、李秀芬（女）、张建敏、张春梅（女）、战晓波（女）、彭大龙。选举产生纪委书记战晓波（女），副书记王晓丽（女）。

第十四次党代会 2021年10月20—21日召开，出席会议代表104人。大会听取并审议通过高碑店乡党委《赓续初心 担当使命 为实现新时代高碑店高质量发展而努力奋斗》工作报告、纪委《勇毅笃行 彰显纪检监察工作新担当新作为 为实现新时代高碑店高质量发展提供坚强保障》工作报告。大会选举产生第十四届中共高碑店乡委员会委员11名：马海滨、王飞力（女）、王艳平、刘红（女）、杜磊、李文、李健佼（苗族）、李腊梅（女）、张英明、顾洪涛、高云汉。选举产生党委书记顾洪涛，副书记杜磊、王艳平。大会选举产生纪律检查委员会委员6名：丁可香（女）、王飞力（女）、李天才、张超（女）、张瑾砚（女）、蒲立青（女）。选举产生纪委书记王飞力（女）。

第四节 组织机构

一、乡级党组织

乡级党组织沿革 1953年6月，高碑店地域建立高碑店、八里庄、慈云寺、小庄、七圣庙、花园闸、大黄庄7个乡（小乡），各乡党组织延续原行政村党支部组织形式，成立乡党支部，书记分别为秦玉、吴奎荣、李孝、富文秀、王永福、邢富荣、彭德才。1956年3月，经过合乡并社，高碑店乡成立党总支，书记王春湘。

根据档案记录，1957年2—6月，高碑店乡出现党委机构。1958年3月，原王四营乡并入高碑店乡，高碑店乡党委书记王占成。八里庄光辉高级农业生产合作社与小庄团结高级农业生产合作社合并成立八里庄幸福高级农业生产合作社，成立党总支，书记邵文杰。

1958年8月，成立幸福人民公社，党委书记王占成。下辖高碑店工作站，党总支书记韩永兴；八里庄工作站，党总支书记邵文杰。1959年11月，成立朝阳人民公社，下辖高碑店工作站，党总支书记王春湘；八里庄工作站，党总支书记邵文杰。

1961年6月，成立高碑店人民公社，党委书记崔文瑞。1968年1月，成立高碑店人民公社革命委员会，行使党委职权。同年3月，成立高碑店人民公社革命委员会党的核心领导小组。1969年11月，高碑店人民公社党委恢复工作。

1983年3月，成立高碑店乡党委，书记张建荣。1993年8月，中共朝阳区委在高碑店乡设立地区工作委员会，与高碑店乡党委实行“两块牌子，一套班子”，同时履行街乡双重管理职能。高碑店地区党工委（乡党委）书记陈文奎。

2021年，高碑店地区（乡）仍实行地区工委、乡党委并行设置方式。高碑店地区党工委（乡党委）书记顾洪涛。

1956—2021年高碑店地域乡级党组织领导人员及任职时间一览表

表5–2

机构	职务	姓名	任职时间
中共高碑店乡总支部委员会	书记	王春湘	1956.4—1958.1
	副书记	朱　兴	1956.4—1958.1
		李宝奎	1956.4—1958.1
中共高碑店乡委员会	书记	王占成	1958.1—1958.8
中共幸福人民公社委员会	书记	王占成	1958.8—1959.1
	副书记	辛　地	1958.11—1959.1
		邵文杰	1958.11—1959.1
中共高碑店人民公社委员会	书记	王占成	1959.1—1959.11
	副书记	辛　地	1959.1—1959.11
		邵文杰	1959.1—1959.11
中共朝阳人民公社高碑店工作站总支部委员会	书记	王春湘	1959.11—1961.6
中共朝阳人民公社八里庄工作站总支部委员会	书记	邵文杰	1959.11—1961.6
中共高碑店人民公社委员会	书记	崔文瑞	1961.6—1966.7
		李永明	1966.8—1971.7
		刘庆禄	1971.7—1975.2
		王宝华	1975.2—1980.11
		张建荣	1980.11—1983.3

续表 5-2

机构	职务	姓名	任职时间
中共高碑店人民公社委员会	副书记	邵文杰	1961.6—1963.10
		张世增	1962.2—1966.7
			1975.8—1981.2
		王凤仪	1965.8—1968.1
			1975.8—1980.10
		刘庆禄	1969.11—1971.9
		王宝华	1969.11—1975.2
		王秀兰（女）	1975.8—1983.3
		苗洪芳	1975.8—1980.10
		张建荣	1977.11—1980.11
		陈文奎	1981.2—1983.3
		张凤仙（女）	1981.2—1983.3
中共高碑店乡委员会	书记	张建荣	1983.3—1989.1
		陈文奎	1989.1—1993.8
	副书记	陈文奎	1983.3—1989.1
		王秀兰（女）	1983.3—1993.8
		张凤仙（女）	1983.3—1991.10
		李翠华（女）	1991.10—1993.8
中共高碑店地区工作委员会（中共高碑店乡委员会）	书记	陈文奎	1993.8—1998.7
		吴凤岐	1998.7—2002.10
		张富生	2002.10—2012.9
		李云飞	2012.9—2019.12
		顾洪涛	2019.12—2021.12
	副书记	王秀兰（女）	1993.8—1999.11
		王金水	1993.8—1996.11
			1999.12—2004.8
		李翠华（女）	1993.8—1999.11
		张　伟	1999.11—2001.9
		张仲凯	2002.1—2002.6
		刘　伟	2002.6—2006.7
		赵年生	2002.12—2006.7

续表 5-2

机构	职务	姓名	任职时间
中共高碑店地区工作委员会（中共高碑店乡委员会）	副书记	刘军胜	2004.8—2007.9
		吴晓军	2006.7—2011.7
		于良佐	2008.4—2011.7
		王秋英（女）	2011.7—2013.10
		张春雷	2011.7—2014.2
		郭光辉	2013.10—2017.10
		肖志刚	2014.2—2016.7
		关得志	2016.7—2019.8
		陆闻宇	2018.4—2019.5
		袁裕中	2019.8—2020.11
		杜　磊	2019.9—2021.12
		王艳平	2021.1—2021.12

工作机构　1956 年 4 月，高碑店地域高碑店乡党总支没有设置专门工作机构，设组织委员和宣传委员，由党总支副书记兼任组织委员。1958 年 8 月，幸福人民公社党委工作机构有：党委办公室、组织部、宣传部。1961 年 6 月，高碑店人民公社党委设党委办公室。1969 年 11 月，高碑店人民公社党委恢复后，设置党委办公室。

1983 年 3 月，高碑店乡党委工作机构有：党委办公室、组织科、宣传科。1993 年 8 月，高碑店地区工作委员会成立，设党委（地区工委）办公室、组织部、宣传部。2001 年底，经过机构改革，工作机构设党政办公室、组宣科。2011 年，根据《北京市朝阳区乡（地区）机构改革实施意见》（朝编〔2011〕27 号），高碑店乡党委（地区工委）工作机构有：办公室（人大办公室）、党建办公室（组织人事科、宣传科）。2020 年，经过机构改革，高碑店乡党委（地区工委）工作机构有：综合办公室、党群工作办公室（人大工作办公室）。工作机构至 2021 年 12 月底未变。

二、村级党组织

1949 年 7 月—1950 年 3 月底，高碑店地域 9 个行政村陆续开展土地改革，并在土改工作中发展党员，成立党组织。1950 年 2 月 25 日，按中共十三区委通知要求，各行政村在土改结束时成立党支部。截至 3 月底，高碑店地域共成立高碑店、八里庄、慈云寺、小庄、七圣庙、关东店、花园闸、西店、大黄庄 9 个村党支部。

1953 年 6 月，高碑店地域调整合并为 7 个乡（小乡），没有村级党组织。1956 年 3 月，高碑店乡以高碑店高级农业生产合作社 7 个农业队为基础，成立 7 个农村党支部。八里庄光辉高级农业生产合作社下辖 4 个农业队，成立 4 个农村党支部。小庄团结高级农业生产合作社下辖 3 个农业队，成立 3 个农村党支部。1957 年，高碑店高级农业生产合作社将 7 个农业队调整为 4 个工作站，以工作站为基础，成立 4 个农村党支部。1958 年 3 月，八里庄光辉高级农业生产合作社与小庄团结高级农业生产合作社合并成立八里庄幸福高级农业生产合作社，下辖 9 个生产队，其中 8 个生产队成立党支部。

1958 年 8 月，幸福人民公社高碑店工作站以高碑店、西店、北花园、何家坟、白家楼、太平庄、大黄庄、高井、花园闸、半壁店 10 个生产队为基础，成立 10 个农村党支部；八里庄工作站以八里庄、陈家林、慈云寺、马道口 4 个生产队为基础，成立 4 个农村党支部。1959 年 11 月，朝阳人民公社高碑店工作站调整为高碑店、北花园、花园闸、西店、高井、白家楼 6 个生产队和 1 个青年队，成立 7 个农村党支部；八里庄工作站调整为八里庄、陈家林、慈云寺 3 个生产队，成立 3 个农村党支部。

1961 年 6 月，高碑店人民公社调整成立高碑店、八里庄、北花园、半壁店、西店、高井 6 个生产大队，各生产大队成立党总支。同年底，经过调整，八里庄生产大队党组织形式仍为总支部，以生产队为基础，成立 11 个党支部；高碑店、北花园、半壁店、西店、高井 5 个生产大队党组织形式调整为支部，以生产队为基础，共成立 17 个党小组。1966 年 6 月，高碑店人民公社下辖高碑店、八里庄、北花园、半壁店、高井 5 个生产大队党组织形式均调整为党总支，书记分别为李德祥、张世增、刘德强、赵德江、田振国。26 个生产队均成立党支部。

1984 年 3 月，高碑店乡下辖高碑店、八里庄、北花园、半壁店、高井 5 个生产大队设为建制村，建制村设党总支，生产队设党支部。1993 年 7 月，半壁店村分成华东公司（村）和半壁店村，分别成立党总支，此时全乡共 6 个村党总支、21 个党支部。2000 年，华东公司（村）和半壁店村合并为半壁店村，全地区（乡）恢复高碑店、八里庄、北花园、半壁店、高井 5 个建制村党总支，至 2021 年 12 月未变。

1961—2021 年高碑店地域村级党组织书记任职一览表

表 5-3

村别	职务	姓名	任职时间
高碑店	高碑店生产大队 党总支（支部）书记	纪振荣	1961.6—1961.12

续表 5–3

村别	职务	姓名	任职时间
高碑店	高碑店生产大队党总支（支部）书记	陈维先	1962.1—1966.5
		李德祥	1966.6—1969.11
		朱　兴	1969.11—1972.7
		张建荣	1972.11—1975.7
		陈文奎	1975.8—1976.10
		司德顺	1976.11—1981.10
		张凤仙（女）	1981.10—1983.4
		张　锐	1983.4—1984.3
	高碑店村党总支书记	张　锐	1984.3—1993.3
		董书祥	1993.3—1994.3
		张春生	1994.3—2000.3
		方志强	2000.3—2002.5
		支　芬（女）	2002.5—2017.8
		彭大龙	2017.8—2019.12
		张　申	2019.12—2021.12
八里庄	八里庄生产大队党总支书记	牛志刚	1961.6—1966.7
		张世增	1966.7—1975.8
		马鸿锦（回族）	1975.8—1977.3
		苗洪芳	1977.3—1982.9
		张锡玉	1982.9—1984.3
	八里庄村党总支书记	张锡玉	1984.3—1996.3
		张国祥	1996.3—2001.3
		王洪刚	2001.3—2002.3
		王学富	2002.3—2012.8
		彭大龙	2012.9—2018.11
		刘迎春（女）	2018.11—2021.12
北花园	北花园生产大队党总支（支部）书记	韩永兴	1961.6—1963.12
		丁富才	1964.1—1964.12
		刘德强	1965.1—1966.8
		孔继庆	1966.9—1968.10
		张建荣	1968.10—1969.10

续表 5–3

村别	职务	姓名	任职时间
北花园	北花园生产大队党总支（支部）书记	崔文瑞	1969.10—1970.3
		吴振昌	1970.3—1975.1
		董书祥	1975.1—1978.9
		孔继庆	1978.10—1984.3
	北花园村党总支书记	孔继庆	1984.3—2000.3
		马玉才	2000.3—2002.5
		田万利	2002.5—2009.6
		谭志亮	2009.6—2018.11
		王淑芳（女）	2018.11—2019.12
		王克本	2019.12—2020.8
		王　伟	2020.8—2021.12
半壁店	半壁店生产大队党总支（支部）书记	王春湘	1962.1—1964.11
		朱廷礼	1964.11—1966.6
		赵德江	1966.6—1968.9
		董　英	1968.9—1974.3
		陈　山	1974.3—1975.8
		董文海	1975.8—1976.9
		王秀兰（女）	1976.9—1978.3
		贾润深	1978.3—1981.4
		董文海	1981.5—1984.2
	半壁店村党总支书记	方志新	1984.3—1993.7
华东公司（村）	华东公司（村）党总支书记	董振祥	1993.7—2000.12
半壁店	半壁店村党总支书记	方志新	1993.7—1995.11
		李世喆	1995.11—2000.6
		宋振平	2000.6—2000.11
		李世喆	2000.12—2000.12
		李世喆	2000.12—2003.2
		谭志亮	2003.2—2004.3
		方志强	2004.4—2005.5

续表 5-3

村别	职务	姓名	任职时间
半壁店	半壁店村党总支书记	方志胜	2005.6—2011.5
		马乃军	2011.6—2021.12
高井	高井生产大队党总支（支部）书记	孙瑞东	1961.6—1963.3
		吴振昌	1963.3—1963.7
		白凤森	1963.7—1965.5
		田振国	1965.5—1975.12
		宋　昆	1976.1—1984.3
	高井村党总支书记	宋　昆	1984.3—2000.3
		张春生	2000.3—2004.3
		庄虔春	2004.3—2021.12

三、社区党组织

2005 年 9 月 2 日，根据朝阳区《关于高碑店地区办事处成立社区请示的批复》（朝社批字〔2005〕10 号），高碑店地区（乡）成立甘露园南里一、甘露园南里二、花园闸北里东等 18 个社区。同年 11 月，18 个社区均成立社区党委。

2011 年 4 月，撤销高碑店社区，重新划分成立高碑店东社区和高碑店西社区，同时成立社区党委。2013 年 4 月，撤销半壁店西社区，重新划分成立西店社区和方家园社区，同时成立社区党委。2013 年 5 月，成立文化园社区，同时成立社区党委。2013 年 12 月，撤销半壁店东社区，重新划分成立半壁店社区和小郊亭社区，同时成立社区党委。同月，成立花园闸社区、力源里社区，同时成立社区党委。2014 年 12 月，成立水南庄社区、太平庄社区，同时成立社区党委。2016 年 6 月，成立古街社区，同时成立社区党委。2017 年 5 月，成立汇星苑社区，同时成立社区党委。至 2021 年底，高碑店地区（乡）共有 28 个社区党委。

2005—2021 年高碑店地域各社区党组织书记任职一览表

表 5-4

社区名称	书记姓名	任职时间
甘露园南里一社区	冯国梅（女）	2005.11—2018.11
	刘　强	2018.11—2020.8
	刘　晖（女）	2020.8—2021.12

续表 5–4

社区名称	书记姓名	任职时间
甘露园南里二社区	王　静（女）	2005.11—2017.12
	李秀芬（女）	2018.1—2020.11
	杨丽华（女）	2020.12—2021.12
花园闸北里东社区	田秀英（女）	2005.11—2012
	王建荣（女）	2012—2017.12
	冯国梅（女）	2017.12—2020.8
	张　帆（女）	2020.8—2021.12
花园闸北里西社区	王淑芳（女）	2005.11—2009.2
	郭凤宏（女）	2009.7—2010.10
	赵京生	2010.11—2017.12
	刘　程	2018.1—2020.7
	冯国梅（女）	2020.8—2021.12
太平庄北社区	方春玲（女）	2005.11—2007.6
	贾润菊（女）	2007.6—2009.3
	钟卫红（女）	2009.3—2015.5
	杨建波	2015.5—2021.12
太平庄南社区	王荣琴（女）	2005.11—2017.12
	陈　玉（女）	2017.12—2021.12
康家园西社区	臧志珍（女）	2005.11—2006.1
	高　潮	2006.1—2018.11
	刘晓燕（女）	2018.11—2021.12
康家园东社区	金文志	2005.11—2009.2
	杨翠平（女）	2009.2—2017.11
	张　帆（女）	2017.11—2020.8
	周海英（女）	2020.8—2021.12
大黄庄社区	王文兰（女）	2005.11—2015.5
	张玉平（女）	2015.5—2020.10
大黄庄社区	郭连英（女）	2020.10—2021.12
兴隆家园社区	赵　莉（女）	2005.11—2009.2
	贾润菊（女）	2009.2—2012.3
	李秀芬（女）	2012.3—2018.1

续表 5-4

社区名称	书记姓名	任职时间
兴隆家园社区	王建荣（女）	2018.1—2021.12
通惠家园社区	孙德玲（女）	2005.11—2017.10
	刘晓燕（女）	2017.10—2018.11
	董秋宾	2018.11—2021.12
丽景馨居社区	郭凤宏（女）	2005.11—2008.1
	刘旭成	2008.1—2018.1
	张红霞（女）	2018.1—2021.12
北花园社区	佟继春（满族）	2005.11—2007.7
	胡文新	2007.8—2017.3
	王克本	2017.3—2018.2
	王克俭（女）	2018.3—2018.11
	王克本	2018.12—2020.7
	王洪来	2020.8—2021.12
八里庄社区	张文梅（女）	2005.11—2017.12
	高　萍（女，满族）	2017.12—2021.12
高碑店社区	褚连清（女）	2005.11—2011.4
高井社区	黄晓宇	2005.11—2013.12
	王红燕（女）	2014.1—2018.10
	果屹娜（女）	2018.11—2019.2
	王岩丰（女）	2019.3—2020.7
	刘　程	2020.8—2021.12
半壁店西社区	孙印生	2005.11—2009.5
	方志安	2009.5—2013.3
半壁店东社区	姜　春	2005.11—2013.12
高碑店东社区	褚连清（女）	2011.4—2015.4
	于志远	2015.5—2017.12
	张海峰	2018.1—2021.12
高碑店西社区	刘　新（女）	2012.3—2021.12
西店社区	李冰峰	2013.4—2014.5
	陈宝才	2014.5—2017.1
	毛会民	2017.1—2018.3

续表 5–4

社区名称	书记姓名	任职时间
西店社区	史宝叶（女）	2018.3—2021.12
方家园社区	方志安	2013.4—2017.2
	李雪峰	2017.2—2018.2
	计立利	2018.2—2018.11
	陈振雪	2018.11—2021.12
文化园社区	魏荣江	2013.12—2015.5
	邢桂芬（女）	2015.5—2016.12
	张　丽（女）	2016.12—2021.12
半壁店社区	王洪润	2013.12—2018.1
	马玉梅（女）	2018.1—2021.12
小郊亭社区	任　旺	2013.10—2018.3
	董会波	2018.3—2018.11
	刘少君（女）	2018.11—2021.12
花园闸社区	许立强	2013.10—2020.7
	刘　强	2020.8—2021.12
力源里社区	张秀杰（女）	2013.12—2017.12
	刘旭成	2018.1—2020.12
	杨　蕊（女）	2020.12—2021.12
水南庄社区	俞　华（女）	2014.12—2018.2
	陈振雪	2018.2—2018.11
	邱　菊（女）	2018.11—2021.12
太平庄社区	刘　强	2015.1—2017.12
	赵京生	2017.12—2020.11
	王　丹（女）	2020.11—2021.12
古街社区	邢桂芬（女）	2016.10—2017.12
	绰大杰	2018.1—2021.12
汇星苑社区	杨翠平（女）	2018.1—2021.12

四、直属党组织

机关党组织　1956 年 3 月，高碑店乡机关成立机关党支部。1958 年 8 月，幸福人民公社成立机关党支部。1961 年，高碑店人民公社成立机关党支部。

1983年3月，高碑店乡党委成立机关党支部。1989年，对机关党支部进行调整，分为乡机关党委办公室党支部、政府党支部、总公司党支部。1996年5月，机关党委办公室支部与总公司支部合并成立机关党办、总公司联合党支部。2000年，机关成立城建执法党支部。

2002年1月25日，根据《高碑店乡党委关于成立乡机关党总支委员会的决定》，成立机关党总支，下设党委党支部、政府党支部、执法党支部。

2021年底，乡机关党总支下辖6个党支部，分别是乡党委直属机关党支部、乡政府直属机关第一党支部、乡政府直属机关第二党支部、乡政府直属机关第三党支部、乡城管队党支部、乡机关老干部党支部。

企事业单位及其他党组织　1956年4月，高碑店乡成立副业党支部。1958年3月，八里庄幸福高级农业生产合作社成立副业党支部。

1961年，高碑店人民公社党委直属党支部有副业党支部、派出所党支部、高碑店学区党支部。1962年，撤销副业党支部、高碑店学区党支部。同年，成立粮食中心店党支部。1964年，高碑店人民公社成立五金厂党支部，党员4人。1969年，高碑店人民公社党委有直属党支部7个：五金厂党支部、财贸党支部、试验场党支部、粮店中心店党支部、高碑店门诊部党支部、北京市第十七中学党支部、高碑店小学党支部。

1971年，成立综合修配厂党支部，党员14名。1972年，成立拖拉机站党支部，党员4名。同年，有小学党支部4个：高碑店小学党支部、北花园小学党支部、半壁店小学党支部、大黄庄小学党支部，组织关系归各生产大队党总支管辖。1973年，成立兽医站党支部，党员5名。1975年，成立公社种子站党支部；成立燕惠喷漆厂党支部，党员10名。1976年，撤销兽医站和拖拉机站2个党支部。公社有直属企业党支部3个：农机厂党支部、羊毛衫厂党支部、农机修配厂党支部。1979年，成立针织厂党支部，党员6名；成立积肥场党支部，党员4名；成立停车场党支部，党员16名；成立公社建筑队党支部，党员11名。

1984年，成立龙骨厂党支部、京都饮料厂党支部、敬老院联合党支部。1987年，成立畜牧公司党支部、商业公司党支部、综合畜牧场党支部、林果公司党支部。工业公司成立党总支，下辖风机厂、羊毛衫厂、燕惠喷漆厂、燕颖童装厂4个党支部。全乡有党总支6个。1989年，成立小学校党总支，下辖乡文教办党支部和4个小学党支部；成立福兴饭馆党支部和水管站党支部。1990年，成立华都塑料泡沫厂党支部。1993年，成立四方公司党支部、建筑公司党支部。1998年，成立北京康港模板公司党支部。2000年，成立高碑店学区党总支，下辖4个小学党支部和退休教师党支部、机关党支部。2001年，成立兴隆御园绿化党支部、社区保安中队党支部。

截至 2021 年 12 月，高碑店地区（乡）党委有直属企业党总支 1 个（天翌物业公司党总支），直属企业党支部 3 个（兴隆公园党支部、天翌房地产党支部、兴隆投资集团党支部）。

1964—2021 年高碑店地域部分直属企业党组织任职人员情况一览表

表 5–5

序号	名称	时间	书记姓名
1	五金厂党支部	1964—1982.7	计风岐、黄旭升、刘德强、张才、刘振才、齐连才
2	拖拉机站党支部	1972—1976.6	张龙、赵国新、宋昆、王洪刚
3	燕惠喷漆厂党支部	1975.2—1997.3	周世珍（女）、姜深、贾润深、王淑英（女）、尹世宏
4	羊毛衫厂党支部	1976.3—2001.9	罗世宽、孙印亮、吕贵、高潮、贾润深、田万利
5	针织厂党支部	1977.7—1986.3	宋华园、吴海峰、高潮、朱佩金（女）
6	公社修建队党支部	1978.10—1987.6	李成、姜深
7	公社旅馆党支部	1979.5—1986.12	董书祥、李贵、陈波
8	风机厂一分厂党支部	1986.2—2006.5	王洪刚、尹世宏、冯树营、何艳霞（女）、冯树营
9	童装厂党支部	1986.3—1997.5	朱佩金（女）
10	综合畜牧场党支部	1987.3—2002.7	尹世宏、王殿臣、赵广福
11	兴隆公园党支部	2002.3—2021.12	支芬（女）、王晚荣、周晨光、王伟、彭大龙
12	天翌房地产党支部	1998.5—2021.12	吴秀莲（女）、张春生、支芬（女）、刘迎春（女）、谭志亮
13	天翌物业党总支	2000.3—2021.12	吴秀莲（女）、张春生（兼）、周峰、褚莹（女）、王淑芳（女）、高云汉
14	兴隆投资集团党支部	2020.9—2021.12	黄晓宇

五、非公党组织

2003 年 8 月 21 日，北京好仁缘食品有限公司成立党支部，隶属半壁店村党总支，党员 14 名，书记岳文华；北京路世通服装有限公司成立党支部，隶属半壁店党总支，党员

7名，书记巩象波。同年11月，高碑店地区（乡）改制企业北京永安兴工程机械施工有限公司成立党支部，隶属八里庄村党总支，党员11名，书记刘友余；北京四惠汽车修理有限公司成立党支部，隶属八里庄村党总支，党员3名，书记张德全。同年12月，北京大地出租汽车有限公司成立党支部，隶属高井村党总支，党员4名，书记陈宝昌。截至年底，高碑店地区（乡）共成立非公企业党支部11个。2004年7月，北京现代光明电器有限公司成立党支部，党员8名，隶属高井村党总支。同年9月，由高井村党总支牵头，协调辖区41家企业，成立高井辖区非公经济企业协会，同时成立党支部。2005年10月，北京高碑店古典家具行业协会成立党支部，隶属高碑店村党总支，党员3名，书记李文杰；京新龙医药销售有限公司成立党支部，隶属高碑店村党总支，党员3名，书记张汉华。2006年6月，北京国锐房地产开发有限公司成立党支部，隶属高井村党总支，党员12名，书记张荣；北京兴隆瑞丰市场有限公司成立党支部，隶属高井村党总支，党员5名，书记谭志刚。2007年6月，北京波士山汽车销售服务有限公司成立党支部，隶属高井村党总支，党员3名，书记朱领军；华冉建设集团成立华膳园党支部，隶属高碑店村党总支，党员3名，书记王显廷。截至2008年底，高碑店地区（乡）有非公经济组织和社会组织党支部14个，党员87名。

2004年9月，高井辖区非公经济企业协会党支部成立

2010年6月，成立财满街非公企业联合党支部，隶属太平庄南社区党委，党员5名，书记常九坤。2013年6月15日，华冉建设集团党委成立，是高碑店地区（乡）首个非公企业党委，下设党支部6个，后改为首欣集团党委。2016年11月，成立通惠河畔产业园党委。2021年7月，北京城建道桥建设集团公司整体转制，党组织关系隶属高碑店乡党委。截至2021年12月，高碑店地区（乡）有非公经济组织和社会组织党组织160个。其中，党委3个（首欣建设集团党委、通惠河畔党委、城建道桥公司党委），党总支1个（城建道桥公司机关党总支），党支部156个。

2021 年高碑店地区（乡）非公有制经济组织和社会组织党组织一览表

表 5-6

序号	单位	党支部	成立时间
1	高碑店村党总支	高碑店旅游文化发展有限公司联合党支部	2016.12
2		高碑店村古典家具行业协会党支部	2008.7
3	高碑店东社区党委	瑞安人力资源有限公司党支部	2016.12
4		北京阳光一诺艺术培训有限公司联合党支部	2016.12
5		北京卓旭医院管理有限公司党支部	2016.12
6		北京智享人生物业管理有限公司联合党支部	2016.12
7	高碑店西社区党委	高碑店西社区非公企业第一联合党支部	2016.12
8		高碑店西社区非公企业第二联合党支部	2016.12
9	文化园社区党委	华都良机钢结构联合党支部	2003.9
10		康港模板公司联合党支部	1997.7
11		北京华声天桥联合党支部	2016.12
12		北京润坤联合党支部	2016.12
13		北京古韵装饰联合党支部	2016.12
14		北京 C3 青年文创联合党支部	2016.12
15	古街社区党委	江西南城（北京）古典家具商会联合党支部	2016.12
16		安徽东至古典家具商会联合党支部	2016.12
17		全联民间文物木雕专业委员会联合党支部	2016.12
18	半壁店村党总支	半壁店村企业联合党支部	2005
19	半壁店社区党委	路丰汇通党支部	2015.1
20		北京瑞驰嘉文化产业发展有限公司联合党支部	2016.12
21		中海同创股份有限公司党支部	2018.7
22	西店社区党委	北京国爱影视文化传媒有限公司党支部	2016.12
23		北京梵瑞资产管理有限公司联合党支部	2016.12
24		北京北方大陆生物工程有限公司联合党支部	2016.12
25		北京未来媒体科技股份有限公司党支部	2018.7
26		北京盛世康华国际会展有限公司党支部	2019.5
27		京祖文化传媒（北京）有限公司联合党支部	2016.12
28		北京知道了文化传媒有限公司党支部	2021.4
29	方家园社区党委	北京禧立方文化创意产业发展有限公司联合党支部	2016.12
30		菁英梦谷商务发展有限公司联合党支部	2019.5

续表 5–6

序号	单位	党支部	成立时间
31	水南庄社区党委	北京永君顺达汽车救援服务有限公司党支部	2021.4
32		京安盾（北京）保安服务有限公司党支部	2021.4
33		汇欣时代（北京）清洁服务有限公司党支部	2021.4
34	高井村党总支	高井村联合党支部	—
35		兴隆瑞丰党支部	2006.6
36		北京红庄电子商务有限公司联合党支部	2016.12
37	高井社区党委	东亿国际传媒产业园区联合党支部	2014.12
38		波士通达有限公司党支部	2007.6
39		高井社区联合党支部	2003.12
40		国锐投资公司党支部	2003.12
41		高井社区非公企业一联合党支部	2016.12
42		高井社区非公企业第二联合党支部	2016.12
43		北京五洲环球装饰工程设计有限公司党支部	2016.12
44		北京市铜牛电影产业园党支部	2021.4
45	北花园村党总支	内蒙古饭店党支部	—
46		吉里国际艺术园区第一联合党支部	2016.12
47		吉里国际艺术园区第二联合党支部	2016.12
48		中科中电电力工程管理有限公司党支部	2018.6
49		中传校友企业联合党支部	2018.11
50		花园里文化创意产业园党总支	2019.11
51		北京百花文化创意产业园党支部	2021.4
52	八里庄村党总支	八里庄产业园区联合党支部	2016.12
53		永安兴企业联合党支部	2017.5
54		尚 8 里园区联合党支部	—
55		田家洼联合党支部	—
56		维实嘉业党支部	2016.12
57		北京华德宝汽车销售服务有限公司党支部	2020.4
58	八里庄社区党委	佳兆业广场联合党支部	2019.12
59		桃源投资（北京）有限公司党支部	2021.4
60	力源里社区党委	力源里社区非公企业联合党支部	2016.12

续表 5-6

序号	单位	党支部	成立时间
61	甘露园南里一社区党委	甘露园南里一社区非公企业联合党支部	2016.12
62	甘露园南里二社区党委	甘露园南里二社区非公企业第一联合党支部	2016.12
63		甘露园南里二社区非公企业第二联合党支部	2016.12
64	丽景馨居社区党委	718 谷地传媒文化创意产业园联合党支部	2016.12
65		丽景馨居社区非公企业联合党支部	2016.12
66		北京博睿创新文化发展有限公司党支部	—
67		北京致远恒通物业管理有限责任公司党支部	2021.4
68	康家园东社区党委	北京华利福物业管理有限责任公司党支部	2021.4
69	兴隆家园社区党委	七彩乐居联合党支部	2016.12
70		紫檀万豪行政公寓联合党支部	2016.12
71	太平庄南社区党委	太平庄南社区非公企业第一联合党支部	2016.12
72		太平庄南社区非公企业第二联合党支部	2016.12
73		太平庄南社区非公企业第三联合党支部	2016.12
74		太平庄南社区非公企业第四联合党支部	2016.12
75		太平庄南社区非公企业第五联合党支部	2016.12
76		中电合创（北京）科技发展有限公司党支部	2019.11
77	大黄庄社区党委	大黄庄社区非公企业联合党支部	2016.12
78	太平庄社区党委	北京宏源南门涮肉朝阳路分店独立党支部	2016.12
79		东舍联合党支部	2016.12
80		阿曼寓所联合党支部	2016.12
81		兴隆公园联合党支部	2016.12
82		美丽亚洲联合党支部	2016.12
83	首欣建设集团党委	中共首欣建设集团党支部	—
84		中共首欣建设集团有限公司党支部	—
85		中共首欣建设集团新能源有限公司党支部	—
86		中共华膳园温泉饭店党支部	—
87		中共首欣建设集团联合支部	—
88	首欣建设集团党委	华膳园国际传媒文化产业园第一联合党支部	2016.12
89		华膳园国际传媒文化产业园第二联合党支部	2016.12

续表 5–6

序号	单位	党支部	成立时间
90	通惠河畔党委	通惠河畔联合党支部	2011.7
91		合宝娱乐集团联合党支部	2016.12
92		北京通惠坊投资有限公司联合党支部	2016.12
93		贵州茅台酒厂（集团）白金酒有限责任公司北京办事处联合党支部	2016.12
94		北京卓明物业管理有限公司联合党支部	2016.12
95		北京龙源通惠投资有限公司联合党支部	2016.12
96		北京君天晟信物业管理有限公司联合党支部	2016.12
97		北京天瑞国峰科技孵化器有限公司朝阳物业管理分公司联合党支部	2016.12
98		北京市京六源商务服务有限公司第一分公司联合党支部	2016.12
99		北京市新橙科技有限公司党支部	2019.5
100		北京新越昌辉装饰材料有限公司党支部	2019.9
101		中稻股份有限公司党支部	2019.9
102		中康亨通（北京）医药技术股份有限公司	2019.9
103		四川华信工程造价咨询事务所有限责任公司北京分公司党支部	2020.4
104		北京创绎互娱文化传媒有限公司党支部	2020.4
105		新传在线（北京）信息技术有限公司党支部	2021.4
106	道桥公司党委、机关党总支	道桥公司各分公司、项目部党支部共 51 个	—

第五节　党的建设

一、领导班子建设

制度建设　20 世纪 70 年代初期，高碑店人民公社实行党委常委制，建立常委生活会制度。

80 年代，继续完善民主集中制，坚持集体领导，分工负责，重大问题及时召开党委会研究决定。1982—1983 年，党委领导班子召开多次会议，统一思想，识大体、顾大局，克服本单位困难，保证京秦铁路国家重点工程顺利实施。1986 年，高碑店乡建立乡副职以上领导干部述职评议制度。

90 年代，乡级党委领导班子继续完善民主集中制，在农村城市化进程中推进经济结构和产业结构转型，妥善处理因国家重点工程建设占地转工等导致的各类社会问题，保持社会稳定。

21 世纪初，乡级领导班子为提高决策水平，推进产业结构向第三产业转型，实现经济跨越式发展，建立专题会议制度。根据全年工作要点和党委会议题安排，专门增加党委专题工作会议，把决策类议题作为安排重点，以确保党委会抓大事、议大事。同时，进一步完善民主集中制，建立“三重一大”决策制度：对重大事项决策、重要项目安排、重要人事任免和大额度资金使用以及有关群众利益的重要问题，由党委集体讨论决定，保证党委决策的民主化和科学化。

2007 年，在创建学习型领导班子活动中，建立领导班子联系基层制度，每年承诺为群众办理 10 件实事。2010 年，进一步推进联系基层制度，加强领导班子工作方式和作风转变，倡导“三个亲自动手”，即亲自动手调查研究，研究新情况，拿出新对策；亲自动手抓典型，以点带面，推进工作；亲自动手解决热点难点问题，推进改革发展，维护地区稳定。

2011—2015 年，建立书记讲党课制度、书记党建述职制度。2016 年，为加强班子团结，建立乡级领导班子成员谈心谈话制度。做到政治上关心、精神上激励、生活上帮助、心理上关怀。2017 年，建立领导班子双重组织生活会制度。班子成员除参加民主生活会以外，还应以普通党员身份参加所在党支部组织生活会。至 2021 年，乡级领导班子继续坚持的制度有：民主集中制、“三重一大”决策制度、联系基层制度、书记讲党课、书记党建工作述职、双重组织生活会制度、谈心谈话制度、意识形态工作制度等。

理论中心组学习制度　90 年代初，乡党委建立理论中心组学习制度。每年年初制订全年学习计划，党委班子成员认真落实计划安排，年终写出学习总结。学习方式采用集中学习与自学相结合、专题学习与随机学习相结合、通读原文与座谈讨论相结合、理论学习与调查研究相结合等。21 世纪初，继续强化和完善党委理论中心组学习制度，推进地区（乡）经济结构和产业结构转型，加快农村城市化建设。坚持把中心组学习作为新时期加强领导班子思想政治建设、提高领导干部政策理论水平和执政能力的重要载体来抓。建立学习日制度、学习计划制度、登记考勤制度、集中研讨制度等。至 2021 年，继续坚持和执行理论中心组学习制度。

二、干部队伍建设

20 世纪 60 年代，公社党委注重选拔、任用政治素质高、生产经验丰富、有技术水平的各类人才进入干部队伍。70年代，落实老、中、青“三结合”的干部队伍建设原则，培养选拔青年干部，调整各级领导班子，提高各级党组织战斗力。

八九十年代，人才工作更加注重地区经济各领域发展实际需要，选拔任用一些懂业务、有一定政策水平和管理水平、经过实践锻炼的中青年干部，提高党组织战斗力。引进一批懂管理、懂技术的先进人才前来承包、管理乡镇企业。90年代后期，按照干部“四化”（革命化、年轻化、知识化、专业化）方针，建立一支后备干部队伍。

21世纪初期，高碑店地区（乡）干部人事制度发生重大转变。2001—2004年，地区（乡）党委在使用干部上逐渐打破地域限制，通过竞争上岗、上派下挂、轮岗交流等方式，共有40余名干部被选调到机关和基层单位。2005年，改革干部人事制度，对机关副科6个职位进行竞岗交流，在机关内部转任轮岗。同年底，18个社区成立后，坚持公开、公平、公正原则，公开招聘社区专职工作者147名。在后备干部队伍建设上，创新后备人才培养办法，落实乡级领导和机关科级干部指导基层后备干部制度，按照1∶1比例建立后备干部人才库，形成干部队伍梯次配备。2007年，根据全市要求开始招聘大学生，担任村党总支书记助理等职务。至2015年停招，9年间全乡共招聘大学生村官29名。2008年，制定《高碑店地区社区工作者暂行管理办法》，规范社区干部选拔、任用制度。

2012—2016年，进一步健全人才选拔任用制度，选任机关、社区干部。2012年，地区（乡）党委对机关科室职能进行调整。通过公开推荐提名产生正科级干部7名、副科级干部6名。2013年，坚持德才兼备、以德为先用人标准，严格程序，通过平时考察与任前考察相结合，共选拔社区党委书记6名、社区副主任2名、机关科级干部4名及兴隆投资集团董事长1名。推荐7名干部分别参加朝阳区科级干部公选和公务员遴选。

2017—2021年，坚持在实践中培养干部、锤炼干部，有针对性地选派干部参加重大活动服务保障、对口支援等任务。注重后备干部梯次储备和培养，建立后备干部库，共195人。其中，机关副科级13人，科员22人；村（社区）副职40人，副职以下107人；直属企业13人。招聘9名女民兵专职社区工作者和25名社区工作者。

三、党员教育管理

党员教育　1956年，高碑店乡党总支成立后，以支部为单位规范党员参加组织生活，加强思想教育。通过举办党员训练班，对党员进行社会主义、共产主义理想教育。1957年底，通过开展社会主义教育运动和整党工作，使全体党员受到一次深刻的社会主义思想教育。

1961年，公社党委通过举办党员培训班，培训党员85名。1962年，公社党委建立党课制度，成立讲授站3个，由党委领导担任教员，到各讲授站授课。70年代后期，公社党委通过坚持“三会一课”制度、举办党员培训班，对党员进行党的基本知识教育、党员先锋模范作用教育、党的优良传统作风教育以及党的组织纪律教育。

80年代，党员教育更加注重与促进地域经济发展相结合，逐步做到制度化、经常化、普遍化。每年结合中央一号文件精神，联系实际工作讲党课，对全体党员进行一次生动的政策教育。1983年，乡党委共举办党员轮训班5期，每期5天，轮训党员571名，占党员总数95%，使广大党员系统学习党的基本知识、思想路线、政治路线。1986年，乡党委结合“一五”普法工作，在党员轮训中对党员进行法律知识教育。4月15日—5月22日，分5期对全乡党员进行轮训，重点学习7个法律1个条例、党风党纪和新时期保密教育，参加培训党员460人，占总数90%。

90年代，乡党委每年举办培训班，对党员进行爱国主义、爱社会主义思想教育。每年利用“七一”庆祝建党活动，给党员上党课，交流先进经验，提高党员政治思想觉悟。

2000年，地区（乡）党委在全体党员中进行“三德”（社会公德、职业道德、家庭美德）教育，开展“在社会做个好公民、在单位做个好职工、在家庭做个好成员”活动，使党员树立正确的世界观、人生观、价值观。2007年，以高井村为试点，开展党员电化教育工作，构建“乡党委—村党总支电教播放站—各社区电教播放点—各党支部电教播放点”四级电教网络。同年，高井村分别被北京市和朝阳区评为党员电化教育示范播放站。

2012年，为进一步强化党员的教育、管理和服务工作，地区工委以区委党校高碑店分校为主阵地，以地区党员服务中心、各村（社区）党员服务站为辅助，举办党员、干部、入党积极分子、党务工作者等教育培训共7期，共1800人次。

2016年，推出“党员培训百日工程”项目，进一步健全完善党员教育培训工作体系。建成通汇河畔党群综合服务中心，打造集交流互动、党性体验、教育培训于一体的服务平台。

2020—2021年，创新党员教育培训载体。充分发挥朝阳区委党校高碑店地区分校作用，建立高井道德讲堂教育基地、高西唐人祥传统文化教育基地、半壁店共享空间党员教育基地、北花园传媒精英总部科技党建教育基地等党员教育培训基地。结合疫情防控期间的特殊实际，不断创新党员教育培训方式，通过直播平台“直播云党课”模式，将党支部书记讲党课、优秀事迹展播、线上听党课等活动纳入直播中。

党员目标管理　1989年，按照朝阳区委要求，乡基层党组织全面开展党员目标管理工作。全乡有活动能力党员524名，制订管理目标党员515名，占比98.3%。通过思想动员、检查落实、年终评比等环节，目标管理工作得到落实。

1990年3月，乡党委制定《关于开展党员目标管理工作的意见》，明确党员目标管理基本原则：突出重点、区分层次、简化手续、讲求实效。年初制定目标包括：发挥党员作用，模范做好本职工作；读一本书（马列主义经典著作）；为群众办一件实事；联系一名积极分子和一名团干部或团员；为亚运会做贡献；遵纪守法，按时缴纳党费，按时参加组织活动。党员目标管理完成情况年底进行考评。党员目标管理使党员工作有目标，行动有方向。1995年，党员目标管理成为常规管理形式。

流动党员管理与服务 2004年，随着流动人口党员逐渐增多，地区（乡）党委加强对流动党员管理。成立安徽省东至县坦埠乡驻京党支部，党员16名。2005年，重点加强辖区流动党员管理，设立流动人口党员服务站15个，成立流动人口党支部16个，有流动党员106人。

2008年，进一步创新流动党员管理方式，以高井村为试点，建立流动党建工作联席会议制度，通过走访、慰问、发放《致流动党员一封信》等方式，掌握流动党员情况，进行跟踪管理。

2009—2010年，陆续建成高碑店地区党员服务中心和各村（社区）党员服务站，搭建包括流动党员在内的管理服务平台。对流动党员管理实行地区党组织、居住地党组织和朝阳职介党支部三地共同管理的“三点一线”工作法，初步形成流动有序、管理有章、教育有效的管理机制。

2011年，把流动党员教育管理工作纳入基层党建工作责任制，与基层党建其他工作同部署、同规划、同考核。对流动党员坚持“双向、三级、四个一”管理模式，即地区党组织和流出地党组织双向管理；地区工委（乡党委）、基层党总支和社区党委、党支部三级联合管理；流动党员每人一证、每人一卡、每季一访、每年一评，形成流动有序、管理有章、教育有效的长效管理机制。2013年，建立并推行地区工委、村党总支和社区党委、党支部“三级管理模式”。

2020—2021年，在各个园区或非公企业聚集社区建立“党员之家”，设立流动党员服务台，在新建园区开展组织找党员、党员找组织的“双找”活动。在新建成的花园里产业园区和佳兆业广场，随着企业入驻，通过摸底、考察，成立党组织，变“等上门”为“领进门”，增强对流动党员管理服务主动性。

四、基层组织建设

“三会一课” 20世纪60年代初期，高碑店人民公社各级党组织建立“三会一课”制度。1961年，各党支部开始坚持每季度上1次党课，每月开2次组织生活会。1962年，高碑店人民公社党委每月召开 2 次党委会、1 次组宣委员会，按季研究党务工作，全年召开党员大会 4 次。70 年代，党的组织生活“三会一课”制度得到进一步落实。

80 年代初，进一步强化“三会一课”制度建设。半壁店生产大队小郊亭生产队党支部成为多年坚持“三会一课”的先进典型。

1986 年，重点加强“三会一课”制度建设，坚持经常化、制度化，做到会会有记录、季度有检查。基层支部每月至少组织活动 1 次，党总支全年讲党课 16 次。全乡树立方家坟、燕惠喷漆厂、羊毛衫厂党支部等先进典型。

至 90 年代中期，各基层党组织“三会一课”步入稳定化、常态化和制度化发展阶段。

党员联系户　1981 年，落实朝阳区委部署，开展“党员联系户”“党员联系班组”活动，密切党群关系。八里庄生产大队慈云寺生产队党支部 6 名党员，利用业余时间多次走访本队 127 户社员，帮助群众解决吃水困难等问题，及时反映群众意见，改进支部工作。公社党委在全公社推广慈云寺生产队“党员联系户”的经验，使党员联系群众的工作深入开展。

1986 年，继续落实、推进“党员联系户”工作。全乡有活动能力的 430 名党员联系户、班组、个人，联系对象 2395 人。

至 90 年代中期，各基层党组织“党员联系户”步入稳定化、常态化和制度化阶段。

三级联创　1998 年，地区（乡）党委按照朝阳区委部署，开展创“六个好”党委和“五个好”党支部活动。党委召开党建工作专题会议，制定《研究新情况、解决新问题，把地区党建工作提高到一个新水平》的创建“六个好”党委工作意见。开展创建“五个好”党支部活动。当年全地区有 8 个“五个好”党支部受到乡党委表彰。

2000 年，地区（乡）党委按照朝阳区委部署，落实区委农工委《关于开展创建农村基层党组织先进区、“六个好”党委、“五个好”党支部的三级联创活动的意见》，组织开展“三级联创”活动。围绕创建目标，制订三年规划。同年 11 月 2 日，朝阳区委在高碑店地区（乡）召开“农村三级联创经验交流会”，高碑店地区（乡）党委做大会发言，介绍以“六个好”党委为引领，加强基层党组织建设的经验。同年，高碑店地区（乡）被评为朝阳区“六个好”党委。

2001 年，继续开展“三级联创”活动，重点在地区（乡）机关和村级领导班子中开展“三个代表”重要思想学习教育活动。同年，高碑店地区（乡）被朝阳区委评为“六个好”标兵党委和先进基层党组织；半壁店、八里庄党总支被朝阳区委评为“五个好”标兵党总支；高碑店、北花园、高井、高碑店学区党总支被评为“五个好”党总支；半壁店村党总支被评为市级“五个好”党总支。

2002年，为深入开展“三级联创”活动，地区（乡）党委在全乡党员干部中开展“一帮一、一助一、一对红”党员联系户活动，使各级党组织和广大党员干部成为贯彻“三个代表”重要思想的组织者、推动者和实践者，让“三个代表”重要思想进村入户。2003年，开展“助一、帮十、访百”活动，每名党员负责联系20～30户群众，通过党员联系卡等形式，全地区275名在职党员与8456户群众家庭建立了帮扶关系。

聚合力工程 2003年抗击“非典”结束后，地区（乡）党委按照党建工作“围绕中心、服务大局，拓宽领域、强化功能”要求，贯彻朝阳区委《全面加强和改进党的基层组织建设实施“聚合力工程”的意见》要求，落实区委“聚合力工程”，以创新非公党建工作为切入点，扩大党建工作面，创新党组织设置方式和活动方式，推动新一轮“三级联创”活动向纵深开展，构筑大党建工作格局。同年，高碑店地区（乡）在全区率先成立11家非公经济组织党组织。各基层党组织积极探索党建工作新模式、新方法。“聚合力工程”实施后，基层党建工作开始突破传统农村党建框架范围，走向更加综合化、体系化发展阶段。

2004年，地区（乡）党委将推动“聚合力工程”与建设学习型城区、加强党的基层执政能力建设和开展保持共产党员先进性教育活动紧密结合，开展学习型党委建设。各基层党组织探索形成新的党建工作方法。高碑店村党总支形成重大工作“五会决策”制度（总支委员会、老干部协会、全体干部会、村民代表会、全体党员会）、“三必访”制度（群众有困难必访、有问题必访、逢重大节日和重要工作必访）；八里庄村党总支形成“三联系”制度（总支委员联系支部、支部委员联系楼门、党员干部联系居民），开展“一个党员一面旗、先锋行动在社区”活动；北花园村党总支实施“知心工程”（知心朋友手牵手、知心家庭肩并肩、知心爱人心贴心）；半壁店村党总支成立民情询访接待站，开展“党员干部联系户，宣传思想进万家”活动，实施“连心卡”服务工程，夯实群众思想工作基础；高井村党总支形成“三透明”（领导决策透明、资金使用透明、群众意愿透明）工作方法，开通“周五书记热线”。

2005年，地区（乡）党委将基层党组织建设“聚合力工程”与开展保持共产党员先进性教育活动结合起来。全地区（乡）参加教育活动党员1843名，占党员总数98.87%。在新建18个社区实行“五联系制度”：地区副职以上领导联系社区、科级干部联系社区、社区党委班子成员联系支部和社会单位、支部委员党小组成员联系楼门院、社区党员联系楼门户。继续推进非公党建工作，把群团组织建设纳入非公党建范畴，以党建带团建。全地区共有非公经济党支部16个，非公经济团组织11个，工会121家。至此，高碑店地区（乡）基本形成大党建工作格局，农村党建抓落实、社区党建抓典型、非公党建抓特色、流动党建抓重点，构筑全地区（乡）党建工作组织网络体系、制度建设体系、活动开展体系和考核评价体系。2006—2007 年，重点加强社区党组织基础建设，选优配齐 18 个社区党委领导班子，制订和完善各项工作制度。重点抓好非公党建工作。

2008 年，通过“五抓三建”加强基层党组织建设，即坚持农村党建抓深化、社区党建抓基础、非公党建抓拓展、流动党建抓服务、机关党建抓作风；建组织、建阵地、建服务体系，不断深化“聚合力工程”。地区（乡）成立党员服务中心，各社区开始成立党员服务站。

2010 年，重点加强社区党建工作，完善各项制度，创新社区党组织工作方法。完善“五好联创”内容、标准，总结社区党建、楼宇党建工作经验。加强非公党建工作。搭建平台，建立地区党建工作联席会议制度。建立流动党员联席会议制度。按照“一村庄一品牌、一社区一特色”目标，开展基层党建品牌创建活动，推出党建品牌 16 个。

区域化党建　2013 年，地区（乡）党委贯彻朝阳区委《关于推进区域化党建工作，进一步深化聚合力工程的意见》精神，搭建区域化公共平台，建立常态化服务群众机制，加强基层党建工作创新，提高聚合力。搭建华冉建设集团党委、八里庄村尚 8 文化园区、太平庄南社区商务楼宇和通惠河畔园区等党建平台。高井村党总支建立区域性党建联盟——“高井同心汇”，被朝阳区确定为流动党建工作示范点。

2015 年，地区（乡）党委按照“一轴四网”区域化党建整体思路，结合地区基层党组织建设实际，提出“四建、四讲、四树、四有”工作目标，即建组织、建体系、建平台、建机制；讲党性、讲道德、讲修养、讲廉洁；树党风、树政风、树家风、树学风；有信仰、有理想、有担当、有作为。统筹谋划地区党建工作布局，统筹推进区域化党建工作任务，统筹规范基层党组织建设，统筹强化党员队伍管理，形成以地区党工委（乡党委）为核心，村、社区党组织为基础，其他基层党组织为节点的全面覆盖、制度健全、功能完善、开放互动的创新型、服务型区域化党建新格局。同年，挖掘培育新党建品牌项目，创建区级项目 2 个，培育乡级项目 19 个。2016 年，调整优化各文创园区党建工作体系，构建园区、属地协同开展党建工作格局。创新党建工作思路，将创投理念引入党建工作中，建设区级党建项目“创客·家”。

2017 年，地区（乡）进一步推进和规范区域化党建工作，组织编写《关于进一步做好区域化党建工作的指导意见》。同年，通惠河畔文化创意产业园党委针对年轻党员思想活跃、前卫特点，借鉴网络符号 @ 打造“爱特”党建品牌。爱，就是党组织关爱企业发展，党员关怀群众；“特”，是结合党建工作要求延伸为“特把握、特活力、特阳光、特聚力、特之声”。品牌蕴含爱企、爱园、爱党、爱国、爱中国特色社会主义之意，广大“非公”人士都是中国特色社会主义事业的建设者。在党组织设置中，园区党委以楼宇为单位建立联合党支部，为每家企业发放非公企业党组织联系卡，配备党建联络员，实现党组织和党建工作全覆盖。园区党委创办爱特论坛，每期邀请10位企业负责人，相互交流，实现共同发展。2018年，半壁店村打造“共享空间”党建品牌，将党建与“共享”理念相结合，把党的工作向基层治理、公益服务、文化建设、志愿服务等领域扩展。高井村建成全市首家村级党建馆，打造基层党建新阵地。同年，通惠河畔文化创意产业园区党委“爱特”非公党建品牌被评为“北京市社会领域优秀党建活动品牌”。

2020—2021年，以党建引领基层治理，继续深化“一轴四网”区域化党建工作。强化对“街乡吹哨、部门报到”改革和“接诉即办”工作监督，推动“接诉即办”向“主动治理、未诉先办”深化。加强村、社区基层党组织对物业服务企业和物业管理委员会的领导，共同推动基层精细化治理。继续加强党建创新品牌建设。2021年8月5日，地区（乡）党委联合村、社区及文创园区共94家单位，组建园区党建联盟，构建“一轴七联三平台”区域化党建工作方法。“一轴”是指以高碑店地区（乡）党群服务中心党委—企业社区党委—园区党支部三级党组织为轴心；“七联”是推进园区与村、社区之间组织联建、党员联管、活动联办、阵地联建、服务联动、发展联合、品牌联创；“三平台”是指打造联盟共建平台、社企共建平台、校企共建平台，推进成员单位之间共驻共建共享。“一轴七联三平台”工作法以园区党建联盟为纽带，以党建为根基，以党组织为轴心，推进“党建＋文化”“党建＋经济”“党建＋统战”“党建＋治理”，将党建工作全面融入生产经营、人才培养、企业文化、社会责任当中，实现党组织设置方式和活动方式创新。园区党建联盟成立后，积极推进“我为群众办实事”实践活动，推进“碳中和”示范园区建设，举办系列联建活动，提升发展凝聚力和竞争力。截至2021年底，高碑店地区（乡）形成以党组织为核心、以社区为自治主体、以商务楼宇服务站为服务基点，以社会组织与园区企业为支撑、党员群众共同参与的“一核多元”区域化党建工作新格局。

2021年高碑店地区（乡）部分党组织党建创新品牌一览表

表5–7

序号	单位名称	品牌名称	创建年份
1	高碑店地区（乡）	“一轴七联三平台”工作法	2021
2	高碑店村	古村高碑店	2017
3	八里庄村	幸福八里庄	2019
4	北花园村	“区域化党建联盟”	2020

续表 5–7

序号	单位名称	品牌名称	创建年份
5	半壁店村	“魅力 BBD”	2019
6	高井村	“智慧高井”党建大数据平台	2018
7	甘露园南里一社区	“1 领 3，4 共融”	2020
8	甘露园南里二社区	“线、站、点”联通你我	2019
9	花园闸北里东社区	党群阳光驿站	2009
10	太平庄北社区	“六室联动”	2020
11	兴隆家园社区	幸福兴隆	2019
12	丽景馨居社区	“与 xin 同行”	2020
13	八里庄社区	“1+ 融”工作法	2020
14	高碑店东社区	高东幸福同心圆	2018
15	高碑店西社区	党员先锋岗	2012
16	西店社区	西店记忆	2021
17	方家园社区	“方向”	2019
18	文化园社区	“文化 +”社区建设	2018
19	半壁店社区	“春雨”	2010
20	小郊亭社区	“扬帆”	2019
21	力源里社区	“五民”“五心”	2019
22	水南庄社区	“启航”	2019
23	太平庄社区	“1+5 连心·互助”	2018
24	古街社区	“携手筑梦”	2019
25	汇星苑社区	红袖标保家园	2018

五、党内重大教育实践活动

整党　1984 年 3 月—1985 年 6 月，根据中共十二届二中全会通过的《中共中央关于整党的决定》和市委、区委的统一部署，高碑店乡作为朝阳区农口整党工作试点单位，开展乡级、村级整党工作。党委成立整党工作领导小组，党委书记任组长。全乡 5 个党总支、56 个党支部、9 个党小组、562 名党员参加整党。主要任务是统一思想，整顿作风，加强纪律，纯洁组织。整党工作按照“学习文件，统一思想，提高认识；对照检查，开展批评和自我批评；组织处理，党员登记”3 个阶段进行。重点紧扣“四个环节”：紧密结合经济体制改革，提高思想认识；进行彻底否定“文化大革命”教育；抓住“以权谋私”的不正之风和对党对人民不负责任的官僚主义问题，边整边改，未整先改；做好清理“三种人”和党员处理工作，抓好“第三梯队”建设。经过近一年半的时间，全面完成整党的4项任务，使广大党员进一步增强在思想上、政治上和中央保持一致的自觉性，明确新时期党员标准，增强为“四化”做贡献的责任感和紧迫感。整党后期，全乡重新登记党员551名。

“三讲”教育 2000年2月25日—4月25日，按照朝阳区委《关于在第二批处级党政领导干部中深入开展“讲学习、讲政治、讲正气”为主要内容的党性党风教育的实施意见》要求，地区（乡）党委开展“三讲”教育。党委班子成员参加教育活动。“三讲”教育分思想发动、学习提高，自我剖析、听取意见，交流思想、开展批评，认真整改、巩固成果4个阶段进行。3月20—25日，集中封闭学习，写读书笔记，每天下午集中讨论。坚持群众路线，广泛征求意见，征集意见228条。在听取意见基础上，领导班子成员进行深刻剖析，开展严肃认真的批评与自我批评，查找在党性、党风方面存在的突出问题，从世界观高度进行认真反思，剖析问题根源。同时，按照边整边改原则，领导班子和个人制定整改措施4个方面、17条整改措施。修订和完善《党委会议制度》《乡长办公会制度》《党委领导班子中心组学习制度》《领导班子民主生活会制度》《机关干部学习制度》。10月25日—12月25日，开展“三讲”教育“回头看”活动。地区（乡）党委成立领导小组，书记、乡长任组长。党委认真总结年度工作，进行自看自查，组织民主评议和测评，找出自身差距，完善整改措施，通报整改情况。乡机关科级以上领导干部34人参加民主评议。副处级以上领导干部，包括乡党委、乡政府、乡农工商总公司11名主要领导干部作述职报告。通过“三讲”教育，使广大党员，尤其使领导干部受到一次深刻的党性党风教育，达到预期效果。

“三个代表”重要思想学习教育 2001年2月20日—5月20日，根据北京市委《关于在农村开展“三个代表”重要思想学习教育活动的意见》和区委部署，地区（乡）党委在机关和村级领导班子中开展“三个代表”重要思想学习教育活动。成立“三个代表”重要思想学习教育领导小组，建立由9名人员组成的学习教育办公室，将76名机关干部划分为6个学习小组。在学习教育中，共出简报10期，信息40期。同年下半年，在村级党组织中开展“三个代表”重要思想学习教育活动。发放《致村民一封信》1000份，召开座谈会15次（296人次），召开党内生活会5次，召开民主生活会10次。发放征求意见表900份，设意见箱7个，开通热线电话12部。进行个别谈话15次，走访群众1400多户1600余人，入户率达73%。征得群众意见数千条，汇总整理后意见215条。

保持共产党员先进性教育 2005年4月至6月底，高碑店地区（乡）被北京市委指定为第二批以学习实践“三个代表”重要思想为主要内容的保持共产党员先进性教育活动试点单位。先进性教育活动分为学习动员、分析评议、整改提高3个阶段。全地区（乡）参加教育活动党员1843人。党组织覆盖率100%，党员覆盖率98.87%。共召开座谈会114次，参加座谈会累计2182人次，其中党员1398人（党员参加座谈会覆盖面达到75%）。共发放征求意见表2354份，收回2354份，通过各种方式征求意见428条。开展谈心活动612次，其中地区（乡）党委谈心48次，各总支开展谈心119次，各支部开展谈心445次。在教育活动中，坚持边学边改、边议边改、边整边改，及时总结宣传典型经验，为群众办好事、办实事，达到党员受教育、群众得实惠要求。群众测评满意率100%。

学习实践科学发展观 2008年10月，地区（乡）党委按照区委统一部署，组织开展科学发展观学习实践教育活动。第一批在机关党员中开展，至2009年2月基本结束。以处级领导班子成员为重点，全体机关党员、退休干部党员共110余人参加。在学习动员、征求意见等一些重要环节吸收基层各村党总支书记、副书记，各社区党委书记，地区（乡）人大代表，地区（乡）社会单位，朝阳区人大代表，朝阳区政协委员等人员参加。2009年3—8月，开展第二批深入学习实践科学发展观活动。乡直属企业、新经济组织、新社会组织等基层单位89个党支部共2565名党员（含流动党员33名）参加。发放各种学习资料4200份，各级党组织书记讲党课110次，组织各类参观10次。各基层单位党组织征求意见、开展大讨论活动144次，组织调研活动49场，发放征求意见表1057份，征求到意见建议133条。形成涉及加强自身建设、服务基层群众、服务广大党员、服务科学发展等方面的工作思路和具体措施540条。

党的群众路线教育实践活动 2013—2015年，地区（乡）党委按照市委、区委部署，认真学习贯彻习近平总书记重要讲话精神，组织全体党员开展党的群众路线教育实践活动和"两学一做"学习教育。面向全体党员深化党内教育，组织专题学习会105场次，发放图书光盘等14000套，印发资料2000册，持续推进思想政治建设制度化、常态化，推动全面从严治党向基层延伸，实现学习教育全覆盖、无遗漏。全地区（乡）各级党组织共完成整改任务579项，受到区委领导肯定。在干部管理、公务接待、组织规范、公车管理等方面，修订完善制度18项，精简会议50%以上，精简文件30%以上。

"不忘初心、牢记使命"主题教育 2019年9—11月，按照中央和市区委统一部署，地区（乡）党委组织各级党组织和广大党员开展"不忘初心、牢记使命"主题教育。在教育活动中，紧紧围绕深入学习贯彻习近平新时代中国特色社会主义思想根本任务，牢牢把握"守初心、担使命、找差距、抓落实"十二字总要求，从严从实抓好主题教育各项工作。以地区（乡）党委专题会议、理论中心组集中学习、基层党组织主题党日等形式全面强化学习，将学习教育、调查研究、检视问题、整改落实贯穿主题教育全过程。举办党支部书记主题教育培训班开班4期，开展党员主题集中教育867场次，培训党员10000余人次。针对流动党员、行动不便老党员、无阅读能力党员，采取“上门送学、音频听学、宣讲助学、互助帮学、比赛促学”的五学模式，增强学习效果。各级党组织召开对照党章党规找差距专题会议193场次，查摆问题88个，制定整改措施88条。坚持“开门搞教育”，请群众参与，让群众评判，接受群众监督，把群众的满意度作为检验主题教育成效的重要标准。共征求意见、建议1200条，查摆问题433个，制定整改措施360条。各级党员干部全面检视自身存在的突出问题，立行立改事项228件，完成整改228件，长期整改事项56件。

党史学习教育 2021年2月，按照中央和市、区委统一部署，地区（乡）党委组织全乡298个党组织6300余名党员开展党史学习教育，至同年底基本结束，进入学习教育常态化长效化阶段。成立以党委书记为组长的党史学习教育领导小组，成立由包片班子成员任组长的督导小组，实现各村、社区、直属企业、非公党委100%成立党史学习教育领导小组、100%制定党史学习教育工作方案、100%召开党史学习教育动员大会、100%开展专题学习的“四个一百”目标。各单位党组织书记讲专题党课89次，集中学习研讨309次。制定党史学习教育安排表，举办“四史”巡展，组织学习辅导61次，发放各类学习书籍2.2万余册。赴中国共产党历史展览馆参观学习，组织观看《长津湖》等红色电影，举办庆祝中国共产党成立100周年主题活动，开展手抄入党誓词、原创初心作品征集。举办“童心向党”系列活动，举行“青春向党 筑梦家园”青年节主题宣讲，开展“少长咸集”颂党恩书画展，颁发“光荣在党50年”纪念章561枚，举行“百年建党 九九重阳”重阳节老干部活动，形成老中青少全面参与的学习氛围。将办实事作为学习教育落脚点，完成乡级“民生清单”项目10个，“实事清单”项目6个，支部实事清单298个。通过党史学习教育，使党员干部进一步筑牢理想信念，保持工作定力，传承红色基因，激发工作热情，争做时代新人。

六、纪检监察

机构及队伍 1958年8月，幸福人民公社成立监察委员会，主任由公社党委副书记辛地兼任，副主任孙瑞东。1961年，高碑店人民公社成立监察委员会，主任张世增，副主任杜满堂，委员：寇立、毕凤兰（女）、方树亮、彭德才、张忠。同年，各生产大队成立监察委员会，3 ～ 5人组成，设主任1名，委员若干。各生产队成立监察委员会。1963年4月，监察委员会主任张世增，副主任杜满堂。1966年5月，“文化大革命”开始，地域各级监察委员会停止工作。

1981 年 2 月，公社第五次党代会选举成立高碑店人民公社党委纪律检查委员会（简称纪委），书记 1 人，委员 5 人。1983 年，纪律检查委员会调整为 7 人，设书记 1 人，专职干部 1 人，委员 5 人，全部由各生产大队党总支副书记兼任。工作机构为纪委办公室。各基层支部由副书记监管纪检工作。

1993 年，建立约 80 人组成的纪检“三员”队伍。党总支、支部由政工副书记担任纪检员，负责纪检工作；聘请老党员、老干部作为党风监督员，及时反映党风党纪方面存在的问题；聘请年轻团干部担任党风信息员。2001 年，乡纪律检查委员会（地区纪律检查工作委员会）与朝阳区监察局派驻的监察科合署办公，设纪（工）委书记 1 名、监察科长 1 名。

2017 年 4 月，朝阳区成立监察委员会，与区纪委合署办公。高碑店地区（乡）成立监察办公室，为区监察委员会的派出机构，与乡纪委（地区纪工委）合署办公。

2019 年，5 个建制村党总支全部配备专职纪律检查委员，28 个社区全部成立纪委、配备专职纪委书记，实现纪检监察队伍建设全覆盖。

2020 年，成立综合办公室承担乡党委（地区党工委）落实党风廉政建设主体责任的具体工作。至 2021 年底未变。

1981—2021 年历届纪律检查委员会书记任职时间一览表

表 5–8

名称	姓名	任职时间
中共高碑店人民公社纪律检查委员会	王秀兰（女）	1981.2—1983.3
中共高碑店乡纪律检查委员会	王秀兰（女）	1983.3—1983.6
	张凤仙（女）	1983.6—1991.10
	李翠华（女）	1991.10—1996.3
	黄庆林	1996.3—1999.6
	张　伟	1999.12—2001.9
	张仲凯	2001.9—2002.11
	刘　伟	2002.12—2006.7
	施全意	2006.7—2013.11
	战晓波（女）	2014.2—2017.12
中共高碑店乡纪律检查委员会	马海滨	2018.5—2020.11
	王飞力（女）	2020.11—2021.12

纪检监察工作 20世纪60年代，公社党的两级监察委员会每月召开一次委员会全体会议，负责监察公社一切工作，包括公社管委会决议执行情况、党和国家政策执行情况，以及对各生产队财务人员进行监察。

八九十年代，纪委主要围绕加强党风党纪教育、加强廉政制度建设、依法查处违纪案件、处理人民来信来访4个方面工作展开。1983年，纪委组织党员干部学习中纪委会议文件，提高对党风党纪重要性的认识。根据市、区纪委统一部署，在全乡开展狠刹“二风”教育，集中学习中纪委《必须坚决制止党员、干部在建房分房中的歪风——致全国党政机关、企事业单位各级领导的公开信》，制定《高碑店乡党委、纪委关于党风和廉政建设的规定》。全年收到人民来信53件，结案50件。1984年，收到人民来信81件，其中重要信件44件，反映干部吃、喝、送礼、贪污、行贿、受贿等12个方面问题，件件都作出处理回应。处理违规建房、侵吞集体资产违纪案件2起。在处理案件中，重证据，查清事实，达到既教育本人又教育全体党员的目的。

1985年，乡纪委重点加强党风教育，在党委、政府、总公司三套班子中建立党风责任制。1986年，将党风责任制扩展至基层支部。从党委到基层支部，层层建立党风责任制，促进全党抓党风，主要领导亲自抓。对于群众反映强烈问题和各级干部存在的不正之风进行专案查处。全年收到人民来信74件，其中44件反映各级干部存在不正之风问题。乡纪委建立处理回应机制，一般案件不超过半个月，重大复杂案件不超过2个月。1987年，进一步建立党员党风责任制，重点推进党员党风廉政建设。同年7月，制定《高碑店乡党委关于党员、干部端正党风的十八条纪律》，印发到每个支部，组织党员学习、落实。

1993年，落实市、区纪委文件精神，开展反腐败斗争。组织党员干部观看朝阳区纪委发放的《共产党员十杰事迹》《规矩与方圆》《贿赂忏悔录》《廉政之路》等录像片。录制高碑店地区（乡）“十佳”青年党员事迹录像片。组织部署6个村党总支举办“党纪在我心中”演讲比赛，共32名党员干部参加。开展新党章学习竞赛活动，6个村党总支共18人参加，八里庄党总支代表队荣获第一名。全年审查10名领导干部建房问题，未发现违纪现象。收到人民来信21件，来访300多人次，绝大部分集中于占地转工问题，结案率100%。

1994年，加强党风教育，组织党员干部学习《邓小平文选》第三卷、中共十四届四中全会文件精神，组织观看电影《焦裕禄》《新中国第一大案》等。按照市、区要求，开展“当好人民公仆”教育活动，收到建议113条，逐条整改解决。全年接收群众来信28件，集体来访8批220人次。1995年，重点制止党员干部利用公款大吃大喝、大操大办婚丧嫁娶、公款旅游等现象。

1997年，按照市、区统一部署，推行“两公开一监督”（“两公开”即村级重大事务决议内容公开和实施结果公开；“一监督”即村重大事项的决议和决议实施全过程要自觉接受党员、村民的监督），开展“端正行业风气，争创优质服务”活动。

21世纪初期，地区（乡）党委、纪委全面落实党风廉政建设责任制。2000年，制定《党风廉政建设责任制》和《机关干部廉政准则》，党风廉政建设成为党政领导负总责的“一把手工程”。同年，在机关中开展政府效能监察工作，成立效能监察工作领导小组，党委书记任组长，纪委书记任副组长。制定《关于效能监察工作实施意见》，先后对安全生产管理、环境整治、劳动就业、农村人员医疗保险等工作进行效能监察。在开展效能监察的过程中，通过对各项工作的分析，从中发现问题，提出改进办法。高碑店地区（乡）纪委被朝阳区纪委评为先进纪检监察组织和效能监察先进单位。

2002年，层层签订《党风廉政建设责任书》，将党风廉政建设责任制延伸到基层、延伸到党员干部。经验被朝阳区委在全区推广。根据市、区党委要求，制定《高碑店党风廉政建设责任制工作意见》，分别明确党政正副职领导、纪委书记、村党总支书记、机关科长和工作人员在党风廉政建设中所承担责任的具体内容，共同落实党风廉政建设责任制。成立由党委书记任组长、党委副书记兼纪委书记任副组长、纪检监察科牵头的贯彻落实党风廉政建设责任制领导小组。同时成立监督领导小组，建立两支队伍，即人大监督队伍和纪检“三员”监督队伍，实行专项监督措施。开展“党风廉政建设宣传教育月”活动，提高广大党员干部拒腐防变能力。

2003年，继续落实党风廉政建设责任制，构建教育、制度、监督并重的惩治和预防腐败体系，不断深化政务、居务、村务、厂务公开。2004年，进一步规范机关车辆管理、食堂用餐、招待费使用等规定，加大对村党总支书记监督。2006年，开展党员干部党性、党风、党纪教育，倡导“人因廉而正，荷因洁而香”的廉政文化理念，引导树立正确的荣辱、政绩利益观。注重经济方面审查监督，把“三重一大”落到实处。2007—2009年，落实党风廉政建设责任制，加强教育、制度、监督并重的惩治和预防腐败体系建设，不断深化党务、政务公开，推进党风廉政建设向基层延伸，持续开展廉政文化“六进”活动，即进机关、进社区、进校园、进家庭、进企业、进农村。各级一把手做到“五个亲自”，即亲自签订党风廉政建设责任书，亲自听取工作汇报，亲自检查考评党风廉政建设责任制落实情况，亲自督办重大问题的责任追究，亲自主持相关人员廉政谈话。

2010—2012年，完善党风廉政制度建设，强化监督，开展廉政风险防范管理工作。对“三重一大”事项，先做调查研究，经乡联审小组审核后，再交党委集体研究决定。制定《高碑店乡大额度资金管理暂行办法》等14项制度。全面加强对基层领导班子监督，建立“述职评议”制度，不断完善基层班子规范化监督管理新机制。对全地区 10 万元以上工程及大额支出进行全过程审核监督。

2013 年，严格执行中央八项规定精神及市、区关于加强作风建设要求，不断强化“两个从严”（从严要求、从严管理）和“四个坚决不允许”（坚决不允许出现有令不行、有禁不止的现象；坚决不允许出现贪图私利、急功近利、损害发展大局的现象；坚决不允许出现民主集中制形同虚设、个人专权独断的现象；坚决不允许出现组织软弱涣散、干部脱离群众的现象）。2014 年，围绕干部管理、公务接待、组织规范、公车管理等方面，修订完善 18 项制度。

2015 年，建立党风廉政建设责任制主体责任落实体系。制定《高碑店地区工委关于落实党风廉政建设党委主体责任工作方案》《高碑店地区完善预防腐败体系工作实施方案》，层层分解工作责任，明确党委主体责任 7 项、班子成员相关廉政责任 4 项、基层党组织主体责任 12 项。同年，创办《高碑店地区纪检时讯》，打造党风廉政建设舆论宣传常态阵地。

2017—2021 年，落实全面从严治党，深入推进党风廉政建设。完善责任体系，每年组织乡党委领导班子及机关各科室、各村（社区）主要负责人签订全面从严治党责任清单和责任书，形成责任明晰的主体责任落实体系和上下贯通传导、狠抓落实的工作格局。强化对重点工作和重要任务的专项监督。5 年间，围绕疏解整治促提升、老旧小区改造、“接诉即办”及巡视巡察反馈问题整改等重点工作实施精准监督，开展专项监督 30 余项。持之以恒纠治“四风”，深化作风建设。针对公车管理、值班值守、节前补贴及物品发放等情况开展监督检查，对不符合规定的及时督促整改，杜绝“车轮上”的腐败和“餐桌上”的腐败。针对党员干部履职尽责和廉洁自律工作中的苗头性、倾向性问题，抓早抓小，通过谈话、通报等形式，提醒、警示和批评教育 90 余人次，处理违纪党员干部 27 名。

党务公开　自 2001 年开始，高碑店地区（乡）推进政务公开工作。与此同时，乡纪委为加强基层党组织党风廉政建设，对党务公开工作逐渐进行实践探索，从群众普遍关心的党内事务和涉及党员群众切身利益的实际问题入手，针对公开内容，采用党内会议、下发文件、局域网、报刊、公示栏等不同形式进行公开。2005 年，结合党务公开深化干部人事制度改革，在乡机关选拔科级干部和招聘社区干部工作中，引入公开竞争上岗机制，并在选拔任用关键环节在一定范围内通过公示栏、局域网进行公示。

2006 年，朝阳区委针对农村城市化进程中出现的新问题、新矛盾，注重加强农村基层党风廉政建设，规范村级财务工作，制定《推进我区党务公开工作意见》和试点方案，开展第一批试点工作。高碑店乡为第一批 9 家试点单位之一。

2007—2017 年，高碑店地区（乡）在总结村党总支党务公开试点工作经验基础上，以规范党务公开内容、范围、形式、程序、时限、制度为重点，稳步推进农村基层党组织党务公开工作，探索符合各村（社区）实际、更加贴近群众生活的公开形式，最大限度保证党员干部群众的知情权、参与权、监督权。

2018—2021 年，根据《朝阳区农村系统党务公开工作实施方案》《关于做好朝阳区村级组织“三务公开”工作的通知》要求，地区（乡）继续推进党务公开工作。乡党委将党务公开纳入议事议程，制定下发《社区党务公开方案》《村级组织“三务公开”方案》及党务公开模板，由党群工作办公室加强工作指导和督促工作落实。各村、社区党组织制定《党务公开工作方案》，按照“一提两审三规范”程序推进党务公开，即提出公开方案、审议讨论确定、进行审查监督、规范公开内容和形式、规范听取意见建议、规范做好资料存档，使党务公开工作更加规范。

村、社区党组织党务公开内容均包括 8 个方面：一是党组织决议、决定及执行情况；二是党的思想建设情况；三是党的组织管理情况；四是领导班子建设情况；五是村“两委一社”干部和工作人员（社区“两委一站”人员）选任管理情况；六是联系和服务党员群众情况；七是党风廉政建设情况；八是其他应当公开的事项。

公开形式更加多样化，广泛利用公开栏以及广播、社区报、电子屏、网络微信、民主听证会等多种载体进行公开。高井村党总支探索形成“纪检委员 + 纪检监察小组 + 纪检监督员 + 特约监督员 + 人大代表监督”五位一体监督网，利用“智慧高井”党建大数据平台进行公开、公示，扩大监督范围。群众 365 天全时段监督，使得高井村每一位老百姓都是纪检监督员，打通基层监督全覆盖“最后一公里”。

至 2021 年，5 个村 28 个社区继续推进党务公开工作。

第六章　乡人民代表大会

1954—2021 年，高碑店乡共召开 18 次人民代表大会。1983—2006 年，每 3 年一届召开乡人民代表大会，审议听取《政府工作报告》《人大主席团工作报告》及财政预算执行情况和下一年财政预算草案的报告，选举产生新一届政府领导班子。乡人大代表与区人大代表由选民直接选举产生。1991 年，设乡人大主席团，成为常设机构。2006 年，自乡第十五届人民代表大会起，乡人民代表大会及乡人民代表大会代表每届任期由 3 年改为 5 年。乡人民代表大会依法行使决议决定权、人事任免权和监督权。乡人大积极督办人大代表提出的议案以及建议、批评、意见，解决选民关心的热点、难点问题。

第一节　人大代表

一、区人大代表

第一届人大代表

1954 年，选举产生东郊区第一届人大代表 11 名：

于文玉	于洪亮	牛德兴	方树龙
任长清	刘恒博	杜永福	李凤鸣（回族）
张士旺	陈德祥	胡利君（女）	

第二届人大代表

1956 年，高碑店乡选举产生东郊区第二届人大代表 2 名：

沈玉珍（女）　李宝奎

第三届人大代表

1958 年，选举产生东郊区第三届人大代表 13 名：

王占成	王怀之 *	方　军 *	古立高 *

毕基初	李　明	李春林	沈玉珍（女）
张　艺*	侯　深	顾延明（满族）	郭荫亭
董福茂			

第四届人大代表

1960年，选举产生朝阳区第四届人大代表8名：

王茂如	李昌琼（女）	沈玉珍（女）	陈维先
顾延明（满族）	梁凤岐	董桂山	韩永兴

第五届人大代表

1963年，选举产生朝阳区第五届人大代表12名：

朱廷礼	朱德泉	李昌琼（女）	李福久
沈玉珍（女）	张锡玉	陈维先	邵文杰
单昭祥*	高志和	梁凤岐	董茂才

第六届人大代表

1966年，选举产生朝阳区第六届人大代表12名：

于秀峰	卢德志	邢　军*	朱德泉
刘　亮	李昌琼（女）	李　明	谷守义
沈玉珍（女）	张锡玉	郭淑英（女）	崔文瑞

第七届人大代表

1980年，选举产生朝阳区第七届人大代表11名：

王秀兰（女）	王　德	孔继庆	田淑珍（女）
李凤鸣（回族）	李正道	宋　昆	陈文奎
赵旭东	董文海	董书祥	

第八届人大代表

1984年，选举产生朝阳区第八届人大代表6名：

于兆印	于德水	王秀兰（女）	王熙贵
王　德	邢振华（女）		

第九届人大代表

1987年，选举产生朝阳区第九届人大代表4名：

王秀兰（女）	王学富	邢振华（女）	果　洪

第十届人大代表

1990年，选举产生朝阳区第十届人大代表4名：

王秀兰（女）	王学富	李铭杰	果　洪

第十一届人大代表

1993 年，选举产生朝阳区第十一届人大代表 7 名：

王秀兰（女）	许向东	杜瑞琴（女）*	李铭杰
张　同	果　洪	褚永振	

第十二届人大代表

1998 年，选举产生朝阳区第十二届人大代表 5 名：

卢翠平（女）	李翠华（女）	杨向平	张　同
陈文奎			

第十三届人大代表

2003 年，选举产生朝阳区第十三届人大代表 10 名：

支　芬（女）	吉广平 *	李　维	杨轩荣 *
张文梅（女）	张　同	张富生	胡静怡（女）
高殿军	郭雪松		

第十四届人大代表

2006 年，选举产生朝阳区第十四届人大代表 10 名：

于良佐 *	支　芬（女）	庄虔春	李松林
宋连娣（女）*	张文梅（女）	张富生	陈景华
高殿军	郭雪松		

第十五届人大代表

2011 年，选举产生朝阳区第十五届人大代表 11 名：

马乃军	马玉才	王　楠（女）	支　芬（女）
朱领军	庄虔春	李松林	张建顺 *
张富生	陈景华		

第十六届人大代表

2016 年，选举产生朝阳区第十六届人大代表 10 名：

马乃军	马玉才	王学晶（女）	方利民（女）
朱领军	刘显威 *	李云飞	赵九海
席成坡 *	彭大龙		

2020 年 10 月 10 日，补选顾洪涛为区人大代表。

第十七届人大代表

2021年，选举产生朝阳区第十七届人大代表11名：

马乃军	王学晶（女）	方利民（女）	朱领军
李　文	李革非（女）*	范永红 *	赵九海
顾洪涛	常　艺（女）	彭大龙	

注：上述标注 * 号代表，均为朝阳区委指派到本地区的参选代表。

二、乡人大代表

第一届人大代表　（资料缺失）

第二届人大代表

1956年8月，高碑店乡进行第二届人民代表大会代表选举，选出乡人大代表55名：

丁富贵	王世龙	王春湘	王　泉
王淑兰（女）	王淑敏（女）	王德福	方树亮
孔传清（女）	石俊山	卢德志	田凤英（女）
田永秀（女）	毕凤兰（女）	毕有龙	毕基初
吕学舫（女）	宋廷保	朱　兴	朱振亭
朱淑敏（女）	刘永山	刘廷玉	刘兆兰（女）
刘　贵	刘洪才	刘　敏	杜德林
李世义	李有贵	李克荣	李宝奎
李春林	李德保	沈玉珍（女）	张　元
张凤荣	张玉珍（女）	张瑞兰（女）	陈少先
陈占奎	陈宝兰（女）	尚怀清	周学忠
周善成	孟广庆	胡文义	娄炳鉴
秦　玉	顾延明（满族）	高文普	黄秀兰（女）
常秀峰	彭德才	董　英	

第三届人大代表

1958年4月，高碑店乡（包括原高碑店乡和王四营乡）进行第三届人民代表大会代表选举，选出乡人大代表73名：

丁富贵	马云海	马永芳	王世龙
王占成	王全禄	王春湘	王振芳
王桂兰（女）	王　福	方树亮	卢德志

田永秀（女）	田如玺	付忠厚	邢启珍
邢富荣	成永昶	毕凤兰（女）	毕基初
朱廷礼	宋廷保	朱　兴	朱德元
任宝山	刘玉良	刘永山	刘廷玉
刘秀英（女）	刘　明	刘　贵	刘德山
孙瑞东	杜德林	李友贵	李世义
李　明	李德宝	肖致泉	佟兆兰（女）
沈玉珍（女）	张　元	张凤山	张仲智
张庆元	张秀玲（女）	张　堃	陈文玉
陈有芳	周　玉	周世兰（女）	周善成
周德贵	赵玉林	赵连科	赵　贵
赵景福	胡文义	侯　申	夏　元
顾延明（满族）	钱连永	徐芳春	奚连荣
高文普	高俊清（女）	郭守善	郭荫亭
常秀峰	彭德才	韩永兴	韩慎明
鲁淑清（女）			

第四届人大代表（资料缺失）

第五届人大代表

1963 年，高碑店人民公社进行第五届人民代表大会代表选举，选出公社人大代表 79 名：

丁富才	于秀峰	于　昆	马乃强
王永祥	王茂如	王绍臣	王绍振
王桂英（女）	王铁山	王福和	王殿泉
牛志刚	尹惠琴（女）	孔庆宽	邓鼎泓
卢德志	田永秀（女）	白凤森	邢文敏（女）
吕学舫（女）	朱廷礼	朱翠兰（女）	朱德泉
任仲奎	刘凤霞（女）	刘　玉	刘伯泉
刘　贵	刘　亮	刘淑丽（女）	刘淑敏（女）
刘德强	祁桂芝（女）	孙德龙	严茂琪
杜满堂	李凤祥（回族）	李　志	李秀清（女）
李　贤	李　明	李德芳	李德祥

李　豫	连淑珍（女）	吴振昌	沈玉珍（女）
沈继斌	张世增	张锡玉	张淑珍（女）
张德泉	陈印荣（女）	陈永德	陈维先
邵文杰	周振和	孟广庆	赵秀英（女）
赵振海	赵敏志	赵　瑞	赵德江
徐国良	高永和	郭淑美（女）	黄淑媛（女）
常玉林	崔文瑞	崔春秀（女）	崇　俊
梁凤岐	寇　立	董　诚	董　富
韩善成	韩福友	景长和	

第六届人大代表

1966 年，高碑店人民公社进行第六届人民代表大会代表选举，选出公社人大代表 84 名：

于兆亮	于秀峰	于　坤	马乃强
马长林	王凤仪	王茂如	王　荣（女）
王桂英（女）	王铁山	尹淑英（女）	孔庆宽
邓鼎泓	卢德志	田万昌	白玉林
白淑珍（女，回族）	邢文敏（女）	毕索荣（女）	吕学舫（女）
朱德泉	刘长山	刘　玉	刘世元
刘伯泉	刘金兰（女）	刘　亮	刘爱菁（女）
刘淑丽（女）	刘淑珍（女）	刘淑敏（女）	刘福瑞
刘德强	祁桂芝（女）	孙德龙	杜满堂
李玉清（女）	李永珍	李　刚	李秀洪（女）
李秀清（女）	李　贵	李桂兰（女）	李　智
李　斌	李德祥	肖发敢	吴振昌
何全顺	沈玉珍（女）	沈继斌	张子清
张世增	张建荣	张　萍（女）	张淑珍（女）
张淑珍（女）	张　椿	张锡玉	陈　山
陈玉贵	陈德才	苗洪芳	金　龙
周振才	周振清	周振福	孟广庆
赵秀英（女）	赵敏志	赵德江	高振兰（女）
郭宝华	郭淑美（女）	常玉林	崔文瑞

梁凤岐	寇　立	彭月珍（女）	彭新民
董文海	董秀兰（女）	韩永兴	韩福有

第七届人大代表

1980年，高碑店人民公社进行第七届人民代表大会代表选举，选出公社人大代表71名：

于德水	于德泉	王玉珍（女）	王秀兰（女）
王学良	王淑英（女）	王殿臣	王熙富
王　德	王德润	邓永奎	布文仲（蒙古族）
叶淑兰（女）	付　旺	向学功	刘万富
刘玉良	刘　志	刘金成	刘　顺
刘继昆	刘德旺	刘德敏	杜德才
李凤山	李凤鸣（回族）	李凤祥（回族）	李文全
李永珍	李　成	李　贵	李振泉
李　斌	李德祥	杨万银（女）	吴世英（女）
吴海峰	宋兰香（女）	宋华园	张凤山
张文良	张玉敏（女）	张世山	张　全
张　林	张建荣	张　瑞	张福禄
张德福	陈　山	陈文奎	周秀荣（女）
孟秀荣（女）	孟昭喜	赵旭东	柳金生
姜翠英（女）	秦洪明	常志祥	崔　通
康　福	梁素珍（女）	董书祥	董　玉
董振祥	韩永兴	韩慎忠	景长和
绦瑞才	福永年（满族）	穆祥利（回族）	

第八届人大代表

1984年10月，高碑店乡进行第八届人民代表大会代表选举，选出乡人大代表91名：

于凤英（女）	于德水	王永亮	王学良
王学海	王洪旺	王淑英（女）	王满茹
王　德	支　芬（女）	车顺利	布文仲（蒙古族）
田万云	田玉珍（女）	田振友	冯仲元
皮永增	毕国新	吕　贵	刘永山
刘　志	刘　顺	刘继昆	刘德旺

安学兰（女）	孙玉敏（女）	孙印生	芦景惠
杜德林	李子光	李凤祥（回族）	李文海
李兰英（女）	李永珍	李则英（女）	李　英
李　明	李春华（女）	李　海	李德利
杨世泰	肖德顺	吴士英（女）	余国华
沈玉珍（女）	宋华园	宋　福	宋德贵
张士山	张月兰（女）	张凤山	张凤仙（女）
张文良	张锡珍	张国祥	张宝珍（女）
张建荣	张建顺	张树芳（女）	张福来
张德全	张德利	陈文义	陈文奎
陈　良	林德荣	周士忠	周秀英（女）
周秀荣（女）	周秀敏（女）	周炳龙	周振江
周增录	孟召青	赵全有	赵旭东
赵德江	柳金生	姜翠英（女）	徐友生
高　潮	郭文新（女）	崔　通	康　福
董书祥	董振祥	韩大增	韩淑兰（女）
韩慎忠	蔡志成	穆祥利（回族）	

第九届人大代表

1987 年 4 月，高碑店乡进行第九届人民代表大会代表选举，选出乡人大代表 51 名：

于兆月	于宗林	王永亮	王秀兰（女）
王学富	王淑英（女）	王　德	布文仲（蒙古族）
田万云	付　旺	白凤鸣	毕国新
吕金波	朱佩金（女）	刘永山	刘　顺
刘振才	刘淑敏（女）	江翠英（女）	孙印生
李子光	李则英（女）	李德利	吴士英（女）
佟继春（满族）	宋秀玉（女）	张士山	张月兰（女）
张风山	张文义	张文秀	张秀芝（女）
张建荣	张德利	陈文奎	陈淑玉
陈惠珠（女）	周秀英（女）	周易福	周学刚
赵旭东	顾文成	倪淑珍（女）	徐有生
高寿华	梅玉祥	康　福	屠宏一

韩广润	线全来	福永年（满族）	

第十届人大代表

1990 年 12 月，高碑店乡进行第十届人民代表大会代表选举，选出乡人大代表 52 名：

于兆月	于宗林	王文成	王永亮
王秀兰（女）	王学富	王洪刚	方　岗
尹金生	布文仲（蒙古族）	田桂福	白秀芝（女）
毕国新	吕金波	吕　贵	朱大强
朱广祥	宋秀玉（女）	朱秀萍（女）	朱佩金（女）
刘书敬（女）	刘金凤（女）	刘　顺	孙树才
杜德林	李子光	李子德	李振兴
李　海	李德利	吴世英（女）	张月兰（女）
张凤山	张文秀	张成立	张秀芝（女）
张宝清	张建顺	陈文奎	果　洪
周佩珍（女）	周学刚	周振兴	赵旭东
徐友生	高寿华	康　福	董书祥
董振启	线全来	褚连清（女）	衡永久

第十一届人大代表

1993 年，高碑店乡进行第十一届人民代表大会代表选举，选出乡人大代表 52 名：

于兆月	于宗林	于德水	王秀兰（女）
王金水	王学富	王洪刚	文立华
方　岗	尹金生	布文仲（蒙古族）	田万云
田桂福	毕国新	吕　贵	朱大强
朱佩金（女）	刘金凤（女）	孙树才	李子光
李子德	李振兴	李景生	李德利
吴世英（女）	吴秀莲（女）	宋秀玉（女）	张月兰（女）
张凤山	张文秀	张成立	张　同
张秀芝（女）	张宝玲	张宝清	张建顺
张春敏（女）	张淑琴（女）	张绪平	陈文奎
陈爱兰（女）	周振兴	孟宪章	赵庆勇
赵克泽	徐友生	高寿华	董书祥
董振启	线全来	褚连清（女）	谭志亮

第十二届人大代表

1996 年 12 月，高碑店地区（乡）进行第十二届人民代表大会代表选举，选出乡人大代表 47 名：

于兆月	于宗林	于淑英（女）	马玉才
王秀兰（女）	王金水	王学富	王素根
文立华	田万云	田桂福	邢瑞祥
吕　贵	朱大强	宋秀玉（女）	刘永亮
刘金凤（女）	刘淑敏（女）	齐付梅（女）	李子光
李子德	李淑凤（女）	李翠华（女）	李德利
杨凤华（女）	吴士英（女）	佟继春（满族）	张五一
张月兰（女）	张凤山	张文秀	张世海
张　同	张　全	张宝玲	张春敏（女）
张振国	陈文奎	陈爱兰（女）	罗椅民
赵凤池	赵年生	祖长海	徐友生
韩卫红（女）	舒永良	褚宝玲（女）	

第十三届人大代表

1999 年，高碑店地区（乡）进行第十三届人民代表大会代表选举，选出乡人大代表 47 名：

于志远	王　军	王金水	王学军
王学富	王洪刚	文立华	田万云
田桂福	冯树营	邢海英	邢瑞祥
朱大强	朱　玲（女）	刘凤英（女）	刘　伟
刘景红（女）	李淑凤（女）	李翠华（女）	李德利
吴凤岐	吴应林	佟继春（满族）	张月兰（女）
张文梅（女）	张　同	张　伟	张　全
张洪贵	张淑琴（女）	陈连启	陈若兰（女）
陈爱兰（女）	赵玉春	赵年生	赵庆勇
赵瑞生	姜　春	祖长海	高永玉（女）
高殿军	郭雪松	郭德寿	崔燕霞（女）
董世萍（女）	韩卫红（女）	舒永良	

第十四届人大代表

2002年，高碑店地区（乡）进行第十四届人民代表大会代表选举，选出乡人大代表44名：

马玉才	王东红（女）	王金水	王学军
王海涛	文立华	方志强	田桂福
冯国梅（女）	冯树营	邢瑞祥	刘永泽
刘　伟[1]	刘　伟[2]	刘美丽（女）	刘景红（女）
刘福生	许秀翠（女）	李长伟	李世喆
李　勇	肖玉昆	吴晓军	佟继春（满族）
宋振平	张月兰（女）	张洪贵	张雪梅（女）
张富生	罗椅民	赵年生	赵瑞生
姜　春	高永玉	高殿军	郭永生
郭桂梅（女）	郭雪松	郭德寿	唐新海
桑志强	董世萍（女）	褚连江	魏荣江

第十五届人大代表

2006年，高碑店地区（乡）进行第十五届人民代表大会代表选举，选出乡人大代表44名：

马来立	马树信	马洪亮	王克忠
王克俭（女）	王学富	王海星（女，蒙古族）	王道洪
牛明谦	田桂琴（女）	冯树营	邢艳霞（女）
刘东辰	刘　伟	刘军胜	刘美丽（女）
孙雪梅（女）	孙淑芬（女）	孙淑芳（女）	吴　平
吴晓军	张月兰（女）	张英利	张　顺
张洪贵	张　敬（女）	张富生	陈文治
陈媛媛（女）	季和平	周晨光	胡文新
施全意	姜　春	徐　伟	高永玉（女）
高秀梅（女）	高殿军	郭雪松	桑志强
黄晓宇	董世萍（女）	衡　辉	魏荣江

---

① 单位为高碑店乡政府。

② 单位为半壁店村方家村（自然村）。

第十六届人大代表

2011 年，高碑店地区（乡）进行第十六届人民代表大会代表选举，选出及后续补选乡人大代表 48 名：

马玉才	王红燕（女）	王克俭（女）	王学富
王宗秀（女）	王秋英（女）	王晓林（女）	王晚荣
王淑芳（女）	王喜环（女）	王　辉	方志胜
田忠玉	邢晓曼（女）	师彩红（女）	庄虔春
刘玉妹（女）	刘东辰	刘景红（女）	刘　鑫
孙雪梅（女）	李云飞	李　伟	李冰峰
李秀荣（女）	肖　红（女）	肖志刚	吴　昊
张月兰（女）	张春雷	张洪贵	张富生
陈　洋（女）	季和平	周　坤	周　凯
周晨光	赵瑞生	战晓波（女）	胖希芬（女）
施全意	聂晓英（女）	徐　伟	高宏秀（女）
郭光辉	黄晓宇	彭大龙	魏凤梅（女）

第十七届人大代表

2016 年，高碑店地区（乡）进行第十七届人民代表大会代表选举，选出及后续补选乡人大代表 56 名：

马玉才	马海滨	王飞力（女）	王　伟
王秀敏（女）	王春燕（女）	王晚荣	王淑芳（女）
王　辉	王　辉（女）	王　鹏	白　云（女）
刘玉春（女）	刘东辰	刘　红（女）	刘景红（女）
刘　蕊（女）	刘　鑫	关得志	孙士兵
孙雪梅（女）	杜　志	杜　磊	李云飞
李云峰	李　文	李兰萍（女）	李　伟
李秀荣（女）	李　荣（女）	李雪峰	张月兰（女）
张亚兰（女）	张　艳（女）	张爱兴	张海峰
张　翀	陆闻宇	陈　洋（女）	周晨光
赵红革（女）	赵　芳（女）	赵瑞生	柳凤丽（女）
战晓波（女）	胖希芬（女）	袁裕中	顾洪涛
徐　伟	高　军	郭光辉	黄晓宇

彭大龙	董　晶（女）	衡永孝（女）	魏荣江

第十八届人大代表

2021年，高碑店地区（乡）进行第十八届人民代表大会代表选举，选出乡人大代表56名：

王飞力（女）	王　伟	王宗秀（女）	王艳平
王　娟（女）	王　雪（女）	王　辉（女）	王　鹏
王　静（女）	王　磊	毛会民	田宏文
田　柔	边亚萍（女）	朱　烨（女）	庄虔春
刘　红（女）	刘景红（女）	刘　强	闫　宝（女）
许景丽	杜　志	杜　磊	李　文
李　伟	李进颖（女）	李伯乐	李　颖（女）
杨保红（女）	杨　焕（女）	张海峰	陈　芳（女）
陈　玲（女）	陈　洋（女）	陈　蕾	范宇熙
金　怡（女）	周翠兰（女）	庞文霞（女）	赵　芳（女）
柳凤云（女）	柳凤丽（女）	顾洪涛	徐　伟
徐　京（女）	高丽娜（女）	高　嵩	黄晓宇
梁　彬（女）	彭大龙	董　晶（女）	蒋金海
谢文军	线　华（女）	蒲立青（女）	霍晓华（女）

第二节　乡人民代表大会会议

第一届人民代表大会　（资料缺失。）

第二届人民代表大会　1956年，高碑店乡召开第二届人民代表大会第一次会议。应到人大代表55名。其他资料缺失。

第三届人民代表大会　1958年4月30日，召开第一次会议。出席代表53名。审议通过《高碑店乡人民委员会工作报告》。选举产生新一届乡人民委员会组成人员。选举乡长王占成，副乡长朱兴、王振芳、王世龙。

第四届人民代表大会　1961年7月5日，召开第二次会议。出席代表79名。审议通过《高碑店乡（社）人民代表大会报告》（报告名称来自档案）。选举产生高碑店人民公社管理委员会主任邵文杰，副主任沈玉珍（女）、吴振昌。至1963年，第四届人民代表大会共召开3次会议。

第五届人民代表大会　1963年4月14日，召开第一次会议。出席代表79名。审议通过《1962年工作总结和1963年工作意见报告》。选举产生乡长邵文杰，副乡长沈玉珍（女）、王绍振。选举产生监察委员会主任张世增，副主任杜满堂。选举产生人民陪审员朱兴、范士儒、杜永福、董英。1964年2月10日，召开第三次会议。出席代表67人。补选公社管理委员会主任韩永兴，副主任吴振昌。至1965年，第五届人民代表大会共召开7次会议。

第六届人民代表大会　1966年4月10日，召开第一次会议。应到代表84名，实到代表82名。选举产生乡长王凤仪，副乡长张建荣、吴振昌。选举产生人民委员会委员12人。选举产生监察委员会主任沈玉珍（女），副主任杜满堂、彭新民。第六届人民代表大会召开会议次数不详。

第七届人民代表大会　1981年3月，召开第一次会议。出席代表71名。审议通过《高碑店人民公社革命委员会工作报告》。选举产生高碑店人民公社管理委员会主任陈文奎，副主任王秀兰（女）。1983年12月28日，召开第三次会议。审议通过《政府工作报告》。选举产生乡长王秀兰（女），副乡长刘顺、赵德江。第七届人民代表大会共召开3次会议。

第八届人民代表大会　1984年11月19—20日，召开第一次会议。出席代表75名。审议通过《政府工作报告》。选举产生乡长王秀兰（女），副乡长刘顺、吕贵。至1986年，第八届人民代表大会共召开3次会议。

第九届人民代表大会　1987年5月6—8日，召开第一次会议。出席代表48名。审议通过《政府工作报告》。审议批准《关于加强土地、城乡建房用地管理规划》《计划生育管理办法暂行规定》。选举产生乡长王秀兰（女），副乡长吕贵、刘顺。至1991年，第九届人民代表大会共召开3次会议。

第十届人民代表大会　1991年1月29—30日，召开第一次会议。出席代表52名。审议通过《政府工作报告》，审议批准《"八五"绿化规划报告》，审议批准计划生育等7项规定。推选乡人大主席团常务主席陈文奎、副主席周振兴。选举产生乡长王秀兰（女），副乡长刘顺、朱大强、吕贵。至1993年，第十届人民代表大会共召开3次会议。

第十一届人民代表大会　1994年2月19日，召开第一次会议。审议通过《政府工作报告》《乡人大主席团工作报告》。推选乡人大主席团常务主席陈文奎、副主席周振兴。选举产生乡长王秀兰（女），副乡长吕贵、朱大强、王学富、赵年生。至1996年，第十一届人民代表大会共召开3次会议。

第十二届人民代表大会　1997年1月11—12日，召开第一次会议。出席代表47名。

审议通过《政府工作报告》《乡人大主席团工作报告》，审议批准《关于高碑店乡1996年执行情况和1997年财政预算草案的报告》。选举产生乡人大主席陈文奎，副主席李翠华（女）。选举产生乡长王秀兰（女），副乡长吕贵、朱大强、王学富。至1999年，第十二届人民代表大会共召开7次会议。

第十三届人民代表大会 2000年1月6日，召开第一次会议。出席代表47名。审议通过《政府工作报告》《乡人大主席团工作报告》，审议批准《关于高碑店乡1999年财政预算执行情况和2000年财政预算草案的报告》。选举产生乡人大主席李翠华（女）。选举产生乡长王金水，副乡长朱大强、王学富、赵年生。2001年3月2日，召开第三次会议。审议通过《政府工作报告》《乡人大主席团工作报告》，审议批准《关于高碑店乡2000年财政预算执行情况和2001年财政预算草案的报告》，审议批准《计划生育管理暂行规定》。至2002年，第十三届人民代表大会共召开5次会议。

第十四届人民代表大会 2003年1月5日，召开第一次会议。出席代表44名。审议通过《政府工作报告》《乡人大主席团工作报告》，审议批准《关于高碑店乡2002年财政预算执行情况和2003年财政预算草案的报告》。选举产生乡人大主席张富生，副主席马玉才。选举产生乡长王金水，副乡长方志强、刘美丽（女）、李世喆、吴晓军。2003年7月31日，召开第二次会议。到会代表44人。审议通过《上半年乡政府工作报告》。会议期间，人大代表视察了五环路百米绿化带。2004年8月30日，召开第四次会议。组织人大代表视察通惠灌渠高碑店段治理情况、高碑店村民俗园、北花园社区文化中心、白家楼青年沟封顶工程。选举产生乡长刘军胜。2005年3月11日，召开第五次会议。审议通过《政府工作报告》《乡人大主席团工作报告》，审议批准《关于高碑店乡2004年财政预算执行情况和2005年财政预算草案的报告》，审议批准《乡人口与计划生育工作管理规定》《乡流动人口计划生育管理规定》。选举产生乡人大主席赵年生。2006年2月21—22日，召开第七次会议。参会代表44名。审议通过《政府工作报告》《乡人大主席团工作报告》，审议批准《关于高碑店乡2005年财政预算执行情况和2006年财政预算草案的报告》。选举产生人大副主席施全意，副乡长马玉才、赵明。2006年9月15日，召开第八次会议。审议批准《高碑店地区国民经济和社会发展第十一个五年规划纲要》。至2006年11月，第十四届人民代表大会共召开8次会议。

第十五届人民代表大会 2006年11月16—17日，召开第一次会议。出席代表44名。审议通过《政府工作报告》《乡人大主席团工作报告》，审议批准《关于高碑店乡2006年财政预算执行情况和2007年财政预算草案的报告》。选举产生乡人大主席刘美丽（女）。选举产生乡长刘军胜，副乡长马玉才、刘伟、赵明、颜廷建。2008年2月29日，召开第三次会议。出席代表 43 人。审议通过《政府工作报告》《乡人大主席团工作报告》，审议批准《关于高碑店乡 2007 年财政预算执行情况和 2008 年财政预算草案的报告》。选举产生乡长吴晓军。2009 年 11 月，召开第五次会议，选举产生乡人大主席马玉才。2010 年 2 月 4 日，召开第六次会议。出席代表 38 人。审议通过《政府工作报告》《乡人大主席团工作报告》，审议批准《关于高碑店乡 2009 年财政预算执行情况和 2010 年财政预算草案的报告》。2010 年 7 月 30 日，召开第七次会议。出席代表 37 人。审议通过《政府工作报告》《乡人大主席团工作报告》，审议批准《关于高碑店乡 2010 年财政预算执行情况和 2011 年财政预算草案的报告》。选举产生副乡长方志胜。至 2011 年 11 月，第十五届人民代表大会共召开 8 次会议。

第十六届人民代表大会　2011 年 11 月 16 日，召开第一次会议。出席代表 44 名。审议通过《政府工作报告》《乡人大主席团工作报告》，审议批准《关于高碑店乡 2011 年财政预算执行情况和 2012 年财政预算草案的报告》。选举产生乡人大主席马玉才。选举产生乡长王秋英（女），副乡长郭光辉、方志胜、朱然、李书香（女）、杨宏杰。2014 年 3 月 28 日，召开第四次会议，出席代表 42 名，列席代表及旁听人员约 60 人。审议通过《政府工作报告》《乡人大主席团工作报告》，审议批准《关于高碑店乡 2013 年财政预算执行情况和 2014 年财政预算草案的报告》。选举产生乡长郭光辉，副乡长许斌。至 2016 年，第十六届人民代表大会共召开 8 次会议。

第十七届人民代表大会　2016 年 11 月 28—29 日，召开第一次会议。出席代表 44 名。审议通过《政府工作报告》《乡人大主席团工作报告》，审议批准《关于高碑店乡 2016 年财政预算执行情况和 2017 年财政预算草案的报告》。选举产生乡人大主席马玉才。选举产生乡长郭光辉，副乡长文波、王喜环（女）、许斌、李文、彭飞。2017 年 10 月，召开第三次会议。选举产生乡长关得志。2018 年 6 月 9 日，召开第五次会议，审议批准《关于高碑店乡 2018 年财政预算执行情况和 2019 年财政预算草案的报告》《乡“美丽乡村”建设工作实施方案》《乡“美丽乡村”建设项目公开招标工作的组织实施意见》。2018 年 7 月 22 日，召开第六次会议。选举产生副乡长山德洪。2019 年 9 月，召开第九次会议。选举产生乡长杜磊。2020 年 6 月 7 日，召开第十次会议。审议通过《政府工作报告》《乡人大主席团工作报告》，审议批准《关于高碑店乡 2019 年财政预算执行情况和 2020 年财政预算草案的报告》。选举产生副乡长高云汉。2021 年 1 月 30 日，召开第十一次会议。审议通过《政府工作报告》《乡人大主席团工作报告》，审议批准《关于高碑店乡 2020 年财政预算执行情况和 2021 年财政预算草案的报告》。选举产生人大主席李文。选举产生副乡长马海滨、高晓蒙（女）。至 2021 年 1 月，第十七届人民代表大会共召开 11 次会议。

第十八届人民代表大会 2021年11月23—24日，召开第一次会议。出席代表56名。审议通过《政府工作报告》《乡人大主席团工作报告》，审议批准《关于高碑店乡2016—2021年财政预算执行情况和2022年财政预算工作报告》。选举产生乡人大主席李文，乡长杜磊，副乡长马海滨、高云汉、彭飞、高晓萌（女）、孙士兵、薛鹏、高亚娜（女）。截至2021年12月31日，第十八届人民代表大会共召开1次会议。

1991—2021年高碑店乡人大主席团常务主席、副主席及人大主席、副主席任职时间一览表

表6-1

届别	职务	姓名	任职时间
第十届	人大主席团常务主席	陈文奎	1991.1—1994.2
	人大主席团常务副主席	周振兴	1991.1—1994.2
第十一届	人大主席团常务主席	陈文奎	1994.2—1997.1
	人大主席团常务副主席	周振兴	1994.2—1997.1
第十二届	人大主席	陈文奎	1997.1—1998.7
		李翠华（女，主持人大日常工作）	1998.7—2000.1
	人大副主席	李翠华（女）	1997.1—2000.1
第十三届	人大主席	李翠华（女）	2000.1—2002.4
		吴凤岐	2002.4—2003.1
第十四届	人大主席	张富生	2003.1—2004.12
		赵年生	2004.12—2006.11
	人大副主席	马玉才	2003.1—2006.2
		施全意	2006.2—2006.11
第十五届	人大主席	刘美丽（女）	2006.11—2009.11
		马玉才	2009.11—2011.11
第十六届	人大主席	马玉才	2011.11—2016.11
第十七届	人大主席	马玉才	2016.11—2021.1
第十八届	人大主席	李　文	2021.1—2021.12

注：1991—1996年，高碑店乡第十届、第十一届人大设人大主席团常务主席和副主席。

第三节　常设机构

人大主席团　1986 年 12 月，第六届全国人大常委会第十八次会议修订《中华人民共和国地方各级人民代表大会和地方各级人民政府组织法》，将“由乡镇人民政府召集本级人大会议”的规定，修订为“本级人民代表大会主席团主持”，并赋予主席团法定的职权，由此成为乡人大主席团工作的历史性开端。1988 年 2 月 8 日，朝阳区人大常委会制定《北京市朝阳区第九届人民代表大会常务委员会关于乡人民代表大会闭会期间主席团活动若干问题的决定》，要求乡人民代表大会成立主席团。

1991 年 1 月 29—30 日，高碑店乡召开第十届人民代表大会第一次会议，选举产生乡人大主席团主席陈文奎、副主席周振兴。乡人大主席团自此成为常设机构。1999 年，朝阳区人大为“高碑店乡人民代表大会”挂牌。

至 2021 年底，第十八届人民代表大会主席团仍为常设机构。

人大地区工委　2016 年，高碑店地区（乡）成立朝阳区人大常委会高碑店地区工作委员会（简称人大地区工委），为区人大常委在高碑店地区设立的工作机构，受区人大常委会领导，对区人大常委会负责并报告工作。高碑店地区工委（乡党委）书记李云飞兼任主任，乡人大主席马玉才兼任副主任。人大地区工委下设办公室。

人大地区工委主要职责包括：制订人大地区工委年度工作计划；闭会期间组织区人大代表和联系本地区北京市人大朝阳团代表开展活动；组织区人大代表听取地区办事处工作汇报，对地区经济建设、社会事业发展、执法情况等重大事项进行调查研究，提出建议和意见，并向区人大常委会反映情况；组织区人大代表学习、宣传宪法等法律法规和区人大及其常委会的决议、决定；宣传人民代表大会制度和人大代表先进事迹；定期走访区人大代表，接待、受理区人大代表的来信、来访，听取和反映区人大代表的意见和要求；督促地区办事处及有关单位认真办理区人大代表提出的建议、批评和意见；对区人大代表履职情况进行监督管理，做好履职情况记录，定期向代表反馈，并按照区人大常委会的要求公开代表履职情况；协助区人大常委会做好区人大代表选举、补选和罢免有关工作。

2019 年 12 月，高碑店地区工委（乡党委）书记顾洪涛兼任人大地区工委主任。2021 年 1 月，高碑店地区（乡）人大主席李文兼任副主任。

人大工作办公室　2011 年 11 月 20 日，根据《北京市朝阳区乡镇机构改革方案》和《北京市朝阳区乡（地区）机构改革实施意见》，高碑店地区（乡）制定《党政机关主要职责、内设机构和人员编制规定》，设置办公室（人大办公室），承担乡人民代表大会日常事务，办理人大代表、政协委员的建议、议案和提案。2016 年，成立乡人大办公室，配备专职人大办公室主任 1 名，分别是朱文婷（女）、呼淑兰（女），负责人大代表相关工作，乡人大工作步入规范化新阶段。2020 年，设立党群工作办公室（人大工作办公室）负责人大相关工作。至 2021 年底未变。

第四节　主要工作

行使决议决定权　1961 年 6 月—2021 年 12 月，高碑店乡（人民公社、地区）人民代表大会审议通过的规定、办法等文件 15 个；审议通过乡《五年计划（规划）》7 个，为地区经济和社会发展提供了法律依据和保障。

行使人事任免权　1983 年 3 月—2021 年 12 月，乡人大依法选举产生乡人大主席 8 人、副主席 4 人；选举乡长 8 人、副乡长 34 人。

行使监督权　自 1980 年 3 月第七届人大一次会议以来，乡（人民公社、地区）人大每年听取、审议《乡人民政府工作报告》。自 1994 年 2 月 19 日第十一届人大一次会议开始，每年听取、审议《乡人民代表大会工作报告》。自 1997 年 1 月乡第十二届人大一次会议开始，每年听取、审议乡财政预算执行情况和下一年财政预算草案的报告。乡人大、乡人民政府、乡财政工作在乡人民代表大会监督下进行。乡人民政府讨论重大决策、重要政策的会议，邀请乡人大代表出席，听取乡人大代表的意见、建议。

90 年代中后期，随着农村城市化进程加快，乡人大坚持围绕中心服务大局、监督与支持相结合的工作方针，将关系地区经济发展和社会民生的突出问题纳入监督范围。1997—2005 年，每年组织乡人大代表围绕经济结构调整、重点企业发展、文明村建设、环境综合整治、拆除违法建筑等工作进行检查和视察。乡人大加强对人民政府部门权力的监督。1997—1999 年，组织代表评议城管分队工作。2001 年，首次组织人大代表评议高碑店乡派出所、保安队、联防队工作。在此基础上，2002 年，组织人大代表参加评选“人民满意的公安民警”活动。2007 年，对派出所、城管队执法情况进行评议。

2008—2011 年，乡人大重点对地区三大产业发展和新农村建设进行视察。重点项目有：高碑店村古典艺术新街、华声天桥，半壁店盛世龙源，八里庄晋商博物馆一期，高井传媒文化产业一期，北花园工业区拆迁、主要道路投资改建等项目；有白家楼、高碑店村西区新农村建设施工进度、工程质量；有 8 个小区办公用房建设和居民活动场所建设改造。通过视察，发现问题及时纠正。

2012—2016 年，乡人大重点对地区产业结构调整和一批涉及资金使用、经济合同等文件进行监督审查。重点监督项目有：民俗文化园、八里庄文化创意产业园、718艺术园区、北花园文化产业园以及通惠河畔二期工程等。重点审查文件有：《高碑店乡关于进一步完善大额资金、重大工程项目资金联审的规定》《高碑店地区集体资产处置流程》《高碑店地区集体资产管理流程》《高碑店地区村级经济合同预联审工作流程》等文件执行情况。重点跟踪重大项目有：广渠路二期、高碑店路、水南庄路、幺家店路改造工程、通惠家园匝道调头引路工程进度掌握情况等，均取得较好效果。

2017—2021年，重点加强对“三资”（即资金、资产、资源）管理、美丽乡村建设、垃圾分类进展情况监督，对“三资”管理做到事前、事中、事后全程监管，确保资金运行安全、资产保值增值、资源合理利用。对高碑店村、半壁店村及方家村、小郊亭、白家楼3个自然村的美丽乡村建设，乡人大代表通过视察施工现场，听取干部汇报，走访基层群众等方式，实施有效监督。紧扣“关键小事”，开展生活垃圾管理条例执法检查，与配合市人大“两条例”执法检查同部署、同推进，深入居民小区、公园、商场、超市等场所开展集中检查，充分发挥乡人大代表监督作用。

受理建议、批评和意见及议案督办　2000年1月6日，高碑店乡第十三次人民代表大会审议通过《关于代表小组和代表提出“议案”以及“建议、批评和意见”的暂行规定》（草案）。按照文件规定，乡人民代表大会举行期间，由乡人大主席团直接受理代表议案。一个代表小组或者人大代表5人以上联名，可向乡人民代表大会提出属于乡人大职权范围内的议案。超出职权范围的议案，或者人代会闭会期间的议案，按照“建议、批评和意见”处理。“建议、批评和意见”由乡人大主席团交乡人民政府及相关部门处理，并进行督办。

2000—2002年，督促解决人大代表提出的北京市第十七中学周边环境影响教学问题；解决京通快速路村民拆迁上楼后的问题；督促朝阳区房管部门投入数十万元，解决东大楼9栋楼房维修问题。人大代表多次对高碑店北路河道污水治理情况提出改造建议，经多方协商，最终得以治理。

2006—2010年，第十五届人大代表围绕地区民生问题提出批评、建议，包括治理本地区“黑摩的”的有效措施；重视单亲家庭子女教育；增加地区老年人服务项目；加强社会治安管理，建设封闭式小区；利用、整合地区教育资源，为社区广大居民服务；重视社区建设，加大投入，推进地区城市化进程等。这些批评、建议提出后，由乡人大主席团转交乡人民政府各部门办理。2007年，乡人民政府投入近300万元建成地区监控指挥中心，初步完成村和部分社区封闭式管理和老年人建立健康档案工作，有效改善地区治安、卫生环境，为地区居民提供一个良好的人居环境。

2011—2015年，乡人大围绕代表提出的119条批评、建议，狠抓落实，归纳总结整理，主要内容涉及民生、地区环境治理、地区规划建设三大类。根据建议内容，乡人民政府召开乡长办公会，分管领导强化与代表沟通，对能够解决的尽快解决。需要协调的，加大协调力度，由于政策原因暂时不能解决的，积极向上级有关部门反映。2013 年，在各级代表共同努力下，污水处理厂、华能电厂征占地等历史遗留问题得到妥善解决。2014 年，在积极听取选民意见基础上，有人大代表就铁路线阻断南北交通问题提出意见。乡人大受理后交乡人民政府解决。乡人民政府最终建设 8 处穿越铁路立交桥，打通辖区南北主干道，实现“畅通高碑店”建设目标。十六届人大四次会议期间，20 位代表提出 26 项涉及地区发展的建议、批评和意见。其中，涉及为民服务 5 件、环境整治 3 件、规划发展 7 件、经济发展 3 件、民生工程 6 件、教育培训 2 件。乡人大对代表提出的意见、建议进一步细化，建立台账，定期听取办理情况汇报。至 2014 年底，代表建议、批评和意见全部办结，并逐一答复代表。

2015 年，乡人大探索建立全程督办模式。年初听取承办方案，年中检查办理进度，年底审议办理情况，实现各环节紧密对接。召开乡长办公会专题研究代表建议办理工作，由乡人大部署，人民政府安排落实。通过建立乡人大与乡人民政府的动态沟通机制，及时了解建议办理进度。建立主管乡长与人大代表沟通制度，通过面对面交流，听取代表对办理工作的意见，提高建议办理满意率。对于进展缓慢的建议，通过下发督办单形式，责成承办部门优化承办，倒排办理日期，确保建议按时得到落实。同时，乡人大对涉及基础设施建设、民生改善的建议予以重点关注，持续跟踪，主动作为。其中，“关于修建北花园南路的建议”得到有效落实，北京国隆置业有限公司将其纳入修建计划，红线内道路施工完毕。人大代表在第十二届全国人民代表大会第三次会议上提出的“关于北京高碑店污水处理厂气味扰民的建议”，乡人大会同乡人民政府，在市水务局指导下，妥善提出会同办理意见，并通过建立环保监督小组方式，加强对污水处理厂周边环境的动态监控。

2017 年，针对第十七届人民代表大会第一次会议上代表提出的议案 2 件、建议 13 条，乡人大按照环境整治、安全设施、交通出行、社会安全进行分类梳理，并及时交办给人民政府办理。及时督促人民政府相关部门加强针对性研究，提出解决问题的计划和方案，更好地推进建议办理工作；及时掌握建议办理进度，邀请人大代表列席相关会议听取建议办理情况进展。其中，代表组提出的“半壁店村域内的广渠路周边环境整治及打通方家村与高碑店村道路”的议案，被列为乡人民政府年度民生工程，成立由城建科、综治办、食药所、城管队、派出所等组成的联合工作组，依托城乡接合部整治和“西店记忆升级改造”工程，解决广渠路环境秩序和联通道路问题。针对区人代会上提出的“关于解决北花园‘危桥’问题的建议”，乡人大积极协调区水务局、区市政市容委、宝嘉恒公司到现场调研，并在乡人民政府召开相关部门参加的联席会，“危桥”改造方案基本确定，并于2020年加固改造完成。“关于解决古家具街安装路灯的建议”，路灯已安装到位。“关于解决通惠河上架人行桥的建议”，乡人大联系铁路、水务、规划等相关职能部门，由乡人民政府、社会企业和村民共同出资，建成“同心桥”，解决周围百姓出行难题。

2019年上半年，针对乡人大十七届七次会议上代表提出的8条建议，乡人大按照环境整治、安全稳定、交通出行、民生保障等类别进行系统梳理，并及时向乡人民政府交办。及时督促人民政府相关部门加强针对性研究，提出解决问题的计划和方案，更好地推进建议办理工作；及时掌握建议办理进度，乡人大代表列席相关会议听取建议办理情况。2020—2021年，乡人大受理建议、批评和意见16条。

组织代表开展活动　1988年，根据区人大常委会决定，高碑店乡在九届二次代表会议上，选举产生主席团，划分代表组，产生代表组组长，加强代表大会在闭幕期间对代表的联系，组织代表每半年活动一次。1998年，乡人大组织代表到北京市农村先进典型——房山县韩村河村参观学习，开阔眼界。1999年，组织参观高碑店污水处理厂、王四营高科技园区。

2013年，乡人大在高碑店、北花园、半壁店、高井4个建制村建立代表工作室。组织代表加强与选民的沟通交流，全年累计接待选民375人次，收集各类问题27件。同年，组织人大代表利用民俗节日和法定假日，深入选民家中走访，收集意见建议，宣传相关政策，接受群众监督。安排部分区、乡人大代表向选民述职，自觉接受选民监督。

2017年上半年，按照区人大要求，乡人大建立网上代表工作室，建立区人大代表轮班接待制度。通过搭建代表与选民的网上沟通平台，组织代表积极回复选民留言，及时在代表风采专栏更新代表履职信息。同年，组织代表参与“一带一路”国际合作高峰论坛服务保障任务，参加“护航”百日攻坚行动，参加中央领导视察北京沿线环境整治活动。同年7月21日，组织代表视察调研高井文化创意产业园和半壁店自空间CBD写字园为代表的高碑店乡文化产业发展情况，使代表们对地区经济发展有了更直观、更深入的了解。下半年，组织部分代表到十八里店乡拆除违法建筑现场调研。

2018年，组织代表视察白家楼（自然村）美丽乡村建设工程进展情况，并听取汇报。2019年，组织三次代表会前视察活动，对美丽乡村高碑店村、半壁店村西店（自然村）、白家楼（自然村）建设情况和通惠河畔再生水湿地公园建设情况进行视察。

2020年，乡人大代表发挥自身优势，主动作为，做好保障、宣传、值班、监督等工作，推进疫情防控工作持续开展。2021年6月21日，乡人大组织区、乡两级人大代表前往北京市怀柔区平北抗战红色爱国主义教育基地，开展“学党史 办实事 我当代表为人民”主题实践活动。

第七章 乡级行政组织

高碑店地域于 1953 年 6 月成立乡人民政府。1956 年 3 月，成立乡人民委员会。人民公社时期，领导机构主要为公社管理委员会。1983 年，恢复高碑店乡建置，成立乡人民政府。1993 年，设立地区办事处，与乡政府实行“两块牌子，一套班子”。历届乡人民政府在乡党委领导下，坚持科学施政、依法施政，不断加强自身建设，实行政务公开，开展便民服务，坚持为民办实事，带领全地区（乡）人民艰苦奋斗，努力拼搏，持续推进经济和社会各项事业蓬勃发展。

第一节 领导机构

1949 年 3 月 10 日，高碑店村召开群众大会，宣布取消保甲制，建立人民民主新政权。群众以无记名投票方式选举高碑店乡乡长马子明，副乡长张启祥。同年 7 月，高碑店地域建立高碑店、八里庄、慈云寺、小庄、七圣庙、关东店、花园闸、西店、大黄庄 9 个行政村，成立村人民政府。1953 年 6 月，建立高碑店、八里庄、慈云寺、小庄、七圣庙、花园闸、大黄庄 7 个乡人民政府，乡长分别为朱兴、赵文胜、徐国彬、董城、韩福友、王世龙、沈玉珍（女）。

1956 年 3 月，高碑店乡通过普选产生人民委员会，由 13 人组成。其中，乡长沈玉珍（女），副乡长王世龙。1958 年 3 月，原王四营乡并入高碑店乡，乡长沈玉珍（女）。同年 9 月，成立幸福人民公社管理委员会，主任王占成。1961 年 6 月，新成立高碑店人民公社管理委员会，主任邵文杰。1981 年 3 月，成立高碑店人民公社管理委员会，主任陈文奎。

1983 年 3 月，成立高碑店乡人民政府，乡长王秀兰（女）。1993 年 8 月，成立高碑店地区办事处，与乡政府实行“两块牌子，一套班子”，同时履行街乡双重管理职能。高碑店地区办事处主任（乡长）王秀兰（女）。2021 年，高碑店地区办事处（乡政府）主任（乡长）杜磊。

1956—2021 年高碑店地域乡级行政负责人任职时间一览表

表 7–1

机构	职务	姓名	任职时间
高碑店乡人民委员会	乡长	沈玉珍（女）	1956.3—1958.1
		王占成	1958.1—1958.8
	副乡长	王世龙	1956.3—1958.8
		朱　兴	1958.5—1958.8
		王振芳	1958.5—1958.8
幸福人民公社管理委员会	主任	王占成	1958.8—1959.1
	副主任	沈玉珍（女）	1958.8—1959.1
		郭荫亭	1958.8—1959.1
高碑店人民公社管理委员会	主任	王占成	1959.1—1959.8
		宁雪山	1959.9—1959.11
		邵文杰	1961.6—1962.9
	副主任	沈玉珍（女）	1959.1—1959.11
		郭荫亭	1959.1—1959.11
		沈玉珍（女）	1961.6—1962.9
		吴振昌	1961.6—1962.9
高碑店乡人民委员会	乡长	邵文杰	1962.9—1963.9
		韩永兴	1963.9—1965.8
		王凤仪	1965.9—1966.5
	副乡长	沈玉珍（女）	1962.9—1966.5
		吴振昌	1962.9—1966.5
		王绍振	1963.4—不详
		张建荣	1966.4—1966.5
高碑店人民公社抓革命促生产第一线指挥部	负责人	王凤仪	1967.3—1968.2
高碑店人民公社革命委员会	主任	李永明	1968.2—1971.1
		刘庆禄	1971.1—1975.7
		王宝华	1975.2—1979.9
		张建荣	1979.9—1980.11
		陈文奎	1980.11—1981.3

续表 7-1

机构	职务	姓名	任职时间
高碑店人民公社革命委员会	副主任	张建荣	1968.1—1978.4
		刘庆录	1968.1—1971.1
		王宝华	1968.1—1975.2
		刘　敏	1968.1—不详
		白凤森	1973.2—1975.9
		张世增	1975.2—1978.12
		苗洪芳	1975.2—1978.1
		陈文奎	1977.3—1978.12
		刘德强	1977.3—1978.4
		马鸿锦	1978.4—1978.12
高碑店人民公社管理委员会	主任	陈文奎	1981.3—1983.3
	副主任	王秀兰（女）	1981.3—1983.3
		福永年（满族）	1982.7—1983.3
高碑店乡人民政府	乡长	王秀兰（女）	1983.3—1993.8
	副乡长	赵德江	1983.3—1984.11
		刘　顺	1984.11—1993.8
		吕　贵	1984.11—1993.8
		朱大强	1991.1—1993.8
高碑店地区办事处（高碑店乡人民政府）	主任（乡长）	王秀兰（女）	1993.8—1999.10
		王金水（主持乡政府工作）	1999.10—2000.1
		王金水	2000.1—2004.8
		刘军胜	2004.8—2007.9
		吴晓军	2007.10—2011.7
		王秋英（女）	2011.7—2013.11
		郭光辉	2013.11—2017.11
		关得志	2017.11—2019.9
		杜　磊	2019.9—2021.12
	副主任（副乡长）	刘　顺	1993.8—1994.3
		吕　贵	1993.8—1999.11
		朱大强	1993.8—2002.4

续表 7–1

机构	职务	姓名	任职时间
高碑店地区办事处（高碑店乡人民政府）	副主任（副乡长）	王学富	1994.3—2002.4
		赵年生	1994.3—1997.4
			1999.11—2002.11
		吴晓军	2001.6—2006.7
		李世喆	2002.1—2003.8
		刘美丽（女）	2002.11—2006.7
		方志强	2002.11—2005.6
		赵　明	2005.9—2008.5
		马玉才	2005.9—2009.11
		刘　伟	2006.7—2009.10
		颜廷建	2006.7—2008.5
		郭光辉	2008.5—2013.11
		张春雷	2008.5—2011.7
		方志胜	2010.6—2015.7
		朱　然	2011.5—2014.10
		李书香	2011.7—2015.7
		杨宏杰	2011.7—2016.5
		许　斌	2014.2—2017.12
		文　波	2015.7—2018.4
		李　文	2016.7—2020.11
		山德洪	2018.4—2020.11
		王喜环（女）	2016.3—2021.10
		彭　飞	2016.7—2021.12
		高云汉	2019.12—2021.12
		马海滨	2020.11—2021.12
		高晓蒙（女）	2020.11—2021.12
		孙士兵	2021.7—2021.12
		薛　鹏	2021.7—2021.12
		高亚娜（女）	2021.10—2021.12

第二节 工作机构

1953—1955年，高碑店地域各小乡人民政府设民政、文教、治保、生产、民兵等机构。1956年3月，高碑店乡人民委员会成立，设民政、财政、文教卫生、生产建设、武装、治安保卫6个委员会。1958年9月，幸福人民公社管理委员会设公社办公室和9个部，分别是：农业部、畜牧部、财经部、文教卫生部、政法武装部、工业部、福利部、基建水利部、交通部。1961年6月，新成立的高碑店人民公社管理委员会，设行政办公室、生产办公室和财经办公室。1967年3月，成立“抓革命促生产第一线指挥部”，设办事组、生产组、农机管理组、农林水机电组、工副业组、教卫组、财务组等机构。1968年2月，撤销“抓革命促生产第一线指挥部”，成立高碑店人民公社革命委员会，工作机构基本沿用。1981年，撤销高碑店人民公社革命委员会，成立高碑店人民公社管理委员会，工作机构有办事组、生产组、财务组、畜牧组、后勤组、工副业办公室。

1983年，高碑店乡人民政府设有政府办公室、民政科、财政科、居民办公室、市容办公室、计划生育办公室、规划办公室共7个科室。

1993年8月，建立高碑店地区办事处，职能机构进一步完善，设有政府办公室、民政科（包括居民管理）、城建科、劳动科、司法科、交通安全科、规划科、文教科、统计科、财政科、计划生育办公室、绿化办公室、综合治理办公室共13个科室。1995年4月至8月，高碑店地区办事处（乡政府）进行机构改革，司法科并入民政科，设有政府办公室、城乡建设管理科、财政科、文教卫科、计划生育办公室、交通安全委员会办公室、社会治安综合治理办公室、经济委员会、民政司法科（包括居民管理）、绿化委员会办公室、规划科、劳动科、统计科共13个科室。

2001年10—12月，高碑店地区办事处（乡政府）进行机构改革，设有政府办公室、规划建设管理科、民政科、财政科、劳动和社会保障科、统计科、社会治安综合治理办公室、计划生育办公室（管理文化教育卫生工作）、经济管理办公室、司法所共10个科室。同年10月，乡农工商总公司撤销，乡政府成立经济管理办公室承接履行经济管理职能。2001—2002年，按照区委统一部署，高碑店地区办事处（乡政府）进行机构改革和公务员制度改革，完成公务员过渡工作。2004年4月，将农业技术推广站、林业技术推广站、畜牧兽医管理站、农业机械管理站、水利管理站、水产管理站合并为农业综合服务中心，设文化服务中心。保留农村合作经济经营管理站（经管站）。

2011年11月，高碑店地区办事处（乡政府）进行机构改革，设有政府办公室、财政科、社会事务管理科、安全管理科（安全生产监察队）、信访办公室（区矛盾调处中心高碑店地区分中心）、社会治安综合治理办公室（流动人口和出租房屋管理办公室）、科教文体办公室（公共卫生科、计划生育办公室）、规划建设与环境保护办公室（房屋管理科）、经济发展办公室（农村合作经济经营管理科、农村集体资产监督管理办公室）、社区建设与管理办公室、司法所共 11 个科室。

2020 年，高碑店地区办事处（乡政府）进行机构改革，合并科室组建新的办公室，成立综合办公室、平安建设办公室（人民武装部、司法所）、城乡建设办公室、民生保障办公室、社区建设办公室、经济发展办公室（统计所）、监察办公室、综合行政执法队共 8 个行政工作机构。机构设置至 2021 年底未变。

第三节　政务工作

一、自身建设

作为基层政权组织，加强乡政府自身建设至关重要。从 20 世纪 50 年代开始，乡政府领导班子坚持民主集中制，无论是发展生产还是人事任免，都要经过集体讨论决定。乡机关干部在农业生产的重要时段，都要深入生产第一线，与社员同吃、同住、同劳动，对发展条件较差的村和困难群众，采用“蹲点”帮扶和定点扶贫措施，带动形成好的乡风、村风、民风，并得以传承。

1983 年，高碑店乡人民政府成立后，不断完善科室设置，充实机关工作人员，明确职责，理顺管理关系。通过组织干部进修学习、举办各类专业培训班、鼓励年轻干部参加学历教育等途径，提高机关干部文化知识水平。同时，加强自身制度建设，实行岗位责任制，做到事事有人管，确保有条不紊开展工作。1987 年，建立乡长办公会议制度，统筹各项工作。至 90 年代初，进一步加强机关干部思想建设，牢固树立全乡“一盘棋”思想，正确处理局部利益与全局利益、部门利益与整体利益关系，使全乡上下形成合力。提倡“团结、开拓、务实、高效、争先”的作风，使机关干部在人民群众中树立良好形象。

1993 年，高碑店地区办事处成立后，依据编制增加和完善科室设置，扩充机关工作人员。通过逐步理顺管理关系，使办事处管理体制步入正轨。坚持主任（乡长）办公会议制度，落实岗位责任制，制订详细年度计划，有步骤地开展各项工作。实行科长工作汇报制度，研究工作，通报情况，及时解决问题。同时，加强思想建设，增强机关工作人员公仆意识，加强廉政、勤政教育。90 年代后期，着手推进政府职能转变，以适应社会主义市场经济发展。90 年代末，政府自身建设不断加强，各项工作制度逐步健全，各部门通力合作，共谋发展。

进入21世纪，朝阳区进一步贯彻依法治国方略，推进依法行政，建设法治政府。2001年，高碑店地区（乡）编制《机关制度汇编》，对会议制度、工作制度、管理制度等进行汇总。2002年，高碑店地区（乡）提出建设诚信政府，作为建设“富民、人文、平安、环保、诚信、文明”高碑店六大工作目标之一。2004年，落实中央《全面推进依法行政实施纲要》精神，举办民主法治教育培训班，邀请专家讲解依法行政相关知识，提高机关干部依法行政自觉性。2005年，成立依法行政领导小组，按照《朝阳区推进依法行政工作规划》要求，组织全体机关干部参加法律法规知识讲座，并组织相关知识考试。落实朝阳区行政监察责任制，为机关干部建立绩效档案。同年，为规范政府行为，推行机关干部首问责任制度。来机关办事的服务对象遇到的第一位机关工作人员即为首问责任人。同年，组织机关干部学习信访条例。

2006—2011年，高碑店地区（乡）把依法行政，建设廉洁、务实、高效的人民政府作为自身建设的指导思想，强化服务意识，打造服务型政府，提升行政效能，改进机关干部作风。同时，加强会议统筹和公文规范，改进文风会风。严格规范政府例会和议事制度，定期召开乡长办公会和政府常务会，健全行政决策机制。落实干部管理措施和科室建设标准。

2012年，重新调整依法行政工作领导小组，明确由乡长为组长，副书记、副乡长及武装部长为副组长，司法、信访、安监、统计、计生、劳动和社会保障科相关职能部门负责人为组员的领导小组，做到人员变动，组织不变，工作不断。领导小组下设办公室，设在司法所，具体负责依法行政各项工作。同年，组织机关干部参加法律法规专门培训，学习行政许可法、行政处罚法、行政复议法、土地管理法、城市拆迁条例、信访条例等法律法规。对执法人员进行职前培训、考核，持证上岗，严格规范执法人员执法行为。

2013年，中共十八届三中全会进一步确定依法行政和建设法治政府的目标。同时，各地逐步落实中央八项规定精神，加强党政领导干部和机关工作人员作风建设。2014年，高碑店地区（乡）按照“为民、务实、清廉”的总体要求，聚焦“四风”问题，深入推进专项整治工作。全年精简会议50%以上，精简文件30%以上，简化公务接待，使机关干部从文山会海、迎来送往中解脱出来。落实党政机关公务用车配备使用管理规定，清理超标超配公车，清理超标办公用房，加强节能宣传，建立节约型机关，压缩“三公”经费10%以上。围绕干部管理、文件管理、公务接待、组织规范、督促学习、公车管理等方面，修订完善18项制度。制定《高碑店地区完善预防腐败体系工作实施方案》，构建“五权三点”体系，即针对“重点领域、重点对象、重点部位”，实施“依法确权、改革限权、科学配权、全程控权、阳光示权”，强化反腐败体系建设，着力从源头上预防腐败。

2015 年，制定《高碑店地区完善预防腐败体系工作实施方案》，从教育、制度、组织、监督 4 个方面构建预防腐败体系。进一步完善服务机制，推行处级干部、机关科长联系基层，干部联系群众的“双联系”制度。

2018—2019 年，对标新时代新要求，继续推进机关干部工作作风建设，使其更加自觉地站在大局高度做到“态度鲜明、行动有力、对标对表、不折不扣”。持续强化机关干部法治思维，始终坚持依法行政，自觉接受人大监督。深入整治“四风”问题，抓好精文减会。强化审计监督，“三公”经费持续下降。

2020 年，高碑店地区（乡）按照“七办一队一委五中心”构架，完成机构改革。修订完善《高碑店地区内部管理制度汇编》，加强机关内部管理。完善常态化督查督办和政府绩效管理考评，推动政府行政效能提升。

2021 年，聚焦政府行政效能，提升群众“认同感”。加强法治思维，坚持依法行政，自觉接受人大监督。深入开展简政便民服务，依法依规精简服务 50 余项。深入整治“四风”问题，精文减会，强化审计监督，“三公”经费继续下降。

二、政务公开

2000 年 12 月，《中共中央办公厅国务院办公厅关于在全国乡镇政权机关全面推行政务公开制度的通知》（中办发〔2000〕25 号）印发，对乡镇政务公开作出部署，对县（市）级以上政务公开提出要求。2001 年，高碑店地区（乡）率先在全区推行政务公开。成立由乡党委书记、乡长任组长，党委副书记兼纪委书记任副组长，由纪检监察科、组宣科、民政科、司法所等为成员的政务公开领导小组，制定《高碑店乡关于推行政务公开工作意见》，按照乡级政务公开的内容要求和原则进行公开，自觉接受人民群众监督。

政务公开内容主要有：一是政务管理相关事项。包括岗位职责、各项规章制度；机构设置及管理权限；政务管理依据的法律法规及具体操作标准；乡机关制定的具体办事制度、办法和要求，以及办事步骤、期限、办理结果；工作纪律及监督办法、程序等。二是群众敏感事项。包括干部任免、财政收支、宅基地审批、土地租赁等。三是群众关心事项。包括农村新型合作医疗、计划生育指标分配、农村经济发展规划等。四是群众犯难事项。主要涉及群众有疑问、难以解决的事项。五是与村务公开对接事项。包括乡村税费收缴、使用情况；各村由乡代管资金收支情况；各村计划生育情况；征用土地及土地补偿、安置补助费发放使用情况；各村宅基地审批情况；水电费价格及收缴情况；优待抚恤情况；村干部任免，村干部招聘条件、程序、结果等情况；乡人大代表建议、议案办理情况等。村务公开具体内容尽可能与乡政务公开对接，使乡政务公开工作得到延伸和深化。

为保证政务公开有效实施，采取监督措施有：一是建立监督制度，制定《领导小组联席会制度》《群众意见处理及反馈工作制度》《机关科级干部廉政档案制度》等。二是设立举报箱和举报电话。在政务公开栏旁同时设立举报箱，接受对行政行为的投诉，由纪检监察科定期开箱整理和严格登记。公布乡政府公开举报电话，有问题可以随时通过电话反映。三是建立监督队伍。成立政务公开监督领导小组、人大监督小组、纪检监督小组，并成立由各村老党员、老干部组成的老年义务监督员队伍。

至 2005 年，政务公开制度逐步完善，基本做到认识到位、领导到位、人员到位、资金到位、职责到位。同年，重点将新建 4 项政府专项资金（解决历史遗留问题专项资金、社会事业发展专项资金、规划布局与产业发展专项资金、社会安全稳定专项资金）进行公开，将具体事项在乡政府大楼走廊张榜公示，保证专项资金落实到实处。同时，公开形式进一步多样化，政府为民服务大厅建成后，利用电子屏幕进行公开。

2011 年，进一步扩大政务公开范围，内容涉及民政、医疗、财务、换届选举等方面。同时，提高重大事项决策民主化、阳光性，将政务公开引向深入。打造阳光型政务，建设服务型政府。

2017 年，深化政府信息和政务公开改革，主动公开政务信息 2700 余条，办理群众申请公开事项 12 件。2021 年，高碑店地区（乡）继续加大政府信息和政务公开力度，主动公开政务信息 1000 余条。

三、便民服务

2001 年 12 月 20 日，高碑店地区（乡）按照《北京市人民政府印发关于完善本市城镇社会保障体系意见的通知》要求，成立社会保障事务所，为全民所有制事业单位。具体负责退休人员社会化管理服务、失业人员动态管理和就业服务、城镇居民最低生活保障金发放等社会保障事务性工作。2003 年 3 月，按照市、区要求，成立高碑店地区（乡）馨诚社区服务中心（2021 年 10 月更名为高碑店馨诚社区服务有限公司），发挥公益性就业组织功能，为就业困难人员托底安置提供平台和载体。2003 年，全地区（乡）成立 5 个基层就业指导站，培训基层专职工作人员 20 人，全部取得职业指导资格证。2004 年，完成农转非人员建档 5000 余份，业务量占全区 1/5，完成信息采集和社会保险补缴工作。

2005 年 1 月，作为朝阳区试点，高碑店地区（乡）建成政府为民服务大厅。服务大厅坐落于乡政府办公楼东一层，总面积约 800 平方米。设咨询台 1 个，负责咨询、引导、解释工作。设服务窗口 17 个，分别是社区服务、文教卫生、人口计生、财税事务、统计事务、规划建设、民政残联、城镇低保、退休办理、退休药费、超转药费、职业介绍、职业指导、自谋职业、失业受理、法律服务、信访接待。设工作室3个，分别是民调接待室、职业指导室、综合接待室。服务大厅配备复印机、打印机各1台。悬挂电子显示屏2块，用于上级联网查询信息和信息公开、宣传。服务大厅运行分受理、承办和回复3个环节。一是受理环节。群众到大厅办事，对于申请材料齐全的，能即办的即办；对于申请材料不齐全的，一次性告知申办人应补齐的相关材料后受理。对于不属于本地区职责范围内的服务事项，承办人告知服务对象应到哪个单位或部门进行申办；对因法规、政策限制，不能受理的申请事项，承办人及时说明。二是承办环节。窗口工作人员接到服务对象申办材料后，按照规定程序和时限，进行事项办理。超过承诺办结期限仍未办结的，服务大厅负责人、承办人向服务对象说明原因。三是回复环节。申请事项办结后，窗口工作人员通过电话告知等方式，负责回复群众，取回办理结果。

为加强对政府为民服务大厅工作的领导，成立由乡党委书记、乡长任组长，乡党委副书记兼纪委书记任副组长的为民服务大厅领导小组。下设办公室，由一名副处级调研员负责日常工作。成立由监察部门牵头的监察考核办公室，对服务大厅各项工作实施有效监督。为加强对服务大厅运行管理，实行“四公开”和“四办理”。“四公开”是指：公开窗口工作人员的照片、姓名、职务和服务电话；公开申办人办理相关事项需提供的材料；公开办事程序和办结时限；公开群众监督热线。“四办理”是指：即办事项马上办理，复杂事项承诺办理，重大事项联合办理，上报事项督促办理。另外，逐步加强服务大厅制度建设，建立首问负责制度、一站告知制度、首席代办制度、服务承诺制度等，建立为民服务大厅考核、奖惩、评价机制，加强群众监督。当年，建立服务大厅方便了群众，每天平均接待群众近百人次，办理服务项目百余件。全年共接待群众1.7万余人次，办理事项1.6万多件，接受政策等咨询3500多人次。

2009年，按照医疗改革要求，药费由手工报销实现社保卡实时结算，社会保障事务所完成退休、灵活就业等人员信息采集、信息录入、发卡工作。

2011年，为民服务大厅拓展工作范围，新增服务事项3项，总计153项，实现社会保障事务等与群众生活息息相关窗口单位一站式办理，简化办理程序，缩短办理时限。全年共受理民政、医疗、教育、就业岗位查询、法律服务等服务事项4670次，办理全程代理业务298件。同年，社会保障事务所完成1805份求职证换证工作，按国家统一标准制发“就业失业登记证”。

2017年底，为民服务大厅更名为高碑店地区政务服务中心。2018年，政务服务中心继续深入推进政务服务标准化建设，提高为民服务效率和便利化水平。健全专项督查、领

高碑店地区政务服务中心外景

导批办制度，完善常态化督查机制，优化政府绩效管理考评，推动政府各项工作落实。

2021年，继续优化工作模式，使政务服务提质增效。为了提升政务服务水平，树立良好的政府窗口形象，积极探索“四化”工作模式，即规范化管理，实现87项业务“一窗通办”，建立两个基层“一窗通办”示范站点；人性化服务，开通工作日早晚延时办、中午不间断、周六预约办的延时办公服务，高频业务下沉社区让群众少跑腿，数据多跑路，提高办事效率；系统化培训，针对地区劳动保障业务负责人及劳动协管员实行每月固定培训、日常针对性、个性化培训制度，采用业务讲解＋现场考核的形式，提升工作人员业务能力；精简化办公，优化营商环境，进一步推进“简政放权”，按要求简化办事流程，精简办事材料，促进政务服务提质增效。另一方面分解任务指标，把握工作有的放矢。按照区人力社保局下发的任务指标，结合地区实际工作，按照任务分工、时间节点等分解任务指标，圆满完成全年重点工作任务指标。同时以全年重点工作指标为导向，统筹安排就业、退休、退役军人、民生保障服务等各项工作稳步推进。

第八章　群众自治组织

二十世纪五六十年代，高碑店地域先后成立农民协会、贫下中农协会。1984 年 3 月，高碑店乡设立 5 个村民委员会，通过制定和完善《村规民约》等，实行民主选举、民主决策、民主管理、民主监督制度，推进村民自治。至 2021 年底，高碑店地区（乡）保持 5 个村民委员会管理模式，共进行过 12 次换届选举。

80 年代初，高碑店地域陆续成立居（家）委会，加强对居民的管理和服务。2005 年 9 月，成立 18 个新型社区，推进社区建设。至 2021 年底，全地区（乡）有 28 个社区，共进行过 11 次换届选举。2019—2021 年，随着农村社区化工作和城市社区精细化治理不断推进，地区群众自治实现新的跨越。

第一节　农民组织

一、农民协会

1949 年 3 月，第十四区委在高碑店村开展废除保甲制、建立新政权试点工作，高碑店村废除保甲制，建立高碑店乡，成立农民协会（简称农会）。同年 6 月，高碑店乡进行土地改革，区土改工作组派王春湘到东店村领导土改工作，组织成立农会小组。同年 10 月底，八里庄行政村开展土地改革，成立农会。1950 年 1 月，辖域慈云寺、花园闸、西店、大黄庄行政村开展土地改革，各村成立农会。同年 2 月，关东店、小庄、七圣庙行政村开展土地改革，各村成立农会。

高碑店地域各行政村农会是村进行土地改革的执行机构，对建立和稳定基层政权起到重要作用。1953 年春，随着土地改革复查结束，农会工作逐渐由基层政权取代。

二、贫下中农协会

1964 年 2 月，朝阳区派“四清”（清工分、清账目、清仓库、清财物）工作队进驻各生产大队，开展社会主义教育运动，成立贫下中农协会（简称贫协）委员会。同年 10 月，高碑店人民公社成立贫协委员会，主席赵德江，委员赵淑敏（女）、刘世奎。1965 年 8 月，朝阳区再次派“四清”（清政治、清经济、清组织、清思想）工作队进驻高碑店人民公社，继续开展社会主义教育运动。同年高碑店人民公社贫协委员会吸收 939 人入会。

1966 年 1 月 17 日，高碑店人民公社召开第一届贫下中农协会会员代表大会，选举产生贫协主席沈玉珍（女），副主席赵淑敏（女）、彭新民，选举委员 8 人。选举产生出席朝阳区贫下中农代表大会代表 24 人。

1966 年上半年，5 个生产大队均成立贫协委员会，设贫协主席 1 人，副主席 1 ~ 2 人，委员 3 ~ 6 人。其中高碑店生产大队贫协主席朱兴，八里庄生产大队贫协主席张贵森，北花园生产大队贫协主席赵金生，半壁店生产大队贫协主席陈山，高井生产大队贫协主席姜秀山。全公社 26 个生产队都成立贫协委员会，设贫协主席 1 人，副主席 1 ~ 2 人，委员 3 ~ 6 人。贫协成立后，会员发展迅速。至 1966 年 5 月“四清”运动结束时，仅八里庄生产大队就有贫协会员 1239 人，占全大队贫下中农成年人总数 59%。

1967 年底，5 个生产大队陆续召开贫下中农代表大会，成立常设委员会。1968 年初，高碑店人民公社成立农代会常设委员会，由 13 名常委组成。其中，核心小组由 3 人组成，分别是贫协主席沈玉珍（女），副主席赵淑敏（女）、彭新民。

第二届贫协代表大会资料缺失。

1973 年 10 月，根据市、区贫协要求，高碑店人民公社成立整建贫协工作领导小组，对贫协进行整顿。同年 12 月下旬，高碑店人民公社召开第三届贫协代表大会，参会贫协代表 140 名，列席代表 17 名。选举产生新一届贫协委员会。选举产生贫协主任王秀兰（女），副主任赵德江、叶淑兰（女）。至 1975 年，高碑店人民公社贫协有会员 3511 人，占全公社贫下中农成年人总数的 66.74%。

1976 年，随着“文化大革命”结束，贫协停止活动。

1978 年中共十一届三中全会以后，全党工作重心转向以经济建设为中心，贫协组织最终退出农村政治历史舞台。

第二节　村民委员会

一、村民委员会设立与发展

1984 年 1 月 20 日，根据《中华人民共和国宪法》和《北京市农村村民委员会暂行组织条例》规定，高碑店乡人民政府制定《关于建立村民委员会工作的意见》，以原生产大队为基础，设立建制村，以原生产队为基础，设立村民小组。同年 3 月，高碑店乡成立高碑店、八里庄、北花园、半壁店、高井 5 个村民委员会，通过推选产生主任、副主任、委员，由 5 ～ 7 人组成，共 27 人。通过推选产生村民小组组长等成员，由 3 ～ 5 人组成，共 71 人。

1993 年 7 月，高碑店乡党委决定将半壁店建制村分成半壁店和华东公司（村）2 个建制村，分别设立村民委员会。2000 年 12 月，华东公司（村）并入半壁店村。2001 年，八里庄村 8 个生产队完成撤队工作。至 2021 年底，高碑店地区（乡）保持 5 个村民委员会管理模式。

二、村民委员会换届选举

1987 年 4 月，根据《北京市农村村民委员会暂行组织条例》，高碑店乡进行第一届村民委员会换届选举。选举产生新的村民委员会主任、副主任、委员，进一步充实村民委员会、村民小组干部力量。

1990 年 12 月，根据《中华人民共和国村民委员会组织法（试行）》，高碑店乡进行第二届村民委员会换届选举。乡政府成立村民委员会换届选举办公室，具体负责全乡村民委员会换届选举工作。制定《朝阳区高碑店乡关于村民委员会换届选举工作的意见》，对选举原则、选举程序和选举办法作出规定。5 个建制村分别成立村民委员会换届选举指导组，3 ～ 5 人组成。此次选举基本维持原村民委员会规模。在推选和确定村民委员会组成人员候选人中，本着精简原则，与村级其他组织相互兼职，实现一职多能。

1993 年 4 月，根据《中华人民共和国村民委员会组织法（试行）》，5 个村民委员会进行第三届村民委员会换届选举。经过选民进行无记名投票，依法选举产生村民委员会主任、副主任和委员。

1997 年 4 月，根据《中华人民共和国村民委员会组织法（试行）》，5 个村民委员会进行第四届村民委员会换届选举。通过广泛宣传，进行选民登记，推荐候选人，选举程序更加规范。最后投票选举产生新一届村民委员会成员 36 人。

2001 年 6 月，根据《中华人民共和国村民委员会组织法》和《北京市村民委员会选举办法》，高碑店地区（乡）进行第五届村民委员会换届选举。此次选举在选举形式上与以往有重大区别，由村民直接推选选举委员会主持，由登记参加选举的村民直接提名候选人，即“海推直选”。选举委员会主持村民委员会选举工作。高碑店地区（乡）党委、政府成立以党委书记、乡长任组长，副乡长任副组长的村民委员会换届选举领导小组。根据北京市民政局关于村民委员会选举工作要求，选举委员会工作由村党总支领导。党总支书记按法定程序进入选举委员会，并全部被推选为选举委员会主任。村选举委员会严格按照选举工作规程操作。在提名村民委员会委员候选人方面，一开始就对其任职资格条件提出明确要求，引导村民正确行使民主权利，从全体村民的利益出发，推荐奉公守法、品行良好、公道正派、热心公益、具有一定文化水平和工作能力的村民为村民委员会委员候选人；在候选人竞争方面，举行村民大会，组织候选人与村民见面，由候选人介绍履职的设想，回答村民提出的问题；在投票选举方面，实行无记名差额投票、公开计票的方法，选举结果当场公布。选举时，设立秘密写票处和流动票箱，登记参加选举的村民选举期间外出不能参加投票的，或行走不便的，以书面委托形式，委托本村有选举权的近亲属代为投票。有的村民在流动票箱投票，切实保障村民在无干扰情况下自主表达选举意愿。此次共有 4 个村民委员会参加换届选举，分别是高碑店村民委员会、半壁店村民委员会、北花园村民委员会和高井村民委员会。由于撤队转居转工，八里庄村民委员会不再参加换届选举，但仍保留原村民委员会管理模式。经过选民资格认定，4 个参选村民委员会共有选民 4742 人，选举产生 20 名村民委员会成员。其中，男性 13 名、女性 7 名；汉族 19 名、少数民族 1 名；党员 15 名、群众 5 名；农业户口 15 名、居民户口 5 名；高中以上学历 12 名、初中学历 8 名。平均年龄 42 岁，比上届下降 5 岁。

2004 年 6 月，高碑店地区（乡）进行第六届村民委员会换届选举。4 个建制村（高碑店、北花园、半壁店村、高井村）共有 4021 名选民参加投票。其中，农民 2271 人，未参加居委会换届选举的农转居自谋人员 1750 人。经过宣传动员、选民登记、提名推荐、确定正式候选人，投票选举一次成功。共选出村民委员会成员 22 名。其中，村民委员会主任 4 名、副主任 5 名、委员 13 名。此次换届选举选民参选率达到 100%，新当选村民委员会班子成员平均得票率达到 97.8%，党员当选率高，在当选的新一届村民委员会班子成员中，党员 20 名，约占 91%。

2007 年 6 月，高碑店地区（乡）进行第七届村民委员会换届选举。4 个建制村（高碑店、北花园、半壁店、高井），共有 2905 名选民参加投票。其中，农民 2244 人。6 月 22 日，投票选举一次成功。参选率达 100%。共选出村民委员会成员 24 名。其中，主任 4 名、副主任 6 名、委员 14 名。

2010 年 5 月，第八届村民委员会换届选举资料缺失。

2013 年 6 月，高碑店地区（乡）进行第九届村民委员会换届选举。高碑店、半壁店和高井 3 个村民委员会参加换届选举。北花园村因农民全部转居，不再进行换届选举，仍保留原村民委员会管理模式。3 个建制村共有 1835 名选民参加投票，参选率 99.72%。高井村在选举工作中，首次引入司法公证程序，由公证人员全程监督，加强对参选者行为的监督，让整个选举更加公平、透明。本届换届选举共选出村民委员会成员 17 名。其中，主任 3 名，副主任 4 名（高碑店村 2 名、半壁店村 1 名、高井村 1 名）。村民委员会委员中，女性 8 人，占 47.05%。其中，妇女专职专选岗位 4 个，占 23.53%。新一届村民委员会成员平均得票率为 99.58%。

2016 年 6 月，高碑店地区（乡）进行第十届村民委员会换届选举。全地区 3 个参选村民委员会（高碑店、半壁店、高井）均一次选举成功。3 个建制村有 1779 名选民参加投票，参选率达 99.39%。选举产生村民委员会成员 17 名。其中，主任 3 名，副主任 4 名（高碑店村 2 人、半壁店村 1 人、高井村 1 人）。村民委员会委员中，女性 10 人，占 58.82%。其中，妇女专职专选岗位 3 个，占 17.65%。本次换届选举呈现出选民参选率高、妇女代表当选率高、当选成员年轻化、党员当选率高等特点。新当选村民委员会成员平均得票率 99.52%；平均年龄 41.57 岁；党员 16 人，占 94.11%；大专及以上学历 15 人，占 88.24%。村民委员会成员年龄结构不断优化，文化素质明显提高，男女比例结构进一步改善，班子整体能力得到提升。

2019 年 3 月，高碑店地区（乡）进行第十一届村民委员会换届选举。全地区（乡）3 个参选村民委员会（高碑店、半壁店、高井）参加换届选举。共登记选民 1650 人，推选村民代表 144 人。共提名村民委员会成员候选人 28 人，确定正式候选人 20 人。高碑店、半壁店村共有 1025 名选民参加投票，参选率 99.13%。选出第十一届村民委员会成员 10 名。其中，主任 2 名、副主任 4 名、委员 4 名。新当选村民委员会成员中，有妇女成员 4 人，占 40%。其中，妇女专职专选岗位 2 个，占 20%。新一届村民委员会成员得票率最高 99.76%，最低 99.3%，平均得票率 99.53%。新当选村民委员会成员平均年龄 36 岁，党员 5 人，大专及以上学历 10 人。2019 年 4 月，高井村选出第十一届村民委员会成员 5 名。其中，主任 1 名、副主任 2 名、委员 2 名。高碑店地区（乡）本届选举呈现出选民参选率高、妇女代表当选率高、当选成员年轻化的特点。

2021 年 4 月，高碑店地区（乡）进行第十二届村民委员会换届选举。全地区 3 个村民委员会（高碑店、半壁店、高井）参加换届选举。共登记选民 2390 人，其中，高碑店村 579 人、半壁店村 424 人、高井村 1387 人。选出第十二届村民委员会成员 15 名。其中，主任 3 名、副主任 5 名、委员 7 名。新当选村民委员会成员中，女性成员 7 人，占 47%。其中，妇女专职专选岗位 3 个，占女性成员 43%。新一届村民委员会成员得票率最高 99%，最低 94%，平均得票率 96.5%，35 岁以下 5 名，党员 6 人，大专及以上学历 6 人。本届 3 个参选村主任由总支书记兼任。

至 2021 年底，高碑店地区（乡）共进行 12 次村民委员会换届选举。

1984—2021 年高碑店地域各村民委员会主任任职一览表

表 8–1

村民委员会	主任姓名	任职时间
高碑店村	白秀芝（女）	1984.3—1997.2
	张月兰（女）	1997.3—2007.5
	张洪贵	2007.6—2010.6
	彭大龙	2010.6—2012.11
	张洪贵	2012.12—2014.12
	王　鹏	2015.1—2018.12
	彭大龙	2018.12—2019.12
	张　申	2019.12—2021.12
八里庄村	刘德旺	1984.3—1985.11
	于兆月	1985.11—2001.3
	张宝清（履行村民委员会主任职责）	2001.3—2007.12
	谢文军（履行村民委员会主任职责）	2007.12—2018.10
	刘迎春（女，履行村民委员会主任职责）	2018.11—2021.12
北花园村	杜德林	1984.3—1993.3
	田万云	1993.3—2001.6
	王学军	2001.6—2004.7
	王淑芳（女）	2004.7—2005.11
	刘东辰（代理）	2005.11—2007.4
	王晚荣	2007.5—2017.4
	王秀敏（女）	2017.4—2019.1
	王淑芳（女）	2019.1—2019.12
	王克本	2019.12—2020.8
	王　伟	2020.8—2021.12
半壁店村（辖半壁店、小郊亭、方家村、西店 4 个自然村）	王永亮	1984.3—1991.8
	徐友生	1991.8—1993.7
华东公司（村）（辖半壁店、小郊亭 2 个自然村）	李子德（履行村民委员会主任职责）	1993.7—1997.5
	姜　春（履行村民委员会主任职责）	1997.6—2000.12
半壁店村（辖方家村、西店 2 个自然村）	徐友生	1993.7—2000.12

续表 8-1

村民委员会	主任姓名	任职时间
半壁店村 （辖半壁店、小郊亭、方家村、西店 4 个自然村）	徐友生	2000.12—2001.6
	郭雪松	2001.6—2007.5
	吴　昊	2007.6—2012.7
	李云峰	2012.8—2019.3
	马乃军	2019.4—2021.12
高井村	李　明	1984.3—1986.8
	果　洪	1986.8—1991.8
	于德水	1991.8—1997.3
	佟继春（满族）	1997.3—2003.3
	布文仲（蒙古族）	2003.3—2004.5
	黄晓宇	2004.5—2019.5
	庄虔春	2019.5—2021.12

三、村民自治

制定《村规民约》　1984 年，5 个村民委员会成立后，为推动村民自治，各村民委员会着手制定《文明公约》。各村以制定《文明公约》为抓手，加强精神文明建设，开展“五讲四美三热爱”活动，创建文明村、文明厂和五好家庭，增强邻里团结，家庭和睦，树立良好社会风尚。至 90 年代初，全乡 5 个村民委员会陆续制定出符合本村实际、操作性强的《村规民约》。各村民委员会将《村规民约》张榜公布，印成小册子，村民每户一册，做到家喻户晓。为确保《村规民约》切实执行，村民委员会加强检查监督，同时树立宣传先进典型，推动落实。高碑店村制定《村规民约》，通过规定倒垃圾时间，定期对村容环境进行检查，不仅改变过去遇上级检查或有大型活动时突击性出动人力、物力进行清理的被动局面，而且规范了村容村貌，转变了长期形成的乱扔乱倒等不良陋习，村民文明素质大大提高。《村规民约》随时代发展，不断修订，内容与时俱进。90 年代后期，5 个村民委员会新修订的《村规民约》，都要求村民养成节约用水的好习惯，规定污水、脏水应泼放到指定区域。《村规民约》还规定，全体村民要解放思想，移风易俗，摒弃以往落后的婚丧习俗，开展文明、节约、绿色的婚丧活动。21 世纪初，各村将村民委员会民主管理纳入《村规民约》第一条，规定村民委员会实施村务管理必须在村党总支的领导下，在村民的监督下，在国家法律法规和政策范围内进行。必须体现民主决策、民主管理和民主监督的原则，实行自我管理、自我教育、自我服务。2010 年，将社会主义核心价值观融入《村规民约》中。2020 年，各村民委员会将垃圾分类写入《村规民约》。

制定《村民自治章程》 90 年代中后期，高碑店地区（乡）推进《村民自治章程》制定工作。至 2002 年，各村普遍制定《村民自治章程》。《村民自治章程》经村民民主讨论通过，对全体村民行为举止具有一定的约束力。在制订过程中，坚持“五性原则”，即合法性、针对性、民主性、可行性和互约性。内容涉及组织建设、经济建设和社会管理等。《村民自治章程》在执行实践中经过多次修订，内容日臻完善。以 2020 年 7 月 31 日修订的《半壁店村村民自治章程》为例，全文共 84 条，分总则、村民自治组织、社会秩序、村民福利、村务公开和民主监督、党员干部管理及监督、财务制度、村内规划建设及管理、就业及劳动保障、信访与司法、环境卫生管理规定、附则共 12 章。其中，“村民自治组织”一章详细规定了村民委员会、村民的权利和义务、村民会议、村民代表会议、村民自治委员会等内容；“社会秩序”一章详细规定了社会治安综合治理、村风民俗、婚姻家庭、人口与生育等方面的内容。

至 2021 年，随着形势发展需要，各建制村《村民自治章程》均进行过多次修改和完善。

2010 年 5 月，高碑店村召开第七届第十二次村民代表大会

召开村民代表大会 90 年代中后期，高碑店地区（乡）把村民代表大会作为村民自治制度建设的重点。2002—2005 年，各村民委员会进一步落实村民代表大会制度。由村民代表大会或各村民小组民主推选产生村民选举委员会。重要经济决策、财务决策必须召开村民代表大会表决通过，方可实行。每年至少召开 2 次村民代表大会，遇重大事项可随时召开村民代表大会。村民委员会向大会做村务工作报告，村民代表分组讨论，并通过报告。加大学习宣传，使村民人人关心村内事务，充分调动广大村民参与积极性。村民代表大会制度对推进村民自治民主化程度，保持农村和谐发展起到积极作用。

2006—2021 年，各村民委员会持续推进和完善村民代表大会制度建设。高碑店村共组织召开村民代表大会 73 次，对新农村建设、村民翻建房屋、修订《村民自治章程》、年度经济工作报告、历届村民委员会换届、财务收支、招商引资项目、村账托管等重要议题进行表决。北花园村共组织召开村民代表大会64次，对村内重大事项如拆除花园金地绿地违建、花园闸平房区公共设施建设、老年人保险、办公用车、收回中国传媒大学科技园项目自主经营、巡防队保安聘用、提高大学生奖励金等，进行民主表决。半壁店村共组织召开村民代表大会77次，对新农村与美丽乡村建设、广渠快速路建设、重点工程拆迁、大额资金使用情况等重要议题进行审议、表决，实现民主决策。高井村共组织召开村民代表大会72次，对各项工作报告、历届村民委员会换届、村域产业结构升级、村民医药费二次报销、白家楼美丽乡村建设、集体资产管理、产权制度改革、企业合同调整等100多个重要议题进行表决，实现民主决策和民主管理。

实行村务公开 1998年，根据中共中央、国务院颁发的《关于在农村普遍实行村务公开和民主管理制度的通知》和朝阳区《关于在朝阳区农村实行村务公开和民主管理制度的工作意见》，高碑店地区（乡）开始推进村务公开制度。乡政府成立村务公开领导小组，由乡长担任组长。各村制定落实村务公开办法，设置村务公开栏，公开举报监督电话，设置村务公开意见箱。公开栏每半年更换一次。公开内容包括村民委员会办事依据的政策法规，村里制定的具体办事制度、办事步骤、期限、办理结果，财务收支、宅基地审批、土地租赁、计划生育指标分配、先进评比奖励、学生奖励标准等村民关注的各项事宜。各村在评选“五好文明家庭”过程中，坚持“三公开”，即评比标准公开、评比过程公开、评比结果公开，接受群众的监督。通过持续推进村务公开制度，加强廉政建设，扩大基层民主。2006年11月，高碑店地区（乡）被评为北京市村务公开民主管理示范乡镇。高碑店村、北花园村、半壁店村、高井村被评为“北京市村务公开民主管理示范村”。2008年6月，高碑店地区（乡）被评为“全国村务公开民主管理先进乡镇”。

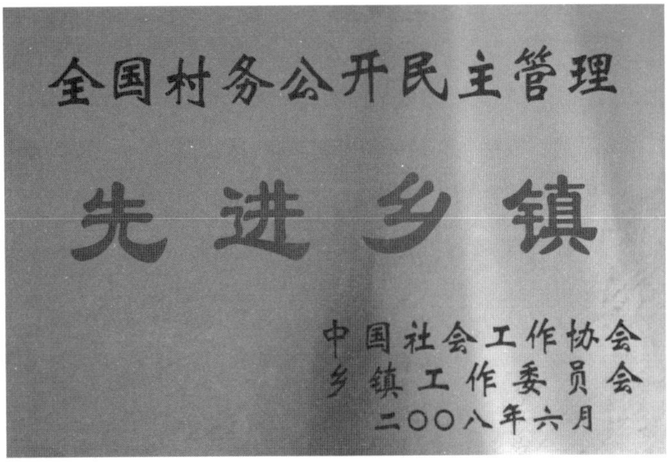

2008年6月，高碑店地区（乡）荣获“全国村务公开民主管理先进乡镇”奖牌

2018—2021年，根据《关于做好朝阳区村级组织“三务公开”工作的通知》要求，高碑店地区（乡）进一步推进村务公开工作。制定《高碑店乡村级组织“三务公开”工作

方案》，详细列举村政务公开、事务公开、财务公开具体内容。由村民委员会制订村务公开方案，经审核确定后，按规定时间，通过村内公开栏、电子屏、网络等形式及时进行公开。村民对公布内容有疑问的，可以口头或书面形式向村务监督委员会投诉。村务监督委员会对群众反映的问题及时进行调查，修改后由村民委员会重新公布。村民也可直接向村党组织、村民委员会、村集体经济组织询问，村民委员会在10个工作日内作出解释和答复。

创建全国“民主法治示范村” 2003年6月，司法部、民政部下发《关于开展“民主法治示范村”创建活动的通知》，在全国农村开展“民主法治示范村”创建活动。2004年，高碑店地区（乡）开展创建“民主法治示范村”活动。成立创建“民主法治示范村”活动领导小组，制定《高碑店乡关于创建民主法治示范村活动实施意见》，指导各村按照“民主法治示范村”考评标准，逐项对照，找不足，定措施。各村民委员会组织村民学习村民委员会组织法，落实村民自治章程，把创建“民主法治示范村”贯穿于村民委员会换届选举、拆迁、发展经济、精神文明建设工作之中。2005年12月，高碑店村荣获第二批“全国民主法治示范村”荣誉称号。

2006年，各村在开展“民主法治示范村”创建活动中，严格落实“四民主”（民主决策、民主管理、民主选举、民主监督）、“两公开”（政务公开、村务公开），凡关系村民切实利益重大事项，由村民代表大会研究决定，切实保障村民选举权、监督权、知情权、参与权。

2008年1月，高井村荣获第三批“全国民主法治示范村”荣誉称号。2015年3月，半壁店村荣获第六批“全国民主法治示范村（社区）”荣誉称号。2020—2021年，北京市对全市民主法治示范村进行核查评分，高碑店村、高井村得分均在90分以上，位居全市前列。

第三节　居（家）委会

一、居（家）委会设立与发展

20世纪50年代，高碑店地域住有少量散居居民。至1958年幸福人民公社成立前夕，高碑店乡（包括原高碑店乡和王四营乡）有散居居民641户，主要分居在高碑店、西店、水南庄、西店居民区、大黄庄、花园闸、官庄、唐家坟8个自然村，以及木材加工厂、粮食仓库2个单位家属院。为加强管理，至1958年7月，高碑店乡已成立西店、高碑店2个居委会，木材加工厂、东郊粮库2个家委会，以及花园闸、大黄庄、唐家坟、官庄4个由乡政府直接领导的居民小组。经过不断调整，至 1964 年，高碑店人民公社有西店、高碑店 2 个居委会。

1979 年，成立电镀总厂家委会。1980 年，成立北花园居委会。1982 年，成立民航医院家委会、烟灰厂家委会、东大楼居委会。1983 年，成立半壁店居委会。1984 年，成立高井居委会。1988 年，成立教师楼家委会。1989 年，由于建设征地，散居居民增多，成立高碑店第二居委会（高碑店南居委会）。原高碑店居委会改称高碑店北居委会。1990 年，成立木材厂家委会。1991 年，成立花园闸北里居委会。至 1991 年第一届居（家）委会换届调整后，高碑店乡有北花园、高碑店北、东大楼、半壁店、西店、高井、高碑店南、花园闸北里 8 个居委会，有电镀总厂、民航医院、烟灰厂、教师楼、木材厂 5 个家委会，共 13 个居（家）委会。

1993 年，成立小郊亭、康家沟、慈云寺、陈家林 4 个居委会。同年，高碑店地区办事处成立，从八里庄街道办事处接管大黄庄居委会和西大望居委会。1994 年，成立北京印染厂、北京火力电力公司、北京玻璃总厂 3 个家委会。至 1994 年第二届居（家）委会换届调整后，高碑店地区（乡）有北花园、高碑店北、东大楼、半壁店、西店、高井、高碑店南、花园闸北里、小郊亭、康家沟、慈云寺、陈家林、大黄庄、西大望 14 个居委会，有电镀总厂、民航医院、烟灰厂、教师楼、木材厂、北京印染厂、火力电力公司、玻璃厂 8 个家委会，共 22 个居（家）委会。

1995 年，木材厂家委会并入西店居委会，地区居（家）委会总数为 21 个。1996 年，成立方家村居委会。1997 年，撤销玻璃厂家委会。至 1997 年第三届居（家）委会换届调整后，高碑店地区（乡）有北花园、高碑店北、东大楼、半壁店、西店、高井、高碑店南、花园闸北里、小郊亭、康家沟、慈云寺、陈家林、大黄庄、西大望、方家村 15 个居委会，有电镀总厂、民航医院、烟灰厂、教师楼、北京印染厂、火力电力公司 6 个家委会，共 21 个居（家）委会。

1998 年，成立康家园一、康家园二、康家园三 3 个居委会。1999 年，高碑店北、高碑店南 2 个居委会合并为高碑店居委会。撤销电镀总厂家委会，成立兆维集团家委会。撤销烟灰厂家委会。成立建材制品总厂、第一机床厂 2 个家委会。成立甘露园南里一区、甘露园南里二区 2 个居委会。因国家建设征地，农民异地安置，撤销陈家林、慈云寺 2 个居委会。2000 年，康家园一、康家园二居委会合并为康家园一居委会。同年，因地铁复八线占地，撤销康家沟居委会。因京通快速路和四惠桥占地拆迁，撤销西大望居委会。至 2000 年第四届居（家）委会换届调整后，高碑店地区（乡）有北花园、高碑店、东大楼、半壁店、西店、高井、花园闸北里、小郊亭、大黄庄、方家村、康家园一、康家园三、甘露园南里一区、甘露园南里二区 14 个居委会，有兆维集团、民航医院、教师楼、北京印染厂、火力电力公司、建材制品总厂、第一机床厂 7 个家委会，共 21 个居（家）委会。

2001 年，成立力源里家委会。撤销甘露园一区居委会、北京印染厂家委会。2002 年 9 月底，组建妇联小区、兴隆家园小区 2 个居委会。2003 年，撤销建材制品总厂家委会。2003 年 5 月，第五届居（家）委会进行换届选举和进一步调整，根据京政办发〔2001〕46 号文件及朝阳区委“家改居”工作精神，民航医院、教师楼、火力电力公司、第一机床厂、力源里 5 个家委会改为居委会。兆维集团家委会并入东大楼居委会。选举产生八里庄第一居委会、八里庄第二居委会。届时，高碑店地区（乡）有北花园、高碑店、东大楼、半壁店、西店、高井、花园闸北里、小郊亭、大黄庄、方家村、康家园一、康家园三、甘露园二区、兴隆家园、妇联小区、民航医院、教师楼、火力电力公司、第一机床厂、力源里、八里庄一、八里庄二共 22 个居委会。

2004 年，组建太平庄、甘露园、丽景馨居、花园闸北里南区 4 个居委会。高碑店地区居委会总数达到 26 个。2005 年上半年，高碑店地区办事处对全部居民区域进行重新调整定位，申请建立新型社区。

二、居（家）委会换届选举

20 世纪 80 年代至 90 年代初，高碑店乡陆续成立居（家）委会，组成人员以协商、任命为主，未进行换届选举。1989 年 12 月 26 日，第七届全国人民代表大会常务委员会第十一次会议通过《中华人民共和国城市居民委员会组织法》，为居（家）委会举行换届选举提供法律依据。

1991 年 5—6 月，依据《中华人民共和国城市居民委员会组织法》和朝阳区关于居（家）委会换届选举文件精神，高碑店乡进行第一届居（家）委会换届选举。乡政府成立居（家）委会换届领导小组，召开群众会，通过广播、电视等多种形式宣传换届的重要意义，宣传城市居民委员会组织法，提高居民参与积极性。由于换届前已对 11 个居（家）委会进行组织整顿，换届时就没有再做改选，只召开居民代表会，对干部进行考评。换届结束后，全乡有居（家）委会 11 个，有主任 11 名、副主任 14 名、委员 33 名、居民小组组长 75 名。

1994 年 4—6 月，高碑店地区（乡）进行第二届居（家）委会换届选举。通过加强宣传，召开居民片会、群众会，选出居民代表 213 人。通过召开居民代表会，讨论、协商干部人选，最后通过投票选出居（家）委会干部，实现选举工作一次成功。换届结束后，高碑店地区（乡）有居（家）委会 22 个，有主任 22 名、副主任 39 名、居民小组组长 233

人。居委会主任中，年龄最小的 33 岁，最大的 72 岁，平均年龄 53 岁。

1997 年 4—5 月，高碑店地区（乡）进行第三届居（家）委会换届选举。地区成立换届选举领导小组，由地区办事处主任任组长。在民政科设立换届选举办公室。21 个居（家）委会都成立换届选举领导小组。从居民小组中推选居民代表，召开代表会选举候选人。在广泛征求居民意见基础上，确定正式候选人，并张榜公布。年龄在 65 周岁以上，以及户口不在本辖区不再参选居（家）委会干部。严格按照选举程序进行投票。新当选居（家）委会干部 68 人。其中，党员 29 人，占干部总数 43%；男性 14 人，女性 54 人；大专学历 3 人，中专、高中学历 15 人，初中学历 43 人，初中以下学历 7 人，初高中以上学历比上届增加 5 人；平均年龄 49 岁，比上届降低 3 岁。干部结构进一步优化。

2000 年 6—7 月，高碑店地区（乡）进行第四届居（家）委会换届选举。参加选举居（家）委会 18 个，居民小组 242 个。推选居民选举委员会 18 个，成员 109 人，选出居民代表 653 人，正式候选人 73 人。新当选居（家）委会干部 69 人。其中，主任 18 人，副主任 17 人，委员 34 人。新当选干部中，党员 28 名，占干部总数的 40%；男性 12 人，女性 57 人；大专以上学历 4 人，高中、中专学历 26 人，初中学历 39 人；平均年龄 47 岁，比上届降低 2 岁。

2003 年 5—6 月，高碑店地区（乡）进行第五届居（家）委会换届选举。22 个居委会选举一次成功。全地区共有选民 9730 名，居民小组 388 个，正式候选人 129 人。新当选居委会干部 108 人。其中，居委会主任 22 名，副主任 22 名，委员 64 名。新当选干部中，男性 25 人，女性 83 人；党员 43 人，占总数的 39.8%，比上届新增党员 15 人；具有高中以上学历的 60 人，占居委会干部总数的 55.6%，比上届新增 30 人；平均年龄 44.7 岁，比上届降低 3 岁。

三、居（家）委会管理与服务

自身建设 20 世纪 50 年代，居（家）委会主要加强组织建设，完善自身组织结构。1958 年，西店居委会、高碑店居委会、木材加工厂家委会、东郊粮库家委会组织结构完备，均设主任 1 名、副主任 2 名、委员 6 名。常设机构包括：治安保卫工作委员会、文教工作委员会、卫生工作委员会、生产福利工作委员会。由居（家）委会委员分管。居（家）委会由若干居民小组组成，居民小组设组长 1 名，副组长 2 名，干事 3 ~ 4 名。花园闸、大黄庄、唐家坟、官庄 4 个居民小组，均设组长 1 名，副组长 2 名。

80 年代至 90 年代初期，各居（家）委会在乡政府办公室、居民办领导下，不断加强自身组织建设、思想建设和制度建设。1984 年，乡政府办公室根据各居（家）委会实际情况，充实调整领导班子，加强居委会干部力量。9个居（家）委会有主任、副主任16人，委员29人，居民小组组长41人。组织学习《邓小平文选》、时事政策，加强干部思想教育。规定和形成例会制度，组织学习城市居民委员会组织条例，邀请朝阳区街道办领导讲解如何开展居委会工作，提高干部业务能力。1985年，乡居民办组织全体居（家）委会主任、副主任参加乡政府举办的法制学习班，学习宪法、刑法、刑事诉讼法、婚姻法等内容，提高干部知法守法和宣传法律知识能力。1986年，为提高干部业务水平，组织参观学习朝外大街办事处秀水河居委会绿化美化经验，以及建外大街办事处永安西里居委会服务经验。1987—1989年，继续加强组织建设，精心选配居（家）委会干部，加强思想教育，调动工作积极性。1990年，组织干部学习新颁布的城市居民委员会组织法，为期2天，增强干部做好居（家）委会工作的信心。

1991—1995年，居（家）委会加强自身规范化建设。在1991年换届选举中，要求居（家）委会要加强自身规范化建设，建立岗位责任制。1992年，各居（家）委会落实自身规范化建设。除坚持例会制度、学习制度等制度建设外，重点是图表上墙，包括干部分工、干部责任、计划生育、治安联防等各项内容。涌现出高碑店北居委会、花园闸北里居委会和烟灰厂家委会等一批先进典型和特色样板。1994年，继续推进居（家）委会规范化建设。普遍建立周一例会制度。建立“三本一册”，即基本情况登记本、工作记录本、大事记和户口底册。组织居（家）委会干部参观学习八里庄街道办事处图表上墙。1995年，规范干部坐班制度。完善组织建设，每个居（家）委会都成立八大委员会，即妇代会、计划生育委员会、治保会、民调委员会、卫生委员会、青少年教育委员会、老龄委员会、福利生产委员会。各委员会明确分工，责任上墙。

从1996年开始，居（家）委会建设进入规范化、制度化、科学化阶段。1996年，为贯彻朝阳区《“九五”计划和2010年远景目标纲要》，落实区街道办、区农办关于开展居（家）委会达标升级活动精神，地区全面开展居（家）委会达标升级活动。地区办事处成立两项达标升级工作领导小组，由办事处主任任组长，主管副主任任副组长，办公室设在民政科。制定高碑店地区办事处《关于开展居民工作、居（家）委会工作达标升级活动的实施意见》。至年底，完成达标率90%。其中，一级达标2个，二级达标14个，三级达标3个。同年，完善《居（家）委会学习、会议制度》《居（家）委会干部考勤制度》《居委会工作制度》《固定资产管理制度》《居（家）委会廉政措施》《居民代表会活动制度》等各项制度。明确居（家）委会职责范围、八大委员会职责范围。

1997年，继续全面开展居（家）委会达标升级活动。侧重标准化建设，民政科为各居（家）委会统一打印户口底册，购买各种卡片，统一会议、学习及各委员会活动记录格式，购买文件夹120个、档案盒80个下发到各居（家）委会。至年底，经过考核，21个居（家）委会全部实现达标。其中，一级达标1个，二级达标14个，三级达标6个。

2000年，继续加强领导班子建设，确立每月6日主任例会制度，每周四学习制度。制定《居（家）委会开展社会服务的实施意见》，逐步建立和完善居（家）委会社区服务职能。2002年，强化培训制度，全年组织居委会干部培训16次，参加培训人员累计达到400余人次，提高居委会干部素质和业务水平。以达标升级标准促进居（家）委会建设，年底进行考核验收，评出先进个人19名，先进集体6个，先进积极分子190名。

至2004年底，全地区有26个居委会，形成一支思想过硬、年轻化、专业化干部队伍，组织体系完备，各项规章制度健全，为下一步进行新型社区建设打下坚实基础。

居民管理与服务 1982年，北京市政府下发《关于加强城市街道居委会工作的意见》，要求加强基层民主建设，居（家）委会依法行使自治职能，开展各项工作。自1983年开始，为落实文件要求，高碑店乡各居（家）委会围绕居民精神文明建设及生活服务，开展环境卫生、绿化美化、治安保卫、民事调解、法制宣传、计划生育、“五好家庭”评选、便民利民服务、待业青年就业安置等方面工作。1983年，发动和组织居民打扫环境卫生，治理脏乱差，实行“门前三包”（包卫生、包绿化、包秩序）。组织巡逻，维护治安，预防违法犯罪。调解民事纠纷。安置临时工就业220人，实现就业率95%，全年发放临时工资33240元。从1984年开始，开展争创文明居（家）委会活动，实行主任包面、委员包片、组长包楼院责任制。1984—1986年，继续开展便民利民服务，通过成立缝纫组、建立小饭桌、为居民订阅报纸、安置待业青年就业等多种措施，解决居民生活中的难题。

1988年，根据朝阳区街道办提出的“以经济建设为中心、两个文明一起抓”的指导思想，各居（家）委会探索开办第三产业，以增加经济收入，积累资金，促进各项工作深入开展。全年发展便民利民服务网点7个，涉及修表、缝纫、理发、电器修理、切面加工等。1990年，协助做好全乡人口普查工作。同年，为迎接第十一届亚运会召开，居（家）委会开展“创三优”（优良秩序、优美环境、优质服务）活动，开展百分制评比，号召人人为亚运做贡献。高碑店北居委会、半壁店居委会、烟灰厂家委会、民航医院家委会并列第一。至1993年，地区有50%居（家）委会能够为居民订奶、订报、送信，解决日常生活问题。持续开展创建文明居委会活动。烟灰厂家委会成立中老年活动站，成立大秧歌队、老年迪斯科舞蹈队等，常年开展丰富多彩文娱活动。1994年，各居（家）委会把教育帮助失足青少年列入工作议程，主动联系，加强教育，帮助解决生活困难问题。全年帮教26人。同年，调解民事纠纷132起，调解成功率95%。

1996年，开展居（家）委会达标升级活动，将居（家）委会工作推向规范化、制度化和科学化阶段。升级评定内容包括自身建设、文明居民区建设、居民工作、民政工作、便民服务5个方面。在居民工作、民政工作方面，充分发挥居（家）委会桥梁作用，确保党和国家政策贯彻落实。开展教育活动，宣传《首都市民文明公约》。开展“五好家庭”“卫生家庭”“文明楼院”评比活动，参评率分别达到90%、70%、80%以上。配合朝阳区环卫部门做好卫生、绿化、美化工作。协助派出所做好收缴枪支工作。居（家）委会95%以上成立治安巡逻队伍，全部落实主任包片、委员包段、积极分子包楼（门）院的岗位责任制，维护地区社会治安。民调工作坚持调防结合，调解成功率达到95%以上。组织青少年、老年人参加各种文体活动，积极参加首届金秋艺术节。在便民服务方面，确立为民排忧、为民解难是做好地区服务的基本出发点。地区便民服务项目广泛，涉及服装裁剪、理发、便民小吃店、为民送信送饭、售奶、清洗抽油烟机等。

1997—2004年，持续开展达标升级活动，做好居民服务工作。1997年，发展居民三产总收入达到540万元，为更好开展居民服务奠定基础。2002年，结合朝阳区“三化四区”建设，本着“社区是我家、建设靠大家”的指导思想加强小区建设，提高办事效率，提高服务意识、创新意识。在7月下旬进行的居民工作民意调查中，居民满意度达到90%以上。2004年，解决花园北里小区常年邮件投递难问题，改善各小区绿化环境和路面环境。

第四节　社区居民委员会

一、社区居民委员会设立与发展

21世纪初期，随着城市化进程持续推进，高碑店地区（乡）群众居住条件、生活质量、就业方式、社会保障体系、思想意识观念以及市政设施条件等已达到城市化水平，原有居（家）委会管理体制已经不适应城市化管理需要，整合资源、发展新型社区建设逐步提上日程。2002年11月，中国共产党第十六次全国代表大会明确提出要“完善城市居民自治，建设管理有序、文明祥和的新型社区”。2005年3月，高碑店地区（乡）对原有居委会管辖范围、居民人（户）数、人员构成、基础设施建设等情况进行调查摸底，本着“有利于服务和管理，有利于资源开发，有利于社区自治”的原则，对全部居民区域进行调整定位。同时，科学论证构建新型社区组织体系的可行性，提出整合社区资源、科学划分18个新社区的方案。

2005年9月2日，根据《关于高碑店地区办事处成立社区请示的批复》（朝社批字〔2005〕10号文件），同意高碑店地区成立甘露园南里一、甘露园南里二、花园闸北里东、花园闸北里西、太平庄北、太平庄南、康家园西、康家园东、大黄庄、兴隆家园、通惠家园、丽景馨居、北花园、八里庄、高碑店、高井、半壁店西、半壁店东共18个社区。为便于工作开展，高碑店地区（乡）成立社区建设协调指导委员会，下设高碑店分会、八里庄分会、北花园分会、半壁店分会、高井分会5个分会。同年11月，18个社区成立社区党委和社区居民委员会，面向全地区公开招聘128名社区干部（含社区党委书记、社区居民委员会代理主任）。

2011年4月，撤销高碑店社区，重新划分成立高碑店东社区和高碑店西社区。至2012年6月，成立高碑店东社区居民委员会和高碑店西社区居民委员会。2013年4月，撤销半壁店西社区，重新划分成立西店社区和方家园社区，同时分别成立社区居民委员会。2013年5月，成立文化园社区。至同年12月，成立文化园社区居民委员会。2013年12月，撤销半壁店东社区，重新划分成立半壁店社区和小郊亭社区，同时分别成立社区居民委员会。同月，成立花园闸社区、力源里社区，同时分别成立社区居民委员会。2014年12月，成立水南庄社区、太平庄社区，同时分别成立社区居民委员会。2016年6月，成立古街社区。同年10月21日，成立古街社区居民委员会。2017年5月，成立汇星苑社区。同年9月底，成立汇星苑社区居民委员会。至2021年底，高碑店地区（乡）共有28个社区居民委员会。

二、社区居民委员会换届选举

2006年2月，延续前五届居（家）委会换届选举，高碑店地区（乡）进行第六届社区居民委员会换届选举。18个社区中，有11个社区符合换届选举条件。各社区成立选举委员会，采取居民代表方式进行选举。参加投票选举居民代表638人，参选率99.75%，居民满意率97.9%。选出社区居民委员会成员75人，其中主任11人、副主任14人、委员50人。新选举产生的居民委员会干部中，党员24人，占32%；大专以上学历47人，占63%；平均年龄39.6岁，35岁以下的19人，占25.3%；女性54人，占72%；农转居人员32人，占43%。

2009年5月，高碑店地区（乡）进行第七届社区居民委员会换届选举。全地区18个社区中，有14个社区具备换届选举条件。其中，13个社区采用居民代表选举方式，1个社区采用户代表方式进行选举。共选出1090名居民代表参加投票，参选率99%，居民满意率98.3%。14个社区共选出社区居民委员会成员106人，其中主任14人、副主任16人、委员76人。新选举产生的居民委员会干部中，党员56人，占53%；团员8人，占8%；大专以上95人，占89.6%；平均年龄40.3岁，35岁以下36人，占34%；女性74人，占

69.8%；少数民族 4 人。经检查验收，全地区社区居民委员会换届选举工作合格率 100%。

2012 年 5 月，高碑店地区（乡）进行第八届社区居民委员会换届选举。18 个社区居民委员会参加选举，其中 4 个社区采取社区居民直接选举方式。选出社区居民委员会成员 118 名。干部结构进一步优化。

2015 年 7 月，高碑店地区（乡）进行第九届社区居民委员会换届选举。24 个社区居民委员会参加换届。其中，13 个社区居民委员会通过居民代表选举，11 个社区居民委员会通过户代表选举。参加投票居民代表 792 人，户代表 7618 人，参选率分别达到 94.51%、99.86%。全地区 24 个社区居民委员会全部依法一次性完成选举工作。共选出社区居民委员会成员 162 人，其中主任 24 人、副主任 29 人、委员 109 人。

2018 年 12 月，高碑店地区（乡）进行第十届社区居民委员会换届选举。28 个社区参加选举。其中，16 个社区采取户代表选举，12 个社区采取居民代表选举，共登记选民 51330 人。此次选举实现一次性选举成功率达到 100%。28 个社区全部实现书记、主任"一肩挑"。选举产生居民委员会委员 192 人，平均年龄 39.1 岁，比换届前降低了 2.1 岁。新一届社区居民委员会领导班子成员年轻干部普遍增多，35 岁以下占 31.25%；文化程度明显提高，大专以上文化程度占 94.79%。

2021 年 4 月，高碑店地区（乡）进行第十一届社区居民委员会换届选举。28 个社区居民委员会参加换届，全部采取户代表方式选举，共登记选民 52385 人。通过选举，28 个社区全部实现"书记主任一人兼"，全部实现一次性选举成功率 100%、候选人联审合格率 100%。选举产生居委会成员 192 人，平均年龄 38.2 岁，比换届前降低 0.9 岁。新一届社区居民委员会领导班子成员与上届相比，年轻干部显著增多，35 岁以下上升到 38.02%；文化程度进一步提升，大专以上文化程度占 98.44%。

2005—2021 年高碑店地区（乡）各社区居民委员会主任任职一览表

表 8-2

社区名称	主任姓名	任职时间
甘露园南里一社区	袁为公	2006.2—2012.4
	赵荣林	2012.4—2018.1
	张　洋	2018.1—2018.12
	刘　强	2019.1—2020.8
	刘　晖（女）	2020.8—2021.12

续表 8–2

社区名称	主任姓名	任职时间
甘露园南里二社区	王　静（女）	2006.2—2008.12
	赵京生	2008.12—2012.4
	袁为公	2012.4—2017.12
	李秀芬（女）	2018.1—2020.11
	杨丽华（女）	2020.12—2021.12
花园闸北里东社区	侯建华（女）	2006.2—2008.2
	杨翠萍（女）	2008.3—2009.2
	于爱军	2009.3—2013.1
	杨建波	2013.2—2015.7
	赵红林	2015.7—2019.3
	冯国梅（女）	2019.3—2020.7
	张　帆（女）	2020.8—2021.12
花园闸北里西社区	王　然	2006.2—2008.12
	张立宝（女）	2008.12—2017.6
	刘　程	2018.1—2020.7
	冯国梅（女）	2020.8—2021.12
太平庄北社区	贾润菊（女）	2006.2—2009.6
	王大山	2009.6—2017.9
	郭连英（女）	2017.9—2018.12
	杨建波	2018.12—2021.12
太平庄南社区	王荣琴（女）	2006.2—2012.5
	张玉平（女）	2012.5—2015.5
	陈　玉（女）	2015.5—2021.12
康家园西社区	臧志珍（女）	2006.2—2012.5
	郭凤宏（女）	2012.5—2019.3
	刘晓燕（女）	2019.3—2021.12
康家园东社区	金文志	2006.2—2009.5
	陈秀清（女）	2009.5—2012.5
	张　帆（女）	2012.6—2017.10
	董秋宾	2017.11—2018.10
	张　帆（女）	2018.10—2020.7

续表 8-2

社区名称	主任姓名	任职时间
康家园东社区	周海英（女）	2020.8—2021.12
大黄庄社区	钟卫红（女）	2006.2—2009.1
	屈东平	2009.1—2015.8
	张玉平（女）	2015.9—2017.12
	杨丽华（女）	2018.1—2018.12
	张玉平（女）	2019.1—2020.10
	郭连英（女）	2020.11—2021.12
兴隆家园社区	吴秀莲（女）	2006.2—2009.5
	李秀芬（女）	2009.5—2012.6
	陈秀清（女）	2012.6—2015.7
	刘晓燕（女）	2015.7—2018.1
	王岩丰	2018.1—2019.3
	王建荣（女）	2019.3—2021.12
通惠家园社区	张士博	2006.2—2013.12
	吴为民（女）	2013.12—2017.12
	刘晓燕（女）	2018.1—2018.11
	董秋宾	2018.11—2021.12
丽景馨居社区	郭凤宏（女）	2006.2—2008.12
	张红霞（女）	2009.1—2018.1
	刘　晖（女）	2018.1—2018.11
	卢　宁	2018.11—2019.3
	张红霞（女）	2019.3—2021.12
北花园社区	许秀翠（女）	2006.2—2009.12
	胡文新	2009.12—2012.6
	王克本	2012.6—2013.6
北花园社区	王洪来	2013.6—2019.4
	王克本	2019.4—2020.7
	王洪来	2020.8—2021.12
八里庄社区	张秀杰（女）	2006.2—2013.10
	谢文军	2013.10—2018.1
	高　萍（女，满族）	2018.1—2021.12

续表 8-2

社区名称	主任姓名	任职时间
高碑店社区	李文杰	2006.2—2008.12
	张洪贵	2009.1—2011.4
高井社区	黄晓宇	2006.2—2009.6
	果屹娜（女）	2009.6—2019.2
	王岩丰	2019.3—2020.7
	刘　程	2020.8—2021.12
半壁店西社区	宋　瑶（女）	2006.2—2009.5
	方志安	2009.5—2013.4
半壁店东社区	丰跃忠	2006.2—2009.5
	刘少君（女）	2009.5—2013.12
高碑店东社区	张洪贵	2011.4—2015.6
	张海峰	2015.7—2017.12
	赵立新	2018.1—2018.11
	张海峰	2018.12—2021.12
高碑店西社区	彭大龙	2012.4—2013.10
	王　鹏	2013.10—2015.6
	张建夺	2015.7—2018.3
	刘　新	2018.3—2021.12
西店社区	肖玉杰（女）	2013.4—2018.3
	孙　渊	2018.3—2019.3
	史宝叶（女）	2019.3—2021.12
方家园社区	计立利	2015.7—2018.2
	王庆燕	2018.2—2019.3
	陈振雪	2019.3—2021.12
文化园社区	张海峰	2013.5—2015.5
文化园社区	魏荣江	2015.5—2019.4
	张　丽（女）	2019.4—2021.12
半壁店社区	马玉梅（女）	2013.12—2021.12
小郊亭社区	路运霞（女）	2013.11—2018.2
	刘少君（女）	2018.9—2021.12
花园闸社区	王云竹	2013.12—2019.3

续表 8-2

社区名称	主任姓名	任职时间
花园闸社区	许立强	2019.3—2020.7
	刘　强	2020.8—2021.12
力源里社区	刘旭成	2018.1—2020.12
	杨　蕊（女）	2020.12—2021.12
水南庄社区	陈振雪	2014.12—2018.2
	邱　菊（女）	2018.2—2021.12
太平庄社区	刘　程	2014.12—2017.12
	张　彭	2017.12—2019.3
	赵京生	2019.3—2021.4
	王　丹（女）	2021.4—2021.12
古街社区	邢桂芬（女）	2016.10—2017.12
	缐大杰	2018.1—2021.12
汇星苑社区	王大山	2017.9—2019.1
	杨翠平（女）	2019.1—2021.12

三、社区管理与服务

社区规范化建设　2006 年，社区居民委员会成立初期，着手进行社区规范化建设，主要包括加强基础性工作建设、组织建设、社区干部思想建设等方面，注重提高居委会干部服务意识和服务水平。经过 2 年多努力，至 2007 年底，18 个社区中，有 15 个社区办公场所和居民活动场所达到 300 平方米，办公条件和居民活动条件得到较大改善。高碑店地区（乡）投入 400 余万元建成社区服务中心，为居民提供文化教育、医疗保健等 8 大类 50 多个服务项目。18 个社区全部建立居民事务服务代办站。成立秧歌队、舞蹈队、合唱队、模特队、乒乓球队、乐器队、象棋队等各类文体队伍 83 支。成立党员志愿者、青年志愿者、巾帼志愿者、夕阳红志愿者等志愿者队伍 103 个。建立居民委员会例会制度。在居民委员会干部中强化爱国敬业的奉献精神，大力推进以爱岗敬业、诚实守信、办事公道、服务居民、奉献社会等为主要内容的职业道德教育。加强居委会干部职业技能教育。2007 年，组织计算机网络、计划生育、法律知识、劳动就业、社会保障、食品卫生、心理学等培训 35 次，累计 703 人次。至 2009 年，培训达到 3790 人次。通过学习培训，使居委会干部工作能力、办事效率和为民服务本领等综合素质得到提高。

2009 年，在社区建设中坚持以社区党委为龙头，抓组织网络，协调驻社区单位党组织参与社区建设；抓建设标准，制定文明健康社区创建标准、文明家庭评比标准等工作标准；以居民言行举止、社区卫生环境为主要内容，抓创建重点；开展居民参与社区建设大讨论，抓教育宣传，提高居民参与社区建设积极性。同时，开展创建学习型社区、美德社区、温馨社区、健康社区、绿色社区活动，促进和谐社区建设。根据《朝阳区社区管理办法（试行）》，18 个社区居民事务服务代办站改建为社区服务站，为辖区居民提供劳动就业、社会保障等公共服务。至 2011 年，通过大力推行社区规范化建设，形成社区党委、社区居民委员会、社区服务站三位一体规范化服务管理体系。社区服务功能不断完善，服务质量显著提高，社区成为为民服务的平台、社会稳定的基础、联系群众的纽带。社区干部在群众中的形象进一步提升。

2012—2021 年，社区规范化建设进一步完善。2014 年，各社区以党的群众路线教育实践活动为契机，编纂《高碑店社区建设工作手册》，完善社区工作制度。同年，太平庄南社区荣获“创建北京市规范化社区示范社区”称号。2015 年，高碑店地区（乡）加大社区硬件建设力度，完成 12 个社区 23 个建设项目，包括大黄庄健身园改造，方家园文体活动站建设维修，水南庄仿古遮阳亭、半壁店便民停车场、花园闸北里东社区道路修缮，以及兴隆健身园改造等。争取区级经费 112.6 万元，依托高碑店西、通惠家园社区邻里之家配套硬件，建成以“高碑店西社区为邻里之家服务平台中心点、通惠社区为平台支撑点”的地区专业社会工作示范基地。

2017 年，完善社区工作标准化建设和制度化建设。完成社区规范悬挂标识工作，每个社区悬挂社区党委、社区居民委员会、社区服务站标识。统一编辑并制作“一制度、三手册”，即高碑店地区《社区工作制度》《社区议事工作手册》《社区领导接待日工作手册》《社区帮扶结对工作手册》。为辖区 347 名社工统一设计并制作胸牌，进行规范化管理。同时，为加强社区之间横向互动交流，取长补短，制定社区融合结对共建制度。设立社区主要领导每周接待日制度，及时、妥善解决居民诉求，基本实现“小问题不出小区、一般问题不出社区”。同年，注册成立高碑店地区（乡）社区社会组织联合会，完善组织建设，提升社会组织参与社区建设积极性。

2018 年，加强社区工作者（简称社工）队伍建设。以社工队伍规范化、专业化、职业化建设为目标，开展社区负责人专业培训计划、社工专业资格专业培训计划、“社工让高碑店更美丽”培训年计划、“递进式”帮扶结对互助工程，在社区“领头雁”、专业社工、全员社工、社会组织牵头人 4 个层次进行多维度、广角度专业培养。全年举办培训、分享、交流、参观等活动 40 余次，参加者 1500 人次。同年，建立和谐促进组织，有和谐促进员 1221 名。至 2021 年，28 个社区均建立一支“品牌”和谐促进员队伍，涌现出丽景馨居“七彩”志愿服务队、水南庄社区“阳光365”志愿服务队、高东社区“蒲公英”志愿服务队等品牌和谐促进员队伍。

“六型”社区建设 2011年4月，北京市民政局、首都文明办、首都综治办等14个部门联合下发《关于开展评选北京市建设和谐社区示范单位的工作意见》（京民社区发〔2011〕142号），要求在首都社区建设新阶段，重点围绕干净、规范、服务、安全、健康、文化“六型”社区建设，深入推进和谐社区建设。2011—2012年，各社区贯彻落实市、区有关文件精神，开展“六型”社区建设。在社区建立全能服务窗口，切实改变社区机关化作风。高碑店西、半壁店东等6个社区进行市民化培训，积极培育城市新居民。拓展服务范围，完成7个“一刻钟服务圈”试运行工作，实现对居民服务覆盖率70%。同年底，兴隆家园、通惠家园、高碑店西3个社区通过市级“六型”社区验收，被列为农村典型社区。

2013年，继续推进“六型”社区建设。对花园闸北里东、甘露园南里一、大黄庄等社区内道路进行修建，完善社区网站、配齐分类垃圾桶、建立居民健康档案、配备书架图书，为居民提供更快捷服务。同年，兴隆家园和高碑店西社区被评为首批“全国社会工作服务标准化建设示范社区”，兴隆家园社区被评为“全国地震安全示范社区”。2014年，24个社区全部成立“社区议事厅”，推进居民自治，增强居民自我管理和自我服务意识，营造“社区事务大家议评、社区管理大家参与、社区决策大家商定”的氛围。重新调整“一刻钟服务圈”区域划分，由原来18个社区7个圈调整为24个社区8个圈，整合社区资源，为居民提供便民服务。

2015年，西店、高井、高东、八里庄、水南庄5个社区“六型”社区建设一次性创建成功。至2016年，高碑店地区（乡）共有13个社区跨入“六型”先进社区行列。2017年，27个社区以“有空间、有队伍、有议题、有规则、有机制”的“五有”标准，加强社区居民议事厅建设。至2018年，28个社区居民议事厅、一刻钟服务圈实现全覆盖。

社区治理 2018—2021年底，高碑店地区社区工作走向社区治理阶段，并不断探索进行精细化治理。2018年，地区以社区自治建设为重点，以“共商、共治、共享”为主线，探索符合实际的社区治理方式。西店社区以“六巷一园”为载体，以党建为引领，实现居民“共商、共治、共享”。高碑店西社区通过成立自治组织，民主推荐选出街长、巷长、胡同长，每天采用走动式工作法，发现问题及时上报，实现社区治理。同时，加强智慧社区建设，运用“智慧社区”公众号，开发“一刻钟服务圈”、网上议事厅等模块，使28个社区均实现“线上线下共议事、一刻商圈享便民”。同年，成立兴隆家园社区蓝羽中心、高碑店古街社区民间艺术体验馆、文化园社区科举匾额博物馆3处社区之家，通过资源共享、阵地共建、合力服务，加强社区治理。

2019 年，高碑店地区将“街乡吹哨、部门报到”基层社会治理机制向社区延伸，构建“社区吹哨、科室报到”的社区治理长效机制。通过明确社区、职能科室职责，针对居民强烈反映的问题和社区治理中的难点、热点问题，采取发现、评估、协商、落实、吹哨程序，提高基层社区治理能力。通过“社区吹哨、科室报到”评估，做到“件件有回应、件件有落实”。全年“吹哨、报到”事项总计 144 项，解决 132 项，完成率 91.67%。

2020 年，地区（乡）社区治理和服务重点提升社区精细化治理水平。建设“YI+ 空间”社会动员平台，打造社区事务“议”空间、社区服务“益”空间、社区文化“艺”空间、社区治理“意”空间。整合资源，把分散独立的社会力量向合作共赢集聚，形成以地区社会组织联合会为核心，社区、专业组织、社区社会组织齐头并进，共同解决社会治理难题的新格局。开展“融合结对”主题活动，按照涉农、老旧、商业、居民型社区，划分成 4 片和 14 对帮扶组，精细化解决诸如老旧小区社区停车难、环境自治管理弱、农村改造问题多等社区治理问题。

2021 年，提高社区治理专业化水平。与 8 家专业社会组织合作，投入资金 500 余万元，完成 14 个专业项目、270 场公益活动，参与人数累计 5 万人次。推进社工队伍建设，全地区（乡）有初级社工 47 人、中级社工 30 人。

第九章　群团组织

20世纪50年代初，高碑店地域陆续成立中国新民主主义青年团。1956年，高碑店乡成立妇联组织。六七十年代，共青团组织在发展农业生产方面，妇联组织在维护妇女、儿童权益方面发挥重要作用。八九十年代，共青团主要围绕党的中心工作开展活动，推进“两个文明”建设。妇联组织更加重视家庭建设，促进妇女事业发展。发挥妇女“半边天”作用和党联系妇女的桥梁纽带作用。1990年，高碑店地区（乡）成立残疾人协会。1997年，成立工会工作委员会，陆续推进基层建会工作。2001年，成立红十字会。至2021年，工会、共青团、妇联、残联、红十字会等各类组织在各自职能范围内，为服务基层百姓、维护合法权益、促进地区和谐发挥积极作用。

第一节　工　会

一、组织

1997年6月，按照朝阳区农村乡建工会工作会议要求，高碑店地区（乡）建立工会工作委员会。主任由李翠华（女）兼任，副主任由吴海峰兼任。工会工作委员会成立后，着手进行各基层组织建会工作。1998年10月，康港模板公司建立工会，主席武玉红（女）。截至2000年底，全地区（乡）5个村都建立联合工会，由党总支副书记兼任工会主席，配备1名专兼职工会干部。乡直属7家企业全部成立工会。全地区（乡）共99家企业加入村联合工会或成立独立工会。

2001年6月，高碑店地区（乡）工会工作委员会改为高碑店地区（乡）工会，主席张伟。全年建会63家，新发展会员758人。同年，高碑店地区（乡）工会被评为北京市建会先进单位。2007年，新建天翌物业公司、兴隆家园家具建材市场、高碑店春君阁古典家具行等工会8家。同年，高碑店地区（乡）工会被朝阳区总工会评为建会先进单位。加入各村联合工会或独立建会企业300余家。

2008年，地区（乡）工会按照上级精神，确立“先组建、后规范”工作思路，重新核对、统计建会企业。截至2009年底，加入各村联合工会或独立建会企业480家，有会员1280人。

2010年11月，按照朝阳区总工会关于推进建立街乡总工会的要求，高碑店地区（乡）工会召开第一次代表大会，成立高碑店地区（乡）总工会，隶属朝阳区总工会。选举产生总工会主席任振铎，副主席周金红。2015年，高碑店地区（乡）应建会企业719家，建会471家，超额完成朝阳区总工会下达的建会指标。新增会员7556人，会员总数12858人。

2017年，开始落实朝阳区总工会“一统五联”（党委统领、组织联建、工作联动、队伍联合、服务联办、保障联享）工作思路，新增应建会企业500家，发展会员4200人，共有建会单位1561家，会员21357人。截至2021年底，高碑店地区（乡）建有总工会，各村、社区均建有联合工会，有独立建会65家，联合建会2158家，工会会员25000人。

1997—2021年高碑店地区（乡）工会组织历任负责人一览表

表9-1

职务	姓名	任职时间
工会工作委员会主任	李翠华（女，兼任）	1997.6—2000.2
	张　伟（兼任）	2000.2—2001.6
工会主席	张　伟（兼任）	2001.6—2001.9
	张仲凯（兼任） 赵年生（兼任） 吴晓军（兼任）	2001.9—2010.11
总工会主席	任振铎	2010.11—2014.7
	蒋先平	2014.7—2020.12
	刘　红（女，兼任）	2020.12—2021.12

二、主要工作

维护职工合法权益　1997年，高碑店地区（乡）工会工作委员会成立后，宣传贯彻劳动法，协调和稳定劳动关系，推进建立集体合同制度，直属企业率先签订集体合同。2001年，针对独立建会企业和加入村联合工会的企业制定2个集体合同样本，规范合同使用。7月，举办集体合同培训班，邀请朝阳区工会领导为新上岗工会干部讲解集体合同制度相关问题，熟悉业务知识。全年共签订集体合同90份，位居朝阳区乡级完成数第三名。2004 年，高碑店地区（乡）工会开始在非公企业中推进签订集体劳动合同工作。2008 年 4 月，高碑店地区（乡）工会与半壁店村联合工会举办以“普及劳动合同法 构建和谐劳动关系”为主题的宣传活动，推动劳动合同法实施，提高企业劳动合同签订率、续订率和履约率。2012 年，召开专场集体合同培训会，全地区（乡）100 余家企业参加培训。

2014 年，高碑店地区（乡）总工会推进办理京卡工作，完成会员办京卡 4486 人，占会员总数 84%。办理京卡成为每年常规工作任务。2015 年，在推进签订集体合同基础上，推进签订工资集体协商专项合同。2016 年，建立工会法律顾问制度和“一站一家一律师”制度，发挥社会律师、公职律师、公司律师在维护职工权益中的作用。开展建设“职工之家”活动，推选出 5 家乡级“职工之家”。高碑店地区（乡）总工会核算中心为 371 家单位提供经费管理和报销服务。全年签订集体合同 102 份，覆盖企业 432 家，职工 7375 人，覆盖率 88.5%。签订工资专项合同 90 份，覆盖企业 420 家，职工 6704 人，覆盖率 86%，均完成朝阳区总工会下达的任务指标。2018 年，开展百人以上建会单位同步建家工作，申报 5 家区级“职工之家”，1 家市级“职工之家”。集体合同和工资专项合同签订率达到 97%，百人企业签订率达 100%。

2021 年，新增工会会员 2500 余名，百人以上企业工会服务覆盖率 95%，百人以上建会企业建制率 100%，动态核实地区企业信息 5043 家。

职工培训与劳动竞赛 高碑店地区（乡）工会组织成立初期，每年通过组织各种职工培训和劳动竞赛，培养职工专业技能，提升业务能力。2005 年，先后举办高碑店地区古家具木工雕刻技能大赛、电工技能大赛、焊工技能大赛、汽车修理技能大赛。在兴隆家园工地现场开展“关爱生命，安全第一”互动式安全应急培训大会，561 人参加。2009 年，高碑店地区（乡）工会选派 15 名企业职工代表参加“首都职工素质教育工程”培训，全部考试合格取得“毕业证书”。6 月，高碑店乡成立安全生产暨“安康杯”活动领导小组，开展“安康杯”竞赛。“安康杯”竞赛成为每年常规工作。2014 年，选派优秀会员参加“职工助推教育计划”，3 名会员获得“电梯工职业资格证”。

2015—2021 年，每年落实北京市总工会“在职职工职业发展助推计划”，制定《在职职工职业发展助推计划年度实施方案》，开展职工岗位能力提升培训工作。2016 年，开始开办职工书屋，当年购进 9 大类图书 2128 册。以职工书屋为载体，开展“创建学习型组织，争当知识型职工”活动。2017 年 6 月，组织开展网络工程师职业技能大赛，60 余名一线网络工程师参赛。2021 年，开展“劳动展风采 奋进新时代”五一技能大赛、劳模讲党课等主题活动，惠及辖区 100 余家企业 1000 余人次。推进新就业劳动者工会服务工作，开展“携手同心　温暖同行”等主题活动，选取高碑店村、高井村、太平庄南社区等 6 个

2021 年，高碑店地区（乡）举办“五一”职工技能大赛

区域，设置 18 个新就业劳动者“惠”心温暖小站。

送温暖献爱心　1997 年，高碑店地区（乡）工会工作委员会成立后，逐步建立和完善以“两节”送温暖、“三八”助单亲、“五一”走访关爱劳模为主要内容的职工帮扶长效机制。2006 年，举行“金秋助学”活动，36 个困难职工家庭子女获得资助。2007 年，为 40 名困难职工子女发放金秋助学款 55000 元。2008 年 5 月，组织广大职工向汶川特大地震灾区捐款 40827 元。2012 年，为 12 位家庭生活困难职工申请北京市困难职工补助。同年，首次开展职工互助保险投保工作，为 100 余名职工投保在职职工住院保险。2014 年，为 795 名职工投保在职职工住院保险，涉及金额 36987 元。同年，健全困难职工档案，上报困难职工 20 人，发放慰问金 12000 元，向困难职工子女发放助学金 27600 元。对室外工作者开展“送清凉”活动，发放各类慰问品价值 6349 元。

2017 年，开展会员服务活动，参与会员 10574 人，覆盖率达到 50%。为 745 名企业会员、319 名社区工作者、209 名机关工会会员免费投保住院医疗互助保险。

2018—2021 年，每年为职工投保住院医疗互助保险。每年联合基层工会组织开展多种慰问活动，覆盖会员 5000 余人。

第二节　共青团

一、组织

1949 年 8 月至 1950 年 3 月底，高碑店地域 9 个行政村在土地改革中开展建团工作，各行政村分别成立中国新民主主义青年团支部委员会，设支部书记。1956 年 3 月，成立中国新民主主义青年团高碑店乡总支部委员会。1957 年 8 月，中国新民主主义青年团高碑店乡总支部委员会改建为中国共产主义青年团高碑店乡委员会，有团员 177 名。1958 年，幸福人民公社成立团委，有团员 450 名，高碑店工作站、八里庄工作站成立团总支。1964 年，高碑店人民公社团委下设 5 个团总支，36 个团支部，共有团员 279 名。1973 年 4 月 4 日，半壁店生产大队团总支书记方志新参加共青团北京市第六次代表大会。1976 年，北京市第十七中学成立团总支。至此，高碑店人民公社团委下辖团总支6个，团支部68个，团员1035名。

1983年6月，成立高碑店乡团委，下辖团总支5个，团支部52个，团员809名。1993年，设立高碑店地区办事处，高碑店地区（乡）团委下辖团总支5个，团支部32个，团员365名。1988年，光明电器开关厂成立全乡第一个外来青年团支部，隶属高井团总支。1994年，高碑店地区（乡）成立机关团支部。截至1999年底，高碑店地区（乡）有外来青年团支部4个。

2001年3月，成立北花园联防队团支部。同年4月，成立高碑店地区（乡）社区保安队团支部。高碑店地区（乡）团委有团总支5个，团支部14个，团员310名。2003年开始，高碑店地区（乡）陆续在非公经济组织和社会组织中成立团组织。2012年，新建非公经济组织和社会组织团组织22个。2021年7月，北京城建道桥建设集团公司整体转制，团组织关系隶属高碑店地区（乡）团委。截至2021年底，高碑店地区（乡）有团委2个，团总支1个，团支部107个，团员550名。地区（乡）团委书记高晓蒙（女）。

1964—2021年部分年份高碑店地域乡级共青团组织及团员数量统计表

表9-2

时间	团委（个）	团总支（个）	团支部（个）	团员（名）
1964	1	5	36	279
1971	1	5	41	637
1974	1	5	49	662
1975	1	5	45	735
1976	1	6	68	1035
1977	1	6	72	1082
1978	1	6	47	799
1980	1	5	51	719
1981	1	5	48	751
1983	1	5	52	809
1984	1	5	52	693
1985	1	5	52	663
1986	1	5	47	579
1987	1	6	53	562
1988	1	6	55	540

续表 9-2

时间	团委（个）	团总支（个）	团支部（个）	团员（名）
1989	1	6	52	530
1991	1	6	40	490
1993	1	5	32	365
1994	1	5	30	261
1999	1	6	15	244
2001	1	5	14	310
2018	1	33	45	296
2020	1	1	79	411
2021	2	1	107	550

1958—2021 年高碑店地域乡级历任团委书记一览表

表 9-3

时间	姓名
1958—1987.12	孙瑞东、丁富才、刘德强、邵维元、赵富友、董书祥、陈全顺、吕贵、刘玉润（女）、刘志琴（女）
1988.1—2001.12	马玉才、连文胜、方志胜、张敬（女）
2001.12—2021.12	团委书记：王喜环（女）、高晓蒙（女）
	主持工作：董晶（女）、董昊、王瑞琴（女）、蔚炳建、刘建（女）

二、主要工作

围绕党的中心工作开展活动　1957 年，高碑店乡团总支组织青年突击队，发挥青年在春耕、秋收、积肥、养猪、拣粮、除“四害”、植树造林以及扫盲等工作中的骨干带头作用。1961 年，高碑店人民公社团委在党委领导下，抓典型、树标兵，以点带面完成党委交给的任务，领导广大青年和毕业生投入到生产当中。1964 年，团委带领团员及广大青年参与积送肥、平整土地、“三夏三秋”工作，同时配合“四清”工作队开展社会主义教育运动。

八九十年代，各级团组织带领团员及广大青年在促进地域经济发展和精神文明建设中发挥生力军作用。1980 年，号召团员在各自岗位上争创一流业绩，组织各类义务劳动 265 次。参加生产队积肥劳动，积肥 882 立方米。1981 年，开展“五讲四美”活动，对青年进行思想教育，号召青年在本职岗位上创一流成绩、争当生产突击手。组织团员青年开展植树造林、疏挖排水沟、积肥和义务劳动390多次。组织“质量月”活动，推动工副企业生产。同年，高碑店人民公社团委被评为朝阳区先进团委。1983年，鼓励团员围绕中心工作在工作岗位上建功立业。开展“五讲四美三热爱”活动，建立学雷锋小组1个，创建文明街35条、文明企业12个。清理垃圾146.5吨，植树17815棵。1984年，组织团员开展“美化首都、美化家乡、美化生活”文明礼貌月活动，成立学雷锋小组28个。1986年，开展“让团徽在七五期间闪光”立功竞赛活动，组织专业技术培训，提高青年专业素质。

80年代末至90年代初，结合全乡经济发展形势，各级团组织积极组织开展劳动竞赛、技能培训等。进行“知家乡、爱家乡、建设家乡”教育，号召广大青年团员从自身做起，为建设家乡贡献力量。组织北京亚运会青年服务队参加亚运服务。组织共青团开展绿化美化一条街活动。开展移风易俗大讨论（辩论赛）。举办财务人员技能大赛，每次约80名财务人员参加。在全乡300多名团员青年中广泛开展实用技术培训活动，包括裁剪、电气焊、机械识图、电工、汽车维修、理发、机加工技术等。在团员青年中开展生产技能大比武，包括电气焊、会计珠算比赛，印刷厂排版、折页子比赛，手工编织比赛等。发动团员青年利用业余时间以多种形式创收，开展“创百元活动经费团支部”活动。仅1990年就获得活动经费3000多元。为培养青年干部成长，各级团组织动员广大团员青年积极参加征文、演讲活动，题目有《假如我是厂长（经理）》《假如我是车间主任》《假如我是共产党员》等。

1994年，开展“青年文明号”活动，组织引导青年为经济发展做贡献，在生产、经营、管理和服务等各行各业创造一流工作业绩。1997年，高碑店地区（乡）内蒙古饭店、光明电器厂就业小组、八里庄村托儿所、亿隆宫食品厂、高碑店卫生院团组织被评为区级青年文明号，42人被评为区级青年岗位能手。21世纪初，随着高碑店地域经济结构和产业结构转型，团组织主要工作转向社会服务领域。

志愿服务 1990年，在毛泽东主席提出“向雷锋同志学习”27周年之际，高碑店乡团委召开会议提出以雷锋为榜样，树立全心全意为人民服务的思想。全乡各级团组织纷纷响应，宣传雷锋的先进事迹。各团支部成立学雷锋小组，多次组织义务劳动。1995年，地区（乡）建立青年志愿者活动站，每月组织志愿者到敬老院、残疾人家中开展志愿服务。1997年，各村团总支建立青年志愿者服务分站，初步形成乡、村两级志愿服务网络。1999年，地区（乡）成立青年志愿者服务队，发展志愿者120人，利用“五四”青年节、元旦、学雷锋日等，组织服务队到路边、敬老院开展义务修理、理发、义诊等志愿服务活动。

2000年，高碑店地区（乡）青年志愿者队伍不断壮大，有志愿者队伍8支，青年志愿者 360 人。2001 年，到敬老院开展“星期六义务劳动日献爱心”活动。在辖区主要道路开展申奥运、迎两会环境整治活动。12 月，组织 200 名志愿者在主要地段开展创建文明城区宣传活动。为配合绿化隔离带建设，组织青年志愿者完成绿化任务 150 亩，植树 5 万余株。协助开展小区绿化，绿化小区面积 22 亩，栽树 27000 余株。

2004 年，在开展党的先进性教育活动中，地区 128 名志愿者向党组织主动请缨，与 146 位年老体弱的老党员结成帮扶对子，帮助他们完成各个阶段的学习任务。全地区群团组织利用每周六、日的时间，志愿者开展形式多样的服务，为特困家庭和下岗职工的生活、医疗、就业、培训等方面提供实实在在的服务，尽心竭力为他们排忧解难。地区青年志愿者参加各种类型的捐款 46363 元，志愿服务 12101 人次，累计时长 5998 小时。高碑店、八里庄、北花园、半壁店、高井团总支被朝阳团区委评为“青年志愿者先进集体”。2005 年，高碑店地区（乡）青年志愿者工作获得团区委颁发的“青年志愿者优秀组织奖”。5 个建制村均被团区委评为“青年志愿者先进集体”。

2007 年 4 月，高碑店地区（乡）成立志愿者协会。2008 年，地区（乡）团委全力开展奥运志愿服务活动。成立站点管理组、优质服务组、应急服务组、安全运行组、语言翻译组、手语特色组、活动策划组、宣传报道组共 8 个志愿者服务小组。设置八里庄公交枢纽、高碑店奥运文化广场、华润饭店、盛世龙源共 4 个服务站点，涉及站点运行服务、公交枢纽服务、文明引导服务、应急城市志愿服务、英语服务、城市志愿者新闻服务六大领域，并承担宾客接待、“奥运人家”、奥运文化广场志愿服务。“八里庄城市志愿者服务站点集体”作为朝阳区 10 万名城市志愿者代表，荣获团区委授予的“北京奥运会、残奥会先进集体”光荣称号。1 名志愿者荣获北京市委市政府、北京奥组委授予的“北京奥运会、残奥会优秀志愿者”称号。8 名志愿者荣获北京奥组委、北京奥运会志愿者工作协调小组授予的“北京奥运会、残奥会志愿者先进个人”称号。同年，在进行奥运志愿服务基础上，创建 10 个志愿者公益实践项目，开展城市志愿者“三到”和“星期六志愿服务”活动，发起“文明让座我快乐”志愿者“微笑让座”主题宣传活动，推进志愿服务品牌建设。

2009 年，地区（乡）团委继续开展城市志愿者集中公益实践活动，并逐步将奥运志愿者资源引入社区，与敬老院、温馨家园等公益机构合作，开展助学、助困、助老、助残、保护环境等志愿服务活动。以“3・5”中国青年志愿者服务日、“3・11”排队推动日、母亲节、“5・31”世界无烟日为契机，以“服务展微笑，志愿筑和谐”为主题，开展“青年健康使者火炬行动”“剪纸赠予文明乘客”“邀您来排队”“志愿深化感恩教育”“百名青年清洁环境行动”“戒烟宣传有我一份”“与爱同行心连心”等丰富多彩的志愿服务活动，营造浓厚的志愿服务氛围。

2013年，地区（乡）根据区域和志愿者们的特点，开展各种类型的志愿活动，包括“绿色家园行动”“文明行为引导行动”“慈善同行行动”“便民服务行动”等。以网络、微博等形式，开展“雷锋精神伴我行”寄语活动，写下学雷锋的心得感受，并在微博中宣传身边的学雷锋事迹，讨论如何更好地开展学雷锋活动，地区广大志愿者纷纷参与这次网络“学雷锋”的宣传与讨论活动。以宣传栏、小区广播的形式广泛宣传“身边的雷锋”故事，使“学雷锋、做雷锋”成为地区风尚。

2018年，各村、社区成立青年志愿者服务队。通过开展义务劳动，清理小区楼道卫生死角，清理辖区绿地杂草、堆物堆料等，美化社区环境。针对辖区共享单车乱停、乱放现象进行集中治理，同时劝导市民主动停放在划线区域，打造和谐有序的交通环境。在全国两会召开期间，志愿者值守重要点位，准时准点到岗执勤，服务保障地区安全。各社区组织志愿者开展爱老敬老服务，深入家庭，为社区高龄、空巢老人送去祝福和温暖。

2019年，全地区（乡）全面开展垃圾分类工作，青年志愿者组成垃圾分类宣传队伍，在各小区出入口、楼门口、社区活动场所和垃圾集中投放点进行宣传指导。针对高龄、残疾等特殊群体，进行“一对一”入户讲解。参与“垃圾分类，桶前值守”志愿活动，组成志愿监督员队伍，每日6—20时，实行专点专人在垃圾分类投放点进行全程监督，及时劝导、纠正垃圾乱丢乱扔、混装混运等行为，确保居民投放准确。2020年，高碑店地区（乡）团委组建各村、社区青年突击队，累计完成志愿服务2000余小时。2021年，全地区有志愿者1152人，其中团员志愿者380名。

社区青年汇工作 2012年4月，北京市团市委为探索共青团在快速城市化背景下实现工作转型，发挥党联系青年的桥梁纽带作用的新方法、新途径，在全市开展建立社区青年汇工作。2013年，高碑店西社区成立“光合团”青年汇，成为北京市首批青年汇组织。2014年，八里庄社区成立八里庄社区青年汇。高井社区成立微米社区青年汇。至2021年底，高碑店地区（乡）共成立青年汇5家：八里庄社区青年汇、通惠家园社区青年汇、高碑店西社区光合团青年汇、高井社区微米社区青年汇和兴隆家园社区青年汇。

各青年汇组织通过开展形式多样的主题活动，丰富地区（乡）青年文化生活。2014年，高井微米社区青年汇深入园区企业，调查员工需求，为员工解决实际困难。组织宣传“西部温暖”计划，号召辖区居民、企事业单位员工为西部欠发达地区青少年捐赠衣物及生活、学习用品。2016年，通惠家园社区青年汇组织开展瑜伽课堂、绿植种植讲座、多肉植物成果展、联谊交友会等活动。2017年，高碑店地区（乡）5家青年汇共开展主题讲座8次，参加119人次，内容包括暑期安全、饮食健康创业就业、财商意识、科技创新等。举办联谊交友活动5次，参加185人次。开展“青春自护·平安春节”青少年自护教育活动，举办星光自护培训6次，涉及预防艾滋病教育、禁毒教育、暑期安全、拒绝校园暴力等主题讲座，惠及青少年及家长300余人。开展青年手工制作活动18次，总计参加270余人次。组织青年参加足球友谊赛13次，参赛180人次。每个青年汇都组建一支志愿者队伍，共组织志愿活动13次，包括关爱空巢老人、为社区老人免费理发以及宣传绿色出行、防艾禁毒等。

2018年，各社区青年汇组织青年学习中共十九大精神，组织参加青年榜样事迹宣讲会、共青团十八大精神在线学习，引导青年坚定理想信念，增强团员先进性。开展“学雷锋日”志愿服务活动、五大青年行动进社区等主题活动，扩展青年沟通渠道，搭建沟通平台，丰富青年业余文化生活。在中小学开展以防艾教育、禁毒教育、寒暑假期安全、拒绝校园暴力等为主题的星光自护培训活动，提高青少年自我保护能力和安全自护意识。

2020年，在垃圾分类工作中，各青年汇贯彻团区委部署，组织开展“分小萌”垃圾分类桶前值守示范引导活动。青年汇社工组织志愿者学习垃圾分类知识，指导志愿者使用“五步工作法”（一问、二看、三分、四投、五倡）进行桶前值守。2021年，在疫情防控工作中，各社区青年汇组织积极参与到抗疫协调、服务中去。全年举办线上、线下活动141场。打造“美好朝阳骑士”等青年服务项目，带动青年服务能力提升。组织开展“青春向党 筑梦家园”、主题党课团课等活动，增强地区青年组织的凝聚力。

第三节　妇女联合会

一、组织

1956年3月，高碑店乡成立妇女联合会，设妇联主任1名（刘兆兰，女），妇女委员4名。高碑店乡下辖4个工作站，分别成立妇女站，设站长1名。1958年，幸福人民公社成立妇女联合会，高碑店、八里庄工作站均成立妇女联合会，各生产队成立妇女小组。

1961年6月，高碑店人民公社成立妇女联合会（简称妇联），设主任1名。1972年，高碑店人民公社恢复妇联组织活动。生产大队成立妇女委员会（1974年改为妇代会），各生产队成立妇女领导小组（1974年改为妇代小组）。每10～15户选出妇女代表1名。全公社共有妇女代表311名。

1983年，高碑店乡成立妇联。全乡有妇代会5个，妇代小组54个，妇女代表338名。至1990年，各居（家）委会陆续成立妇代会，全乡有妇代会13个，妇代小组89个，妇女干部117名。1993年，高碑店地区办事处成立后，新接管大黄庄居委会妇代会、西大望居委会妇代会。至 1994 年，高碑店地区（乡）有村民委员会妇代会 5 个，居（家）委会妇代会 21 个，乡直属企业妇代会 8 个，妇代小组 19 个。

2005 年，高碑店地区（乡）18 个社区成立后，逐步成立社区妇代会。至 2012 年，共成立社区妇代会 12 个。2014 年，各村、社区妇代会转建为妇联，乡、村（社区）两级妇联组织负责人均设妇联主席 1 人。

至 2021 年底，高碑店地区（乡）妇联共召开 9 次妇女代表大会，有地区（乡）妇联 1 个，建制村妇联 5 个、社区妇联 28 个。

1958—2021 年高碑店地域乡级历届妇联主任（主席）一览表

表 9–4

时间	职务	姓名
1958.8—1998.12	妇联主任	沈玉珍（女）、王秀兰（女）、陈光霞（女）、周秀荣（女）、杨　华（女）、赵立宏（女）
1999.1—2012.6	妇联主席	呼淑兰（女）、张　丽（女）、王喜环（女）
2012.9—2017.7	妇联主席	董　晶（女）、刘慧敏（女）
2017.8—2021.12	妇联主席	刘　红（女）
	妇联副主席	李　伟（女）

二、主要工作

权益保障　20 世纪 50 年代，高碑店地域妇联组织开展婚姻法宣传，倡导男女平等，保障女性社会权益。六七十年代，高碑店人民公社妇联组织开展保育、妇幼保健、计划生育等工作。

80 年代，妇联组织每年开展妇女健康普查和幼儿体检，开展妇女“两癌”筛查工作（1985 年开始，两年一次）。每年认真接待妇女群众来信来访。90 年代初，高碑店乡妇联开展婚姻法宣传普及工作。举办妇女干部普法培训班。1993 年，组织 1840 名妇女进行“两癌”筛查，900 多名儿童进行身体检查。1994 年，开展婚姻法入户宣传。邀请朝阳区妇联领导进行维权工作业务培训，近 200 名妇女参加。同年，乡、村两级妇联组织共接待来信来访 32 起。1997 年，开展妇女保障法、妇女权益保护法和市、区妇女发展规划宣传活动。乡、村两级妇联组织共接待来信来访 72 起。

2001 年，高碑店地区（乡）妇联以村、居（家）委会为单位，组建“巾帼服务站”20 个。服务站为失业、无业妇女再就业牵线搭桥，为辖区居民提供家政服务。同年，开展新婚姻法培训，共 230 余人参加。2012 年，开展“巾帼维权行动”，统一发放巾帼维权卡和法律援助卡，为辖区女性提供法律援助服务。2014年，组织开展“妇女儿童维权周”法律宣传。2018年，参与朝阳区妇联组织的“爱照角落 善行朝阳”精准扶贫对接活动，捐款18.2万元，对贫困妇女儿童、病残妇女儿童和单亲母亲进行帮扶。2019—2021年，开展宪法、妇女权益保障法、婚姻法等法律法规宣传教育，为辖区有需要的妇女及时提供维权服务。每年“两节”期间走访慰问低收入女性家庭和单亲特困母亲家庭。组织基层妇联积极参与“爱的微心愿 朝蒙一家亲”“春蕾计划——梦想未来”等精准扶贫活动。

发挥作用 20世纪50年代中后期，随着妇女地位提高及农业生产发展需要，高碑店乡妇联号召妇女打破传统旧俗，走出家庭，投身农业生产劳动，实行男女同工同酬政策。六七十年代，高碑店人民公社妇联组织广大妇女在粮食生产、蔬菜种植、兴修水利、计划生育和妇幼保健等各项工作中发挥作用。各生产大队、生产队在生产实践中培养出一批女饲养员、女防疫员、女电机手、女手扶拖拉机手、女科技员。

80年代，各级妇联组织充分发挥妇女“半边天”作用，组织妇女落实多种形式的农业生产责任制，开展多种经营和家庭副业。每年举办形式多样的活动庆祝“三八”妇女节。1987年，乡妇联召开全乡“三八”妇女节庆祝大会，共273人参加。1988年，全乡开展“大众读书会”活动，当年发展女会员250余名。

90年代初，持续开展“双学双比”“双增双节”（即“学知识、学技术，比成绩、比贡献”“增产节约、增收节支”）劳动竞赛活动，产生市级“三八红旗集体”2个，市级乡镇企业生产能手1名，区级女状元19名，区级“三八红旗手”2名。继续推进“大众读书会”活动。1993年，有读书会会员300余人。

1996年，高碑店地区（乡）妇联制定《高碑店地区妇女发展规划（1996—2000年）》（简称《规划》）。通过广播、会议等多种方式组织地区妇女干部学习了解《规划》，坚定为妇女事业奋斗的信心，促进妇女事业健康发展。

2009年，高碑店地区（乡）妇联组织妇女自主创业。高碑店西社区成立“巧媳妇”工作室，组织会员进行手工艺品展示展卖。2012年，以“妇女之家”为依托，开展“巾帼大学习”活动。以读书论坛、征文、研讨交流、成果展示多种形式为广大妇女营造良好学习环境。

2017年，高碑店地区（乡）妇联依托社区建立乡级巧娘工作室，各村、社区开展巧娘手工培训、电脑知识培训、妇女创业培训等，提升妇女创业、就业能力。2018年，依托基层妇联开展“继承传统 滋养童心”民俗文化代代传活动。与区妇联、区巧娘协会共同开展“基层妇女手工技能培训系列活动”。开展“靓丽心情，美化生活”“传统文化与经络养生”“行万里路与学中国传统文化”“体验非遗文化 开展传统文化DIY”和书法培训班等系列活动，提升女性素质，促进妇女事业发展。推选出“朝阳区巾帼之星”4 名、“朝阳巾帼文明岗”1 个、“朝阳巾帼建功先进集体”1 个。

2020—2021 年，在各村、社区设立巾帼志愿岗，发动妇联干部和巾帼志愿者推进疫情联防联控、群防群治，在常态化疫情防控中做好社区、家庭防控工作，发挥妇联组织在基层治理中的作用。开展“树巾帼好榜样 讲巾帼好故事”分享会，宣传女性榜样事迹，发挥榜样引领作用，传递向上向善的巾帼正能量。

家庭建设 80 年代初期，高碑店人民公社各级妇联组织在兴办托儿所、幼儿园、敬老院等福利事业中发挥重要作用，教育、引导妇女勤俭持家、厉行节约，在家庭生活中发挥主妇独特作用。1980 年，开始开展“五好家庭”评选活动，同时评选“五好”积极分子、“五好”集体、“五好”个人，以评选带动家庭建设。1984 年，高碑店乡开展“五好家庭”评选活动，评出五好家庭 2352 户，占总户数 63%，其中“五好标兵”151 户。1985 年，共评出“五好家庭”1800 多户，占全乡总数 40%，其中有尊老爱幼好媳妇，有爱戴晚辈的好婆婆。乡有关部门抽查“五好家庭”75 户，全部达标。1987 年，高碑店乡成立家庭教育委员会。开办家长学校班 5 个，授课 21 次，参加听课 783 人次。举办“家庭教育知识竞赛”，推选优胜者参加朝阳区竞赛，荣获农村组第二名。同年，乡重新修订“五好家庭”评选条件，突出劳动致富，充实“五好”的内涵，在全乡印发 12825 份“五好家庭”宣传页，并利用广播进行宣传。乡妇联提出“争当五好家庭光荣”的口号，在宣传活动中，高碑店村妇代会和村民委员会召开各部门干部联席会议，要求党、团干部争做五好活动的带头人，推动全乡域“五好家庭”创建活动深入开展。

90 年代，持续开展“五好家庭”评选活动。1992 年，高碑店乡妇联开始订阅《婴幼儿家教报》，开展家教活动。1993 年，兴办家庭托儿所 2 个，收托儿童 30 余名，解决 30 户家庭照看孩子难题。1994 年，订阅《家教报》400 份，开展《家教报》读报知识竞赛。1997—1998 年，地区（乡）在元旦、春节期间，将“五好文明家庭”条件、评选办法以及“五爱”“四自”“八五”精神等内容的宣传资料 2 万份，发放到户，进行广泛宣传。乡妇联利用“三八”妇女节对评选出的 120 户“五好文明家庭标兵”进行表彰。五月国际家庭日，辖区各妇代会为“五好文明家庭标兵”户挂牌。为使此项活动更加广泛深入开展下去，促进乡域的精神文明建设，各村民委员会把“五好文明家庭”评选活动纳入村规民约中。

21 世纪初期，高碑店地区（乡）妇联以“申奥”为契机，开展“绿色文明家庭”创建活动，60% 家庭成为“绿色文明家庭”。其中，高井村佟继春家庭被评为市级“绿色家庭”，半壁店村王淑珍家庭为被评为区级“绿色文明家庭”。2001 年，辖区内共评出“五好家庭”3920户，占总户数的29.8%，卫生之家9210户，占总户数的78.5%。2008年，开展“平安家庭”建设。举办“科学饮食、关注健康”营养知识讲座。2009年，召开以“敢创新 乐奉献 争当新时代女性”为主题表彰大会，表彰“五好文明家庭”35户。

2013年，以“妇女之家”为依托，以德、孝、爱、家、美为内容，举办“巧手扮靓生活”作品展。同年，开展“创建平安家庭 预防儿童伤害”安全知识竞赛。2014年，组织开展“家庭系列教育”“家庭文化节”等活动。2015年，地区（乡）开展“最美家庭”推选活动，以“妇女之家”“姐妹驿站”为主阵地，组织开展系列“最美家庭”发现、推荐、评选活动，利用社区电子显示屏、宣传栏、内部简报等形式展示最美家庭风采、畅谈家风家训、树最美家庭典型等各具特色的“最美家庭”推选活动，引导辖区居民和家庭成员在参与中自觉接受道德教育，树立良好家风，不断提升家庭文明程度，促进社会的文明和谐，形成夫妻和睦、尊老爱幼、科学教子、勤俭持家、邻里互助文明风尚。同年，兴隆家园社区居民杨宛在社区创建公益共享图书馆——“兴隆书苑”，得到社区大力支持，受到社区孩子和家长的热烈欢迎。书苑绘本图书大多由社区居民捐赠，拥有图书3万余册，正式会员300多人，惠及社区千余人。书苑有效补充了孩子教育缺少集体成长环境的不足，也让很多家长在个人成长中受益。杨宛利用个人业余时间，在书苑定期组织家庭教育专家辅导，组织家长夜校，开展“阅读小达人”“家长教育沙龙”等活动，让更多的家庭从阅读开始，走向幸福和谐。2016年7月，全国妇联主席沈跃跃一行来到兴隆家园社区，实地考察“幸福家庭成长课堂”“家长成长室”“兴隆书苑”等家庭教育阵地，对地区家庭教育工作予以肯定。2019年2月，杨宛当选“2018朝阳榜样”年榜人物。

2017年，以“妇女之家”“姐妹驿站”为主阵地，开展寻找“最美家庭”活动，共选出社区级最美家庭680余户，乡级最美家庭31户，评选区级最美家庭3户。2018年，地区（乡）把家庭作为培育和践行社会主义核心价值观落脚点，推动形成爱国、爱家、相亲相爱、向上、向善、共建共享的社会主义文明家庭新风尚，以好的家风支撑起好的社会风气。经社区、村初选，评出乡级“最美家庭”30户，区级“最美家庭”3户，市级“最美家庭”2户。

2020年，继续开展家庭文明创建活动，8户家庭被评为区级“最美家庭”。开展“家庭教育支持行动”，完成“儿童之家”建设33个。2021年，深化家庭文明建设，加强家庭教育服务，夯实家庭教育工作阵地。为基层免费提供家庭教育指导服务。组织社区干部参加家庭教育指导师培训。评出乡级“最美家庭”25户，区级“最美家庭”4户。

第四节　残疾人联合会

一、组织

1990年，高碑店乡成立残疾人协会，主席刘顺。高碑店、八里庄、北花园、半壁店、高井5个建制村成立残疾人联组，负责人分别为陈淑荣（女）、田秀英（女）、杜德林、齐付梅（女）、果洪。

1998年，高碑店地区（乡）成立残疾人联合会，各村、居（家）委会成立残疾人工作小组。2004年3月，高碑店地区（乡）残联设立专职理事长，配备3名专职工作人员。

2005年，各村成立残疾人协会，由村党总支部书记或村民委员会主任兼任残疾人协会主席，1名残疾人任副主席。全地区（乡）有村级残疾人协会5个，残协委员43人。2006—2021年，各社区成立后陆续成立残疾人协会。

截至2021年底，高碑店地区（乡）有残疾人联合会，5个建制村和28个社区均有残疾人协会。

1990—2021年高碑店地域乡级历任残疾人协会主席、残联理事长任职一览表

表9-5

职务	姓名	任职时间
残疾人协会主席	刘　顺（兼任）	1990—1994
残联理事长	李春燕（女，兼任）	1994—2000.11
	呼淑兰（女，兼任）	2000.12—2004.5
	凡细火	2004.6—2012.5
	衡朝霞（女，满族）	2012.6—2021.12

二、主要工作

就业与培训　80年代末至90年代，残联组织主要通过联系福利企业、协助办理个体营业执照等方式，促进有劳动能力残疾人就业。1989年，全乡有劳动能力残疾人73人，全部安排到福利企业就业。1990年，为10名残疾人办理个体营业执照。1995年10月，制定《高碑店地区办事处贯彻执行北京市按比例安排残疾人就业办法工作方案》，成立残疾人就业工作协调委员会，下设残疾人劳动就业服务站，为辖区残疾人解决就业问题。1998年，安置45名有劳动能力残疾人到乡福利企业就业。

进入21世纪，高碑店地区（乡）残联将就业安置与就业培训相结合解决残疾人就业问题。2002年，12名残疾人参加职业培训，安置5名残疾人就业。2006年，安置残疾人就业33人，扶持残疾人个体从业7名，进行残疾人职业技能培训5人。2007年，为解决精神智力残疾人就业难，按照市残联要求建立职业康复站的精神，地区（乡）成立全市首家职业康复站（简称职康站），由市区领导在高碑店地区举行揭牌启动仪式，当年解决地区20多名精神智力残疾人就业。2009年，安置残疾人就业6人，培训并取得职业技能培训证2人。2010年，高碑店地区（乡）残联率先在朝阳区开展重残儿童“送教上门”工作，3名残疾儿童享受到“一对一”单独授课。2011年，安排定岗、定向培训16人，全部实现就业，获得朝阳区残联安置奖励1.6万元；实现灵活就业10人，高碑店乡获得区残联灵活就业奖励20万元。

2013年，高碑店地区（乡）残联在淘宝网开办北京市首家残疾人职康站网店“残联职康集市一店”，安排2名残疾人就业。高碑店地区（乡）职康站被评为2013年朝阳区按比例安排残疾人就业典型事迹宣传单位。2014年，开展残疾人丝网花培训班2期、保健枕培训班3期。同年，组织2名残疾人参加北京市残联第七届残疾人职业技能竞赛（朝阳赛区），荣获第四名。2017年，安置残疾人就业12人。2019年，开展生活技能、职业技能培训4期。建立残疾人帮扶性就业基地，与北京润海方源、天翌物业等企业签订协议，帮助14名困难残疾人实现就业。2021年，为56名残疾人申请办理自主创业就业社会保险补贴。向用人单位推荐，为7名残疾人解决就业问题。

扶残助残　20世纪90年代，乡残联按照上级要求，落实残疾人保障政策。2002年，高碑店地区（乡）建立扶贫助残专项款，主要用于贫困重残人定期补助和因天灾重病等临时困难救助和返贫残疾人二次脱贫。同年，开展无障碍环境设施建设，完成乡政府办公楼洗漱间厕位改造。各村、居（家）委会完成文体活动场所、健身园等8处无障碍设施建设任务。在乡办公楼东侧修建精品街，铺设盲道3000余米。2004年，投入30万元为97名残疾人投保。建立朝阳区首个“无忧工程”公共账户，全年接

2005年8月，高碑店地区（乡）荣获“全国残疾人工作先进乡镇”奖牌

受社会捐款 27.5 万元。同年，高碑店地区（乡）荣获北京市“7574 爱心助残工程先进单位”。

2005 年 2 月，中国残联主席邓朴方到高碑店村考察残疾人协会工作，为高碑店村残疾人协会题词“高碑店残疾人工作五好村”。同年，高碑店地区（乡）被中国残疾人联合会评为“全国残疾人工作先进乡镇”“残疾人工作六好乡镇”。高碑店村、北花园村、半壁店村、高井村被评为北京市“残疾人工作五好村”。

2008 年，高碑店地区（乡）投入 15 万余元，对 17 户重度残疾人家庭、社区服务中心以及益香肉食品福利厂无障碍设施进行改造。为 111 名重残人及一户多残、老残一体的残疾人办理最低生活保障，为 102 人申请每月 50 元临时生活困难补助，为 9 人申请每月 100 元特殊困难补助，64 名重残无业人员每月得到 410 元生活补贴。完成 61 户残疾人家庭无障碍改造任务，为 4 户家庭修建坡道，对厕便池蹲改坐 15 个，安装折叠浴凳 31 个、“一”字形扶手 37 个、升降淋浴喷头 26 个、U 形上翻扶手 24 个，配发活动浴凳 28 个。高碑店温馨家园、康家园西社区温馨家园被评为“北京市残疾人星级辅助器具服务站”。

2010 年，为 4 名残疾人学生和生活困难残疾人子女提供助学补助 1.7 万余元。为高考、中考录取的 3 名残疾人家庭子女提供奖励 1000 ~ 2000 元。2014 年，半壁店村温馨家园成立残疾人法律服务工作站，设立 1 名律师定期为残疾人开展宣传教育及法律服务。2016 年，为 900 余名残疾人申请发放重残无业补贴、低保轻残人员补贴、助残补贴等各项补贴 86 万余元。组织 39 名残疾人参加区残联免费体检。2019 年，发放残疾人慰问金 25.37 万元。在高碑店办事处政务服务大厅设立办证窗口，为 63 人申请办理残疾人证（卡）。2021 年，申请新办残疾人证 109 人，进行“一卡通”激活 437 人次。全年慰问残疾人家庭 600 余户。

康复工作 1998 年，高碑店地区（乡）残联开展精神病防治调查工作，为做好精神病防治康复工作奠定基础。2000 年 8 月，高碑店地区（乡）被评为北京市残疾人康复工作先进单位。2002 年，成立社区康复领导小组。同时，对辖区 5 个村民委员会、21 个居（家）委会、7 个社会单位进行残疾人康复服务需求调查。同年 3 月 3 日（第三个全国爱耳日），地区（乡）残联在高碑店医院康复指导站、康家园康复站、花园北里康复站开展“听力助残，救助贫困聋儿”宣传活动。2007 年，创建朝阳区首家精残、智障康复基地。2008 年，先后建立两家集工疗、娱疗、救助于一体的社区“示范温馨家园”，为地区残疾人就近、就便享受康复和救助服务提供便利。在北京奥运会和残奥会召开期间，高碑店温馨家园代表市区接待各国使节夫人，使节夫人和地区残疾人一同参加温馨家园的各项手工制作、康复训练和文体活动，各国使节给予高碑店温馨家园高度评价，认为中国残疾人文体活动走在了世界前列。同年，高碑店社区、花园闸北里西社区、北花园社区、半壁店东社区、半壁店西社区5个社区被评为朝阳区残疾人社区康复示范社区。2009年，高碑店残疾人温馨家园被北京市授予“职康劳动优秀项目奖”，分别获市、区残联项目扶持经费3万元。为27名肢体残疾人和1名残疾儿童少年办理500～1000元康复卡，为18名患颈椎病残疾人申请配发自调便携式颈椎牵引器，为5名精神残疾人申请办理免费入住精神病康复机构，为10名重度肢体残疾人申请轮椅，为54名听障、盲人安装可视闪光门铃，发放浴凳52把，发放盲表、语音电话、钢木腋拐等小型用品用具26件。

2013年，投入50余万元，建成半壁店残疾人温馨家园（职康站），得到市、区20万元一次性资金支持。2014年，为27名肢体残疾人办理500元康复训练救助卡，为7名肢体残疾人提供居家康复指导服务，为140名残疾人配发盲人（智力）辅助包，组织4名视力残疾人进行盲人定向行走培训，为6名残疾儿童少年办理康复补助，为52名精残人员申请免费服药，为3名重度精残、智障人员申请办理入住社会福利机构并享受费用减免，为6名精神病人申请办理免费入住精神病康复机构。

2016年，为10名重度精残人员办理免费入住精神病康复机构，为11名残疾儿童少年办理康复训练补贴，为71名重度残疾人申请办理家政服务。2018年，为11名肢体残疾人办理康复训练卡，为9名0～15岁残疾儿童少年办理康复训练补贴，为1名贫困成年智力残疾人办理入住康复机构补助。组织4名视力残疾人通过盲人定向行走考核。2021年，高标准完成年度无障碍环境建设工作，推进辖区叶子整形医院、太熟悉饭店等100余处七小门店无障碍坡道等设施整改，完成花园闸北里东社区4处居民楼、白领家园底商无障碍坡道改造，打造“兴隆中街无障碍精品示范街区”和“高碑店北路1刻钟无障碍便民服务圈”。

第五节 红十字会

一、组织

2001年3月3日，高碑店地区（乡）成立红十字会。党委书记吴凤岐、乡长王金水任名誉会长，主管卫生工作副乡长朱大强任会长。2006年，高碑店地区（乡）有红十字会会员单位25个，会员805人，红十字会志愿者96人。2008年，奥运会期间，招募红十字会志愿者100名，设立志愿者服务站4个。同年，组建红十字救援队。2010年，有红十字会会员单位21个，会员799人，志愿者50人，红十字救援队队员15人。截至2021年，由民生保障办公室主管红十字会工作，历任会长（秘书长）：朱大强、孙淑芳（女）、王喜环（女）、李天才。

二、主要工作

募捐 自2006年开始，高碑店地区（乡）红十字会落实上级要求，每年在5月8日世界红十字日，开展“博爱在京城、博爱在朝阳”募捐救助活动。通过广泛宣传，每年募集善款5万余元，上交朝阳区红十字会。2020—2021年，每年募捐善款7万余元。

2007年8月，开展献爱心募捐救助活动，为我国遭受严重自然灾害地区募集善款12365元。2008年，为汶川特大地震灾区献爱心，募捐善款148246元。2010年4月，组织开展“玉树救援行动”，为青海玉树地震灾区捐款6910元。8月，发动群众为甘肃舟曲人民奉献爱心，募集善款6243元。2011—2021年，每年均举办“博爱在京城、博爱在朝阳”募捐救助活动。

救助 2001年，高碑店地区（乡）红十字会成立后，每年举办“自救互救培训班”，考核通过后获得北京市颁发的“初级急救员证书”。2007年，举办第七期自救互救培训班，巡防队员及红十字会志愿者共107人获得证书。2008年，83人获得证书。同年，救助15名困难群众，发放救助金14000元和生活必需品。2014年，救助2名大病患儿，分别申请发放救助款7600元和3550元。同年起，每年走访10户大病人员家庭，按每户1000元标准发放慰问金。

2015年，救助1名白血病患儿，申请发放救助款1600元。为2名大病人员发放救助款每人5000元。开展暑期应急知识培训，为辖区5个社区150余名中小学生开展逃生避险培训。2017年，落实“关爱生命与健康”项目，在力源里社区开展造血干细胞捐献知识培训，有居民50余人参加。2018—2020年，每年举办“自救互救培训班”。开展“两节”送温暖博爱救助活动，走访大病人员家庭。落实“关爱生命与健康”项目。2021年，组织初级急救员培训120人次，急救互救培训33场、1000余人次，应急救护培训4场、200余人次。

2007年，高碑店地区（乡）红十字会举办第七期自救互救培训班

2021 年高碑店地区（乡）社区志愿者队伍一览表

表 9–6

社区名称	志愿者队伍名称	成立年份	人数（人）	服务项目或领域
甘露园南里一社区	为老服务志愿者队	2006	40	空巢老人及其他困难群体
	巾帼志愿者队	2006	50	社区环境、文艺、文化宣传
	青年志愿者队	2006	20	社区环境卫生、为老助残
	治安巡逻队	2006	65	社区治安巡逻
	党员志愿者队	2006	65	社区环境卫生、治安巡逻
甘露园南里二社区	志愿者巡逻队	2006	80	治安站岗、巡逻
花园闸北里东社区	文化志愿者队伍	2006	22	文体、文化活动
	消防志愿者队伍	2006	17	消防安全宣传
	健康志愿者队伍	2006	20	健康知识宣传
	治安志愿者队伍	2006	70	治安巡逻
花园闸北里西社区	志愿者治安巡逻队	2006	75	治安巡逻
	环保志愿者服务队	2006	90	环保、卫生
	巾帼志愿者服务队	2006	22	妇女志愿服务
太平庄北社区	治安志愿者服务队	2018	120	社区治安
太平庄南社区	党员志愿者	2007	20	党员志愿服务
	治安巡逻志愿队	2009	30	社区治安
	巾帼志愿者	2009	10	妇女志愿服务
	文体志愿者	2010	16	就业服务
	青年 style	2014	20	青年志愿服务
	职工志愿者	2016	20	职工志愿服务
康家园西社区	平安康西 365 志愿者服务队	2006	120	疫情站岗、垃圾分类宣传、安全宣传
康家园东社区	邻里守望互助志愿服务队	2014	30	社区建设
	巾帼志愿服务队	2014	20	妇女志愿服务
	治安志愿者队伍	2014	50	社区治安
大黄庄社区	社区志愿服务队	2006	50	社区建设
兴隆家园社区	红袖标义务巡逻队	2009	242	社区治安
	巾帼志愿者	2010	60	妇女志愿服务
	义工妈妈团	2015	46	兴隆书苑志愿服务

续表 9–6

社区名称	志愿者队伍名称	成立年份	人数（人）	服务项目或领域
通惠家园社区	“六卡连民心”志愿服务队	2013	120	社区建设
	啄木鸟志愿服务队	2013	70	社区建设
	巾帼志愿服务队	2013	60	妇女志愿服务
丽景馨居社区	七彩志愿者队伍	2019	101	社区建设
北花园社区	馨花园志愿者服务队	2020	10	环保、垃圾分类督导等
	爱心传递服务队	2020	4	计划生育服务
八里庄社区	巾帼志愿者服务队	2006	13	环保、垃圾分类、便民服务
	绿色“突圾队”	2021	50	环保、垃圾分类
	蓝色应急队	2021	30	治安、消防、防汛应急及社区环境
高井社区	高井微米志愿者服务队	2013	165	公益服务
	责任高井志愿服务队	2020	150	便民服务
	高井环境志愿服务队	2020	160	环保
	健康高井志愿服务队	2020	160	健康宣传
高碑店西社区	小红帽志愿者服务队	2012	180	站岗巡逻、垃圾分类
高东社区	常青树党群志愿者	2019	120	治安、垃圾分类
西店社区	玉金香巾帼志愿者	2013	16	计划生育服务
	绿穗辅警队	2013	24	老年辅警
	“六巷一园”志愿服务队	2018	45	环保
	绿色年华桶前值守服务队	2020	60	垃圾分类
	益青春志愿服务队	2020	15	青少年环境志愿宣传
方家园社区	红日暖心老党员志愿者服务队	2017	13	老年助力社区服务
	爱家志愿者服务队	2020	25	环保、垃圾分类
文化园社区	志愿服务队	2015	63	治安、环保、垃圾分类等

续表 9–6

社区名称	志愿者队伍名称	成立年份	人数（人）	服务项目或领域
半壁店社区	红烛辅警志愿者	2008	46	治安巡逻
	彩梦志愿者	2009	25	环保
	博爱志愿者队	2009	25	残疾人帮扶
	帮帮团志愿者服务队	2015	26	社区公益宣传
	凝心雨志愿服务队	2021	20	应急处理、志愿服务
小郊亭社区	芳华志愿服务队	2012	131	文艺活动
花园闸社区	青年志愿者服务队	2018	27	环境、安全服务保障
	小蜜蜂志愿服务队	2020	32	垃圾分类
	巾帼志愿家庭服务队	2022	15 户	治安、环保
力源里社区	红袖标志愿服务队	2015	68	治安巡逻
	绿色卫士志愿服务队	2015	60	环保
	和谐促进员队伍	2018	60	居民关系
	小巷管家志愿服务队	2019	65	环保、垃圾分类
水南庄社区	为老服务志愿队	2014	13	为老服务
	紫丁香计生服务队	2014	7	计生服务
	紫百合法务咨询站	2014	3	法务咨询
	老年辅警队	2014	18	治安巡逻
	青年志愿者服务队	2014	30	志愿服务
	和谐促进员	2016	30	志愿服务
太平庄社区	巾帼亲情服务队	2015	4	社区矛盾调解
	治安志愿者服务队	2015	20	治安巡逻
	和谐促进员队伍	2018	36	治安巡逻，矛盾调解
	居民议事厅队伍	2018	21	居民自治
古街社区	携手筑梦志愿者服务队	2018	200	贫困群体帮扶
	青年志愿者服务队	2018	23	敬老、扶贫、助残、助学、环保
	矛盾调解小组	2018	8	矛盾调解
	心理健康疏导小组	2018	6	心理疏导
汇星苑社区	党员先锋服务队	2017	50	困难群体帮扶
	青年志愿者服务队	2017	20	环保
	社区治安志愿者服务队	2017	60	治安巡逻

第十章　社会治安

20世纪50年代至70年代末，高碑店地域社会治安工作主要由派出所、基层治保会、武装部负责。八九十年代，逐渐形成由乡综治办、村治保会、基层治保小组、治安联防队和治保积极分子组成的社会治安管理体系。2010年，高碑店地区（乡）成立综治维稳工作中心，集治安维稳、综合治理和平安建设为一体，地区治安工作进入新阶段。

80年代以后，高碑店地区共开展3次“严打”整治斗争，社会治安状况明显好转。同时，各部门开展社会治安综合治理，为全国党代会、全国两会、亚运会、奥运会、国庆、“两节”及其他重要活动的安全举办保驾护航。进入21世纪，随着城市化进程加快，高碑店地区（乡）不断加大社会治安整治力度，加强人防、物防、技防建设，加强群防群治，构建社会治安综合治理防控体系，向“平安高碑店”建设目标坚定迈进。

第一节　机构及队伍

20世纪50年代初期，高碑店地域各村政府设民兵、治保人员负责维护各村社会治安。北京市公安系统设东大桥、红庙、高碑店、呼家楼、慈云寺5个派出所分别负责辖区治安工作。1956年，高碑店乡设武装委员会、治安保卫委员会。其中，武装委员会主任、副主任分别由乡党总支书记和乡长兼任，妇联主任、团总支书记、民兵队长任委员；治安保卫委员会主任由高碑店派出所所长兼任，有委员14人。1961—1978年，高碑店人民公社主要由武装部、高碑店派出所负责辖区保卫和社会治安工作，各生产大队、生产队由民兵组织、治保会维护基层社会治安。

1978年8月，按照市区统一部署，高碑店人民公社成立整顿社会治安领导小组，发动群众揭发检举影响社会治安各类问题，打击违法犯罪活动。1982年，高碑店人民公社成立联防办公室，有联防队员40余人。1983年，高碑店乡成立社会治安综合治理领导小组，由9人组成。同年，各村、各居（家）委会、各企业共成立综合治理小组40个，人员 183 人。

1987 年，充实、整顿治保会和治保小组，全乡有治保会 5 个、治保小组 51 个，有治保干部 127 人。1989 年，高碑店乡 5 个建制村成立治安联防队，共有联防队员 179 人。

1993 年，高碑店地区（乡）成立综合治理委员会，由地区工委（乡党委）书记兼任主任，共 9 人组成。成立地区综合治理办公室。同时，成立交通安全科。同年，基层有综合治理领导小组 109 个，成员 520 人。1995 年，成立社会治安综合治理办公室，武装部与综合治理办公室合署办公。同年，按照中央及市区精神，全地区（乡）整建治保会 122 个、治保小组 63 个，成员 798 人。

2000 年，调整地区社会治安综合治理委员会（简称综治委），由地区办事处工委书记和办事处主任兼任综治委主任，将地区有关执法部门公安、工商、刑警中队、巡逻中队、交通中队和一些中央、市、区单位主要领导纳入综治委。同年 10 月，组建北京市第一家社区保安中队，有队员 50 名。

2005 年 3 月，高碑店地区（乡）在保安中队、各村联防队基础上，组建高碑店地区治安巡防大队，由主管社会治安综合治理工作副乡长担任大队长。治安巡防大队下设地区直属分队和高碑店村、八里庄村、北花园村、半壁店村、高井村 5 个分队。

2010 年，高碑店地区（乡）成立综治维稳工作中心。中心主任由主管综治、维稳和地区安全工作的地区办事处副主任兼任；副主任由综治办主任兼任；成员由综治办、维稳办、信访办、应急办、武装部、安监科、派出所、司法所、城管队、流管办、610 办等相关科室和部门负责人组成。各村（社区）成立综治维稳工作中心。2011 年，武装部从社会治安综合治理办公室分出，独立办公。

2020 年，高碑店地区（乡）机关进行机构改革，组建平安建设办公室（人民武装部、司法所），负责维护辖区安全稳定，协调推进社会治安综合治理。组建市民诉求处置中心（综治中心），为辖区进行平安建设和社会治安综合治理提供基础数据服务，承担部分事务性、辅助性工作。成立地区平安建设领导小组。5 个建制村和 28 个社区均成立平安建设领导小组。至 2021 年底未变。

第二节　治安维稳

防盗镇反促生产　20 世纪 50 年代初期，高碑店地域各行政村在恢复和发展生产同时，协助公安部门开展取缔一贯道、镇压反革命等斗争，打击流氓、恶霸和反动会道门头子。六七十年代，各级治保和民兵组织在“三夏”“三秋”农忙季节维护生产秩序、冬季做好防火防煤气中毒宣传和打击各类违法犯罪活动中发挥重要作用。70年代初期，各生产大队治保会配合公安部门抓捕双桥“飞毛腿”等刑事案件犯罪分子，为民除害，维护社会治安，净化社会环境。

开展“严打”斗争 1983年8月，根据朝阳区关于在全区范围内集中开展严厉打击刑事犯罪（简称“严打”）统一部署，高碑店乡开展第一次“严打”斗争。全年共收审刑事犯罪人员19名，处理治安案件70余起，拘留违法人员13人，收容“盲流”20余人。至1984年底第一次“严打”结束时，全乡治安状况明显好转，刑事案件发生率同比下降75%。

1996年4月，高碑店地区（乡）开展第二次“严打”斗争。召开地区“严打”工作动员会。加大宣传力度，全年共进行大型宣传活动5次，参加干部、群众1250人次，出动宣传车50部次，悬挂宣传横幅90条，制作标语2000余条，出宣传板报70余块，受教育群众达45000余人次。此次“严打”主要针对抢劫、涉枪、黑社会性质团伙、制毒贩毒等严重暴力犯罪。全年共进行各类治安清查24次，出动人员3200余人次，破获各类案件40起，重大案件6起。打掉各类犯罪团伙5个，处理拘留以上违法犯罪人员85人，收缴枪支119支，收缴各类管制刀具69把。

2001年4月，高碑店地区（乡）开展第三次“严打”斗争。至2002年底斗争结束时，地区社会治安工作取得明显成效，刑事案件数量比2000年下降28.7%，两年共破获各类案件318起，打掉各类犯罪团伙54个，抓获各类犯罪嫌疑人600余人。

社会治安综合治理 80年代中期，随着辖区社会治安案件增多，高碑店乡按照预防为主、群防群治方针，加大治安巡查力度，进行全乡社会治安综合治理。1987年，高碑店乡与122名联防队员签订包户包片《安全协议书》，与69家单位签订《安全协议书》，定期召开联防队员工作会议，有效防控治安案件发生。基层治保会、治保小组与高碑店派出所密切配合，加强重大节日值班巡逻。全年共进行较大规模清查62次，出动751人次，查获各种案件26起，拘留17人，收缴赃物总价值4269.88元。

1989年，高碑店乡健全治安管理责任制，出台《值班保卫制度》《治保干部职责》等规定，加强相关制度建设。以治安管理处罚条例为主要内容，进行法制宣传活动，提高广大群众法制意识。与辖区118家单位签订《安全承包协议书》，提高单位治安工作预防能力。各村联防队实行包片分段制，昼夜巡逻在各村大街小巷。发动群众揭发检举，开展查抄赌博活动。

1991—1993年，连续开展治安管理处罚条例、行政诉讼法宣传教育活动，提高全乡干部群众法制观念。区、乡、村三级层层签订《治安综合治理责任书》，全乡治安一盘棋，工作层层分工、明确到人。高碑店乡与基层联防队员签订安全协议书，充分发挥联防队作用。

1994 年，高碑店地区办事处成立后，由于管辖面积增大，社会单位增多，各类治安案件频发。全年共发案 130 起，拘留 45 人。面对治安新形势，将辖区 93 个中央、市、区属单位划为 9 个片组进行治理，选出正副治安组长，定期召开工作会议，签订治安责任书。加大巡逻力度，在劳动节前后十余天，出动 120 人每天开展夜间治安巡逻，查获各类案件 7 起。

1997 年，制定《高碑店地区治保会工作条例》《高碑店地区安全保卫制度》等，规范地区治安保卫工作。举办综合治理宣传周活动，重点学习和宣传《全国人民代表大会常务委员会关于加强社会治安综合治理的决定》《北京市社会治安综合治理条例》。综治办协同工商、派出所、文教科、城建科、市容办等部门开展联合行动，加强学校及周边地区治安综合治理工作。全年共破获各类案件 11 起，其中重大案件 4 起，区挂牌案件 1 起。处拘留以上人员 24 人，打掉犯罪团伙 5 个，收缴枪支 8 支。

21 世纪初期，高碑店地区（乡）在“人防”基础上，加大“技防”工作力度。2001 年，乡政府投入 63 万余元，在主要道路、重点地段安装摄像头。辖区 5 个建制村，约 15% 家庭安装上电子防盗、电子报警系统。同年 3 月，根据群众举报，抓获 81 人组成的特大赌博团伙。2002 年，乡政府投入 70 余万元，增强科技防范能力。在中共十六大召开期间，组织由 2700 余人组成的治保积极分子上街巡逻，设立 18 处固定执勤岗位牌。安排 18 名民警和 18 名保安队队员负责党代表驻地华润饭店周边外围警卫工作。组织 40 名保安队员、50 名联防队员对华润饭店周边重点区域进行 24 小时巡逻。同年，高碑店地区（乡）被朝阳区委、区政府评为 2002 年维护稳定先进单位。

2004 年，围绕开展“平安村”“民主法治示范村”等创建活动，坚持“预防为主、打防并举、标本兼治、重在治本”方针，形成派出所、保安队、联防队和治保积极分子“四位一体”治安防范网络。按照“属地管理、部门监督、法人负责”的原则，与辖区 360 个单位签订社会治安综合治理责任书，明确各单位工作任务和责任。全年发生各类刑事案件 430 起，破案 111 起；抓获拘留犯罪嫌疑人 476 人，治安拘留 340 人。共查处各类治安案件 3684 件，拘留 136 人。

2006 年，高碑店地区（乡）共发生刑事案件 631 起，同比上升 16.85%。抓获各类拘留以上犯罪嫌疑人 495 人。查处各类治安案件 382 件。同年，高碑店地区（乡）巡防大队被首都综治委和北京市公安局联合授予“北京市基层巡防大队示范单位”称号。

2007—2021 年，高碑店地区（乡）社会治安综合治理主要包括做好北京奥运会安保、平安国庆安保、其他重大活动安保和平安高碑店建设工作。

北京奥运会安保 2007年，为加强北京奥运会安保工作，乡政府投入262万元建成高碑店地区（乡）城市管理综合指挥中心。同时，在主要大街、重点地段、主要出入口设立21个治安岗亭，安排120名治保积极分子实施24小时值守。为做好奥运会突发公共事件应急演练和应急应对工作，结合地区实际，编制《高碑店地区奥运场馆外围保障应急预案》和《高碑店地区奥运场馆外围保障应急演练计划》。建立地区人口与社会单位工作台账和数据库，对地区社会单位重新登记，实现了按地区、行业进行动态化管理。

2008年，高碑店地区（乡）以平安奥运为目标，成立奥运筹办和战时指挥部，制定《平安奥运行动工作意见》《奥运安保全面应急预案》。组建地区应急分队和民兵执勤分队，构建4300余人组成的群防群控网络，形成公安民警、专职巡防队、治安志愿者相结合，人防、物防、技防相结合，预防、控制、打击相结合的社会面立体化防控体系。对24处重点区域等实行全面监控。开展"压发案"工作，地区可防性案件发案率下降20%。组织公安、交通、安监、消防、城管、工商、卫生等部门开展"百日安全隐患排查"等专项整治，消除地区各类安全隐患200余处。投入76万元，为老旧小区安装门禁系统。

平安国庆安保 1999年，为迎接中华人民共和国成立50周年，开展"迎国庆、比贡献"的双学双比劳动竞赛和迎国庆环境综合整治与政治环境布置工作。高碑店地区（乡）被市环境综合整治领导小组评为城市环境综合整治先进单位。

2009年，高碑店地区（乡）围绕"平安国庆"工作目标，全员发动、周密部署，扎实开展矛盾纠纷排查化解、安全生产和消防隐患检查整改、治安重点地区及突出问题专项治理和压发案等专项行动，完成国庆群众游行队伍和大型装备集结疏散、公园游园活动、选送女民兵等服务保障任务，实现"大事不出、小事减少"目标。同年，高碑店地区（乡）被评为北京市国庆安保工作先进单位、北京市国家安全工作先进单位和2009年度禁毒工作区级先进单位。

2019年，地区综治办共启动维稳工作"零报告"109天。组织各类群防群治力量对全地区重点点位开展巡逻值守工作，共发动群防群治力量80377人次。至2021年，继续做好平安国庆安保工作。

其他重大活动安保 1990年，围绕亚运会安全保卫工作，高碑店乡各级单位成立工作领导小组，召开各种干部群众宣传会议18次，参会人员4000余人次，帮助群众树立亚运意识，增强支持亚运工作自觉性；开展地区治安调查摸底工作，确定重点保卫线路，召开全地区迎亚运创造优美环境优良秩序誓师大会，共436人参加，会后签订《确保亚运安全协议书》236份；发挥地区治保组织作用，亚运会期间156名治保干部全部到岗，夜间带班巡逻，白天照常工作。北京亚运会期间，高碑店乡抽调由96人组成的巡逻队，每天24小时执行巡逻任务，协助做好亚运会安保工作。乡联防指挥部负责朝阳路、建国路保卫任务，协助护送各国运动员安全到达比赛场地。各村联防队员负责对主要路口、重点单位及村内安全工作。根据区政府、区武装部要求，组建100人的应急分队，同年9月19日和10月2日完成两天备勤任务。

1995年，北京举办第四次世界妇女大会，华润饭店作为代表驻地，高碑店地区（乡）成立世界妇女大会保卫工作领导小组和6个专项保卫巡逻分队，共65人，对重点部位、主要路口，实行24小时巡逻。并与华润饭店周围200米以内的15个单位签订治安和防火责任书，确保会议期间地区安全。

2021年，完成全国两会、庆祝中国共产党成立100周年、中共十九届六中全会等重大活动保障任务。启动维稳工作“零报告”87天，启动二级以上社会面防控等级21天，累计发动群防群治力量22530人次。

平安高碑店建设 2002年，高碑店地区（乡）提出建设平安高碑店，作为建设“富民、人文、平安、环保、诚信、文明”高碑店六大工作目标之一。2012年，全地区治安形势好转，可防性案件同比下降32.59%。开展“打非治违”专项行动，对挂账的138处55684平方米违法建设，开展高频率、不间断、重点整治、配合疏导的联合检查和执法，分期分批进行拆除。对夜间无证无照经营、露天烧烤、大排档、道路遗撒和非法生产食品等违法行为，加大执法力度，查处、劝离无照经营950余起，规范“门前三包”单位5650余家，取缔非法小作坊160余家。

2014年，完善乡、村、社区治安防控体系，建立群防群治机制和巡逻巡查机制，全力打击违法出租、违法生产、非法经营等各类违法行为。开展“深化平安建设提升群众安全感宣传月”活动，向地区群众发放“致居民群众一封信”10000封、安全提示卡10000个、宣传横幅35条，张贴宣传画1000份，提高群众安全自我防范意识。举办以“弘扬进步文化、倡导阳光生活、共建平安社区”为主题的禁毒宣传日活动，悬挂横幅30条，发放宣传手册200余本、宣传品100余份，使地区群众深入了解毒品危害。

2015年，围绕“五个明显”，即“案件明显下降、秩序明显好转、环境明显改观、隐患明显减少、群众安全感明显增强”总目标，乡综治办协调派出所、工商、城管等部门，开展联合执法20余次，出动各种巡逻力量1200余人次。为应对群体性突发事件，制定《高碑店地区群体性突发事件应急处置工作预案》。落实民警在村（社区）任职制度，建立村（社区）警务室。

2018年11月，高碑店地区（乡）开展消防宣传演练活动

2018年，针对高碑店村、北花园村存在人口倒挂（指外来人口数量超过本地户籍人口数量）、治安问题突出、安全隐患多等问题，在"硬件"建设上，实现"三站三室"（流管站、巡防站、微型消防站，警务室、民调室、视频监控室）全面覆盖，为高碑店村、北花园村购置电动巡逻车4辆、移动警务室1个、2吨级消防车4辆，电动洒水车4辆；爆闪设备6套，巡更点位86个。在"软件"上，共出动18918人次群防群治巡逻力量，配合驻村（社区）民警对公共场所、交通要道、人员复杂敏感区域开展重点巡防。综治办成立督查组，对全乡各村（社区）预防煤气中毒工作进行督导检查。

2020年，以地区平安建设、社会面防控、社会治安重点整治和安全维稳工作为抓手，启动维稳工作"零报告"87天，启动二级以上社会面防控等级21天，累计发动群防群治力量22530人次。结合市区智慧平安小区建设工作，地区投入近400万元，全面推进小区卡口人脸识别和车辆识别智能化设施建设。按照市、区禁毒委要求，完成社区戒毒康复站建站工作，对160名在册吸毒人员逐一建立工作台账。

2021年，开展预防电信诈骗、"扫黄打非"、禁毒戒毒、交通秩序、反邪教等宣传工作。整改7处影响铁路通行点位。按照"街乡吹哨、部门报到"要求，解决居民出行难、停车难、堵车烦等问题，全力推进"平安高碑店"建设。

第三节　交通安全

20世纪80年代初，随着地域经济发展和道路状况改善，各类车辆逐渐增多，交通安全成为社会治安管理的重要内容。

1983年，为提高驾驶人员交通安全意识，高碑店乡举办汽车驾驶员、拖拉机驾驶员学习班，进行安全教育。1985年，高碑店乡共有机动车278部，自行车1.3万辆，大车192辆，有机动车驾驶员295人。全年发生交通事故7起。除制定交通安全制度外，还会同交管所举办驾驶员学习班、做好年检年审、对连续事故者采取吊销驾驶证照、写书面检查等措施，有效减少交通事故。

1988年，交通工作坚持“三长”（乡长、派出所所长、交通科长）责任制，层层签订承包书，落实交通宣传与管理责任制，严格划分责任。全年发放《交通安全须知》等读物2万余份，制作交通安全牌近百个。1989年，开展自行车安全专项整顿教育，各单位与住户签订《安全责任书》，发放编号小牌8000余个。

1990—1996年，每年通过加强对广大司机交通安全教育，实行双承包责任制，层层签订《交通安全协议书》，落实奖惩制度，加强年检工作，消除安全隐患，保证道路交通安全。

1997—1999年，高碑店地区（乡）交通安全工作实行目标管理，逐级落实交通安全责任制，定期对驾驶员进行安全教育，坚持监督检查制度，对机动车按时进行维修，减少交通事故的发生。1998年，落实市政府9号和10号令精神，开展“交通安全在我心中”主题宣传教育活动；落实《北京市交通安全文明村活动规划》，开展交通文明乡、文明村创建活动。1999年，辖区高碑店村、八里庄村、半壁店村、华东公司（村）、高井村被评为“北京市交通安全文明村”。

2000年2月，在公安部、建设部开展“畅通道路工程”活动中，高碑店地区（乡）组织辖区71个单位的车管干部、186名安全员上街宣传交通法规知识。活动期间，共出板报106块，制作横幅53条、彩旗160面。同年3月，在公安部、市安办、市交管局等部门组织的交通安全考核验收中，辖区各村总成绩位列全市第一。同年，高碑店地区（乡）被评为市级交通安全文明乡镇。

2001年，为解决地区一些道路坑洼不平和交通拥堵问题，乡政府投入295.2万元，修建乡级公路13条，总面积1.86万平方米，减少道路交通事故发生。同年，高碑店地区（乡）被评为“北京市交通安全宣传工作先进单位”“北京市交通安全文明乡镇”。2002年，被北京市交通安全委员会评为“2002年度交通安全先进单位”。2004年，在残疾人俱乐部开展新交通法培训，组织88位残疾人摩托车主收看《珍爱生命》等教育片，并与残疾人摩托车主签订《交通安全责任书》。开展“交通安全进校园”宣传活动，增强青少年遵守交通安全意识，提高自我保护能力。同年，高井村荣获“北京市交通安全先进集体”称号。

2006年，高碑店地区（乡）召开元旦、春节“两节”交通安全工作会，与辖区500家单位签订《交通安全责任书》。与华润饭店、中国紫檀博物馆等周边57家单独签订两会、世青赛、中非合作论坛北京峰会《交通安全责任书》。配齐高碑店北路交通标志和设施。为48个货运个体工商户办理货运司机换证工作。

2009年，在辖区单位以板报、横幅、会议和广播等宣传形式，开展以“交通安全在我心中”为主题的宣传教育活动。在中、小学校开展以“新两法”（未成年人保护法和预防未成年人犯罪法）为主要内容的学生与家长共答卷活动，邀请教育专家到社区单位讲授交通安全课10次。设置6块禁止停车标志，制作34块交通事故展板，制作50张交通事故光盘在社区巡回播放。发放宣传品3000余张，悬挂宣传条幅30余条。检验社会单位车辆500余车次，协助交通支队发放违章通知书50余份，封存违章超标单位车辆6辆。全年未发生重大交通事故。2010年，为辖区兴隆小学及红黄蓝幼儿园出口安装减速带，制作警告标志牌和禁行标志。对酒后驾车、严重超标的22家单位采取停车整顿措施。整顿路边停车秩序，发出违法停车告知单（罚款处理）1025张。由乡综治办牵头，联合工商、城管、交通队等部门对四惠地区违法占路经营、违法停车、黑车拉客等情况进行联合执法513次，查处各类人员5097人，查扣黑车351辆，无证运营摩托车152辆。2010—2012年，交通安全管理连续3年实现零死亡的工作目标。2012年，高碑店村被评为“全国交通安全文明示范村”。

2014年，开展对交通堵点、事故黑点、秩序乱点的“三点”治理工作，共发动268名交通安全员上岗执勤，制作宣传横幅32条、红袖标500个，对行人闯红灯、骑车带人等违法行为进行劝阻，发放宣传材料500份。综治办与双桥铁路派出所、高碑店村开展联合行动，排查安全隐患，在古典家具街南侧3个未封闭路口处安装防车辆冲撞设施，确保辖区内各条铁路运行顺畅。2015年，挖潜辖区居住区和周边道路停车资源，鼓励居住区采取自治模式规范小区停车秩序。太平庄北社区和高井村共建停车位669个。加强对地区私人大客车6辆、私人大货车12辆、营转非大客车8辆的监管，建立一车一档案，签订《交通安全责任书》。在辖区兴隆小学开展新学年交通安全素质教育活动。

2017年，按照市区护路办部署，在涉路4个建制村分别建设铁路护路工作站。针对全地区重要桥梁、立交桥等点位进行专人盯守。启动联勤联动机制，对京哈（京秦）线、百东联络线、京承线、百星线等9条铁路共17个铁路涵洞进行全面布控。在四惠地区成立整治工作专班，开展整治交通秩序、打击黑摩的扰序联合执法行动，查处无证运营的摩托车207辆，治安拘留186人。2018年，地区交通安全委员会与60家重点企事业单位签订《交通安全责任书》，明确年度交通安全工作重点。配合双桥交通大队清理甘露园南里一、甘露园南里二、大黄庄等老旧小区、重点路段“僵尸车”90辆，处罚违停车辆1311车次。每月、每季度对严重违法和违章超标单位采取限期整改和停车整顿措施，共限期整改58辆，停车整顿20辆。以“文明交通行动”为主线，发动社会力量，开展交通安全宣传活动11次，社会重点行业调研培训21次，累计发放各类宣传材料及宣传品5000余份。

2020—2021年，与辖区42家重点企事业单位签订《交通安全责任书》，完善重点运输企业台账。协调双桥交通大队等执法部门开展“僵尸车”动态清零专项行动，处罚道路违章停车944车次。开展交通安全宣传活动100余次。完成创建“零酒驾社区”30家，“零酒驾”社会单位23家。改善辖区居民出行环境，对康家园西、甘露园南里一、甘露园南里二等8个社区分批次开展交通安全示范社区创建工作。解决北花园小区及周边停车难问题。

口　述

做平安高碑店的忠诚卫士
——忆高碑店治安巡防大队

口述人：颜廷建　于新华　刘学忠　杜振庭　曾繁建　整理人：李翠华

高碑店地区治安巡防大队于2000年组建，至今已有20余年了。回首往事，我们每个人的心情仍是十分激动。

高碑店地区是典型的城乡接合部，特别是从2000年到现在，由于国家建设和房地产开发等诸多因素，流动人口多，农居混住，人员结构复杂，楼房小区与平房街巷并存，重点部位较多，如紫檀博物馆、盛世龙源产业园、四惠公交枢纽站、地铁1号线总站、华润饭店以及高碑店古典家具一条街等，治安保卫任务十分繁重。原有的以各村治保会和联防队为主的治安队伍，规模小且分散，难以适应新形势的需要。2000年，乡党委调整了地区社会治安综合治理委员会，责成武装部部长颜廷建从各村选拔18～25岁以复转军人为骨干、政治思想好、身体素质强的50名青年，组建了北京第一家保安中队。2001年，在保安中队的基础上，扩建为60人的乡治安巡防大队，下设乡直属、高碑店、八里庄、高井、北花园、半壁店6个分队，共有队员120名，颜廷建兼任大队长。后来宋振平、徐伟先后担任过专职大队长。乡政府专门腾出一个大院，作为治安巡防大队的驻地。又投入100多万元，配齐办公设备及摩托车10辆、皮卡汽车4辆、灭火车1辆，用于治安巡防大队的执勤和巡逻。这样，全地区就形成了由公安派出所、治安巡防大队和基层6个分队组成的上下联动、强有力的治安巡防体系。

为了提高巡防队员的素质和技能，颜廷建带领120名巡防队员分两批到部队进行集训。集训紧紧围绕乡党委提出的提高4个能力（安全防范能力、应急处理突发事件能力、维护稳定能力以及服务保障能力）为目标，主要从军事训练的共同科目（队列、擒拿、拳术警棍盾牌操）入手，紧密配合火灾事故的应急处理、突发群体性冲突的应急处理、机动车盗窃犯的协同抓捕行动、重大疫病的防控处置、治安值勤中各类情况的应对等几个方面的具体内容，进行训练。每天训练场上的课结束后，各分队回到驻地，分别选取一个项目进行实战模拟演练。训练是艰苦的，对于没有基础的队员来说，苦和难是少不了的。颜廷建耐心做大家的思想工作，帮助队员们克服畏难情绪。全体队员以顽强的毅力刻苦训练，各项技能水平大大提升。经过考核，整个队伍的政治素质、专业技能均达到合格标准。2001年5月，区武装部在高碑店乡召开了现场会，对巡防大队进行嘉奖。2002年，乡治安巡防大队参加区里组织的街乡民兵正规化建设比武，获得第一名；2003年，代表朝阳区参加北京市区县民兵正规化建设比武，获得第一名，荣立市集体二等功；2004年，代表北京市参加全国29个省市民兵工作正规化建设点验，受到通报表彰并获得10辆面包车的奖励。部长颜廷建也被评为全国（100名）优秀基层武装部部长。

20多年来，巡防大队的每个队员都认真履行职责，把“当好人民的忠诚卫士”当作自己的座右铭。巡防队员们每天分两班，日夜穿行在高碑店地区的大街小巷，不畏艰险，不怕困难，以自己的辛勤付出，换来高碑店的一方平安。回忆起曾经的一幕幕，我们这些亲身经历的老队员真是感慨万千。就拿值勤来说，春夏秋冬，寒来暑往，没有一天缺勤过。冬天刮大风下雪，骑着摩托车去巡逻一次2小时，腿都冻僵了。有一次小队长杜振庭在巡逻途中发现了可疑人，在追赶途中，身上的棉大衣掉了，他不顾冬天寒冷，没停车带领队员一直把嫌疑人追上。2002年一天夜里，三小队在朝阳路上巡逻时，发现一辆可疑车辆，经细心盘查，在驾驶室里发现一把自制土枪，立即连人带车送到派出所，获记三等功；一小队夜间在甘露园查到一个卖黄色光盘的车，立刻通知派出所抓住了违法分子。类似这样的事情在治安巡逻中还有很多，治安巡防大队成为公安派出所的得力助手。

治安巡防大队除去配合公安派出所打击各类刑事犯罪，在维持社会面稳定方面也是主力军。多年来，每当乡、村和社区组织大型活动，巡防大队都到现场维护秩序。不仅如此，在人民生命财产遇到危险时，队员们都挺身而出。2009年的一个暴雨夜晚，太平庄北社区一楼房地下室发生雨水倒灌，30多户居民家里的水有一尺多深。巡防大队立即派十多名队员前去救援。队员们用4台水泵抽水，从晚上7点一直干到凌晨3点，人人身上湿透，又累又困，直到居民安全了，才放心离去。还有一次早上9点多，队员巡逻到北花园一处平房时，发现有人煤气中毒，立刻冲进屋里，将昏迷的一家人救出，及时送到医院，经抢救脱险。

20多年来，治安巡防大队的队员换了不少新人，但是“当好平安高碑店建设忠诚卫士”的队魂始终没有变。我们庆幸自己的生命中曾有过这样一段经历。为守卫家乡的幸福安宁，我们无怨无悔。

口述人简介：

颜廷建　男，1956年3月出生，汉族。中共党员。1976年3月应征入伍。1998年9月转业到高碑店乡工作，历任高碑店乡人民政府综合治理办公室主任、武装部部长、副乡长等职。2008年5月调任平房乡副乡长。2016年3月退休。

于新华、刘学忠、杜振庭、曾繁建均为高碑店地区（乡）治安巡防大队队员。

第十一章　司法行政

1956年，高碑店乡设治安保卫委员会，负责全乡治安保卫与人民调解工作，形成社会治安与司法行政合一管理制度。1981年，高碑店人民公社成立三级司法行政组织体系，基层成立人民调解委员会。1988年，成立法律服务所。2001年，成立司法所。高碑店地区（乡）人民调解、信访、安置帮教、社区矫正、法治宣传教育等司法行政工作步入更加规范、有序、法治化发展轨道。1986—2021年，地区（乡）共开展7个“五年普法”工作，地域法治化水平不断提高。

第一节　机构与队伍

1953—1956年，高碑店地域各乡未成立专门司法行政机构，人民调解工作由1名副乡长兼管。1958年，幸福人民公社设公社办公室和政法武装部，负责管理公社法制宣传、治安保卫、人民调解、民兵武装、消防等工作。六七十年代，公社行政办公室管理司法行政事务。每个生产大队成立治安保卫委员会，设治保主任。

1981年，高碑店人民公社成立调解工作领导小组，由7人组成；设兼职司法助理员1名。设高碑店、八里庄、北花园、半壁店、高井5个生产大队人民调解委员会，调解人员共19名。生产队和社队企业共成立43个人民调解小组，调解人员123名。

1982年9月，高碑店人民公社设置信访组，由1名专职干部和1名兼职干部组成。各生产大队设置1名信访员，负责处理本区域信访工作，初步形成从公社到基层的信访工作网。

1983年6月，高碑店乡人民调解工作领导小组增加至9人，配备专职司法助理员1名。1984年，乡人民调解工作领导小组调整为民事调解委员会，5个建制村调整为民事调解委员会分会，为乡民事调解委员会分支机构，各村民小组调整为民事调解小组，共32个，调解员105名。1985年，村民小组设民事调解员，调解人员从105名调整为65名。

1987 年，乡完成各调解组织的类别确定及调解人员的甄选工作，乡机关设调解工作领导小组，5 个村民委员会和 9 个居（家）委会分别设置调解委员会，共有调解委员会 14 个。其中，一类调解组织 12 个，二类调解组织 2 个。调解人员 78 名，其中乡调解工作领导小组 3 名，村民委员会、村民小组 66 名，居（家）委会 9 名。

1988 年，建立“十户调解员”制度，全乡共有十户调解员 318 名。同年 10 月，乡机关成立司法科，由 3 人组成。11 月，成立高碑店乡法律服务所。

1989 年，为加强对信访工作的领导，由乡党委副书记分管信访工作，设兼职信访干部 1 名。各党总支、党支部副书记负责信访工作，建立起全乡信访工作长效机制。

1990 年，乡法律服务所共有专职人员 4 名，其中主任 1 名。法律服务所在乡农工商总公司各专业公司都设有 1 名为经济工作专门提供法律服务的负责人，共 5 名。

1993 年，高碑店地区办事处成立，保留司法科和法律服务所，同时成立信访办公室。1995 年，司法科并入民政科。

1996 年，成立信访工作领导小组，党委书记任组长，副书记及纪委书记任副组长。全地区有信访工作人员 80 名。

1997 年，高碑店地区 6 个村民委员会（包括华东公司）和 22 个居（家）委会共建立基层人民调解委员会 28 个，调解人员 129 名。

1998 年，地区（乡）成立安置帮教工作领导小组，分管副乡长为主要负责人，派出所所长、办公室主任及有关科室科长等 8 人为领导小组成员。各村民委员会、居（家）委会共设立 30 个基层帮教小组，有成员 122 名，主要由各村、居（家）委会主任、派出所管片民警、治保主任等组成。

2001 年，高碑店地区（乡）成立司法所。

2003 年，成立人民调解委员会，下设基层调解委员会 27 个，共有人民调解信息员 243 名。

2004 年，成立高碑店乡社区矫正中心。

2005 年，地区（乡）进一步扩大人民调解队伍，把热心人民调解的老党员、老干部及其他具有专业水平人员纳入人民调解队伍。建立与派出所、法庭、律师事务所联动机制，引进法律专业人员参与矛盾纠纷调处工作，拓宽人民调解服务领域。

2006 年，高碑店地区（乡）以成立社区为契机，新组建社区调解委员会 18 个，并建立专职人民调解员和信息员队伍，以及以党团员、人大代表为主的人民调解志愿者队伍。同时与法庭、派出所、律师事务所建立广泛联系，使人民调解和司法调解、治安行政调解相互衔接、配合，协调联动，形成“大民调”工作格局。同年 12 月 6 日，成立由乡党委书记、乡长为组长，由司法所、派出所、法庭、律师事务所、信访办、村（社区）组成的“六位一体”地区社会矛盾纠纷调处分中心，作为区级调处中心的分支机构。

2007 年，18 个社区分别建立法律服务室，成立物业调委会。全地区建立 17 个人民内部矛盾调处工作站，负责调处各类矛盾纠纷，收集社情民意，预报矛盾信息。全地区建立由 962 名人员组成的信访信息员队伍，负责在各村、社区排查化解矛盾纠纷。

2010 年 6 月，成立信访矛盾调处中心。

2016 年，地区（乡）对全地区 28 个社区调解委员会进行调整，建立一支由 300 余人组成的普法志愿者队伍。

2020 年，乡机关调整组建平安建设办公室（人民武装部、司法所），成立市民诉求处置中心（综治中心）。

2021 年，高碑店地区（乡）司法行政机构设有司法所、人民调解委员会、法律服务站。各村和社区设有人民调解委员会、法律服务室。人民调解委员会 34 个，人民调解员 160 人。

第二节 人民调解

二十世纪六七十年代，高碑店地域百姓之间民事纠纷很少，民事纠纷由各村指定村干部（多为负责治保的村干部）和德高望重的乡贤协调解决；涉及跨村的民事纠纷，往往通过函件，由各村村干部协调解决。乡政府内部民兵、治保等机构兼管人民调解等司法行政工作。1962 年，高碑店人民公社全年处理各类纠纷 33 起。

80 年代，由于辖区占地转居、宅基地等各类纠纷日益增多，民事调解案件增多。1981 年，全年共调解各类纠纷 130 起。1983 年，共调解各类纠纷 121 起，调解成功率 95%。八里庄村获朝阳区人民调解先进集体。1984 年，全年处理各类纠纷 96 起，调解成功率 94.8%。为提高民事调解工作人员素质，分别邀请朝阳区司法局、朝阳区法院干部授课，参加人员 410 人次。1985 年，解决各类纠纷 95 起，其中宅基地纠纷占 43.3%。针对这一情况，邀请朝阳区司法局干部就宅基地纠纷调解进行专题培训，提高乡司法干部调解能力和依法办事能力。1986 年，全年共调解纠纷 59 起。高碑店乡被评为市、区人民调解工作先进集体。1988 年，民事调解工作贯彻“调防结合，以防为主”方针，全年共调解纠纷 33 起，成功率 100%。

1991 年，全乡有经济纠纷 22 件。高碑店法律服务所认真调查、运用情理和法理分析的方法研究方案、逐一解决、全部结案。其中，经法律服务所调解结案的非诉讼案 21 件，占案件总数的95%，挽回经济损失184592元。1998年，处理各类纠纷120件，其中婚姻、邻里、家务纠纷约占60%。

2003年，调解工作实行调解委员会包面、调解委员包片、调解员包户的岗位责任制。全年调解纠纷156件，调解成功138件，未出现民转刑案件。2004年，全年调解各类民事纠纷125件，其中婚姻家庭纠纷38件，邻里纠纷50件，房屋宅基地纠纷18件，其他纠纷19件，参与解决上访130多人次，调解成功率94%。当年，乡司法所与朝阳区人民法院双桥法庭、高碑店派出所签订“警民联动搞普法，案前调解保稳定”联手互动方案和责任书，聘请双桥法庭每周就高碑店民事案件进行案前调解。为提高地区民调干部法律知识水平和调解工作专业化水准，地区（乡）组织民调干部在乡机关礼堂现场观摩法官庭审。庭审结束后，由法官进行现场讲解、教学，效果显著。此类活动共举办4次，被北京电视台报道，并被北京市司法局推广。同时，在方家村（自然村）、北花园村等地组织民事调解员现场培训，提高民事调解干部素质。2006年，共组织调解员参加现场培训12次，组织开展现场开庭审案、以案讲法活动2次，组织收看《人民调解员的故事》《人民调解工作培训》光盘6次。全年共受理纠纷312件，其中联合接待室调处疑难纠纷76件，调解成功率达96%。2007年，以高碑店村“和事佬”协会、丽景馨居社区“金点子”协会为代表的一批群众矛盾纠纷调解组织相继成立。2008年，乡司法所被北京市司法局、北京市人事局评为“司法行政系统先进集体”，被北京市司法局和北京市建委评为“物业管理纠纷优秀人民调解委员会”。2009年，接听处理群众热线反映问题1000多件次，接待调解、信访和法律咨询数千人次，矛盾排查40余次。排查矛盾纠纷579件，成功调解563件，成功率97%。为农民工追讨工资230余万元。

2012年，高碑店村“和事佬”协会工作现场

2011年，调解处理纠纷500余件，成功率98%。同年，兴隆家园社区被评为“北京市规范化调委会”。2014年，协调上级有关部门解决全国妇联小区征而未拆问题；推动小郊亭（自然村）征而未拆历史遗留问题的解决；协调上级部门解决高碑店污水处理厂污泥堆积，严重影响村民日常生活的问题。2015年，人民调解案件成功率、法律咨询答复满

意率100%。

2017年，共调解各类民间简易纠纷150起，涉及当事人417人。解决太平庄社区美丽亚洲居民房产证办理及甘露园南里二社区地下管道漏水等疑难纠纷。共排查矛盾纠纷隐患115起，其中婚姻家庭纠纷11起、邻里纠纷64起、物业纠纷13起、劳务关系纠纷1起、其他纠纷26起，发现后均及时调处。2019年，主动排查各类矛盾纠纷28件，化解25件。各级人民调解委员会共调解纠纷案件164起，调解成功率100%。

2021年，开展矛盾纠纷专项排查，强化应急处置工作机制，保障全国两会、中国共产党成立100周年庆祝活动顺利进行。全年主动排查各类矛盾纠纷34件，化解34件，共调解纠纷案件516起。

第三节 信 访

20世纪80年代初期，高碑店人民公社加大信访工作力度，党委办公室对人民群众来信来访完善登记、交办、结案制度，对区信访办下转案件做到件件有落实、事事有交代。1983年，全年接待来访人员45人次。1986年，全年共接收群众来信78件，其中区信访办下转信件20件，共结案78件，结案率100%。1988年，对信访工作实行目标管理，制定各项具体措施，保证信访工作渠道畅通，多措并举协调各部门为群众排忧解难。

1993年，地区（乡）信访办公室不断完善信访处理程序，坚持来信登记、领导阅批、分级处理、及时处理、及时上报材料、坚持回访等做法，提高信访案件办理效率。1995年，地区（乡）按照分级归口管理、各级领导都负责的制度开展信访工作。反映村级主要领导干部的信访案件，由地区（乡）党委书记、乡长解决处理，反映基层干部的信访案件由地区（乡）纪委负责处理。每月1日为领导接待日，乡党委书记和乡长亲自接待来访人员，处理问题。全年受理区信访办下转信件14件，结案14件，结案率100%。接待来访人员200人次。1996年，加强《北京市信访条例》宣传教育工作，提高信访工作人员素质。同时，安排主管副乡长专门负责接待上访群众，及时化解矛盾，协调解决问题，做好群众工作。全年接收区信访办下转信件16件，结案率100%。接待来访人员142人次，问题全部化解。1999年，处理群众来信31件，处理群众来访29件，乡主要领导亲自接待962人次。

2000—2005年，高碑店地区（乡）制定《信访矛盾排查调处制度》《领导包村包案制度》《领导信访接待制度》等规范性文件，确定每周三为领导接待日，设立周五书记热线、意见箱等，及时收取群众意见和建议。在新开设的政府为民服务大厅设立信访接待室，规定各个工作窗口都有接待信访人的义务，遇到信访人员要热情接待，按程序、按职责及时处理，基本做到“小访不出村，大访不出乡”。

2007 年，共处理群众来信 84 件，来访 229 批次、333 人次。按照中央开展“矛盾纠纷排查化解年”活动指示精神，地区（乡）坚持定期排查和经常排查相结合，把信访工作重心从事后处置转移到事前排查化解上。乡信访办组织村、社区在全乡进行拉网式排查，对日常发生的矛盾纠纷进行随时排查；对容易引起集体访和群体性事件的矛盾纠纷进行专项排查；对历史遗留问题成立专门排查小组，共排查出历史遗留问题 8 件。建立周三领导接待日制度、联席会议制度、矛盾排查制度、信息通报制度、排查日报制度、业务培训制度和档案管理制度。

2012 年，全年累计接待群众来信 284 件，接待群众来访 150 批、437 人次。对于群众来信来访做到事事有回复、件件有结果，信访总量同比下降 17%。2014 年，全年共受理信访信件 117 件，接待群众来访 161 批次、367 人次，处理朝阳区政府热线 53 件。通过走访了解，调查研究，对信访人的诉求全部作出答复或解释说明，结案率 100%。2015 年，开展以“阳光信访、责任信访、法治信访”为主题的信访条例宣传月活动。通过主题宣传日、优秀信访橱窗评比等形式，发放各类宣传材料 6000 余份，受教育人数 5000 余人。同年，地区（乡）被北京市信访办公室、市人力社保局评为“人民建议征集工作先进单位”。

2018—2020 年，3 年共接待群众来访 739 批次、1514 人次。处理中央、市、区信访办下转信访案件 445 件，经反复调查，处理 1185 件次。接收处理 96105 政府热线 59 件，全部回应并妥善处理。

2021 年，全年接收市民诉求 13941 件，其中直派 8136 件，转派 5805 件。根据市级考核结果，全年平均综合得分 90.35 分，平均解决率 85.78%，平均满意率 90.74%。同年，打造网上信访主渠道，在兴隆公园开展以“网上信访、方便群众 、便捷高效、公开透明”为主题的信访宣传日活动。信访干部 30 余人参加，发放各类宣传材料 400 余份。

第四节　安置帮教与社区矫正

安置帮教　1998 年，高碑店地区（乡）成立安置帮教工作领导小组。同年，按照朝阳区安置帮教领导小组办公室要求，集中力量到高碑店派出所、各村、各居委会（家委会）对原来登记在册（1992—1997 年）的帮教对象重新进行调查、摸底、登记、建档，充分掌握因死亡、迁户、搬走等原因而变化的详细情况，逐人登记造册，完善帮教档案。

2003 年，全地区共有刑满释放和解除劳教（“刑释解教”）人员 67 名，其中刑满释放人员 63 名，解教人员 4 名。为做好安置帮教工作，对每名释解人员配备相应帮教小组；将其中 4 人作为重点帮教对象，做到重点排查、走访；配合劳动部门对新释放的 6 人开展就业指导和技能培训，对生活有困难的 2 人予以安置；配合社保所为符合条件的 2 名释解人员办理最低生活保障。2007 年，全地区有安置帮教对象 70 名。乡帮教领导小组指导村、社区开展安置帮教工作，针对每名刑释解教人员，成立 3 ~ 4 名由社区干部、管片民警、家属和志愿者组成的帮教小组，负责解教人员的安置帮教工作，形成“上下能动、左右互动”的三级安置帮教网络和工作机制。2009 年，全地区有安置帮教人员 32 名。乡采取“勤走访、勤见面、勤谈话”方式加强管理，同时对家庭困难的 10 余名帮教对象给予 6800 余元经济救助。2017 年，共接收安置帮教人员 22 名，解除 24 名。2021 年，共解除安置帮教人员 19 名，在册人员 88 名。

社区矫正 2004 年，高碑店地区（乡）成立社区矫正中心，开展社区矫正工作。当年有社区矫正对象 80 余人。2005 年，共接收社区矫正人员 14 名，解除社区矫正人员 6 名。为更好地教育管理社区服刑人员，使其顺利回归社会，按照“A、B、C”三级教育管理模式制订矫正工作方案。全年组织社区矫正人员进行法治、时事政策等教育，走访谈话 167 人次，累计安置就业 23 人。2007 年，高碑店地区（乡）被北京市评为“社区矫正工作先进集体”。2009 年，全地区有社区矫正对象 16 名，解除 23 名。为 10 余名社区矫正对象办理低保和爱心卡，帮助他们克服困难、渡过难关。

2014 年，地区（乡）成立社区矫正宣告室，对新接收及解除社区矫正人员进行相关内容告知。2015 年，地区完成社区矫正人员无脱管、无漏管、无重新违法犯罪的“三无”指标。2017 年，全年组织社区矫正人员集中教育 26 人次，组织当面报到 194 人次，电话报到 572 人次，指纹报到 143 人次，组织社区公益劳动 572 人次 1154 小时。2020 年，全年接收社区矫正人员 12 名，解除 5 名。开展谈话 381 人次，走访 151 人次，开展社会调查和居住地核实 20 人次，制定和调整矫正方案、测评 25 次，组织社区评议 520 人次，组织社区矫正人员参加各类教育培训学习 980 人次，参训率 100%。2021 年，全年接收社区矫正人员 33 名，解除 24 名，在册人员 27 名。

第五节　法治宣传教育

中华人民共和国成立初期，高碑店地域各行政村法制宣传教育由朝阳区公所统一部署，各村党组织具体落实。1950 年 5 月底，各行政村按照第十三区政府要求，组织学习、宣传婚姻法，学习婚姻法宣传提纲，宣传新的婚姻家庭观，移风易俗。1953—1956 年，地域各乡主要进行《中国土地法大纲》《中华人民共和国婚姻法》《中华人民共和国惩治反革命条例》《中华人民共和国宪法》宣传。1961年，高碑店人民公社建立广播站，各生产队有高音喇叭，利用广播进行法制宣传。70年代，实现“小喇叭”入户，进行兵役法、社会治安管理条例、婚姻法等宣传。

80年代初，组织宣传《首都人民文明公约》和城市管理各项法规，向广大群众进行乡规民约、村规民约以及各项规章制度宣传教育。

1986—1990年，高碑店乡开展“一五”普法工作。按照朝阳区“一五”普法工作要求，乡组建普法工作领导小组，乡党委书记、乡长任组长，主管政治工作副书记、主管副乡长为副组长。普法内容为宪法、刑事诉讼法、民法通则、民事诉讼法、婚姻法、继承法、经济合同法、兵役法、治安管理处罚条例等法律法规。通过编写、发放各类法律法规学习材料、举办有奖法律知识竞赛、组织参加法律法规知识测验、邀请法律专家举办法律法规知识讲座等多种形式，使全乡干部、群众接受法制教育。1988年，为将“一五”普法工作推向深入，全乡开展“赌博与犯罪”大讨论，组织由重点人参加的座谈会6次。1989年，开展价格管理条例宣传活动，建立价格信息员队伍，由262名价格信息员组成，及时掌握物价信息。同年，进行全乡企事业单位和个体工商户税法执行情况大检查，组织各单位学习国务院关于整顿税收秩序、加强税收管理的决定。1990年，开展行政诉讼法宣传活动，组织群众学习《行政诉讼法普及读本》，邀请朝阳区司法局律师现场授课。

1991—1995年，开展“二五”普法工作。通过培训班、宣传站、广播、集中学习、“高潮日”宣传、入户宣传等多种形式，学习和宣传经济合同法、产品质量法、消费者权益保护法、劳动法、森林法、残疾人保护法以及《北京市计划生育条例》《北京市殡葬管理办法》等法律法规。开办“全国土地日”宣传专栏，宣传土地管理法，增强国土保护意识。

1996—2000年，开展“三五”普法工作。1996年，继续学习、宣传土地管理法，做好辖区拆除违章建筑宣传工作。组织外来务工人员学习劳动法和外地来京务工经商人员管理条例。1997年，学习国旗法，督促、检查辖区所属单位在元旦、春节、劳动节、国庆节等重大节日期间规范化悬挂国旗；健全全日制中小学升国旗制度。1998年，宣传土地管理法、城市规划法、劳动法及计划生育基本国策。2000年5月，高碑店地区（乡）被评为北京市“三五”普法先进集体。

2001—2005年，开展“四五”普法工作。一是重点宣传村民自治相关法律法规。在村民委员会换届选举工作中，大力宣传村民委员会组织法和《北京市村民委员会选举办法》，利用广播、板报、公开栏、张贴标语、发放宣传材料和《致村民一封信》等多种形式，广泛宣传村民自治的方式、原则及意义，确保换届选举工作万无一失，圆满完成。二是以创建民主法治示范村为重点，加强基层民主建设，制定和宣传村民自治章程。三是围绕推进依法行政开展普法工作。按照《朝阳区推进依法行政工作规划》，乡政府推进依法行政工作，与朝阳区人民法院双桥法庭开展共建活动，聘请法律专家、专业律师，重点对乡城管队、劳动科、综治办、计划生育办公室等执法和服务部门进行行政许可法培训。2005年，地区（乡）被评为北京市“四五”普法先进集体。

2006—2010年，开展“五五”普法工作。2006年，地区（乡）围绕“3·15”国际消费者权益日、区乡人大代表选举日等，组织法律宣传20多次，组织“法律大课堂”法律知识讲座38场次，开展网上普法员培训12期，接待法律咨询人员680多人次，解答法律问题1400多个。2007年，开展法律“进机关、进乡村、进社区、进学校、进企业、进单位”活动，组织法治宣传16场次，开设“法律大讲堂”33场。2008年，为推动“五五”普法规划实施，营造平安奥运法治氛围，地区（乡）落实《北京市朝阳区奥运法制宣传计划》，在各村、社区开设“法律大课堂”；组建18支奥运法治宣传小分队和“奥运法治社区行宣讲团”进行普法宣传；免费发放《农民常用法律知识100问》《农村干部法律知识手册》《“平安奥运”法律知识宣传手册》等近万份；依托社区（村）法律服务室播放“福娃说法”等奥运法治宣传片；在各村、社区橱窗张贴法治宣传挂图。通过法律进社区、进村庄，开通法律服务热线等，为群众解答法律问题3200余个，代写法律文书32份。高碑店村和高井村被朝阳区司法局评为“朝阳区优秀法律服务室”。

2011—2015年，开展“六五”普法工作。2012年，举办法律知识讲座20余场，为群众提供法律咨询1200余人次。2014年，开办市民“普法大课堂”18次。同年9月，在通惠河畔园区开展以“深入开展群众工作，依法推进信访改革”为主题的“信访宣传日”活动，设立宣传展板15块，发放各类宣传材料1000余份。同年12月4日，司法所在花园闸北里西社区文化广场开展以“弘扬宪法精神，建设法治中国”为主题的宪法宣传活动，现场发放宪法宣传材料3000余份。2015年，全地区“六五”普法验收指标完成率100%；“普法大课堂”完成指标任务217%。乡司法所被评为北京市AAA司法所。

2016—2020年，开展“七五”普法工作。2017年，全地区（乡）开展现场法律宣传、咨询活动124场，包括军属维权普法宣传、法律进交通枢纽普法宣传、司法行政开放日宣传、疏解整治法律主题宣传、“3·15”消费者权益保护法律宣传、妇女儿童维权宣传等。为乡机关及村、社区干部发放《普法工作日志》550本。28个社区举办“普法大讲堂”61场次，惠及居民近3000人，内容涵盖疏解整治、环境保护、防电信诈骗、防范抵制校园不良贷款、军人家属及妇女儿童权益保护、老年人合法权益保护、财产继承、交通安全等各类法律法规。发放宣传材料6万余份。与6家律师事务所签订合作协议，为全乡5个建制村、28个社区提供法律服务。2019年，开展“送法下乡”活动60余场。组织宪法讲座33场次。发放扫黑除恶相关连环画12160册、相关挂图400余张、宪法宣传册16000本。开展“法治电影放映月”和“宪法进万家”活动。全年举办“普法大课堂”66场，接受教育人数达到2000余人。建立300多人的普法志愿者队伍。2020年，在机关、村、社区宣传传染病防治法、突发事件应对法、野生动物保护法等法律法规。全年共举办“普法大讲堂”67场，接受教育人数1830余人。安排专职律师在乡政务中心大厅“法律咨询”业务窗口坐班。12月4日，在第七个“国家宪法日”，开展大规模宪法宣传活动，乡机关、村、社区联合行动，按照“谁执法谁普法”“谁主管谁普法”“谁服务谁普法”的普法责任制要求开展普法宣传。共发放宪法宣传册640多本、民法典宣传册240本、相关法律丛书450本、自制民法典宣传折页1000多份。

2019年，高碑店地区（乡）开展扫黑除恶宣传

截至2020年底，地区（乡）历时35年持续开展7个“五年普法”工作。2021年，地区（乡）制定实施“八五”普法规划，开展第八个“五年普法”。4月12日，开展“普法开放日”活动，宣传司法行政机关工作职能，增强居民法律维权意识。邀请律师事务所专职律师现场进行法律咨询，设置展板12块，发放《民法典手册》《民法典实施更好保障人民利益》等各类普法宣传资料近5600份。参加活动人员近200人。同年7月，举办依法行政专题讲座，增强依法行政工作能力。机关和村、社区干部近100人参加。

第十二章　军　事

20 世纪 50 年代初，高碑店地域成立民兵组织。1956 年，高碑店乡设武装委员会。六七十年代，民兵在兴修重大水利工程、平整土地、挖渠、排涝、重大节日保卫、维护群众生命财产安全等方面发挥重大作用。在各级党组织领导下，地区青年积极报名参军，每年圆满完成征兵任务，人数最高时达到近百人。21 世纪以后，民兵组织充分发挥应急、防汛、安全保卫功能，守护地区安全。武装部持续推进国防教育工作。

第一节　武装部与民兵组织

武装部　1956 年，高碑店乡设武装委员会，主任由党总支书记王春湘兼任，委员 4 人。1958 年，幸福人民公社设政法武装部。1962 年 8 月，高碑店人民公社成立武装部，有编制 2 名，部长赵德江。1983 年，高碑店乡成立武装部。1995 年，武装部与综合治理办公室合署办公。2011 年，高碑店地区（乡）进行党政机关机构改革，成立人民武装部。2020 年，人民武装部与司法所合并成立平安建设办公室，同时成立便民服务中心（退役军人服务站）。至 2021 年底未变。

1962—2021 年高碑店地域乡级历任武装部部长一览表

表 12–1

姓名	任职时间
赵德江	1962.8—1966.6
王宝华	1966.7—1975.12
吴海峰（副部长主持武装部工作）	1975.12—1981.1
吕　贵	1981.1—1999.11
颜廷建	2000.10—2008.5

续表 12-1

姓名	任职时间
明宝军	2009.4—2014.2
周金红	2015.7—2020.11
张英明	2021.7—2021.12

民兵组织 1951年6月，高碑店行政村建立民兵中队，中队长秦玉，人员32名。1960年，朝阳人民公社高碑店工作站建立民兵营，有民兵连8个、民兵排27个、民兵班59个，有基干民兵292名、普通民兵479名（八里庄工作站民兵组织情况未查到档案数据）。

1962年，高碑店人民公社建立民兵团，各生产大队建立民兵营，生产队建立民兵连。至1964年，全公社有民兵营5个、民兵连26个。

1987年，高碑店乡对民兵进行整组。整组后，基干民兵分为5个连、10个排、20个班，共有基干民兵200名，其中男民兵146名、女民兵54名；普通民兵分为5个营、24个连、51个排、153个班，共有普通民兵1440名，其中男民兵984名、女民兵456名。

1990年，开展民兵整组工作，全乡基干民兵200名，普通民兵527名。成立100人应急分队，主要由基干民兵组成。1992年，高碑店乡5个建制村和乡直属企业有6个民兵连、32个民兵排、64个民兵班，共有民兵1100名。

2005年，成立反恐连和民兵应急分队。2007年，按照朝阳区武装部《2007年民兵预备役部队军事工作指导》要求，开展民兵整组。2009年，再次对民兵组织进行整组。

2014年，高碑店地区（乡）武装部对现编民兵营、应急营反恐连进行编组。同时，成立民兵应急分队，主要担任突发事件和重大活动安全保障工作。2020年12月22日，半壁店村成立民兵应急连。

2021年，地区（乡）武装部对现编民兵营、应急营反恐连进行编组。同时，成立民兵应急分队，主要担任突发事件和重大活动安全保障工作。

第二节　民兵工作

20世纪50年代末60年代初，民兵主要任务是保卫社会主义建设和保护人民生命、财产安全，为夏秋收保驾护航，维护社会秩序，打击“地富反坏”分子的活动。每年冬季，武装部组织基干民兵进行冬季军事训练。

六七十年代，高碑店人民公社民兵主要以参加劳动为主，以军事训练为辅。发挥民兵在生产第一线作用，兴修重大水利工程、平整土地、挖渠、排涝等以民兵为主。承担重大事件、重点单位、重大节日安全保卫工作。每年“三夏”“三秋”，白天参加生产劳动，夜间执勤放哨，做好保卫工作。在“五一”“八一”“十一”重大节日，民兵轮流执勤，维护社会秩序。冬季开展民兵军事训练。1964 年，训练基干民兵 340 名，初步掌握步枪性能、构造和射击要领，增长军事知识，提高政治思想觉悟。同年，与东郊热电厂、东郊粮食仓库、双桥电台等单位开展联防活动，加强战备工作。1971 年，遵照《全国民兵工作座谈会议纪要》精神，按照北京卫戍区、朝阳区武装部关于 1970 年民兵“四好”总评和民兵整组工作意见，开展民兵“四五”（“四好连队”“五好民兵”）运动和民兵组织整顿工作。每年组织基干民兵进行集中训练。1975 年，加强文化建设，以基干民兵为主，组织开展体育运动会和游泳比赛，开办武术班、裁剪班、吉他班等。1978 年，组织民兵参加公社平整土地、小清河导流等工程建设。

1981 年，高碑店人民公社评选“五好”民兵 39 名、“五好”集体 2 个。1983 年，组织 100 名民兵骨干培训 2 次，每次 30 天。同年，公社武装部被评为朝阳区先进集体。1984 年，高碑店乡武装部举办排以上干部民兵学习班，为期 3 天。围绕新形势、民兵工作重要性、民兵工作业务知识等内容开展培训，有 30 多名民兵干部参加。开展篮球比赛、乒乓球比赛、“五四”歌咏活动、环乡赛跑、武术训练班、有奖知识竞赛等，调动民兵工作积极性，共千余人参加活动。组织民兵训练 2 期，射击成绩优秀，受到朝阳区武装部好评。同年，根据朝阳区安排，组织 230 名民兵参加游行和天安门广场群众联欢晚会，完成中华人民共和国成立 35 周年庆典活动，在全区评比中获第一名。

1990 年 6 月，高碑店乡组织 125 名民兵代表朝阳区参加北京市 18 个区县民兵正规化工作考评和军事训练科目比武，荣获第一名。1992 年，高碑店乡加强对民兵政治教育，组织民兵学习国内外形势、民兵工作条例，组织外出参观学习，每两年参加区武装部组织的军训，提高民兵素质。1993 年，组织 11 名民兵训练，提高参训人员军事技术和素质。同年，组建基干民兵抢险分队开展防汛工作。1994—1996 年，每年组织基干民兵集中训练。

进入 21 世纪，民兵工作重点转向安全保卫、防灾救灾、国防教育等领域。2002 年，高碑店地区（乡）人民武装部按照民兵工作条例要求，在民兵连建立党团支部，做到组织活动有人抓，学习教育有人管，把政治建设纳入民兵连队建设重要内容。邀请北京卫戍区某团首长，结合形势和民兵实际，讲解国防知识，提高民兵政治素质和国防观念，增强民兵爱岗敬业精神。2003 年，高碑店地区（乡）武装部部长颜廷建被评为北京市民兵先进个人，参加北京人民大会堂庆祝建军 76 周年盛大招待会。2004 年，组织民兵代表北京市参加总参谋部组织的全国 29 个省市民兵正规化工作比武，受到通报表彰，奖励面包车 10 辆。2005 年，为各民兵连订阅《中国国防报》《国防》《中国民兵》《华北民兵》《战友报》《环球军事》等报刊。同年 3 月，纪念毛泽东主席“向雷锋同志学习”发表 42 周年，邀请北京卫戍区某团政治处领导授课，提高广大民兵政治素质和国防观念。同年 5 月，组织民兵骨干到北京卫戍区某团进行为期 10 天军事训练。加强应急分队硬件建设。2007 年 4 月 25 日，在地区（乡）召开朝阳区民兵组织整顿观摩现场会，朝阳区武装部领导和 43 个街乡及大型企业单位的武装部部长、干事参加观摩会。9 月，高碑店地区（乡）民兵应急分队经过 20 天封闭式军事训练，代表朝阳区民兵参加北京卫戍区组织的 18 个区县民兵军事大比武考核活动，荣获北京市第三名。2009 年，进一步细化民兵训练工作方案和工作计划，按照注重实效、综合训练原则，将单兵训练、骨干培训和队伍建设相结合，将技战术、业务知识和法律法规培训相结合，提升综合能力。同年 3 月，组织民兵应急分队参加由民政部、北京市政府举办的防灾减灾日活动。按照朝阳区武装部工作要求，完成高碑店地区（乡）军事志的调研、整理、编写工作及地区地震基础材料数据统计上报工作。

2012 年，完成民兵分队应急演练，参加北京市及卫戍区组织的中共十八大召开期间安保工作。2014 年，高碑店地区（乡）对社区、村防汛应急抢险队进行整编，组建民兵应急抢险队，5 个村分别组建防汛应急抢险队伍，22 个社区协调各辖区物业等人员组成抢险队伍。各抢险队分别进行了防汛实战演练。结合地区民兵担负的应急、防恐、防汛等任务，地区（乡）武装部与综治办联合组织民兵分队参加预备役某师组织的共同科目军事训练和考核验收。2017 年，完成“一带一路”峰会、中共十九大会议期间民兵守桥任务。在 7—8 月汛期，防汛应急队启动 24 小时值班值守，多次对辖区积水点、铁路涵洞、排水系统、树木、广告牌、地下配电室进行安全排查。

2020 年，各村民兵连成立突击队，全地区（乡）民兵、退役军人投入疫情防控工作中。2021 年，乡武装部组织民兵应急分队在蓝天救援队基地举行模拟真实汛情来临的实战演习；民兵应急分队与北京卫戍区某团联合协作对高碑店大闸进行了泄洪实战演练；组织民兵参加北京卫戍区“忠诚卫士——2021”新时代首都民兵比武竞赛，获防爆应急科目一等奖。

第三节　征兵工作

六七十年代，高碑店人民公社落实朝阳区兵役局征兵工作要求，从征兵宣传、登记、初检、体检、政审、定兵、送兵等各个环节严格把关，为部队输送合格的优质兵员，年年完成或超额完成征兵任务。1978 年改革开放以后，由于国家占地转工、征兵任务减少等原因，地域征兵入伍人数减少。

1987 年，根据朝阳区政府征兵对象为农村家庭劳动力比较充裕的、具有初中以上文化水平的适龄青年的精神，高碑店乡党委、政府组成由乡长任组长的征兵工作领导小组，专门召开各村民委员会负责人会议，广泛开展兵役法宣传教育工作。1987 年、1989 年，共上站体检 62 人，政审 46 人，完成征兵任务。

1990 年，开展春季征兵和冬季征兵工作。两次征兵报名 48 人，上站体检 27 人，体检合格 15 人，政审合格 13 人。同年，高碑店乡被评为征兵工作先进单位。1996 年，落实《北京市征兵工作目标管理责任制规定》，对征兵工作实行定单位、定任务、定标准、定责任和人员到位、工作到位、责任到位。各单位成立征兵领导小组，由 1 名主要领导负责征兵工作。开展《中华人民共和国兵役法》《北京市征兵工作若干规定》宣传工作，深入到户开展征兵宣传，依法开展征兵工作。同时，设立政审组，加大对政审工作指导力度，圆满完成征兵任务。2005 年，对优秀青年进行摸底调查，经过基层推荐、武装部考核把关和体检，以公正、公开、公平的原则选送合格优秀青年入伍。同年，高碑店地区（乡）被朝阳区评为征兵工作先进单位。

2012 年，超额完成征兵任务。同年，高碑店地区（乡）武装部被朝阳区授予“先进武装部”。2017 年，按照区委、区政府和区武装部的工作要求，高碑店地区（乡）各村、社区满 18 岁男青年在全国征兵网进行兵役登记，经过严格的体检、政治审查，选送优秀青年应征入伍。2019 年、2021 年，均圆满完成征兵任务。

第四节　国防教育

1989 年，根据中国人民解放军总政治部关于普及国防教育的通知及朝阳区武装部具体安排，高碑店乡开展“国防教育宣传月”活动。各级民兵组织采取多种方式开展国防教育宣传工作，组织民兵学习有关国防教育材料。同年，完成区武装部下发的 100 张国防知识教育答卷。1991 年 5 月，高碑店乡制定国防教育宣传月活动方案，利用广播、板报、宣传材料等方式，提高群众国防观念、战备观念和爱国热情。

1994 年，在高碑店中心小学成立少年军校，目标是培养少年不怕苦、不怕累的精神，增强少年国防意识。北京市第十七中学、高碑店中学、高碑店中心小学和 5 个建制村集中订购国防知识教育挂图，方便开展国防教育。同年，组织民兵连长进行国防教育知识测验，参加区武装部组织的国防知识竞赛。

1995年，高碑店地区（乡）加强民兵国防教育，重点加强中国近代史教育，同时结合世界反法西斯抗战胜利50周年，组织民兵观看《南京大屠杀》《烈火金刚》等中国抗日战争影片，组织民兵到顺义焦庄户地道战参观。为民兵订阅《中国国防报》《国防》《中国民兵》《华北民兵》等报纸杂志，培养民兵爱国主义精神。

1998—2000年，完善少年军校等国防教育基地，利用广播、板报、灯箱和印发宣传材料等形式，报道“双拥”工作中涌现的模范人物和事迹。在区域重要地段，设立永久性大幅拥军优属标语，营造“双拥”良好的工作氛围。通过举办国防知识竞赛等多种形式，开展革命传统教育和爱国主义教育。武装部从北京卫戍区某团、预备役某师、红庙消防中队等单位聘请教官，对北京市第十七中学、高碑店中心小学学生进行军训，增强中小学生立志成才报效祖国的责任感和使命感。

2005年，“八一”前夕，以重温军旅生活、接受革命传统教育为主题，组织复转军人走进军营，开展国防教育活动。同年10月，高碑店地区（乡）武装部与北京卫戍区某团联合开展国防教育活动，以高碑店中心小学为主，进行近一周的国防科普知识教育和封闭式军事训练。同年，高碑店中心小学被朝阳区授予“先进少年军校”荣誉称号。

2006年5月9—19日，朝阳区委宣传部、区文明办、区双拥办、区教委、区武装部等联合举办第七届幼儿“国防教育小课堂”大赛。高碑店乡推荐的星牌建材总厂幼儿园参加比赛，获得此次活动“最佳创意奖”。

2009年，组织办事处机关复转军人、义务兵家属、老干部、老党员开展国防知识教育活动，参观白家楼新农村、八里庄村晋商文化博物馆、半壁店盛世龙源、高碑店村民俗园和高碑店村正在建设的新农村，增强复转军人和义务兵家属的责任感、使命感，激发对地区全面建设发展的热情与动力。

2013年，地区（乡）举办国防教育讲座。组织辖区20个社区学习兵役法，利用国防教育大课堂宣教20余次，制作宣传板报80余块，宣传标语60余条。组织学生到共建部队参观，体验军营生活，8所中小

2013年，高碑店地区（乡）举办国防教育讲座

学入军营11次。高碑店村、北花园村、半壁店村组织党员干部、志愿者到北京卫戍区某团、预备役某团等共建单位接受国防知识教育。

2019年，坚持在中小学校开设国防知识教育课，开展革命传统教育，重温革命历史。高碑店地区（乡）武装部协调四惠消防中队和预备役某师选拔经验丰富的教员，对高碑店中心小学、高碑店兴隆小学、日坛小学进行消防知识安全教育培训及军训。同年，地区双拥办组织机关退伍军人开展国防教育活动，前往共建单位预备役某师、北京卫戍区某团、地区文化产业园等教育基地参观学习。

2021年，开展“红色联动党史学习教育进军营”活动；开展国防教育宣传影视周，组织干部群众观看红色电影《革命者》。

第十三章　经济管理与经济总况

高碑店地域在明清漕运时期就是著名的漕运码头所在地，经济曾一度繁荣。20世纪50年代，高碑店地域农民走上农业合作化道路，陆续建立互助组、初级社、高级社。人民公社时期，高碑店人民公社以粮食种植为主，大力发展蔬菜种植、葡萄种植和畜牧养殖。农业发展中实行以作业组为单位的劳动管理方式。八九十年代，高碑店乡大力发展多种经营，尤其发展乡镇企业，促进“农林牧副渔、工商运建服”十业并举，经济获得快速发展。在生产中实行生产责任制，调动干部、群众的生产积极性。90年代中后期，随着国家重点工程、朝阳区大绿化建设及绿化隔离带建设等大规模征地，地域农业逐渐退出商品粮生产，乡镇企业进行改制，第三产业快速发展。21世纪初期，高碑店地区（乡）确立大力发展文化、传媒和旅游产业的思路，实现经济结构和产业结构的成功转型。2005年，高碑店地区（乡）被评为“北京市十富乡镇”。至2021年，高碑店地区（乡）充分发挥各村产业园区集聚作用，在“一带四区”发展规划引领下，继续以文化、传媒、旅游产业为主导，经济发展步入快车道。

第一节　经济管理

一、管理机构

1953—1956年，高碑店地域各乡由乡长和生产委员主管经济工作。1956年，高碑店乡人民委员会设生产建设委员会、财政委员会。高碑店高级农业生产合作社、八里庄光辉高级农业生产合作社、小庄团结高级农业生产合作社由高级社管理委员会和社长负责经济管理工作。1958年，幸福人民公社管理委员会设农业部、畜牧部、财经部、工业部、基建水利部等经济管理部门。

1961年，高碑店人民公社管理委员会下设生产办公室、财经办公室负责经济管理、财务核算。1967年3月，“文化大革命”开始，高碑店人民公社成立“抓革命促生产第一线指挥部”组织农业生产，管理经济工作。1968 年 2 月，高碑店人民公社革命委员会成立，设生产组、工副业组、财务组负责经济管理和财务核算。1979 年，成立工副业办公室。1981 年 3 月，撤销公社革命委员会，恢复成立公社管理委员会，经济管理部门设置不变。

1983 年 3 月，高碑店乡成立农工商总公司。5 个生产大队分别成立农工商公司。农工商总公司、农工商公司和生产队分别行使三级农村集体经济经营管理、服务职能。乡农工商总公司下设农村合作经济经营管理站负责全乡集体经济组织财务记账及审计，指导各村财务管理。农工商总公司通过组建工业公司、农业公司、畜牧水产公司、农机服务公司、商业服务公司、建筑公司等专业公司，按行业实行专业化管理。

1991 年 8 月，根据北京市委、市政府《关于加强乡村合作社建设，巩固发展集体经济的决定》，成立乡经济联合社，高碑店、八里庄、北花园、半壁店、高井 5 个生产大队成立经济合作社，管理集体经济，同时撤销生产大队建置。

1992 年，乡进行机构改革，乡政府增设规划办、财政科、统计科。1995 年，高碑店地区（乡）成立经济委员会。

2001 年 10 月，根据朝办发〔2001〕31 号文件，乡农工商总公司撤销。其原来承担的经济管理职能改由乡政府成立经济管理办公室行使。

2002 年 5 月，根据朝农发〔2002〕29 号文件批复，撤销生产队级管理体制，各业经济统一到村级核算，做到乡、村两级专业化管理。同年，高碑店地区（乡）在经管办内部设置审计科。

2004 年 4 月，将原农业技术推广站、林业技术推广站、畜牧兽医管理站、农业机械管理站、水利管理站、水产管理站合并成立农业综合服务中心。

2011 年，撤销农业综合服务中心，成立经济发展办公室（农村合作经济经营管理站、农村集体资产监督管理办公室）。同年，地区（乡）经济联合社进行选举，社长马乃军。2016 年经选举连任。

至 2021 年，高碑店地区（乡）由经济发展办公室、农村合作经济经营管理站、经济联合社指导全地区经济发展、管理和监督工作。

1956—2021 年高碑店地域乡级历任经济管理机构负责人一览表

表 13–1

名称	职务	姓名	任职时间
高碑店乡	乡长	沈玉珍（女）	1956.3—1958.1

续表

名称	职务	姓名	任职时间
高碑店乡	乡长	王占成	1958.1—1958.8
幸福人民公社	管委会主任	王占成	1958.8—1959.1
高碑店人民公社	管委会主任	王占成	1959.1—1959.8
高碑店人民公社	管委会主任	宁雪山	1959.9—1959.11
高碑店人民公社	管委会主任	邵文杰	1961.6—1963.9
高碑店人民公社	管委会主任	韩永兴	1963.9—1965.8
高碑店人民公社	管委会主任	王凤仪	1965.9—1967.3
高碑店人民公社	抓革命促生产第一线指挥部	王凤仪	1967.3—1968.2
高碑店人民公社	革委会主任	李永明	1968.2—1971.1
高碑店人民公社	革委会主任	刘庆禄	1971.1—1975.2
高碑店人民公社	革委会主任	王宝华	1975.2—1979.10
高碑店人民公社	革委会主任	张建荣	1979.10—1980.11
高碑店人民公社	革委会主任	陈文奎	1980.11—1981.3
高碑店人民公社	管委会主任	陈文奎	1981.3—1983.3
高碑店乡	农工商总公司经理	陈文奎	1983.3—1991.1
高碑店乡	农工商总公司经理	刘佳海	1991.1—1992.7
高碑店乡	农工商总公司经理	王金水	1992.10—2001.9
高碑店地区（乡）	地区办事处主任（乡长）	王金水	2001.9—2004.8
高碑店地区（乡）	地区办事处主任（乡长）	刘军胜	2004.8—2007.9
高碑店地区（乡）	地区办事处主任（乡长）	吴晓军	2007.10—2011.7
高碑店地区（乡）	地区办事处主任（乡长）	王秋英（女）	2011.7—2013.10
高碑店地区（乡）	地区办事处主任（乡长）	郭光辉	2013.10—2017.10
高碑店地区（乡）	地区办事处主任（乡长）	关得志	2017.10—2019.9
高碑店地区（乡）	地区办事处主任（乡长）	杜　磊	2019.9—2021.12

二、农业劳动管理

1949 年 6 月—1950 年 3 月，高碑店地域各行政村开展土地改革，农民分得土地，实行一家一户分散经营，没有统一劳动管理。1951—1953 年，地域陆续成立互助组，一般由几户至十几户农民组成，实行换工互助、分散经营，没有出现统一的劳动管理。

1954—1955 年年底，高碑店地域开展农业合作化运动，共成立 11 个初级农业生产合作社。农民从单干、换工互助、分散经营，转向有组织的集体劳动。1956年1月，高碑店高级农业生产合作社成立，将入社的1766户农民按居住地编入生产队，按个人专业或技能编成小组，共有7个生产队、29个小队、80个小组。高级农业生产合作社将土地、劳动力、耕畜、生产工具等固定给生产队使用，组织社员集体劳动。内部实行工分制，土地不分红，社员按劳取酬，年终按统一核算结果分配。统一的劳动管理激发了社员劳动热情。

1958年，幸福人民公社成立后，将劳动组织划分为公社、工作站和生产队三级。生产队是公社组织劳动的基本单位，根据需要建立园田、大田、积肥、畜牧等专业组。生产队将劳畜力分为固定劳畜力和机动劳畜力。固定劳畜力约占80%，由生产队安排使用；机动劳畜力约占20%，由公社和工作站组织生产协作时调动使用。生产队对各专业组实行三定（定产量、定措施、定人员）管理，制定统一劳动纪律和考勤制度，对超额完成生产任务的专业组给予奖励。1959年，高碑店人民公社实行“三包一奖”经营管理办法，以生产队为基本承包单位，实行包产、包工、包开支。生产队单独核算，自负盈亏。为提高社员生产积极性和责任心，将超产部分70%，奖励给生产队支配。

1961年，高碑店人民公社落实中央《关于农村人民公社当前政策问题的紧急指示信》（简称“十二条”），实行“三级所有，队为基础”经济管理体制。生产队作为基本核算单位，对土地、劳动力、牲畜、农机具等拥有自主使用权。在农业生产中，劳动实行定额管理，多劳多得。60年代中期至70年代末，以作业组为单位，实行大寨式“自报公议、评工计分”。

1969年，八里庄生产大队道家坟生产队对作业组实行“四定一奖”管理办法，即定劳力、定土地、定产量、定产值，对超产部分进行奖励。该办法实施后，队、组干部及社员将注意力从工分转向产量、产值，专注于科学种田，节约生产成本，使劳动力得到合理分配和使用，菜粮产量逐年增加。1975年，公社党委举办劳动管理培训班，在全公社推广道家坟生产队“四定一奖”管理经验。开展劳动竞赛，对超额完成生产任务的先进生产队给予适当物质奖励。至1978年，全公社绝大部分生产队都实行“四定一奖”劳动管理责任制。1979年7月，道家坟生产队“四定一奖”劳动管理经验被朝阳区革命委员会在全区农村推广。

1980年，高碑店人民公社落实中央《关于进一步加强和完善农业生产责任制的几个问题》文件精神，在全公社普遍建立联产计酬生产责任制。高碑店生产大队渔场建立“五定一奖”联产计酬生产责任制后，年终收入超额6000元，每个饲养员得到超产奖金150多元，极大鼓舞了饲养员的积极性，坚定实行生产责任制的信心。1981年，半壁店生产大队方家坟生产队通过不断完善生产责任制，调动社员积极性，提高分配水平，人均分配从1979年的166元，上升到1981年的432元。

1982年，高碑店人民公社贯彻中央一号文件精神，实行统一经营、专业承包、联产计酬、包干分配的农业生产责任制。重点进行专业承包，农民按技术专长和体力强弱分为不同专业小组，使劳动报酬与经济效益直接挂钩，改记工分为用纯收入买工分，从而节约开支，提高经济效益。1985年2月，根据朝阳区委部署，在高井生产大队太平庄生产队和白家楼生产队进行农业生产责任制承包到户试点。最终根据群众意愿，实行小组承包、家庭承包、个人承包，实现承包形式多样化。经调整，全乡绝大部分生产队实行承包到组责任制。同年，取消工分，兑现合同，实行现金分配。至1986年，全乡形成粮食、蔬菜和葡萄生产承包到组、管理责任到人的管理模式，猪场、鸡场、渔场承包到组。同时，强化生产大队管理和服务功能，建立服务体系，向承包小组提供良种、肥料等农用物资，统一安排灌溉和机械等农田作业，推广农业先进技术并进行技术指导，加强农业产前、产中、产后社会化服务，完善统分结合的双层经营生产责任制。

1989年，高碑店乡按照朝阳区下发的农业承包合同管理暂行条例，采用全区统一合同文本，调整完善承包合同，依法加强承包小组科学种田、法律意识和责任心，建立农业承包合同管理档案，使承包合同制订和管理走向规范化、制度化。

90年代中期以后，随着地域农村城市化进程加快，京通快速路拓宽、地铁复八线、五环路、绿化隔离带建设等国家大规模征地，农业用地萎缩，农民陆续转居、转工，农业劳动力进一步减少。至2003年，随着农业生产停止，农业劳动管理结束。

三、企业劳动管理

1958年，幸福人民公社成立后，按照上级要求兴办工业企业，陆续成立农机修配厂、制硝厂、机械厂、水泥厂、水电站、象牙加工厂、细菌肥料厂、农药厂、纺织厂、榨油厂、皮麻车具厂、编筐厂、面粉加工厂、粉条加工厂、鞋底加工厂、砖厂、盆厂等社队企业。1959年，高碑店人民公社制定《工业生产经营管理方案（草案）》，对企业劳动管理进行规范。工业企业按照“两参一改”实行民主管理。企业干部和管理人员必须参加生产劳动，工人直接参加部分日常生产管理工作，改革企业不合理的规章制度。工人劳动报酬实行基本工资制，工资水平略高于生产队社员，但最高不得超过30%。为发挥技术工人生产积极性和创造性，根据表现情况，发给工人技术津贴，标准相当于工资的20% ~ 50%。车间（小组）和个人奖励工资，由各厂按照劳动定额及其他评奖条件评定。“文化大革命”期间，延续此种劳动管理办法。

1978 年，高碑店人民公社对社办企业职工工资进行调整，涉及 570 人。调资坚持“各尽所能、按劳分配”原则，根据个人政治表现、劳动态度、技术高低、贡献大小及出勤率等，普遍提高基本工资，调动职工生产积极性。

1981 年，高碑店人民公社进行企业管理制度改革，给企业一定自主权。公社为企业制定计划指标，企业完成计划后，超额利润 40% 上缴公社，60% 由企业留用，作为职工超额奖金使用。福利费按全年利润总额 1% 提取，留作职工医药费及困难救济金使用。

1983 年，高碑店乡推行工业企业经济责任制。由乡工业公司与企业签订以“六定”（定设备、人员、工资、库存、产值、利润）为基础的承包合同，由公社管理委员会监督合同执行。各企业根据本厂实际，因厂制宜，制定多种形式的经济责任制。羊毛衫厂为调动职工积极性，采取“定额加计件”奖励办法，把任务承包给车间、班组，然后发包给个人，做到超产给奖，亏产受罚。乡建筑队实行大包干责任制，按照全队人员计算，平均每人每天上交 1.53 元，剩余归己。喷漆厂实行业务员承包制、生产班组承包制和后勤人员岗位责任制，实现责、权、利结合，提高经济效益。

1984 年上半年，乡以农机厂为试点进行改革，以各车间为承包单位，根据技术设备状况及生产能力大小定出各项承包指标，超额部分 20% 作为职工奖金。从下半年开始，在全乡全面推行改革。各企业一律实行厂长负责制，给予厂长一定自主权。对企业实行利润包干制，完成包干指标后，超额部分除税收外，60% 用于职工分配。所有职工一律采用合同制。同时，组织在职干部参加市区举办的各类管理学习班，提高管理者素质。

1986 年，根据市、区关于开展企业整顿的工作意见，乡结合具体情况，对企业进行整顿，进一步完善经济责任制。乡办企业全部实行集体承包和厂长负责制。乡工业公司与各企业签订内容全面、责权明确的书面承包合同。企业内部将合同全面分解，层层落实到车间、班组、个人，制定企业内部经济责任制。同年，高碑店乡制定《关于劳动力管理办法》，乡、村两级企业稳定车间、班组人员，压缩后勤人员；健全定员定责制度，健全考核、劳动纪律、劳保等管理制度，加强管理，提高劳动生产率。

1987 年，继续深化企业管理制度改革，按照任人唯贤原则选拔企业干部，实行企业厂长聘任制，严格奖惩制度。改革工资制度，实现企业经济效益与职工工资和奖金挂钩，调动干部职工劳动生产积极性。完善经济责任制，对规模较大骨干企业，实行集体承包、厂长负责；对于规模小、长期亏损企业，按照所有权与经营权适当分离原则，允许个人承包。在充分调动现有人才积极性同时，引进科技人员和有先进管理经验人员承包或领办企业。至 1990 年，乡工业企业形成较为完善的经济责任制。乡根据企业规模和经营状况，实行 5 种形式责任制，分别是基数包干、超利分成，全额利润分成，利润递增、分配归档，大包干，厂长任期目标责任制。在企业内部实行计件工资、超定额计奖、浮动工资制。

1994年，高碑店地区（乡）以《北京市乡村集体企业承包经营条例》为法律依据，进一步规范集体企业承包合同。在企业承包中试行风险抵押制度，承包人在承包企业时，须缴纳一定额度抵押资金。优选承包人，科学制定考核指标。抓好厂长岗位培训，对于年产值30万元以上的企业，厂长须经考核后持证上岗。1997年，贯彻劳动法，对集体企业加强劳动管理，推动建立劳动合同制。全地区实现劳动合同制企业83个，签订劳动合同职工2525人。

20世纪90年代末，地区（乡）对不景气和亏损企业进行关、停、并、转或采取联营、租赁等方式进行转制。至2002年，集体企业转制工作基本完成。转制后的企业努力适应市场变化，精简机构，合理配备管理人员，强化企业内部管理，调动职工生产积极性。至2021年，企业劳动管理工作重点转向对辖区企业，尤其是大量民营企业集体劳动合同的管理，保障劳动者合法权益。

四、安全生产管理

二十世纪八九十年代，随着乡镇企业迅速发展，政府安全生产管理工作主要面向三级企业（乡镇企业），重点加强对锅炉使用安全和防火安全的管理工作。每年由乡工业公司负责三级企业（乡镇企业）工业锅炉的运行安全检查、检验、安装验收和指导锅炉房改造、进行标准化建设等工作。同时，加强各项制度建设，确保生产安全。1989年，乡成立安全防火委员会，每月不定期召开一次安全防火工作会议。加强防火宣传，提高企业应对安全危机的能力。

90年代末，随着地区（乡）城市化进程加快，外来人口逐渐增多，各类市场增多，生产安全、消防安全成为政府管理的重要工作，成立以党政一把手为主任的乡安全生产委员会，明确由综合治理办公室负责具体工作。1998年，为配合朝阳区消防安全大检查，成立由乡长任组长的消防安全领导小组，成立乡村两级6个消防安全生产检查小组，共68人组成。高碑店地区（乡）安全生产和消防安全管理的领导机构和队伍更加完善。

2002—2006年，安全生产管理主要通过3个途径进行。一是开展安全生产法和各类消防法规宣传教育。按照“安全第一、预防为主”方针，通过召开各种安全会议，举办安全生产培训班，提高干部职工安全意识、消防意识。2003年，乡综治办召开各种安全会议22次，参加人员2000余人次，印发各种宣传材料5万余份。2004年，举办4期安全生产培训班，参训人数达1000余人。2006年3月，乡综治办联合朝阳区安全生产委员会、区消防处、四惠消防中队，对地区46家高危企业法定代表人和安全负责人进行为期2天的安全生产、消防安全知识培训。二是落实责任，加强制度建设。与辖区各单位签订安全生产和消防安全责任书。从2002年起，建立地区安全生产管理制度和安全防火管理制度，为地区安全生产奠定制度基础。三是开展安全大检查。2002年，对乡直属企业、商场、集贸市场、建筑材料市场、加油站、液化气站、公共娱乐场所、建筑工地进行大检查，发现各种不安全隐患89件，要求限期整改单位22个，同各单位签订消防安全责任书330份。同年6—7月，重点对全地区116个单位的外来人口、出租房屋、重点人员、经营证照、消防安全、安全生产、特种设备、文化娱乐场所、地下空间、市场、商店等进行由近至远、地毯式大检查。2003年，重点对木制品加工厂、古典家具厂以及生产、储存、销售易燃易爆化工危险品单位进行排查。全年出动1200余人次，检查大小企业1600多个，发现各种不安全隐患1800余件，责令停业整顿单位3个，下发限期整改通知书800余份。

2007年，为应对日益严峻的安全生产形势，乡综治办重点做好安全生产和消防安全摸排工作。对地域社会单位进行重新登记，微机录入960家，按行业进行动态化管理。对所有小区、物业公司基本情况和消防设施情况进行普查。联合朝阳区安监局等部门，对容易发生火灾事故的人员密集场所（商场、市场、宾馆、饭店、网吧等）、仓储、危险化学品生产企业进行联合大检查。乡政府投入30万元，购买消防车1辆，配齐12人的防护装备，组建一支由12人组成的义务消防队。2008年，严格落实安全生产目标管理责任制。地区（乡）主要领导与各村、各单位签订安全生产目标责任书，把目标任务层层分解，形成“横向有边、纵向到底、责任到人、不留死角”的安全工作网络格局。开展“安全生产百日督察”专项行动，对重点单位逐个排查。成立应急预案编制工作领导小组，全地区共1270家生产经营单位制定应急预案。2009年，成立安全生产监督管理科（简称安监科），专门负责安全生产管理监督工作。建立安全生产“三级对接、三级检查、三级督办”制度。“三级对接”是指与上级执法部门对接、与地区职能科室对接、与社区、单位对接；“三级检查”是地区（乡）、科室、社区三级检查，落实行政一把手安全生产主体责任；“三级督办”是指三级检查工作查出的安全问题和事故隐患，督促在规定时间内整改。全面开展安全生产“三项行动”，即开展安全生产宣传月活动、安全培训和专项整治，形成新的安全生产管理体系和运行模式。

2010—2017年，每年开展安全生产宣传月活动，进行消防安全演练，对重点单位进行检查和安全执法，做好元旦、春节期间烟花爆竹安全管理工作。2014年4月，安监科对地域723个消防井和消防栓涂刷红漆标识。同年6月，在通惠河畔产业园区组织百人安全防火消防演习。APEC会议期间，为确保责任落实，同各村、社区及辖区近300家企业签订《APEC 会议期间安全生产与消防工作责任书》。2015 年，在各村、社区成立由 26 人组成的消防协管员队伍，成立由 13 人组成的专职消防安全员队伍。根据《朝阳区全面开展安全生产大检查和“六打六治”专项行动方案》要求，制定《高碑店地区“六打六治”工作方案》。同年 7 月，集中开展安全生产大检查和“六打六治”专项行动。检查企业 4100 余家，排查一般隐患 1090 余项，重大隐患 8 项，整治违规违章行为 50 起。2017 年，检查各类企业 27140 家次，现场检查各类安全隐患 57600 多处，责令改正隐患 55000 余处，对存在重大安全隐患限期未整改 25 家单位进行行政处罚，罚款 12.5 万元。推进安全生产标准化、安全责任险、安全生产岗位清单编制 3 项工作。

2018—2021 年，高碑店地区（乡）安全生产管理进入精细化治理阶段。2018 年，组建一支由乡党委、政府统筹领导，由安委会成员、村（社区）工作人员、消防支队指导人员、派出所民警专员、专职安全员、社区兼职安全巡查员、社会单位安全负责人员组成的“七员”安全生产常态化队伍。同时，组建一支由 120 人组成的安全巡防志愿者队伍，协助开展安全生产检查。按照“管行业必须管安全、管业务必须管安全、管生产经营必须管安全”的要求，落实安全生产主体责任。推行分片包干责任制，实施分片网格安全管理。先后制定高碑店地区《安全生产委员会工作职责》《关于加强安全生产工作的实施意见》《关于定期组织开展安全生产大检查实施意见》等文件，建立健全制度体系。建立联动机制。依托“街乡吹哨，部门报到”和“社区吹哨、科室报到”工作机制，强化部门联动，推进难题化解。同年，乡政府投入资金 800 万元，为村（社区）配备大型消防车 8 辆、电动消防车 32 辆，建立 28 个微型消防站和 2 处总占地面积 9000 平方米的大型消防站。基层基本具备属地发生火情 3 分钟内到场处置的能力，初期火情确保“灭小灭早”、较大火情得到有效控制。2019 年，以“五清”（清扫可燃杂物、清理电动自行车、清整生命安全通道、清查仓储库房及清洗餐饮油烟道等）为切入点，全面做好中华人民共和国成立 70 周年安全保障工作。2020 年，制定《高碑店地区安全生产专项整治三年行动计划》。排查隐患企业 4092 家次，企业覆盖率 99%；检查隐患 1435 项，消除隐患 1410 项，隐患整改率达到 98%。2021 年，下达隐患责令整改通知书 3660 余份，隐患整改率 99%，检查覆盖率 100%。完成 1550 余家生产经营单位安全责任险缴费。新增 78 家规模以上单位三级安全生产标准化初级达标。完成四环内非居民用户液化石油气替代清零工作。

五、集体资产管理

1956 年，高碑店高级农业生产合作社的社员将自家的土地、耕畜、马车等大型农具合理作价转为集体所有，自此高级社有了集体资产。合作社的公共财产有专人保管。

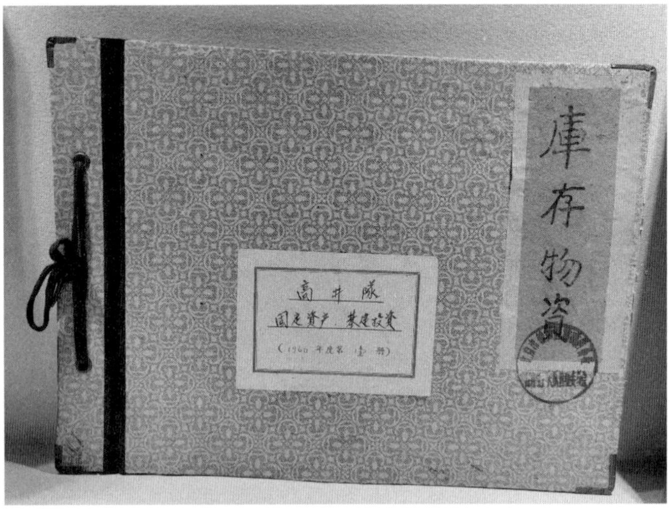

20世纪60年代高井生产大队的资产账簿

1961—1978年，通过编制和落实财务收支计划、落实开支审批制度、规范大中型农机具保管、使用等措施，加强牲畜饲养和农机具保管，坚决杜绝铺张浪费现象，强化对集体资金、设备、物资的使用和管理。

80年代初期，企业购置、处置大型固定资产必须提出申请，经公社或生产大队批准后方可进行。购置固定资产从购进之日起，根据资产性质、价值提取折旧费，折旧费分一次性和多次性提取，此资金作为设备维修基金，不准挪作他用。

1993年5月，根据《北京市农村集体资产管理条例》，乡经济联合社、各村经济合作社清查集体资产，定期公布账目，建立资产报告制度。1994年，根据《朝阳区关于农村集体资产管理的办法》，由乡经管站负责集体资产管理的日常工作。

1998—1999年，根据北京市《关于征地撤队后集体资产处理意见》《关于撤销村队集体资产处置办法》和《朝阳区关于国家征地合作社建制撤销后集体资产处理的办法》，高碑店地区（乡）成立以党委书记、乡长为组长的撤队工作领导小组，各村成立资产处理小组，对花园闸东、花园闸西、高井、兴隆庄、太平庄等生产队全部资产、负债及所有者权益进行细致清查、盘点、核实，按社员劳动年限“分家底”，实现撤队后转轨、转制企业一律与集体脱钩，一切债权债务由新的经营主体负责，对无法运营的企业实行暂停或关闭。

2005年，组织资产核定小组对乡级集体资产进行清产核资，查清乡级资产存量。

2009—2014年，根据《农业部关于进一步加强农村集体资金资产资源管理指导的意见》及朝阳区有关会议精神，各村加强村级资金、资产和资源管理，清理、调整经济合同。2014年，调整村级合同3份，调增土地面积6.4亩，调整后租金增加410.7万元；新签合同8份，涉及土地面积146.74亩，年租赁收入1412万元，平均每亩约9.6万元，均按照规定通过预审工作小组审核。为保证集体资产安全，高碑店地区（乡）对2000年以来在绿化隔离带建设、新农村建设和市区重点工程建设中形成的集体挂账资产进行清理，共计 5699.99 万元。其中，乡级挂账资产 2356.99 万元，村级挂账资产 3343 万元。至 2014 年底，已处置挂账资产 1358 万元。2015 年，继续完善《关于进一步完善大额资金、重大工程项目资金联审的规定》《集体资产处置流程》《集体资产管理流程》《村级经济合同预联审工作流程》等制度规定，全面完成清产核资工作。

2018 年，根据朝阳区《农村集体资产清产核资实施方案》要求，对乡、村两级集体资产进行清产核资。乡经管办结合本乡实际情况制定并下发《高碑店乡农村集体资产清产核资实施方案》，涉及清产核资对象一级核算单位 23 家。其中，乡级单位 5 家，高碑店村 3 家，八里庄村 3 家，北花园村 2 家，半壁店村 7 家，高井村 3 家。同年，根据区委农委、农经办《关于进一步加强农村集体经济合同清理规范工作的意见》和农经办《关于开展清理规范农村集体经济合同工作的实施方案》文件要求，对承租面积与合同不符、年限超长、未走联预审及合同内容不规范等 177 份问题合同进行全面自查、整改和调整。

2019 年，高碑店地区（乡）全面清查乡、村两级集体资产，实现线上线下同步监管。同年，根据朝阳区十部门联合下发的《关于开展农村集体资产清产核资工作》要求，对 2017 年 12 月 31 日前乡、村两级的集体资产进行全面清查，清查数据上传朝阳区信息平台进行动态监管。同时，加强村级新增及处置固定资产日常监管，对新增及报废固定资产报乡级审核备案，同步调整固定资产台账。同年，乡经管办制定《调整规范农村集体经济合同的指导意见》和《乡村两级问题合同 2 年整改方案》。对乡、村两级问题合同进行“再督办，再检查”，整改验收合格率达到 58.5%，超额完成市、区下达的 50% 的任务。加强对合同民主程序及公开程序监督，对新签、续签合同严格审核，落实联预审制度，确保不出现新增问题合同。2019—2021 年，召开合同联预审会议 35 次，联审合同 357 份。

六、财务管理

1949—1953 年，高碑店地域农户实行一家一户分散经营，没有统一财务管理。1954 年，地域开始实行农业合作化，成立初级农业生产合作社，逐步建立财务管理制度。初级社统一核算，民主理财，定期公布账目，由专职会计负责财务管理。年终分红按“劳六地四”比例分配（社员出工占分红比例 60%，土地入股占 40%）。

1956 年，高碑店乡人民委员会设财政委员会管理全乡财务工作，配备会计、出纳、保管等财务人员。高碑店高级农业生产合作社建立财务管理制度，集体一切收支由会计员凭单据记账，日清月结，按季和生产年度公布收支结果。每个社员所得劳动日工分账目按月公布。会计核算使用现金收付式记账法。定期做好账目清结，严格现金出纳制度，规范开支审批手续。八里庄幸福高级农业生产合作社建立健全的财务制度，包括制定财务收支计划、完善开支审批制度、规范预分及借支制度、建立财务公开制度等。

1958 年，幸福人民公社成立后，建立财务管理机构体系和财会队伍，公社设财经部领导全社财经工作；高碑店工作站、八里庄工作站均设财务股，每股有财务人员 8 名；各生产队设财务组，每组有财务人员 2 ~ 4 名。全公社有专职会计 114 人。工作站为财务核算单位，掌管各生产队财会工作。初步建立财务定期公开、检查、上报和专人监督等制度。

1961 年，高碑店人民公社实行“三级所有、队为基础”经济管理体制，以生产队为单位进行经济核算。1964 年，针对“四清”中揭发的主要问题，公社在财产管理、财务开支、会计账目、财务人员职责等方面制定相应规章，健全财务管理制度。60 年代中期至 70 年代末，由财经办公室（财务组）负责全公社财务管理工作。坚持“三级所有、队为基础”经济管理体制，以生产队为财务基本核算单位，核算生产队所拥有的资产、生产经营收入及本队范围内的收益分配；生产大队核算自有资产、各项经营收入、经济往来、劳动工分、收益分配等；公社主要核算全公社财务预算、财政收入和支出，审校 25 个生产队的社员年终分配方案，为后来的财务积累夯实基础。核算单位内部严格各项财务制度，实行民主理财，做到增收节支。1980 年，各生产大队和企业在银行开设账户，实行自营收支，扩大基层单位财务自主权。

1983 年，高碑店乡农工商总公司成立后，建立经管站，负责全乡农村财务管理工作。同时，举办生产大队和企业财务人员业务培训班，参训财会人员 200 余名。1986 年，根据《朝阳区农村合作经济财务管理暂行规定》，在全乡范围内开展农村财务整顿。1992 年，强化农村财务数据统计，完善报表制度，加强财务统计数据分析，指导各村合作基金会健康发展。1993 年，组织全体财会人员通过专项业务培训，一次性完成乡村两级企业的新旧会计制度接轨工作。并通过对全地区（乡）财会人员的年度集中培训、考核，对不合格者没收会计证，加强对财会人员会计证管理。

1998 年，高碑店村进行财务管理制度改革，将生产队资产及财务实行村统一规范化管理。1999 年，各村建立财务公开制度，成立村民理财小组，负责核实村财产、债权、债务及有关账目，定期在村务公开栏公布财务收支情况，接受群众监督。

2002 年初，高碑店地区（乡）推行村级财务专业化管理，所有生产队财政统一由建制村管理，结束“三级所有、队为基础”经济管理体制。

2009 年，高碑店地区（乡）落实朝阳区《关于 2009 年开展农村集体财务管理规范化试点工作的通知》精神，进行“村账托管”改革。村集体经济组织委托专业财务代理机构从事代理记账业务，统一记账、统一审核、统一建档，实现收支两条线，监督管理村集体经济组织会计核算业务和资金用途。财务代理机构还提供财税政策法规、日常财税实务操作及重大事项顾问咨询等服务。2011 年，5 个建制村全部实现“村账托管”。通过“村账托管”，在财务制度执行、财务手续、财务资料、大额资金管理、工程建设等方面起到监督作用。

2012—2017 年，高碑店地区（乡）继续完善农村集体经济财务制度，健全“村账托管”工作。2017 年开始，各建制村实行会计、出纳“村账双托管”。

2018—2021 年，为加强对各村集体经济组织财务活动管理和监督，高碑店地区（乡）按照朝阳区要求，重点对村级财务进行公开，使财务管理更加规范。

七、审计监督

1949—1982 年，高碑店乡没有对财务工作和经济活动进行专业审计工作。1983 年，乡农工商总公司成立经管站，负责对全乡集体经济组织的财务预算、决算和经济活动进行审查，但没有建立专业审计制度。

1995 年，高碑店地区（乡）加强农村经济财务监督管理工作，对年度收益分配及合同兑现前的经营成果进行审计，保证“两清两实”（资产家底、经营成果清，收支利润、分配积累实）。同时，开展对农业经济效益专题审计和合作基金会规范性专题审计。1996 年，严格执行审计制度，确保核实收支经营成果，核实集体资产家底，在年终决算前完成对经营管理不善、完不成承包合同或长期亏损单位的审计。

2002 年，高碑店地区（乡）完善审计制度，制定《关于高碑店乡审计工作实施细则》。文件强调对集体经济的审计监督，以及对领导干部经济责任的审计，加强对审计工作的领导和监管。

2005 年上半年，高碑店地区（乡）组织对村级集体经济组织财务审计。审计过程中，结合各村实际情况，重点对债权债务、管理费用、折旧费、盈余公积、资本公积、会计科目、会计账簿和会计原始记账凭证等会计记录进行抽查，以检查会计法在财务工作中的执行情况。通过检查，村级会计管理较为规范。同时，对于审计中出现的问题，各村级经济组织高度重视，按要求进行整改。

2007 年，高碑店地区（乡）开始对村级正职干部离任经济责任进行审计。同时，对乡属企事业单位正职干部每 3 年进行一次审计，对调任、离职、退休干部予以审计，对各村及乡集体企业年终收益分配情况进行审计。此审计制度一直延续至 2021 年。

2018 年，按照《北京市农村集体经济审计条例》，结合地区实际，高碑店地区（乡）制定《高碑店乡集体经济组织审计监督管理制度》，对审计程序作出规定。全年纳入审计范围单位 38 家。主要对乡直属企业及村级集体经济年度审计、村级公益事业专项补助资金管理使用情况年度审计、农村集体经济组织征地补偿费管理使用情况审计和村级“两委”班子换届的主要人员进行任期经济责任审计。

2019—2020 年，全地区大额资金共审核 901 笔，送审金额 17.58 亿元。重大工程共送审 186 笔，送审金额 65329.04 万元，完成审核 110 笔，完成工程送审金额 17713.64 万元，审定金额 14262.64 万元，审减 3451 万元，审减率 19.48%。

2021 年，大额资金共审核 596 笔，送审金额 5.26 亿元。重大工程共送审 89 笔，送审金额 29867.55 万元，完成审核 63 笔，完成工程送审金额 6371.66 万元，审定金额 5268.42 万元，审减 1103.24 万元，审减率 17.31%。全地区实现村级组织和经济事项以年度审计为基础，以经济责任审计为重点，以专项审计为补充的审计监督机制，推动集体经济健康、持续、有序发展。

第二节　经济总况

1949 年 1 月 31 日北平和平解放前，高碑店地域受社会动荡和自然灾害影响，经济发展水平低，百姓生活困苦。1949 年 6 月至 1950 年 3 月，高碑店地域高碑店、八里庄、大黄庄、花园闸、慈云寺、西店、关东店、小庄、七圣庙 9 个行政村陆续实行土地改革。农民分得土地，实现“耕者有其田”，生产积极性提高。1951 年，高碑店地域开始成立农业生产互助组，克服一家一户生产资料和劳动力缺乏的小农经济生产弊端，当年粮食产量明显增加，农民生活得到初步改善。

1954 年，高碑店地域在互助组基础上，共成立 11 个初级农业生产合作社。农民从单干、换工互助、分散劳动，转变为统一劳动的农业生产合作社社员，劳动生产效率得到提高。1956 年 1 月，地域初级农业生产合作社全部转为高级农业生产合作社，实现小农经济向社会主义集体经济转变。新的经济所有制激发了农民劳动生产积极性，各高级农业生产合作社社员积极种植粮食、蔬菜、棉花、油料等农作物，发展养猪、养鱼等畜牧业，收入普遍增加，生活水平提高。1957 年，高碑店高级农业生产合作社实现收入 68.79 万元。其中，粮食收入 33.69 万元，蔬菜收入 16.63 万元，棉花收入 8.23 万元，油料收入 0.25 万元，养猪收入 1.15 万元，养鱼收入 2.58 万元，其他收入 6.26 万元。

1958 年 8 月，幸福人民公社（包括高碑店、八里庄、王四营、南磨房 4 个工作站）成立，农村经济形势发展良好，农业生产获得丰收。1959 年，幸福人民公社全年粮食总产量达到 646 万千克。平均亩产 245 千克，同比增长 80%。棉花总产量 89.5 万千克。全公社养猪12800头，养鸭13000只，养鸡6000只。同年，幸福人民公社出席全国农业社会主义建设先进单位代表会议，荣获国务院总理周恩来签发的“奖给农业社会主义建设先进单位”奖状。

1961年，重新调整后成立的高碑店人民公社，按照北京市“以粮为纲、大办粮食、大办畜牧，为首都人民服务”的经济发展方针，制定“千斤粮、万斤菜、一头猪、四百块”发展目标，组织社员大力发展农业生产，重点发展粮食种植和畜牧养殖。1962年，公社党委狠抓水肥及田间管理，农业生产获得丰收。全年粮食总产量55万千克。单产创历史新高175.5千克，居北京市第二位。蔬菜生产超额完成1000多万千克。全公社树立起半壁店生产大队种粮和八里庄生产大队种菜两面红旗。八里庄生产大队猪场和鸭场规模进一步扩大。高碑店人民公社全年总收入达到336.5万元，同比增长25%。

60年代中期至70年代初，高碑店人民公社继续坚持以粮为纲，大力发展蔬菜生产和畜牧业，形成高碑店、北花园、半壁店3个生产大队主要种植粮田，八里庄生产大队主要种植园田并发展猪场、鸭场畜牧业养殖，高井生产大队主要种植葡萄的基本格局。整体经济发展水平稳步上升。至1972年，公社全年总收入372.6万元，比1962年增长10.73%。其中，种植业收入275.9万元，林业收入24万元，畜牧业收入11.76万元，副业收入41.6万元，渔业收入2.78万元，其他收入16.56万元。全年总开支142.4万元，实现纯收入230.2万元，社员分配170.4万元，社员平均收入115元。

70年代，高碑店人民公社调整农业产业结构，贯彻北京市“以粮为纲、全面发展”方针，在主抓粮食生产同时，大力推进蔬菜种植、畜牧养殖、工副业和渔业的发展。1978年，公社全年总收入1081.2万元，比1972年增长190.18%。由于兴办农机厂、羊毛衫厂等企业，全公社工副业收入明显增加。1978年，公社工副业收入608.7万元，是1972年13.63倍。经济增长促进社员生活水平提升，社员平均收入151元，比1972年增长31.3%。

1978年改革开放至90年代中期，高碑店人民公社根据公社所处地理位置和实际状况，在结合公社化时期生产结构、生产习惯基础上，适应北京市总体发展形势，不断调整经济发展思路。

1980年，高碑店人民公社党委提出“以菜为主、以工促农、多种经营、全面发展”的思路。重点调整农业种植结构，大力发展蔬菜和葡萄生产，实现增产增收。社队企业开始起步并发展迅速。各行各业落实专业承包、联产计酬的生产责任制，极大调动农民劳动生产积极性，提高整体生产效率。1982年，公社总收入达到2604万元，比1978年增长140.2%。社队企业总数发展到30余家，公社农机厂、农机修配厂、羊毛衫厂等企业进一步壮大，社队企业总收入达到 1760 万元。生产队作为基本核算单位，实现纯收入 484.7 万元。社员分配 430.3 万元，人均分配 357 元。

1983 年，由于国家建设征地增多，高碑店乡根据发展形势，进一步调整产业结构，提出“稳定提高种植业，巩固发展工副业，大力发展养殖业”的发展思路。通过提升粮田复种比例，扩大小麦、玉米优良品种种植面积，利用蔬菜保护地大力发展非应季蔬菜，提高种植业总产量。乡工业公司对社队企业进行整顿、改革，提升产品质量，提高工副业产值。通过兴建集体鸡场，进行规模化养殖，提高养殖业收入。1984 年，全年粮食总产量达到 134.25 万千克，蔬菜总产量 2821.35 万千克。全年工副业总收入达到 1680 万元。全年出售商品猪 5346 头，肉猪 49.265 万千克。7 个集体养鸡场全年出售鸡蛋 6.68 万千克。

1988 年，高碑店乡荣获“亿元乡”奖牌

1985 年，高碑店乡提出“工业要先行，第三产业要发展，大农业要调整、巩固、提高”的发展思路，更加重视第二、第三产业发展，推动“农林牧副渔、工商运建服”十业并举，实现全面、协调发展。经过 3 年经济结构调整和快速发展，至 1988 年，全年经济总收入突破 1 亿元，达到 1.1 亿元，成为朝阳区 7 个“亿元乡”之一。经济总收入中，农业收入 1027.5 万元，工业收入增至 7009 万元，商业收入 592 万元，运输业收入 230 万元，建筑业收入 597 万元，服务业收入 31 万元。工业和商业发展较为迅速，带动全乡收入增加。全年总支出 7001 万元，实现纯收入 3099 万元，人均收入达到 1383 元。1989—1993 年，工业发展通过深化企业管理体制改革，外引内联，推动企业上规模、上水平，使集体工业企业发展达到鼎盛时期。充分利用朝阳路、京通路和广渠路的地理优势，发展工业商品批发零售，提高收入水平。1993 年，实现总收入 3.022 亿元。其中，农业收入 1074 万元，工业收入快速增至 21241 万元，商业收入增至 2131 万元，运输业收入 374 万元，建筑业收入 2722 万元，服务业收入 307 万元，其他收入 2371 万元。工业和商业发展迅速，收入均创历史新高，提高了人们的收入水平。全年总支出 2.29 亿元，实现纯收入 7301 万元，人均收入达到 2460 元。

1994 年，地区（乡）确立“以第三产业为龙头，以工业为基础，以建筑业和旅游业为两翼，促进经济齐发展”的思路。通过兴建批发市场、商业城和集贸市场，整合原有商业企业，促进批发零售业转型升级，提高产业收入。通过联营、转制、关停等方式，全面调整原有工业企业布局。建设工业小区，将骨干企业迁入，并招商引资，提升整体工业发展水平。抓住辖区国家重点工程多的优势，大力发展建筑业。1996年，按照新的统计标准，高碑店地区（乡）全年国内生产总值1.39亿元。其中，第二产业（工业、建筑业）增加值达到8237万元，第三产业增加值达到5398万元。第二、第三产业发展已占主导地位。

1997年，面对北京市房地产业蓬勃发展的形势，高碑店地区（乡）在坚持原有发展思路基础上，提出以房地产业为先导，第三产业为龙头，工业为基础，建筑业、旅游业为两翼，促进经济齐发展。同年底，申请注册北京天翌房地产开发有限公司，负责兴隆居住小区商品房开发建设。1999年，房地产业发展初见成效，建成商品房面积4.8万平方米，销售势头良好。同年，全乡经济总收入达到11.02亿元，利润总额9385万元，上缴税金3031万元。有工业企业106家，总产值近4亿元，工业基础作用更加稳固。

2000年，随着农村城市化进程持续推进，高碑店地区（乡）提出“巩固发展第二产业，壮大提升第三产业”的经济发展思路。由于落实北京市第一道绿化隔离带建设，地域逐步退出农业生产。通过关停、转制对工业企业进一步调整。建成工业小区，筑巢引凤，招商引资，促进工业发展水平整体提高。2001年，地区税收超亿元，被评为北京市“京郊税收超亿元乡”先进单位。2003年，地区（乡）全年总收入达到27.2亿元。有建筑企业27家，从业人数5684人，施工工程215个，产值达8.84亿元。第三产业发展规模进一步扩大，全年仅服务业营业收入就达4.46亿元。

2004年，经过对经济结构、产业结构进行多年持续调整后，高碑店地区（乡）按照“组团式规划建设、板块式经济发展”布局，确立了以通惠河文化产业、现代服务业、现代制造业三大板块为主体的经济发展方向。通惠河文化产业板块是以高碑店古典家具街为龙头，建设沿通惠河文化产业群；现代服务业板块是以易初莲花超市为中心，建设朝阳路现代服务业集中区；现代制造业板块是以北京汽车制造厂为重点，发展汽车制造、家具制造、印刷等现代制造业。经过3年集中建设，一些重点项

2004年，高碑店地区（乡）召开上半年经济工作会

目如远通桥丰田汽车专卖店、华膳园大酒店、财满街近2万平方米底商商铺等基本建成。2006年，地区（乡）经济总收入达到66.28亿元，同比增长22.8%。实现利润总额3.41亿元，同比增长9.2%。上缴税金近2亿元，同比增长22.6%。有工业企业44家，共有职工5865人，总产值达36.65亿元。服务业主营业务收入2.7亿元，实现利润6500万元。

2007年，按照北京市提出的重点发展文化创意产业，以及朝阳区提出的发展通惠河文化产业景观带的相关要求，高碑店地区（乡）通过调整，最终确立以“三大文化产业”为主体的经济发展思路。三大文化产业是指传统文化产业、传媒文化产业和时尚文化产业。经过4年调整和快速发展，至2010年，传统文化产业已初具规模。一是高碑店村“三街两区一园”产业发展模式基本形成。地区（乡）着眼于CBD功能拓展区发展定位，以高碑店村为重点，充分发掘历史文化底蕴，打造古典家具一条街。古典家具街销售收入从2006年的2.3亿元，增加至2010年的3.6亿元。借助古家具一条街的影响，打造全长660米的北京“民俗文化街”，形成传统文化产业聚集区。二是半壁店村盛世龙源建成营业。八里庄建成晋商博物馆和企业总部基地，与盛世龙源隔河呼应，形成通惠河文化产业景观带。传媒文化产业和时尚文化产业发展顺利推进。高井村借助中央电视台、北京电视台、凤凰卫视新址进驻CBD，以及紧邻中国传媒大学的独特优势，以高井工业区为核心，大力发展传媒文化产业，于2010年建成东亿国际传媒创意园。北花园村借助五环路、两广路交通优势，与企业合作开发时尚家具商城等项目。2010年，完成地区经济总收入近124亿元，比2006年增长87%。实现利润总额4.79亿元，上缴税金3.62亿元。

2011年，高碑店地区（乡）以“优化结构、提升品质”为主线，确立大力发展“传统、传媒、旅游”三大文化产业的发展思路。在通惠河南岸，借助高碑店村丰厚的通惠河历史文化底蕴，深度挖掘历史文化资源，形成以古典家具街、民俗文化园为代表的传统文化板块。依托国家文化创意产业示范区、CBD—定福庄传媒产业走廊的影响力，沿京通快速路形成以高井传媒、八里庄文化创意产业园、718艺术园区、北花园文化产业园、北京铜牛集团传媒影视文化产业园为代表的传媒产业基地。启动半壁店通惠河畔（原盛世龙源）二期招商，形成通惠河畔旅游文化走廊，发展文化旅游产业。至2015年，全乡第二、三产业占比分别达到26%和74%，完成地区经济总收入217.74亿元，是2010年的1.75倍。完成利润总额8.39亿元，上缴税金7.07亿元。

2016年，高碑店地区（乡）持续推进高端产业聚集，确立以“文创、文旅、科创”三大文化产业为主体的经济发展思路。实施“文化+”战略，发挥文化引领作用，推动文化与旅游、商务、演艺等行业融合，积极培育文化融合新业态。结合晋商博物馆、中国紫檀博物馆、国粹苑等产业打造通惠河文化旅游走廊。以高碑店古典家具街、通惠河畔、水乡茶楼一条街等为中心，形成具有浓郁传统特色的文化旅游休闲产业区。助推八里庄“华腾世纪总部”“尚8里文创园”向新技术型、高成长型传媒企业集聚的园区发展。实现北花园产业园区聚集，向产业园区精品化方向转变提升。经过5年聚集调整和发展，高碑店地区（乡）基本形成高碑店村华膳园国际文化传媒产业园、八里庄村华腾世纪总部公园、北花园村吉里国际艺术区、半壁店村西店记忆文创小镇、高井村东亿国际文化传媒产业园为主的五大重点产业园区。2020年，由于经济统计口径发生变化，全乡完成集体经济总收入4.69亿元，上缴税金2325.7万元。

2021年，高碑店地区（乡）围绕实现经济高质量发展，确立“一带四区”经济发展思路。抓住京杭大运河保护、传承、利用发展机遇，“拥河而兴”，以构建拥河高品质宜居社区、优质文旅科创产业集聚区、乡村现代特色服务业集聚区、文化传承创新示范区、生态优美休闲旅游区为目标，以“一镇一带”（高碑店文旅科创小镇、通惠河商业景观带）建设为抓手，加快建成通惠河文旅科创产业带，形成社区、园区、景区、商区“四区一体”融合发展的新格局。截至2021年底，高碑店地区（乡）完成集体经济总收入6.54亿元，实现利润7347.7万元，上缴税金4216.2万元。

1978—2015年高碑店人民公社（乡、地区）主要经济指标统计表

表13-2

年份	经济总收入（亿元）	利润总额（万元）	税金总额（万元）	人均劳动所得（元）
1978	0.1084	516	43	225
1979	0.1439	652	56	286
1980	0.1911	797	67	440
1981	0.2164	839	47	554
1982	0.2604	1145	106	537
1983	0.33381	1376.3	215.5	730
1984	0.4523	1661	314	767
1985	0.4964	2000	296	888
1986	0.5346	1946	326	898
1987	0.69482	2490	417	1082
1988	1.01	3099	706	1286
1989	1.3038	3712	977	1259
1990	1.5004	4026	878	1295
1991	1.7067	4394	1006	1437

续表 13-2

年份	经济总收入（亿元）	利润总额（万元）	税金总额（万元）	人均劳动所得（元）
1992	2.1376	5255	1101	1868
1993	3.022	7301	1630	2460
1994	5.3588	10055	2137	3338
1995	6.5328	4147	2313	4453
1996	9.9704	6200	2658	5935
1997	11.0762	6393	3481	5594
1998	10.58774	8059.1	2786.3	5775.7
1999	11.0212	9385	3031	8861.9
2000	14.4123	11484	4192	9081.5
2001	20.1959	13553.3	6593	12157
2002	23.1658	15401.8	8955.4	13336
2003	27.2153	16654.3	11736.8	15046
2004	35.0794	18965	13004	17388
2005	53.9643	31230	16288	19437
2006	66.28212	34101	19968.2	22316.3
2007	76.99257	35708.4	21580.2	24639.1
2008	96.48209	53977.9	28385.8	26754.9
2009	113.24431	45989.6	31517.2	29524.9
2010	123.99758	47892.1	36228.3	30450.3
2011	136.41077	54549	43345.4	32291.4
2012	154.81351	60808.1	49389.8	33452.9
2013	187.9409	68961	58609.5	35139.7
2014	201.25302	77249.6	65116.8	36572.5
2015	217.73964	83909.2	70674.7	37534.8

2016—2021 年高碑店地区（乡）主要经济指标统计表

表 13-3

年份	集体经济总收入（亿元）	利润总额（万元）	税金总额（万元）	人均劳动所得（元）
2016	3.16	–156	1644.1	39300
2017	3.66	2625.1	1914.7	41900
2018	4.69	5860.6	2271.5	48600

续表 13–3

年份	集体经济总收入（亿元）	利润总额（万元）	税金总额（万元）	人均劳动所得（元）
2019	4.56	–17510.3	2879.3	50100
2020	4.69	–12663.2	2325.7	53700
2021	6.54	7347.7	4216.2	55700

注：2016 年、2019 年、2020 年，由于受部分村新农村建设集中投入影响，利润总额为负数。

第十四章　农　业

20 世纪 50 年代，高碑店地域各行政村（乡）通过土地改革，成立互助组、初级农业生产合作社、高级农业生产合作社、人民公社，逐步走上社会主义农业集体化道路，为地域农业生产发展奠定基础。地域农民生产积极性不断提高，劳动力充足，大力兴建农田水利，因地制宜发展农业生产。六七十年代，高碑店人民公社大力发展农业，成为京郊农业重镇。高碑店、半壁店、北花园生产大队重点发展粮田种植，粮食产量稳步增长。八里庄生产大队重点发展园田，蔬菜种植享誉京东，成为北京重要蔬菜供应地之一。猪场、鸭场规模较大，全力保障首都副食品供应。高井生产大队重点发展葡萄生产种植，是北京酿酒厂合作种植基地，增加了集体和社员家庭的收入。

1978 年改革开放后，高碑店人民公社调整产业结构，实施多种经营，促进农、林、牧、副、渔全面发展。依靠制度、管理、科技多方面优势，提高单位生产效益，粮食产量、蔬菜产量、畜牧养殖等领域均达到历史最高水平。至 80 年代末，全乡农业生产基本实现由传统农业向现代农业的转变。90 年代开始，由于国家建设征地、大环境绿化建设、绿化隔离带建设等，高碑店地区（乡）进行产业结构调整，至 21 世纪初期，农业生产逐渐退出主导生产领域。

第一节　农业资源

一、土地

耕地　高碑店地域位于北京城东，总体耕地面积较少。20 世纪 50 年代农业合作化以前，利用耕地发展农业生产只是地域百姓生产方式的一部分。1956 年，高碑店高级农业生产合作社成立时，全社共有耕地 17020 亩，以旱地为主，约占 90%。全社有农户 1746 户、农民 7532 人，户均耕地 9.75 亩，人均耕地 2.26 亩。

1958 年 8 月，幸福人民公社成立时，辖域高碑店工作站有耕地 13865.6 亩，八里庄工作站有耕地 4607.2 亩。1960 年 3 月，朝阳人民公社为适应农业发展对良种的需要，在原半壁店生产队基础上成立半壁店良种繁育试验场。共有耕地 1360 亩，试种小麦、玉米、水稻及各类蔬菜几十种。

1961 年 6 月，合并高碑店、八里庄工作站和半壁店良种繁育试验场，成立高碑店人民公社，共有耕地 12612.31 亩（不包括王四营工作站土地），人均耕地约 1 亩。八里庄生产大队处于工厂区边缘，人均耕地仅有 0.5 亩。1963 年，通过平整土地、大搞农田基本建设，增加耕地面积 389.68 亩。至 1964 年末，高碑店人民公社 5 个生产大队 26 个生产队共有耕地 13442.85 亩。其中，集体耕地 12440.72 亩，社员自留地 871.58 亩，机关团体占地 130.55 亩。5 个生产大队中，高碑店生产大队有耕地 2170.5 亩，八里庄生产大队 3305.92 亩，北花园生产大队 3257.6 亩，半壁店生产大队 2767.42 亩，高井生产大队 1941.41 亩。1967 年，高碑店人民公社通过闸沟垫地、基建还田增加耕地 108 亩。至 1968 年末，高碑店人民公社耕地面积 13550.58 亩，达到公社成立以来最高水平。

此后，由于政策调出、国家征地、基建用地等原因，辖域耕地面积逐年减少。1976 年 11 月，北花园生产大队何家坟生产队因区划调整，共调出耕地 839.2 亩。至 1977 年底，高碑店人民公社有耕地 11928.9 亩。1978 年，因国家建设征地，征用八里庄生产大队白家庄生产队全部耕地 229.3 亩。1981 年，因国家建设征地，征用八里庄生产大队小庄生产队全部耕地 210.7 亩。至 1981 年底，全公社 5 个生产大队 23 个生产队共有耕地 10679.4 亩。其中，高碑店生产大队有耕地 2132.4 亩，八里庄生产大队 2323.1 亩，北花园生产大队 1817 亩，半壁店生产大队 2580.2 亩，高井生产大队 1671.7 亩，公社直属 155 亩。

1983 年，因建设京秦铁路十字枢纽工程，共征用高碑店乡耕地 556.33 亩。1985—1986 年，因国家建设征地，征用八里庄生产大队道家坟生产队和居民区生产队全部耕地共计 765.22 亩。1987 年，高碑店污水处理厂扩建，征用耕地 799.37 亩。1988 年，北花园村调出北花园苗圃全部耕地 338 亩。至 1988 年底，高碑店乡 5 个生产大队 21 个生产队共有耕地 7495.92 亩。其中，高碑店生产大队有耕地 1109.3 亩，八里庄生产大队 996.7 亩，北花园生产大队 1416.4 亩，半壁店生产大队 2141.7 亩，高井生产大队 1618.82 亩，乡直属 213 亩。

1993 年，因建设华能电厂一、二期工程，共征用半壁店村耕地近 800 亩。1995 年，因拓宽京通快速路，征用八里庄、北花园、高井 3 个建制村耕地 420.34 亩。1998 年，因建设地铁复八线，征用高碑店地区（乡）耕地 441.22 亩。至 1998 年底，高碑店地区（乡）仅有剩余耕地 1867.5 亩。

2000—2004 年，高碑店地区（乡）进行第二道绿化隔离带建设，占用剩余全部耕地。

1968—2004 年高碑店地域耕地缩减统计表

表 14–1

年度	缩减原因	占地面积（亩）	年末实有耕地面积（亩）
1968	国家征用	68.02	13550.58
1969	国家征用	61.35	13384.43
1970	国家征用	44	13436.18
1971	国家征用	108.65	13339.4
1972	国家征用	15.8	13323.6
1973	国家征用	105.47	13218.13
1974	国家征用	112	13109.83
1975	国家征用	23.8	13085
1976	国家征用	514.6	12924.5
1977	国家征用及调出	1014.3	11928.9
1978	国家征用	832.8	11157.8
1979	国家征用	255.7	11026.1
1980	国家征用	229.7	10955.1
1981	国家征用	360	10679.4
1982	国家征用及调出	80.4	10639
1983	国家征用	806.99	9817.01
1984	国家征用	276.7	9593.7
1985	国家征用	563.2	9030.5
1986	国家征用	182.3	8848.2
1987	国家征用	58.2	8654.4
1988	污水处理厂建设占地、苗圃用地、社员建房及其他基建	1222.48	7495.92
1989	社员建房、交通占地、国家征用	55	7584
1990	国家征用、社员建房	37	7547
1991	国家征用	3	7544
1992	半壁店村明渠治理用地、国家征用	190	7355
1993	华能电厂征地、基建占地	1209	6146
1994	环境绿化、通惠河整治工程占地、国家征用	307	5839
1995	绿化、京通快速路占地、基建占地	1125	4714
1996	基建、环境绿化用地	2140	2574

续表 14–1

年度	缩减原因	占地面积（亩）	年末实有耕地面积（亩）
1997	京通快速路占地、通惠河整治占地	456	2118
1998	北京市热力公司占地、地铁复八线建设占地	251	1867．5
1999	无	0	1867.5
2000	绿化用地	590	1277
2001	无	0	1277
2002	绿化用地	1008	269
2003	绿化用地	121	153
2004	绿化用地	153	0

蔬菜保护地 20 世纪 50 年代中期以前，高碑店地域蔬菜生产均为露天种植，无保护地。1956 年，高碑店高级农业生产合作社发展温室种植蔬菜，共有温室 22 间。此后，辖区进行大面积蔬菜保护地建设，发展蔬菜生产。1958 年，幸福人民公社高碑店工作站有温室 230 间、阳畦 634 个，八里庄工作站有温室 99 间、阳畦 1925 个，蔬菜保护地形成一定规模。1961 年，高碑店人民公社成立后，各生产大队继续发展冬季蔬菜种植，扩大保护地面积。至 1964 年，高碑店人民公社 5 个生产大队 26 个生产队共有保护地 85.94 亩，含温室 483.5 间、30.04 亩，阳畦 810 个、55.9 亩。其中，高碑店生产大队有温室 135 间、9 亩，阳畦 130 个、19.1 亩；八里庄生产大队有温室 273.5 间、13.54 亩，阳畦 378 个、23 亩；北花园生产大队有温室 55 间、5.5 亩，阳畦 168 个、4.6 亩；半壁店生产大队有温室 20 间、2 亩，阳畦 8 个、0.2 亩；高井生产大队有阳畦 126 个、9 亩。八里庄生产大队蔬菜保护地约占全公社总量的一半。

70 年代初期，随着首都人民对非应季蔬菜需求增加，高碑店人民公社大力发展蔬菜保护地，建设温室、薄膜、塑料大棚等农业生产设施。1973 年，全公社有保护地 88 亩，有春季加温温室 566 间、阳畦 761 个、薄膜 1622 畦、塑料大棚 17 个。1978 年，保护地扩展至春、秋两季，总播种面积达 280.7 亩。其中，有春季加温温室 863 间、34.5 亩，阳畦 2730 个、43.7 亩，春季薄膜覆盖 38.1 亩，秋季薄膜覆盖 25.6 亩，春季塑料大棚 106 个、106.8 亩，秋季塑料大棚 31 个、31.4 亩。

80 年代，随着地域耕地面积不断减少，高碑店乡更加注重非应季蔬菜生产，向耕地单位面积要产量和效益。1986 年，高碑店乡蔬菜保护地面积增长至 787.8 亩，达到历史最高水平。其中，有温室 3771 间、110.2 亩，老式阳畦 2159 个、146.6 亩，大棚 83 个、

96.9 亩，中小棚 415.9 亩，改良阳畦 18.2 亩。推广保护地增收效益明显，八里庄生产大队熏皮厂生产队有保护地 54 亩，占耕地面积 61.4%，当年收入 28.3 万元，亩产值达到 3226 元；半壁店生产大队方家坟生产队有保护地 25.5 亩，占耕地面积 34.5%，当年收入 15.4 万元，亩产值 1832 元。

90 年代初期，全乡蔬菜保护地逐渐减少。1990 年，全乡有保护地面积 514 亩。1993 年，下降至 315 亩。90 年代中后期，随着国家大规模征地拆迁，作为主要蔬菜种植基地的八里庄村“南四队”陆续撤队、转居，高碑店地区（乡）蔬菜种植面积大幅缩减，保护地面积减少。至 2000 年，高碑店地区（乡）仅有保护地 71 亩，其中温室 33 亩、大棚 6 亩、小棚 30 亩、阳畦 2 亩。至 2002 年底，高碑店地区（乡）蔬菜保护地有序退出农业生产领域。

林木用地　20 世纪 50 年代，高碑店地域百姓在自家房前屋后、院内或耕地边缘种植少量林木。60 年代，高碑店人民公社开展以沟旁、路旁、宅旁、渠旁“四旁”植树为重点的集体植树，没有固定林木用地。

高碑店人民公社自 1969 年建立苗圃发展林业，高井生产大队育苗，有林木用地（苗圃）14 亩。1972 年，5 个生产大队均有育苗苗圃，共计 83.4 亩，主要集中在北花园生产大队。至 70 年代末，全公社苗圃面积保持在 80 亩左右。1980 年起，苗圃种植步入下坡路。1980 年，全公社有苗圃 69.5 亩。此后，苗圃面积逐渐减少。1995 年，建成兴隆公园 917 亩片林，成为全乡最集中的绿化林木用地。2010 年，建成百花郊野公园，占地 322.95 亩，大部分面积种植绿化林木。至 2021 年，兴隆公园、百花公园绿化林木用地成为生态林业发展主要用地。

养鱼水面　清末漕运废止后，高碑店地域百姓利用通惠河周边天然水塘或在低洼区域挖塘养鱼，从小月河、高碑店下坡子、平津上闸鸭窝滩子、龟石坝“莲花池”，直到花园闸东湾子，都是养鱼水面。1956 年，高碑店高级农业生产合作社有池塘养鱼水面 230 亩。60 年代，养鱼水面减少。1964 年，高碑店人民公社有养鱼水面 93 亩。其中，高碑店生产大队（主要是高碑店三队）有 63 亩，八里庄生产大队有 30 亩。至 1969 年，养鱼水面面积稍有增长，达到 120 亩。

70 年代，高碑店人民公社扩大养鱼水面。1973 年，全公社有养鱼水面 156 亩。同年，通过平整土地，将低洼易涝地开挖鱼塘；利用铁路两侧苇塘开挖鱼塘，扩大养鱼水面。1975 年，养鱼水面增长至 290 亩。1977 年，达到历史最高水平，为 334 亩。其中，高碑店生产大队有池塘 192 亩，八里庄生产大队 60 亩（包括八里庄生产大队鸭场水面 40 亩、康家沟生产队鱼塘水面 20 亩），北花园生产大队 24 亩，半壁店生产大队 45 亩，高井生产大队 13 亩。至 1980 年，公社每年养鱼水面保持在 330 亩左右。

1981 年，由于八里庄生产大队团结湖鸭场及高井生产大队退出养鱼业，全公社水面面积缩减至 258.5 亩。1983—1992 年，由于国家工程建设征地、河道疏通和环境整治等原因，高碑店乡养鱼水面逐年减少。至 1993 年，养鱼水面缩减至 145 亩。1994—2002 年，地区（乡）养鱼水面略有减少。2003 年，由于产业结构调整，地区（乡）不再发展养鱼。

二、劳动力

1957 年，高碑店高级农业生产合作社有 17 个生产队和 1 个青年队，共有劳动力 2813 个。小庄团结高级农业生产合作社和八里庄光辉高级农业生产合作社共有劳动力 1829 个。1958 年 8 月，幸福人民公社成立时，辖域高碑店工作站有劳动力 2443 个，八里庄工作站有劳动力 1683 个。

1961 年，高碑店人民公社成立时，有劳动力 4638 个。1964 年，高碑店人民公社有劳动力 5412 个（含公社直属劳动力 81 个）。其中，有整劳动力 3640 个（男 2174 个、女 1466 个），半劳动力 1225 个（男 654 个、女 571 个），辅助劳动力 547 个（男 298 个、女 249 个）。5 个生产大队中，高碑店生产大队有劳动力 839 个，八里庄生产大队 2294 个，北花园生产大队 784 个，半壁店生产大队 737 个，高井生产大队 677 个。八里庄生产大队劳动力约占全公社总数 42.39%。此后，劳动力数量缓慢增加。至 1972 年，全公社劳动力数量增长至 6414 个。

1976 年，高碑店人民公社农业劳动力数量达到历史最高值，为 7257 个（含公社直属劳动力 570 个）。其中，整劳动力 6313 个（男 3158 个、女 3155 个），半劳动力 1044 个（男 469 个、女 575 个）。5 个生产大队中，高碑店生产大队有劳动力 1280 个，八里庄生产大队有劳动力 2877 个，北花园生产大队有劳动力 838 个，半壁店生产大队有劳动力 850 个，高井生产大队有劳动力 842 个。公社一级使用劳动力 570 个，大队一级使用劳动力 1496 人，生产队一级使用劳动力 5088 人，生产队使用劳动力占总数 70.11%。生产队使用劳动力中，从事种植业生产劳动力 4008 个，从事林业生产劳动力 187 个，从事畜牧业生产劳动力 531 个，从事队办副业生产劳动力 43 个，从事渔业生产劳动力 55 个。生产队从事种植业生产劳动力占总数 80.03%。

1982 年，高碑店人民公社共有劳动力 8295 个。其中，从事社队三级工业企业劳动力 3442 个，从事农业生产劳动力 4450 个。此后，高碑店乡劳动力数量逐年减少。1989 年，全乡共有劳动力 5628 个，其中从事农业生产劳动力 1533 个。1996 年，全乡共有劳动力 3829 个，其中从事农业生产劳动力仅为 607 个。2000 年，全乡劳动力 2703 个，其中从事农业生产劳动力 524 个。

2003 年，由于国家大量征地和进行绿化隔离带建设，高碑店地区（乡）退出农业生产，全地区（乡）农业劳动力全部转向第二、第三产业。

1972—2000 年高碑店地域农村劳动力情况统计表

表 14-2

年份	农业户数（户）	农业人口总数（人）	农村劳动力（个）
1972	4271	16055	6414
1973	4331	16610	7122
1974	4360	16523	7229
1975	4425	16414	6890
1976	4428	16341	7257
1977	4535	16212	7145
1978	4452	15405	6937
1979	4540	15674	7456
1980	4665	15884	7646
1981	—	15571	—
1982	4911	15819	8295
1983	5075	14711	7874
1984	—	14461	7639
1985	5092	16829	—
1986	4597	12454	6511
1987	4751	12553	6938
1988	4741	11769	5872
1989	4873	11918	5628
1990	5040	12041	5828
1991	5182	12195	6225
1992	5314	12439	6217
1993	4485	9640	4766
1994	4499	10022	4045
1995	3834	7983	3074
1996	3638	7492	3829
1997	3313	6726	3550

续表 14-2

年份	农业户数（户）	农业人口总数（人）	农村劳动力（个）
1998	5498	11936	6308
1999	2912	5874	2247
2000	2107	3072	2703

三、生产工具

畜力　20世纪50年代农业合作化以前，高碑店地域农业生产主要依靠农户自家骡子、驴等畜力。1956年，高碑店高级农业生产合作社成立后，集体合理作价接收入社农户役畜，全社共有役畜312头，其中有马28匹、骡子142头、驴118头、牛24头。八里庄光辉高级农业生产合作社有役畜235头，其中有马11匹、骡子61头、驴163头。1958年，幸福人民公社成立时，辖域高碑店工作站有马40匹、骡子106头、驴100头、耕牛13头；八里庄工作站有马26匹、骡子84头、驴228头、耕牛3头。1964年，高碑店人民公社共有役畜492头，其中有马134匹、骡子107头、驴219头、耕牛32头。

70年代，随着农业生产规模不断扩大，全公社役畜增多。1971年，高碑店人民公社有役畜650头，其中马300匹、骡子103头、驴210头、耕牛37头。70年代末，随着农业机械化水平提高，畜力使用逐渐减少。至1985年，高碑店乡役畜减少至232头，其中马99匹、骡子124头、驴9头。90年代初，高碑店乡农业生产基本实现机械化，役畜逐步退出生产领域。

农机具　20世纪50年代农业合作化以前，高碑店地域农业生产主要依靠传统简易农具，耕作使用犁、耧、镐等，田间管理使用镐、铁锹、钉耙、“四齿”、薅锄、耪锄、韭镰等，收获使用镰刀、筐子、篮子等。1956年，高碑店高级农业生产合作社成立后，开始使用改良新式农具，全社有双轮双铧犁37件、步犁23件、耘锄22架。1958年，幸福人民公社成立时，辖域高碑店工作站有播种机11台、密植耧6件、双轮双铧犁35件；八里庄工作站有绳索牵引犁22件，双轮双铧犁13件。1962年，高碑店人民公社开始使用小麦脱粒机脱粒，全公社有小麦脱粒机2台，半壁店和西店生产大队各有1台。

1964年，高碑店人民公社提高农业机械化水平，开始使用手扶拖拉机耕作。全公社共有手扶拖拉机21台，其中高碑店生产大队5台，八里庄生产大队7台，北花园、半壁店、高井生产大队各3台。全公社有打稻机11台。此后，农业机械化水平不断提高，至1967年，全公社有扬场机21台、脱粒机32台、铡草机16台、播种机15台、打稻机17台。

1971年，全公社手扶拖拉机数量增至26台，有播种机4台（均在高碑店生产大队）、手动插秧机12台、机动插秧机1台（在北花园生产大队）、扬场机25台、机动脱粒机56台（含打稻机31台）、铡草机28台。1976年，机械化水平进一步提高，全公社有手扶拖拉机54台、播种机24台、水稻插秧机4台、小麦收割机21台。有扬场机34台、机动脱粒机87台（小麦脱粒机62台、打稻机25台）。

80年代，高碑店乡农业生产基本实现机械化。1983年，全乡共有拖拉机27台（1418马力）、手扶拖拉机81台（824马力）、播种机6台，手扶拖车81台。至1988年，全乡农业生产基本实现机耕、机播、机收。90年代，随着农业生产萎缩，大量农机具闲置，或转向运输行业。2003年，高碑店地区（乡）农业生产终止，不再使用农机具。

植保机具 20世纪50年代农业合作化以前，高碑店地域主要依靠人工对农作物进行保护。1956年，高碑店高级农业生产合作社有喷雾器36台，开始使用手提式和背负式空气压缩喷雾器喷洒农药，用于农作物病虫害防治。1958年，高碑店工作站有喷雾器142台，八里庄工作站有喷雾器96台。1964年，高碑店人民公社5个生产大队、26个生产队共有喷雾器155台、喷粉器55台。

1970年，全公社有机动喷雾器12台，手摇喷粉器64台。1971年，机动喷雾器达到27台，手摇喷雾喷粉器67台。此后，随着农业机械化发展，手动喷雾器逐渐被机动喷雾器代替。1974年，全公社有机动喷雾器40台，有手动喷雾器49台。至1979年，有机动喷雾器55台，手动喷雾器31台。

80年代，随着农业生产规模扩大，尤其蔬菜种植面积增多，植保工具数量相应增加。1983年，全乡有机动喷雾器77台，手动喷雾器62台。至1985年，有机动喷雾器90台，手动喷雾器108台，机械植保面积达到9870.4亩。

1993年，高碑店地区（乡）背负式机动喷雾机数量增加到100台，并且拥有大型牵引喷雾（植保、除草）机2部，全地区（乡）农作物病虫害得到有效控制和预防。至2003年，随着农业生产结束，不再使用植保工具。

加工机具 20世纪50年代，高碑店地域加工粮食工具有碾子、石磨等，玉米、小麦等是用人工或畜力通过推碾子、拉磨等形式加工。

六七十年代，农产品加工开始使用机械。1964年，全公社有碾米机3台、磨面机16台。至1969年，加工机具数量增加，全公社有碾米机9台、磨面机27台。1976年，全公社有面粉机6台、碾米机13台、小钢磨24台。

80年代，农产品加工机具数量逐渐减少，至1985年，全乡有面粉机8台、碾米机7台、小钢磨17台。

90年代，随着商品粮政策放开，生活所需食品直接购买，逐渐不再通过加工机具加工。

运输机具　20世纪50年代农业合作化以前，高碑店地域农业运输主要依靠畜力驮运，或用牲畜拉车拖运，辅以人力用肩背、肩扛或肩挑等。1956年，高碑店高级农业生产合作社有载重汽车1辆、农业运输大车201辆。1958年，幸福人民公社只有高碑店工作站有载重汽车4辆，胶轮大车52辆，农业大车119辆。1964年，高碑店人民公社有载重汽车5辆，其中，高碑店生产大队2辆，八里庄生产大队2辆，北花园生产大队1辆。同时，胶轮大车和胶轮手推车迅速普及，全公社有胶轮大车212辆，有胶轮手推车206辆。1969年，全公社载重汽车发展至12辆，有拖车22辆、胶轮大车307辆、胶轮手推车518辆。

70年代，由于农业发展规模扩大，运输机具数量不断增加。1975年，全公社载重汽车数量增至41辆，另有胶轮大车288辆、胶轮手推车1022辆、拖车2辆。1978年，全公社载重汽车53辆、胶轮大车233辆、胶轮手推车1231辆、拖车2辆。

80年代，运输机具数量进一步增加。1983年，全乡有载重汽车130辆，有三轮汽车1辆、胶轮大车192辆、胶轮手推车1835辆、汽车挂车7辆。至1986年，农业运输机具数量和规模发展到历史最高水平，全乡共有载重汽车178辆，有三轮汽车2辆、胶轮大车128辆、胶轮手推车494辆，能够完全满足农业运输需求。90年代以后，随着农业生产退出乡主导生产领域，大型运输机具逐渐转向运输业。

四、农田基本建设

20世纪50年代农业合作化以前，高碑店地域农业生产基本靠天吃饭，欠缺与之配套的农田水利设施，遇到旱涝年份，主要依靠人力提水灌溉和排水，造成粮食减产。50年代初，为恢复和发展农业生产，北京市修建农田水利工程。1956年6月，北京市农林水利局在高碑店乡建成水南庄灌区，在水南庄建扬水站1座，在高碑店一队修建干渠1条、支渠3条，修建水南庄扬水站，利用通惠河水进行农业灌溉。后因通惠河水源不足，改用高碑店简易污水处理厂水源，扩建成高碑店灌区。

1956—1958年，高碑店地域各高级农业生产合作社根据农田灌溉需要，进行大规模农田水利设施建设。1957年，八里庄光辉高级农业生产合作社和小庄团结高级农业生产合作社打新井46眼，新添解放式水车80辆，购买锅驼机2台、电动机2台，以满足园田发展需要。1958年，幸福人民公社八里庄工作站继续开展兴修水利运动，修建东大桥至十里堡沟渠1条，长约5000米。新添锅驼机13台、电动机7台、汽油机5台、煤气机3台，全站约2000亩园田利用机器灌溉。高碑店工作站有煤气机2台、锅驼机12台、一般水车175架。

60年代，高碑店人民公社继续兴修水利，利用冬季农闲时间平整土地，逐步解决农田浇水、排涝问题。1961年，全公社新打电井5眼，增加高、低压线路11180米，新添电动机10台、变压器5台，水浇地面积达8171亩，占总耕地面积70%，高井生产大队白家楼一队、白家楼二队、太平庄生产队、兴隆庄生产队灌溉问题基本得到解决。1962年，高碑店人民公社约90%耕地做到“一季无雨保全苗，一年无雨保丰收”。由于水、肥问题得到解决，全公社小麦复种面积大幅增加，达到全部耕地26.5%。半壁店生产大队改造的65亩低产盐碱地，水稻平均亩产达到275千克。1964年及1965年秋冬季节，公社集中全公社劳动力在西店生产队靶场东涝洼地和“西北高原”高坡地开展平整土地大会战，大干苦干数月，改造良田80余亩，每年两茬作物实现亩产近千斤的目标。此后，全公社5个生产大队每年冬季大搞平整土地，为全公社农业机械化作业奠定基础。

70年代，高碑店人民公社农田基本建设重点是平整土地、实现灌溉暗管化和解决秋涝问题。1971年，高碑店人民公社八里庄生产大队建成长达19250米暗管工程，既节约耕地，又充分利用地下水源，克服地表水不足、水质不好问题，促进增产增收。1974年，为根治内涝问题，高碑店人民公社组织全公社力量大规模兴修农田水利工程。仅用半个月时间，共挖掘大小沟渠169条，总长53830米，动土41130立方米。1977年，公社再次大规模组织兴修农田水利工程，共清理、新挖沟渠192条，总长约15千米。经过此次农田水利工程建设，全公社1.1万亩耕地基本成为旱能浇、涝能排的高产稳产田。1979年冬，高碑店人民公社修建3000多米暗管工程。1971—1980年，全公社共平整土地4650亩，并对大部分土地进行复平，在很大程度上改变过去土地高低不平、“大平小不平”状况，初步做到小块并大块，成方连片，从而为农业机械化作业打下基础。

80年代初，高碑店人民公社大规模农田基本建设任务全面完成。

五、农业现代化

20世纪60年代，高碑店人民公社持续推进农业机械化、水利化、化肥化、电气化“四化”建设。至1969年，在农业机械化方面，全公社实现机耕面积10854.05亩，机耕率88.54%；机播面积3293.9亩（八里庄生产大队园田除外），机播率36.89%。共有粮食加工点24个，每个生产大队4 ~ 5个。 在水利化方面，全公社有电机井32眼、扬水站80处。其中，高碑店生产大队有电机井3眼、扬水站6处；八里庄生产大队有电机井17眼、扬水站56处；北花园生产大队有电机井4眼、扬水站3处；半壁店生产大队有电机井4眼、扬水站8处；高井生产大队有电机井3眼、扬水站7处。全公社机电灌溉面积

10252.05 亩，基本实现耕地灌溉全覆盖。在化肥化方面，全公社全年使用化肥 50 万千克，使用农药 2.175 万千克。在农业电气化方面，5 个生产大队全部通电。

70 年代，高碑店人民公社农业现代化生产水平略有提高，但整体变化不大。至 1979 年，机播面积 3877.3 亩，比 1969 年增加近 600 亩。北花园生产大队用机械收获粮田 410 亩，半壁店生产大队利用机械平整土地 156 亩。全公社用电总计 217.5 万千瓦时。全年使用化肥 108.75 万千克，其中氮肥 87.4 万千克，占总量 80.37%。使用少量磷肥和钾肥。全年使用农药 1.28 万千克，同时发展生物防治。使用塑料薄膜 6.025 万千克。达到市级标准旱涝保收、高产稳产农田 10045.5 亩。

80 年代初，公社农业现代化生产水平上一个新台阶。至 1985 年，高碑店乡机播面积 6947.7 亩，占全部耕地 76.94%。除八里庄生产大队园田外，机收面积达到 2112.7 亩，近一半粮田实现机械收获。全年使用化肥 28.45 万千克，其中使用复合肥 0.9 万千克。全乡蔬菜种植大量使用塑料大棚和地膜覆盖，全年使用塑料薄膜 5.97 万千克。至 80 年代末，高碑店乡农业生产基本实现机耕、机播、机种、机收，全年使用化肥 42.1 万千克，使用塑料薄膜 7.7 万千克。90 年代末，随着耕地减少，大规模农业机械化作业基本结束。

第二节 种植业

一、粮食

20 世纪 50 年代农业合作化以前，高碑店地域农户种植粮食作物以冬小麦、玉米、谷子、白薯为主，亩产量较低。1949 年，地域冬小麦平均亩产为 60 ~ 75 千克。土地改革完成后，农户种粮积极性提高，冬小麦亩产增至 100 千克左右。1955 年，粮食种植获得丰收，冬小麦平均亩产达到 125 千克左右。农业合作化以后，地域种植粮食作物种类增多，产量增加。1956 年，高碑店高级农业生产合作社种植冬小麦 2609 亩、玉米 6007 亩、白薯 1255 亩。1958 年，随着农田水利基本建设、积肥运动、农业机械的使用和农业技术推广，幸福人民公社冬小麦亩产达到 245 千克。1961 年，高碑店人民公社全年粮食总产量 107.5 万千克。其中，半壁店生产大队亩产最高，成为全公社粮食生产一面旗帜，全大队有冬小麦 415 亩，平均亩产 253.5 千克。小郊亭生产队平均亩产达到 261 千克。

高碑店人民公社自 1962 年起在一些适宜的农田种植水稻，当年种植面积 134 亩，总产量 26650 千克，平均亩产 198.88 千克。其中，高碑店生产大队种植 43 亩，半壁店生产大队种植 85 亩，西店生产大队种植 6 亩。1964 年，高碑店人民公社 5 个生产大队 26 个生产队粮食播种总面积 12853.77 亩，总产量 178.97 万千克。其中，冬小麦种植面积 4757.14

亩，产量52.95万千克；春玉米种植面积1540.53亩，产量43.245万千克；晚玉米种植面积4298.3亩，产量51.65万千克；大麦种植面积520.85亩，产量4.6万千克；水稻种植面积222.61亩，产量6.18万千克；春白薯306.14亩，产量7.18万千克；晚白薯（麦茬薯）132.9亩，产量1.67万千克；大豆152.2亩，产量1.24万千克。另有少量棉花、芝麻、花生等经济作物。5个生产大队中，高碑店生产大队粮食播种面积2438.5亩，总产量34.925万千克；八里庄生产大队粮食播种面积737.07亩，总产量14.47万千克；北花园生产大队粮食播种面积4051.3亩，总产量49.13万千克；半壁店生产大队粮食播种面积3412亩，总产量51.865万千克；高井生产大队粮食播种面积2214.9亩，总产量28.59万千克。

1970年，全公社粮食播种面积13887.67亩，总产量370.11万千克，达到历史最高水平，比1964年增长1倍多，平均亩产266.7千克。

1976年，八里庄生产大队退出粮食作物生产。全公社4个生产大队粮食播种总面积12761.5亩，总产量307.44万千克。其中，高碑店生产大队粮食播种面积1270.7亩，总产量44.5万千克；北花园生产大队粮食播种面积3830.1亩，总产量87.1万千克；半壁店生产大队粮食播种面积5131.2亩，总产量109.13万千克；高井生产大队粮食播种面积2529.5亩，总产量66.71万千克。全公社主要农作物中，冬小麦平均亩产306.5千克，水稻平均亩产264千克，玉米平均亩产241.75千克。

1978—1980年，高碑店人民公社调整粮食作物种植茬次，将粮田种植一茬改为两茬平播，在高岗地平播玉米。同时，集中选育优良品种，主要选用高产冬小麦“4577”和玉米“京早7号”杂交品种。1981年，高碑店人民公社粮食生产获得大丰收，全公社粮食作物播种面积6174.8亩（占用耕地面积3681.7亩），粮食总产量达到199.07万千克。其中，由于紧抓田间管理，及时抗旱浇水，全公社冬小麦总产量达到92.81万千克，平均亩产309千克。全公社17个产粮队，有16个实现增产。

80年代中后期，由于粮食耕地面积大幅减少，高碑店乡粮食种植更加注重科学种田，使用优良品种，增加亩产量。1987年，全乡种植粮食平均占用耕地亩产高达632.4千克，位居朝阳区前列。

90年代，随着地域耕地面积进一步减少，粮食总产量随之降低。1990年，全乡粮食播种面积3567亩，粮食总产量145.6万千克。1995年，全地区（乡）粮食播种面积降至1650亩，粮食总产量64.3万千克。至1999年，全地区粮食播种面积仅为600亩，总产量21.9万千克。2001年，随着绿化隔离带建设占用剩余全部粮田，高碑店地区（乡）粮食生产结束。

1962—2000年部分年份高碑店地域粮食种植面积及产量统计表

表 14–3

年份	耕地面积（亩）	占用耕地亩产（千克）	播种面积（亩）	播种亩产（千克）	总产量（万千克）
1962	5942.34	236.3	6299.64	222.9	140.39
1963	6536.55	229.8	7004.55	214.4	150.19
1964	7802.78	229.4	12853.77	139.2	178.97
1965	7940.33	356.5	11319.05	250.1	283.1
1966	7782.45	384.5	14476.2	206.7	299.23
1967	7818.81	337.9	13792.02	191.5	264.16
1968	8239.4	343.9	13388.2	211.6	283.35
1969	7797.55	321.4	13194.8	189.9	250.59
1970	8672.9	426.7	13875.3	266.7	370.11
1971	8926	356.5	14413	220.8	318.24
1972	7643.3	387.7	13213.1	224.3	296.32
1973	7533.7	400.2	14391.9	209.5	301.5
1974	7153	486.9	13540.5	257.2	348.3
1975	6512.7	477.5	12919.5	240.7	310.97
1976	5722	537.2	12761.5	240.9	307.4
1977	4306	454.9	8760.6	223.6	195.9
1978	4130	555.7	8115	282.8	229.5
1979	3936	475.1	7700	242.9	187
1980	3869.4	498.8	7226.4	267.1	193
1981	3681.7	540.7	6174.8	322.4	199.07
1982	2708	594.5	5380.7	299.2	161
1983	2755	604.2	5368.4	310.1	166.45
1984	2294.4	585.1	4630.6	289.9	134.25
1987	2100	632.4	4300	308.8	132.8
1988	1917	644.2	3896	317	123.5
1989	1788	726	3567	363.9	129.8
1990	1879	774.9	3567	408.2	145.6
1994	825	803.6	1650	401.8	66.3
1997	500	703.8	900	391	35.19

续表 14-3

年份	耕地面积（亩）	占用耕地亩产（千克）	播种面积（亩）	播种亩产（千克）	总产量（万千克）
1998	350	777.1	700	388.6	27.2
1999	300	730	600	365	21.9
2000	100	763	200	381.5	7.63

二、蔬菜

高碑店地域有近百年种植蔬菜历史，尤其八里庄地域临近朝阳门，很多农户将自种蔬菜挑往朝阳门外沿街摆摊售卖，成为重要收入来源。20 世纪 50 年代中期，辖区菜农走上合作化道路，开始集中发展蔬菜生产。蔬菜种植种类以白菜、扁豆、黄瓜、西红柿、茄子、菠菜、萝卜、洋白菜、生笋、韭菜等日常食用蔬菜为主。1957 年，八里庄光辉高级农业生产合作社有菜田 1616 亩，亩产达到 4500 余千克。

60 年代，高碑店人民公社是北京市重要的蔬菜种植基地。1961 年，全公社蔬菜总产量 1955 万千克，超过朝阳区下达的 1650 万千克生产任务。其中，八里庄生产大队蔬菜总产量 1182.5 万千克，占全公社总产量的 60.49%，占用耕地亩产 5500 千克，成为全公社蔬菜生产一面旗帜。1964 年，高碑店人民公社 5 个生产大队 26 个生产队，种植蔬菜占用耕地 4490.47 亩，占用耕地亩产 5405.2 千克，总产量达到 2427.19 万千克。其中，八里庄生产大队种植蔬菜面积最大，产量最高。种植蔬菜占用耕地 2565.13 亩，占用耕地亩产 6086 千克，总产量 1561.17 万千克。至 1967 年，高碑店人民公社种植蔬菜占用耕地 4536.1 亩，总产量达到 3095.03 万千克，占用耕地亩产创下 6823.1 千克的历史纪录。

70 年代，高碑店人民公社继续发展蔬菜生产，是北京市重要蔬菜供应基地之一。1971 年，全公社种植蔬菜占用耕地 4550 亩，总产量达到 3252.81 万千克，占用耕地亩产再创历史新高，达到 7149 千克。1972—1977 年，全公社蔬菜占用耕地亩产一直稳定在 6500 千克左右，种植面积、品种不断增加，发展冬季蔬菜。1977 年，高碑店人民公社重点抓蔬菜总产量，提高亩产量。全公社共有菜田 6050 亩，比 1971 年增加 1500 亩；总产量达到 3754 万千克，增长 15.4%。

80 年代初期，蔬菜生产重点抓科学种菜和田间管理，着重抓大棚蔬菜生产，在科学控制温湿度管理上做了大量工作，从而大幅提高蔬菜产量。同时，及时做好园田排涝和防治病虫害工作，做到“春抓早、夏抓巧、秋抓多、冬抓好”。1980 年，蔬菜总产量达到 3880 万千克（任务为 3300 万千克），占用耕地亩产 6752.5 千克，平均亩产值 572 元，总收入达到 300.1 万元。八里庄生产大队熏皮厂生产队发展塑料大棚、温室小弓子覆盖菜，平均亩产值达到 1900 多元。半壁店生产大队实现“四增加”：平均亩产增加 209.5 千克，达到 5975.5 千克；总产量增加 18.99 万千克，达到 492.95 万千克；亩产值达到 542 元，同比增加 72 元；总收入增加 6.1 万元。

80 年代中期，由于国家重点工程建设征地，八里庄生产大队“北四队”全部撤队、转居转工，蔬菜种植面积大幅度减少，全乡蔬菜总产量随之减少。1986 年，全乡菜田占用耕地 3164.6 亩，比 1983 年减少 1556.4 亩。全年上市蔬菜 1814 万千克，亩产值达到 1018 元，比 1983 年亩产值 677 元增加 341 元。蔬菜总收入在减少土地情况下，总产值达到 319.7 万元，与 1983 年基本持平。1988 年，高碑店乡根据市场需要调整蔬菜种植结构和品种结构，大力发展冬季生产和保护地栽培，全年上市蔬菜 1218 万千克，亩产值 1278 元，总收入达到 362 万元。

90 年代，随着耕地面积进一步减少，蔬菜种植面积迅速萎缩，蔬菜产量相应下降。1990 年，全乡种植蔬菜占用耕地 2504 亩，总产量 1500.3 万千克。1995 年，菜田面积迅速下降到 966 亩，蔬菜总产量仅为 588.3 万千克。1998 年，八里庄村“南四队”撤队，蔬菜种植面积进一步缩减。至 2003 年，由于地区产业结构调整，高碑店地区（乡）蔬菜种植退出主导产业。

1962—2002 年部分年份高碑店地域蔬菜种植面积及产量统计表

表 14-4

年份	耕地面积（亩）	占用耕地亩产（千克）	播种面积（亩）	播种亩产（千克）	总产量（万千克）
1962	5004.58	6094.4	12073.87	2526.1	3050
1963	4895.93	6216.7	12295.8	2475.4	3043.66
1964	4490.47	5405.2	10777.8	2252	2427.19
1965	4659.28	6164.2	11110.4	2585	2872.06
1966	4417.2	5996	10138.8	2612	2648.56
1967	4536.1	6823.1	10174.5	3041.9	3095.03
1968	4331.6	6419.8	9830.3	2828.8	2780.78
1969	4768.8	5841.2	11006.68	2530.8	2785.56
1970	4673	6897.1	11223.9	2871.6	3223.03
1971	4550	7149	11758	2766.5	3252.81
1972	4716.7	6819.7	12385	2597.2	3216.67

续表 14-4

年份	耕地面积（亩）	占用耕地亩产（千克）	播种面积（亩）	播种亩产（千克）	总产量（万千克）
1973	4648.4	6758.1	12191.5	2576.7	3141.43
1974	4895	7058.2	12450.8	2774.9	3455
1975	5288	6457.6	13053.7	2616	3414.8
1976	5769	6639.8	13185.5	2905.1	3830.5
1977	6382	5882.2	14406.7	2605.7	3754
1978	6050	5958.7	14144.2	2548.7	3605
1979	5856	6945	14040.4	2896.6	4067
1980	5746	6752.5	12841.8	3021.4	3880
1981	5250.3	6374.2	12031.7	2781.5	3346.64
1982	5178	6602.6	12246.4	2791.7	3418.85
1983	4722	6723.8	11606	2735.7	3175
1984	4405	6416.8	10591.4	2668.8	2826.6
1985	3576	5919.7	8110.7	2610	2116.9
1986	3038.5	6105.3	6887.7	2693.4	1855.1
1987	3200	5159.1	7060	2338.4	1650.9
1988	2559	6058.29	6378.4	2430.5	1550.3
1989	2632	6614.7	6649	2618.4	1741
1990	2504	5991.6	5810	2582.3	1500.3
1991	3185	3802.2	5554.5	2180.2	1211
1992	2519.8	5290.1	5193	2566.9	1333
1994	1074.6	5726.8	2786.1	2208.8	615.4
1995	966	6090.1	2778	2117.7	588.3
1997	965	5142.9	1918	2587.5	496.29
1998	620	5485.5	1394.8	2438.3	340.1
2000	620	5179	1415	2269.3	321.1
2001	660	4090.9	1309	2062.6	270
2002	130	815.4	147	721.1	10.6

三、葡萄

高碑店人民公社大规模集体种植葡萄始于20世纪50年代末60年代初。1958年，朱德副主席视察北京东郊葡萄酒厂，要求幸福人民公社配合酒厂建葡萄生产基地。1959年春，高碑店人民公社在兴隆庄生产队开辟葡萄试验田36亩。北京葡萄酒厂供应葡萄种苗，派40多名工人参与管理。所用架杆等设备通过贷款购买。至1962年，高井生产大队葡萄园发展至433.14亩，种植葡萄65071株。葡萄产量2.85万千克。

60年代至70年代末，高碑店人民公社只有高井生产大队栽种葡萄。品种主要为酿酒所用，有佳利酿、玫瑰香、龙眼、基米亚特、密斯卡特等。栽培架式以单篱架为主。1968年，高井生产大队葡萄种植总面积361.3亩，总产量达到70.79万千克。其中，高井生产队葡萄产量1.77万千克，兴隆庄生产队葡萄产量24.98万千克，太平庄生产队葡萄产量44.04万千克。太平庄生产队葡萄种植面积最大，产量最高，是全生产大队主要葡萄生产地。70年代，高井生产大队葡萄种植面积稳定在358.1亩。产量在1974年达到最高，总产量80.17万千克。70年代末，高井生产大队种植葡萄358.1亩，平均亩产达到1500多千克，亩产值1000多元，取得较高的经济效益。

1980年，高碑店人民公社进行农业种植结构调整。为增加收入，开辟致富门路，公社党委决定将高井生产大队葡萄种植扩展至全公社，发展2000亩葡萄种植基地。1981年，全公社种植葡萄1246.6亩，其中高碑店生产大队262亩，北花园生产大队322.5亩，半壁店生产大队304亩，高井生产大队358.1亩。1982年，高井生产大队新发展葡萄种植近500亩，总面积达到848.64亩。1983年，全乡葡萄种植面积发展到历史最高水平，达到2004亩。其中，高碑店生产大队364亩，北花园生产大队335亩，半壁店生产大队375亩，高井生产大队930亩。全年葡萄总产量163.07万千克。1984年，乡林业技术员福永年通过多年研究，改进葡萄栽培技术，采用省

20世纪80年代的高井村葡萄园

工、丰产、修剪“一、二、三育苗法”，使葡萄亩产量大大提高，试验田产量由1000多千克提高到4316千克。全年葡萄总产量211.75万千克，达到历史最高水平。1987年，全乡葡萄种植面积1700亩，品种有20多个，以玫瑰香葡萄为主。当年采收面积1600亩，总产量156.5万千克，比1981年增加77.9万千克。总收入110万元，比1981年增加60.6万元。

90年代初，为落实《北京城市总体规划》及朝阳区大环境绿化工程建设，高碑店乡调整产业结构，从长远利益出发，以环境绿化带动传统产业结构升级，在高井村葡萄园所在地兴建兴隆片林及其他绿化场所，全乡葡萄种植面积大幅缩减。1992年，全乡葡萄种植面积仅剩472.5亩。1993年，高碑店地区（乡）葡萄种植业结束。

1968—1992年高碑店地域葡萄种植面积、总产量统计表

表14–5

年份	种植面积（亩）	总产量（万千克）
1968	361.3	70.79
1969	361.3	53.96
1970	361.3	30.5
1971	361.3	45.78
1972	358.1	63
1973	358.1	69.11
1974	358.1	80.17
1975	358.1	70.22
1976	358.1	69.7
1977	358.1	40.4
1978	358.1	58.15
1979	358.1	43.35
1980	358.1	45
1981	1246.6	78.6
1982	1842.74	37.33
1983	2004	163.07
1984	1753.3	211.75
1985	1785.6	137.6
1986	1700	135.45

续表 14–5

年份	种植面积（亩）	总产量（万千克）
1987	1700	156.5
1988	1371	67.3
1989	808.4	28.5
1990	612	28.7
1991	553	28
1992	472.5	38.5

第三节 林 业

20 世纪 60 年代初，高碑店人民公社进行农田林网建设，开展以“四旁”零星植树为重点的植树活动，发展林业生产。1964 年，高碑店人民公社“四旁”零星植树 26187 株。其中，高碑店生产大队植树 5000 株，八里庄生产大队植树 3016 株，北花园生产大队植树 4171 株，半壁店生产大队植树 10500 株，高井生产大队植树 3500 株。

70 年代，各生产大队“四旁”零星植树大幅增加，采伐量激增。1973—1975 年，零星植树分别为 44600 株、50280 株、39220 株。至 1975 年，进行大面积采伐，全年共采伐木材 233.5 立方米。1983 年，高碑店乡“四旁”植树约 1.6 万株，采伐木材 28.8 立方米。1987 年，四旁植树 6160 株，采伐木材 48.96 立方米，林业产值 88.6 万元。1997 年，林业实现总产值 176.9 万元。

21 世纪，高碑店地区（乡）林业产值主要来源于兴隆公园和百花公园林木产值。2002 年，林业产值 269.8 万元。2003 年，增长至 589.7 万元。2008 年，林业产值达到 967.6 万元。2010 年，林业产值 247 万元。2015 年，林业产值 437.3 万元。2019 年，林业产值 671.6 万元。2021 年，全年林业产值 679.1 万元。

第四节 畜牧业

一、养猪

20 世纪 50 年代，高碑店地域农户养猪一般在自家院内圈养或拴养，供节年自食或售卖，没有集体养猪。农业合作化以后，各合作社养猪实行社繁户养。1956 年，高碑店高级农业生产合作社有养猪户 261 户，有 3 处养猪场，猪圈 513 间，养猪 678 头。八里庄光

20世纪60年代的八里庄生产大队养猪场

辉高级农业生产合作社共有猪圈215间，养猪530头。1958年，幸福人民公社成立后，开始兴建集体猪场，每个生产队都建养猪场，高碑店工作站养猪4900头，八里庄工作站养猪2585头。

1961年，经政策调整，高碑店人民公社贯彻“私养为主、公养为辅、公繁私养、公私并举”的方针，全年饲养生猪1296头。1962年，公社养猪322头，社员户养猪增长至2000多头。由于注重畜牧防疫，加强生猪管理，养猪数量增加。至1964年，高碑店人民公社全年养猪6406头，以集体饲养为主。5个生产大队中，高碑店生产大队养猪696头，八里庄生产大队养猪3311头，北花园生产大队养猪1037头，半壁店生产大队养猪668头，高井生产大队养猪694头。除高井生产大队外，其他4个生产大队都建有生产大队猪场，高碑店生产大队猪场全年养猪238头，八里庄生产大队猪场全年养猪1212头，北花园生产大队猪场全年养猪252头，半壁店生产大队猪场全年养猪69头。26个生产队中，除北花园生产大队大花园生产队外，其他25个生产队都建有集体猪场。

70年代，高碑店人民公社继续扩大养猪规模。1970年，公社有集体猪场29个，全年养猪8955头。有生产大队级集体猪场3个。生产队级集体猪场26个。17个集体猪场使用糖化饲料饲养。1975年，公社有集体猪场29个，猪圈1896间。全年养猪14610头，全年出售商品猪6208头。八里庄鸭场养猪108头。1978年，全公社养猪14936头，平均每人0.96头。1983年，八里庄生产大队白家庄、小庄生产队猪场及大队西猪场陆续关闭。公社全年养猪12482头。

1984—1986年，由于生猪价格下降，高碑店乡养猪数量减少。1986年，全年养猪8127头，出售商品猪3375头。

1988—1990年，全乡调整养猪结构，发展规模化养殖，高碑店乡建成“千头猪场”，并实现向瘦肉型猪转变。1990年，高碑店乡全年养猪18490头，其中集体饲养占96.64%。出栏瘦肉型猪7800头，经北京市验收合格，全部完成上级要求的过渡瘦肉型任务。1992年，全乡集体猪场调整为14个，其中千头规模化猪场6个，全年养猪14047头。

1995年，随着农村城市化发展，农业结构调整，高碑店地区（乡）结束集体猪场养猪。1997年，全乡仅剩个体猪场17个，全年养猪2400头。2001年，高碑店地区（乡）仅剩个别农户私人养猪，生猪养殖基本结束。

二、养鸭

高碑店地域集体养鸭始于20世纪50年代中期。1957年，八里庄光辉高级农业生产合作社在八里庄药王庙东侧建东鸭场，占地面积约15亩，有鸭舍80余间，养鸭约800只。1958年，八里庄幸福高级农业生产合作社成立后，在白家庄生产队建西鸭场，占地面积约70亩，水面面积约40亩，鸭舍230多间。同年8月，幸福人民公社成立时，八里庄工作站养鸭8081只。

60年代，高碑店人民公社八里庄生产大队规模化养殖不断扩大，每年按计划或超额完成上级下达养鸭任务，并完成销售任务。至1972年，八里庄生产大队鸭场全年养鸭55848只，出售商品填鸭46270只。

1974年，八里庄生产大队西鸭场通过选派饲养员学习养鸭生产技术，优化科学喂养方法，传统的人工养殖被机械化养殖取代，填鸭生长周期大幅缩短。全年养鸭62776只，出售商品填鸭49876只。1976年，东鸭场合并到西鸭场。高碑店人民公社全年养鸭82634只，出售商品填鸭60538只，超额完成上级下达任务9%，达到历史最高水平。1977—1980年，八里庄生产大队鸭场养鸭数量逐年减少。1980年，公社全年养鸭62495只，出售商品填鸭49838只。

1981年9月，八里庄生产大队鸭场被国家征用为团结湖公园用地，高碑店人民公社集体规模化养鸭基本结束。此后，高碑店乡还有集体、家庭养殖鸭子，但养殖量小，未达到规模化养殖水平。1986年，八里庄生产大队康家沟生产队建立鸭场，规模较小，全年出售鸭蛋10333.5千克，年末存栏1500只。至80年代末，由于农业产业结构调整，高碑店乡养鸭基本终结。

三、养鸡

20世纪50年代农业合作化以前，高碑店地域农户养鸡都是利用自家院落散养，数量较小。六七十年代，养鸡仍然以社员家庭散养为主，各生产大队在猪场、鸭场内有小规模养殖。1963年底，公社社员家庭养鸡5819只，有产蛋鸡3345只。60年代中期至70年代中期，高碑店人民公社没有集体养鸡。

1975年，高碑店人民公社开始在14个集体猪场养鸡387只。1976年，半壁店生产大队半壁店、小郊亭、方家坟、西店4个生产队建立鸡场，共养鸡950只；北花园生产大队大花园和何家坟2个生产队建立鸡场，共养鸡829只。全公社17个集体猪场，共养鸡992只。全公社养鸡2771只，产蛋1718.95千克。

1983年下半年，高碑店乡开始发展规模化养鸡生产，建集体鸡场3个（乡农工商总公司1个、高井生产队1个、太平庄生产队1个），年底有产蛋鸡4800只。同年，社员户养鸡年末存栏10902只，全年产蛋14244.5千克。有养鸡专业户1户，年末存栏113只，全年产蛋117.5千克。至1986年，全公社7个生产队有不同规模的集体鸡场，全年养鸡3万余只，产蛋28.8万千克，出售肉鸡15800只，实现收入183.7万元，初步实现规模化养殖，为壮大集体经济奠定基础。

1988年，高碑店乡建成综合畜牧场（规模化养鸡）。全乡共有集体养鸡场10个，产蛋54.4万千克，出售肉鸡11218只、小公鸡8666只，年末存栏11万余只。1990年，全乡有集体养鸡场11个，全年产蛋77.5万千克，年末存栏9.9万只。全乡养鸡产业快速发展达到历史最高水平。

1991—1997年，随着国家征地和产业结构调整，高碑店乡（地区）养鸡规模逐渐缩小。1993年，鸡场减少至3个，全年产蛋56.3万千克。1997年，鸡场仅剩1个，全年产蛋28.1万千克，年末存栏5000只。1998年，高碑店地区（乡）养鸡产业结束。

四、养牛

20世纪50年代，高碑店地域有个别农户散养奶牛。农业合作化时期，八里庄光辉高级农业生产合作社集体饲养少量奶牛。六七十年代，高碑店人民公社没有集体饲养奶牛。

20世纪80年代的高碑店乡综合畜牧场

1983年，为发展多种经营壮大集体经济，高碑店乡开始发展集体养牛业，有乳牛79头，其中成年母牛8头，全年上市鲜奶3万千克。1986年，有乳牛117头，其中成年母牛64头，全年产奶31万千克，上市鲜奶27.5万千克。1988年，高碑店乡综合畜牧场有乳牛130头，其中成年母牛75头，全年产奶36万千克，上市鲜奶

30 万千克。奶牛养殖达到历史最高纪录。此后，养牛数量逐年减少。至 1992 年，全年产奶 19.15 万千克。1993 年，因产业调整，高碑店地区（乡）不再饲养奶牛。

五、养羊

1956 年，高碑店高级农业生产合作社社员家庭共养羊 73 只。八里庄光辉高级农业生产合作社集体养羊 200 余只。1958 年，幸福人民公社高碑店工作站社员户养绵羊 15 只，八里庄工作站养绵羊 333 只、山羊 15 只。1964 年，高碑店人民公社 5 个生产大队都有社员户养羊 731 只。其中，山羊 511 只，绵羊 220 只。至 1969 年，社员户养羊 261 只，数量有所下降。

1976 年，全公社社员户养羊 606 只，其中自宰自食 286 只，没有集体养羊。1978 年，养羊总数下降为 239 只。至 1983 年末，高碑店乡实有山、绵羊 93 只。此后，农民养羊数量逐年减少。至 1991 年，高碑店乡完全没有养羊的农户。

第五节　副　业

高碑店地域百姓从事农副业生产有数百年历史。早在明清通惠河漕运繁盛时期，很多青壮年除种田以外，就在平津上闸码头“扛大个儿”，靠出苦力挣钱。清末漕运废止后，挖塘养鱼、卖鱼成为重要收入来源。八里庄地域百姓多从事种菜、卖菜、泥瓦活儿等副业。妇女靠家庭喂养猪、羊、鸡、鸭、鹅、兔等家畜家禽贴补家用。

1956 年，高碑店高级农业生产合作社成立后，副业办公室动员社内瓦工、木工等青壮年劳动力从事副业生产，组织妇女从事传统手工的绣活挑花、纳鞋底等轻体力劳动。建有家庭作坊 2 个，从事豆腐加工。全年副业收入达到 29.6 万元。小庄团结高级农业生产合作社组织社员从事运输、瓦木工等副业，全年副业收入 13.2 万元。1958 年，幸福人民公社成立后，高碑店工作站、八里庄工作站均建有缝纫加工厂、面粉加工厂、豆腐加工厂，八里庄工作站有修建队。高碑店工作站还在花园闸建有水电站 1 座，年产值 2 万元。高碑店象牙加工厂有职工 10 人，年产值 8000 元。

60 年代，高碑店人民公社将社员全部纳入公社化生产经营管理体制，组织从事农、林、牧、副、渔等产业。根据中央文件精神，农村集体副业包括除农、林、牧、渔以外的其他所有产业领域，主要包括工副业、采集野生植物和劳务输出、运输产业 3 大领域。高碑店人民公社兴办农机厂、综合服务部，高碑店、北花园、高井生产大队成立综合修配厂，八里庄生产大队成立修建队、工具厂、民用电器厂，各生产大队均成立马掌铺、理发店等，发展集体工副业。公社及各生产大队组织劳务输出，组织各类车辆在农闲时从事运输。1960 年，朝阳人民公社高碑店工作站副业总收入 14 万元，八里庄工作站副业总收入 23.2 万元。至 1970 年，高碑店人民公社副业总收入达到 76.43 万元，其中工副业收入 7.39 万元，劳务、运输收入 69.04 万元。5 个生产大队中，高碑店生产大队副业收入 15.76 万元，八里庄生产大队 31.85 万元，北花园生产大队 13.33 万元，半壁店生产大队 3.49 万元，高井生产大队 11.8 万元。另有公社试验场副业收入 0.2 万元。

70 年代，农村副业统计采用新的标准，主要包括 4 项：工业性生产产量，加工工业产值，劳务、运输收入，其他副业产品收入。1973 年，高碑店人民公社全年生产砖 230 万块，米面加工产值 0.89 万元，农机修理、草编及其他工业性加工产值近 40 万元，劳务、运输收入 67.73 万元。1976 年，全年生产砖 200 万块，生产水泥管 6893 节、953 立方米，米面加工产值近 1 万元，工业性加工产值近 22 万元，劳务、运输收入近 82 万元，其他副业产品收入 12.44 万元。

1978 年改革开放后，农村集体副业统计标准进一步调整，包括工业产值、农产品加工收入、工业性加工收入（不包括劳务、运输收入）3 部分。1979 年，随着农村社队企业发展壮大，高碑店人民公社工业产值达到 151.43 万元，工业性加工收入（包括翻砂铸造、塑料加工、农具制造修理、金属加工、水泥制品加工、木器加工、缝纫加工等）近 211 万元。农产品加工收入只有半壁店生产大队磨面加工收入 2213 元和半壁店生产队草荆编收入 21613 元。公社全年副业收入总计 364.78 万元。5 个生产大队中，高碑店生产大队副业收入 44.96 万元，八里庄生产大队副业收入 170.33 万元，北花园生产大队副业收入 108.49 万元，半壁店生产大队副业收入 39.75 万元，高井生产大队副业收入 1.25 万元。

1983 年，高碑店乡副业收入全部为工业产值和工业加工收入，基本没有农产品加工收入（仅为 92 元）。全年副业总收入达到 1360.34 万元。其中，高碑店生产大队副业收入 193.56 万元，八里庄生产大队副业收入 470.19 万元，北花园生产大队副业收入 363.25 万元，半壁店生产大队副业收入 103.34 万元，高井生产大队副业收入 230 万元。

1984 年 12 月，根据国发〔1984〕189 号文件，农村社队企业工业产值不再纳入农业总产值统计范围，改为计入工业。自此，高碑店乡不再进行副业统计。

第六节　渔　业

相传早在明清时期，京东高碑店就以养殖金鱼享誉京城。金鱼品种以草金鱼和金环金鱼最为有名。草金鱼体形似鲫鱼，起源于金鲫鱼，是金鱼中最古老的一类，体色橙红或火红，有成双的臀鳍和尾鳍。金环金鱼是地域特产，通身红面发亮，在鱼尾部有一金色的圆环，因而得名。明朝时，金环金鱼是供应皇宫之物。

清末至中华民国时期，地域养鱼规模逐渐扩大，开始形成产业。光绪二十六年（1900），高碑店村村民刘石在通惠河岸边挖塘引水养鱼，村民看到养鱼的好处，很快发展到六七十户，有水面400多亩。高碑店村以养草金鱼为主，搭配一些花白鲢、草鱼。草金鱼除销往北京城，还远销武汉、沈阳、大同、承德等地。

20世纪50年代，高碑店地域高碑店、北花园、西店、康家沟、白家庄、兴隆庄、太平庄等地村民，利用水塘、河沟等，通过整理改造、投喂天然草料在鱼塘养鱼。品种有鲢鱼、草鱼、鲤鱼、鲫鱼等。1958年，幸福人民公社高碑店工作站渔业捕捞量12500千克，放养鱼苗29.7万尾。1961年，高碑店人民公社全年养鱼6500千克，放养鱼苗100万尾。

1964年，高碑店人民公社渔业总产量10700千克，商品量10385千克。其中，高碑店生产大队（主要为高碑店三队）总产量4500千克，商品量4250千克；八里庄生产大队总产量6200千克，商品量6135千克。公社放养鱼苗6.4万尾，统一由高碑店三队负责育苗。

70年代初，随着渔业养殖面积增加，渔业发展规模逐年扩大。1973年，全年鱼类捕捞量16550千克，生产鱼苗54万尾。1976年，养鱼规模进一步扩大，养鱼单位发展到16个，从业人员扩充至160余人。通过小塘并大塘、浅水改深水、死水改活水等方式，增加养鱼产量。养鱼业规模化发展吸引周边公社前来参观，并于年底参加全国水产工作会议，为高碑店人民公社赢得荣誉。1977年，全年捕捞量首次突破5万千克，达到5.455万千克，生产鱼苗达到248.26万尾。为首都供应活鱼，繁荣首都市场作出贡献。1979年，全年鱼类捕鱼量6.19万千克，达到人民公社时期最高水平。其中，高碑店生产大队捕捞量3.24万千克，八里庄生产大队捕捞量1.545万千克，北花园生产大队捕捞量0.345万千克，半壁店生产大队捕捞量1.015万千克，高井生产大队捕捞量0.045万千克。

80年代，地域每年渔业捕捞量保持在5万千克左右。生产活鱼直接送到北京各大蔬菜市场，如朝内、东四、东单、和平里、崇文门、广安门等菜市场，多品类鲜鱼满足市场供应，受到市民欢迎。除上市外，还将优质品种草鱼、鲂鱼等，送至海淀万泉庄渔场，作为特供鱼食用。每年生产20万尾鱼种供应密云水库，主要为花鲢、白鲢等滤食性鱼类，用于净化水质。

90年代初，高碑店地区（乡）进行养鱼结构调整，实行科学养殖，增加养殖密度，主要养殖白鲢、花鲢、草鱼、鲤鱼、鲫鱼五大品种，渔业产量增加。1993年，全年渔业总产量达到8.957万千克，平均亩产617.7千克。全年出售鲜鱼8.375万千克，总产值51.6

万元，实现利润24.3万元。

1996年，全地区渔业总产量为6.85万千克，总产值63.985万元。90年代末，由于国家重点建设工程征地、河道疏通和环境整治等原因，养鱼水面逐渐减少，养鱼产业逐渐萎缩。2004年，地区（乡）进一步优化产业结构，养鱼业终止发展。

口 述

回忆高井的葡萄种植

口述人：福永年

我是1961年来到高碑店人民公社工作，到现在已经60年了。刚来那会儿，主要是和赵德江他们一起抓蔬菜生产。1963年末，公社书记崔文瑞派我去高井生产大队指导新发展的葡萄种植，直到1975年公社成立科技站，才把我调回公社。这里，我重点谈一谈当年高井的葡萄种植情况。

1958年，朱德副主席视察位于东郊的北京葡萄酒厂，谈到酿酒厂要有自己的葡萄种植基地，要培养自己的品种，提高产品质量。在这个背景下，高井就开始种葡萄了。高井生产大队原来主要是大田，种粮食还有蔬菜，社员对种葡萄不大认可，也没有经验。决定种葡萄后，就在兴隆庄生产队选了36亩地作为试验基地。酿酒厂派了1位干部和40多个工人来指导、参加劳动。种葡萄需要种苗、设备和技术人员培训，种苗由酿酒厂供应，我们通过贷款购买了架杆，人员培训不好解决。前两年种植面积少，有了一些成果，真正成规模是在60年代中期，在太平庄、兴隆庄、高井3个生产队种植。葡萄是经济作物，产量比粮食高，能达到每亩1000千克左右，酿酒厂收购价格在2毛到4毛，这样收入就提高了，社员也有了积极性。60年代末，高井供给酿酒厂的葡萄达到150多万千克，占酒厂原料来源的80%左右。社员白天黑夜抢着干，拖拉机排着队往酒厂送葡萄。

70年代以后，葡萄产量越来越高，酿酒厂的需求基本上得到满足，他们就要求高质量，主要是提高糖度，要达到12度，甚至16度。要提高糖度就要增加农家肥的施肥量，我们就挖沟把农家肥铺到地里，主要是氮肥、钾肥、氯化钾、丙二胺等。我们花了很大功夫，也非常见效，平均亩产达到1500多千克，价格涨到1元左右，亩产值3000多元钱。

1979年，由于那年雨水比较大，葡萄坏的、烂的比较多。酿酒厂还要求高糖度，不按计划收。咱们大队干部和社员就有些意见，特别着急。我就去找酿酒厂，但酿酒厂就是不让步。我一着急就去了市政府，把拍的烂葡萄的照片给工业处处长看，说葡萄都这种情况了，酿酒厂不收还要求糖度要到十三四度，农民损失太大！处长一听，也觉得不合理，马上给酿酒厂打电话，让他们马上派人过来。酒厂几位负责人到了以后，处长就问他们高碑店人民公社反映的情况是否属实，他们都点头说属实。处长就要求他们按照原计划收购，不能让社员损失太大。第二天，酿酒厂开始照常收购，总算把这个问题解决了。

转过年到了1980年，天气正常了，我就开始琢磨如何提高葡萄的品质。我把北京市果树研究所的工程师请来，帮我一起研究怎么提高葡萄的糖度和品质，以及如何增加产量。果树研究所派了两个人和我们一起搞试验田，有40多亩，基本上都是玫瑰香。最后试验田的产量达到4316千克，按当时价格，合10000多元钱一亩。为提高亩产量，我们改了架杆，单臂改成双臂，还有就是单臂加一个小棚，一面棚架延伸出去三四米的样子，另一面是一个单架，这样不影响受光，产量就提高了。80年代初，高井葡萄产量亩产在1500多千克，产值3000多元，比较稳定，还上了《世界华报》。同时，公社党委决定，调整全公社种植结构，发展葡萄2000亩。全乡除了八里庄生产大队种蔬菜以外，其他4个大队都种了葡萄。

葡萄种植的发展需要不断学习种植技术。那时，我经常带着几个生产队长到处去学，从四季青到颐和园，从颐和园往北一直奔南口农场，骑车一走就是一天，差不多有百十里路程。除了技术，还要学管理。几亩地好管理，我们这有300多亩，如何管理也是一个大难题。有一次去十三陵跟人家学，我们都是骑自行车，早晨天一亮就骑车走，到昌平县城是90里地，再进山又得三四十里，非常辛苦。这样还不够，我们还到外省去学习。1977年，我和公社、大队的几个干部到河南的民权县、安徽的萧县，去学习人家怎么大面积栽种、管理葡萄。又去了山东的烟台、青岛，以及吉林、辽宁等地方。后来又去河北昌黎县学人家的葡萄一条龙管理，就是在院子里搭一条十多米的葡萄架，这一棵葡萄能产1000多千克。那些年，我们到处去学技术、学经验、学管理，学怎么解除病虫害。

技术学回来了，还得推广下去。那些年大概培养了十四五个技术员，一般是一个生产队一个，太平庄有两个。我讲的时候就是在地里现场示范，现场讲解，一年讲十多次。讲课是跟着葡萄的生长期讲，什么时候埋葡萄、挖葡萄、上架、掰双芽、掐双穗、剪枝条等。关键是冬季修剪，那么多的苗子怎么留，留多长，留哪个方向，这些细节的东西每年都讲。再后来有了小拖拉机、手扶拖拉机，拉着这些比较聪明的骨干，奔四季青、香山这一带参观学习，几乎每年都能去一两次，看人家怎么修田，怎么管理。

那20多年，我任劳任怨，勤勤恳恳，就研究葡萄种植这门学问。1984年11月，我评上了高级工程师，之后获得了劳模称号。那时是北京市科委、北京市林业局主持技术人员职称评定，我拿着高产和快速育苗这两块技术去给评委作说明。我用了4年时间研究出“一二三快速育苗法”：一年育苗，二年形成树体稍微见产，三年进入量产期。在评定会上，评委们让我对葡萄品种发表看法，我说不管什么品种，还是玫瑰香好，永远推翻不了。那时，高碑店人民公社种植的葡萄有红玫瑰、伽里娘、季米亚特、玫瑰香、龙眼等16个品种，所有品种拿出来和玫瑰香比，品质都没有玫瑰香好。玫瑰香吃起来本身带香味，群众都很欢迎，酒厂也欢迎。

1991年，为了落实北京城市总体规划，五环以内开始第一道绿化隔离带建设，葡萄种植面积大幅度减少。到1993年，高井的葡萄种植结束。

口述人简介：

福永年　男，1937年1月出生，满族。中共党员。1961年毕业于北京农科院，分配到北京市朝阳区农林局工作，后被调到朝阳区高碑店人民公社任林果技术员。1983年任高碑店乡农工商总公司副总经理，主管林果生产和科技工作。1997年退休。

养鸭人的苦乐年华

口述人：芦启荣　整理人：李翠华　仇　艺

每当退休后的闲暇时光，我总喜欢到团结湖公园去转转，在湖岸边对着湖水出神。我仿佛看到一群群雪白的鸭子向我游来；看着眼前匆匆而过的人群，就好像看到昔日社员们劳动的身影……我对这里太熟悉了，这里的土地上有我洒过的汗水，有我对东八里鸭场深深的记忆。

八里庄生产大队鸭场创建于1957年。当时分为东西两个场。原西鸭场位于现团结湖公园内，占地约70亩，水面面积约40亩，有鸭舍230多间；原东鸭场位于现红领巾公园南侧，占地约15亩，鸭舍约80间。直到1976年因生产大队发展企业用地，东西鸭场合并为原东八里鸭场，场址于现在的团结湖公园内。

那年我14岁，到东鸭场参加劳动。刚到鸭场工作时，被分配到鸭黄组（鸭子育雏期）。鸭黄组在当时共有9间房，鸭黄每礼拜孵化一拨，最多时一次可达800～900只，最初饲养鸭黄要在火炕上，每个火炕约80厘米一格，每格可放鸭黄40～50只，有十多个格子。室内最适宜温度为23℃，切忌温湿度忽高忽低，才能保证成活率。最初饲养时要喂小米饭，但是小米不能干也不能太黏，所以要将小米炒熟后再掺上生米混合喂食。我那会儿身高还不到一米五，炒米的大锅台都是砖砌的，一次就要炒10多千克小米。搬锅要用麻袋捂上从炉灶上往下端，下面再放一个大桶，把熟米倒进去进行搅拌。鸭子平均3小时喂一次，所以夜里我也根本睡不了一个整宿觉，白天有时站着就睡着了。

一周后鸭黄下炕入圈，同时饲料里可以添加青菜、麸皮、玉米、豆饼等磨成细粉，进行混合饲料喂养，6小时添一次饲料。想让鸭子出栏快、长得好，就要严格制定饲料标准。冬天切大白菜，夏天捞河草。当时专用的切菜刀长约50厘米，2.5千克重，我个头矮，使用起来吃力又费劲，白菜必须切碎才能用，一天要切四五十棵，有时手腕用力不均，一走神切到手是常事，手上是旧伤未愈，又添新伤，现在手上的疤痕还清晰可见。一个月后，发育正常的鸭黄就都能长到0.5千克左右，由此鸭黄变成鸭拐（鸭子生长期），转入第二成长阶段继续喂养。

那会儿每个班组只有一个人，吃住都在鸭场，以场为家。每逢周五可以回家一次，我母亲会给我蒸好一锅窝窝头，条件好时给我多蒸两个白面馒头，数量要够一个礼拜吃的，母亲用头巾把窝头包好，我赶紧拿着就得往回赶路，从鸭场到我家有十几里路，那会儿没有自行车，步行来回一趟需要4个小时。所以我每次都是下午3点喂完鸭子马上动身回家，赶在晚上八点前回到鸭场。我在鸭场吃饭想吃点白菜都是自己买，买来的白菜用白水一煮，再放点盐，就着窝窝头就是一顿饭，日子虽然艰苦，但公是公，私是私，不占集体的东西。

在鸭黄组干了三年之后，我被调到西鸭场工作，主管鸡鸭运送与青饲料的购进。记得第一次运种蛋，当时场里没有汽车，我和杜淑琴、徐克勤早晨4点就骑着自行车出了门，5点多到了颐和园附近，由于路不熟，边走边打听，到达西山农场已经是中午12点了。结果一问找错地方了，原来是八大处巨山农场。我们喝了点凉水，吃点自带的烙饼，就继续赶路。由于骑行下坡得用脚踩地刹车，徐克勤的一双塑料鞋底都磨透了。那次直到夜里凌晨1点我们才回到鸭场。后来场里有了拖拉机，我们送货就省劲多了。

为补充青饲料的不足，我们平日里要到驹子房、单店、通县温榆河那边捞河草。夏秋捞河草比较辛苦，明晃毒辣的大太阳直晒下来，脊背晒得通红，我们从河里出来，身上都像剥了层皮。随着饲料需求的不断增加，捞河草已经不能满足日常所需，我们就去蓟县、白洋淀、天津大港买饲料。赶上冬天，我与司机师傅开着跃进牌敞篷车去天津大港拉饲料，都是穿一皮袄，车楼子围上苫布，一路大风吹着特别冷，走时带点烙饼，沿途吃饭时把饼放在汽车发动机盖上热一热就这么吃。虽然条件很艰苦，但我们都热爱自己的工作，没有怨言。

1970年，养鸭场进行改扩建。在老场长王茂如的带领下，用化工厂废料石灰、烧锅炉的焦渣，建造了20多间库房，新建、扩建改造鸭舍、鸡舍120多间，还打了一口98米深的水井。在整个建设过程中，全鸭场人员加班加点，人人抢重活、累活干，历经三年，使鸭场的规模扩大了，条件改善了，有树，有水，有成排的鸭舍，是一座环境优美的畜牧场。曾多次被评为区、乡的先进单位。

这里，我特别要感谢我的恩师刘德福。师傅刘德福在养鸭行业是一把能手，我刚入鸭场时，他手把手教我怎样制作饲料、看护和喂养小鸭黄。厂里施行奖励制度，按鸭黄成活率超过90%就可以领到奖金，我当时还是学徒师傅破例给我发奖金，鼓励我说："好好干，把奖金拿回家，让你母亲也高兴高兴。"我听了心里热乎乎的。

伴随着鸭场的发展，我在场党支部和老师傅们的关怀培养下，也一步步地成长起来。1965年，因为工作努力，我被共青团组织吸收为一名光荣的团员。1967年，任鸭场管理委员会委员；1971年7月加入中国共产党，担任鸭场副主任。1974年9月，北京市畜牧局挑选36名养鸭场的优秀饲养员到北京大学生物系进行三个月的脱产培训，鸭场领导派我参加了这次学习，我学习了如何科学养鸭、遗传学科、饲料配比等方面的知识。回来之后，我将学到的知识运用到鸭场的科学喂养实践中，使鸡、鸭、鹅的生长期缩短了半个月，年产量从最初的800只增长到16000 ~ 18000多只，陆续由人工喂养转化为机械喂养，养殖技术的改变大大减轻了社员们的劳动强度，提高了鸭场的经济效益。

到了80年代，由于国家建设的需要，鸭场被改造成了团结湖公园，养鸭成为历史。但养鸭人对这片土地依恋的情结，将永久地镌刻在我们的心中。

口述人简介：

芦启荣 男，1950年5月出生，汉族。中共党员。1964年9月参加工作，曾任东八里鸭场副主任、八里庄生产大队团总支书记。1976任八里庄管厂书记、厂长。1978年转工到朝阳区粮食局任农村科科员。后在粮食局任修建队队长、粮食局劳动服务公司副经理、粮食局贸易公司副经理等职。1991年任十八里店乡粮管所主任。2000年退休。

其乐融融小金鱼

口述人：王永禄　整理人：蒋东霞

老北京人过年，总要买上一盆水仙花，几条小金鱼，摆在屋里。大年三十，屋外雪花飘，爆竹响，屋内洁白的水仙花盛开，小金鱼在鱼缸里自由自在地游来游去，一家人老老少少围坐在一起吃团圆饭，一幅其乐融融的节日画面。带来些许节日气氛的小金鱼，早先养得最好的是崇文区金鱼池，专门向皇宫里进奉。民间养小金鱼，就数朝阳区的高碑店了。

高碑店位于京通路边，元代修通惠河，运粮进京，一批往返山东—北京运货的船夫在高碑店运粮河两岸定居。清末通火车后，通惠河不再有运粮船。光绪年间，位于通惠河岸的高碑店人开始利用河床，围河养鱼。最早挖塘养鱼的人叫刘石，很快两岸的养鱼户就发展到100多户，养殖水面400多亩。清朝皇室及达官贵人把金鱼作为玩赏的宠物，此风渐渐传至京城百姓中，纷纷养起金鱼。普通百姓养的金鱼，大部分来自朝阳的高碑店。每年春天，高碑店的渔农从金鱼池买鱼苗，这些鱼苗有三个尾巴的、四个尾巴的，尾巴越多越名贵，并且尾部带金管（尾柄处有一圈金黄色的鳞片）。鱼苗买来后，撒到河里，平时喂鱼虫，下雨天喂浮萍草。高碑店的土质好，是黑土。养出来的小金鱼有几大优点：一是杂食性，鱼虫、浮萍草、渣类都吃。二是不爱得病，不娇气。正月里买来的金鱼，养在鱼缸里，三个月不喂没问题。三是氧气低也不死，远路的人都愿意到高碑店买小金鱼。四是颜色正，永不褪色。高碑店养的金鱼紫红紫红的，散布着红点，或白点，或蓝点，也有黑红的，永不褪色。其他地方养的金鱼是橘黄色，颜色不正。现放养在紫竹院动物园、大观园的金鱼，大部分都是从高碑店买走的。

鱼长大了，开始卖鱼，行家叫走鱼。高碑店养金鱼都是混养。草鱼、鲤鱼、金鱼三种。草鱼、鲤鱼送往前门的周记店（卖鱼的鱼店）。金鱼走街串巷地卖。卖鱼人肩挑两个鱼筲，沿街吆喝。每个地方卖金鱼吆喝声不一样，高碑店的吆喝是："一担挑来，两担挑，老妈、大嫂您出来瞧一瞧，我不是卖黄瓜的，也不是卖菜的，我是卖大小金鱼的哎。"吆喝声一出，四合院的人们都知道是高碑店的小金鱼来了，老人、孩子纷纷从院里走出来，挑两个尾巴的，挑三个尾巴的，或是不买围着鱼筲看一看小金鱼，给奔波生计的人们带来了一份快乐。

秋天开始，一直到正月。正月里，到高碑店来买小金鱼的人很多。文南人、大同、张家口、奉天（沈阳）都有，这时的高碑店很是热闹，充满节日气氛。远地方来的人，用船走鱼。近地方用人挑走鱼。一根扁担，两个鱼筲，从高碑店挑到前门不能让鱼死了。筲要颤起来，水流动，氧气多，鱼才能不死。解放后有了自行车，车后横一根棍，两个鱼筲各挎在两边，自行车的气要打得特别足，当时的柏油路还少，打足气的自行车骑在土路上能够颤起来，和人挑鱼筲的效果是一样的。这样走鱼，三个月就换一次自行车的后带。

秋天开始卖鱼的同时，还要清理鱼坑。清鱼坑首先要把水淘净，高碑店人用柳条编的斗来淘水。这个斗叫作罐。一把罐两个人。往往是两三把罐一起淘，大家喊着口号：“淘了半天算十个，一十个一哎，一十二呀，又一个一十三，还短一个……”一个个往上数，数到一百，歇一会儿，喊号是为了达到步调一致。小鱼坑淘几天，大鱼坑要淘十几天，才能把水淘干，把鱼坑中的淤泥、石块等东西清出去，重新续水。

除养金鱼外，还有卖鱼的。前门西河沿鱼市场 38 家卖鱼的，高碑店占 30 户。西单、东单、前门三大鱼市场，4/5 的鱼店都是高碑店人开的，基本垄断了鱼市场。

解放后，高碑店人不再以养鱼为生，收归渔业队集体喂养。1958 年，全国号召养鱼，“有水就有鱼”，高碑店普遍养鱼，从养观赏鱼过渡到养食用鱼。1966 年，养金鱼停止。

改革开放至今，根据市场需求，高碑店各家各户重新养金鱼，以草金鱼为主。小金鱼再次走进北京人的家中，并且还出口新加坡、英国、马来西亚等国。这可爱的小精灵美化了人们的生活，为国家赚取了外汇。

（原载《中国档案》，1997 年第 10 期）

第十五章　工业　建筑业

1958年幸福人民公社成立前，高碑店乡有农机修配厂，是地域最早集体工业企业。1978年改革开放后，社队企业获得发展。1984年，社队企业统一改称乡镇企业，高碑店乡进入乡镇企业大发展时期，乡直属企业农机厂、羊毛衫厂、喷漆厂等成为全乡骨干企业。至90年代前期，重视发展大型骨干企业，乡镇企业实现规模化经营。90年代中期以后，由于国家重点工程建设占地及大绿化建设发展，地区进行经济结构和产业结构调整，乡镇企业实现转型。同时，乡成立建筑公司，抓住机遇发展地区建筑业。地域集体工业较为发达，基本没有民营工业企业。

第一节　工　业

一、集体企业

社队企业　高碑店地域社队企业最早成立于人民公社初期。1958年，幸福人民公社成立时，高碑店工作站只有农机修配厂、象牙加工厂和花园闸水电站3个小型企业。八里庄工作站没有工业企业。1959年，高碑店人民公社高碑店工作站新建细菌肥料厂、压卷厂、纺织厂、棉油厂、皮麻车具厂、编筐厂等小型企业。

1961年，高碑店人民公社只有农机厂1个工业企业，主要生产农机配件和手扶播种机。1964年，八里庄生产大队建成工具厂，生产电熨斗和汽车随车工具。此后，为服务地域农业生产，高碑店人民公社及高井、北花园、高碑店生产大队成立综合修配厂，主要修理农机具和生产农机配件、生铁铸件等。1968年，八里庄生产大队成立民用电器厂。1972—1975年，陆续成立高碑店生产大队砖厂、高碑店生产大队玉器厂、高碑店人民公社燕惠喷漆厂、八里庄生产大队水泥制品厂、半壁店生产大队玻璃仪器附件厂等社队企业。至1975年底，高碑店人民公社规模较大工业企业主要有3个：公社农机厂、八里庄工具厂和公社燕惠喷漆厂。高碑店人民公社农机厂有职工215人，年产“七行播种机”1701台，生产播种机配件81559件。年产值99.1万元，实现利润10.2万元。有技术革新60项。八里庄工具厂有职工201人，年产黄油枪2.1万支、机油壶7.94万只。年产值70.5万元，实现利润20万元。有技术革新56项。高碑店人民公社燕惠喷漆厂主营喷漆加工业务，有职工107人，年产值27万元，实现利润3.6万元。1976年9月，高碑店人民公社成立羊毛衫厂，次年羊毛衫产量就达3万件。1978年，成立高碑店人民公社农机修配厂、北花园生产大队保温材料制品厂。从1958年到1978年底中共十一届三中全会召开，高碑店人民公社社队工业企业历经20年发展，主要服务于农业生产，发展速度相对缓慢，利润率低，总体处于低端水平。

高碑店人民公社（乡）社队工业企业大多数是在80年代初期建立起来的。工业企业数量逐年增加，以劳动密集型企业、加工企业为主。1980年，公社党委提出“以菜为主、以工促农、多种经营、全面发展”的思路，陆续发展一批社队工业企业。高碑店人民公社建成针织厂，半壁店生产大队成立玻璃仪器附件厂，高碑店生产大队成立化工厂，八里庄生产大队成立割绒厂，北花园生产大队成立珍珠岩加工厂，高井生产大队成立木材加工厂等企业。至年底，公社有农机厂、农机修配厂、燕惠喷漆厂、羊毛衫厂、针织厂5家工业企业。大队一级企业从无到有，发展至十余个。全年社队两级企业总收入1100万元、利润额264万元。社队企业发展有力地支持了农业生产，吸纳农村剩余劳动力就业，提高社员分配水平。

1981年，高碑店人民公社针对全社工业企业发展不平衡问题进行调整。一方面，继续发展生产大队和生产队两级企业，新建八里庄生产大队针织厂、北花园生产大队肠衣膜提炼厂等企业；另一方面，对原有企业进行内部整顿，在挖潜、革新、提高劳动生产率上下功夫。同时，对公社直属企业进行财务整顿，对所有社队企业加强安全生产管理，为进一步发展打好基础。1982年，在社队企业整顿中重点抓好企业产品质量工作。公社羊毛衫厂产品荣获国际羊毛局优质证章，被市、区评为先进企业。

1983年，高碑店乡党委提出“稳定提高种植业、巩固发展工副业，大力发展养殖业”发展思路，将农村集体工副业发展提上日程。乡农工商总公司成立后，将乡工副业办公室改为工业公司。各生产大队健全工副业办公室，明确1名副职领导分管企业工作。全年社队工业企业总产值2097.5万元（其中，公社1075.5万元、生产大队1022万元），实现利润141.8万元。乡农机厂、燕惠喷漆厂、羊毛衫厂、针织厂发展初具规模，共有职工924人。羊毛衫厂年产羊毛衫41万件，年产值533万元。针织厂年产针织衫裤388.3万件。农机厂年产七行播种机1012台。

乡镇企业　1984年3月，根据中央转发的《关于开创社队企业新局面的报告》文件精神，全国社队企业统一更名为乡镇企业，并赋予其更多经营自主权。高碑店乡工业企业迎来快速发展时期。同年，高碑店乡新办乡镇企业数量出现爆发式增长，全年注册企业85个，其中包括京都工程机械修配厂、龙骨加工厂、花园闸东生产队有色金属压铸件厂等工业企业。为扩大乡镇企业经营自主权，高碑店乡以直属企业农机厂为试点，进行管理体制改革。以车间为单位，实行承包责任制，调动干部、职工生产积极性。同时，推行企业厂长负责制，强化企业制度化、规范化管理。1985年，高碑店乡党委提出“工业要先行，第三产业要发展，大农业要稳定提高”发展思路，将工业置于优先发展位置。通过产业结构调整，使全乡发展建设资金投向、劳动力布局更加倾向于乡镇企业发展。在充分利用企业自身优势的同时，推行生产责任制，调动企业职工生产、销售积极性，促进企业内涵式扩大再生产。在布局上，大力发展生产队级企业。1986年，按照上级要求和政策规定，对乡、村两级企业进行整顿、验收。至同年底，高碑店乡乡镇企业经过3年调整和快速发展，三级工业企业发展到72家，总收入达到3483万元，比1983年增长54.8%，占全乡经济总收入65%。三级工业已在全乡经济发展中起到重要作用。乡直属企业羊毛衫厂、针织厂、龙骨加工厂、农机厂、燕颖服装厂、复康医疗器械厂、京都工程机械厂、燕惠喷漆厂都发展到一定规模。羊毛衫厂年产羊毛衫38万件，总产值496.6万元。产品进入国际市场，远销日本、美国、澳大利亚和东欧各国，质量达到国际标准，被评为“北京市出口先进企业”。燕惠喷漆厂年产值162.7万元。生产队级工业企业由小到大、由弱到强，39个生产队级工业企业总收入达到1034.8万元，比1983年增长19.5倍。生产队工业企业的发展增加了村民收入。

1987—1989年，高碑店乡工业企业实行外延式与内涵式扩大再生产并重，企业发展又上新台阶。每年工业企业数量不断增加，是乡镇企业发展每年建厂最多的时期。1987年，三级工业企业总产值4541.9万元，同比增长30.4%。羊毛衫厂销售收入801万元，利润128万元，创历史新高。1988年，高碑店乡落实北京市《关于进一步支持乡镇企业发展的若干规定》、朝阳区《关于鼓励发展外向型经济，横向联合和引进人才的若干优惠政策》，积极发展外向型企业和横向联合，通过招聘引进人才，学习先进管理经验，努力上技术、上规模、上水平，提高企业竞争力。通过多渠道开发新产品，上新项目，发展新建企业和联营企业。全年新建企业60家，其中有32家企业实现当年建设、当年投产。乡直属企业东方泡沫塑料厂，通过聘请人才领办企业，4月建厂，6月投产，当年完成产值200万元，利润达34.8万元。第二年，销售收入增长至694.4万元，实现利润115.8万元，成为全乡工业企业发展先进典型。1989年，高碑店乡提出“抓调整、上水平、求效益”九字方针，积极依靠人才、科技，继续推动企业实现内涵式发展。八里庄村民用电器厂原来是以生产电炉子、电熨斗为主要产品的企业，面对市场饱和困境，积极与科研单位合作，开发不锈钢柜台、电焊机等新产品。其中，不锈钢柜台销路极好，风靡北京各大百货商场。仅此产品，全年收入就达 210.4 万元。高碑店乡全年三级工业实现销售收入 8607.4 万元，同比增长 24.2%，占全乡工农业总收入的 66.2%。实现利润 913.5 万元，同比增长 32.7%。

1990—1994 年，高碑店乡（地区）重点扶持骨干工业企业，上规模、上水平，使乡镇企业在不断调整中壮大。重视加强企业精细化管理，定期举办厂长（经理）任前培训班和经营管理培训班。加强财务管理，举办会计培训班培养财务人员。加强质量管理，严把产品质量关，组织参加北京市质量管理协会举办的培训班。做好企业升级达标工作、企业标准化工作。乡镇企业发展达到鼎盛时期。1990 年，高碑店乡按照“以经济建设为中心，三级工业要迅速高效发展”指导思想，继续加大工业企业发展力度，继续推行集体承包制、厂长负责制，完善各项奖励政策，促进企业上规模、上水平。三级工业企业全年总收入 9607.8 万元，同比增长 9.6%。1991 年，新建企业 34 个，占朝阳区新建企业 1/3。三级工业企业总收入首次突破亿元，达到 1.14 亿元，同比增长 21%。其中，乡级企业完成收入 2889.7 万元，村级企业完成收入 4278.9 万元，生产队级企业完成收入 4257.3 万元。年产值领先的企业有：高碑店乡羊毛衫厂年产值 660 万元，泡沫塑料厂年产值 269 万元；高碑店村富源化工厂年产值 200 万元，建筑五金厂年产值 180 万元；八里庄村民用电器厂年产值 340 万元；北花园村东华印刷厂年产值 350 万元，京朝岩棉厂年产值 300 万元；半壁店村保健食品厂年产值 200 万元；高井村东郊机械厂年产值 130 万元，天宝办公设备厂年产值 120 万元，光明电器开关厂年产值 112.1 万元，兴华汽车修理厂年产值 112 万元；高碑店村高碑店一队竞东黏合剂厂年产值 180 万元；八里庄村康家沟生产队京海复合肥厂、康艺木器厂年产值均达到 150 万元。

1992 年，高碑店乡加大对企业基础建设扶持力度，重点对乡风机厂一分厂、高井鼓风机厂、建东车桥厂、东郊机械厂进行技术改造。乡风机厂一分厂在 18 个系列 100 多种规格产品基础上，又增加大型号风机和高水平新型风机产品研发和生产，发展后劲进一步增强。东郊机械厂研发的快速养鸡流水线装置，深受市场欢迎。高碑店乡在政策上引导乡镇企业依靠科技进步，调整产品结构，以市场为导向，积极开发新产品、引进新技术，不断增强企业经济效益。全年工业总收入达到 1.42 亿元，同比增长 22.7%。1993 年，三级工业总产值 2.04 亿元，实现利润 813.8 万元。年产值 1000 万元以上企业 2 个。工业成为支柱产业。

1994 年，高碑店地区（乡）落实朝阳区第七次党代会精神，以科技为龙头，以市场为导向，以骨干企业为依托，坚持“三上”（上技术、上规模、上水平）、“三高”（高起点、高技术、高效益），继续做好工业企业外引内联工作。华东公司实现企业规模化、集团化运营，包括华东针织厂、华斯针织厂、北内汽车配件厂、华东木制品厂、碧联修理厂等一批年产值1000万以上企业，集团当年总收入达到7618万元。全地区（乡）有年产值3000万元以上企业1个：华东北齿车辆厂。年产值1000万元以上企业10个：高碑店村的粮油设备有限公司、顺海潮润滑油厂，北花园村的东华印刷厂、瑞缘食品厂、二印合资印刷厂，半壁店村的溢香肉食厂等。年产值500万元以上骨干企业15个。全地区（乡）工业总收入达到3.97亿元。

90年代中后期，随着京通快速路等国家建设工程持续推进，以及朝阳区进行大绿化环境建设，高碑店地区（乡）优化调整产业结构，开始大规模关停小、微、亏企业，关停或转移重污染工业企业，乡镇企业数量和发展规模快速萎缩。同时，通过规划建设高碑店、北花园、半壁店、高井4个工业小区，将骨干企业陆续向工业小区搬迁。1995年，关闭小、微、亏企业30家。至1998年，关闭小、微、亏企业190家。剩余乡镇企业210家，仍有24家亏损，当年亏损360万元。在不断关闭亏损企业同时，高碑店地区（乡）持续调整工业结构，实施企业集团和名牌战略工程，发展优势产业，支持有发展前途的企业上规模、上水平。光明电器开关厂、天宝办公设备厂、东华印刷厂、溢香食品厂、新丽厨房设备厂等一批企业，在北京市享有较高知名度。调整工业产品结构，研发高新技术产品。乡鼓风机厂研制开发的DQ35-11系列高效低噪声轴流通风机荣获国家实用新型专利，荣获国家科学技术委员会等五部委联合颁发的国家级新产品证书，被机械工业部列为第十七批节能机电产品推广项目。1997年，高碑店外加剂厂获得ISO-9000质量体系认证，实现质量体系认证零的突破。3家企业通过食品行业质量检查验收。加强标准化管理、计量认证工作和企业管理、财会人才培训工作。1999年，高碑店地区（乡）贯彻落实朝阳区“乡镇企业二次创业”精神，以结构调整为重点，实施名牌战略，扶持重点企业上规模、上水平。同时，高碑店、北花园、半壁店3个工业小区建成。通过利用交通便利、市政设施完备等优势，筑巢引凤，招商引资，促进工业整体水平不断提高。

2000年，高碑店地区（乡）加大资产重组和改制力度。针对乡镇企业投入大、收益少，经营管理水平较为落后，不利于调动企业积极性的实际情况，对华都聚氨酯、康港模板、豪迈家具等26家工业企业进行转制，全部改成租赁制。同年，4个工业小区全部建成，总占地面积844.5亩，入驻企业37家。工业小区通过引进具备现代企业管理经验、科技含量较高的大型企业落户，带动辖域工业发展水平提高。

2001年，完成最后61家乡镇企业转制工作，关闭经营了25年的直属企业羊毛衫厂。

2002年9月，根据《关于对高碑店乡人民政府申请公司改制的批复》，高碑店乡农工商总公司改制为集团有限公司。同年10月，经北京市工商行政管理局核准，名称变更为北京兴隆投资集团有限责任公司，作为独立市场主体，进行市场化运营。同年，落实北京市第二道绿化隔离带建设，关闭最后一批村办工业企业。高碑店地区（乡）集体工业企业发展自此结束。

联营企业 在社队企业发展初期，高碑店人民公社、各生产大队、各生产队或社队企业，凭借一定的地域资源优势，与国营大中型企业进行合作，借助其产品、技术、资金和管理经验，双方在互惠互利基础上，成立联营企业，实现共同发展。1981年，高碑店人民公社八里庄生产大队与北京针织工业公司第一针织厂合作，成立联营企业八里庄针织加工厂。企业为集体所有制。八里庄生产大队投资42万元，北京针织工业公司第一针织厂投资40万元，总投资82万元为联营企业所有。利润按投资比例分成。共有职工260人，北京针织工业公司第一针织厂安排10人负责管理，八里庄生产大队安排250人负责生产。八里庄针织加工厂是高碑店人民公社第一个联营企业。同年，半壁店生产大队与北京玻璃仪器厂，联营成立半壁店玻璃仪器附件厂，有职工190人。按照联营协议，半壁店生产大队各类投资折价58.97万元，北京玻璃仪器厂投资30万元。纯利润低于25万元时，北京玻璃仪器厂不参与利润分成。纯利润超过25万元时，双方按投资比例分成。

1984年，高井生产大队与朝阳区第二工业局联营成立朝阳综合修配厂。有职工20人。主要修理车床，同时生产和修理机床配件，以及汽车、拖拉机等运输机械配件。

1985年2月，高碑店乡农机厂与北京风机厂联营，成立北京风机厂一分厂。联营合同签订后，北京风机厂派人接管农机厂，建立健全管理机构和制度，明确岗位职责。当年完成收入85.9万元，实现利润8.7万元。同年，成立的联营企业还有北京金属结构厂高碑店分厂、朝阳拔丝厂、朝阳区竞东仪器厂、首都汽车公司第二修理分厂、北京三惠饮料厂。

1988年，半壁店生产队与北京轻工印刷厂联营建立朝阳区联谊工业胶滚厂。为全民与集体所有制联营企业，独立核算、自负盈亏。康家沟生产队与青海钾肥总厂北方技术服务中心联营建立菱镁制品厂，主营菱镁制品，兼营复合钾肥、塑料包装材料等。半壁店农工商公司与北京开关厂一分厂联营建立北京开关厂一分厂总装厂，为集体所有制企业。主营高低压开关板生产、组装。半壁店农工商公司与邮政科学技术研究所机械工程技术开发部联营建立朝阳双益童车厂。高碑店农工商公司与北京市化学工业研究院联营建立朝阳区富源化工厂，总投资200万元，生产草酸及其他有机化工产品。

90年代末，联营企业退出地区经济领域。

二、三资企业

1991年1月，高碑店乡农工商总公司与香港茂华实业有限公司合资成立北京华都聚氨酯制品有限公司（简称华都聚氨酯），是高碑店乡成立的第一家三资企业。高碑店乡农工商总公司占比54.55%，香港茂华实业有限公司占比45.45%。主要生产聚氨酯化工材料，产品销往欧美及东南亚各国。1993年，高碑店乡农工商总公司以华都聚氨酯公司应分利润作股，与华都聚氨酯公司合资成立北京宝拉聚氨酯制品有限公司。1994年，以同样方式成立北京华都宝拉建筑板材有限公司。

1995年，华都聚氨酯公司被北京市列为“双上”（上规模、上水平）项目，年销售收入超过3000万元。1996年，华都聚氨酯公司被农业部评为百强企业。全地区（乡）有三资企业23家。1997年，华都聚氨酯公司年产值达到6900万元。1999年5月，为增加华都聚氨酯公司生产规模，高碑店乡农工商总公司出资850万元，建成8000平方米厂房及生产流水线。投资比例占总投资51%。

2001年，华都聚氨酯公司改制为租赁企业。同年，荣获朝阳区农工委、农委颁发的2000年度朝阳区农村十佳企业证书。2002年，高碑店乡北京兴隆投资集团控股北京宝拉聚氨酯制品公司。2003年，北京华都宝拉建筑材料有限公司荣获国家建筑工程质量监督检验中心颁发的奥运建筑工程材料及设备入选条件荣誉证书。2005年，华都聚氨酯公司迁出高碑店地区。至2021年，本地域已无乡属三资企业。

第二节　建筑业

20世纪50年代，高碑店地域泥瓦匠等利用农闲时“走工”，为附近百姓修建民房。农业合作化以后，八里庄乡成立修建队，人数达数十人，在地域小有名气，曾参与京棉一厂、二厂工程建设，承担马道口居民区建设任务。60年代，各生产大队陆续成立建筑队。1978年10月，高碑店人民公社成立公社建筑队，从业人数50人。

80年代初，地域农民翻建、扩建、新建房屋增多，建筑用工需求量不断增加。1982年，高碑店人民公社三级有建筑队10个，全年在公社新建民房5742平方米，实现纯收入5.4万元。除建筑队，北花园、半壁店生产大队还成立修缮队，承担零星土建、房屋维修和加固工作。

80年代中后期，北京市城市建设进程加快，各建筑队、修建队参与城市楼房、楼宇工程建设，促进高碑店乡建筑业快速发展。1986年，全乡建筑业总产值200万元。至1990年，建筑业产值以每年递增200万元速度增长，全乡建筑业总收入达到851万元。

其中，规模较大的是八里庄修建队和半壁店建筑队。八里庄村修建队有职工 180 人，年收入 180 万元；半壁店村建筑队有职工 30 人，年收入 130 万元。

1991 年，根据市、区政策要求，建筑企业要上等级，整合原有分散建筑队成立建筑公司，实施规模化经营。高碑店乡成立建筑公司，即朝阳区三建四公司，开启建筑业发展新阶段。1992 年，乡建筑公司实现收入 306 万元，各村建筑队、修建队实现收入 1683.3 万元，全乡建筑业总收入 1944.3 万元。1993 年，乡建筑公司承建的北京市妇联定福庄 11 号楼工程获市级“优秀样板工程”称号，承建的定福庄二中教学楼工程获市级“优质工程”称号。同年，乡建筑公司获得“朝阳区先进建筑企业”称号，是朝阳区农口唯一获得此荣誉的建筑企业。全年建筑业总产值达到 2722 万元，实现利润 270 万元。取得全乡建筑史上的重大突破。

1994 年 10 月，乡成立田华集团五公司，实行单独核算、自负盈亏。公司调整建筑队伍结构，改革管理体制，重点抓骨干队伍、抓管理、抓质量，抓工程进度，争创优质工程，连续获得各项荣誉。1995 年，田华集团五公司承建的康家沟 A3 号住宅楼，获建设部“优质样板工程”称号。公司晋升为国家二级建筑企业。

90 年代中后期，高碑店地区（乡）针对地域国家重点工程、占地转工、居民小区建设的特点，抓住机遇，持续推进建筑业发展。1996 年，高碑店地区（乡）第八次党代会提出“以第三产业为龙头，以工业为基础，以建筑业和旅游业为两翼，促进经济齐发展”的发展思路。当年建筑业总产值达到 5690 万元。田华集团五公司晋升为一级建筑企业。1997 年，田华集团五公司承建的花园北里 2 ~ 3 号楼工程获北京市首届“长城杯”奖，承建的康家沟 C2 ~ C4 住宅群体工程获市级“优质群体小区工程”称号，承建的全国妇联小区 13 号住宅楼获市级“优秀样板工程”称号。全年建筑业总产值达到 12036 万元。

1998 年，朝阳区三建四公司根据建筑业规范管理要求，经资债审核，换发经营执照后退出建筑业市场。2000 年，田华集团五公司承建的惠新小区工程通过评定，获得中国建筑最高奖——鲁班奖。2001 年，田华集团五公司转制为属地企业。至 2021 年，高碑店地区（乡）没有乡属建筑企业。

口 述

以服务和管理取胜的高碑店喷漆厂

口述人：贾润深 整理人：刘丽娟

1980年前后，高碑店人民公社党委调我到喷漆厂担任党支部书记。我在那里连续工作了5年，见证了喷漆厂的发展、壮大，与厂里的职工建立了深厚的感情。现在回想起那段岁月，心情依然比较激动。

喷漆厂全名叫燕惠喷漆厂。在京通路312路高碑店站北侧，西临兴隆汽车配件厂，斜对面是龙骨厂。厂里自有职工100多人，遇到重大工程时需要临时招聘，最多时达到200多人。喷漆厂的主要业务有四项：

第一项是油漆粉刷业务。机关、学校、工厂、医院，凡是社会上的单位，它的居住环境、办公环境、工作环境破旧了，粉尘多了，或者是迎接上级对环境的检查，都需要对环境进行整治。朝阳区大部分单位都要找高碑店喷漆厂来粉刷，因为我们有这个实力和经验。油漆粉刷业务主要特点是环境脏，粉尘多。重新粉刷后还需要用砂纸打磨，产生的粉尘会钻到职工的鼻子、嗓子和耳朵里面，落在人身上、脑袋上、脖子上、袖子上全是。喷漆厂职工用自己的一身脏换来千家净。我们当时也算是环境保护的生力军，得到大家的高度认可。

第二项业务是对工业设施、设备和产品进行防腐处理。防腐处理就是防止设施腐蚀、老化，别影响产品质量，保证产品、设施是安全的。喷漆厂在这方面做了大量的工作，积累了丰富的经验。比如大郊亭有机化工厂，院内大小管线密密麻麻、星罗棋布，最大的直径一两米，最小的直径10厘米、20厘米。这些管线经受日晒雨淋，起了化学反应，使用一段时间后，就需要把外包装拿下来，进行除锈、刷漆两到三遍，保证这些管线表面是光滑的、不透气的、不漏液体的，保证工厂正常运转。还有一些工业产品也需要防腐处理，如生活中家家都有的煤气罐。高碑店喷漆厂就从事全北京市的液氯钢瓶、液氨钢瓶的防腐处理。我们有过硬的技术和严格的检验制度，能够根据不同情况进行不同的技术处理，保证对产品的保护性能最好，保质期达到最长。这项业务高碑店喷漆厂连续负责十几年，没有出现一起安全事故，受到厂家一致好评。

第三项业务是劳务服务。喷漆厂也是劳务型企业，很多单位需要长期的辅助服务工作，比如办公室门窗的修理。很多厂家有保密性，需要可靠的合作对象。喷漆厂会选择一些本地政治上可靠、工作上认真负责任的职工，去开展服务工作。长期派到他们单位去。例如光华路261厂，常年用我们喷漆厂的职工，对我们非常满意。那会儿每年都有几十名职工定向服务十几家单位。

第四项是发展多种经营。在主营业务之外，喷漆厂也开拓一些基础加工业务。比如我们常年为北京金属结构厂生产的石油液化气罐车（槽车）进行防腐加工，每年二三百台，与此业务相连，还进行一些车辆工具箱之类的基础产品加工。除此之外，我们的职工大多都有锅炉操作证，四五十人。那时候一些工厂烧锅炉都需要有操作证的职工，所以一到冬天，职工都会被其他厂子请去做临时锅炉工。

80年代，喷漆厂业务越来越广，规模越来越大，知名度也就越来越高。我们技术好、服务好、收费合理，很多单位都是我们的常年服务对象，像北京化工二厂、北京有机化工厂、北京金属结构厂、北京高压氧气瓶厂、北京葡萄酒厂。还有一些社会单位，像北京广播学院、北京电力工业学校、中日友好医院、同仁医院等，都是与我们常年合作。远的地方像昌平第二毛线厂、河北兴隆酒厂等。喷漆厂职工不计远近，给对方提供周到的服务，让对方满意。所以喷漆厂效益也越来越好，从每年收入四五十万元、五六十万元，后来发展到100多万元、200多万元、300多万元，利润率达到30%，效益非常好。

喷漆厂除了获得很高的经济效益，还赢得很高的社会评价。十几年来，没有出现一起因客户不满意而投诉的事情，没有出现一起大的安全生产事故。因为我们有着严格的管理制度，包括安全管理制度、财务管理制度、库房保管制度、职工管理制度等，始终坚持制度管人、制度用人，对厂子的稳定发展起了非常大的作用。同时，坚持合同管理，定工期、定质量、保安全、节约用料，定奖罚，有激励，制定长期动态合同，激发职工们的干劲儿。

喷漆厂有坚强有力的领导班子。当时我是书记，王淑英是厂长，我们俩精诚团结。厂领导班子成员之间关系和谐、互相帮助，重大决策召开常务会议决定。经常开展谈心、谈话，开展批评与自我批评。党员率先垂范、不搞特殊化，有活儿领导带头干。职工是厂子的主人，不管是书记、厂长，都是服务者，是职工们在创造业绩。我的原则是，职工遇到困难，要应帮尽帮，在生活上关心、关爱职工，激发他们爱厂、爱工作的热情。同时，我们也非常重视年轻人的成长，重视、提拔年轻干部，喷漆厂很多职工后来都走上了领导岗位，当了厂长，当了村党支部书记。这些人和事儿现在回忆起来都让我感觉到欣慰、自豪、恋恋不舍。特别感激喷漆厂为我提供展示才华的机会，也为我以后的发展奠定了基础。

口述人简介：

贾润深 男，1948年7月出生，汉族。中共党员。历任半壁店生产大队党总支书记、公社喷漆厂党支部书记、高碑店乡工业公司经理、高碑店农工商总公司副总经理、朝阳区洼里乡党委书记、朝阳区人大财经委主任。2008年退休。

1800锥形脱粒机诞生记

口述人：毕国亮

我是1966届初中毕业生，1969年4月，被北花园生产大队领导分派到大车铺，学习电气焊和修理大车的工作。后来，根据市场需求，大车铺增加了电气焊、钳工、车工、铸工等车间，正式挂牌“北京市朝阳区北花园综合修配厂”。

1973年，厂里成立农改车间，我任车间主任。开始了农业机械的修理、仿制、改制和自行研制等工作。在此期间，我自学了瓦工、木工、钳工、车工、电气焊、水暖工等工种。在手扶拖拉机叶轮的改进、中耕犁的改制、水稻插秧机试制中，都发挥了应有的作用。

1973年6月，北京连阴天，大雨小雨不断。当时正赶上麦收，麦子运进场院，脱粒机脱不了湿麦，轧场就更不成了。有的麦穗就发芽发霉了，村干部、社员急得像热锅上的蚂蚁团团转。应该是丰产可没丰收，麦子打不了场、脱不了粒、入不了仓。大家只有唉声叹气地惋惜。

1974年，区农业局、农机局、农机厂推广2000型脱粒机，让我们仿制。我看了图纸，实际看了机样，又到雷庄生产队看了土式的脱粒，经过多方考证和以往对农业机械原理的积累，挖空心思，大胆尝试，设计了1800锥型脱粒机。样机制出后，通过试验、考证，存在不少问题，包括脱净率有问题需改进、动平衡问题、韧性不够、马力小等。与2000型脱粒机差不多。要解决以上问题，我采取了以下措施：第一，滚筒与机盖的空隙缩小，机盖上加上打麦的筋骨，增加阻力，提高脱净率。第二，滚筒与机架缩小间隙，增加筋骨，提高脱净率。第三，筛子底改用2.0的钢板网而且装配时突口朝上，增加搓力并缩小间隙提高脱净率。第四，滚筒上螺纹改用钢筋制作，调整为14个文扣。这样，小麦在机内至少要经过9次脱粒，提高脱净率。第五，入料口改小增加反出料板，出料口放低，提高脱净率。通过以上改进，脱净率达到99%以上。

动平衡问题：电机由侧挂改为正挂，同时细心调配，问题就解决了。韧性问题：脱粒机主轴由实心，改为两侧为实心，中间为加粗的无缝钢管。马力由10千瓦改为17千瓦，而且拆除风机和绞龙，大幅度增加了马力。想让小麦在机内停留时间长，就要缩小滚轮的锥度。相反，想让小麦在机内停留的时间短，就要扩大滚筒的锥度。

通过以上的改进，最后定型生产此型号的脱粒机——1800锥形脱粒机。

我设计的脱粒机优点：①无论麦子多干、多湿都可整捆放入，不用铡刀铡，进行脱粒作业省去了一道工序，节约了人力、物力，争取了“龙口夺粮”的时间。②脱净率99%以上，不用二次脱粒。③工作效率每小时1000～1500千克。④操作简单，移动方便。⑤机械平稳，安全可靠。⑥脱下来的麦粒、稻谷完好率99.5%以上。⑦便于维修。

1976年4月，领导任命我为修配厂厂长。为了使脱粒机能早日投入市场，要生产多少台才能满足市场需求，我做了市场调查。北京市有200多个乡镇5000余个生产队，每年播种100多万亩小麦，需要3000～5000台脱粒机。按5%安排生产，每年需生产100多台。那时，市场物资供应比较紧张。我联系了区物资局、区生产资料供应站、北京电机厂等单位，得到了大力支持。这样一来，生产脱粒机的钢材供应、五金配件、机电皮带、钢板网都有了着落。1976年，我厂生产了30台，产品销路不错。1977年，我增加了产品推广，分派4个职工分为四路推销产品。第二年，我厂生产了60多台。我办了各种手续，得到市农机局认可。后来，我分析了市场，找北京人民广播电台进行广播推广。由于广播的听众面广，又是对农村广播，销路一下打开了。这一年，我厂生产了200多台，而且过了麦收还有买的。他们是用来脱水稻、高粱、谷子、玉米等。1979年4月，市农业科学院的老师找我协商，能否给院里生产一台特殊的脱粒机，要符合试验田面积小、电力供应不足，来年稻麦粒作为种子使用的特点。根据这个情况，我们生产了1350型脱粒机，机械性能不变，效率降低一半，马力减去多半。实验结果，该院来电话表示感谢，达到了用户满意。

1980年2月，我厂接到北京电台的通知：3月，北京市组织“支援内蒙古建设代表团”，我厂的1800锥形脱粒机代表北京市半机械化农业机械参加。当年，我厂的脱粒机销往内蒙古土默特右旗22台装了一个火车皮，同时销往北京市十几个郊区县。脱粒机为夏粮丰收入库起到了“龙口夺粮”，颗粒归仓的作用。由于销路的扩展，产品供不应求。我厂脱粒机实行“三包”。所以，对各个环节抓得特别认真。那时生产队买一台脱粒机也不容易，集体要花上千元资金。我记得密云一个生产队为了能早一分钟提到脱粒机，队长亲自来的。这位队长等到晚上10点，才提到一台漆还未干的机器返程。

1982年4月，陕西省扶风县购进脱粒机22台，发了一个火车皮，因为陕西5月份就进入麦收。麦收时，我随维修车到生产队脱粒现场考察脱粒机的使用情况。生产队长伸出大拇指连连称“好！”同时，我看到了有趣的一幕，社员脱粒干了2个多小时，找队长说想歇一歇，队长说再干一会儿。这时，社员就想把脱粒机用整捆的麦子一捆紧跟一捆给机器“逼”停了，就能“名正言顺”地歇一歇了。可社员一捆一捆地用尽全身力气，出了一身大汗，累得气喘吁吁，机器还是照常运转。社员最后说，怎么就“逼”不停呢？！

通过几年的拼搏，截至1983年，我厂共生产了2000余台，为粮食丰产丰收贡献了我们的一份力量。

1983年6月，区农机局召开现场会，1800锥形脱粒机被区工业局评为优质产品。我特别注重脱粒机质量，因为质量是企业的生命。一旦发生质量问题，企业就会命垂一线，面临倒闭。我厂生产的脱粒机没有一台退的、换的，没有一台出现安全事故。此时修配厂改为北花园农机修造厂。1988年，朝阳区第二工业局聘请大专院校教授、专家为各企业管理人员培训、讲课、考试、论文答辩。我写的《脱粒机为什么走下坡路》论文被选为范文。代表高碑店乡刊登在《乡镇企业职称评定论文选》一书中，为高碑店乡争得了荣誉。此后，凡工业局组织的培训，人手一书。当年，市区工业系统考核，我通过考试，论文答辩，取得了“企业经营管理经济师”职称，由北京市科技干部局颁发了证书。我又通过机械技术考试，论文答辩，取得了“机械技师”职称，由北京市科技干部局颁发了证书。

回首往事，我深深地体会到“人生永争首，刻苦努力罼”是人一生的奋斗精神，有了这种奋斗精神就可以实现心中的梦想，实现自己的人生价值！

口述人简介：

毕国亮　男，1949年10月出生，汉族。中共党员。曾任北花园生产大队综合修配厂厂长、北花园生产大队工业办公室主任、副大队长，北花园村农工商公司副经理。

第十六章　商业　服务业

受明清通惠河漕运影响，至清末时期，高碑店地域个体商业较为发达，高碑店后街成为远近闻名的商业街市，油盐店、烧饼铺、肉铺、药铺、果品店、煤铺等为百姓生活提供服务的商家众多。1949年中华人民共和国成立后，地域逐渐建立供销社、信用社。八九十年代，地域发展集体商业、运输业。进入21世纪，随着个体商业和服务业蓬勃发展，集体商业逐渐退出市场，运输业停止。地域依托通惠河浓厚的漕运文化底蕴，文化产业逐步发展起来，形成五大文创产业园区，成为地域发展的支柱产业。

第一节　商　业

一、个体商业

高碑店地域个体商业兴起最早可追溯到明清通惠河漕运兴盛时期。明朝中期，北京城至通州主要有2条道路：北侧陆路交通位于今朝阳路一线，南侧为通惠河漕运水道，均穿过高碑店地域。地域依靠道路优势，逐渐形成八里庄、大黄庄、高碑店、花园闸、半壁店等聚居村落。官吏、差役、客商等往来频繁，依据地域文化特点建有多处经路途中客栈、货栈，商业逐渐发展起来。通惠河平津上闸附近为漕运货物中转站，从南方运送的珍贵木材、古玩等，在此卸船囤积，转运入城或就地交易，成为官库商仓聚集之地，除有客（货）栈、大车店外，还有各种家具店、古玩店、粮店、副食店等，个体商业较为繁荣。经过明清两朝数百年发展，高碑店地域尤其是高碑店后街（位于高碑店村北侧，通惠河南岸，当地人称“街里”），成为远近闻名的商业聚集区。直至二十世纪二三十年代，个体商业发展依然较为繁盛。

高碑店后街个体商业主要从事周边百姓日常生活用品交易，有油盐店、烧饼铺、肉铺、药铺、果品店、煤铺等，有各类商铺20多家。后街最有名的油盐店是天泰恒油盐店，于清光绪十三年（1887）左右创立，创始人姓冯。规模最大时，有五间门脸，使用面积约300平方米。不仅经营油、盐、酱、醋等调味品，还经营大米、白面、荞麦面、棒子面等。后来高碑店村民王芝胜又开了一家鸿盛永油盐店，有门面三间，主营棒子面、高粱米、小米一类的粗粮。除此之外，还有五合记油盐店。至民国9年（1920）左右，天泰恒、五合记先后关张。后街有一家切面铺，掌柜名叫孟安。主要卖抻面、大饼，也做炒饼、焖饼、炸酱面，顾客主要是周边百姓及走街串巷的游商小贩。后街路北东面第一家是王兴烧饼铺，主营烙饼和火烧。顾客主要为周边“扛大个儿”的。王兴手艺极好，在高碑店地域享有口碑。漕运停止后，烧饼铺仍经营多年。路南东数第一家是兴隆馆肉杠。民国初期，兴隆馆肉杠掌柜名叫张行。由于诚信经营，附近十里八村百姓大多到兴隆馆买肉。19世纪末，高碑店村民余永真在街里开设裕盛斋饽饽铺，又称“余记”饽饽铺。有门脸两间半，位于路南。门前挂有“满汉饽饽”“大小京八件”等木牌。“余记”饽饽铺自己不加工制作糕点，而是由作坊送成品在店铺里出售，有槽子糕、沙琪玛、芙蓉糕、桃酥、酥皮儿等。与裕盛斋饽饽铺相邻的是德寿堂药铺，是高碑店地域最大的药铺。德寿堂以药材齐全闻名，北京城里一些药铺没有的稀有药材也能在这里找到。后来老中医吕德亮接管德寿堂，为附近百姓行医看病，至1937年左右搬走。另外，高碑店前街还有李慎言所开药铺，村东有中医先生张秉彦所开药铺。在高碑店前街有村民王德开的煤铺，名为“万俱全”。除卖煤外，也卖油盐酱醋、花椒大料、芝麻酱等，还有一间醋坊。同村人徐国祥也在前街经营煤铺，店面较小，主要卖煤球和劈柴。至20世纪40年代，煤铺陆续关张。40年代末，张继先在老闸口开了家煤铺，用独轮车为周边百姓送煤。民国初期，高碑店前街只有一家小客店，名为孙家店，常住一些进城卖豆腐丝、修鞋的小商贩。

前街除有门面买卖外，还有一些货摊儿，最有名的是高碑店村王凤山的货摊儿。在娘娘庙门前大树下，主要卖烟卷、茶叶、花生、瓜子、蚕豆、糖球等。商贾文化曾一度繁华。每年五月节娘娘庙会还有庙市，十里八乡各类商贩都会云集到庙会附近，售卖五花八门的各类商品，有卖牲口的，有卖农具的，有卖衣服、针头线脑的，还有各类种类繁多的吃食，如豌豆黄、扒糕、凉粉、荞麦面、油炸鬼儿、酸梅汤等。庙市还有吹糖人、拉洋片儿、套圈等做各类营生的商贩。

20世纪初期清末漕运废止后，至50年代以前，高碑店地域不同区域百姓从事不同的个体商业活动。高碑店村百姓靠水吃水，在通惠河旁边挖塘养鱼、卖鱼。北京城鱼市卖鱼的大部分是高碑店人，最初在前门市场，后来扩展到东单、西单、东四、西四、北新桥等处，都有高碑店人开的鱼店和摊位。规模比较大的有前门西河沿的“周记”“振兴”“双兴”“元兴”鱼铺，东单牌楼的“两合”鱼铺，东四牌楼的“大成”“珍记”“张记”“李记”鱼铺等。还有一些百姓养小金鱼，最早是高碑店村周家，靠挑“八根绳儿”到北京城

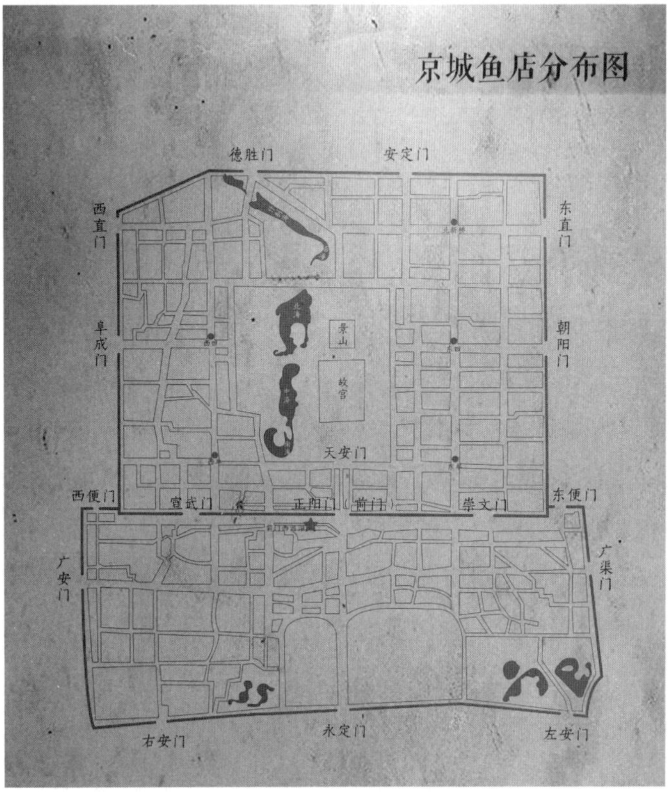

中华民国时期的京城鱼店分布图

里卖小金鱼儿。八里庄村靠近朝阳门，百姓多从事种菜、卖菜。在朝阳门外街旁设立固定卖菜点，赶在早上开城门前摆好菜品，为城里百姓供应新鲜蔬菜。花园闸村百姓多从事卖鸡蛋营生。当时通州有个非常大的鸡蛋市场，天天开市，批发销往北京城及各地。花园闸处于通州和北京城之间，一般由男劳力用筐挑着几百个或上千个鸡蛋步行到北京城里，交到前门外点心铺、饭铺，或走街串巷零售。半壁店村除卖鱼、卖豆腐以外，有些百姓卖估衣。大黄庄村游商较多，售卖种类多样，以卖菜为主，还有卖杂货、炸货、鸡仔儿、文具、估衣、大小劈柴、锔碗、焊壶等。1950 年，大黄庄行政村对游商进行登记，共 30 家，编成组，设正副组长，划定售卖区域进行管理。

1956 年，高碑店地域各乡实行公私合营，取消个体商业。至 70 年代中后期，高碑店人民公社没有个体商业。

80 年代初期，国家政策允许个人根据自己专长开办商业营业点，需办理营业执照，开始出现个体经营户。至 1985 年，高碑店乡有商业个体经营户 31 家，主要经营烟酒糖茶、干果熟食、日用小百货等，一般由 1 ～ 2 人坐店或流动售卖。李景泉在北京市第十七中学东门口北侧开小卖部，售卖熟食、面包、冷饮、烟酒等，有 4 人坐店，属人数最多的个体经营户。80 年代末至 90 年代，随着乡镇企业发展，一些个体工商户在京通路、朝阳路两侧经营建筑材料，形成一定规模。1991 年，第一批从事传统家具生意的个体商人来到高碑店村，开了第一家古典家具店，名为“鲁班馆”。此后，商户不断增多，逐渐形成古典家具一条街。商户由最初的几家十几家，逐渐发展到 2021 年的 400 多家。

90 年代中期以后，随着社会主义市场经济发展，个体商业如雨后春笋，获得快速发展。高碑店地区（乡）各类综合商场、楼宇底商、建材市场、集贸市场都有大量个体商业存在，为地区建设和居民生活提供便利。

进入 21 世纪，地域个体商业继续繁荣发展，数量不断增多。至 2021 年底，分布在主要大街两侧、各小区和文创园底商，满足居民基本生活需求。

二、集体商业

供销合作社　1949 年 4 月 22 日，高碑店乡（村）成立消费合作社，是北平市第十四区成立的第一个消费合作社。有办公用房 14 间。群众自愿入股，购买生活用品享受优惠。入股最多的 50 股，最少的 3 股。消费合作社是供销社的早期形态，是高碑店地域成立最早的集体商业组织。1956 年，实行公私合营后，高碑店高级农业生产合作社域内有供销社 1 家、分销处 4 个、农药农机供应站 1 个、粮食供应店 3 个。1958 年，幸福人民公社成立时，公社域内有供销社 1 个、供销社门市部 32 个，职工 228 人。

二十世纪六七十年代，高碑店人民公社商业组织主要是供销社。无论是集体农业生产所需化肥、农药、农机具等物资，就连社员凭票供应日常所需粮食、日用品等各类生活资料，也都通过供销社购买。80 年代，高碑店乡不断进行供销社体制改革，在坚持供销社商业合作性质基础上，扩大吸收生产队和社员入股，经营利润按股金和交售农产品数量分红，实行民主管理，把供销社经营活动同农民经济利益挂钩。80 年代中后期，随着商业流通领域全面放开，面对激烈的市场竞争，高碑店乡供销社停业。

高碑店供销社（1955 年摄）

批发零售业　1984 年，高碑店乡党委提出“工业要先行，第三产业要发展，大农业要调整、稳定、提高”发展思路，开始发展包括商业在内的第三产业。同年 10 月，乡农工商总公司成立商业服务公司，管理和服务于全乡商业发展。同年，高碑店乡成立京朝综合商店、燕颖百货商店 2 个乡级商业网点，成立大花园综合商店、中兴实业贸易公司、京伦物资经销部、太平庄副食商店等生产大队和生产队级商业网点。1985年，成立豪华综合商店、惠丰实业贸易公司等18个网点。至同年底，全乡共有商业网点46个。乡办京朝综合商店有职工18人，总收入37.1万元，利润1.7万元；燕颖百货商店有职工7人，总收入17.6万元，利润0.4万元。商业网点发展初期，普遍规模小、利润低，管理不规范，有的出现亏损，开业时间不长就申请停业。

1986年，乡党委要求商业发展从单纯经营型向经营服务型转变，为企业做好产前、产中、产后服务工作。乡商业服务公司调整发展思路，提出“三个面向”，即面向首都、面向生产、面向群众生活，极大调动职工为首都、为生产、为生活服务积极性，同时想方设法为当地企业产前、产中、产后服务。对各商业网点进行整顿，建立健全岗位责任制，健全各项管理制度和财会制度。燕颖百货商店通过狠抓经营管理，全年销售收入35.5万元，比1985年翻一番。八里庄生产大队瑞华化工商店经过短短一年发展，完成销售收入224万元，实现利润32.4万元。兴隆汽车配件门市部、中兴实业贸易公司、建国拖拉机汽车配件门市部年销售额都在100万元以上。乡办福兴供销经理部等一些网点积极为企业生产解决产前、产后问题，为商品流通发挥渠道作用。

80年代末至90年代初，随着国家经济体制改革不断推进，商品流通领域逐渐放开，商品市场日益繁荣，人们购买商品逐渐不再需要票证，一些集贸市场得到恢复和快速发展，致使集体商店迅速萎缩，且不再成立新的生活类商品零售网点。原有商业网点通过改、转、租、让进一步搞活。此时期商业发展主要是服务于本地乡镇企业产品销售，新成立批发零售企业主要集中在建材、配件等领域，几乎全部由各村开办，迅速在三条路（朝阳路、京通路、广渠路）两侧发展起来。90年代初期，新成立的华东建材玻璃商店、光大建材经销部、八里庄工程机械配件门市部、锦华装饰材料商店、东风锅炉配件商店等，都属于此种类型。有的属于前店后厂。1992年，全乡批发零售业总收入1072万元。

90年代中期，由于京通路拓宽，对两侧进行拆迁整治，大量商业销售点被关闭。高碑店地区（乡）着手规划建设建材城、商城（批发）和集贸市场，逐渐形成新的商业增长点。1994年，高碑店地区（乡）在民航医院西墙外建成建材批发中心1个，当年实现纯利润80万元。同年，开办高碑店、北花园、高井3处集贸市场，满足居民日常生活需求。华东实业公司建成6000平方米服务楼。1995年，建成甘露园集贸市场。全地区（乡）有农贸市场4处，全年共收取各类租金和管理费130余万元。1996年，北花园村兴福商厦（本地称复兴商业城）建成营业，康家园7000米商业楼主体工程竣工。至1998年，高碑店地区（乡）批发零售贸易业产值2800万元，其中村级商业企业产值600万元，村以下商业企业产值2200万元。2000年，建成兴隆家园家居建材城，与北花园复兴商业城一起成为第三产业龙头企业。同年，全地区（乡）4个集贸市场实现成交额5000万元。

2002年，由于落实北京市第二道绿化隔离带建设，整治、关闭零售类商业企业，华东木材加工厂、京宏建材商店等最后一批村办企业被关闭。至2021年底，集体商业经营主要有位于各村的农副产品市场，包括高碑店村、北花园村农贸市场，八里庄村天天市场、康富惠利农副产品市场，以及位于朝阳路南侧的全国妇联小区农贸市场。

2000年建成的兴隆家居建材城

住宿餐饮　80年代初期，为服务当地居民，高碑店人民公社成立青年小吃部。1983年，青年小吃部全年营业额21.2万元，利润3110元。1984—1985年，高碑店乡集中成立一批住宿、餐饮网点，有乡办高碑店酒馆、爱国旅馆，八里庄生产大队的豪华饭馆、京阳饭店餐厅，半壁店生产大队的京华餐馆等。至1985年底，全乡有住宿、餐饮网点16个。

80年代中后期，高碑店乡住宿、餐饮服务业逐步走向标准化和规模化。1986年，北花园农工商公司与内蒙古物资局合资兴建内蒙古饭店。有客房250间，有内蒙古风味昭君楼饭庄，一次可供300人就餐。1987年，八里庄村慈云寺生产队开办京华烤鸭店，主营烤鸭、肉食加工，有职工30多人，年收入100多万元。80年代末，八里庄村熏皮厂生产队开办运联餐厅，有职工17人，年收入近40万元。至1992年，全乡集体商业住宿、餐饮企业全部为村办，总产值687万元。90年代中后期，集体办住宿、餐饮企业主要集中在生产队。1998年，全乡集体商业住宿、餐饮业总产值7000万元，其中，村办产值100万元，生产队产值6900万元。八里庄村建成金苹果酒楼。

21世纪初，集体兴办的住宿、餐饮业逐渐退出市场，转向民营。至2021年，地区（乡）分布的主要住宿、餐饮片区包括：通惠河南岸商业区、位于兴隆家园社区的“太熟悉”饭店、各文创园区底商等。

第二节 服务业

一、个体服务业

高碑店地域百姓从事服务行业历史悠久。早在辽、金时期，地域郊亭（交亭）就是燕京（或中都）通往郊外的要道，处于京城与通州的中间地带。百姓通过搭建简易客栈，摆个茶摊儿，供往来官吏、衙役、客商打尖儿、歇脚，成为最早的服务业。明朝漕运兴盛时期，通惠河两岸很多百姓以出苦力为生，扛大个儿、拉纤，从事底层服务行业。至清末民国初，依然存在多种服务行业。当时有个自然村叫舍茶棚，最初就是提供茶水服务的地方。清末地域最有名的茶馆是龙王庙茶馆，在平津上闸旁龙王庙后院，占用3间东厢房，供应茶叶、开水。当时人们从京城到通州路过此地，都会到这个茶馆喝茶、歇脚。在高碑店村前街还有娘娘庙茶馆，顾客以本街人为主。在平津闸旁边还有个何家茶摊儿，茶客可以自带茶叶，单买开水泡茶喝。在高碑店后街有一间姓张的通县人开的剃头铺，村里人称“大张剃头铺”。当时服务主要是剃头、梳辫子和捶背。除附近百姓外，一些管粮食、管河务的官差也经常光顾。民国初年，高碑店地域开始出现鞋底作坊，共有3家。作坊接受城里一些鞋店订单后，组织村里人加工，然后再交给鞋店，有时也加工鞋。

高碑店地域还有一些为百姓办理红白喜事提供服务的行业。清末，地域有两家“轿子房”，或叫“喜轿铺”。一家是陈家的隆盛号，一家是孟家的兴顺号，都在高碑店东店村。这两家都兼办喜庆执事和丧杠执事，所用的轿夫或杠夫都是东店人。他们平时务农，有了红白喜事，由喜轿铺的人召集，自带设备。“事儿”办完了，按照各人角色、出力大小分钱。成年人抬轿子、抬杠，能挣一块多钱；打执事的，都是十来岁十七八岁的青少年，一趟能给三毛钱。高碑店人把办红白喜事叫搭棚“办事儿”，搭棚就需要棚铺，最有名的棚铺是高碑店村民朱万福所开。棚铺是租赁经营，提供的服务不仅是搭棚，还包括办事所用茶壶、茶碗，坐席用的桌凳、酒盅、盘子、碗筷等。“事儿”办完了，所有设备还要拉回。搭棚办事儿要吃席，自然少不了“跑大棚的”，也就是炒菜做饭的厨子。十里八乡红白喜事比较多，形成专门提供这一服务的大厨。

从事红白喜事服务的还有糊裱铺和冥衣铺。过去房子没有木制天花板，一般都是纸糊顶棚，连墙、窗框、门框都用纸裱糊，这叫“四白落地”。干这活儿的就是裱糊匠。高碑店地域比较有名的糊裱匠有郑启瑞、陈启凤，擅长办喜事儿时给人剪喜花、糊喜房。冥衣铺是为白事儿服务的，糊扎各种“楼库明器”，根据主家要求，扎糊“金山”“银山”等“烧活儿”。旧时高碑店还有一种服务于白事儿的行业叫“杠头”，就是专门抬棺材的，一般都是家庭特别困难的壮年劳力从事这类行业。

20 世纪 50 年代中期农业合作化以后，高碑店地域各农业生产合作社社员被组织起来从事农业劳动，个体服务业逐渐消失。至 1978 年改革开放前，高碑店人民公社已没有个体服务业。

80 年代，随着改革开放深入发展，个体经营政策逐步放开，高碑店乡出现一些从事服务业的个体户，主要为周围百姓日常生活需要提供理发、缝纫、修理等服务。至 80 年代中期，个体服务业遍布全乡。从事自行车、三轮车修理的有王玉奎、卢文亭、刘顺其、王洪喜、霍德山、孟召君等；从事缝纫、服装加工的有徐凤珍、赵纪趁等；从事收音机、电视机等民用电器维修的有周永贵等；从事理发的有陈瑞、郭淑英等；从事修鞋的有郭瑞林、肖洪奎等；从事弹棉花的有刘全泰等；从事钉马掌的有刘跃、张长玉、刘永珍、李春海等。

90 年代，随着经济快速发展，个体服务行业范围不断扩展，高碑店地域内从事个体服务人员不断增多。尤其进入 21 世纪以后，个体服务已覆盖人们吃、穿、住、用、行各个领域，理发店、照相馆、洗衣店、打印店、手机修理店等在街头巷尾如雨后春笋般出现。近年来，随着移动互联网发展，出现快递、外卖、代驾等个体服务行业，只要居民有需求，在法律允许的范围内都可以从事。

二、集体服务业

生活服务 高碑店地域针对百姓日常生活的集体服务业，最早开始于 20 世纪 50 年代农业合作化时期。1956 年，高碑店高级农业生产合作社有豆腐坊 2 个，职工 30 人。社员拿黄豆到豆腐坊加工，或换豆腐。六七十年代，高碑店人民公社及各生产大队、生产队为社员提供涉及日常生活各方面的服务，各生产大队都有碾米房、磨面房、理发馆、自行车修理铺、手表铺、马掌铺等，八里庄生产大队小庄、居民区生产队有生产队办的理发店。

20 世纪 70 年代白家庄生产队理发馆师傅合影

1976年，高碑店人民公社全年生活服务类副业收入总计13.4万元。

70年代末，北京市有关部门决定在京通路高碑店人民公社管界设立交通检查站。为配合检查站开展服务工作，方便进京人员停车、食宿，高碑店人民公社投资64.7681万元，于1979年1月建成东郊高碑店汽车停车场。停车场集停车、餐饮、住宿、理发等服务为一体，建筑面积5200平方米，有职工154人。1984年底，由于交通检查站外扩，只保留旅馆和餐厅，经营陷入困境。1987年4月15日，深圳南洋贸易有限公司征用原停车场、旅馆用地，兴建华润饭店。

80年代中后期，随着改革开放深入发展，服务业向个体开放，人们生产、生活方式发生变化，一些服务业逐渐落后于时代发展的需要。加之国家征地，部分生产队撤队，高碑店乡集体经营的生活类服务业逐渐萎缩。至90年代末期，集体生活类服务业基本结束。

信用合作社 1951年初，中国人民银行北京分行合作部在花园闸行政村建立供销合作社信用部。同年9月，改组为花园闸信用合作社，成为北京市郊区较早成立的信用社之一。1955年，地域已有大黄庄信用社、高碑店信用社、八里庄信用社、小庄信用社。1956年，通过合乡并社，地域有高碑店信用社、八里庄信用社、小庄信用社。八里庄信用社当年实现存款1442.88元，1957年达到8218.54元。

1958年上半年，成立高碑店十一高级农业生产合作社信用部和八里庄幸福高级农业生产合作社信用部。信用部受农业生产合作社管理委员会领导，受监督委员会监督，通过存款、放款，组织社员储蓄未用资金，投向生产建设，达到活跃农村经济的目的。凡是农业社社员都是信用社社员。信用社以户为单位缴纳股金，每股1元，多者不限。同年底，成立幸福人民公社信用社。1961年，成立高碑店人民公社信用社。六七十年代，公社信用社既是集体金融组织，又是国家银行在农村的基层机构，为公社农业发展作出一定贡献。1976年，公社全年利用信用社贷款132万元。

1983年，根据农业银行总行召开的全国分行行长会议精神和朝阳区农业银行工作意见，信用社体制改革在高碑店乡进行试点。此次改革充分发挥信用社在组织和调剂农村资金、支持生产、发展农村经济、富裕农民方面的作用，把信用社真正办成集体所有制的金融组织。高碑店乡信用社召开代表大会，出席代表30人，选举正、副主任，加强信用社组织建设。同时，发动广大社员入股454股，股金908元。全乡共有3225户参加信用社入股，占全乡农户82%。同年，高碑店信用社建立健全岗位责任制，完成储蓄200万元，同比增长1倍。完成贷款328万元。

1984年，全年办理存款258.3万元，其中定期存款190万元，活期存款68.3万元。仅高碑店村就有存款100多万元。高碑店信用社为社队30多家企业办理贷款708.7万元。

为发展生产，保证企业完成生产利润指标，信用社职工经常深入队、厂了解情况，按时核对账目，把好金融风险关。

1985 年，根据朝阳区农业银行要求，高碑店信用社召开代表大会，选举理事会、监事会，加强领导力量，建立健全各项规章制度。全年实现个人存款 348.3 万元。为搞活经济，支持企业发展，信用社为 160 家单位提供贷款 826.4 万元。

1986—1995 年，高碑店信用社继续发挥金融服务功能，为地区农业发展和乡镇企业发展提供有力的金融支持。1990 年，信用社社员存款 1393.7 万元，企业贷款达到 1185.3 万元。1991 年 10 月，高碑店信用社由高碑店村迁入康家沟 26 号楼办公。

1996 年，中央及北京市进行农村金融体制改革，高碑店信用社与朝阳区农业银行“脱钩”，行政关系隶属朝阳区农村信用合作社联合社。2000 年，成立北京农村信用合作社联合社，高碑店信用社成为其基层网点。

21 世纪初，多家银行在高碑店地域设立营业网点，金融服务主体更加多元化，为辖区企事业单位和居民办理金融业务提供便利。

运输业　20 世纪 50 年代，高碑店地域大小货物运输主要依靠人力和畜力。高碑店村农民卖鱼、八里庄村农民卖菜、花园闸村农民卖鸡蛋，到城里大多依靠脚力，挑“八根绳儿”。经济条件好的农民用驴、骡子等畜力驮运。

高碑店地域集体运输业始于 20 世纪 50 年代农业合作化时期。1956 年，高碑店高级农业生产合作社成立汽车队和大车队，在农业生产之余发展运输业，增加合作社收入。汽车队仅有载重 4 吨货运汽车 1 辆，职工 6 人，上半年运输收入 8009.45 元。当时主要是大车队，有大车 20 辆，职工 21 人，上半年运输收入 15178.2 元。1959 年，高碑店人民公社成立拖拉机站，有拖拉机驾驶员 12 人。八里庄工作站有大车队，主要用于运送蔬菜。

六七十年代，运输业属于农村副业。高碑店人民公社 5 个生产大队都有汽车队，挂靠十里堡联合运输站。各生产大队汽车队必须在保证农业生产运输前提下，利用农闲季节参加营运，定期向主管部门报告出车计划，不能私自承揽业务。1970 年，公社全年运输业（包含劳务）总收入达到 69 万元。1976 年，总收入达到 82 万元。

1978 年改革开放后，高碑店人民公社出现集体、个人购买运输车辆，成立专业运输队和运输专业户，运输车辆迅速增长。1982 年，全社有载重汽车 106 辆、三轮汽车 1 辆、胶轮大车 254 辆、胶轮手推车 4366 辆、汽车挂车 8 辆，有高碑店和八里庄生产大队 2 个专业运输队。

1983 年，高碑店乡农工商总公司成立农机服务公司，负责农机运输管理。1984 年，全乡有载重汽车 62 辆、其他大小车 75 辆，共 137 辆。全年货运总量达到 1000 万吨。部分车辆用于运输业，总收入近100万元。

1986年上半年，高碑店乡成立联合运输站，运输业不再挂靠十里堡联合运输站，主要为专用货运车辆办理营运证；为长途货运车辆开启通行证；为运输车辆开票结算；代缴各种税费；为个体运输户办理营运执照。乡农机公司和运输站加强行业管理，实行岗位责任制，加强交通安全教育，为车辆季检、年检做好服务，推动全乡运输业进入快速发展阶段。全乡有6个专业运输队，总收入160.7万元。其中，高碑店村车队有职工40人，全年收入18.6万元，实现利润2.4万元；八里庄村车队有职工84人，全年收入99.7万元，实现利润46万元；北花园村车队有职工44人，全年收入16.6万元，实现利润3.9万元。西店生产队车队有职工10人，全年收入8.7万元；小郊亭生产队车队有职工8人，全年收入4.7万元，实现利润1.3万元；方家坟生产队车队有职工17人，全年收入12.4万元。全乡共有运输专业户26个。

80年代末至90年代中期，高碑店乡运输业进入快速发展阶段，并以各村运输队为主体。1987年，全年运输总收入212.64万元，同比增长57.8%。其中，集体完成收入161.47万元，占总收入75.9%；个体完成收入51.17万元，占总收入24.1%。集体运输队共有运输汽车43部，个体运输户有运输汽车17部。1988年，全乡运输总收入290万元，同比增长36.4%。其中，集体运输队收入215万元，个体运输户收入75万元。

1989年，全乡共有汽车410辆，其中从事运输业汽车320辆，占比78%。乡联合运输站对全乡5个建制村、2个专业车队和三级企业、个体运输户运输车辆重新建立档案，为349辆货运汽车、16台拖拉机、124辆马车办理营运证。全年完成运输收入379.1万元，同比增长37.7%。其中，集体车队完成收入273万元，同比增长36.3%；运输专业户完成收入105.4万元，同比增长41.3%。

1991年，全乡运输业总收入达到427.3万元，同比增长21.3%。其中，集体车队完成收入334.5万元，个体运输户完成收入92.8万元。全年上缴管理费4.3万元。同年，在创双优评比中，高碑店乡联合运输站被评为市级先进单位。1994年，全地区（乡）共有机动车984部，实现总收入520万元。运输业发展达到历史最高水平。

90年代中期开始，由于产业结构调整，高碑店地区（乡）运输业逐渐萎缩。1996年，全年运输业总收入180万元，且全部为村办运输队收入。1998年，高碑店地区（乡）联合运输站与平房乡联合运输站合并。全年运输业总收入290万元。1999—2000年，运输队承接通惠河整治工程及第一道绿化隔离带建设工程运输任务，运输总收入分别为2855万元和4778万元。

2001年，按照国家法律法规及政策要求，货车禁止进入北京市区，加之部分生产队撤队转居，集体运输业随之结束。随着国家政策调整，民营运输业得到发展。辖区最早成立的民营运输机构为北京博美科技运输中心，共有职工35人，有5吨位载重汽车3辆，全年收入58.3万元。

房地产业 20世纪90年代中后期，随着北京市房地产市场快速发展，高碑店地区（乡）抓住北京农村城市化进程快速推进的历史机遇，加速产业结构调整，确定“以房地产业为先导，第三产业为龙头，工业为基础，建筑业、旅游业为两翼，促进经济齐发展”的经济发展思路。1998年1月，乡农工商总公司成立北京天翌房地产开发有限公司，注册资本5000万元，负责兴隆小区商品房开发建设。同年11月，成立北京天翌物业管理有限责任公司，专门从事物业管理服务。兴隆小区总占地面积40.89万平方米，分南北两部分，三期建成。至1999年，兴隆小区建设初见成效，建成商品房面积4.8万平方米，开始对外销售。

2000年，继续开发花园闸北里小区、白领家园等房地产项目，总开工面积39.7万平方米。至2002年底，竣工面积34.7万平方米，实现销售收入6.8亿元，上缴税金2287万元。房地产开发已成为地域第三产业的主导产业。同年，乡成立兴隆投资集团，控股天翌房地产公司和天翌物业公司，实现市场化运营。2003年，天翌房地产被评为全国房地产300强企业。2004年，天翌物业公司通过建设部物业管理资质评审，获得物业管理企业二级资质证书。

2005年，北京天翌房地产开发公司圆满完成兴隆家园小区60万平方米和花园闸北里小区6万平方米建设项目。花园闸北里小区建设项目荣获北京市优质工程奖和“长城杯”奖。兴隆家园被评为最佳人居生态楼盘，兴隆小区被评为北京市优秀文明小区。通过开发建设兴隆家园小区，加快地域城市化进程，同时解决部分农民搬迁上楼问题，取得较好的经济效益和社会效益。

2006—2021年，地区（乡）产业发展转向文化产业，房地产开发结束，房地产物业服务主要由乡直属企业天翌物业公司负责。

文化产业 21世纪初，地区（乡）在农村城市化进程中，调整产业结构，大力发展第三产业。依托通惠河丰厚历史文化底蕴，形成高碑店村古典家具一条街。2004年，地区（乡）确立将发展通惠河文化产业作为经济发展三大板块之一。2006年，北京市制定《“十一五”时期服务业发展规划》，要求大力发展现代服务业，重点发展文化创意产业。高碑店地区（乡）以此为契机，扩大通惠河沿线文化产业发展规模和范围，发展通惠河文化产业集群，包括建设高碑店村原生态民俗文化街区，开工建设通惠灌渠文化旅游走廊一期工程水乡茶楼一条街，以及以兴隆公园、紫檀博物馆、维奇奥手工艺品步行街等为主体的民俗文化产业区。

2007—2010年，地区（乡）文化产业发展已初具规模。高碑店村在古典家具一条街南侧，打造一条全长660米的北京“民俗文化街”。半壁店村抓住北京奥运会环境整治及朝阳区发展通惠河文化产业景观带契机，在通惠河南岸建成集传统饮食文化、传统国粹文化、传统建筑文化、传统艺术欣赏于一体的“盛世龙源”。八里庄村在通惠河北岸建成晋商博物馆和企业总部基地，与“盛世龙源”隔河呼应，形成通惠河文化产业景观带。高井村凭借紧邻中国传媒大学独特优势，在高井村工业区启动影视传媒制作中心建设，建成东亿国际传媒创意园。2011—2015年，地区（乡）文化产业发展继续优化结构、提升品质，扩大文化产业覆盖区域和范围，形成“传统、传媒、旅游”三大文化产业。

2016—2021年，地区（乡）继续推进文化产业园区聚集，形成“文创、文旅、科创”三大文化产业发展格局。高碑店村建成文化创意产业集聚园区。八里庄村成长为新技术型、高成长型传媒企业集聚园区。北花园村向产业园区精品化方向转变。半壁店村成为文创、影视、传媒产业发展集聚区。高井村大力发展传媒、时尚文化科技产业。截至2021年底，高碑店地区（乡）共有产业园区、楼宇68个，入驻各类企业3600余家，主要从事文化创意、影视传媒、互联网科技等文化产业领域。

口　述

龙王庙张记茶馆

口述人：张秀芳　整理人：张　贵

高碑店村历史上自清光绪年间到解放前曾经有过几个茶馆，其中，最有名且经营时间最长的就是“花船张记”所开的龙王庙张记茶馆了。我祖上由于经营花船业务在高碑店地域被称为“花船张记”。当年祖上家境殷实，我曾祖张宝善热心于街面上公益活动，乐善好施，在高碑店街上很有人缘。光绪十二年（1886）左右，张宝善与他人一起联络村中富户筹款建立了“公益助善歌省会”。同年，再次与村中李德等人联合大小船户、商铺重修了村西“五帝庙”。为了管好龙王庙等公产，派其子张亮放弃经营家中私产，专心管理龙王庙等公产。

我祖父张亮20多岁时（1900年左右）就在龙王庙开了高碑店第一家茶馆。龙王庙是当年高碑店最大的庙宇之一，建筑非常宏伟。据史料记载，龙王庙也叫通惠河神寺，初建年月已无从查考。龙王庙最后一次修葺是在民国3年（1914），至1936年时尚有房屋23间，占地三亩一分九厘。由于祖父在庙内开设茶馆，哥哥姐姐们小时常经常到茶馆内玩耍。他们对龙王庙有着深刻的印象。龙王庙坐南朝北，两进的院落，庙内有两座大殿，面朝老闸窝，内供龙王塑像，四面有花式围墙，北门高台阶两侧有门房，拾级而上是前院，正中第一层正殿供奉着龙王塑像。穿过正殿是后院。与第一层正殿正对着的是第二层正殿，里面供奉着不知名的泥塑像。大殿东西各有两间厢房，西厢房是茶馆的棋牌室，东厢房就是茶馆，摆着五六张桌子。再往后面走是龙王庙外院，靠近南墙祖父盖了四间房出租（租给了本村富户冯家，每年用玉米抵租）。

那时候老北京的茶馆是多功能的，虽然都以卖茶为主，但面向不同的人群，其中有一种茶馆只卖清茶，是生意人互通经济情报的地方。不同档次的茶馆有不同行业的人聚会。糙壶、糙碗，沏茶需顾客自己动手，无非是"满天星"（茶叶末）而已。祖父的茶馆除经营茶水外，还卖开水（旧时大多家庭没有煤炉，也没有暖瓶，需要开水就要到茶馆买）。还在西厢房摆象棋"擂台"，开麻将（牌九）牌局。在龙王庙茶馆西厢房经常有牌局，茶馆从中抽头。高碑店大秧歌成立后，在西厢房兼保管秧歌道具和服装，平时由祖父保管。

茶馆还兼有议事的功能，养鱼的在此打听行情，交流养鱼经验。当地头面人物在茶馆里商议本村事宜。诸如筹办娘娘庙庙会、大秧歌走会、维修公产、公益筹款等事项。在城里做买卖的老板来此招工找人，也要到茶馆面试。那里的常客是一些村中有头有脸、愿意为村民干事的人。总之，龙王庙茶馆可以说是当地的经济、文化交流中心。民国时期，龙王庙配殿被警察局所占，龙王庙张记茶馆就从龙王庙搬到了河对岸的将军庙。

将军庙在老闸窝的北边，坐北朝南，对着闸窝的下游。奔腾而泻的河水泛起乳白色的浪花，震耳欲聋的涛声传得很远很远。民国后期的将军庙仅剩下两间破旧的大殿，但庙前有一个较大的院子。祖父雇人修缮了将军庙，并用杉篙搭了一个凉棚，继续开他的茶馆。一直到1945年，祖父因病双目失明不能照顾他的茶馆，就将茶馆转让给刘禄的三叔，用茶馆的器具交换了一副寿材。自此，张记茶馆从龙王庙到将军庙一直经营了四十多年，就此转让换了姓名。转让的茶馆到新中国成立那年彻底歇业了，但是张记茶馆给高碑店的子孙留下了永久的怀念。

口述人简介：

张秀芳　高碑店村人，张亮的孙女，访谈时82岁。

第十七章　特色文创街区

高碑店地区（乡）依托通惠河悠久的历史文化资源，拥河而兴，形成“古典家具一条街”特色街区，大力推进文化创意产业园区建设，使其成为地域经济发展的支柱产业。2005 年 12 月，高碑店古典家具一条街被北京市商务局命名为“市级特色商业街”。至 2021 年，所辖 5 个建制村发展各具特色的文化创意园区、楼宇共 69 家，其中北京市级文创园区 8 家。深入推进“文创、文旅、科创”三大文化产业发展，形成以通惠河畔、东亿国际、西店记忆、吉里国际等多个高端文创园区为代表的聚集效应。各特色文创街区蓬勃发展，为地域经济繁荣注入生命力和不竭动力。

第一节　古典家具一条街

一、街区发展

高碑店古典家具一条街位于高碑店地区（乡）东南部，高碑店村东部。东至北京东五环路，南临京哈（京秦）铁路线，西接高碑店路，北临通惠河灌渠。东西长约 1800 米。

高碑店村古典家具市场是依托通惠河漕运码头特殊地理位置逐步形成的。元朝定都大都（今北京）后，亟须大量珍贵木材和华丽家具装饰皇宫，而黄花梨、紫檀等珍稀木材仅产于南方，当时只能通过大运河漕运运到大都。由于路途遥远，漕运艰辛，船工到京城后，进入高碑店村平津上闸漕运码头，要整理货物，办理入京手续，需暂停下来。船工们有时用一些随船珍贵木材交换一些生活用品。久而久之，高碑店村发展成为珍贵木材集散地。明清时期，借助平津上闸漕运码头附近商贾云集优势，高碑店村又逐步兴起古典家具翻修制造业。

1991 年，第一批从事传统家具生意的个体商人来到高碑店村，开办第一家古典家具店，名为“鲁班馆”。此后，商户不断增多，来自河北、山西、内蒙古等十几个省、区、市的民间古旧家具源源不断涌入。古旧家具经过这些个体工商户修补、翻修后，变成具有浓郁中国文化特色、颇具收藏和实用价值的家具精品。同时，他们也利用传统家具木料，模仿明清古典家具样式，重新制作出大量仿古家具。有些北京本地经营古典家具的商户，看重高碑店村历史文化底蕴，自发来到高碑店发展。古典家具街也由最初的几家商户，逐渐发展为以古典家具收藏修复、设计制作、展示销售和文化交流为主要业务的特色商业街，还兼营古玩、字画、瓷器、石器等，同时制作仿古家具。这些商户大都以前店后厂经营方式在村中发展。

2003 年，为规范和促进地域古典家具文化行业发展，高碑店村筹集 100 万元改造升级古典家具街，按照明清建筑风格统一改造门面，将这一特色行业培育壮大。同时，解决村民就业问题，增加村民收益。同年 10 月 11—19 日，高碑店地区（乡）在古典家具街举办第一届古典家具展示会。在 600 平方米的展厅内，展出代表性展品 100 余件，吸引 100 余家商户、2000 余名观众参观。高碑店地区（乡）抓住发展机遇，通过这次展示会，推动形成高碑店古典家具大市场，使其成为展示中国古家具、古建筑新的聚集地，成为京东文化旅游的新亮点，成为展示东方文化魅力新场所，也成为高碑店地区（乡）经济发展新的增长点和提高人们物质文化生活水平的新起点。此次展示会极大提升了古典家具街的知名度，吸引大量商户入驻。同年 12 月，入驻商户达到 202 家。古家具远销欧美、东南亚等地。

2004 年 2 月，为改善古典家具街及附近脏乱差环境，吸引商户入驻，在高碑店乡人民政府支持下，乡、村两级共出资 330 余万元对家具街北侧通惠河灌渠进行集中整治。次年 3 月，乡、村两级再次投入 400 余万元启动二期整治工程，使家具街及周边环境得到彻底改善。

2005 年 12 月 2 日，高碑店古典家具一条街被命名为“市级特色商业街”

2005 年 8 月 26 日，为进一步整合资源，打造品牌，建设诚信高碑店，高碑店村成立古典家具行业协会。数十家企业联名发表《诚信宣言》，其中鲁班馆、华伦家具等 18 家企业被授予首批诚信企业称号，并挂牌公示。古典家具街发展为一条东西长1800米，营业面积18万余平方米，入驻商户300余家，从业人员2000余人，云集国内十几个省、自治区、市能工巧匠的特色商业街。产品远销欧美、东南亚十几个国家和地区，拥有100余家海外客户。年销售收入超1.5亿元，上缴税金600余万元。古典家具街的规范发展，带动村民房租直线上升，有的村民年收入达到五六万元。同年12月2日，北京市商务局正式命名高碑店古典家具一条街为“市级特色商业街”，成为北京市第6条特色商业街。

2006年10月，国际奥委会主席罗格夫人一行参观古典家具街。同年，古家具街全年销售收入达到2.3亿元。举办第一届古典家具文化节。此后，每年都举办古典家具文化节。品牌影响力进一步扩大。2007年，古典家具一条街被评为“首都文明示范街”。2008年，完成古典家具一条街奥运接待场所改造，奥运期间接待20位各国奥运嘉宾参观。2010年，高碑店村对古典家具一条街进行全面升级改造，有3家商户改为以博物馆形式对外开放经营，仅此一项就增加店铺年租金50余万元。

2012年春，古家具街西口大牌楼建成，是古家具一条街的标志性建筑，长56米，宽16米，中间高18.66米，南北两侧二层部分高10.36米。正中间由著名书法家、书画鉴赏家金运昌先生题词“高碑店古家具街”。整体建筑风格古香古色，工艺精湛，气势磅礴。

2016年9月29日，在古典家具街举办第十一届古典家具文化节。共展出辽、元、明、清时期古董家具、古玩、石雕、把件30余件，展示具有传承古典家具精湛传统工艺的新家具作品110余件。2017年，高碑店村投入439万元对古家具街进行改造升级，按照古典中式的理念，统一牌匾规格、字体，粉刷外墙，使整体风格统一，提升整体形象。同年6月26日，举办第十二届古典家具文化节。

至2019年，高碑店古典家具一条街入驻商户400余家，成为中国北方最大的古典高端家具集散地之一。年销售收入达到5亿元。有“诚信商家”标识牌的商户有鲁班馆、古风堂、聚源斋、琦檀宇、青松阁、林松轩、徽州宏记、华伦家具等。

二、特色商家

鲁班馆 成立于1986年，1991年入驻高碑店村，成为最早入驻高碑店村的商家。2008年重修，展馆建筑面积近1万平方米。主要经营明清家具修复和销售，以及仿明清款式新作硬木家具展示和销售。产品生产用料全部为东亚各国紫檀、红酸枝、黄花梨等名贵木材。馆主赵小贝，16岁开始学习木工，崇拜鲁班，尤其对明清古典家具的修复和仿制有浓厚兴趣。秉承“精益求精，复古如初，弘扬鲁班精神”创办鲁班馆。馆内有一组手工打造的金丝楠套雕云龙朝服柜，选用上等金丝楠木制作，柜门正面采用套雕、镶嵌工艺雕刻云龙图案，集中体现馆主对古典家具独到的艺术品鉴风格。

位于高碑店古典家具一条街的鲁班祠（馆）

叙和堂 1997年入驻高碑店村，经营面积900余平方米。是一家集古典家具鉴定、修复及手工复制的专业研究基地，为国家博物馆馆藏家具特约维修单位、中国文物协会文物修复专业委员会委员。叙和堂复制家具以“法天”“崇古”为准则，先“神”而后“形”，力求做到良工美材，神形兼备。叙和堂为广大古典家具收藏爱好者提供了一个静谧、素雅的交流环境。店主张金华，古典家具修复专家，2016年出版中英文专著《维扬明式家具》，填补了明式家具研究领域空白，获中国出版协会第七届中华优秀出版物奖提名。

华伦家具 品牌创立于1998年，以修复、出口传统古董家具为主要业务。2001年入驻高碑店村，展厅面积约6000平方米。2002年，成立华伦家具制造，以设计、生产实木家具为主。2008年后，华伦家具的国外家具买家逐渐转变为华伦家具的供货商、开发商和设计提供商，他们独到领先的时尚家居理念为华伦发展提供了巨大的动力。在他们的助推下，华伦家具明确了利用自身优势开发“混搭”家具的家居理念，即中西混搭，古今混搭，不同材质、不同文化、不同艺术的混搭，实现让艺术生活化，让生活艺术化。华伦团队和西班牙设计师合作设计生产的BLISS品牌家具系列，沿用经典的黑白系列搭配质朴的原木色，典雅含蓄，时尚自然，非常适合现代家居需要。经过多年发展，华伦家具培养了一批高素质高技术的修理、修复和管理团队。创办人权莉莉女士，著名的国内古董家具收藏者，多年致力于分享和传播古董家具文化和传统文化。在古典家具街展厅顶层建成华伦珍藏馆，为广大古董家具收藏家和爱好者提供了文化交流平台。

古风堂 成立于1989年，21世纪初入驻高碑店村，拥有15000平方米生产基地，近4000平方米展厅。自2001年开始，古风堂以国际化的视野和专业领先的精神开始收藏、经营法国18世纪至20世纪初的经典古董家具。此后，业务范围不断扩展，涉及欧洲古典家具的收集，销售及售后服务，成为一家集开发、设计、生产、销售、服务于一体的综合性企业，获得国内众多收藏家的极大信任与支持。至2021年，古风堂的藏品扩展至古典油画、版画、雕塑、古旧地毯、水晶及银器等众多室内装饰品。

琦檀宇艺术博物馆 2007年在古典家具街建成，建筑面积3000余平方米，馆藏硬木家具约500件（套）。一楼展厅上方悬挂重达2吨的由金丝楠木制作的八仙转龙宫灯。馆藏紫檀屏风长4.05米，高2.8米，重达3吨。屏风上雕刻了“三十六计”典故，背面阴刻《孙子兵法》，图案栩栩如生，人物神态逼真。整个屏风上有100多个人物，每个人物的头部和手中武器等细微之处皆是用象牙雕刻而成，黑紫色的木料和暗黄色象牙形成鲜明对比。做工精细，形神兼备，虽然是仿古家具，但其格调韵味均展现了明清古典家具的传世风采。馆长张钟达，北京著名民间收藏家。为收藏古典家具，几十年来走遍20余个国家和地区的各大收藏市场。

第二节 特色文创园区

一、高碑店村特色文创园

华膳园国际传媒文化产业园 位于北京东五环路西侧，广渠路北侧。2015年，华膳园温泉酒店进行升级改造，建成文化产业园，并带动周边闲置厂房和库房升级改造。占地面积3万平方米，其中6000平方米为园林景观。建筑面积3.5万平方米。

截至2021年底，园区有入驻企业39家，全部为民营企业，有职工453人。主要从事互联网科技、影视传媒和销售贸易领域。代表性企业有北京鼎奇龙华膳园文化传媒集团、首欣建设集团、北京广通中金投资管理有限公司、北京北广盛世广告有限公司等。2015—2021年，园区企业经营收入2.0864亿元，缴纳税金3593万元，交纳租金1816万元。园区被评为首都绿化美化花园式单位。

印象里文创园 位于文化园社区，文化新大街1744号。2016年建成并投入运营。占地面积1.8万平方米，建筑面积1.5万平方米。

截至2021年底，园区有企业26家，全部为民营企业，有职工312人。园区企业主要为文化创意产业类企业。2016—2021年，园区企业经营收入3366万元，缴纳税金600.5万元，交纳租金255万元。

润福缘文化产业园区 位于文化新大街西段北侧。2001年建成并投入运营。占地面积2.6717万平方米，建筑面积2.3万平方米。

截至2021年底，园区有企业12家，其中文化创意和影视传媒类企业10家、贸易类企业1家（北京盛世典居商贸中心）、行业协会1家（中国硬笔书法协会），共有职工202人。2001—2021年，园区企业经营收入4864万元，缴纳税金329万元，缴纳租金1371

万元。

园区累计安置本地劳动力 76 人，为本地培训电工、焊工、安全员等 48 人。园区多次组织企业向高碑店地区（乡）残联捐款捐物，扶贫助学。向 2008 年汶川特大地震捐款 10 万元，为新疆精准扶贫捐款 3 万元。

二、八里庄村特色文创园

华腾世纪总部公园　位于八里庄村陈家林 9 号院。2014 年 11 月建成并投入运营。占地面积 4.5 万平方米，建筑面积 19.3 万平方米。由 10 栋智能化写字楼及 1 栋配套楼组成。

截至 2021 年底，园区有企业 91 家，职工 4826 人。企业从事行业涉及互联网科技、文化创意、影视传媒、金融服务、住宿餐饮、销售贸易、房地产等多个领域。园区有上市公司 2 家：北京小罐茶业有限公司、麦当劳食品有限公司。有京能集团、龙湖地产、北京市工程咨询公司等知名企业。2014—2021 年，园区企业经营收入 7.3608 亿元，缴纳税金 1.0867 亿元，交纳租金 3250 万元。

园区投资运营企业北京华腾八里庄文化创意发展有限公司，累计为地域环境建设投入 748 万元。

尚 8 里文创园　位于八里庄村陈家林甲 2 号。1999 年建成并投入运营，是尚巴文化集团在北京创建的第 8 个城市创意综合体项目。占地面积 3.4 万平方米，建筑面积 6.7829 万平方米。包括文化公馆 2 座，空中四合院 1 处，空中花园 1 处，艺术 SOHO 1 座，以及多栋创意公寓。园区整体为新中派仿古建筑风格。

位于八里庄村的尚 8 里文创园

截至 2021 年底，园区有企业 97 家，全部为民营企业，有职工 1800 人。从事行业主要为文化创意、影视传媒、销售贸易领域。有上市公司 1 家：北京威驰克国际数码科技有限公司。2019—2021 年，园区企业经营收入 2.1803 亿元，缴纳税金 1700 万元，交纳租金 197 万元。

三、北花园村特色文创园

吉里国际艺术区 位于北花园村南部，京承铁路线南侧。是由北花园村原工业小区老旧厂房改造的文创产业园。2014 年，由北京智汇时尚文化发展有限公司在保留原有建筑风格和后工业时代印记前提下，采用“修旧如旧”方式进行改造。2015 年投入运营。园区占地面积 6 万平方米，建筑面积 3.7 万平方米。

截至 2021 年底，园区有企业 53 家，全部为民营企业，有职工 520 人。主要从事影视传媒、文化创意及餐饮行业。代表性企业有北京美顿餐饮管理有限公司、王衍成工作室、彼岸天文化有限公司、久赢龙池文化传媒、北京星光陆库文化传媒有限公司、北京华彩光影文化传媒有限责任公司、北京携盈众创文化发展有限公司等。2014—2021 年，园区企业经营收入 2.1394 亿元，缴纳税金 1895.8 万元，交纳租金 5644 万元。因设置班车服务，园区安置本地劳动力 2 人。园区为北京市级文化产业园区。

花园里文创园 位于北花园村西南部，北京东五环路东侧，京承铁路线南侧。2016 年初建成并投入运营。占地面积 2.86 万平方米，建筑面积 4.3 万平方米。

截至 2021 年底，园区有企业 137 家，全部为民营企业，有职工约 900 人。主要从事文化创意、影视传媒及互联网科技行业。代表性企业有数字王国文霆（北京）文化传媒有限公司。2016—2021 年，园区企业经营收入 1.5334 亿元，缴纳税金 1282.96 万元，交纳租金 2847 万元。园区共安置本地劳动力就业 4 人。

服仓文创园 位于北花园村东南部，京承铁路线南侧。2016 年建成并投入运营。占地面积 3.24 万平方米，建筑面积 8.557 万平方米。

截至 2021 年底，园区有企业 296 家，全部为民营企业，有职工 2165 人。主要从事影视传媒、互联网科技、销售贸易及文化创意行业。2016—2021 年，园区企业经营收入 1.9692 亿元，缴纳税金 4422 万元，交纳租金 4487 万元。

园区累计安置本地劳动力 5 人。投入 238 万元，用于园区外道路建设及照明设施安装。为新疆精准扶贫累计捐款 29 万元。为本地培训技能人才 1 名，并取得消防中控员资格证书。

四、半壁店村特色文创园

通惠河畔文化创意产业园 由 2007 年建成的“盛世龙源”于 2012 年更名而来。位于半壁店西店（自然村）西部，建国路南侧，通惠河南岸。2007 年建成并投入运营。占地面积 56.6667 万平方米，建筑面积 60 万平方米。

截至 2021 年底，园区有企业 647 家，全部为民营企业，有职工 13686 人。从事行业涉及互联网科技、金融服务、影视传媒、文化创意、销售贸易、住宿餐饮等领域。代表性企业有北京趣活科技有限公司、成功之道（北京）教育科技股份有限公司、掌阅科技有限公司、北京雨花石云计算科技有限公司。2007—2021 年，园区企业经营收入 2.22 亿元，缴纳税金 1600 万元。

园区累计吸纳本地劳动力就业 87 人。捐资建成“同心桥”。龙立东方、卓明大厦等 20 余家企业为贫困地区捐款捐物折价合计 200 余万元。为新疆精准扶贫捐款 62 万元。组织对本村贫困户献爱心，为 8 岁“重型再生障碍性贫血”孩童捐款，筹得善款 4.5 万元。2020 年，园区被评为“北京市朝阳区文化事业产业融合发展示范园区”。

西店记忆文创小镇　位于半壁店西店（自然村）南部，京哈（京秦）铁路线南侧。园区由老旧厂房改造而成，分三期开发完成。一期包括示范区、创意办公区，二期包括创客空间、合院办公、影视中心、中心商业区、公共停车区，三期为青年社区。2015 年建成并投入运营。占地面积 13.662 万平方米，建筑面积 11.9572 万平方米。

截至 2021 年底，园区有企业 112 家，职工 2126 人。主要从事销售贸易、文化创意、影视传媒、互联网科技等行业。代表性企业有北京梵瑞资产管理有限公司、北京谦寻文娱商务服务有限公司、北京脑陆科技有限公司、北京格乐丽雅文化产业有限公司、北京掌阅影视有限公司、北京耐飞影视有限公司、北京小糖人文化传媒有限公司。2019—2021 年，园区企业经营收入 4.5789 亿元，缴纳税金 2471 万元，交纳租金 1.8 亿元。

位于半壁店村的西店记忆文创小镇

园区累计吸纳本地劳动力就业 38 名，接收本村残疾人就业 6 名。捐资帮助周边景观提升及道路建设。为新疆精准扶贫捐款 216 万元。2020 年，获得北京市级文化产业园区示范园区（提名），被评为“北京市朝阳区文化事业产业融合发展示范园区”。

菁英梦谷（广渠文创园）　位于半壁店村西部，广渠路 98 号。2018 年建成并投入运营。占地面积 9000 平方米，建筑面积 2.4 万平方米。

截至 2021 年底，园区有企业 79 家，全部为民营企业，有职工 901 人。主要从事文化创意、影视传媒、互联网科技等行业。代表性企业有北京七娱世纪文化传媒有限公司、西东音乐（上海）有限公司、墨客行影业（北京）有限公司、北京五星传奇文化传媒股份有限公司、北京大古建筑技术发展有限公司、北京嘉利智联营销管理股份有限公司。2018—2021年，园区企业经营收入18亿元，缴纳税金11.1亿元，交纳租金2241万元。

园区北京嘉利智联营销管理股份有限公司、墨客行影业（北京）有限公司、华汇音视（北京）舞台科技有限公司共安置本地劳动力就业156人。北京大古建筑技术发展有限公司为本地培训劳动力583人。园区为北京市级文化产业园区。

五、高井村特色文创园

东亿国际传媒产业园 坐落于高井传媒产业园内。东临北京东五环路，南临京通快速路，西接兴隆郊野公园，北临朝阳路。始建于2008年，2009年6月第一家企业入驻，2014年整体完成建设。占地面积11.98万平方米，建筑面积23万平方米。

截至2021年底，园区有企业174家，职工约7700人。其中，民营企业170家，职工约6700人；国有企业4家，职工约1000人。企业类型集中在影视传媒、文化创意、互联网科技等领域。园区有酒店2家，餐饮服务2处，商业服务人数约400人。代表性企业有海南海视旅游卫视传媒有限公司、华文映像（北京）影业有限公司、北京迪思公关顾问有限公司、体奥动力（北京）体育传播有限公司、北京五元文化传媒有限公司、北京小鸡磕技文化创意有限公司、上海金桥信息股份有限公司、华夏文广传媒股份有限公司、北京虚拟映画科技有限公司等。2009—2021年，园区企业经营收入23.6683亿元，缴纳税金3.744亿元，交纳租金1.4086亿元。

园区获批为国家文化产业示范基地、全国文创IP园区、北京市文化产业示范园区（提名）、北京市服务贸易示范基地、北京市版权示范园区。

红庄国际文化保税创新园 位于北京东五环路东侧，南临朝阳北路。2016年1月建成并投入运营。占地面积5.63万平方米，建筑面积6.75万平方米，可出租面积约5万平方米。

截至2021年底，园区有企业67家，全部为民营企业，有职工1150人。经营类别主要为文化创意、影视传媒、互联网科技三大类。代表性企业有金叶天成（北京）科技有限公司。2016—2021年，园区企业经营收入2.411亿元，缴纳税金2453万元，缴纳租金2.3819亿元。2018年5月，获得北京市跨境电商产业园授牌。

2021 年高碑店地区（乡）部分文化创意产业园情况一览表

表 17–1

序号	名称	成立年份	占地面积（平方米）	企业数量（个）	职工数量（人）	所属村
1	润福缘文化产业园区	2001	26717	12	202	高碑店村
2	华膳园国际文化传媒产业园	2008	30000	39	453	
3	中泰大厦	2008	2610	34	102	
4	华膳园南区	2012	7600	56		
5	1707 文创园	2012	2331	18	230	
6	东辰民族艺术大厦	2012	5255.7	17	150	
7	爱家臻品宫	2013	11750	29	124	
8	御河大厦	2014	4043.6	8	88	
9	六洲大厦	2014	4828	24	156	
10	环宇国际大厦	2015	2350	21	379	
11	印象里文创园	2016	11344	26	312	
12	C 立方青年文化创意园	2016	7280	30	200	
13	京润国际中心	2019	2350	24	332	
14	东店国际文化艺术园区	2019	5500	21	236	
15	尚 8 文化创意产业园	1999	34000	97	1800	八里庄村
16	天洋运河壹号	2011	24667	10	1100	
17	华腾世纪	2014	45000	91	4826	
18	超级蜂巢	2014	41895.665	60	312	北花园村
19	吉里（北京）国际艺术区	2014	60000	53	520	
20	花园里文创园	2016	286000	137	1000	
21	服仓文创园	2016	32400	296	2165	
22	通惠河畔文化创意产业园[①]	2007	566667	647	13686	半壁店村
23	半壁店 1 号产业园	2015	26000	57	508	
24	C 立方青年文创园	2015	8900	40	450	半壁店村
25	自空间 CBD 写字园	2017	27000	31	600	
26	菁英梦谷（广渠文创园）	2018	9000	79	901	
27	西店记忆文创小镇	2019	136620.67	112	2126	

① 原名“盛世龙源”，2012 年更名为“通惠河畔”。

续表 17-1

序号	名称	成立年份	占地面积（平方米）	企业数量（个）	职工数量（人）	所属村
28	东亿国际传媒产业园	2014	119800	174	7700	高井村
29	红庄国际文化保税创新园	2016	56300	67	1150	

第十八章 科 技

20世纪50年代中后期，高碑店地域初步形成一支农业科技队伍。六七十年代，高碑店人民公社全面贯彻落实农业“八字宪法”，实行科学种田，农业生产各领域技术水平有显著提高。1975年，公社成立科技站。全公社形成由公社科技站、生产大队科技组、生产队技术员组成的三级科技服务体系。八九十年代，高碑店地区（乡）社队企业（乡镇企业）通过引进先进技术、设备和人才，推动科技成果转化，培育一批有竞争力的骨干企业，研发出一批具有先进科技含量的产品。90年代末，乡政府、各村积极推进办公自动化，陆续配置电脑，自动化办公水平不断提高。进入21世纪，各领域科普工作逐步开展，扎实推进，百姓科学素质不断提升。

第一节 机构与队伍

机构 1956年，高碑店乡设生产建设委员会，统筹兼顾农业科技工作。1958年，幸福人民公社成立农业部、工业部、畜牧部等部门，管理各产业发展，兼顾农业科技。

1961年，高碑店人民公社成立生产办公室，设专人负责科技管理工作。60年代初，公社成立兽医站。1965年，八里庄生产大队成立试验站，为各生产队育种、留种，实现良种自给与普及。试验站种植的蔬菜、小麦、水稻品种质量好、产量高，曾在农业展览馆展出。1966年，在高碑店一队基础上成立公社试验场。

1970年，公社成立种子站，选派专业科技人员选种、育种，对各生产大队、生产队大田实行选种统筹。同时，各生产大队成立科技组。1975年，公社成立科技站，负责全公社农业科技工作。1977年，种子站并入科技站。70年代末，公社成立植保站。

1983年，高碑店乡农工商总公司成立农机服务公司、农业公司、畜牧水产公司、工业公司等专业公司，负责全乡各生产领域科技工作。同时撤销科技站。1995年12月，成立农业技术推广站、林业技术推广站、水利管理站、畜牧水产管理站、农机运输管理站等农业科技管理部门。

2001年8月，地区（乡）成立科学技术协会，下设办公室，负责科技宣传、普及等工作。2004年4月，将农业技术推广站、林业技术推广站、畜牧兽医管理站、农业机械管理站、水利管理站、水产管理站合并为农业综合服务中心。2011年，撤销农业综合服务中心，成立社会公共事务服务中心，负责水利工程、防汛、林业技术及水利技术推广、重大动物疫病防控等相关科技领域工作。

2020年，保留社会公共事务服务中心，成立社区建设办公室，指导和协调各单位开展科普活动。机构设置至2021年底未变。

队伍 20世纪50年代中期，为加强农业科技管理，高碑店地域成立农业科技队伍。至1957年，高碑店高级农业生产合作社有农业技术人员35人，畜牧防疫员4人，兽医2人。

60年代初，高碑店人民公社接收北京市农科院3名毕业生，分别是林果技术员福永年和畜牧技术员黄旭生、张淑英（女），为充分发挥专业技术人员的作用，将他们安排在重要的技术岗位。同期，八里庄生产大队8个生产队都有北京农校大专毕业生在塑料大棚、地膜覆盖、植物保护等方面作技术指导。60年代中期，公社陆续从本地选拔培养5名技术人员，分别是水利技术员余永荣，水产技术员王玉龙，畜牧技术员王维才、余国华、孙学礼。全公社科技队伍发展到每个生产队都有1～2名粮田、畜牧或林果技术员和农作物病虫害防疫员。

70年代初，朝阳区农业局派蔬菜技术员高志芹（女）到公社指导蔬菜科技工作。公社继续选拔培养一批农业科技人员，加强农业生产技术服务，有大田技术员计永才、董惠卿、陈全顺等，蔬菜技术员刘仲武、张建顺、衡桂兰（女）等。自此形成一支由各生产大队队长为组长、技术员为成员的科技队伍。1975年，八里庄生产大队有农业技术人员60余名，其中植保员21名。生产队每个作业组至少有1名技术员。1977年，公社科技站有技术员9名，包括党支部书记丁富才、站长福永年等。至70年代末，全公社形成由公社科技站、生产大队科技组、生产队技术员组成的三级农业科技体系。

八九十年代，全地区科技队伍不断壮大。1983年，高碑店乡工业科技方面考核通过机械三级技术员2人，机械二级技术员7人，机械一级技术员3人。农业科技领域继续培养技术新人。陈金兰（女）于1992年12月获得"北京市助理农艺师"职称。至1995年，全地区（乡）有高级工程师1人，农艺师1人，助理农艺师1人，技术员120人。1996年，为进一步提高地区科技发展水平，朝阳区从中国科学院引进科研人员郭世英，派驻高碑店乡任科技副乡长，分管全乡科技工作。

21世纪初，随着农村城市化进程加快，地区（乡）经济结构和产业结构发生转变，农业生产终止，工业逐渐退出，第三产业兴起，原工、农业科技人员逐渐调离或退休。

第二节 科技推广与应用

一、农业科技

粮食 中华人民共和国成立以前，高碑店地域粮食种植以一年一熟旱地平播为主，土地利用率不高；种子品种混杂，抗病能力差；缺乏合理的田间管理，农作物病害多，产量低。

50年代，农业生产合作化，重视科学种田，提高粮食产量。1951—1952年，各行政村通过田间、场院穗选进行小麦选种，品种主要有大红芒、小红芒，主要特点是产量高、麦粒洁白。耕作制度延续旱地平播、大垄稀植，管理粗放，平均亩产75千克左右。1954—1955年，各初级农业生产合作社建立后，推广精耕细作、分期施肥、宽垄密植、温汤浸种，小麦选种以小红芒、五花头为主。平均亩产95千克左右，最高亩产达到145千克。

50年代后期至60年代初，地域实施大规模农田水利基本建设，生产条件得到有效改善。1957年，高碑店乡“十一”高级农业生产合作社建立冬小麦丰产试验田。1958年，北京市委副书记刘仁在半壁店生产队建小麦密植试验田，进行深耕密植实验；八里庄工作站组织农民在国棉一厂东墙外建小麦丰产试验田。公社认真贯彻农业“八字宪法”（八字指土、肥、水、种、密、保、管、工），着力提高农业科技水平。普遍深耕土地1尺（1尺≈33.33厘米）左右；合理密植，每亩播种量提高一倍，达15～17.5千克；增施底肥，每亩平均4000千克左右。从陕西引种秸秆粗壮不倒伏的冬小麦品种碧玛1号，兼种农大90号、五花头等。玉米引种金皇后、白马牙等良种。成立积肥专业队，采用秸秆积肥、高温堆肥，养猪积肥，巧施化肥提高肥效；重视季节管理，适时定植，提前育种、育苗，缩短农作物在定植田中生育期。各生产队加强田间管理，安排技术人员负责农作物追肥、除草、病虫害防治等生产环节的技术指导。

60年代，高碑店人民公社继续贯彻落实农业“八字宪法”，在耕作制度和栽培技术上有所发展。逐渐以一年两熟、两年三熟取代一年一熟。以“三密一稀”代替传统的耕作方式：密植3行小麦，行距15厘米，每3行之间留空档30厘米，套种玉米，或间作套种其他作物。冬小麦品种以农大系列为主。70年代，科学种田侧重于选育推广使用优良品种、重视暗管灌溉和改革耕作制度。1971年，八里庄生产大队自主设计、自投资金，耗时3

1977年，高碑店人民公社科技站成员合影

个月，完成全长19250米暗管灌溉工程，实现污水北引，解决“北四队”农业用水问题。全公社在耕作制度上短暂推广“三种三收”。此种做法虽能较为充分利用土地、空间、阳光，复种指数高，但不利于合理倒茬轮作，对劳动力投入要求高。管理不当或气候异常，会造成第三茬种而不收，而延误冬小麦播种。通过一年三收还是一年两收对比，社员认为“三三见九，不如二五一十”。1973年，推广二茬平播，上茬小麦，下茬复种晚玉米或晚水稻，复种指数高，且能发挥机械化优势，提高土地利用率。至八九十年代一直坚持二茬平播。70年代中期，公社对土地土壤进行氮磷钾检测，根据检测结果制定合理施肥措施，以节约开支，提高大田亩产量。重视选用优良品种，建立健全良种选苗、繁殖复壮工作制度。由种子站统一负责育种，有效防治良种混杂与退化。1977年，公社育种人员赴海南岛繁育杂交良种，丁富才带队，队员有董惠卿、王永亮、李子成、马宗昌、卢景林、高洪堤、霍强、刘宝云、刘永泽，共10人（1972—1973年，高碑店人民公社王金水随朝阳区育种队伍去海南岛育种）。公社南繁育种人员在中国科学院研究员指导下进行培育实验，充分利用热带地区土地资源，繁殖和选育玉米“京早7号”品种。回京后，在全公社种植推广，玉米亩产量提高100千克左右。至70年代末，公社粮食品种基本实现优种化，玉米品种实现杂交化，高产小麦“4577”、杂交玉米“京早7号”成为主要粮食种植品种。

80年代，在农田标准化建设、优选良种、小麦栽培技术等方面进一步提高农业科技水平。全乡各村加强高标准农田基本建设，调整、畅通排灌系统，沟路林渠配套结合，使地块边缘规格化、田间路口涵洞化，提高农田标准化水平。逐年扩大秸秆还田面积，不断增加农田有机肥含量，改良土壤结构。小麦管理实现品种优良化，每个生产大队有1～2个主要品种，全乡有3～4个品种。重视小麦繁育管理，生产大队建立试验田、种子田，统一种植和供应优良种子。在小麦播种和生长过程中，形成一套本地特色管理经验：秋播实施保蘖数；冬前分蘖压旺苗促弱苗；开春早松土，提地温早浇水促返青；控二水，壮拔节，春季压麦1～3次防倒伏；肥三水，保杨花；四水五水壮籽粒。在病虫害防治方面实行生物防治与化学防治相结合。高碑店乡小麦管理在全区处于领先水平。1987 年，全乡粮食单产达到 684.6 千克，创历史纪录，排在朝阳区前列。

蔬菜　50 年代中后期，高碑店地域八里庄光辉高级农业生产合作社和小庄团结高级农业生产合作社发展规模化蔬菜种植。1958 年初，合并成立八里庄幸福高级农业生产合作社，进一步扩大蔬菜种植规模，技术水平明显提高。主要种植大白菜、西红柿、茄子、芸豆、黄瓜、土豆等蔬菜共 10 余个品种。每类蔬菜种植都总结形成一整套详细的技术操作规程。以秋播大白菜为例，在整地施肥阶段，整地深耕 1.5 ~ 2 尺，耙盖作畦形成畦田化。每亩铺施底肥 1.5 万千克以上。于立秋“前三后五”适时播种。提早间苗定植，在不同时间段进行 3 次间苗，最终每亩留苗 2800 棵。加强田间管理，分期追肥，主要追施氮肥，在白露前、秋分、寒露 3 个时间点追肥 3 次。防治病虫害，喷洒波尔多液除治霜霉病和白斑病。在霜降前 2 天进行捆菜。大抓蔬菜管理，提高蔬菜产量。

六七十年代，八里庄生产大队蔬菜种植、栽培技术水平进一步提高，育种、栽培、植保、贮存等技术、管理措施更加完善。70 年代初，在朝阳区农业局帮助下，邀请北京市植保站技术员孟晓云、区农业局技术员于洪光、区农科所植保站站长姜克英等前来授课。组织各生产队技术员集中听课、学习。70 年代中期，八里庄生产大队种植蔬菜品种 30 余个，主要有大白菜、小白菜、圆白菜、菜花、西葫芦、西红柿、大椒、茄子、胡萝卜、韭菜、香菜、芹菜、油菜等。种子大多由生产大队、生产队自己选育。选用抗病品种，坚持十字花科定点选种，对瓜果类进行提纯复壮。1974 年，八里庄生产大队居民区生产队试种津研 2 号黄瓜，抗病丰产效果明显，亩产 6500 千克。1975 年，八里庄生产大队推广种植津研 2 号，亩产达到 7000 千克。同时选育铁皮青鞭瓜、丰收 1 号架豆、红咀燕豇豆等耐热抗病品种。在繁育良种自用的同时，还提供给兄弟大队和生产队。

八里庄生产大队在蔬菜种植整个过程中，都具有较为成熟的种植技术。园田建设方面，将低洼不平和零散地块进行平整连片，每年平地百余亩，达到地成方、路成行。春秋两季用大拖拉机轮流深翻土地 8 ~ 9 寸，对影响农作物生长的土壤深翻 1 尺以上，同时多施有机肥。加强蔬菜种植、栽培的技术管理：为使黄瓜根不受损伤，配置青苗营养土育苗，减轻枯萎病危害。为培育壮苗，苗期温度掌握前高后低，幼苗在定植前 15 天逐步降温锻炼，增强早春低温干旱等不良环境的适应性，为定植后抗寒防病打下基础。做到合理密植：栽八叶茄时，采取宽垄密植和宽垄双行密植方法，即采取 5 尺一行和 7 尺双行的合理密植，以利于作物通风透光，防止感染绵疫病。实行科学间作方法：根据蔬菜生长特点，采取“高间矮、长间短、喜阴间喜阳、喜水间不喜水”4 种间种方法，有效利用土地，提高蔬菜抗病力。1974 年，全生产大队进行近 40 种菜的间作，总面积 717 亩。加强水肥科学管理：将菜田秧秆粉碎后，运至猪圈沤肥，起出后高温发酵，充分腐熟，将肥料中的大部分有害物质杀死，防止瓜果类蔬菜患枯萎病造成死秧。坚持“春抓抗旱不丢水，夏抓排水不涝地”，辅以雨后追肥，提高抗病力。对大白菜采用“三水齐苗、五水定棵”浇水方法。每亩施用硫酸亚铁 20 ~ 30 千克作底肥，10 ~ 20 千克作追肥，对防治白菜三大病害效果显著。总结出一套完善的病虫害防治方法体系：进行病虫害测报，春季选择一块靠近阳畦地势低洼的感病品种黄瓜地作为霜霉病指示田，坚持定期检查，分级记载，通过指示田发病情况，对园田进行病虫害预报，指导病虫害防治。使用杀螟杆菌防治圆白菜菜青虫。用托布津、多菌灵、敌克松、五氯硝基苯灌根，防治茄子黄萎病。白菜普遍使用链霉素灌根，防治软腐病。同时，坚持预防为主、综合防治，化学防治与生物防治相结合，以菌治菌、以虫治虫，广泛利用苏云金杆菌进行病虫害防治。通过茄子、白菜、辣椒、西红柿等蔬菜轮作降低患病率。在蔬菜贮存方面普遍使用菜窖。八里庄生产大队每个生产队都有菜窖。注重日常菜窖贮存管理，安装温度计测温掌握窖内温度，及时调控温湿度，及时通风，按时倒菜。菜窖由专业人员负责管理、看护，以减少损失，达到均衡上市保供应的目的。

70 年后期，高碑店人民公社扩大塑料大棚生产规模，八里庄生产大队派技术人员到吉林长春学习大棚种植技术。塑料大棚由技术员专门管理。冬季大棚种植菠菜、韭菜、小葱、芹菜等，秋季大棚主要种植西红柿。八里庄生产大队总结出一套较为完备的秋棚西红柿直播技术规程：做畦后浇足底墒水，于 7 月 15 日干籽直播，4 天左右开始拱土时浇第二次水，7 天幼苗出齐。10 天左右进行第一次间苗，株距 1 寸。隔 7 天左右第二次间苗，株距 2 寸。八月上中旬定苗。间、定苗时注意剔除弱病苗。秋棚西红柿至年底收获，元旦上市，确保节日供应。

葡萄　二十世纪六七十年代，高碑店人民公社高井生产大队种植葡萄。公社林果技术员福永年对葡萄种植进行常年研究和技术改进，提高亩产量。同时，通过增施农家肥，改进管理技术，提高葡萄糖度，改善葡萄质量。高井生产大队重视技术人员培训，每年开办多次学习班，随葡萄生长过程周期，实施现场教学，讲解相关知识。1984 年，乡林果技术员福永年经过多年葡萄高产实验，采用省工、丰产、修剪的“一、二、三快速育苗法”，当年育苗，第二年结果，将葡萄试验田单产由 1000 多千克提高到 4316 千克。同年，此育苗法获得北京市科技成果奖。

80 年代，高碑店乡葡萄种植品种扩大至 20 多个，由原来以酿酒品种为主，转向以产量高、经济效益好的玫瑰香葡萄、龙眼葡萄为主。

养鸭　1958 年，八里庄幸福高级农业生产合作社有东、西鸭场，开展规模化养鸭。

在饲养过程中，逐渐总结出一套养鸭技术流程。孵化阶段，孵鸭用 28 天，孵化温度控制在 38 ~ 39℃之间，湿度控制在 40% ~ 60% 之间。每 4 小时通风一次，每天通风 3 次。翻蛋和凉蛋同时进行，每 12 小时至少 3 次，以保证雏鸭孵化率。饲养方面，鸭的生长期为 100 天左右。最初需要置于火炕之上，保持温度均衡。开始喂养小米饭，一周后添加青菜，同时加入麸皮、玉米、豆饼、鱼骨等磨成的细粉，制成混合饲料进行喂养。每 6 小时喂食一次。

1974 年，八里庄生产大队选派鸭场饲养员到北京大学生物系培训学习科学养殖，鸭场养殖技术得到很大提高，由人工养殖转为机械养殖。通过科学对比，以最优方案进行喂养，鸭子生长期大幅缩短。只需 28 天左右，体重可达到 0.6 ~ 0.75 千克。对中鸭组饲料配方进行改进，添加河草，加速鸭子消化吸收，快速生长增肥，至 1.25 ~ 1.5 千克左右开始填鸭。经过 60 ~ 80 天喂养，鸭子体重达 2.5 千克左右即可上市。

养鱼　60 年代以前，高碑店地域多利用通惠河边积水坑或低洼处挖鱼塘喂养金鱼和草鱼，粗放薄收，科技含量低。70 年代初，高碑店人民公社大力发展养鱼业。扩大鱼塘面积，利用平整土地时机将低洼易涝地挖成鱼塘，利用冬季挖河泥积肥，将原有鱼塘加固堤坝发展养鱼。70 年代中后期，进一步改造鱼塘，清理扩大小鱼塘，浅水改深水，死水变活水。推广“水、种、饵、密、混、轮、防、管”八字养鱼法，采取合理密放混养，利用鱼类生活习性特点，进行上、中、下三层养殖，上层养殖白鲢，中层养草鱼，底层养鲤鱼、鲫鱼等。在四大家鱼基础上，引进非洲鲫鱼、白鲳鱼、洄鱼等，引进日本锦鲤观赏鱼。组织技术人员去上海新泾、无锡河口等地参观学习养鱼技术。组织冬训班，请市、区专业技术人员讲课。参加市、区渔业培训班学习专业养鱼技术。在实践中总结出一套养鱼经验：春抓早、夏抓好、秋抓捕、冬抓扫。

1977 年，公社从上海新泾一次性购进 12 台泥浆泵，供各养鱼单位使用，减轻劳动强度。1978 年，从无锡河口购进搅动式增氧机 10 台，喷水式增氧机 8 台。基本做到精养塘、高产塘都配备增氧机，使多年困扰渔业生产泛塘的难题得到解决。

二、工业科技

20 世纪 70 年代，八里庄生产大队工具厂为北京市汽车工业公司生产 212 汽车配件，本厂技术人员对生产工艺流程进行改进，所生产的机油壶、撬板等汽车工具质量高、销量大。工具厂为北京市五金工业公司生产的电熨斗、电炉子在华北地区热销。

70 年代中期，高碑店人民公社修配厂与北京市农机所在原 JB–7 型播种机基础上改进设计出 2BT–7 型播种机（七行播种机），实现技术突破。该机器不用通用牵引车，直接牵

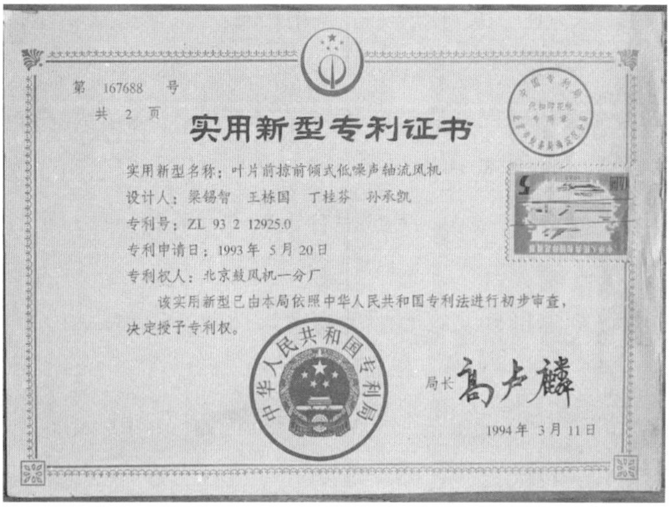
第 167688 号

共 2 页

实用新型专利证书

实用新型名称：叶片前掠前倾式低噪声轴流风机

设计人：梁锡智　王栋国　丁桂芬　孙承凯

专利号：ZL 93 2 12925.0

专利申请日：1993 年 5 月 20 日

专利权人：北京鼓风机一分厂

该实用新型已由本局依照中华人民共和国专利法进行初步审查，决定授予专利权。

中华人民共和国专利局

局长

1994 年 3 月 11 日

实用新型专利证书

引在手扶拖拉机牵引盒上，能播小麦、大麦、玉米、高粱、豆类等多种作物，能平播、能套种，播种量、播种深度及行距可在农业技术要求的范围内任意调节。拖拉机手一人即能操作，升降方便，转弯灵活，安全可靠。2BT–7 型播种机的研发和应用，提高了播种效率，播种质量符合农业生产技术需求。1975 年，年产播种机 1701 台，销往全国各地农村。

1974 年，北花园生产大队综合修配厂农改车间主任毕国亮，经过多方考证和对农业机械原理的积累，大胆尝试，不断试验，研发出 1800 锥形脱粒机。此种脱粒机不仅操作简单、移动方便、安全可靠，且脱出麦粒、稻谷完好率达到 99.5% 以上，为农业生产节约大量人力、物力，把农民从繁重的体力劳动中解放出来。1983 年 6 月，1800 锥形脱粒机被北京市工业局评为优质产品，远销全国各地。

1978 年，朝阳区农业机械研究所在高碑店人民公社开展农业机械研发实验，成功研制出 2FYA–5 型液氨施肥机。此机器可一次完成开沟、施肥、覆土等作业，施肥均匀度好，质量高。同年，高碑店人民公社羊毛衫厂扩大生产规模，从日本、澳大利亚进口横机、烫平机应用于生产中，厂房规模扩大到 6000 多平方米，有横机 100 台，手编机 200 台左右，烫平机 4 台，工业机械化水平显著提升。1980 年，羊毛衫厂拥有全乡第一台电脑，用来打板设计，使用到生产当中。这一时期一年出口羊毛衫 40 余万件，年产值近 500 万元。羊毛衫厂引进国外先进设备，将原本的手工生产提升为半自动生产，提高了机械化生产水平，其产品成为北京市出口公司免检产品。此外，羊毛衫厂还在工艺设计上进行革新，从来样加工转变为自主设计，设计样品多年参加“广交会”（中国进出口商品交易会），并为国家外贸出口公司提供样品。

1983 年，高碑店服装厂工人褚连成对卷边压角机夹芽子龙头进行技术革新。当时服装厂机器设备简陋，儿童服装工艺要求复杂，有很多地方需要卷边。面对这种情况，褚连成进行反复实验，研制出夹芽子龙头，进行卷边压角，解决服装需用手工夹芽子的问题。通过这项技术革新，服装厂日产量从 200 件提高至 800 件，质量也相应提高，获得朝阳区科技成果三等奖。

1993年，乡鼓风机厂工程师孙承凯牵头自主研制开发出DQ35-11系列高效低噪声轴流通风机。该产品与国内外同类产品进行比较，综合性能指标达到国内领先水平，并达到国外20世纪90年代初同类产品水平。该风机降低了声源的气动力噪声，提高了风机的内效率。1994年3月，DQ35-11系列高效低噪声轴流通风机获国家专利局授予的实用新型专利。1995年5月，荣获国家科学技术委员会等五部委联合颁发的国家级新产品证书。1996年2月，荣获北京市人民政府颁发的北京市星火一等奖。同年3月，荣获朝阳区1994—1995年度科学进步一等奖。同年11月，被列为北京市重大科技成果推广计划。同年12月，被机械工业部列为机械工业第十七批节能机电产品推广项目。

三、办公自动化

随着科技水平不断提升，社会经济快速发展，高碑店乡人民政府在机关行政办公中对计算机的应用越来越广泛。1997年，乡机关统计科利用电脑进行数据整理、统计。同年，乡政府为5个建制村配备电脑，推进农村电子化办公，成为朝阳区首先为各村配备电脑的乡。1998年，乡政府组织各建制村管理人员开展电脑使用培训，提高相关工作人员办公自动化水平。

2002年，乡政府投入70余万元建成一套“可视化电子监控系统”，为全市第一家终端显示系统。2003年，乡政府为机关各部门配齐电脑。安装政府机关楼内宽带网络，每个职能部门都可以根据业务需要分别接入相应的政务专网，实现网络化办公。辖区30余家企业均建立自己的网站，多家企业参加朝阳区信息办组织的优秀网站评选活动。同年，5个建制村都投入资金，为各办公室配备办公电脑，可以拨号上网。部分居委会也配备电脑。2005年11月，在朝阳区政府支持下，建立朝阳区首批区乡两级高清、流畅、稳定的网络视频会议系统，不断提升乡政府办公信息化水平。

2018年8月，高井村建成“智慧高井”大数据平台。包括美丽高井、高井党建、廉政建设、家风建设、三公开、数字高井六大板块，为社区管理提供智能化服务。2020年8月，高碑店村建成“红店”党建主题园区大数据中心。中心集教育传承、民生服务、体育休闲、成果展示于一体，着眼于智慧新村建设现实需要，重点打造集数据采集、数据处理、监测管理、预测预警、应急指挥、可视化的数据系统平台。包括1个大数据指挥中心和智慧党建平台、智慧村（社）务平台、智慧民生平台、智慧物业平台、智慧人防平台、智慧安防平台、智慧档案管理平台七大基础应用平台，为高碑店村智慧新村建设提供重要支撑。截至2021年，高碑店地区（乡）及各村、社区均注册开通微信公众平台服务账号，建立微信群等，畅通信息沟通、传播途径。利用计算机网络技术实现办公自动化、数字化、智能化。

第三节　科学知识普及

20 世纪 90 年代中期，高碑店地区（乡）党委、政府把科普工作列入重要议事日程，定期向村民、企业职工进行广播、板报宣传，定期到各村、各企业单位检查，听取汇报，把科普宣传、教育列入干部考核指标，使科普工作经常化、制度化。

进入 21 世纪，科普工作成为地区科技工作的重要任务，科普内容涉及百姓生活方方面面。2003 年，地区（乡）组织 200 余人参加健康知识讲座，普及健康科学知识，让群众听得懂、学得会、用得上。同年，发放预防“非典”宣传材料及书籍 7 万多份，依靠科学有效防治“非典”疫情。举办夏日文化广场活动，为百姓发放计生宣传材料，编排健康知识小品，宣传计生科普知识。在兴隆家园工地举办“男性健康日”宣传活动，为 500 多名外来民工发放男性及健康知识宣传材料。2007 年 12 月，地区社区服务中心举办“提升农民科学素质，促进朝阳和谐发展——科普书籍捐赠仪式”，捐赠科普书籍 4000 余册。

2013 年 1 月 17 日，北京科技协作中心在高碑店村开展科技惠民行动，组织群众观看宣传片《应急包里的秘密》，了解应急包的功能和使用方法，为参会村民免费发放应急包、使用说明和《全民防灾应急手册》。同年 10 月 8 日，高井村举办视频健康知识宣传活动，组织辖区居民观看科普宣传片《添加剂与食品安全》。2014 年 3 月，组织开展“世界防治结核病日”主题宣传活动。在各社区现场发放结核病、春季多发疾病防治知识宣传资料，讲解结核病诊断治疗的优惠政策，提高民众对于结核病的防护意识。

2019 年，推进垃圾分类工作中，在高碑店西社区建成朝阳区首座垃圾分类宣传科普小屋，吸引众多社区居民、周边中小学生前来参观学习生活垃圾分类知识。同年 12 月，举办“社区动员同防艾，健康中国我行动”预防艾滋病主题宣传活动。活动现场摆放预防艾滋病知识宣传材料供社区居民阅览，通过现场咨询、悬挂横幅、发放宣传布袋、避孕用具等多种形式向居民宣传科学预防艾滋病相关知识。

2021 年 6 月，开展以“健康人生，绿色无毒”为主题的禁毒宣传活动。活动现场悬挂宣传横幅，摆放宣传展板，向居民发放宣传材料 800 余份，用简单易行的方法、通俗易懂的语言把禁毒意识融入老百姓的日常生活，筑起全民禁毒防线。

口 述

难忘的科技员经历

口述人：陈金兰

1971年，我从生产队调入高碑店生产大队科技组。当时，科技组共有5人，我主要负责“九二〇”和“五四〇六”生产与试验。“九二〇”是植物生长素，它的作用是促进植物细胞生长。“五四〇六”是一种菌肥，菌肥的作用是改良土壤结构，促进植物根系生长。为了掌握“九二〇”和“五四〇六”的生产技术，我先后到中国农业科学院、中国科学院北京植物研究所（原址：北京动物园西边）、北京农业技术科研所（原址：海淀区板井村）、解放军部队参观学习。

“九二〇”和“五四〇六”需要一定的生产设备，大队领导给予了大力支持，如生产“九二〇”需要的电动摇床、接种箱、无菌室、锅炉、天平、酒精灯等设备。

“九二〇”生产，首先要把菌接种到试管的培养基上，菌丝的生长需要保持一定的恒温。为了保证菌种的质量和正常生长，我和科技组的姐妹们轮流搬到“九二〇”生产室住宿、值班。我大约在那儿住了半年，在这期间日夜观察菌种的生长情况，把培养好的菌再接到装有营养液的瓶子里，经过24小时的振荡培养后，再接种到消毒后的麦麸上，继续放入无菌恒温室，让它生长，直到菌丝长满。每批生产大约需要十几天，把带有“九二〇”菌的麦麸饼用清水浸泡，过滤后的液体喷在植物的表面上，促进植物细胞生长。为了提早上市抢价格，我们选择了早春露地芹菜做实验。那是1972年的春天，我参加了此项工作。那天上午，我们来到高碑店第五生产队东店村南铁路北的一块夹风障的芹菜地，使用面积约六亩地。为了更有说服力，只喷风障南第二、第三畦的芹菜，因风障第一畦有小气候影响，不能说明使用效果。我用背负式手压喷雾器，把菌液均匀地喷洒在芹菜植株上，而且在上午9点以后进行，因这时植物吸收作用最强，效果也最佳。每隔4～5天喷一次，共喷3次。大约过了20天，喷“九二〇”菌液与没喷的有明显差异，喷菌液的芹菜比对照组的要粗些，高度高出5厘米左右，产量比对照组明显高出一大块。在管理上，实验与对照组相同。当时，我们亲自用大绳子把芹菜捆起来一秤一秤地称，产量是我记录的，但因年久记不清具体数字了，只记得当时喜悦的心情难以言表。我们的“九二〇”菌液试验成功了！

还有一次有惊无险的事，让我记忆犹新。那是1972年5月的一天，我第一次骑着三轮车到关东店去拉麦麸子。那时，我不会骑三轮车，只好一边走一边学，一会儿就学会了，顺利到达目的地。可是，在回来的路上出了小事故。当我骑到高碑店北路南头，正想往东拐的时候，一辆由东向西北转的自行车飞快地向我骑过来，眼看就要与我的三轮车撞上了，这时我慌得找不着车闸了（因平板三轮车的闸是脚踩的），我用手捏不管用，车把一歪，连人带车一下子摔进了马路边的排水沟里。五个大麻袋从车上滚落下来，把我吓出了一身冷汗！我费劲地从沟里站起来一看，麦麸都好好地待在麻袋里。我长长地松了一口气，虽然我的腿摔破了，但是没伤着骨头，于是休息了一会儿，装上麻袋继续往回走。

记得1972年七八月份，为了找到理想的“五四〇六”菌种，我和另外两名科技组的成员到位于朝阳区西北部的解放军部队求援（部队番号记不清了）。那天早晨7点，拿着大队开的介绍信，骑着自行车出发了。到来广营人民公社立水桥时，大约上午9点钟，我们也饿了，在桥头河边的小饭馆吃了点早饭后，继续一边打听一边走，因以前我们谁也没去过这个解放军部队。那时，交通没有现在这么四通八达。为了抄近道，就得走农田小路，正好头天夜里下过雨，路面上都是大马车车辙印和泥塘，车也没法骑了，只好下来，一边推着车，一边用小木棍儿剔车轱辘上的泥，大约又走了一个小时，终于找到了。解放军同志热情地接待了我们，陪同我们参观了生产车间，请我们吃了午饭，临走前送给我们优质的试管菌种。谢别后，在回来路上，看见公共汽车才知道这里是清河北，就是沙河昌平的地界了。骑了近三个小时自行车，回到大队，我的腿僵硬得下不来自行车了，浑身上下都是汗。虽然很累，但我心里很高兴，为搞好“五四〇六”生产，再累也值得！我充满了信心，有了优质的菌种，为今后的生产打下了基础。

“五四〇六”生产需要大量的质地较好的土壤，我用双轮车到大野地里去找好的土壤。当时，生产“五四〇六”是夏季伏天，天气很热，每运回一车土后都是满头大汗。白天拉土过筛后装入布口袋，晚上进行蒸制消毒，第二天待土壤凉后装瓶接种进行二次培养。经过20天左右的培养，菌丝长满，并带来冰片香味儿，无杂菌，这才是好的菌种。因这种菌肥施用量比较大，我们又发动各生产队进行三级接种堆制，教他们怎样选择土壤；做小高畦搭凉棚，防止雨水溅到畦面来；为了防止各种杂菌侵入，在畦的上面覆盖一层薄膜。经过二十几天的堆制，菌肥可以直接使用了。主要用于小麦生产，在小麦播种前，除使用农家肥外，再加入“五四〇六”菌肥，以底肥的形式施入土壤，让菌肥与土壤充分结合，为小麦苗期生长提供更充分的养分。实践证明，它对提高小麦产量和改良土壤起到了很好的作用。

随着科学技术的发展及生产的需要，1973年3月，我参加了市里在平谷举办的土壤速测学习班。经过几天的学习，掌握了速测方法。回来后，我对全大队上千亩的粮田进行取土样测定，发现每个生产队的土壤肥力水平不一样，比如：高碑店一队土壤平均肥力较高，高碑店四队的土壤平均肥力较差，pH 值也较高。根据土壤肥力，指导他们尽量多施有机肥，减少化肥的使用量，这样逐年使用后，可有效地提高土壤有机质含量，改善土壤结构，更好地让作物根系生长。当时，主要测定土壤中能被植物直接吸收的氮、磷、钾。为了更好地了解土壤深层的肥力情况，1973 年 10 月，我又参加了中国科学院北京植物研究所举办的常规化验培训班。为了更方便学习，我住在所里，每周六下午回来，向领导汇报学习情况，周日到生产队取土样带回化验室进行化验分析。我记得所里张春茂老师给我们讲课，先讲理论基础知识，后讲怎样进行化验操作，然后让我自己来作老师把关，真是手把手地教。学会了整个流程后，自己信心倍增，决心在学习期间尽可能多学习知识，熟练掌握操作规程，所以每星期回来我都要到生产队地里取土样，而且分别取 0 ~ 5 厘米、10 厘米、15 厘米、20 厘米不同深度的土壤。因不同深度的土壤它的肥力情况有所不同，一般表层土壤 0 ~ 10 厘米肥力较高，越往下肥力就越差。在三个月的学习期间，虽然比较辛苦，但苦中有乐，因我又掌握了一门新的科学技能。在一年多的时间里，我们对全大队大部分粮田做了土壤肥力常规测定，提高了科学施肥的水平。

为了减少农业生产成本，促高产、稳产，1974 年冬至 1975 年春，在全大队范围内发动群众捐献草木灰。70 年代，大部分农村家庭都烧柴火做饭烧炕取暖。通过测定发现，草木灰中含有大量的钾肥，如果把这些草木灰白白扔掉那太可惜了，所以决定由生产队把各家各户的草木灰收集起来，并给予一些奖励，一土篮草木灰奖 1 ~ 2 盒火柴。然后指导他们把这些草木灰与秸秆一起进行堆肥，经过充分腐熟后，用于蔬菜生产，使用面积达到几百亩，效果明显。

1976 年底，我调入公社生产组负责科技工作，第一项任务就是在小花园生产队搞草木灰钾肥使用。我每天到现场指导，首先砌好一个大池子，用水泥把池子里外、底部抹平，防止水渗透。等水泥干了以后，把草木灰放入大池子里进行浸泡、沉淀、过滤，把过滤后的草木灰水在小麦灌浆期进行喷雾。因钾肥是促进果实生长，如果在这时满足小麦所需要的钾肥，能促使麦粒更饱满，增加千粒量，提高小麦产量。那一年，小花园生产队小麦获得了丰收。

口述人简介：

陈金兰　女，1952年11月出生，汉族。中共党员。1969年7月毕业后在生产队务农。1971年7月到高碑店生产大队从事科技工作。1976年12月到高碑店人民公社生产组从事科技工作。1977年3月到高碑店人民公社科技站工作。1981年调到高碑店人民公社蔬菜生产办公室抓植保、蔬菜生产及统计工作。1992年获得"北京市助理农艺师"职称。1994年任乡绿化科科长。2002年退休。

开发研制风机新产品的一段往事

口述人：孙承凯　整理人：李翠华

我叫孙承凯，1976年高中毕业后进入高碑店人民公社农机厂（北京鼓风机一分厂的前身）工作，直到2010年，一干就是35年。回头看看走过的路，最令我难忘的，还是90年代我作为厂里的工程师，在专家和厂领导的帮助和支持下，成功研制出DQ35-11系列低噪声轴流通风机的那段往事。

作为乡镇企业，我们厂最早的产品是生产农用七行播种机。80年代初和北京鼓风机厂联营，开始生产该厂风机产品的零配件。到了1989年底，我们厂独立取得了鼓风机生产许可证，正式叫北京鼓风机一分厂。我在厂里先后当过锻工、铣工，并担任过机加工车间主任兼设备科长，熟悉全厂生产的各个环节。我在考取了机械工程师职称以后，担任了厂技术副厂长。当时，厂里生产的风机产品普遍存在着轴流效率低、噪声高的问题，远不能适应市场需求。厂领导问我能不能研制出新的风机产品，来提高企业的市场竞争力。我想：虽然困难很大，但为了企业的发展，我应该去试一试。就这样我接受了研制新风机产品的任务。

这是1993年初。研制新风机产品DQ35-11系列低噪声轴流通风机，我做的第一件事，就是学习掌握这方面的知识。当时，中国科学院热物理研究所在这方面积累了丰富的理论研究资料，于是我就多次到那里查阅资料，虚心向梁锡智、王栋国、丁桂芬等专家请教。我还购买了许多专业书刊，利用业余时间学习。我仔细地分析研究所提供的风机设计坐标图，从风机叶型开始，把叶片、叶型的每个截面单独列出，画出每个截面的剖面图。那时还没有电脑，只能用手工画图。经常是为了琢磨一个截面图，加班到深夜，有时正吃着饭或走着路，脑子里灵感来了，立刻扔下饭碗把想到的东西记下来。由于用脑过度，患上了失眠和头疼的毛病。厂领导十分支持我的工作，党支部书记王洪刚专门让医务室给我买药。功夫不负有心人。经过三个月的努力，终于完成了把DQ35-11坐标图分解为一个个截面的剖面图的初步设计。接下来，我用纸板把这些剖面图一一剪下来，做了一个各截面的空间组合体样品，拿到中国科学院物理研究所，经梁锡智教授和王栋国、丁桂芬等专家按图纸对各个截面坐标及曲线的核查验证，证明我做的这个纸制的样板是正确的。得到了专家的肯定，我对新产品的研制成功更有信心了。

接下来做的第二件事，就是把纸制的图板拿到车间做成钢制的样品。DQ35-11这个风机产品，它的叶片的叶型和叶片的安装方式与传统的叶型和安装方式完全不同。为了攻克各道技术操作难关，我们成立了技术攻关小组。为了重点解决叶片在安装轮毂上前倾的问题，我们改进了叶轮点焊台具，以保证叶片安装的准确度。同时我们还总结摸索出生产新风机的一套技术操作方法，对操作工人边干边培训。经过多次反复的改进，DQ35-11风机产品的样机做出来了。北京市机械局组织专家来我厂召开新产品鉴定会，专家们一致认为新产品在风量、压力、噪声、效率四大项主要指标上都符合设计标准。接着，我们又先后研制出多种型号的14个机号的产品，达到了成批量生产的能力。至此，我们的新产品DQ35-11系列高效低噪声轴流通风机研制成功了！

DQ35-11系列高效低噪声轴流风机投产后，很快打开了市场，产品广泛销往国内20多个省市，好评如潮。如销售到首都钢铁公司的几个机号的风机，他们的反馈如下："关于DQ35-11风机，我们安装后不仅运转平稳，无振动，而且噪声低。各方面性能达到最佳，我们非常满意。"还有燕山石化公司、618厂、航天部四院、北京矿务局、广州越秀机电销售公司等，也都对该产品在使用后的效果给予了很高的评价。1994年该产品获得了国家专利证书；1995年获得劳动部等五部委联合颁发的国家级新产品证书；机械工业部科技信息研究院定论为：该产品经与国内外同类产品进行比较，其产品综合性能指标居国内领先水平。1996年被列为机械工业部节能机电产品推广项目。

由于DQ35-11系列高效低噪声轴流通风机的研制成功，产品的年销量一年比一年增加。厂里的经济效益越来越好。1994年，仅此一类通风机产品，年销量300多台，新增产值80余万元；1995年年销量500多台，新增产值120多万元；1996年年销量800多台，新增产值200多万元；1997年年销量1000多台，新增产值250余万元。由于我在DQ35-11系列高效低噪声轴流通风机设计与研制中作出的成绩，被晋升为厂总工程师。1994—1996年，先后获得了朝阳区科技进步一等奖、北京市星火科技一等奖。2001年，被聘为第三届全国风机标准化技术委员会委员。

口述人简介：

孙承凯 男，1956年8月出生，汉族。1976年2月参加工作，历任北京鼓风机厂一分厂机加工车间主任、设备科科长、技术科科长、技术副厂长、总工程师。2001年被聘为第三届全国风机标准化技术委员会委员。2011年退休。

第十九章　教　育

中华人民共和国成立前，高碑店地域中小学文化教育处于较为落后的局面，各村主要靠私人办学，入学者多为10岁左右孩童。20世纪50年代初，公立学校逐渐增多，改私塾为简易小学，私塾也就成为了一个历史名词。1952年，伴随着新政权的建立，高碑店地域掀起轰轰烈烈的农村扫盲运动，并取得很大成效。同年，北京市第十七中学在高碑店村建校。人民公社时期，高碑店人民公社各生产大队、生产队陆续办起幼儿园、托儿所。1985—1998年，北京市第十七中学开办职业高中班，大力发展职业教育，为地域培养职业技能人才。90年代末，随着辖区农民陆续搬迁上楼，村办幼儿园所逐渐消失，私立幼儿园所兴起。至2021年底，高碑店地域内有幼儿园12所、小学6所、中学5所。在教育发展过程中，高碑店地区（乡）积极关心、支持教育事业持续发展，不断提升本地教育水平。

第一节　管理机构

1953—1955年，高碑店地域各乡政府设文教委员负责教育管理工作。1956年，高碑店乡设文教卫生委员会。1958年，幸福人民公社设福利部兼管教育。1962年，辖区中小学纳入朝阳区教育局统一管理。1968年，朝阳区下放中小学教育管理权限，公社设文教组。北京市第十七中学由高碑店人民公社管理，高碑店小学、北花园小学、半壁店小学、大黄庄小学由各生产大队管理。

1978年，按照朝阳区教育领导体制改革统一要求，辖域中小学接受高碑店人民公社与朝阳区教育局双重领导，人事、财务、教学等由区教育局管理。

1989年，高碑店乡根据北京市《关于乡（镇）人民政府领导和管理中小学教育的通知》，以及朝阳区《关于乡人民政府领导和管理小学、初中教育的暂行规定》，成立乡教育委员会，设文教办公室，实行“乡管校”管理体制。

1993年，地区（乡）设立文教科。2006年，辖区中小学划归管庄学区管辖。2011年，原文教科改为科教文体办公室。2020年，组建社区建设办公室，主要组织协调各社区学前教育、家庭教育，配合做好义务教育实施工作。至2021年未变。

第二节　私　塾

20世纪50年代初以前，高碑店地域有私塾教育。比较有名的私塾先生有高碑店村的张德森、于九龄，八里庄村的吴书成，花园闸村的石品三，半壁店村的沈华堂，以及大黄庄村的屠连元、潘长春等人。

私塾先生一般利用自家房舍或村中公产如闲置寺庙等作为教学场所。学生多为男童，八里庄吴书成老先生开设的私塾同时招收女童。私塾学费不定额，依学童家庭经济状况而定，无论多少，均缴纳一些。入学年龄没有严格限制，一般在8～15岁之间，多数在10岁左右，具体视学童家庭状况而定。各私塾学生数量不等，多则二三十名，少则七八名。学童来源主要依距离远近而定，并不限定在本村。如半壁店村沈华堂先生所办私塾，以本村学童为主，还接收观音堂、王四营、小郊亭、东店、石板房、小海子、官庄等周边村域学童。

各私塾教学内容主要是识字、写字和教授基础国学典籍，初学《三字经》《百家姓》《千字文》《弟子规》《名贤集》，后学《六言杂字》《中庸》《大学》《论语》《孟子》等。此外，还有写字课、珠算课。白天上私塾，晚上学珠算。

1954年，随着基础教育制度改革推进，地域普遍建立公立小学，部分私塾并入小学，其余停办。

第三节　托幼园所

1958年，高碑店地域开始兴办托幼园所，高井生产大队建立幼儿园，有幼儿10余人。1959年，为了让广大农村妇女从家庭解放出来参加集体生产劳动，高碑店人民公社动员各生产队兴办托幼园所。当时主要有两种形式的托儿所：一种是家庭托儿所。村集体没有条件提供房屋，几户社员商议后将孩子一起集中托付给一户照看。另一种是集体托儿所。村集体腾出公房办园所，选几位中年妇女照看孩子。当时看孩子的大多是四五十岁文化水平不高的中年妇女。幸福人民公社高碑店工作站有幼托组织29个，保育人员105人，入托7岁以下幼儿1090人，解放妇女劳动力584人；八里庄工作站有幼托组织32个，保育人员89人，入托7岁以下幼儿786人，解放妇女劳动力202人。

六七十年代，各生产队托幼园所建设和教育管理主要由生产大队妇女大队长负责。幼儿园所用桌椅大多是小学淘汰下来的。大班教师多数由回乡知识青年和幼儿师范学校毕业生担任，小班教师由农村妇女担任。70年代中后期，公社选派11名幼儿教师参加朝阳区业务培训，提高专业基本功与教育教学能力。这一时期的托幼园所将幼儿按照年龄分大班和小班，参考各种儿童杂志和画册选择教学内容，教师自编故事，自画图画，自制简易教具，通过引导，每天教孩子们认字、识数、唱歌、跳舞、做游戏。

20世纪70年代末，八里庄生产大队北幼儿园合影

1978年改革开放后，学前教育更加规范化，各村都办起幼儿园或托儿所。这一时期幼儿园主要教幼儿识字、简单计算和幼儿舞蹈等，并举办幼儿文体活动，举办幼儿趣味运动会。

1980年，公社巩固发展学前教育，进一步加强对托幼工作的领导，托幼园所数量增加，多措并举提升幼儿教师专业素质。各生产大队每年投入一定资金，用于修整园所和购置教学设备。全公社有托儿所23个，幼儿班、中心园21个，学龄前儿童1687名，1394名儿童入托，入托率83.2%。

1984年，高碑店乡有幼儿园所23个，其中中心园5个、一般园4个、托儿所14个。入托儿童1139名，入托率85.6%，幼教工作者144名，其中教师58名。同年2月，高碑店乡举办全乡幼儿教师“职业道德”学习班，邀请人民日报社幼儿园园长到乡作专题讲座，各大队妇女干部、幼儿教师共128人听课。为了提高幼儿教师的业务能力，高碑店乡组织23人分别参加市、区举办的幼儿教师培训班。同年，高碑店乡召开首届春季幼儿运动会，举办自制教具展览，有2389件自制教具参展。1987年，高碑店乡有中心幼儿园3所，小中大班33个。托儿所13所，在园所人数632人，教职工115人。当年全乡学龄前儿童入托率达到66.7%，校舍面积1936平方米，床位479个。1988年，加强幼儿教师培训工作，推选9名教师参加朝阳区培训考核，都获得幼儿教师岗位合格证，考核成绩获团体第一名。

90年代，受占地转工等方面影响，全乡托幼园所逐年减少。1991年，高碑店乡有中心幼儿园4个、托儿所10个，入托率86.3%。1994年，有中心幼儿园2个、托儿所6个，学龄前儿童843人，入托儿童376人，入托率44.6%。90年代后期，农民搬迁上楼，出现民办幼儿园，村办幼儿园因不同原因发展陷入困境，逐渐减少。

2011年，地区（乡）有公办幼儿园4所，民办幼儿园16所，入园儿童2390名。截至2021年，高碑店地区（乡）有幼儿园12所（全部为民办），教师492名，入园儿童2558名。

第四节　小　学

高碑店地域小学教育始于20世纪30年代。1930年，北花园村建立北平市东郊私立求新小学，有2个班，教师3人，学生40余人。1936年，改为东郊北花园短期小学。同年，大黄庄村建立大黄庄短期小学，有2个班，教师2人，学生30余人。同年，王润黎创建高碑店短期小学，有2个班，教师3人，学生122人。1946年，王润黎在高碑店村创立北平东郊乡村教育实验区工学服务团（简称高碑店工学团），宗旨是“工以养生，学以明生，团以保生”，与高碑店小学合用一址，推行小先生制，即知即传，兴办村学，立足高碑店村，辐射周边地域，拓展普及基础教育。同年，北花园村建立北平市十四区第十三保国民学校，系4个年级的初级小学。1947年，大黄庄短期小学改为北平市第十三区第十八保、十九保国民学校，系初级小学。1949年，改为北京市十区大黄庄小学，有初小4个班，教职工5人。同年，高碑店小学定名为北京市第十三区第四中心小学。建立慈云寺小学，位于区域中部慈云寺西里朝阳路南侧。截至1949年10月，高碑店地域共有5所小学。

1950年，北平市十四区第十三保国民学校改名为北京市第十区北花园小学。1951年，建立八里庄药王庙小学。学校办学条件艰苦，没有资金置办桌椅，学生自己搬石头作为桌椅。开始时只有一名老师，二三十名学生。学生不分年龄、不分男女均可入校学习。药王庙小学后更名为八里庄一小。1952年，慈云寺小学改为英家坟小学。1956年，改称东郊区第一中心小学。1958年，又改为英家坟小学，建有4层教学办公楼一座，拥有20个教室和3个专用教室。1958年，北京市东郊区第四中心小学改名为高碑店中心小学。

1966年“文化大革命”开始，农村中小学停课。1968年复课。同年，区属中小学下放到所在人民公社生产大队管理，贫下中农宣传队进入中小学管理学校。后来由于教师严重缺编，一些宣传队员被补充进教师队伍，称贫下中农“队派教师”①，登上讲台，在校代课。

1969 年，建立半壁店小学。有一至六年级 6 个班，学生 210 人。同年，建立半壁店小学小郊亭分校，有初小 3 个班。1978 年，成立高碑店学区。

1986 年，半壁店小学小郊亭分校撤销，师生并入本校。1993 年，半壁店小学有 6 个年级 10 个班，学生 266 人，教职工 19 人，其中教师 16 人。

1996 年，北京朝阳区康乐园小学建校，位于康家园 14 号楼。有 1 个班，学生 19 人，教职工 6 人。同年，甘露园小学建校，位于甘露园南里一区 18 号楼，为九年制学校。有 2 个班，学生 88 人，教职工 7 人。

2005 年，日坛小学四惠校区建校，位于通惠家园惠生园 20 号。2006 年，兴隆小学建校，位于建国路兴隆家园 31 号楼。

2009 年，北花园小学因国家建设征地撤销，结束招生，学生并入兴隆小学。2015 年 4 月，经上级主管部门调整，大黄庄小学改为中国传媒大学附属小学（低部）。

2018 年，半壁店小学并入北京市第十七中学，成为北京市第十七中学小学部半壁店校区。2019 年初，高碑店中心小学并入北京市第十七中学，成为北京市第十七中学小学部。

截至 2021 年底，高碑店地域有第十七中学小学部（半壁店校区）、兴隆小学、芳草地国际学校甘露园校区、日坛小学四惠校区、第八十中学管庄分校汇星校区、中国传媒大学附属小学（低部）6 所小学，教师 361 人，学生 3255 人。

第五节　中　学

北京市第十七中学　1946 年，王润黎在高碑店村朝阳庵创立高碑店工学团。1952 年 12 月，在高碑店工学团基础上建立农村初级中学，被北京市政府正式命名为“北京市第十七中学”。有初中 3 个年级 4 个班，学生 190 人，教职工 20 人。1958 年，设立高中部，2 个班，成为完全中学。1964 年，被朝阳区政府授予“红旗学校”荣誉称号。1978 年，被北京市教育局批准为朝阳区重点中学。1999 年，被评为全国“实践行知思想，推进素质

① “队派教师”：指 1968 年，根据上级指示，生产队派进农村各中小学校代课的教师，一般为农村贫下中农家庭出身的回乡知识青年。当时称“掺沙子”，目的是打破所谓“资产阶级知识分子一统（农村中小学）天下”的局面。1985—1989 年，经国家统一考试合格，部分“队派教师”分批转为国家正式教师。1991 年，未转为国家正式教师的“队派教师”全部撤出学校。

1952年，北京市第十七中学建校

教育”先进集体。2002年4月，经北京市教委批准创办陶行知实验班。2004年5月，被中国陶行知研究会命名为“陶行知教育思想实验基地”。2005年12月，被北京市教育局认定为市级高中示范校。2021年，北京市第十七中学有在校学生2448人，教师296人。学校秉承陶行知教育思想立校和办学，构建“知行合一”课程体系，以“求真创造，爱满天下”校训引领师生全面健康发展，致力于培养拥有“自主精神、独立人格，创新精神、实践能力，公共精神、担当情怀”的现代化人才。建校70余年，为高碑店地区培养大批基层领导干部及各行各业人才，为地域经济腾飞、文化建设和文明发展作出了贡献。

高碑店中学 1994年建校，位于高碑店村陶家湾甲80号。系三年制初级中学。初建时有初中一年级6个班，学生222人，教职工17人（教师9人）。占地面积25600平方米，建筑面积6201平方米，操场面积9207平方米，教室31个。1999年，高碑店中学并入北京市第十七中学，成为北京市第十七中学初中部陶家湾校区。2021年，学校有学生515人，教师61人。

北京市日坛中学四惠校区 1995年，北京市同仁中学建校，为北京市首批民办公助完全中学。2014年2月，北京市同仁中学并入北京市日坛中学，撤销同仁中学建制，成为北京市日坛中学四惠校区，位于通惠家园惠泽园3号楼。2021年，学校有在校学生277人，教师44人，占地面积6707平方米。

芳草地国际学校甘露园分校初中部 1995年建校，位于甘露园南里一区10号楼。2020年4月，学校被认定为北京市第二批义务教育学校管理标准达标学校。2021年，学校有在校学生243人，教师23人，占地面积13811.32平方米。

北京市第八十中学管庄分校汇星校区 2017年6月建校，位于太平庄北社区汇星路3号。由北京市第八十中学管庄分校实行统一管理，分址办学。学校是“北京市科技教育示范校”“朝阳区素质教育示范校”“马芯兰教学法实验学校”。2021年，有在校学生743人，教师78人，占地面积21200平方米。

第六节　职业教育

1985 年 9 月，高碑店乡与北京市第十七中学合作，联合开办北京市第十七中学职业高中班，校舍和教学设备由北京市第十七中学提供。开设“乡镇企业管理”班 1 个，学制两年，两年招收一届。“乡镇企业管理”班第一届学生均为 1985 年本乡初中毕业生，总计 42 名。专业课程以财会为主，同时根据农村工业、商业、运输业、服务业、建筑业的管理需要设置其他课程。承担文化课和专业课的教师大多是十七中学的在职教师，少部分从高碑店乡人民政府有关部门中聘用。42 名学生毕业后，被分配到高碑店乡三级企业，很快成为企业生产、管理骨干，为后续办学积累经验。1987 年，北京市第十七中学职业高中班改为每年招生，专业增加至 2 个。1989 年，专业增加至 3 个，共 4 个班，在校学生 120 余名。学生毕业前，大部分毕业生取得汽车驾驶证、汽车修理证和电工证。因规模扩大，乡人民政府为职高班解决教室、桌椅问题，添置教学设备，筹建实习室，仅前 4 届职业高中，乡人民政府就投入 15 万元。

进入 90 年代，随着职业高中专业班的增加，招生逐年向社会面扩大，在办职业高中的 13 年间，保证了本乡凡报考十七中职业高中的学生全部录取。开办职业高中班目的是为高碑店乡培养具有专业知识、为乡村经济发展服务的“一专多能”人才。职高学生毕业后，面向三级乡镇企业分配。仅前两届 91 名职高毕业生中，除 17 人转工外，其余都在高碑店乡镇企业工作。根据北京市教委决定，1998 年，北京市第十七中学职业高中部停止招生。

第七节　成人教育

扫盲　20 世纪 50 年代初，全国开展大规模“扫盲”运动，号召农民学习文化，参加扫盲识字班。高碑店地域各村开办成人识字班。识字班教师多数由当地小学教师兼任，也有教过私塾的先生。截至 2021 年底，依然健在的早期识字班教员有穆玉珍（女）等人。

1952 年，区人民政府利用冬闲结合土地改革有计划地兴办农民冬学。高碑店工学团组织当地农民开展与土地改革有关的识字教育，成立农民业余速成识字班。识字班于 1 月 10 日在高碑店文化馆开学，4 月 6 日结束，每晚上课两小时，实际上课 164 小时（除上课时间外，学员每天课外复习约两小时）。速成班有学员 26 人，男女各占一半，都是青壮年农民。经过 3 个月学习，学员们能认识农民识字课本中的 1638 个生字，能阅读通俗读物。

20世纪50年代初扫盲运动中，高碑店村民学习文化

识字班在高碑店文化馆进行祁建华“速成识字法”实验，取得良好教学效果，积累丰富经验。同年5月6日，《人民日报》第三版刊发报道《北京市郊区高碑店农民业余速成识字班的试验工作》。

1956年，全乡继续开展扫盲识字运动，共组织识字班23个，学员458人；组织炕头小组186个，学员1186人；组织高小班7个，学员226人。同年10月，高碑店乡大、小花园自然村采用串教、串学教学方法推进扫盲工作，18个教师串教68个学员，每位教师教3～4名学员。教师所串教的学员都是就近的邻居或者同院的街坊，学员大多是有小孩的家庭妇女。她们每天利用吃过晚饭空隙时间学习，每周上课3～5次。串教串学时间比较灵活，教师根据学员的不同情况确定教学时间，教学进度可快可慢，互不影响。通过教学，大多数学员具有初步识字、阅读、书写能力。同年12月，对串学效果进行测试，学员识字正确率在68%～84%之间。

1957年，高碑店乡8个扫盲分校聘请下放干部、中小学毕业生、在乡知识分子等作为教师，建立扫盲小组，组织文盲入学，定期检查其学习状况。通过采取各种方法，广泛开展群众性文化教育活动，降低文盲率。广大社员文化水平提高了，地域出现“七少五多”的可喜变化，即为工分捣乱的人少了、吵架拌嘴的人少了、不识字的人少了、用粗暴的方法打骂教育孩子的人少了、不讲卫生的人少了、不爱劳动的人少了、在地头闲聊打闹的人少了；看书看报的人多了、社员之间的团结增多了、讲卫生的人多了、谈政治的人多了、爱劳动的人多了。至1957年底，历时七八年的扫盲工作结束，高碑店地域共扫除文盲534人，大部分青壮年农民提高到半文盲文化程度，真正一字不识的纯文盲已不多见。

在职干部培训 1956年，高碑店乡党总支成立后，通过举办基层党员干部培训班，对干部进行教育。1958年11月，幸福人民公社党委举办公社成立以来的第一期党员干部训练班，为期15天。参加211人，其中有党总支书记、总支委员、支部书记、生产队队长等干部61人。1961年，高碑店人民公社有11人参加中共北京市委党校学习班，有65人参加中共朝阳区委党校学习班。六七十年代，高碑店人民公社党委通过举办各类学习班、培训班，培养政工、医疗、农业技术等领域的基层干部。

1978 年改革开放至 80 年代初，干部教育更加注重贴近经济发展实际，教育形式更加多样。1980 年，组织干部学习贯彻中央关于进一步加强和完善农业生产责任制相关文件精神。1982 年，组织各级干部学习相关的政策文件，坚定政治方向。同时，加强干部农业技术理论与实践学习，更好指导农业生产。

80 年代初至 90 年代，高碑店乡按照干部知识化、专业化要求，加强干部教育培训，多渠道培养人才。1983 年，选拔推荐 7 名优秀青年参加全国大专统一考试，到朝阳区职工大学全脱产学习 3 年。1986 年 9 月，选派机关和村级干部到朝阳区农民科学技术学校（简称区农科校）学习。同年，举办政治经济学讲座、哲学学习班，组织 30 多名干部参加“中国农村智力开发”函授班学习。举办法制学习班 4 期，每期 5 天，共 189 名干部参加学习。1987 年，举办厂长培训班、会计培训班、林果蔬菜技术培训班、质量管理培训班等，共 70 余名干部、厂长取得结业证书。90 年代，选送干部到北京大学光华管理学院、中共北京市委党校、中共朝阳区委党校、朝阳区职工大学、朝阳区成人中等专业学校脱产、半脱产学习，经考核取得在职研究生学历、大专学历。

21 世纪初期，高碑店地区（乡）通过整合教育资源，利用多种教育形式，提高基层干部工作能力和专业知识水平。2000 年，中共朝阳区委党校在半壁店小学设置大专班教学点，帮助在职干部提升学历。2001—2005 年，高碑店地区（乡）处级领导参加区级各部门各类教育培训 70 余人次，正、副科级干部参加专业能力教育培训 32 人次，科级以下干部专业知识培训 160 余人次。组织各类知识讲座 20 场，机关和村级干部参加 4000 余人次。举办各类培训班 40 期，机关和村级干部 2800 余人次。教育培训经费投入 120 余万元。先后有 8 名干部参加区级以上的后备干部脱产培训，每期培训时间 3 个月。有 4 名处级领导取得中共北京市委党校在职研究生学历。与中共朝阳区委党校合作，开办经济管理大专班，学员 116 人，于 2003 年 7 月全部毕业，取得经济管理专业大学专科学历。有 20 人在北京市成人自学高等学校、广播电视大学等学院取得本科学历。2009 年，地区（乡）对新任社区党委书记、社区党务工作者、新任党支部书记、精

2003 年，高碑店地区（乡）举办党支部书记培训班

神文明专干、文体干部等进行专项培训。

2011—2012 年，继续采取以会代训、专家辅导、举办讲座、领导传帮带等多种形式增强干部教育针对性、实效性，促进干部队伍整体素质提高。围绕地区社会经济发展热点工作和难点问题，由党委确定课题，组织广大干部开展理论研究、探讨和交流。

2013 年，高碑店地区（乡）党委针对形势和任务要求，采取多形式、大规模、分层次、有计划地对党员干部开展教育培训。朝阳区委党校把高碑店村、高碑店村史馆、高碑店村水乡茶楼一条街、科举匾额博物馆、高井村史馆、白家楼（自然村）、高井传媒产业园区等场地作为朝阳区委党校高碑店地区分校现场教学基地，提高现场教学针对性和实效性。实施干部教育“三十”工程，即高碑店地区工委（乡党委）每年设立 10 万元专项经费用于朝阳区委党校高碑店地区分校建设；建立“教授名家讲座”“高井村公共卫生课堂”“花园闸北里东社区计算机课堂”“高碑店村道德课堂”“通惠家园国学课堂”“红色党课”等 10 个特色课堂；实行干部教育培训“十学分”制，确保培训工作取得实效。2014 年，地区（乡）干部培训工作突破培养模式，注重总结推广高井村的村、校、企联合人才培养模式，建立白家楼（自然村）实践基地、高井传媒产业园区实践基地、中国传媒大学共建型人才实践基地。

2016—2021 年，地区（乡）党委坚持把加强干部人才队伍建设作为龙头工程来抓，铸造一支讲大局、讲付出、讲实干、讲纪律的“四讲”干部队伍。每年依托朝阳区委党校高碑店地区分校教育资源，举办党支部书记、党务工作者、入党积极分子、宣传干部、后备干部和社区干部等各类培训班。2018 年，举办两期以区域化党建、意识形态等为重点内容的村、社区书记培训班；举办一期以党支部规范化建设、党务工作等为重点内容的党支部书记培训班。2020 年，重点加强干部专业化能力培养，举办“生态水乡”建设、“美丽乡村”建设、老旧小区改造及功能疏解、营商环境、智慧党建等领域专业人才培训班。

第八节　教育投入

20 世纪 80 年代以来，高碑店乡党委、政府关心支持教育，在师资、校舍、教学条件等方面持续投入，促进全乡中小学教育不断发展。1983 年，乡政府投入 4.5 万元建设校舍和围墙，并为教师发放补助金 16080 元。同年 12 月，为乡里每位教师发放 100 千克白菜，开展走访慰问活动。1984 年，乡政府投入 10.6 万元新建、翻建教室 816 平方米，发放教师补助 3868 元。1985 年，辖区北花园村划拨 11 亩土地给学校建教师宿舍楼。1986 年，乡政府投入近 20 万元建设学校宿舍，让全乡 82 名教师搬进新居。1988 年，各方积极支援办学。乡政府和高井村投入 2 万元帮助大黄庄小学扩建、改建教室；西店村为北京市第十七中学 400 米跑道操场提供用地；乡三级投入 9 万元给教师补助，稳定教师队伍。1989 年，乡政府为改善教学条件投入 7 万元新建和改建校舍 17 间，并为教师发放补助 7 万元。

1991 年，乡群众集资助学 60 万元，为搞好“四教”（幼教、普教、职教、成教）提供资金。1996 年，乡政府投入 30 万元用于北花园小学改造，投入 1.7 万元用于大黄庄小学操场修建，投入 1.5 万元用于高碑店小学修缮房屋，投入 2 万元用于高碑店中学绿化等。1999 年，为了更好地整合教育资源，高碑店中学并入北京市第十七中学。区、乡两级政府投入 293 万元用于兴建综合教学楼，2000 年竣工投入使用。

为贯彻中共教育方针，落实义务教育法，2000 年，高碑店乡人民政府共投入 102 万元，为高碑店中心小学、半壁店小学、北花园小学、大黄庄小学改善办学环境。同年，乡政府投入 80 余万元对高碑店中心小学周边环境进行改善。将院墙边 100 余米明沟清理覆盖，改造成暗沟，沟上铺装硬化路面建成步道，方便师生出行；新建花池 100 余平方米，栽种草本花卉，彻底改变了学校周边不良环境。

进入 21 世纪后，地域中小学教育再上新台阶，教育教学质量稳步提升，考入大学人数逐年增加，爱心助学奖励学子的风尚在全地区逐渐形成，由村民委员会给予本村考入专科院校、本科院校的学生奖励 2000 ~ 8000 元不等，形式多样。2008 年，乡人民政府拨款 16 万元对 57 名优秀教师和教育工作者以及 3 项“特色教育教学”项目予以表彰，提高了一线教师工作的积极性，促进了教学质量的提升。

2011 年教师节期间，高碑店地区（乡）召开辖区 14 所中小学校、幼儿园的优秀教育工作者座谈会，拨出专项资金 22 万元对全国优秀骨干教师、优秀班主任、市优秀楷模、区师德标兵进行奖励。同年，为品学兼优的 25 名困难学生提供助学金 1.94 万元，为 3 名残疾少年争取到送教上门、单独授课服务，为 4 名残疾人学生和生活困难的残疾人家庭学生提供助学金 1.7 万元。至 2021 年，由于教育财政投入体制调整，地区（乡）不再为地域中小学投入资金。

口　述

高碑店乡人民政府为学校排忧解难

口述人：赵　生

我叫赵生，1978年底调到高碑店学区任党总支副书记，主管学区人事、保卫工作和落实政策工作。1978年5月后，任高碑店中心小学校长、高碑店乡教委副主任，后又兼任党总支书记，主管全乡小学的管理工作。2003年退休，2004年离任。

我想讲的是，我在任期间，高碑店乡人民政府为学校排忧解难感人的生动事例。

20世纪60年代开展的“文化大革命”运动中，高碑店中心小学女教师刘冀清以“历史反革命分子”罪名被批斗后遣送回原籍——河北省徐水县北下关村。幸遇本村单身农民李栓子，将受伤的刘老师接到家中，精心照料。伤愈后，经村干部做媒，未婚的刘老师与李栓子喜结良缘。婚后无子女。几年后，李栓子患病丧失劳动能力，家庭生活十分困难，仅靠刘老师弟弟接济。其弟病故后，生活更加困难。

20世纪80年代初，朝阳区教育局为刘冀清老师彻底平反，并补发了遣返期间的工资。家庭生活有了保障。由于刘老师已超过退休年龄并已婚，故在原籍安置。1989年后，我和学校主管领导每年代表乡教委和学校到刘老师家中慰问。

1999年初，刘老师夫妇二人因病生活不能自理，书面申请回京治病，在京居住。学校考虑到刘老师在京既无居处也无人照顾，实在无力解决。我向朝阳区教育局请示，局领导答复，无解决的条件。面对刘老师一家的遭遇，我真是心急如焚，我抱着一线希望，将刘老师的情况向王秀兰乡长作了汇报，恳请乡政府帮助解决。王乡长非常重视，当即表示，乡政府尽力帮助。我听了乡长的表态，激动得热泪盈眶。后经乡党委讨论决定：同意将刘老师夫妇接到北京治疗并安置到乡敬老院居住。夫妇二人每月缴400元生活护理费，不足部分由乡政府负担。我将喜讯告诉刘老师，夫妇俩十分感动，感谢党和政府的救命之恩！

为了解决刘老师夫妇治病问题，我又到高碑店医院求助。罗椅民院长立马表示，医院尽最大努力，安置好刘老师夫妇住院治疗事宜。

1999年6月，主管教育的副乡长朱大强和我及学校领导乘坐高碑店医院的救护车前往刘老师家，将他们夫妇二人接到高碑店医院住院治疗。医院免费提供救护车，为二人提供一间病房，免费用餐，除刘老师按医保待遇外，免收李栓子的治疗费，按进价提供所需药品。刘老师看到、听到这一切，感动得不知说什么好，满含热泪哽咽地说，谢谢党和政府，我们一辈子忘不了共产党的恩情！

刘老师夫妇入住高碑店医院后，医护人员精心治疗和护理，病情得到控制和缓解。刘老师夫妇住院期间，本乡4所小学的干部、教职工和少先队员轮流到医院看望和慰问刘老师夫妇。医院的医护人员说，家有儿女的病人也没有这么多人探视，他们太幸福了！13个月后，二老出院，由学校派人将刘老师夫妇接到高碑店敬老院居住。敬老院院长亲自安排，并表示一定按乡政府领导的指示，对刘老师夫妇精心照顾和护理。敬老院为刘老师夫妇安排了宽敞明亮的房间，崭新的床和被褥、彩电、茶具应有尽有。李栓子激动地说，我们结婚时都没有这么好的条件！没有共产党我们早就不在人世了！

两年后，刘老师不幸病故。乡政府派人协助学校妥善料理后事。李栓子仍在敬老院居住，直到2006年乡敬老院拆迁。

为解决李栓子后半生的安置问题，我和学校校长、工会主席前往徐水县民政局联系。民政局主管副局长听了我们汇报李栓子夫妇的经历和在京安置情况，非常感动。她说，李栓子是我们县的孤寡老人，本应我们安置。感谢高碑店乡人民政府对我们的援助！我们将李栓子老人安置在本县最好的荣军敬老院，让老人安度晚年。

口述人简介：

赵生 男，1943年8月出生，汉族。中共党员。1962年7月参加工作任教师。1972年任朝阳区白鹿司小学革委会主任。1977年任朝阳区王四营人民公社文教组组长、小学联合党支部书记。1978年11月任高碑店学区党总支副书记。1985年5月任高碑店乡教委副主任，兼文教办主任，高碑店中心小学校长及高碑店乡小学党总支书记。2003年8月退休后留任一年。1998年，被北京市老教育工作者协会评选为尊老敬老好领导。2000年，被朝阳区教育委员会评选为“朝阳区教育系统优秀校长”。

第二十章　文　化

中华人民共和国成立前，高碑店地域民间文化活动主要是逛庙会、看花会表演。中华人民共和国成立前后，高碑店工学团成立小剧团，进行演出，配合当时土地改革运动进行宣传。六七十年代，看电影、观看业余京剧团演出，成为地域群众文化生活重要组成部分。1983 年，高碑店乡建立文化站，组织开展各类群众性文化活动。持续开展“五月的鲜花”“夏日广场”“金秋艺术节”等大型特色文化活动。2003 年，高碑店地区（乡）成立文化服务中心，各村相继成立文化管理组织。2006 年，高碑店地区（乡）举办首届端午民俗节活动，此后各类文化艺术节活动陆续展开。丰富了百姓文化生活。2020—2021 年，由市民活动中心及各村（社区）组织开展各类文化活动。

第一节　机构与设施

机构　1953—1956 年，高碑店地域没有专门负责文化工作的机构。1956 年，高碑店乡人民委员会设文教卫生委员会主管全乡文化事务。1958 年，幸福人民公社设政治组、宣传组主管政治、文化宣传工作，成立公社广播站，每天早中晚对时事、好人好事等进行广播。同年，从全公社各生产队选拔 30 余名文艺骨干和爱好者组成文工团，下设戏曲演出合唱队、文学组、美术组、电影放映队等。二十世纪六七十年代，高碑店人民公社设政工组，与共青团组织负责文化工作。

1983 年，高碑店乡建立文化站，设专职文化管理干部 1 人。1995 年，地区（乡）文化站、团委合署办公。2000 年，设文卫体科。2004 年 4 月，高碑店地区（乡）成立文化服务中心。2011 年，成立科教文体办公室。同时，成立地区（乡）社区服务中心。

2020 年，在机构改革中组建社区建设办公室，加强基层综合性公共文化设施建设，协调指导辖区开展群众性文化活动。同时，在原社区服务中心、文化服务中心基础上，整合组建市民活动中心。文化管理机构至 2021 年底未变。

1956年建成的高碑店文化馆

设施 1956年，高碑店乡在娘娘庙内建成高碑店文化馆，内设图书室，藏书15000余册。同时从事电影放映工作。1958年，高碑店文化馆与关厢文化馆合并为朝阳区文化馆，迁入朝阳区小庄新址。

80年代初期，高碑店人民公社主要村口建起用于宣传新人、新事、新风尚的文化宣传栏。1990年，高碑店乡人民政府在北花园村教师楼家委会建成文化中心，设有党员活动室、娱乐室等，后又扩建老年娱乐室，总面积达到200多平方米。

1999年9月，中国紫檀博物馆建成，位于京通快速路北侧。为仿明清建筑，占地25000平方米，展厅面积9569平方米。中国紫檀博物馆是中国首家规模最大，集收藏研究、陈列展示紫檀艺术，鉴赏中国传统古典家具的专题类民办博物馆。

2003年，甘露园小区在居委会院内建成高碑店地区（乡）第一个小区图书馆，面积200平方米，有图书近4万册。2005年，半壁店村投入130万元建成半壁店村文化广场，位于西店街心公园，面积3000余平方米。

2007年，高碑店地区（乡）建成文化服务中心，位于康家园小区1号楼北侧，占地面积3000平方米。内设舞蹈室、阅览室、电教室、培训室等功能区，设备齐全。中心内建有高碑店地区（乡）图书馆，面积130平方米，藏书近12000册，面向大众开放。同年，北京励志堂科举匾额博物馆在高碑店村建成，占地面积约3000平方米，集藏科举匾额600余方，古砚500余方。

2008年，晋商博物馆建成，位于朝阳区四惠桥东侧，建国路58号。馆舍全部为仿古建筑，建筑群落总面积约20万平方米，主体建筑面积约3万平方米，内设10个基本陈列厅，藏品40000余件，是全国规模最大、馆藏最为丰富的晋商专题民营博物馆。同年，高碑店村文化广场建成。建有162平方米大舞台和1000平方米活动广场，配备100平方米电子显示屏。至2011年，陆续新建龙王庙、将军庙、孝悌园，成为附近村民重要文化活动场所。

2021年7月6日，乡机关图书阅览室建成，位于机关大楼6层，馆藏图书3000余册。截至2021年底，高碑店地区（乡）共建成大小公共文化设施104处。

2021年高碑店地区（乡）公共文化设施一览表

表20-1

序号	名称	面积（平方米）	建立年份	登记类型
1	花北东教师楼党员活动室	63	1990	社区文化中心
2	花园闸北里东社区教师楼娱乐室	31	1990	社区文化中心
3	花园闸北里东社区老年娱乐室	150	1999	社区文化中心
4	中国紫檀博物馆	33000	1999	博物馆（民办）
5	高碑店村民委员会活动中心	120	2003	村文化中心
6	丽景馨居小区活动室	80	2003	社区文化中心
7	丽景馨居小区图书室	70	2003	社区图书室
8	半壁店村图书室	80	2004	村图书室
9	半壁店村民委员会文化中心	90	2004	村文化中心
10	甘露园南里二社区活动室	120	2004	社区文化中心
11	甘露园南里二社区图书室	80	2004	社区图书室
12	高井村活动室	200	2004	村文化中心
13	高井村图书室	80	2004	村图书室
14	太平庄北社区文化中心	66	2004	社区文化中心
15	半壁店方家村活动中心	200	2005	村文化中心
16	半壁店村西店活动广场	2760	2005	村文化中心
17	北京排水科普馆	2000	2005	博物馆（民办）
18	高碑店村益民书屋	130	2005	益民书屋
19	北京励志堂科举匾额博物馆	2600	2006	博物馆（民办）
20	朝阳图书馆高碑店地区分馆	120	2006	图书馆
21	高井村民委员会益民书屋	200	2006	益民书屋
22	花园闸北里东社区图书室	60	2006	社区图书室
23	花园闸北里东社区文化中心	90	2006	社区文化中心
24	康家园东社区文化中心	100	2006	社区文化中心
25	康家园西社区活动室	85	2006	社区文化中心
26	八里庄村第一工作站活动室	120	2007	村文化中心
27	八里庄村活动室	90	2007	村文化中心
28	半壁店村小郊亭活动中心	80	2007	社区文化中心

续表 20-1

序号	名称	面积（平方米）	建立年份	登记类型
29	北花园村图书室	15	2007	村图书室
30	北花园村民委员会活动中心	120	2007	村文化中心
31	高碑店地区图书馆	130	2007	乡镇图书室
32	高碑店琦檀宇艺术博物馆	3000	2007	博物馆（民办）
33	康家园东社区图书室	100	2007	社区图书室
34	太平庄南社区居委会活动中心	60	2007	社区文化中心
35	太平庄南社区居委会图书室	33	2007	社区图书室
36	兴隆家园社区图书馆	40	2007	社区图书室
37	兴隆家园社区文化服务中心	120	2007	社区文化中心
38	中国艺术研究院中国油画院	8000	2007	博物馆
39	高井村白家楼文化中心	600	2008	村文化中心
40	大黄庄社区居委会活动中心	70	2008	社区文化中心
41	甘露园南里二社区文化广场	650	2008	社区文化中心
42	甘露园南里一社区文化中心	100	2008	社区文化中心
43	花园闸北里西社区图书室	200	2008	社区图书室
44	花园闸北里西社区文化中心	200	2008	社区文化中心
45	晋商博物馆	16800	2008	博物馆（民办）
46	通惠家园社区图书室	25	2008	社区图书室
47	高井村史博物馆	270	2009	博物馆
48	惠民园中心广场	600	2009	社区文化中心
49	惠生园中心广场	400	2009	社区文化中心
50	通惠家园社区活动室	110	2009	社区文化中心
51	通惠家园社区居委会文化中心	120	2009	社区文化中心
52	高碑店村东区村民委员会活动室	150	2010	村文化中心
53	高碑店村活动中心	200	2010	村文化中心
54	高碑店东社区五环桥南广场	1500	2010	社区文化中心
55	康家园小区 18 号楼西侧广场	350	2010	社区文化中心
56	丽景馨居社区活动室	100	2010	社区文化中心
57	高碑店村手炉博物馆	70	2010	博物馆（民办）
58	八里庄村文化活动中心	1200	2011	社区文化中心
59	兴隆家园社区活动中心	100	2011	社区文化中心

续表 20-1

序号	名称	面积（平方米）	建立年份	登记类型
60	高碑店村史博物馆	850	2012	博物馆
61	花园闸北里东社区残疾人活动室	36	2012	社区文化中心
62	花园闸北里东社区党群阳光驿站	70	2012	社区文化中心
63	兴隆家园南区活动室	183	2012	社区文化中心
64	花园闸北里东社区老年活动室	46	2013	社区文化中心
65	花园闸北里东社区文化活动室	90	2013	社区文化中心
66	力源里社区图书室	40	2013	社区图书室
67	太平庄南社区党员活动室	56.15	2013	社区文化中心
68	太平庄南社区多功能厅	174.51	2013	社区文化中心
69	太平庄南社区服务站大厅	145.36	2013	社区文化中心
70	太平庄南社区老年活动室	32.38	2013	社区文化中心
71	太平庄南社区日间照料室	22.8	2013	社区文化中心
72	太平庄南社区图书室	38.25	2013	社区图书室
73	太平庄南社区文体活动室	94.5	2013	社区文化中心
74	兴隆家园 4 号楼图书室	200	2013	社区图书室
75	力源里社区图书借阅室	25	2014	社区图书室
76	力源里社区文化活动室	166	2014	社区文化中心
77	太平庄社区图书室	20	2014	社区图书室
78	高碑店东社区活动室	150	2015	社区文化中心
79	高碑店东社区五环桥北广场	2000	2015	社区文化中心
80	花园闸北里西社区社区长廊	120	2015	社区文化中心
81	花园闸社区多功能活动室	200	2015	社区文化中心
82	花园闸社区教育大讲堂	200	2015	社区文化中心
83	花园闸社区图书室	234	2015	社区图书室
84	花园闸社区图书阅览室	70	2015	社区图书室
85	太平庄社区活动室	20	2015	社区文化中心
86	通惠河畔多艺德文创沙龙	300	2015	村文化中心
87	兴隆家园社区兴隆书苑	40	2015	社区图书室
88	汇星苑儿童游乐场	100	2016	社区文化中心
89	汇星苑羽毛球场	300	2016	社区文化中心
90	太平庄北社区北京琴书传承基地	100	2017	社区文化中心

续表 20-1

序号	名称	面积（平方米）	建立年份	登记类型
91	半壁店村史馆	932	2018	博物馆
92	方家园社区同心园党建主题公园	5000	2018	社区文化中心
93	高碑店东区文化广场	3000	2018	社区文化中心
94	西店社区畅舞坊	40	2018	社区文化中心
95	西店社区墨香堂	20	2018	社区文化中心
96	兴隆家园 3 号楼地下活动室	424	2018	社区文化中心
97	高井党建馆	440	2018	党建主题文化中心
98	八里庄村史陈列室	240	2019	博物馆
99	汇星苑社区叠彩园健身园	50	2019	社区文化中心
100	西店社区阅习室	40	2019	社区图书室
101	西店社区残疾人康复活动室	100	2020	社区文化中心
102	“红店”党建主题园区	12000	2020	党建主题园区
103	白领家园 2 号楼文化中心	900	2020	社区文化中心
104	机关图书阅览室	205	2021	图书馆

第二节　文化生活

文化组织　民间花会组织。清末民国初，高碑店地域主要有高碑店村高跷老会（大秧歌）和小郊亭村小车会。关于高碑店村高跷老会相关内容详见本章第三节“非物质文化遗产”。小郊亭小车会为小郊亭村民自发组建，发起人有高德奎、高德海、宋德海、姜子庭、张福林、康毅、李景惠、李富、王凤岐等。表演主要道具是一辆小车，车上搭有带彩球、穗子的布凉棚，下面是用彩色绸布画有车轮图案做成的围挡。表演时以锣、鼓、镲等乐器伴奏。主要表演人物有推车老汉、坐车娘娘、膏药公子、丑婆子等，后又增加许多角色，如罗锅儿、跑驴儿、大头娃娃等扮相。由于小车会表演贴近百姓生活，深受村民喜爱。民国初期参与人数近 50 人，每逢大年初一至初五，在高碑店村庙会走会。平时在地域附近红白喜事上参与表演。20 世纪 40 年代末至 50 年代初，小郊亭小车会规模在 30 人左右，有频繁演出，曾参加在南小街牌楼的表演。50 年代末至 60 年代初，参加除“四害”宣传表演，在开挖密云水库前进行过表演。“文化大革命”初期，小郊亭小车会停止演出活动。

20 世纪 80 年代中期，半壁店生产队群众自发组建小车会，以自娱自乐为主。1995 年，生产队在队员自己出资的基础上，给予一定的资金支持，小车会购置了服装、道具等，并正式命名为“半壁店村同心共乐小车圣会”，会员有尹世昌、丰淑英（女）、陈桂增、罗德荣、董文海等。1995年、1999年，小车会分别参加了雪银大厦和中国紫檀博物馆的开业典礼活动。

2004年，半壁店村党总支和村委会在全村大力开展文化活动，为小车会添置服装、道具，开辟活动场所，制作会旗，小车会成为半壁店村全资支持的花会组织。2013年，半壁店社区成立后，小车会由社区管理。至2021年以前，小车会除为本地村民表演，还多次应邀外出参加汇演，均获得好评。

2012年，半壁店村“同心共乐小车圣会”表演

艺术类文化组织。1991年，半壁店村成立农民书画研究会。1994年，高碑店地区（乡）成立书画研究会。2005年5月，为丰富群众文化生活，促进地区文化建设，地区（乡）成立艺术团，下设7个艺术团队。其中，创作团56人、京剧团98人、合唱团95人、手工艺团14人、舞蹈团106人、摄像团7人、乐器团19人。

2006年，辖域各建制村和部分社区相继组建文化社团。高碑店村成立菊韵京剧研习社，甘露园南里一社区成立夕阳红合唱队，康家园东社区成立春之声合唱队等。2009年，全地区（乡）有8个业余文艺协会，117支文化队伍。2010年7月，成立北京兴隆合唱团。2011年，高碑店西社区成立夕阳红合唱团，人数达到80人。2014年，高碑店东社区成立聚艺社艺术协会，甘露园南里一社区成立同乐书法班，花园闸北里西社区成立笔之韵书法班，通惠家园社区成立舒心坊工作室。2019年11月，八里庄村成立幸福书法协会。截至2021年底，全地区（乡）有各类文艺团体100余个，涉及美术、书法、摄影、音乐、舞蹈、戏剧、曲艺、模特走秀等多个类别团队。常年举办活动的书法、书画协会（班）10个。

2021 年高碑店地区（乡）部分文化组织一览表

表 20-2

单位名称	团队名称	成员数（人）	成立年份	活动场所
高碑店地区（乡）	书画研究会（书画协会）	50	1994	乡文化服务中心
高碑店村	腰鼓队	195	2003	漕运文化广场
	菊韵京剧研习社	30	2006	高跷活动站
	威风锣鼓队	71	2009	漕运文化广场
	高跷队	45	2011	高跷博物馆
	书画协会	35	2015	高碑店村西区二层会议室
八里庄村	八里庄村舞蹈队	28	2014	八里庄村党群服务中心
	幸福书法协会	30	2019	八里庄村党群服务中心
北花园村	百花舞蹈队	30	2003	北花园小区
半壁店村	农民书画研究会	30	1991	半壁店村民委员会活动室
	彩茹舞蹈队	20	2008	半壁店村党群活动中心
高井村	声动高井	8	2017	高井党校
甘露园南里一社区	夕阳红合唱队	50	2006	社区活动室
	欢乐舞蹈队	20	2007	社区活动室
	同乐书法班	25	2008	社区活动室
	枫叶国画班	25	2011	社区活动室
甘露园南里二社区	舞动风采舞蹈队	36	2004	甘露园南里二社区活动室
	唱响未来合唱团	80	2004	甘露园南里二社区活动室
	花为媒评剧社	12	2006	甘露园南里二社区活动室
	舞动风采太极拳队	22	2016	甘露园南里二社区活动广场
	靓丽玫瑰模特队	41	2019	甘露园南里二社区活动室
花园闸北里东社区	花东社区舞蹈队	16	2006	社区活动室
	花东社区合唱队	35	2006	社区活动室
	花东社区京剧组	7	2007	社区活动室
	花东社区美术绘画小组	15	2011	社区活动室
	花东社区电脑班	20	2012	社区活动室
	花东社区摄影小组	15	2014	社区活动室
	花东社区演艺小组	9	2015	社区活动室
	花东社区丝网花小组	15	2015	社区活动室

续表 20-2

单位名称	团队名称	成员数（人）	成立年份	活动场所
花园闸北里西社区	花西舞蹈队	10	2017	花园闸北里西社区活动室
太平庄北社区	太平庄北社区模特队	15	2017	社区二层舞蹈室
	太平庄北社区合唱队	25	2017	社区二层舞蹈室
	北京琴书	8	2018	社区三层泰和曲艺社
	太平庄北社区二胡小组	5	2019	社区三层活动室
太平庄南社区	风之韵	31	2008	太平庄南社区活动室
	火之舞	24	2008	太平庄南社区活动室
	红纽带	12	2018	太平庄南社区活动室
康家园西社区	永葆青春合唱队	55	2006	康家园西社区活动室
	婀娜多姿舞蹈队	20	2007	康家园西社区活动室
	秀美夕阳模特队	20	2007	康家园西社区活动室
	康西俏夕阳秧歌队	20	2007	康家园西社区活动室
	春之声女声小合唱	15	2008	康家园西社区活动室
	夏之韵男声小合唱	15	2008	康家园西社区活动室
	舞蹈青春交谊舞队	20	2012	康家园西社区活动室
康家园东社区	春之声合唱队	30	2006	康家园东社区活动室
	梦幻舞蹈队	30	2007	康家园东社区活动小广场
大黄庄社区	金秋艺术合唱团	20	2006	大黄庄社区活动室
兴隆家园社区	七彩佳星舞蹈队	30	2009	兴隆家园南区活动室
	夕阳红健身队	38	2009	兴隆家园南区活动室
	兴雅京剧社	20	2009	兴隆家园 3 号楼地下活动室
	北京兴隆合唱团	72	2010	兴隆家园南区活动室
	兴隆金色时光模特队	27	2010	兴隆家园南区活动室
	兴隆中标舞舞星舞蹈队	60	2012	兴隆家园 3 号楼地下活动室
	尽情歌唱团	30	2012	兴隆家园南区活动室
	怡美人生拉丁舞队	30	2012	兴隆家园南区活动室
	飞扬交谊舞队	40	2014	兴隆家园南区活动室
	兴隆金葫芦乐坊	39	2015	兴隆家园南区活动室
	兴隆弹拨队	23	2018	兴隆家园南区活动室
	兴隆家园空竹队	40	2019	兴隆公园
	兴隆家园书法班	20	2019	兴隆家园南区活动室

续表 20–2

单位名称	团队名称	成员数（人）	成立年份	活动场所
通惠家园社区	金秋舞蹈队	33	2005	通惠家园社区活动室
	巧手布艺班	10	2006	通惠家园社区活动室
	陶然书法协会	10	2008	通惠家园社区活动室
	梨园票友队	10	2009	通惠家园社区活动室
	快乐民乐队	20	2012	通惠家园社区活动室
	金秋萨克斯队	10	2015	通惠家园社区活动室
	丽景舞蹈队	20	2009	丽景活动室
	丽景交谊舞队	20	2009	丽景活动室
	丽景合唱团	60	2010	丽景活动室
	丽景电声乐队	15	2015	丽景活动室
	丽景民乐队	30	2015	丽景活动室
高井社区	高井社区摄影团队	5	2020	高井服务大厅
	高井社区朗诵队	6	2020	高井服务大厅
高碑店东社区	葫芦丝队	12	2018	社区三层活动室
	非洲鼓队	7	2019	社区三层活动室
高碑店西社区	百人腰鼓队	94	2003	漕运文化广场
	好心情秧歌队	32	2003	社区二层活动室
	巧媳妇协会	30	2007	社区二层活动室
	夕阳红合唱团	80	2011	社区二层活动室
	广场舞队	30	2012	漕运文化广场
	交际舞队	40	2012	漕运文化广场
	花样年华模特队	30	2018	社区二层活动室
西店社区	文羽墨书法协会	8	2015	西店社区
	“忆芳华”老年模特队	26	2020	西店社区
方家园社区	夕阳红舞蹈队	20	2000	社区活动室
	金色年华合唱队	50	2006	社区活动室
	凤玲珑剪纸协会	15	2015	社区活动室
	粉黛工艺坊	15	2015	社区活动室
	耄雅苑书法协会	10	2016	社区活动室
文化园社区	文化园广场舞队	16	2014	文化园社区活动中心
	文化园合唱队	40	2020	文化园社区服务中心

续表 20-2

单位名称	团队名称	成员数（人）	成立年份	活动场所
文化园社区	墨香溢园书画协会	20	2020	文化园社区服务中心
半壁店社区	同心共乐小车圣会	30	1995	两广大厦
	胜羽舞蹈队	10	2004	半壁店消防站一层
	悦老韵味社	5	2006	半壁店消防站一层
	德艺双馨舞龙社	10	2016	半壁店消防站一层
小郊亭社区	轻舞飞扬舞蹈队	20	2012	方家村玻璃厂大院内
	国韵香戏曲队	7	2015	
	俏夕阳合唱队	30	2015	
花园闸社区	新飞逸太极队	10	2015	社区活动室
	花园闸社区舞蹈队	15	2015	社区活动室
力源里社区	爱乐合唱团	60	2014	社区活动室
	英姿舞蹈队	16	2014	社区活动室
	力源里交谊舞队	12	2014	社区活动室
水南庄社区	紫水晶合唱队	60	2014	社区活动室
	紫梦幻舞蹈队	20	2014	社区活动室
	紫巴乌小乐队	10	2014	社区活动室
	紫羽宣书法班	16	2014	社区活动室
	紫竹韵快板队	12	2017	社区活动室
太平庄社区	武动夕阳太极社团	10	2019	阿曼寓所小广场
太平庄北社区	泰和书画院	20	2020	社区三层书画室
太平庄南社区	墨香书画班	10	2020	社区活动室
古街社区	中国民间艺术体验馆	10	2012	家具街华伦古典家具 3 层
	腰鼓队	35	2018	古街社区二层多功能厅
	红色古韵合唱团	40	2018	古街社区二层多功能厅
	彩韵升辉交谊舞队	20	2019	古街社区二层多功能厅
	靓丽古街广场舞队	20	2019	古街社区二层多功能厅
	汇星苑社区星光太极队	40	2017	汇星苑小区小广场
	汇星苑社区星光艺术团	35	2018	汇星苑社区活动室
	汇星苑社区畅响合唱团	40	2018	汇星苑社区活动室

文化活动 中华人民共和国成立初期，高碑店地域村民的文化娱乐活动主要集中在赶历年传承的龙王庙、关帝庙、朝阳庵、五圣祠和娘娘庙五大庙会。在赶庙会中，尤以每年五月初一到初五的娘娘庙会最为热闹。高碑店高跷老会成立后，村民的主要娱乐活动大多集中在赶庙会及观看高跷老会表演。

1946年，王润黎创立高碑店工学团小剧团，开展多种文艺活动。初始时，北京师范大学来的教员私下里教学员唱一些革命歌曲，如《团结就是力量》《黄河大合唱》《向自由》《义勇军进行曲》《延安颂》等，慢慢地这些歌曲在高碑店民众中传唱开，创造了良好的革命氛围。后来，工学团学员又排演《兄妹开荒》《夫妻识字》《王大娘补缸》等小歌剧进行演出，还根据京剧《打渔杀家》改编《讨渔税》，反映当时的社会现实。这些剧目在公众场合演出后，颇受群众喜爱和欢迎。1949年1月31日，北平和平解放，土地改革运动轰轰烈烈开展起来，工学团为配合这场运动，排演大型歌剧《白毛女》《赤叶河》《王秀鸾》等。这些剧目在附近许多乡村演出，每次都有众多民众前往现场观看。工学团唱革命歌、演革命戏，成为高碑店文化活动的一道风景线。

1950—1980年，看电影成为高碑店地域群众极大的精神享受。地域内没有可供放映的室内场所，放映员下乡放电影多在学校操场、场院或村庄的空旷之地。50年代，人们看电影主要去附近机关、工厂等单位。60年代初，高碑店人民公社成立放映队。放映队轮流到各村放映，主要是革命题材电影、“样板戏”。七八十年代，看露天电影是那个时代农民难得的精神享受，村里来人放电影能让孩子们兴奋上好几天。露天电影成为那一代人的记忆，在那个文化生活单调的年代，露天电影让人们看到了自己外面的世界，满足百姓精神上的需求。

从80年代初开始，全乡每年都举办“五月的鲜花”“夏日广场”“金秋艺术节”传统文化活动，年年坚持，直至2021年。每逢元旦、春节、劳动节、儿童节、“七一”、建军节、国庆节等重要节日，全乡以不同形式组织文艺演出庆祝。

1984年，为丰富群众文化生活，高碑店乡举办武术班、裁剪班、音乐班3个业余辅导班，群众踊跃报名参加。乡聘请朝阳区体委、文化馆老师教大家学习拳术和音乐知识，共举办3期，252人参加。

80年代中后期，高碑店乡羊毛衫厂成立电声乐队，配备电吉他、电贝司等乐器，利用业余时间排练演出，丰富职工业余文化生活。

1996年，地区（乡）开展春节联欢活动、“五月的鲜花”歌咏比赛，与外单位举办足球友谊赛、羽毛球比赛。9月25日，在兴隆公园举办金秋艺术节游园会大型文化活动，参加群众3000余人次。

2001年，地区（乡）成立春节文化活动领导小组，利用多种形式，开展丰富多彩、喜闻乐见的文化娱乐活动。组织高碑店村民委员会返老还童秧歌队和康家园第一居委会秧歌队参加朝阳区第四届双百杯新秧歌大赛，分别取得第一名和第二名。各村民委员会、各居（家）委会开展丰富多彩的迎新春娱乐活动，有卡拉OK赛、秧歌表演、棋类比赛、春节茶话会等，丰富群众的文化娱乐生活。正月初三在康家园小区老年活动站举办迎新春节联欢活动，内容有木兰扇表演、猜谜语、象棋比赛、京剧清唱、现场书法、绘画等，中央电视台的摄像组到现场进行采访和摄像，并于当天晚上《新闻联播》节目中播出。

高碑店地域的文化活动受到国际友人欢迎。2006年元宵节期间，北京电视台《荧屏连着我和你》摄制组在高碑店村拍摄正月十五特别节目。邀请了墨西哥、牙买加、突尼斯、孟加拉国4国大使以及克罗地亚、匈牙利、澳大利亚、科威特、尼泊尔、斯里兰卡6国大使及夫人等26人，与高碑店村民共度元宵佳节。同年5月，高碑店地区（乡）与朝阳区文化委共同举办首届端午节民俗文化活动。文化节在高碑店村民俗文化园和古典家具街举行。由开路、五虎棍、秧歌、中幡、狮子、双石头、石锁、杠子、花坛、杠箱、天平、吵子、胯鼓组成的“幡鼓齐动十三档”花会首次亮相华夏民俗园，再现明清北京花会的全盛时期景象，这是“十三档花会”首次亮相北京高碑店。同时，已有700余年历史、绝迹40余年的高碑店“娘娘庙会”重现昔日热闹场景。现场还举办端午民俗包粽子比赛，将十几种北京传统民俗特色风味小吃引入民俗节活动，受到群众欢迎。同年9月，第九届国际旅游文化节分会场设在高碑店村，俄罗斯、西班牙、德国、法国4个国家的121名演员应邀参加演出。10月13日，高碑店村在“第九届国际旅游文化节”中获得最佳影响力奖。

2015年8月15日，高碑店首届中国书画艺术节在高碑店村举办，坐落于高碑店村的中国油画院、中国雕塑院、清华美院书画高研班、科举匾额博物馆等25家院馆联合展出百位大师万件艺术作品免费供村民观赏。

2018年，高碑店地区（乡）举办第一届民族文化国粹艺术节，来自14个社区的30余名演员为现场观众展示14段经典京剧曲目选段。

2019年12月17日，为庆祝中华人民共和国成立70周年，北京曲协“一城三带”主题文艺创作展演走进西店社区，首都多位知名曲艺艺术家联袂用相声、大鼓等百姓喜闻乐见的曲艺形式，为居民们献上一道“京味”曲艺盛宴。

2020年9月25日，高碑店地区（乡）举办“凝心聚力、众志成城”金秋艺术节，采取线上、线下方式同时直播，在线人数达90万人次。

2021年6月11日，为迎接建党百年华诞和端午佳节，弘扬传统文化，推进大运河文化保护、传承，高碑店地区（乡）举办首届大运河通惠河畔文化节。文化节包括开幕式、端午龙舟比赛、建党百年革命歌曲演唱、民俗表演、大运河图片展、文化产业园荟萃展等文化活动。

第三节　非物质文化遗产

高碑店地域最主要的非物质文化遗产是高碑店村高跷秧歌。高碑店村高跷秧歌形成于19世纪后期。当时，高碑店村有一座非常有名的庙叫“天仙宫”，百姓俗称“娘娘庙”。农历每年的五月初一至初六是娘娘庙庙会。每逢庙会，热闹非凡，城东地区的很多百姓齐聚高碑店娘娘庙附近，烧香祈愿，经商购物，游逛消遣。特别是娘娘庙前锣鼓喧天的十三档花会，更是吊足了不少人的胃口，争相前往观看，或为庆祝五月的丰收，或为舒缓一下春夏之交的疲惫，庙会的氛围异常火爆。这就启发了高碑店村当地村民，要成立自己的一档花会。

清光绪十二年（1886），高碑店村民张家斌创立高碑店高跷老会。村内原有秦姓村民组织的“童子军高跷队”，张家斌对其进行正规化整顿，严格筛选“童子军高跷队”中的五六名成员组成高跷老会的正式队员，并聘请双桥东咸宁侯村的花会教头韩托子任教练，提高队员的专业化水平，使高跷老会走上正轨。高跷老会成立时，会旗上写的是“东便门外公议助善秧歌圣会”，所以习惯上称为“大秧歌”。一般的高跷表演都是12个人，而高碑店村的高跷是双角色，共14个人。角色扮相齐全，生、旦、净、末、丑行行都有，文武双全，自成一家。第一代高跷会演员个个都有自己的拿手绝活，如扮演花子的外号“张铲头”，腿上功夫非常好，在娘娘庙前的十三层台阶上，三个翻身能从上面翻到最底层，翻过来又从最底层一层一层反铲到最上层，而且每铲一层都和锣鼓点合拍，行云流水，一气呵成，达到炉火纯青的境界。

相传高碑店村高跷老会成立后，在隆福寺进行贺会，前来贺会的花会有一百三十八堂（也有人说是一百零八堂）。在得到各档花会的认可后，高碑店高跷老会开始参加各种走会。当时走会比较频繁，每年的春节、二月二、端午节都要走会。走过的地方包括窦各庄（今豆各庄）、老君堂、观音堂、北花园、酒仙桥、中山公园、北海公园、先农坛等，其中很多走会都是为了赈灾助善，与公议助善的宗旨相吻合。五月节娘娘庙庙会走会主要是为了给娘娘送驾，高跷老会在整个流程中扮演重要角色。中华民国时期，高跷老会最盛大的走会是民国14年农历四月二十七至五月初一（1925年6月17—21日）在京城举行的“热河筹赈北海游艺大会”，6月18日这天进行表演。民国14年（1925），高跷老会同其他花会共三十六堂为“左安门外红寺村太平同乐秧歌圣会”贺堂。民国33年（1944），广渠门高跷会的会头阮永成邀请包括高碑店高跷老会在内的五档高跷花会，在广渠门外的石香炉走会。其他花会分别是二道街的高跷会、十八里店前旗庄的高跷会、唐家坟的高跷会、广渠门白桥的高跷会。这是一场规模较大的花会大比武，出场时由于高碑店高跷老会起动快，刹点快，拔了个头筹。会演中，又以文跷逗得有趣，妙趣横生，武跷功夫过硬，动作奇巧，从而赢得了第一的美誉。

至中华人民共和国成立前，高碑店高跷老会在张家斌、王茂、刘露等会头带领下，传承和发展高跷文化，丰富了地域群众文化生活。

50年代前期，高跷老会继续参加庙会表演。1954年，参加国庆庆典活动。50年代末至70年代末，高碑店高跷老会停止活动。

1987年，高碑店村高跷秧歌荣获“龙潭杯”优秀表演奖

1979年，高碑店生产大队决定恢复高跷老会。老会员刘祥任会长，张文玉任总教练，王忠、卢德海、张合担任教练。通过三个月的努力训练，高碑店村重新组建起以陈光先等老演员为主的高跷会和以“娃娃兵”为主的少年高跷会。1980年春节期间，两支高跷队首次公开表演，前来观看者众多。1987年，高碑店村高跷会接受崇文区龙潭湖庙会组委会邀请，参加来自全国各地的多支花会会演。为了保证比赛的公正性和高水平，龙潭湖庙会组委会请来的评委除了一些民间花会领域的老艺人外，还有国内著名的舞蹈家贾作光，剧作家、文学家吴祖光等文艺界知名专家学者。此次花会初赛在朝阳区进行，高碑店高跷会由于准备充分，顺利获取了进入复赛资格。决赛中，高跷会整个表演行云流水、自然流畅，尤其是扮演膏药的张爱民，踩着高跷在大方桌上拿大顶，稳健优美、舒展大方，赢得评委们的一致好评。武扇张爱革的每个动作都很到位，各个角色之间的配合也恰到好处。比赛结束，经过评委的严格考评，获龙潭杯民间花会大赛优秀表演奖。1988年、1989年连续参加龙潭杯花会表演赛，均获得好成绩。

21世纪初，高碑店村再度重整高跷会，推动高跷文化走向世界。2003年10月，高碑店高跷会由张文秀担任会长，陈光先、张文玉、陈庆余担任教练。演员有“小头行”张岳、“大头行”张爱星、“武扇”张爱革、“文扇”徐海滨、“头锣”张爱东、“二锣”刘庆海、“头鼓”张爱利、“二故”张爱军、“渔猫”彭大龙和刘庆华、“后兰”彭志江、“花子”林德帅、“背药”张爱民、“老太”张永春等。这批演员功底扎实、表演经验丰富。经过不

2005 年 2 月，高碑店村高跷秧歌在英国伦敦特拉法尔加广场演出

断排练、表演，高跷秧歌形成了独具特色的剧目，如《西厢记》《打渔杀家》等。2004 年元宵节期间，高碑店村举办花会表演，高跷秧歌精彩的高跷表演受到村民和观众的欢迎。

2005 年 2 月，高碑店村高跷会 31 名队员走进英国伦敦市中心特拉法尔加广场，参加“北京风情舞动伦敦”活动，其精彩表演得到了数万游客的阵阵喝彩。这是高碑店高跷秧歌首次走出国门进行表演，将高跷文化展现在世界观众面前。2006 年 1 月，高碑店少儿高跷队远赴澳大利亚悉尼，参加“北京风情舞动悉尼”活动，成为传播中国民俗文化的使者。2007 年，再次踏出国门，参加“北京风情舞动洛杉矶”活动，在好莱坞明星大道上进行精彩表演，受到洛杉矶市长的接见。2009 年，高碑店高跷秧歌在加拿大渥太华华人街进行高跷表演。

2009 年 10 月 12 日，高碑店村高跷秧歌被列入第三批北京市级非物质文化遗产名录。

2009 年 10 月，高碑店村高跷秧歌被评为北京市级非物质文化遗产

至 2021 年，高碑店村高跷秧歌频繁活跃在地方文化舞台上。每年参加“二月二民俗文化节”表演。2014 年 6 月 2 日，在延庆参加北京市首届“非遗大观园”端午游园会。同年 10 月 1 日，参加在朝阳公园举办的国庆游园会演出活动。2021 年 6 月，在高碑店地区（乡）举办的首届大运河通惠河畔文化节上作精彩表演。

第四节　文艺创作

清朝时期，通惠河二闸一带是京东游玩胜地，文人墨客经常划船泛舟而过，留下一些诗篇。清代诗人敦敏（1728—1796）就曾写下数首关于水南庄、朝阳庵的诗篇①，描绘当时高碑店地域的自然风光和百姓生活。

水南庄

〔清〕敦敏

缓步临流四野赊，水南庄外钓竿斜。
小桥野草归村路，隔岸垂杨卖酒家。
芦荻烟深聚网罟，苹波水暖长鱼虾。
小园终日闲双手，种菜还兼学种瓜。

水南庄题壁同敬亭贻谋用苏韵

〔清〕敦敏

荒尽园林颓尽山，泊船此地共留连。
废祠亭畔生新草，村菜篱根漱野泉。
隔岸绿杨茅店酒，片帆飞鸟夕阳天。
诗人老去空流水，谁复当年逸事传。

水南庄即事二首

〔清〕敦敏

其一

斧声遥向水声传，伐木丁丁两岸边。
好雨今年春涨满，临河争补钓鱼船。

其二

柳丝拂拂柳花飞，晴雪河干鱼正肥。
落日烟汀收钓艇，绿阴深处网人归。

① 来源于（清）敦敏撰：《懋斋诗钞》，清稿本，中国国家图书馆藏。

和敬亭夜宿朝阳庵兼忆旧游

〔清〕敦敏

记取西风古寺眠，联床小话早秋天。
归渔别浦横孤艇，枯衲当门烹涧泉。
村肆夜沽老鹳酒，佛龛醉证野狐禅。
芦花细雨烟深处，今独怜君买钓船。

20世纪40年代，随着近代各类文艺形式传入，高碑店地域兴起文艺创作。1946年，王润黎在高碑店村创立高碑店工学团小剧团，不断组织学员根据形势变化创作、表演文艺曲目。50年代，地域普通社员、机关干部有一些文艺作品问世，高碑店人民公社机关干部李海的这首诗，生动再现了当时高碑店地域的自然风光、百姓生活和社会发展：

徒步偶游高碑店，池塘连片似江南。
闸口水声涌呼啸，树影倒挂在河间。
东方未明鱼人起，日落西山不回还。
黑夜行舟如白昼，跃进歌声震动天。

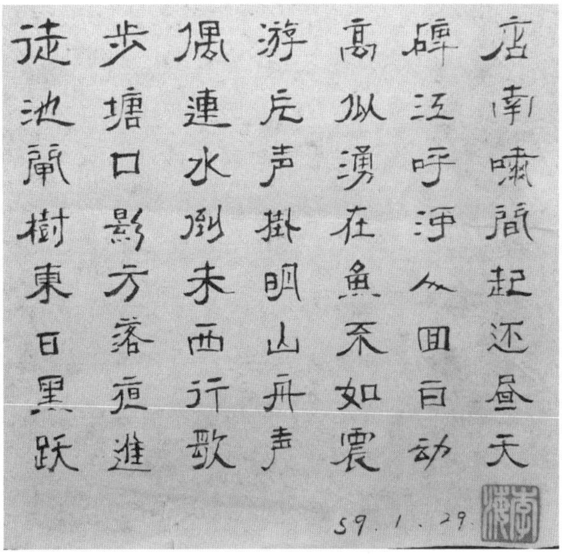
徒步偶游高碑店
池塘連片似江南
閘口水声湧呼嘯
樹影倒掛在河間
東方未明魚人起
日落西山不回还
黑夜行舟如白昼
跃進歌声震动天
59.1.29.

李海手书原稿（李翠华提供）

八九十年代，地域群众文学艺术创作热情高涨，自发创作出很多优秀的文艺作品。高碑店村民张文玉、司德顺等人创作的《渔家乐》《古闸恋》等作品，写出了高碑店村的地域特色和风土民情。

渔家乐

张文玉

划船撒网远世俗，岸边搭上一茅屋。
数亩方塘盛碧水，西行垂柳半坡芦。
朝披紫露同鸟语，夕阳红火撒金钩。
嬉闹顽童惊午梦，渔歌一曲老还童。

晨景

张文玉

夜雨晨晴彩霞迷，天水一色映红辉。
踏坝登高观村景，梦幻仙境显神奇。

古闸恋

司德顺

驾舟摇橹游京东，平津古闸把水横。
闸漕水激百舟行，古闸两侧驻神灵。
禽鸟鸣唱欢悦曲，不解高碑劳作情。
北岸将军挑大指，北岸龙王掩青松。
光照石壁水映红，岸堤芦苇郁葱笼。
岸旁少女收苇呐，手指水草落蜻蜓。
纤夫拉纤纤道行，炎日河道赛蒸笼。
浑身汗水似淋雨，时闻二闸响锣声。
粮艘靠岸进茶棚，渴饮粗茶沐清风。
远望河滩落白鹭，近闻柳岸百鸟鸣。
禽鸟鸣唱欢悦曲，不解高碑劳作情。
碧水奔流终无日，古闸沧桑临晚风。

21 世纪初期，高碑店地区（乡）为促进文化产业发展，深入发掘地方历史文化资源，出版多部文化类书籍。2005 年 10 月，顾大明主编的《风采高碑店》由华夏出版社出版，生动真实叙述了高碑店村高跷会的发展历程。2006 年 5 月，地区（乡）成立艺术团，其中就有创作团，有文艺爱好者 56 人，共创作近百件文学、书法、摄影等艺术作品。同年高井村党总支组织编写《高井大日志（2004—2005 年）》，详细介绍了高井村党总支、村民委员会的工作，记述了高井村在各领域、各行业取得的发展成就。同年，北京民俗博物馆组织专家对北京郊区进行民俗调查，首选高碑店村。此次民俗调查研究成果《高碑店村民俗文化志》由民族出版社于 2007 年 1 月出版，详细记述了高碑店村的历史、文化和民俗，包括京城脚下的码头与村镇、村落庙宇承载的历史记忆、商农结合的高碑店街市、卖鱼的高碑店人、五月节的娘娘庙庙会、“公议助善”高跷老会、过大年中“抢银水”、喜轿铺与放河灯等篇章。

2007 年，继续挖掘地域文艺创作资源，鼓励业余作者积极投入创作。由当地村民创作的《高碑店村之歌》不仅曲调优美，歌词也朗朗上口，具有很强的吸引力、亲和力和凝聚力。该作品在 2017 年 11 月举办的北京市第 28 届农民艺术节暨北京市首届村歌大赛中荣获三等奖。同年，方志新主编的《节日与时代：北京高碑店村对传统民俗节日的记忆》《魅力高碑店》两本书由中国书画出版社出版，前者按照时序详细介绍了高碑店村的 12 个节日习俗，后者原汁原味地以亲近的视角和层面展现了高碑店村的历史文化，是一部难得的现代乡土民俗读本。同年，高碑店地区（乡）成立文化中心文艺创作室，创作美术书法作品 200 余件，摄影作品 300 多件。以“爱我高碑店”为主题，在辖区举办了一场民俗文化作品创作展览，对评选出的书画、手工艺类 49 名优秀创作者给予奖励。

2008 年，高碑店地区（乡）组织开展“文明高碑店”原创节目大赛活动，以文艺表演的形式展现文明建设的成果。经过年初部署、基层创编、年中筛选和指导提高，共有 50 余个节目参选，有 32 个节目入围。同年，在中央电视台拍摄的《同一首歌》栏目中，高碑店地区（乡）少儿高跷和藏族舞蹈 2 个节目代表朝阳区进行现场表演，展现地区文化活动水平和文化建设成果。

2009 年，地域文化挖掘工作有了新突破，整理完成 10 余万字的《高碑店民间故事》，由中国时代出版社出版，为地区保存了一份最有代表性的记忆遗产。同年，方志新创作了一幅描绘通惠河历史民俗风情的画卷——《通惠河春消息图》。画卷总长 14.6 米、高 0.35 米，描绘古时春光乍泄的通惠河，是一幅质量上乘而又有历史文化价值的上乘作品。2017 年，该图在朝阳区规划艺术馆以 3D 效果展出。《北方旅游杂志》编辑何鹏的撰文详细介绍了《通惠河春消息图》的创作历程。

方志新创作的《通惠河春消息图》（部分）

《通惠河春消息图》详介及创作历程

《北方旅游杂志》编辑　何鹏

中国画巨幅长卷《通惠河春消息图》，是北京朝阳区高碑店乡半壁店村方家村（自然村）方志新，倾心描绘通惠河的一幅北京历史民俗风情的画卷。正逢“中国京杭大运河”将申报“世界文化遗产”及“通惠河沿河文化带”渐成景观之际，人们把目光再一次聚焦在这幅画卷上。

《通惠河春消息图》画卷总长14.6米、高0.35米，画卷徐徐在人们面前展开，一幅长卷铺展京东古河郊垌，二十里点染人间尽收在眼前。古时的通惠河沐春佳景：日永风和，川晴野媚，桃粉柳绿、杂树连青，树色溟蒙，曲岸流觞、啼鸟含春，清流萦碧，微波潋滟，芦苇白萍、鹭翔鱼肥，漕船画舫、席蓬小舟、芦花古渡，石闸奔涛、景亭古碑，亭台园囿、酒肆歌台，鱼笛晚舟、郊垌村野、劳作逸致、详和安谧。想必也是在春天，康熙帝御览通惠河，曾写下“千樯争溯白苹风，飞挽东南泽国通。已见灵长资水德，也应辛苦念田功”，重社稷、农桑、漕运的诗句。

仔细端祥，画中描绘点缀人物1123人，有农夫、樵夫、渔夫、漕官、库丁、商贩、艺人、钓者、漕夫、纤夫、僧侣、挑夫、文人、旅者、轿夫、武者、手艺人、顽童、老者、妇人……他们耕作、打鱼、拉纤、扛货、板罾、挑担、游赏、论道、赋诗、骑驴、补锅、担柴、推车、汲水、剃头、游戏、抬轿、饮酒、品茶、踩高跷、唱小曲、放风筝、斗空竹、练功、习武、弈棋等等，在踏青季节里，京城郊垌一条村路上熙熙攘攘、忙忙碌碌、影影绰绰就有百十余人。这里也曾留下通惠河的规划设计者、元代大科学家郭守敬踏勘率众疏浚通惠河的身影。

远近隐约，古居民房273间；村镇商号店铺，酒楼、茶肆、粮店、杂货店、鱼店、包子铺、家具店、肉铺、驿店24个；寺庙古迹5处；通惠河闸坝码头5个（惠和、庆丰、平津、花园、普济闸）；大通桥、八里桥等8座；河上漕船、商船、货船、渔船、游船、渡船76余艘；驳岸古渡7个；漕仓1座。

那些桃、柳、李、桃、槐、枣、桑、杨、榆、松、柏、杏、榉、柿、椿树……，似云烟染绿争春。还有燕、莺、鹭、鸽、雀、蝶、蝉；牛、马、驴、骡、猪、狗、鸡、鸭、鹅、猫、鼠、兔……，静观自然万物生机盎然，因为正是春天。

用心去体味。通惠河流淌千年，2002年初，方志新在组织高碑店历史文化挖掘整理工作中，一种责任感激荡出了酝酿数年的创作欲望，再也按捺不住。于是，他开始了数十次的沿河写生采风，驱车、骑车、跋涉行程数百里，观察素描实景遗址，寻访记录故事民俗。上百张底稿渐渐拼接融汇一体，一幅画愈来愈清晰起来，所有的人物在笔端跃动起来；古河、芦苇、农舍、老井、磨盘、碑影、祖屋……，一切看到的、听来的、想象的、幻化的、追慕的、积淀的素材像泉水一样喷涌着……。方志新在工作之余，常常静夜冥思，挑灯伏案，多少次情致正浓时，不觉窗棂渐亮。就这样他不舍时光，时时捕捉着稍纵即逝的灵感……。多年的夙愿，十多次画面底稿的勾勒、布局、异动，二十余遍的层层设色捺染，二百多天里在画中的艺术行旅，他的画作散发着数百年间通惠河春天的气息跃然纸上。

悉心去观赏，画者用心灵的感觉，用笔墨去吟唱酣舞。意境就有了灵性和生命。心中感念浮现在画卷上，广袤而细腻，古景而新意，拙朴而情深，淡抹而意浓，乡情在笔端，乡恋在心里。关于文化、绘画、民俗、龙、大运河、佛禅、漕运、故乡、郊亭、水南庄的遐思，圆融一体，升华凝结成一幅巨幅长卷，它究竟容纳了多少内容、情感、信息，十年过去了，却谁都难以说清。

历经十年，许多人不断地与画卷对话——

历史学家说：你向人们展现了一段内涵多元，而不可或缺的历史；

民俗学者说：你让现代人领略了京郊民俗风情；

领导者说：你的文化作用是深远而独特的；

城市规划者说：你是通惠河沿河文化带的构思元素；

旅游者说：你就是现代版的通惠河导游图；

作家说：你让我魂牵梦萦，想走近你；

画家说：你的价值在于首发原创，作者是通惠河人无可替代；

诗人说：你勾起我的诗兴；

记者说：你每次都给我提供意想不到素材和话题；

博物馆馆长说：你该藏入博物馆，是不可复制的历史民俗珍品；

学生说：你是艺术、形象、丰富的教材；

国际友人说：你让我们领略了昔日“皇家运河”的风采，太不可思议了；

乡亲们说：你就在咱们眼前、心里，多亏了志新。

女儿说：你劳累了老爸，让我有点心疼。

这一切，方志新都知道，他感恩于历史文化，感恩于生养自己的土地和河流，所以他才如此谦谦坦然。

《通惠河春消息图》多次应邀在北京历史、民俗等展览、画展上展出。然后，方志新就让它珍放在书柜中，就像他最爱品尝的绍兴“女儿红”一样，让画伴着书香陈酿起来，只是为了自己心中的那点念想。

2018年，原北京市第十七中学教师吕金波老先生有感于家乡巨大发展变化，写就长诗《高碑店颂》，表达对家乡的热爱之情，发表于高碑店村报。

高碑店颂

（高碑店村人）吕金波

二零一八年，一个不平常的年代。
二零一八年，一个不平常的年代。
中国开启了一个伟大的时代，
中国跨进了一个崭新的里程。
中国，由站起来，
经历半个世纪的奋斗，富起来，
令世界瞩目，已经不是神话。
中国，正在走向强大。
十四亿中国人，谁不为之自豪，谁不为之振奋。
十四亿中国人，发自内心，为祖国呼好。
在我们中国赫然的版图上，
首都北京熠熠生辉，
高碑店一个古老的村庄，
在朝阳大地上雀跃。
通惠河，一条历史的河，
哺育了高碑店，千千万万个生灵；
赋予了高碑店人，聪慧的灵性；
见证了高碑店村，从时间隧道走来；

给予了高碑店，无穷无尽的活力。
历史的积淀，陈说着高碑店的沧桑；
历史的发展，演示了高碑店多姿多彩的变迁。
“漕运”文化是一支歌，歌声贯古今；
“漕运”文化是一首诗，诗情暖人心。
在古老的传说中，有高碑店人步步前行的身影；
在历史的册页上，我们读出了高碑店可歌可泣的篇章。
历史在飞跃，
高碑店，沐浴着改革开放的东风，
绽放出，万紫千红的社会主义花朵。
在党的领导下，
高碑店，变字当头，方显出日新月异的风光，
高碑店，真正扬眉吐气之日，
正是最近十几年的光景。
我们的通惠河，
从高碑店的怀抱中向东南流去。
在那大跃进的年代，
修筑了一条利农利民的灌渠。
这条灌渠流到二十一世纪，
衰老了，退化了，哭泣了。
环境，关系民生；
环保，检验素养。
事关重大，
谁来担当这个责任？
谁来为百姓分忧解难？
高碑店党总支一班人，
看在眼里，疼在心上。
脏乱差，
决不能在社会主义的天地，有立足之地；
决不能与首都称号，有丝毫的不相容之处。
统一了意志，

动员了民众，
集中了群众的智慧，
发扬了愚公移山的精神，
一场改天换地的总攻开始了。
历尽两年之久，
灌渠新了，不见了脏乱差；
灌渠绿了，水清花艳柳依依；
灌渠美了，石桥玲珑，戏蝶翩然；
灌渠笑了，清晨，人们在悠闲散步，
傍晚，孩子们在嬉戏玩耍。
伫目灌渠南岸，
矗立着一座座酒肆茶楼；
派生着浓浓的人文精神。
登上酒肆茶楼，推窗放眼，
只见，通惠河洋洋水脉、川流不息；
只见，京通快速路上车水马龙，
天南地北的友人，从这里汇聚千年古村。
感受高碑店，特有的文化气息。
看一看我们别开生面的大秧歌，
你就会知道它为什么走出国门；
看一看那铿锵有声的百人腰鼓，
你就会知道民心向乐的情怀；
看一看大屏幕下风度优雅的伦巴与探戈，
你就会懂得高碑店人的精神与气质。
看一看色彩缤纷韵味袭人的新文化街，
逛一逛华声天桥，
访一访科举匾额博物馆，
赏一赏中国油画院。
每一处，都会让你流连忘返；
每一家，都会让你觉得不虚此行。
当然，你最该去的，

是那十几年来如雨后春笋般发展起来的古典家具千米长街。
走在这千米长街上，
那轩、馆、堂、楼、祠，让你目不暇接。
走在这千米长街上，
你一定会虔诚地踱步鲁班祠，
恭敬地拜一拜祖师爷的鬼斧神工。
这条街是长长的艺术走廊，
我们时时感受到浓重的艺术熏陶。
这条街是一座艺术殿堂，
我们天天都陶醉于美的享受之中。
这条街最初不过几家简易作坊，
如今，花梨紫檀、艺术上品，灿若星辰。
川贵江浙，家具精华，云集京都。
谁能说这不是奇迹！
记住，这奇迹的设计者，
记住，这奇迹的开拓人。
我们有作为的高碑店人，
生活又发生了翻天覆地的变化。
仿佛在刹那间，
高碑店人用双手制造出一块超吉尼斯纪录的九层蛋糕，
我们捧在手上，吃进嘴里，
品尝到，一劳永逸的美味。
这个比喻，尽表我们新农村改造的煌煌成果。
高碑店的新农村改造，连着千家万户的心。
回顾这浩大而艰巨的工程，
谁不为之惊叹！
谁不为之欢呼！
展望通惠河南岸，高碑店新村，屹然鹤立。
原来杂乱无章的陈旧平房一去不复返，
代之而起的，轩昂楼宇，古色古香。
原来沉睡了几代的老土坯房轰然倒下，

代之而起的幢幢高楼鳞次栉比。
灰砖、高脊、飞檐、汉白玉石栏，
绿瓦、红窗、白壁、古典式家具。
构成建筑群的完美和谐。
家居，自得其乐；
宜居，锦上添花；
安居，民之福祉。
我们高碑店人得其所哉之日，
即是我们小康来临之时。
我们颂的是民生、民意、民气，
颂的是不平凡的昨天。
面向明天，面向未来，
我们要高举民生、民意、民气的旗帜，
在十九大精神鼓舞下，
走进新时代，跨入新征程。
迎接“两个一百年”伟大目标的实现，
迎接和谐、民主、富强、美丽的中国那一天的到来。
我们坚信，那一天，一定会，到来！
我们坚信，那一天，一定会，到来！

第五节　文物古迹

位于高碑店村北的平津闸遗址

通惠河平津闸遗址　位于辖域中部高碑店村北侧漕运码头遗址公园内。元朝至元二十九年（1292），水利专家郭守敬主持开浚通惠河，次年八月竣工。为节制水流，以便行船，至竣工开河时，通惠河上重修和新建10处共24座河闸。其中，在今高碑店域内（时称

“银王庄”）新建三闸，名为郊亭上闸、郊亭中闸和郊亭下闸。三闸皆为木闸。郊亭上闸即今平津闸遗址。元贞元年（1295），郊亭三闸分别改称平津三闸，并设专门官员、军士巡护。泰定四年（1327），平津三闸全部改修为石闸。

明成化、正德年间及嘉靖初年，三次修缮平津三闸，以利漕运。嘉靖七年（1528），监察御史吴仲主持疏浚通惠河，将漕运复航终点改为京城东南外大通桥，向东分别依次保留使用庆丰上闸、庆丰下闸、平津上闸、平津下闸、普济下闸、通流闸，并在通州北关外建石坝一座。官方漕运不再使用平津中闸。为加强巡视监管，分别在大通桥、庆丰闸、平津上闸、平津下闸、普济闸和石坝6处建置公署。其中，平津二闸（平津上闸、平津下闸）旁各建公馆一座，头门一间，耳房两间，正厅三间，厢房四间，厨房一间，并派驻官员、闸夫管理。隆庆元年（1567），通惠河定三年一修制度。次年三月初，大修大通桥及庆丰、平津上、平津下、普济、通流五闸，四月中旬竣工。

清康熙十七年（1678），疏浚大通桥至通州五闸河道，并建10处滚水坝泄水。其中，今高碑店地域建有3处，平津上闸1处，平津下闸2处。康熙二十四年（1685），《大兴县志》刊行，地图中标记平津上闸为高碑店闸，标记平津下闸为花园闸。乾隆三十三年（1768），改平津上闸（高碑店闸）滚水板坝为石坝。光绪二十年（1894），清政府最后一次疏浚通惠河，修缮包括平津上闸（高碑店闸）和平津下闸（花园闸）在内的闸坝。

1959年4月，废弃原高碑店老闸，在原闸东侧建新高碑店闸。1971年，在花园闸东侧新建花园闸桥。由于石料有限，拆除花园闸，石料用作护坡。2005年，高碑店村在原平津上闸遗址处建成漕运码头遗址公园。2013年，大运河成为第七批全国重点文物保护单位，平津闸作为通惠河段仅存的一处老闸入选。2014年6月22日，平津闸遗址作为大运河项目遗产点入围2014年世界文化遗产名录。同年，北京市文物局组织修缮平津闸。

朝阳庵庙 又称长安庙。位于高碑店村西，村里人称之为“西庙”。朝阳庵名字看起来很怪，似乎是一处尼姑庵，但其实住的都是和尚。据管理此庙的碾（音）化寺和尚说，寺庙本应叫“朝阳安”，只是当初误将“安”写成“庵”。朝阳庵庙曾有十几个和尚居住。旧时，村里人家若办丧事需要念经的，一般到此雇请和尚。五月端午娘娘庙庙会“送驾”时，此庙和尚也要去做法事，一般是7个人，至少也要5个人。此行完全是义务出行。朝阳庵庙不对外开放，没有什么香火。中华人民共和国成立后，朝阳庵庙提供了一间房屋作为高碑店工学团教室。后来，该庙大殿和配房都改成教室，朝阳庵庙成为北京市第十七中学的一部分。

娘娘庙 又称东庙，位于高碑店村东，坐北朝南，单独一院。娘娘庙建于何时尚待考证，清末时期已存在且远近闻名。庙中所供有三位娘娘，即“三霄娘娘”，分别为琼霄娘娘、碧霄娘娘、云霄娘娘，主神为碧霄娘娘。庙东侧隔墙的另一个院落还有几座殿，坐北朝南，最前面的是弥勒佛殿，殿中供弥勒佛，佛像背后为二郎神；其后是罗汉殿，殿内正中供三尊佛像，东西两侧供十八罗汉；后殿是菩萨殿，供南海观世音菩萨；最后面殿是金佛爷殿，所谓金佛爷是塑像上贴了金。两院之间有小门相通，端午节时，赶庙会的人们也会去这几个殿里烧香拜佛，但都不及娘娘庙里的香火旺盛。娘娘庙的香火平日很旺，每逢初一和十五都开庙门，村里人生病或者有困难，到娘娘庙里许愿求娘娘保佑，或者在愿望实现后到庙还愿。20 世纪 50 年代始，由高碑店中心小学和高碑店文化馆使用。娘娘庙在“文化大革命”期间被拆，现为高碑店西社区停车场。

龙王庙　位于平津闸遗址西南侧，建于明嘉靖四十年（1561）。明清时期，专供朝廷和漕司官吏仪典祀祭龙神之用。龙王庙坐南朝北，规模较大，有东、西两座配殿，有东、西厢房各三间。20 世纪 60 年代被毁，只剩下院子里的那块嘉靖年间的古碑。2011 年，村民集资在原址重建龙王庙，2012 年完工。重建后的龙王庙位于通惠河南岸，坐北朝南，两进院落，山门殿三间，东西两侧各有三间偏殿。正院内，东西各三间厢殿。院内正殿是龙王殿五间，里面供奉龙王，还有雷公、电母、风神、雨神，平时由道长值守。东西两侧各有耳殿两间，后院中间是龙福书院，两侧各有丹房、伙房、餐厅、办公室等。

将军庙　位于高碑店村老闸口北。将军庙建于何时尚待考证。庙中原有一尊将军塑像，一手捧幡，一手挑着大拇指，身着蓝衣，腰挎宝剑，看守漕运。将军姓名，尚无可知。将军塑像在八国联军入侵时被法国军队推倒。抗日战争时期，将军腰中宝剑被日本侵略者扔到河里。不久，将军庙败落，跟普通民房一样，只是在北房上供着一幅将军画。2011 年，将军庙在原址重建。

五帝庙　又称五道庙、小五道庙或五圣祠，村里也有人称之为“鬼庙”。位于高碑店村后街西头，离闸口不到 200 米，通常被人们称作“后街五帝庙”。该庙是由村里船户集资修建，原有一间房大小，前面有一木栅栏挡着，一扇门，一扇窗。 高碑店娘娘庙西北角还有一座五帝庙，这是所谓的“前街五帝庙”。一种说法是，五帝庙中正座所供为关羽，东边是山神和龙王，西边是财神和土地，由此得名“五帝”或“五圣”。另一种说法是，五道庙里面供的是阎王爷、判官、大鬼、小鬼等。民国时期，船工当天要在庙前搭棚，给庙里捐一百元的就可以一起吃饭，村里人称之为“吃帖子”，有时还演皮影戏。1964 年，因国家市政工程建设，后街五帝庙被拆除。

关帝庙　位于半壁村西街，原有一座半壁店村的西庙，始建年限不详，据说有几百年的历史。内设前后殿，前殿供奉关公，后殿供观音。过去每年农历六月二十四日（关公生日），本村的一位姓丰的先生都要杀猪到此磕头膜拜，请村民们去吃席，为关公过生日。

后来，丰先生供奉关公得道，秉承关公的忠义之心，为附近有疑难杂症的乡亲看病，屡看屡好，很见成效。丰先生的故事口耳相传，来这里祭拜祈福的百姓络绎不绝。后来村里人每到六月二十四日都要集资善会，点上香摆上供品，供奉祭拜关公后，买菜买米，一起吃全村饭，为关公过生日。逢干旱时节，全村百姓都到庙前求雨，企盼着关公保佑。中华人民共和国成立前后，关帝庙成为学堂。后村内规划，关帝庙被拆除。

普门寺 位于高碑店乡小郊亭自然村，始建于明朝。原有香火地200余亩，属于僧人所有。普门寺是历史上小郊亭一带主要的佛寺，现在尚存旧址。据北京市档案馆所存档案《1928年北平特别市寺庙登记》记载："普门寺，坐落在东郊三分署小郊亭村一号，建于明万历十六年正月初一，属私建。本庙面积约十亩，房屋二十二间；附属土地面积五十五亩。管理及使用现状为自住供佛。庙内法物有泥像两尊，木像三尊，铁钟一口，铁磬一口，铁烛钎一份，铁炉一个，《法华经》一部。"

普门寺的祇园方丈也有明确档案记载。北京市档案馆《北平市社会局（寺庙类）东郊普门寺僧人祇园登记庙产的呈文及社会局的批示》第25页记载，"祇园，光绪三十四年（1908）出家"；第43页记载，"祇园，男，41岁，河北宛平人，俗姓司，出家年龄13岁"。

1949年底，小郊亭自然村进行土地改革，普门寺原有香火地及庙院建筑被分掉，后在寺院原址成立夜校。1950年初，成立东郊区第四中心小学分校。后停办，自此无人问津。人民公社时期，普门寺归生产队管理，一般用于堆放杂物和饲养畜禽。2012年11月—2013年7月，对普门寺东大殿进行修缮。2014年1月—2015年8月，对南、北、西殿进行修缮。普门寺的正殿、南北配殿、前后廊均保存完好，成为村民活动场所。

八里庄清真寺 位于朝阳区八里庄158号。始建于18世纪初。1986年，被朝阳区确定为区级文物保护单位。1997年10月重修。该寺坐西朝东，南向开山门，正殿三间，北配殿三间，进深两间，东西耳房各两间，北后殿三间，东殿三间。现存古建筑，主殿为一卷两勾式建筑，后殿起六角攒尖亭，为该寺讲经堂。主殿东侧存有一"钱君仲斌捐产纪念碑"。清真古寺饱经历史沧桑，大殿及配套设施受到破坏，曾先后进行几次大规模修建。修整后的清真古寺设施齐全，环境幽雅、清新、自然、古朴，可以满足信教群众活动需求，是广大穆斯林群众朝拜的理想场所。1999年，划归六里屯街道管辖。

高碑店汉墓 位于高碑店村南岗。于1948年被中国人民解放军某部发现。1951年4月11日，由文化部社管局与北京历史博物馆、北京大学文科研究所共同发掘，先后发现一号墓和二号墓。出土有铜镜、汉五铢、新货泉、犁铧、陶器、明器等文物。依据出土文物的时代特征，这两座墓葬是新莽或东汉时期遗迹。

荣禄墓 原墓地位于高碑店乡花园闸村，今五环路远通桥东侧，京通快速路路面至两侧，东至内蒙古饭店西边，占地100余亩，坐南朝北，四周以松柏树围墙。墓地南面中间大宝顶为荣禄墓，底部由方形条石砌成，高1米，上方宝顶直径4米，高约3米。南侧小宝顶、大坟头为其妻、妾墓冢。东侧单独坟圈有小坟头，为其男性晚辈墓冢，由松树、柳树合围。荣禄墓北侧有大宫门、小宫门。再向北有龟趺石碑4通及汉白玉石牌楼。北面建有玉带桥。宫门、牌楼、石碑、玉带桥雕刻精细，精美无比。墓地西侧有用于守墓及存放墓地存物的院落，占地面积约500平方米。20世纪60年代初，新修建国路，从墓地中间穿过。70年代，荣禄墓被开启，发掘出土一些随葬品。

墓主荣禄（1836—1903），满洲正白旗人，瓜尔佳氏，字仲华，号略园。曾任清代工部尚书、兵部尚书、直隶总督兼北洋大臣、军机大臣、文华殿大学士等职。逝世后加赠太傅，谥号“文忠”，晋一等男爵。

恭镗墓 位于古街社区。墓主清黑龙江将军恭镗，字振魁，满洲正黄旗人，博尔济吉特氏，大学士博尔济吉特·琦善之子。以父荫授吏部主事。累官郎中，兼内务府银库员外郎，充总理各国事务衙门章京，出为湖北荆宜施道。清同治十年（1871），擢奉天府府尹，后因事降职。清光绪三年（1877），赏二等侍卫，任乌鲁木齐领队大臣。两年后，任乌鲁木齐都统。光绪九年，任西安将军，后因病免职。光绪十二年，署黑龙江将军。曾上疏请求创办漠河金矿，以杜绝俄国觊觎之心。又建议垦荒，指出其中利益。光绪十四年，实授黑龙江将军。次年，移任杭州将军，在上京觐见途中病卒于天津，朝廷下诏优恤，灵柩奉旨进京葬于此。

二贝子坟 位于八里庄立交桥南侧、通惠河北岸，紧邻熏皮厂自然村。始建于清康熙十一年（1672）。为当年清朝睿亲王府的墓地，占地100余亩。贝勒多尔博、苏尔发父子死后都葬于此墓地，分别建宝顶一座。清乾隆四十三年（1778），苏尔发被追封为睿亲王。睿亲王府墓地得到修建，建有驼龙碑、神桥、宫门、碑殿、红墙等建筑，在院内外补栽很多松柏树，墓地东侧建有阳宅两进院子。虽然苏尔发贝子在葬入坟墓100多年后被追封为睿亲王，但因他生前爵位一直是贝子，所以老百姓始终没有改变对他当初的称呼，仍称其墓地为“二贝子坟”。

20世纪30年代的佛手公主坟

和硕和嘉公主坟 位于建国门外大望桥东南八里庄松公坟自然村内，为清乾隆年间大学士、一等忠勇公沙济富察氏傅恒次子、兵部尚书福隆安与乾隆帝四女和硕和嘉公主合葬墓。又名佛手公主坟，因世传和嘉公主手指间有蹼相连，状如佛手，故名。中华民国时期，因末代忠勇公松椿葬此而又称松公坟。

和硕和嘉公主坟占地一顷多，紧挨着通惠河，有石狮、石人、石马、石獬、擎天柱各一对，三间四柱石牌坊一座。顺着甬路北行，有石驳岸、神桥，过桥有碑楼，内立高近4米的谕祭碑。碑楼不远有东西朝房，宫门三间，进宫门是享殿五间，享殿后是个独立的院落，中间有琉璃门一座。院内石五供后有砖砌抹灰宝顶一座，下设须弥座。神道的南侧是牌楼，神道的后面是享殿，享殿的后面是地宫陵寝。目前牌楼保存完好，牌楼上写有“金枝毓德”等字样。佛手公主的陵寝位于八王坟路口东南角，地上还保留有一座石碑。

镇南将军蟒吉图墓石碑　位于八里庄熏皮厂自然村内。现存赑屃两座、石碑两方。据《蕉轩随录》中《蟒襄壮公》一文记载，蟒吉图是清初平南功臣，不单作战勇猛，而且善于筹划。康熙皇帝曾谓之：“蟒吉图以数百之疲师，当数万之强寇，突围陷阵，所向靡前。虽三国赵云当阳长坂之战，何以如此！”因此被封为镇南将军。蟒吉图非常孝顺他的母亲，据《蕉轩随录》记载：“公忠孝根于天性，早孤，事母最孝，每食必侍立，亲进所奉。军行之日，母谕诫酒，遂终身不饮。问候书必跪拜而后遣，使传母命至，亦如之。”清康熙十九年（1680），蟒吉图卒于军中。后葬于熏皮厂自然村内。

席氏墓碑　位于京通快速路北侧，北京地铁四惠东站东侧，为北京市朝阳区普查登记文物。席氏墓碑是两通石碑，一通是清朝掌管江南织造的官员席图库及其夫人的墓碑，一通是席图库的父母的墓碑。墓碑是清朝皇帝所赐。两通碑均立于清康熙二十七年（1688）十月二十三日。两通墓碑宽约50厘米，高约4米，保存完整，碑首、碑身、龟趺、海墁齐全，碑身上的雕刻精细，碑座下面还有地袱，碑身上使用满文和汉文记述了墓主生平。席氏墓碑是第三次全国文物普查的登记项目，属于田野石刻类文物。2013年1月，朝阳区文化委员会为席氏墓碑立了文物保护牌，并制作统一编号，纳入文物保护范围。文物保护牌位于两通石碑旁边，牌上

位于建国路北侧的席氏墓碑

写有“席氏墓碑”，并注明为“北京市朝阳区普查登记文物”。

常保神道碑 位于陈家林桥南。碑坐北朝南，前临通惠河，背后为京通高速路辅路，置于人工大理石砌就的池坛内，低于地面数尺。碑首为浮雕麒麟祥云，碑身四周边缘浮雕花纹。额篆“皇清”，碑文系汉文，共19行，碑阴无字。1000余字的碑文向世人展示了清代康熙年间陕西协领（从三品）常保的人生经历。常保，号诚斋，正蓝旗满洲人，西林觉罗氏，世居汪秦地方。常保虽官阶不高，却为维护国家统一安定作出了贡献。

西安将军博济碑 位于小郊亭自然村南高碑店污水处理厂内。厂内东南部绿草坪上，耸立两通驮龙碑。碑为倒座，坐东朝西偏北，南为清康熙四十八年（1709）诰封碑，北是神道碑。围墙、宫门等地面建筑已经无存，尚存碑后三合土夯制的驳岸（砖石被人取走），上面是三合土宝顶两座。两碑规模尺寸相同，石质上乘，碑身、赑屃保存均完好无缺，只是碑文多有漫漶。碑额有字，因凿刻平浅和曾遭涂抹辨认不清。碑身正面四周雕行龙12条，碑侧及碑阴无图案纹饰。位于南面的诰封碑上“总督四川陕西等处地方提督军务兼理粮饷兵部尚书兼都察院右副都御史仍兼管陕西将军事务世袭拖沙拉哈番加三级博济”的碑文首题显示了墓碑主人的姓名和身份，此碑即《世界满文文献目录·金石碑刻·墓碑》所载博济及妻博查氏诰封碑。《雪屐寻碑录》收录了该碑碑文。博济之妻博查氏，《雪屐寻碑录》作傅查氏；碑文立碑时间为大写“康熙肆拾捌年”，《雪屐寻碑录》作“康熙四十八年”。博济，满洲镶白旗人，姓巴雅拉氏，清史诸书均作博霁。《清史稿》《钦定八旗通志》等书有传。

丰伸济伦墓碑 位于建国门外大望桥东南八里庄松公坟自然村西北。此地原为佛手公主之子丰绅济伦墓地，现地宫位置被几栋三层简易办公楼替代。两通驮龙碑中有一通碑保存完好，被圈在某汽修厂小院内；另一通碑身砸坏埋于地下，仅存碑下赑屃。丰伸济伦墓碑碑阳为满文，碑阴系汉文，风化严重。

赛必汗诰封碑和保德祖父母、父母诰封碑 位于高碑店八里庄四惠桥东路南苗圃中，四惠长途汽车站向东100余米，通惠河向北50余米。两碑俱为驮龙碑，碑南向，东西并列，碑距20米左右。碑刻墓主为满洲正白旗完颜氏家族，一为护军参领赛必汗，一为一等侍卫保德祖父母洪库、赵佳氏和父母傅喀、杨氏。赛必汗与保德之父傅喀同辈，与保德系叔侄关系。赛必汗诰封碑在东侧，碑首浮雕麒麟祥云，额篆诰封，碑文清晰，满汉合璧。保德祖父母、父母诰封碑在西侧，螭首，额篆奉天诰命，碑文满汉合璧。

一等镇国将军西忒库碑 2019年出土，存于通惠河畔再生水湿地公园内。清康熙二十二年（1683）立。碑高3.85米，宽1.12米，厚0.45米；龟趺长2.83米，宽1.2米，高1.01米。西忒库是清太祖努尔哈赤之孙、镇国公阿拜长子。

辅国公英格理碑 2019年出土，存于通惠河畔再生水湿地公园内。清康熙二十三年

（1684）立。碑高 3.94 米，宽 1.18 米，厚 0.51 米；龟趺长 3.23 米，宽 1.29 米，厚 1.13 米。英格理为西忒库第三子。

口 述

传承北京琴书，弘扬京味儿文化

口述人：王树才　整理人：刘少春

我出生在河北省三河市大道李旗庄，是一名北京琴书专业演员，也是体制内唯一的北京琴书代表性传承人。

我从小就喜欢曲艺。18 岁那年，考进了三河市青年艺术团，主要学习相声、小品、双簧、歌曲等。真正跟北京琴书结缘，是在 2000 年以后。一个偶然的机会，看了一部电影叫《有话好好说》，“我从小在北京土生土长，没招过谁、没惹过谁，总想要点儿强……”影片的插曲是一段京腔京韵的北京琴书。当时一听就被这段京味儿十足的唱段吸引了。回家后，一直在想这段京味儿鼓曲是谁唱的，要是能跟这位艺术家当面学唱就好了。经打听，原来这个唱段是北京琴书创始人、琴书泰斗关学曾老先生作词作曲并演唱。当时就萌生了一定要找关老师学唱的想法。

后来几经周折，打听到关学曾先生的住址。那是 2001 年 6 月 18 日，第一次登门拜见，我就说出了想要学习北京琴书的心愿。关老看我是从三河远道而来，带着年轻人的那份执着，就问我：会唱吗？我说：会唱。就唱了一句“我从小在北京土生土长”。关老师就笑了，说“嗓子不错”。这也是师傅唯一的一次夸我嗓子好。

从那以后，我便跟随关老先生学唱北京琴书了。那时关老已年近八旬，每周六上午我都到您家里学习，中午吃炸酱面，每次都是一整天，傍晚才离开。关老对我要求非常严格，从吐字发音到唱腔，真可谓倾囊相授，不厌其烦。有时一个唱腔反复领着我唱几十遍，真是一点点儿“喂”出来的。从 2001 年至 2006 年，在师傅家学习了五六年时间。

2003 年，我到北京戏曲艺术职业学院大专尖子班学习，关老是我们的客座教授。他告诫我们，不仅要唱好琴书，更要注重艺德，传艺先传德，“德艺双馨”人称赞。2005 年毕业后，我分配到了北京曲艺团，成为北京琴书曲种的一名专业演员。那几年，我经常随关老到外地演出，在电视台拍摄了不少专题节目。直到 2006 年夏正式拜师，成为关学曾老先生的关门弟子。2012 年，经申报评审我被北京市文化局确定为：北京市非物质文化遗产项目——北京琴书的代表性传承人。虽然如愿以偿，可我感到了自己身上的责任，传承北京琴书、弘扬京味儿文化的使命便开始起步。

北京琴书是北京曲艺的一种鼓曲，是北京独有的曲艺形式，段子体现“雅”，是北京市民文化。“简单不易学，好听不好唱”“说似唱、唱似说”，口传心授。唱词大量运用北京方言土语，体现悠久的北京语言文化，深受老北京人的喜爱。作为非物质文化遗产项目，面临着如何传承的问题。如今我也收了近20个徒弟，让他们也一起传承北京琴书。

为了广泛开辟阵地，开办了《北京琴书》课堂，走进密云东邵渠小学和北京小学等学校。学生们学习认真、表现优秀，我也经常带着同学们去参加中央电视台、北京电视台等综艺节目的录制，取得很好的传播效果。

2014年下半年，我入住太平庄北社区，成为（新）高碑店人。邻居们问我是干什么工作的，我说是唱北京琴书的。他们就叫孩子们跟我学基本功。有时候在小区的广场上待着，家长们就说：王老师是唱琴书的，让王老师教你们唱一段呗。然后我就免费教孩子们唱琴书、练绕口令，教他们练嘴皮子。有时候，我坐在广场的凳子上教他们，孩子们越聚越多，最多有20多个。成为（新）高碑店人后，多次参加高碑店地区文化活动，自己出资请乐队演唱北京琴书，让老北京人听到熟悉的段子、回味熟悉的旋律，让新北京人喜欢北京琴书这个曲种。

2018年9月28日，在我居住的太平庄北社区建立了北京琴书非遗传承基地和北京琴书票房；同日，泰和曲艺社成立。北京电视台即时进行了专题报道。北京琴书“入住”高碑店，从此，让北京琴书扎根社区接地气儿。社区无偿提供了大约100平方米、有文化氛围的固定场所，每周五免费教课；开办了寒暑假班。到2021年，已开办了104期学习班，有的学员坚持学习两三年了。学员中有小朋友，也有中老年人；有本社区居民，也有附近周边社区的琴书爱好者。一次课大约一个半小时，学员累计参加学习3000多人次。

有的小朋友在众人面前不敢说话，学习琴书后在幼儿园获得了“伶牙俐齿”奖，还增长了社会知识，比如我们国家的56个民族倒背如流。“谁都爱听长命百岁这句吉祥话儿……”下午孩子放学后，在小区唱琴书成为一景，少则十几个，多则几十个。家长说：“孩子学唱琴书变得胆子大了、在生人面前不害怕了、说话吐字清楚了。只要办班开课就主动来，还提醒同学按时来上课”“谢谢王老师送的板，孙女学会了打板”“我家孙子会说好几个段子啦”。在小区，孩子们见到我主动追着学。孩子小不认字，我给他们发录音视频。学习唱琴书让孩子有了变化，有的成为学校班级的文艺骨干，有的把琴书作为兴趣爱好。热心的居民上课前主动帮我印资料。社区的很多大人孩子都会唱《五十六个民族》《长寿村》等曲目，在社区联欢会等活动时组织表演。会表演的孩子大约有20多个，有时候家住平谷的孩子也来学习交流。

在创作上用琴书的形式讲中国故事。我曾创作过一段儿大运河支流高碑店通惠河相关的北京琴书唱段，叫《郭守敬》，最后一句是“名垂星汉，日月供养，千秋留美名”。歌颂一代水利工程专家郭守敬的伟大功业。

写新唱新也是北京琴书的创作特点。我创作和演唱的作品紧跟时代，宣传正能量，老百姓听得懂、容易唱。2020 年春节期间，我创作了《阳光总在风雨后》《英雄城市》《抗击病毒》三段作品，为打赢武汉保卫战、湖北保卫战鼓舞士气，坚定大家战胜疫情的信心。当时我们全家齐上阵，我打鼓演唱，大儿子伴奏，二儿子举着唱词，儿媳妇录像。整整一天时间，终于完成了三个作品的视频，上传到网上供大家观看，也算是为抗击疫情做了点事。用创作表演的形式助力全民抗击疫情，既能鼓劲儿又能让网友听到北京琴书，受到了网友的好评，还是比较有成就感的。后来又接连创作了《抗击疫情，人民必胜》《人间大爱》等抗疫作品，在“学习强国”学习平台和央视频播出后，得到广大观众的认可。

……北京琴书唱北京，字正腔圆京味儿浓……

……家长儿里短儿接地气儿，……北京琴书北京情……

作为体制内唯一的专业演员，扎根群众传承北京琴书、弘扬京味儿传统文化是我的使命。2022 年 1 月，我被东城区东四街道聘为文联副主席。今后，要在传承上多做工作，不仅自己教授，还要让徒弟们承担传承的重任，使北京琴书这个曲种扎根在老百姓心里。也希望通过我们所做的工作，让更多的人喜欢北京琴书这个曲种，有更多的北京琴书爱好者通过传唱把这个曲种流传下去。

口述人简介：

王树才 男，1968 年 4 月出生，汉族。北京琴书表演艺术家，国家二级演员，非物质文化遗产——北京琴书项目代表性传承人。2014 年居住于高碑店乡太平庄北社区。

第二十一章　卫　生

20世纪50年代，高碑店地域开展爱国卫生运动，通过全民除“四害”、传染病防疫等措施改善辖区卫生环境。60年代中后期，建立以高碑店门诊部、各生产大队医务室以及门诊部医生、生产队赤脚医生为基础的基层医疗卫生体系。80年代，高碑店乡大力推进卫生健康事业发展，持续开展爱国卫生运动，营造清洁生活环境，倡导健康生活，建立儿童免疫制度，强化妇幼保健工作，加强卫生工作监管力度，地区医疗卫生工作取得可喜成效。21世纪以后，地区完善医疗卫生服务体系，建立社区卫生服务中心，提高医疗服务水平，持续开展妇幼保健工作，推进改水改厕及垃圾分类工作，营造良好的卫生环境，为辖区百姓工作、生活保驾护航。

第一节　医疗机构及队伍

卫生行政管理机构　20世纪50年代初期，高碑店地域没有设立专门的卫生行政管理机构。1956年3月，高碑店乡设文教卫生委员会主管全乡卫生工作。1958年，幸福人民公社设文教卫生部，设专人负责管理全公社医疗卫生工作。人民公社时期，公社管委会设教卫组指导公社医疗卫生工作。

1983年3月，高碑店乡人民政府设文教卫生办公室和计划生育办公室。成立卫生保健领导小组，成员由1名副乡长、乡政府办公室主任、乡卫生院院长、1名卫生院医生及乡文教卫生办公室干部组成，建立医疗卫生管理体系。1993年，机关设置文教卫科。

2003年，高碑店地区（乡）成立公共卫生委员会。2004年，成立新型农村合作医疗管理委员会，各村成立新型农村合作医疗领导小组。2011年，乡机关设立科教文体办公室，整合原计划生育办公室职能，负责全乡医疗卫生工作。2020年，机关调整设立民生保障办公室主管医疗卫生工作。至2021年底未变。

乡级卫生机构及队伍　1936年，教育工作者王润黎在高碑店地域兴办教育，并成立儿童医院，服务于东郊地区百姓。1946年，王润黎再次回到高碑店，创立北平东郊乡村教育实验区工学服务团，在高碑店村朝阳庵开办医院，名为“敦化医院”。1949年10月，第十三区人民政府接管敦化医院，任命贾润海为第一任院长。

1950年10月，为满足更多百姓就医需求，敦化医院迁出朝阳庵，迁往高碑店西店村，更名为第十区高碑店门诊部，是当时第十区政府管理的4所公立医疗机构之一。门诊部有业务用房11间，建筑面积250平方米，职工8名，开设内科、外科、妇产科、中医科、药房等临床科室，承担常见病、多发病诊疗，基本满足高碑店地域人民群众就医需求。1953年，东郊区第二工人诊所、第三妇幼保健站、第四妇幼保健站并入东郊区高碑店门诊部，规模进一步扩大，奠定高碑店乡级卫生机构及队伍发展基础。1965年12月，高碑店门诊部职工达到18人，由同仁医院等派出专家进行业务指导，开展眼科、腹外等各种手术，吸引大量患者来院就医治疗。

1970年2月，高碑店门诊部更名为朝阳区高碑店人民公社卫生院，迁址于高碑店东山胡同48号。建筑面积700平方米，有业务用房17间，职工29人，设有内科、外科、妇科、中医科、检验科、放射科、口腔科、药房等临床科室，基本满足高碑店人民公社社员看病就医需求。

1988年12月，高碑店人民公社卫生院更名为高碑店门诊部。开设内科、外科、妇科、中医科、检验科、放射科、口腔科、药房等临床科室。

1992年10月，高碑店门诊部更名为高碑店医院。为推行医疗卫生改革，与朝阳医院、首都儿科研究所合作，成为定点协作医院，引进医学专家，提高医护人员素质，增加医疗设备，设有急诊科、内科、外科、妇科、儿科、中医科、骨伤科、口腔科、检验科、放射科等科室，人员增至30余人。1996年，高碑店医院通过北京市卫生局一级甲等医院评审。1999年4月，高碑店医院迁新址于高碑店陶家湾。占地面积7164.58平方米，总建筑面积4487.98平方米。

2005年4月始，为完善地区卫生服务管理一体化，强化对村级卫生室指导监管，高碑店医院陆续接管半壁店、方家村、白家楼、北花园和高碑店村医务室，转建为社区卫生服务站。转建前，村医务室只有乡村医生，人员资质及技术力量都不能很好满足患者需求。转建后，医院派出经验丰富、资质合格的13名医护人员到各社区卫生服务站工作，通过完善各项规章制度，改进服务态度，规范医疗行为，实现“四统一”，即人员统一聘用、业务统一管理、药物统一购销、财务统一管理。5个社区卫生服务站办公用房均由各村民委员会无偿提供，面积均达到120平方米以上。至2006年底，转建工作全部完成，统一更名为社区卫生服务站。同时，按照北京市统一部署，高碑店医院及下属社区卫生服

2006年，通惠家园社区卫生服务站揭牌仪式

务站开始实行社区常用药品零差率销售，涉及312个品种和950余个品规，有效缓解居民看病贵问题，也为新型农村合作医疗节约大量资金。

2007年2月，高碑店医院更名为高碑店社区卫生服务中心，下设花园北里、甘露园、兴隆家园、通惠家园、北花园、白家楼、西店、小郊亭8个社区卫生服务站。同年11月，中心参与创建全国康复示范区活动，开展精神病康复、肢体康复训练、康复功能指导训练等20种社区康复服务项目。2007年9月—2008年8月，市、区两级政府投入1380万元对高碑店社区卫生服务中心进行标准化改造，拆除部分用房及设施，改善就医环境。市、区两级政府投入资金用于基本医疗设备改善，购置X光机、彩超、B超、脑超、动态心电监测仪、动态血压监测仪、全自动生化仪等医疗设备和各类康复、理疗器材，诊治手段明显提升。在标准化改造中，高碑店社区卫生服务中心保留住院病床22张，为辖区患病人员提供住院便利。

2009年，为方便慢性病患者康复需要，设置独立康复治疗室，包括运动、作业、语言训练室。康复病房以中西医结合治疗为特色，以西医治疗为主，同时为患者进行针灸、理疗、按摩仪及肢体康复训练等。中心以中医康复为特色，树立"大康复"服务品牌，形成"小病在社区、大病到医院、康复回社区"的医疗卫生服务模式。中心共有职工153人，其中拥有硕士研究生学历11人、本科学历45人、大专学历60人。中级以上职称39人，成为高碑店地区新型农村合作医疗定点医疗机构和北京市首批认定的医疗保险定点医疗机构。2011年，高碑店社区卫生服务中心荣获卫生部"全国示范社区卫生服务中心"称号。

2012年11月，高碑店社区卫生服务中心受邀与北京朝阳医院、武警北京市总队医院、朝阳区第二医院、朝阳区中医医院及其他6家社区卫生服务中心成立"北京朝阳医院医疗联盟"，并在高碑店社区卫生服务中心召开现场会。这是北京市医院管理局自2012年推行分级诊疗以来的首个试点。高碑店社区卫生服务中心主要承担常见病多发病诊疗、慢性疾病康复治疗工作。

2014年7月，为确保朝阳区急救社区化建设工作顺利实施，全面提升卫生应急处理能力，高碑店社区卫生服务中心成立急救站。同年，荣获“群众满意的社区卫生服务机构”称号。2015 年，保健科通过验收完成 AAA 门诊建设。2016—2017 年，连续两年荣获“全国百强社区卫生服务中心”称号。

2019 年 4 月，由高碑店社区卫生服务中心与高碑店村民委员会联合创办的高碑店百岁老人培育之家（日间照料中心）正式运营，并迎来首批 10 位老人入住。日间照料区域环境优雅，适合老人进行休养和锻炼。中心妥善安排老年人在日间照料中心各项活动，与入住老人签订耄耋老人日间照料家庭医生服务包，同时在看护期间提供免费午餐。同年，在年度“优质服务基层行”活动中达到推进标准机构，受到国家卫健委通报表扬。

2020 年 11 月，高碑店社区卫生服务中心成立血液净化中心。总面积 324.31 平方米。建有 20 个透析单元，可开展血液透析、血液透析滤过、血液灌流等项目，能救治各种原因所致的急慢性肾衰患者。血液净化中心拥有专业医护团队，全部在北京朝阳医院血液净化培训基地进修，并取得专业资格证书，熟练掌握全部透析设备性能及操作。同年 11 月 20 日，血液净化中心迎来第一位患者。

为落实《国家卫生健康委关于全面推进社区医院建设工作的通知》和《2020 年北京市社区医院建设实施方案》要求，进一步优化医疗卫生资源配置，完善基层医疗卫生服务功能，不断提升基层医疗卫生服务能力，推动分级诊疗制度建设，高碑店社区卫生服务中心顺利通过朝阳区社区医院建设工作验收。2021 年 1 月，加挂“北京市朝阳区高碑店社区医院”牌子。

截至 2021 年底，高碑店社区卫生服务中心下设甘露园、通惠家园、花园北里、北花园、白家楼、兴隆家园、西店、汇星苑等 8 个社区卫生服务站。有职工 147 人，其中专业技术人员 141 人。设有全科、中医科、妇科、儿科、口腔科、康复科、中西药房、医学检验科、超声科、放射科、多功能科（心电图、肺功能、骨密度检查等）、预防保健科、精神科、体检科、门诊输液室、健康教育室、安宁疗护科、家医签约服务中心等多个科室。中心中药房提供草药煎药服务。放射科可将检查结果远程传输到朝阳医院，实现远程会诊，使辖区居民不出社区就能够享受三级医院诊断服务。开放康复病床 31 张，其中有 8 张安宁疗护病床，每年接诊患者百余人次。中心获批中国社区卫生协会培训基地、国家卫健委基层卫生人才能力提升培训项目基地、北京市中医类别全科医生规范化培训基层实践基地、首都医科大学社区实践基地、北京协和医院全科规培基地（社区基地）等 20 项主要培训基地。

村级卫生机构及队伍 中华人民共和国成立前，高碑店地域没有村级卫生服务机构，为百姓看病的只有几位老中医，比较出名的有：高碑店村李慎言、吕德亮，八里庄村王林、张建中，太平庄村王瑞，花园闸村刘作振、田隆丰等。

20世纪50年代初，高碑店地域各村由卫生防疫人员负责井水消毒、卫生防疫等工作。1966年，高碑店、八里庄生产大队以半农半医卫生员为基础，筹建大队医务室。八里庄生产大队医务室设在大队电磨坊，办公面积不足10平方米，环境简陋，只有极为简单的医疗用品，治疗头疼发热等常见病症。北花园、半壁店、高井生产大队各生产队建立医务室。60年代末，北花园、半壁店、高井3个生产大队都建立大队医务室。1969—1970年，八里庄生产大队8个生产队陆续建立生产队卫生室。每个卫生室配备2名赤脚医生。70年代中期，各大队医务室办公及医疗条件有所改善，成立科室。八里庄生产大队医务室设有门诊、注射室、观察室、制剂室、妇产科、药房、会计室、库房等；高碑店生产大队医务室医疗器械、消毒器械配置较为齐全，药品有各类中药饮片、中成药等，西药品种也有所增加，基本满足大队社员看病用药需求。全公社有土药房4个。

1986年，高碑店村医务室撤销，由5个生产队分别建立医务室。1994年，八里庄、北花园、半壁店、高井4个村医务室被评为朝阳区甲级医务室。1996年，按照市、区要求对村医务室进行整顿，健全各项规章制度，购置冰箱、冰柜、药品柜、高压锅、污物桶等设备，重新粉刷房屋，使其达到用房建设标准，当年通过区卫生局验收，高碑店地区（乡）并被区卫生局列为“乡村一体化”工作试点单位。

1998年，高碑店地区（乡）进一步加强村级医务室建设，改善村民看病就医环境，健全规章制度。同年，恢复高碑店村医务室。至2000年，地区（乡）5个村级医务室都建立有诊断室、治疗室、观察室，并配齐必要的医疗设备。1994—2003年，为更好地服务辖域新建小区居民，陆续建成花园北里、康家园、甘露园、兴隆家园4个小区卫生服务站。

2005—2006年，半壁店、方家村、白家楼、北花园和高碑店村医务室陆续转建为社区卫生服务站。高碑店地区（乡）不再保留村级卫生机构。

20世纪50年代至60年代初期，高碑店地域只有卫生员，没有建立专门基层医疗卫生队伍。1965年，根据毛泽东主席“六二六”指示，中央要求把卫生工作重点放在农村，培养农村医疗卫生人员，解决农村医疗卫生事业发展的问题。同年10月，高碑店人民公社卫生院举办第一期半农半医学习班，为各生产大队培养不脱产医疗卫生人员。学员来自5个生产大队推荐的优秀卫生员，有宋秀兰（女）、于宝森、刘美茹（女）、俞秀荣（女）、张凤兰（女）、韩贵友、张玉山、祁淑莲（女）、刘玉琪、张淑芹（女）、褚宝玲（女）、杜淑芹（女）、何静桂（女）、李德明共14人。经过4个月理论学习和3个月实习，初步掌握对农村常见病、多发病治疗及防治措施。次年5月，14人全部毕业，回各生产大队组建大队或生产队医务室，成为高碑店人民公社最早的村级医疗队伍。1968 年，农村半农半医卫生员改称赤脚医生。1969 年，高碑店人民公社举办第二次赤脚医生培训班，全公社共选拔 26 人参加培训。培训班邀请高碑店门诊部老医生及各科大夫、护士授课，培训时间 3 个月。实习 6 个月后回各生产大队或生产队医务室工作。同年，全公社有赤脚医生 32 名，其中，高碑店生产大队 5 名，八里庄生产大队 11 名，北花园生产大队 7 名，半壁店生产大队 4 名，高井生产大队 4 名，试验厂 1 名。70 年代，公社继续举办多次赤脚医生培训班。每个生产队至少配备 2 名赤脚医生，形成一支初具规模的基层医疗队伍。同时，赤脚医生每年都要参加朝阳区卫生局举办的赤脚医生培训班，提高自身业务水平。1972 年，北京市卫生局加大中医、中药、针灸开展力度，辖域赤脚医生参加在北京第二医学院举办的中医知识系统培训班，历时 1 年。经过考核，毕业实习半年，回原医务室继续从事医疗救助工作。至 1975 年，全公社各医务室共有赤脚医生 72 人，其中男 10 人、女 62 人。全部经过复训。

70 年代末至 80 年代初，由于国家建设征地，部分生产队撤队转居转工，一些赤脚医生开始转向其他行业就业。至 1984 年底，高碑店乡有赤脚医生 50 名。1985 年，卫生部宣布取消赤脚医生名称，经考核合格者转为乡村医生。高碑店乡赤脚医生全部通过考核，转为乡村医生。90 年代中后期，每个村医务室有 4 ~ 5 名。至 2005 年转建前，地区（乡）共有乡村医生 20 余名。

属地医疗机构 民航总医院。隶属于中国民用航空局，是一所三级乙等医院。前身为民航北京医院，始建于 1974 年 4 月，1996 年升级为中国民用航空总医院，同时成为北京医科大学（现为北京大学医学部）临床教学医院。民航总医院是一所集医、教、研于一体，具有航空医学特色的现代化综合医院，不仅承担民航系统干部职工的医疗、保健、健康检查工作，以及航空相关疾病的研究工作，同时也积极承担周边地区广大群众的医疗服务工作，满足群众医疗需求。

罗有明中医骨伤科医院。原址位于高碑店北路南口西侧，是一家隶属于朝阳区卫生局的骨科专科医院。1985 年建院，占地面积 2500 平方米，建筑面积 1300 平方米。建有一座二层乳白色小楼，西侧有平房。90 年代初，该院有医务工作人员 19 名，设 3 个门诊室及 X 光室、化验室、理疗室等，有病床 40 张。日平均门诊约 120 人。2014 年底，搬离高碑店地域。著名中医骨伤科专家罗有明，罗氏正骨法第五代传承人。行医七八十年，治愈数以万计的骨伤患者。自 1968 年始，为全国各地进修骨伤科的卫生工作人员举办学习班数十期。2008 年逝世。

北京四惠中医医院。位于四惠桥东南角，通惠河南岸。2016 年 10 月底开业，是北京市中医管理局批准设立的二级现代化综合性中医医院。医院使用面积11000平方米，设有20个医技临床科室，其中皮肤科、脑病科、妇科、儿科等为医院特色重点科室。

第二节　卫生防疫

天花、痢疾等传染病防疫　中华人民共和国成立前，多种流行病不断传播，高碑店地域有天花、回归热、麻疹、猩红热、白喉等传染性疾病流行，主要见于婴儿至十多岁儿童。20世纪50年代，天花、回归热等被消灭，但痢疾、伤寒、流行性脑脊髓膜炎、白喉、麻疹、百日咳、脑炎等疾病时有发生。地域传染病防疫工作主要由东郊区防疫部门负责，基层进行协助，通过改水改厕改善环境，通过喷洒药物消杀病菌，消灭老鼠、跳蚤、虱子、蚊蝇等病菌传播媒介。六七十年代，地域建立合作医务室，培养赤脚医生，开展传染病防治工作。每年“三夏”“三秋”对病菌进行喷雾消杀。80年代，高碑店乡加强精神文明建设，开展“五讲四美三热爱”活动，进行生活环境整治。白喉、百日咳、流行性乙型脑炎、麻疹、脊髓灰质炎、伤寒、斑疹伤寒、疟疾、地方性氟病得到有效控制，部分流行性传染病基本消除。至90年代末，地域传染病明显减少，主要为甲型病毒性肝炎、痢疾、脑膜炎、流行性感冒等。

非典型肺炎防治　2003年3月，传染性非典型肺炎（简称“非典”）从南方扩散至北京，防治“非典”成为全北京疫情防控主要任务。4月8日，高碑店地区（乡）召开机关全体干部大会，传达市、区两级预防“非典”紧急会议精神，成立由党委书记、乡长为组长、各党总支、乡直属企业书记为成员的防控“非典”工作领导小组，办事机构设在地区（乡）文体卫生办公室。4月9日，召开各党总支、村民委员会、居委会、中小学校（包括打工子弟小学）、幼儿园、高碑店医院及各小区卫生服务站、乡直属企业、辖区中央、市、区属单位领导参加的紧急会议，传达市、区两级预防“非典”会议精神，成立二级防控“非典”领导小组。当日，制定《高碑店地区预防“非典”工作实施方案》，发放预防“非典”宣传画500余张。4月10日，向辖区各单位发出紧急通知，要求各单位领导重视，做好建立机构、完善措施、加大宣传、强化管理、开展环境卫生整治、加强信息沟通、保持信息畅通等工作，印发朝阳区卫生局《致朝阳区居民一封信》1.2万份。4月20日，成立“非典”防控应急分队，由221人组成，并在全地区设立5处紧急隔离用房105间2327平方米，420张床位，配备生活用品，保证紧急情况紧急处置。4月24日，抽调7名副处级以上领导和机关各科室骨干共20名，成立“非典”防控指挥部与“非典”防控办公室。“非典”防控办公室下设监控组、监察组、信息组、保障组及安全保障组，全面、具体负责地区“非典”防控工作。截至4月29日，信息组共发放宣传材料9万余份，悬挂横幅40余条，设立42个宣传站，每天广播6次进行宣传。5月14日，成立发热排查大队，人员由高碑店医院医生、各村联防队员、高碑店派出所公安人员共30人组成。由医院医生对工作人员进行专业培训，明确任务职责，做好接报记录、疫情排查和流调、消毒等工作。5月23日，随着“非典”疫情平稳下降，流动人口开始增加，乡防控办下发通知，要求加强对外来务工人员防控力度，杜绝已被取缔的非法行医，游商走贩、无照经营等不法行为死灰复燃，维护防控工作来之不易的战果，打赢抗击“非典”攻坚战。6月24日，世界卫生组织（WHO）宣布解除对北京的旅游禁令，抗击“非典”取得胜利。抗击“非典”期间，高碑店地区确诊“非典”病例4人，为医院医护人员，全部治愈出院；排除疑似病例17人；在册密切接触者167人，管理密切接触者1193人。同年，高碑店地区（乡）荣获“首都防治非典型肺炎工作先进单位”称号。

手足口病防治 2008年，我国将手足口病纳入丙类传染病管理。高碑店地区（乡）成立手足口病防控领导小组。由高碑店社区卫生服务中心医务人员与各村、社区干部共同入户对患儿进行访视、健康宣教和消毒隔离指导。同时，各村、社区开展手足口病防治宣传工作，如八里庄社区在辖区大街小巷、楼门口、幼儿园、市场、周转房等地张贴宣传画20余张，发放《手足口个人预防措施宣教要点》宣传单1000份，向广大群众宣传手足口病传播途径及防病知识。当年，全地区（乡）有手足口病患儿69人，未发生大范围传染事故。2009—2015年，每年查控手足口病例160例左右。2016年3月22日，世界首个手足口病相关疫苗肠道病毒71型（EV71）灭活疫苗全球首针接种仪式在高碑店社区卫生服务中心举行。此后，地区手足口病例大幅度下降。

甲型H1N1流感疫情防控 2009年春，甲型H1N1流感病毒（原称“人感染猪流感”）开始在我国蔓延。4月，高碑店地区（乡）成立甲型H1N1流感防控工作领导小组，制定《流感疫情工作方案》《转运集中医学观察人员工作方案》《密接者居家观察工作方案》《居家观察人员的垃圾收集、转运流程》等，建立信息上报制度、每日疫情零报告制度、督查制度和流感疫情台账，召开由地区公共卫生委员会成员单位参加的甲型H1N1流感防控工作会。同年5月至10月，针对地区流动人口多、人员密度大特点，各社区、村对辖区医疗机构、大型餐饮、超市、工地、娱乐场所等集中用工单位以及居民户发放宣传材料12万余份，健康教育覆盖率达100%；在宣传栏、楼门口人员密集场所张贴宣传画400余张。地区防控工作领导小组与高碑店社区卫生服务中心协调，储备防护服、口罩、手套共3600件，免洗手消毒剂470瓶、三氯泡腾片126瓶、电动消毒喷壶10个及其他器械和物资4000件，用于防控疫情突发。11月初，完成接种甲型H1N1流感疫苗7130人。

至11月中旬，地区（乡）共有31人确诊为甲型H1N1流感病例，全部治愈。一代密切接触28人和二代密切接触19人全部解除观察。

第三节　卫生监管

食品药品安全监管　20世纪50年代至80年代中期，高碑店地域食品药品安全监督管理工作由朝阳区防疫站负责。80年代中后期，为贯彻落实《中华人民共和国食品卫生法（试行）》，高碑店乡文教卫生办公室、乡卫生院保健科联合开展食品安全检查工作。1984年，乡商业服务公司成立后，协助区卫生防疫站主管食品药品安全监管工作。每年协助辖区乡镇企业中的中小饭馆、食品经营店等办理“卫生许可证”，对各单位卫生工作情况进行检查、监督，对从业人员进行健康教育，发放“健康证”。1993年，机关成立综合治理办公室，主管食品药品安全监管工作。

2002年，朝阳区卫生防疫站进行机构改革，分别成立区卫生局卫生监督所和区疾病预防控制中心，由卫生监督所负责全区食品药品监督管理。2003年初，区卫生监督所向高碑店地区（乡）派驻卫生监督员，设在文化教育卫生科，将食品药品监督执法纳入地区（乡）综合管理职责范围。食品药品安全监督工作主要由卫生监督员负责。

2004年，地区（乡）成立公共卫生管理委员会，统一管理属地内卫生及食品药品安全监督管理工作。公共卫生管理委员会办事机构为卫生与计划生育办公室，由地区（乡）计生办人员、卫生干部、医院卫生专干、区派卫生监督员组成。

2007年，地区（乡）成立食品安全专项整治领导小组，强化领导职责；建立地区科级以上干部包村、包社区制度，各村、社区干部包食品经营户制度，党员积极分子和志愿者包出租户制度，层层签订责任书、落实责任制。2008年，为服务和保障奥运，开展食品安全重点整治工作。通过宣传动员、摸排调查，用关、停、取缔等措施加强对重点区域、重点企业、重点环节集中整治。经各村、社区干部先后5次仔细排查，奥运期间，整治无证照食品加工窝点共346家。按照食品安全整治领导小组成员各自职能，各单位、各部门对辖区内发生一般和较大突发食品安全事故及时上报，采取应急措施。奥运期间，采取“五个强化”加强食品药品安全整治：一是强化统筹部署，二是强化宣传告知，三是强化重点谋划，四是强化专项整治，五是强化联动取缔。对地区食品加工摊点进行联合执法排查22次，对风险隐患较大的52家依法取缔。

2011年，成立科教文体办公室（公共卫生科、计划生育办公室），主管卫生监督工作。2014年3月25日，地区（乡）成立食品药品安全委员会。由乡长担任主任，副主任由主管食药安全工作的副乡长担任。成员有乡政府相关科室、5个建制村、25个社区负责人，以及工商所、城管队、卫生监督所、派出所等职能部门负责人。成立高碑店地区（乡）食品药品监督所（简称高碑店食药所），负责食品药品安全委员会日常协调工作。同年，高碑店地区（乡）承担“朝阳区全模式社会管理系统”中涉及辖域食品安全模块。食药所安排专人查看系统，发现食品安全案件及时督促相关村、社区办理回复。通过各部门不懈努力，地区（乡）食品安全工作在朝阳区评比中位居全区第二名。

2016年，乡食药所携手社区开展“安全用药月”活动

2017年，地区（乡）与辖区各村、社区签订《社区（村）食品药品安全责任书》，明确双方责任，加强信息通报、线索移交等各项工作的开展和衔接。开展对餐饮食品企业摸底排查、动态监管工作，对排查到的风险隐患进行联合执法整治。2018年，乡食药所共处理食品药品相关投诉798个，其中食品类741件、化妆品类18件、保健品类14件、药品类11件、医疗器械类14件。

2020—2021年，新型冠状病毒疫情发生后，食药所按照上级统一安排部署，全体人员投身市场监管一线。行动中紧紧围绕保供稳价、消费安全目标，采取“执法检查、宣传动员、提醒告诫、主动承诺、投诉受理、协调培训”等方式，采用街乡配合、局所联动、划片包干、责任明确的办法，全所动员、全勤上岗，对市场开展多方面、全方位、无死角监管，确保市场监管领域各项防控措施落地生根。

打击非法行医 20世纪90年代以前，由于社会人口流动不多，非法行医案件发生较少。1992年开始，地区（乡）每年均派卫生专干配合区防疫站，检查辖区内“行医许可证”“医师证”“营业执照”等，开展打击非法行医摸底排查工作，并列入地区（乡）和高碑店医院常态化工作日程。2003年，朝阳区卫生监督所向高碑店地区（乡）派驻卫生监督员，负责地区打击非法行医专项整治工作，乡有关部门和高碑店医院协助。2008年，为服务和保障奥运，地区（乡）开展打击非法行医专项行动，经过多次摸排，各职能部门会同区卫生监督、药监等部门展开清理取缔工作。组织联合执法10次，出动车辆70余台次、执法人员330余人次，查抄“黑诊所”（非法诊所）34户次，行政处罚3户。取缔非法行医窝点 15 家。2009 年，地区（乡）成立以乡长任组长的打击非法行医领导小组，下设办公室。各村成立打击非法行医工作小组。乡制定《高碑店地区打击非法行医专项工作方案》，进行执法检查 4 次，共查处非法行医窝点 9 家。

2013 年 11 月，面对非法行医猖獗的严峻形势，地区（乡）集中开展打击非法行医专项整治行动。重点打击未取得“医疗机构执业许可证”擅自开展诊疗活动的“黑诊所”（非法诊所），打击坑害群众利益的游医、假医，严查“黑诊所”（非法诊所）开展非医学需要的胎儿性别鉴定和选择性别的人工终止妊娠行为。整治行动持续至次年 9 月，开展专项检查 7 次，查处非法行医窝点 11 个。2015 年，取缔大黄庄社区非法镶牙窝点 1 处。处理花园闸村非法行医案件，对非法行医场所予以查封取缔，依法收缴药品器械。2021 年，加大非法行医打击力度，对辖区 18 家小型医疗机构进行检查，联合卫生监督所对非法行医行为进行抽查和整改，对投诉举报案件进行联合执法检查 14 次。

第四节　妇幼保健

妇女保健　1953 年，高碑店乡建立第一家妇幼保健站，开始对辖区妇女进行常见病普查。60 年代后期，各生产大队成立合作医务室，由各生产队妇女队长、赤脚医生组织部分妇女体检，进行轻微病症治疗。同时，开展妇女日常卫生、生育卫生、计划生育知识宣传活动。妇女生孩子由具备接生资质的赤脚医生到家中接生。70 年代，组织妇女进行分期查体。1978 年，妇女查体成为全公社妇女保健的常规工作。

80 年代，为辖区广大妇女进行常见妇科病健康体检，以及“两癌”（宫颈癌、乳腺癌）筛查。1985 年，对妇女进行防癌普查，全乡应查人数 3352 人，实查人数 2596 人，普查率 75.5%。1988 年，组织辖区妇女“两癌”筛查 2937 人，查体率 83%。90 年代，在推进健康体检同时，在计划生育工作中，为育龄妇女进行免费健康体检。1994 年，组织育龄妇女查体 2166 人，查体率 100%。

21 世纪初，健康查体和“两癌”筛查成为辖区妇女保健常规工作。2003 年，为 6000 余名育龄妇女进行免费健康检查，对 720 名外地来京育龄妇女进行健康体检和孕情检查。2011 年，“两癌”筛查工作在各个村、社区全面铺开。依据《朝阳区户籍适龄妇女宫颈癌、乳腺癌免费筛查实施方案》，自 2011 年起，筛查周期为 2 年，高碑店社区卫生服务中心每周期为辖区适龄妇女进行宫颈癌、乳腺癌免费筛查近 4000 人，筛查出宫颈癌前病变、早期宫颈癌及早期乳腺癌等患者，及时通知进行治疗，做到早发现、早诊断、早治疗，维护广大妇女的身体健康和生命安全。2013 年后，高碑店社区卫生服务中心为辖区农村户籍长效避孕措施女性进行体检，每年查体数百人。

2016—2018年，为辖区流动育龄妇女进行健康体检，每年查体200余人。2019年开始，北京市“两癌”筛查增加HPV检测，筛查周期修改为3年。2019—2021年，共进行“两癌”筛查3000余人，发现阳性高危病例600余人，确诊宫颈高度病变14例，乳腺癌7例，全部及时手术，为辖区女性生命健康保驾护航。

儿童保健 50年代，为预防天花、小儿麻痹等儿童疾病，地域开展儿童免疫工作，接种疫苗主要是牛痘苗、百日咳菌苗、白喉类毒素、乙脑疫苗等。60年代，继续开展儿童疫苗接种，主要是牛痘苗、百白二联制剂、百白破混合制剂、白喉类毒素、脊髓灰质炎疫苗（小儿麻痹糖丸）、麻疹减毒活疫苗。70年代，增加卡介苗、乙脑疫苗、流脑菌苗等。

八九十年代，进一步健全儿童免疫程序，有计划地为儿童进行免疫接种。接种疫苗取消牛痘苗，将流脑菌苗改为流脑多糖菌苗，保留卡介苗、脊髓灰质炎疫苗、麻疹减毒活疫苗、百白破混合制剂、百白二联混合制剂、白破二联制剂、乙脑疫苗等。接种实现一人一针一管，一用一消。加强计划免疫管理，新生儿出生后2个月内进行建卡，入表发证。对外来人口儿童进行建卡，发放免疫接种证，提供接种服务。每年开展儿童体检工作。1988年，体检儿童1057人，查体率95%。

21世纪初期，传染病防治主要集中在麻风、麻风腮、麻疹、季节性流感等方面。每年年初重点对流动人口中的儿童进行疫苗接种查验，开展补卡、补证工作。接种疫苗根据不同年龄段分类实施：一类疫苗免费接种，有卡介苗、乙肝疫苗、脊灰疫苗、百白破疫苗、流脑疫苗、乙脑疫苗、麻疹疫苗（包括麻风、麻腮疫苗）、甲肝疫苗、白破疫苗等。二类疫苗为可选择性自费接种，有水痘疫苗、HIB疫苗、轮状病毒疫苗、肺炎疫苗等。每年九十月份开展季节性流感疫苗接种。2002年12月，开展消灭脊髓灰质炎和控制麻疹工作，强化外来人口中的儿童补种工作，建卡并接种麻疹疫苗346人，顺利通过上级验收。2007年以后，社区卫生服务中心开设一周6天预防接种门诊（包括周末免疫门诊），方便地区儿童进行预防接种。同年始，对辖区在校中小学生免费接种流感疫苗。

2013年，社区卫生服务中心保健科开设“妈妈课堂”，讲解预防接种及儿童保健知识。2014年，全年共查验2504名外来儿童疫苗接种情况，补卡74人，补证12人，补种各种疫苗合计40针次。2015年，为防止儿童因漏种疫苗造成传染病，年初对外来儿童进行疫苗接种情况的查验，共查验卡、证5082人，补卡198人，补证87人，补种各种零剂次疫苗合计59针次。

2018年，保健科对儿童体检中检出的体弱儿（肥胖、营养不良、贫血）和智力筛查发现可疑阳性儿童提供更加完善的专案管理工作，制作体弱儿管理登记卡和智筛阳性转诊卡，为持卡的体弱儿增加每月一次的身高体重测量评估和健康指导工作，引导家长科学育儿促进体弱儿童健康成长。高碑店社区卫生服务中心依托儿研所医联体，开展儿科专家培训带教、义诊咨询，提高医疗水平和服务工作能力。

2020—2021年，实行预防接种分时段预约，有效避免人群聚集。接种疫苗8万余针次。

第五节　爱国卫生运动

除“四害” 1952年，毛泽东主席发出“动员起来，讲究卫生，减少疾病，提高健康水平”的号召，全国开展爱国卫生运动。同年，高碑店地域各行政村按照市、区要求，家家户户开展爱国卫生大扫除，消灭蚊子、苍蝇、跳蚤、蚂蚁、臭虫、老鼠等，加强饮食卫生管理。历时半年，地域环境卫生大为改观。1958年2月12日，党中央发出《关于除四害讲卫生的指示》。高碑店乡落实上级部署，开展消灭苍蝇、蚊子、老鼠、麻雀的除“四害”运动。截至4月底，全乡捕捉麻雀8303只、老鼠9096只。用“六六六”烟熏剂灭蚊蝇，烟熏窨井378口。同年10月，幸福人民公社继续开展全民除“四害”和卫生工作，主要任务包括消灭苍蝇、蚊子、老鼠、麻雀四害；改进厕所管理和粪便处理办法；彻底消灭随地大小便现象；改进饮食卫生。六七十年代，“四害”转变为苍蝇、蚊子、老鼠、蟑螂。高碑店人民公社“除四害”工作主要以灭蚊蝇、灭鼠为主，清理沟渠、厕所等卫生清除蚊蝇滋生地，每年重点在春夏秋三季打药，开展“四害”引发的传染病防治工作。

20世纪50年代初，高碑店村开展儿童灭蝇活动

1978年改革开放以后，高碑店人民公社每年开展群众性灭鼠活动。1983年，乡发动2次灭鼠，平均每户发放两包鼠药。1986年，开展夏季灭蝇、春秋冬季灭鼠工作，全年投药5吨，发动投药员150多人。鼠密度降到3%以下。1992年，

高碑店乡开展建设无蝇城活动。成立建设无蝇城领导小组，由乡长任组长，各村成立工作机构，各村民委员会主任亲自主抓。重点为垃圾站（池）、厕所、各单位内部食堂、农贸市场、鸡场猪场等畜牧养殖场。冬季开展灭鼠活动。

从1997年开始，高碑店地区（乡）每年进行卫生大扫除，开展防治、消灭鼠蚁蚊蝇等工作。2006年，地区（乡）制订《卫生工作详细规则》，各村卫生保洁队实行保洁员分片保洁制，每天捡拾垃圾袋等白色污染物，同时做好垃圾房、公厕卫生管理。

2014年，全年开展灭鼠活动2次，共发放鼠药240千克。发放灭蚊蝇药物200千克。开展居民家庭统一灭蟑工作，上门灭蟑13589户，蟑螂密度下降率达90.68%。2018年，组织开展“爱国卫生月”活动，进行“春季病媒防治”蝇鼠蟑巡查与监测，完成问题整改21处。2020年，开展病媒生物防治与消杀工作，聘请第三方病媒消杀公司对公共区域、老旧小区及重点场所进行病媒消杀，对餐饮单位及四小行业进行病媒监测。动员村民和居民通过翻盆倒罐，彻底清除花盆托盘、水生植物、废弃容器等各类蚊蝇滋生地。2021年，每2个月开展一次卫生健康教育宣传。按照冬春季灭鼠、夏季灭蚊蝇、全年灭蟑、每月病媒滋生地消杀的总体工作任务，开展地区病媒消杀工作。针对居民投诉家庭蟑螂问题，开展上门消杀50余户。

改水 20世纪50年代，高碑店地域百姓饮水均使用露天砖土井。为保证饮水卫生安全，地域有消毒员定期给井水消毒。1956年，高碑店乡共有井水消毒人员56名。60年代，各生产大队卫生员、赤脚医生经常用漂白粉给井水消毒。

70年代，公社社员饮水主要依靠自建水塔和自备井。1974年4月，高碑店人民公社在高碑店生产大队中部投入近10万元，建成一座22米高水塔，缓解社员饮水不便的问题。70年代末，高碑店生产大队、北花园生产大队、半壁店小郊亭生产队、高井白家楼生产队共建有自备电井7眼，供附近单位和社员、居民用水。1983年，经专业部门检测，北花园村及田家洼浅层地下水含氟量超标，北京市水利局在北花园村打深井1眼，在田家洼修建接引自来水工程1处。

90年代，地区陆续建成康家园小区、兴隆家园、花园北里、北花园小区等，新建楼房接入市政自来水管线。2011年10月，大黄庄社区完成新供水管线铺设工作，10个院居民用上水量充足、水压稳定、水质好的自来水。截至2015年，地区除市政用水外，有取水用自备井29眼。2015年以后，随着南水北调北京用水开通，自备井陆续进行置换，居民用水全部纳入市政供水管网。

改厕 1978年改革开放以前，地域厕所都是社员家中自建简陋旱厕。在院内或墙外挖坑，用玉米秸围绕坑位搭建而成，或用土坯、砖头垒成。环境极不卫生。

80年代初，高碑店人民公社开展文明村建设，私厕改公厕，最先在方家坟、熏皮厂2个生产队区域修建公共厕所（仍为旱厕）。1984年，规模进一步扩大，全乡新建公厕52个。至1987年，全乡有公厕189个，基本满足村民就近如厕需要。

2002年，按照朝阳区统一部署，地区（乡）开展新一轮改厕工作，将旱厕改建为水冲式无害化公厕。乡投入72万元新建水冲式无害化公厕9座，其中高碑店村3座、半壁店村3座、高井村2座、八里庄村1座，超额完成朝阳区下达的任务。2003年，乡投入131万元新建水冲无害化公厕24座。2004年，继续投入240万元，新建水冲无害化公厕24座。同时，全乡统一制定详细的公厕管理办法，具体要求包括：公厕门窗等设施完好，完全做到通风、保暖和防蝇；公厕内保洁到位，墙壁、地面干净，基本无臭味；公厕外无任何垃圾和污水及堆物堆料等杂物及焚烧现象和痕迹等。

2006年，按照上级要求，新建环保发泡型公厕1座。2007年，乡投入225万元，新建环保发泡型公厕5座（每座45万元）。同时，继续推进辖区旱厕、水冲无害化公厕改厕工作。2009，八里庄村对熏皮厂9座旱厕进行拆除改造，统一改造成水冲式公厕。2018—2019年，全地区共改造旱厕53个。2021年，地区持续推进改厕工作，由专人清扫、管理，保持公厕环境卫生。

垃圾分类　1993年，《北京市城市市容环境卫生条例》出台，要求“城市生活废弃物逐步实行分类收集”。高碑店地区（乡）垃圾分类和处理工作主要是建垃圾池、清理垃圾等。1997年，建成垃圾池50个。2002年，地区（乡）投入40万元在兴隆家园南区投放50个垃圾分类桶。同年，完成“农村无暴露垃圾”工程。2009年，以创建“社区绿色文明”为目标，对全地区社区街道进行治理，设立带有明显标志垃圾分类回收箱，用作社区垃圾减量化、资源化、无害化和废旧物品循环再用生态处理，并成立绿色社区联席会和环保志愿者队伍等环保组织，定期组织开展各种环保活动。

2012年11月，开展垃圾分类达标工作，涉及7个社区18个小区。2014年11月，地区（乡）举办第一届垃圾分类知识竞赛，24个社区参加，8个社区进入决赛，八里庄社区获得一等奖。同年，地区（乡）垃圾分类工作在全区考核中名列第一。2015年，安装垃圾分类站点165处，固定美化垃圾桶站13处，更换垃圾分类宣传展板24块。同年4月23日，甘露园南里一社区被评为“朝阳区垃圾分类示范单位”，并予以挂牌。

2016年3月和7月，在乡机关礼堂举办辖区居民垃圾分类、垃圾减量培训与推广活动2次。同年8—10月，地区联合中华环境保护基金会、朝阳区市政市容委分别在高碑店中心小学、康家园小学、兴隆小学共同开展“参与垃圾分类，呵护优美环境”主题宣传活动3次。全年开展3次“绿足迹行动”入户宣传工作，实现垃圾分类示范小区居民垃圾分类投放率达到70%。2017年，组织开展创建垃圾分类示范社区工作，丽景馨居小区被区市政市容委评为“2016年垃圾分类示范小区”。

2019年1月，高碑店地区（乡）作为朝阳区创建垃圾分类示范片区的17个街乡之一，正式启动生活垃圾分类示范片区创建工作。涉及5个建制村、28个社区，共59个小区，覆盖54656户165130人，以及辖区社会单位500余家。成立地区（乡）垃圾分类工作领导小组，地区办事处主任（乡长）为第一责任人，主管副主任（副乡长）为领导小组组长，各村、社区书记、主任、专项负责人等为小组成员，做到“专事有专人，专人有专责”。全年共设置再生资源交投点40处，有害垃圾投放点33处，其他垃圾投放点1552处，厨余垃圾投放点776处，大件和装修垃圾围挡22处，大件垃圾投放暂存点34处，装修垃圾暂存点38处。累计召开社会单位垃圾分类推进会31次。地区（乡）投入近50万元在高碑店西社区设置室外智能分类系统和朝阳区首座垃圾分类科普小屋。科普小屋占地面积约18平方米，利用大屏幕滚动播放和图片展示形式宣传垃圾分类的意义、方法。白领家园小区进行定时定点投放试点工作，设置9组生活垃圾定时定点智能投放点位，辐射居民766户。利用“康家园东社区议事平台”，广泛征求社区居民对垃圾分类工作的意见和建议，通过民主协商凝心聚力。地区（乡）全年组织各类垃圾分类宣传活动110场次，累计发放宣传折页、海报、一封信等宣传材料35000余份，制作报纸8期，悬挂宣传条幅50余处，张贴宣传画660余处，滚动播放宣传视频1500余场次。

2019年，社区开展垃圾分类活动

2020年，完成全地区65个小区827家公共机构生活垃圾分类示范片区创建工作，并通过北京市城管委验收。完成127个四分类桶站和709组固定桶站标准化建设。开展宣讲活动，推进垃圾分类进机关、进校园。将垃圾分类工作与疫情防控相结合，把社区作为垃圾分类主战场，开展“我分类、我承诺”活动，逐户签订承诺书，全年共签订垃圾分类承诺书45860份。共组织29次乡级垃圾分类推进会。各村、社区累计组织232场次宣传活动，累计学习《北京市生活垃圾管理条例》70场次。全地区发放宣传折页、海报、一封信等宣传材料46891份，发放宣传横幅272条，道旗401个，地插600个，四分类桶身标识2444张，引导牌467个。组织垃圾分类进校园活动8场次，制作媒体公众号41期，滚动播放宣传视频2000余场次。全地区共设置741组桶站推广监控视频和语音播报系统，引导社区居民参与垃圾分类，正确投放垃圾。

2021年，八里庄村康家沟（自然村）荣获2021年北京市第一批“垃圾分类示范村”荣誉称号。高井村白家楼（自然村）荣获2021年北京市第二批“垃圾分类示范村”荣誉称号。高碑店西社区被评为“北京市生活垃圾分类示范小区”。高碑店东社区、太平庄北社区被评为2021年朝阳区垃圾分类先进集体。高碑店西社区张桂林家庭、甘露园南里一社区庞淑芬家庭、甘露园南里二社区邢晓焕家庭被评为2021年朝阳区垃圾分类先进家庭。丽景馨居社区党委书记张红霞、八里庄村干部于松被评为2021年朝阳区垃圾分类先进个人。

口　述

做一名“穷人的良医”

口述人：秦淑华

我是高碑店村的一名乡村医生，名叫秦淑华。我是从1969年开始从事基层医疗工作，当时叫赤脚医生，后来又改叫乡村医生。到2013年退休，整整工作了44年。

1969年，高碑店人民公社举办赤脚医生培训班。当时，我们高碑店生产大队包括我在内一共有5人参加，都是从5个生产队选拔出来的，每个生产队1个人。培训时间是3个月，培训完成后分配我们到附近的小医院实习了3个月。结束后，我们回到高碑店生产大队医务室就岗。1972年，北京市卫生局在北京第二医学院举办了一期中医培训班。我参加了培训班学习，接受了中医、中药、针灸等中医知识的系统培训，历时一年。后来经过考核，毕业实习半年，回到大队继续从事医疗工作。经过这次培训，我的医疗技术水平有了很大提高。我也非常热爱这份工作，喜欢不断学习、钻研。这些年来，通过在实践中总结经验、努力创新，我在利用中西医结合治疗一些疑难杂症方面进行了很多探索，作出了一些成绩，比如中西医结合治疗脑血栓、脑出血后遗症，治疗面周围神经炎，用独特方案治疗带状疱疹等。这里，我分享几个典型病例。

第一个病例，是用中西医结合治疗脑出血。1974年初，我接诊了一名47岁女患者。

当时，她因脑出血住进朝阳医院，经过抢救算是抢回了一条命，已经昏迷了20天。当初那个年代，家庭都比较困难，无法在医院继续治疗。接回家后，患者家属就找到我，请我给治疗。我第一次到她家时，看到她卧床不起，吃喝拉撒都要有人照顾，说话也不清楚。看到病人这种状况，我只能说尽力治疗吧！我先是和病人家属交代了脑出血的严重性：一般情况下，人得了脑出血，九死一生，能救活一条命就很不错了，要想跟正常人一样，更是难上加难。病人家属也很理解，愿意配合治疗。从那以后，我每天出诊一次到她家里治疗，风雨无阻。采用中医、针灸、理疗、被动功能锻炼的综合治疗方法，给她活动各个关节，进行肌肉经络按摩，同时让病人家属按照我的方法一天2次给她进行康复锻炼。经过一个又一个疗程，病人病情逐渐好转，从卧床到能坐起来，从坐起来到能站立，从站立到慢慢能挪动行走，从说话不清楚到能清楚说话，从手不听使唤到能拿东西。看到病人病情一天天好转，我对治疗更有信心了。在血压控制平稳情况下，我又给她用了中药配合治疗。整个治疗过程，我给她出诊了三个多月，她就慢慢能自理了，最后康复了。这位患者到2021年还健在，已经快90岁了，身体非常健康，生活都能自理。现在，时常看到老人出来遛弯儿。回想起我那段时间的辛苦治疗真是没有白费，也给她的家庭减少很大的负担，我从心里感到欣慰。

第二个病例，是治疗面部神经炎。那是在1998年5月，接诊的患者是一位60岁左右的男士，正装打扮，西装革履，像个干部出身，可就是口眼歪斜，影响了他的个人形象。在此之前，他已经跑了好几个大医院，也到过很多私人诊所治疗，但都不见效果。后来，经别人介绍找到我，请我给他治疗。我听他本人介绍完病情之后，考虑他已经错过了最佳治疗时间，把病情耽误了，便只能采用我自己创新的方法，运用中西医结合给他治疗。中医采取针灸、中药，教他自我穴位按摩；西医运用营养神经药物进行穴位封闭。几个疗程之后，很见效果。经过几个月的治疗，患者一切痊愈。他本人只用了很少的医药费就解决了疾患，非常高兴。到现在2021年，他老人家还健在，已经80多岁了，活得很快乐。平时，有时间还会给我来个电话问候问候。他老人家逢人就说，他找回了自我，找回了原来的形象，找回了自己阳光的一面。

第三个病例，与一面锦旗有关，我就说一说“穷人的良医”这面锦旗的来历。2003年“非典”期间，我接收了家住国棉三厂的一位单亲家庭母亲送来的老太太，年龄在70岁左右。家属介绍，患者老太太是她的母亲，病情是脑右侧大面积梗塞，在朝阳医院住院21天后接回家中。当时病情虽然控制住了，但左半身瘫痪不能自理，不能翻身，更不能坐立，左半身软瘫，说话不清楚。因病人没有自理能力，需人照顾，给整个家庭造成困境。家属不能上班，要照顾生病的母亲，还要培养上大学的儿子，生活压力很大。我听了家属的介绍后，非常同情，便安排患者住进社区医院病房康复治疗。当时，我们社区医院三楼都是病房，已经住着十几位这样的患者。我每天上午都到病房给他们针灸、理疗，做康复治疗。接到这位患者，我嘱咐家属需要配合治疗，要做肌肉、肢体、各个关节的锻炼与按摩，防止肌肉萎缩。家属一听要按摩，就说她没学过，不会；如果请中医科按摩的话，一次按摩费用也不少，她的经济条件又不允许。我就告诉她，可以抽时间看看按摩大夫是怎么操作的，多学一学。就这样，她就学着做简单的按摩操作，这也从经济上给她减少了很多压力。经过一个月精心治疗，病人康复效果非常明显。就这样每天坚持做针灸、理疗，做被动康复锻炼，病人逐渐能翻身，能坐起来，身上也感觉有劲儿了，后来就能站起来了，再后来使用助行器能下地慢慢行走。经过三个月治疗，生活基本能自理，说话对答也清楚多了。家属一家人高兴极了。为了表达感谢，家属硬塞给我一个红包，当时就被我拒绝了。我对家属讲，为病人治好病是我作为一名医生的职责，治好一个病人就是我最大的快乐。你家庭那么困难，为照顾老人，还不能正常上班，还要培养儿子上大学，要把钱用到家庭需要的地方。经过我的一番说服，她非常感动。病人出院以后，家属为了表达感谢之情，送到卫生院办公室一面锦旗，上面写着“送给穷人的良医：秦淑华大夫”。现在，我已经退休快十年了，社区医院还保留着这面锦旗，院领导用这面锦旗来激励全院的医生！

我多年的工作虽然取得一些小成绩，上级和领导给了我很大鼓励和嘉奖，并受到了老百姓的好评，我从心里表示感谢！

口述人简介：

秦淑华 女，1952年11月出生，汉族。1969—2002年，在高碑店生产大队医务室工作。1974年，被评为北京市农村卫生先进个人。1975年，被评为全国农村卫生先进个人。1976年，被评为全国农村卫生先进个人。1979年，被评为北京市“三八红旗手”。1993年，被评为全国优秀乡村医生。2003—2012年，被高碑店社区卫生服务中心返聘，在中医科工作。2013年退休。

追忆赤脚医生的生活

口述人：于宝森　整理人：仇　艺

1965年，毛泽东主席发表了“六二六”指示：把医疗卫生工作的重点放到农村去！当时，我已做了一年的康家沟生产队卫生员，有幸被八里庄生产大队选中参加了赤脚医生培训班。八里庄生产大队同去培训的，还有宋秀兰、刘美茹、张凤兰。经过半年时间的培训，参加的四名同学全部毕业。回来后，建立了八里庄生产大队医务室。

我们这些医生需要完成值班、巡诊、出诊的多项医疗任务，做到随叫随到，完全彻底为人民服务，为患者治病，受到广大社员的好评。那个时期，我对中医的认识是继承、发展、光大中医中药，在治病救人的过程中作为有力的武器熟练运用。在运用中，我更加酷爱中医，用它作为为人民服务的手段，之后也就越学越带劲，越干劲越足。

记得有一天深夜，我做完当天的工作，刚准备休息，突然有人来报信，通知过一会儿有病人来问诊。按常理这个时间已经不能接诊，不然会影响第二天的工作，但作为一名医生，又常年接受党的教育，深知病人之所急，我二话没说便答应下来，随后开始做医疗准备。不过一会儿，张凤兰老人被人用担架抬着来到诊所。老人已70多岁高龄，是刚从医院的手术台上下来，因担心手术不成功不愿做心脏手术，继而转到我这里来求医。我仔细望闻问切，深思熟虑后为张老太扎了针灸并开了一剂药方，奇迹就这么自然发生了！第二天，张老太继续来求诊，再次要求针灸治疗。日复一日年复一年，这位张老太断断续续在我这里治疗10余年之久。

在那段时间，我做的是中西医结合的赤脚医生（现在称作全科医生），中药、针灸、输液、打针、切除脓包、外伤缝合、出诊，没有不做的。记得一次夜间出诊，我骑车行驶在乡村小路上，因有一条水渠穿过，一个没注意，连人带车翻了一个360度的跟头，比杂技团的演出还精彩，站定后竟然没有感觉出哪里不舒服，收拾好出诊箱登上自行车继续上路。到了患者刘森家时，见患者正呼吸急促，犯哮喘中，情况十分危险，我赶快给患者注射了氨茶碱，观察十几分钟后，患者病情才慢慢缓解。

在那个年代，八里庄生产大队的赤脚医生在本地区的医疗技术被群众广为传颂，知名度非常高。于万红老人在田间劳动时，突然半身不遂、口角流涎、语言不清，有社员来报信，我二话不说，骑车立刻赶到田间，一边扎针灸，一边开药方，并针对病情用了一丸大活络丹。第二天，老人家行走如常。患者家属为表达感激之情，在大队广播站里做了广播。这件事同时激励了我更加努力地服务好人民。像这样的事情举不胜举，医务室的赤脚医生们每个人都有很多感人的故事。

因为对中医的无比热爱，我学习起来自然劲头十足。在“文化大革命”时期，我默默自学，参加培训班，取得了中医药大学中医学专科证书。那个年代的赤脚医生，既光荣又辛苦，为人民服务，为患者着想，心中充满阳光。做赤脚医生的每个人，都把自己的青春无私奉献给了党，奉献给了乡村的医疗事业，用辛勤的汗水，把党的温暖和毛泽东主席的光辉送到患者的心坎里，让患者及广大群众从心里感受到党的温暖。

后来，我被调到高碑店乡卫生院。那种为患者服务的乡村医生的初心未改，赢得了党组织的承认，光荣地加入了中国共产党。由于有了国家承认的学历，我也取得了医师资格证书和处方权，我知道这是高碑店乡人民政府及八里庄生产大队对我的培养结果，更激励我今后更好地为人民服务，发挥我的余热！

口述人简介：

于宝森　男，1944年4月10日出生，汉族。中共党员。1964年10月参加工作，就职于八里庄生产大队医务室。1995年4月就职于高碑店医院中医科。2005年2月退休。

第二十二章 体 育

20 世纪 80 年代以前，高碑店地域没有专门的体育工作管理机构，体育活动多为群众自发组织。1983 年，高碑店乡建立文化站，领导全乡体育工作，组织开展群众体育活动，促进精神文明建设健康发展。90 年代中后期，地区体育工作管理机构和管理体系进一步健全，组织开展全民健身运动。2006 年，高碑店地区（乡）成立文化服务中心，各类体育场所、设施进一步完善，全民健身运动在基层普遍开展。

第一节 机构与队伍

1956 年，高碑店乡主要由党、团组织负责组织辖区群众开展小规模体育活动。六七十年代，高碑店人民公社没有专门体育管理机构，文体不分，整体上由公社党委副书记分管，党委办公室、文教组、公社团委兼管，各生产大队由主要团总支、团支部负责。

1983 年，高碑店乡成立文化站，负责全乡体育管理工作，组织各类群众体育活动。由乡党委副书记分管文化站工作。1985 年，全乡成立足球队、篮球队、乒乓球队、武术队。1995 年 4 月，高碑店地区成立农民体育协会，设主任 1 名，副主任 6 名，委员 13 名，办公室主任 1 名。随后，高碑店、八里庄、北花园、半壁店、华东公司（村）、高井 6 个建制村都成立农民体育协会分会。同年，文化站与团委合署办公，主要由团委组织开展各类青年人体育活动。1996 年，成立体育健身指导站，站长由主管体育工作副乡长担任，成员包括文教科、妇联、团委、工会、民政司法科等科室有关工作人员及各村党总支副书记。1996—1998 年，地区陆续成立羽毛球协会、篮球协会、足球协会、乒乓球协会等体育团体。

2000 年，地区（乡）成立全民健身工作领导小组。同年，机关设立卫体科，设科长 1 人、科员 2 人。2001 年，成立文化教育卫生科。同年，发展社会体育指导员队伍，地区体育健身指导站有 10 人获得社会体育指导员技术等级称号。2004 年 4 月，成立文化服务中心。2005年，成立体育工作领导小组。党委书记任组长，乡长任副组长，由一名副乡长主管体育工作。各村建立以党总支书记任组长的体育工作领导小组。同年，进一步健全地区农民体育协会，党委书记为主席，乡长为副主席，主管副乡长为秘书长，有关科室领导和各村民委员会主任为委员。5个建制村进一步健全农民体育协会分会。地区（乡）形成统一计划、统一实施、各级领导层层抓、各负其责的体育工作领导体制。同年，全地区有中老年健身秧歌队18支、足球队5个、篮球队5个、乒乓球队6个、羽毛球队2个、健身球队5个。

2011年，高碑店地区（乡）在机构改革中成立科教文体办公室。成立社区服务中心，推动社区文体活动开展。2020年，在机构改革中组建社区建设办公室，加强基层综合性公共文化设施建设，协调指导辖区群众性文体活动。同时，在原社区服务中心、文化服务中心基础上，整合组建市民活动中心，组织各村（社区）开展各类体育活动。机构设置至2021年底未变。2021年，高碑店地区及各村、社区都有篮球队，其他体育团体有甘露园南里二社区"舞动风采"太极拳队、花园闸社区"新飞逸"太极队、太平庄社区"武动夕阳"太极社、兴隆家园社区空竹队、汇星苑社区星光太极队等。

第二节　场所与设施

20世纪80年代以前，高碑店地域群众体育健身设施简陋，多为群众自发组织搭建。80年代中期，高碑店乡没有专门的体育比赛场所，举办活动时常借用北京市第十七中学、高碑店中心小学等学校操场。体育运动设备器材主要由辖区各单位自行购置。1984年，高碑店、八里庄、高井生产大队及针织厂、停车场等单位，共花费5800多元购买篮球架5副、乒乓球台11个、足球篮球排球30多个。1987年，全乡建立体育活动俱乐部4个、青年之家23个，为基层开展体育活动提供场所。1988—1993年，部分乡直属企业陆续建成足球场、篮球场、乒乓球场、羽毛球场、网球场、游泳池等体育活动场地。北花园村建成游泳池1座。1993年，乡出资8000多元为基层购置乒乓球、羽毛球、象棋等体育活动器材。

1994—1996年，高碑店、八里庄、北花园、半壁店、高井5个村民委员会陆续建成乒乓球室、羽毛球室、台球室、棋牌室等活动场所，总投入160余万元。

2000年开始，落实《全民健身计划纲要》，发展群众体育事业，争创"体育工作先进乡"，地区（乡）加大体育基础设施建设力度，将体育事业费、基础建设费列入乡财政预算和基本建设投资计划。2000年、2001年用于体育活动人均经费分别为1.8元和5.6元。

2000年，各村总投入近200万元，建成足球场、篮球场、健身房等文体活动场所，活动场地总面积约4000平方米。2001年，为支持首都北京申办2008年奥运会，落实北京市全民健身“居家工程”实施方案，地区兴建6个全民健身园，具体包括：乡政府投入31万元建成全国妇联小区健身园和京通快速路高碑店立交桥南侧健身园；高碑店村民委员会投入8万元建成高碑店村怡心公园健身园；北花园村民委员会投入10万元建成北花园村健身园；半壁店村民委员会投入18万元建成西店街心公园健身园和半壁店村健身园；高井村民委员会投入60万元建成白家楼体育中心健身园。6个全民健身园当年全部投入使用并对村民开放。同年，乡政府投入1300万元兴建四惠公园，园内有2个网球场、1个卡丁车场，其中体育设施和器材投入800万元。2002年，地区（乡）在兴隆公园内建成高水平社区健身中心1处，设有室内网球场、健身房、乒乓球室、儿童健身游乐场、水上游乐设施等。截至2003年3月，辖区有花园北里、小郊亭、火力电力家委会、北花园村、高碑店村、西店、花园北里南区、兴隆家园8个健身园对民众开放。2005年，地区（乡）加大投入力度，新建和扩建体育健身活动场所，增添体育健身设备。修建“益民健身园”，安装79件体育健身器材，修建灯光篮球场等。全地区共有固定体育健身活动场地18处，总面积37万平方米。5个建制村都建有文体活动中心，有室内外体育健身活动场所。全地区有体能测试站2个，高标准游泳场馆1座。2007年，高碑店地区（乡）新建文化中心1个，总面积3600平方米，配备价值30万元舞台灯光、音响设备。高碑店、八里庄、半壁店村新建广场各1处，面积均在1000平方米以上。2008年5月，朝阳区文化工作委员会投入200万元改建漕运文化广场，并安装100平方米大屏幕。高碑店漕运文化广场成为全市26处奥运文化广场之一，占地面积16000平方米，可同时容纳5000人活动。

2013年，高碑店地区（乡）建成1座2600平方米的综合性文体中心以及4处村级文体活动室，46处室外体育健身场地。至2021年，各村、社区有体育运动场所24处，总面积3.3万余平方米。

2021年高碑店地区（乡）部分健身广场一览表

表22–1

单位名称	体育场所	详细地址	面积（平方米）	隶属关系
高碑店村	漕运文化广场	高碑店村一区腾隆阁西侧通惠河南岸	2000	高碑店村
	漕运文化广场街心公园	高碑店村一区龙王庙西侧通惠河南岸	200	高碑店村

续表 22-1

单位名称	体育场所	详细地址	面积（平方米）	隶属关系
高碑店村	高星公园	高碑店村二区南侧高星公园内东侧	900	高碑店村
高井村	高井村白家楼健身文化广场	高井村白家楼小区东门	8000	高井村
甘露园南里二社区	甘露园南里二区文化广场	甘露园南里二社区 16 号楼北侧小广场	930	岳安物业
花园闸北里东社区	花园闸北里东社区广场	花园闸北里 6 号楼前	360	花园闸北里东社区
		花园闸北里 10 号楼前	50	
		花园闸北里 11 号楼左侧	156	
		花园闸北里 13 号楼东侧	426	
		邮局宿舍	200	
		花园闸北里 14 号楼	300	
		花园闸北里 7 号楼	300	
		大黄庄教师楼	300	
花园闸北里西社区	花北西文化广场	大黄庄南里健身园	7600	天翌物业
康家园西社区	康家园西社区文化广场	北京市朝阳区高碑店康家园西社区康家园小区 18 号楼下	300	康家园西社区
大黄庄社区	大黄庄文化广场	五环内大黄庄 53 号东侧	500	大黄庄社区
		大黄庄后街二道沟北岸	500	
兴隆家园社区	兴隆家园篮球、羽毛球馆	兴隆家园 24 号楼北侧	450	天翌物业
	兴隆家园 12 号楼东小广场	兴隆家园 12 号楼东侧	450	兴隆家园社区
	兴隆家园 10 号楼西小广场	兴隆家园 10 号楼西侧	280	
通惠家园社区	惠民园广场	通惠家园惠民园中心	600	小区业主
	社区健身广场	惠民园 1 号楼东侧	300	
	惠生园中心广场	惠生园 5 号楼西侧	400	
	惠润园健身广场	惠润园 6 号楼南侧	100	
		惠润园 3 号楼南侧	100	
	惠泽园健身广场	惠泽园 3 号楼日坛中学东侧	100	

续表 22-1

单位名称	体育场所	详细地址	面积（平方米）	隶属关系
高东社区	东大楼广场	东大楼公厕旁边	800	高东社区
高碑店西社区	高碑店西社区北侧公园	高碑店路与建国路交叉西南角，通惠河北岸	200	高碑店地区办事处
花园闸社区	花园闸文化广场	北花园小区 1 号院东门	500	花园闸社区
水南庄社区	水南庄社区街心公园	水南庄社区主路南侧	200	水南庄社区
太平庄社区	太平庄社区活动广场	兴隆西街 2 号兴隆小区综合楼东边	150	太平庄社区
古街社区	古街社区二层多功能厅	家具街五环桥下古街社区二层	150	古街社区
汇星苑社区	汇星苑社区小广场	1 号楼、8 号楼	500	金隅集团

第三节 体育活动

群众体育活动 20 世纪 50 年代初期，高碑店地域群众自发组织一些体育活动，如庙会上有长拳、摔跤、五虎棍、石担举重、双石造型等表演。1956 年 3 月 11 日，慈云寺乡参加东郊区农村青年运动会，获团体第二名。1960 年，高碑店人民公社参加朝阳区举办的“神枪手”比赛、“跃进杯”篮球赛、中国式摔跤比赛、万人象棋赛等活动。六七十年代，高碑店人民公社社员在集体劳动之余，自发开展各种球类、棋类比赛活动。

80 年代至 90 年代中期，高碑店乡将群众体育工作纳入“两个文明”（物质文明、精神文明）建设中，由文化站有计划地组织开展群众体育活动，包括组织群众性体育比赛，组织参加市、区举办的体育赛事，开展中老年群众日常体育活动等。1984 年 4 月中旬，文化站组织举办有 9 个单位、60 多人参加的乒乓球比赛。5 月，乡选派 7 人组成长跑队，参加区体委组织的“五四”杯农民长跑比赛，取得男子个人第一、女子个人第二、团体总分第三的好成绩。同年下半年，陆续组织篮球比赛、长跑比赛。此后，乒乓球、篮球、长跑、游泳等比赛每年都举办。1984—1985 年，文化站连续 2 年开办业余武术班，共 6 期，每期 3 个月，360 余人参加。

1985 年 5 月，高碑店乡举办第一届全乡运动会。乡机关、高碑店、八里庄、北花园、半壁店、高井、羊毛衫厂、农机厂、派出所、卫生院、针织厂、停车场、京都汽车修理厂、龙骨加工厂、牛场共 15 支队伍 188 名运动员参加。比赛项目有短跑、长跑、接力、铅球、跳高、跳远、拔河等。同年，组建足球队、篮球队、乒乓球队参加朝阳区农民体育比赛，取得足球第二名、篮球第三名、乒乓球团体赛第三名。参加朝阳区“五四”杯农民长跑比赛，取得男子第一，女子第三、第五，团体第二名。同年7月，组织17名运动员参加北京市农民田径运动会选拔赛，有3人入选，代表朝阳区参加比赛，取得男子1500米第五名，女子跳远第二名、第四名。

1986年4月，全乡举办第二届运动会。5个建制村以及针织厂、羊毛衫厂、喷漆厂、停车场、风机厂、饮料厂、牛场等乡直属单位187名运动员参加。半壁店村代表队获村团体第一名，羊毛衫厂获直属单位团体第一名。至1990年，全乡运动会共举办5届。1990年以后，每2年举办一次。至2005年，共举办十二届。1986年，乡组队参加朝阳区首届农民运动会，获得拔河及足球比赛第三名，获乒乓球比赛第二名，获团体总分第三名。

1987年，全乡继续举办足球、篮球、乒乓球、长跑等常规比赛，做到年初有计划，形成制度。同年，文化站开始推动基层体育活动开展，举办门球、乒乓球、太极拳、秧歌等适合中老年人参加的体育比赛。乡羊毛衫厂、高井生产大队汽车修理厂等基层单位开展车间之间乒乓球、篮球、象棋等比赛，丰富职工业余文体生活。1989年4月，参加朝阳区第二届农民运动会，荣获团体总分第一名。同年6月，乡体育代表团参加北京市农民体育协会在顺义举办的首届农民游泳比赛，荣获团体总分第二名。1992年，李霞（女）参加湖北孝感第二次全国农运会，在象棋比赛中名列前茅。1993年，全年举办各类常规群众体育活动共111场次。

1995年6月，国务院颁布《全民健身计划纲要》，倡导大力发展群众体育事业，全面提高国民体质和健康水平。高碑店地区（乡）制定实施《〈全民健身计划纲要〉工作方案》，确定中长期体育事业发展计划指标和措施，把体育工作列入党政工作议程，并作为全乡建设以及农村社会主义精神文明建设重要内容抓紧抓好，列入建制村领导重要考核内容之一。同时，积极开展全民健身体育活动，使体育活动步入健康化、经常化轨道。连续多年举办足球、拔河、冬季长跑、乒乓球等常规项目比赛。各村民委员会、居（家）委会组织象棋、扑克、乒乓球、老年钓鱼、投篮、跳绳、

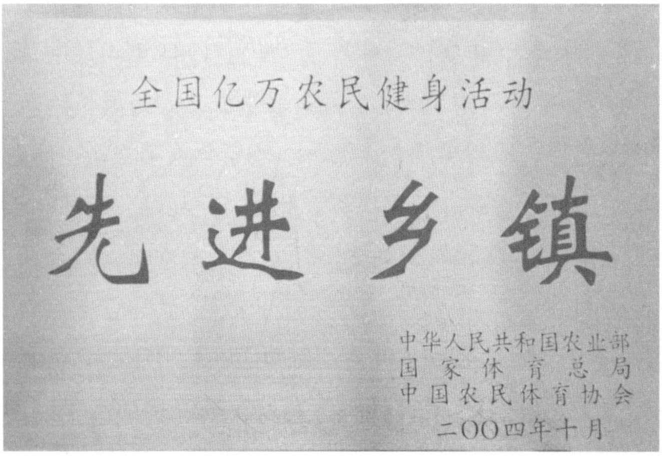

2004年10月，高碑店乡荣获“全国亿万农民健身活动先进乡镇”奖牌

踢毽子、太极拳等健身活动。1996年9月和10月，地区（乡）代表队在朝阳区农业系统广播操比赛和区体协广播体操比赛中均获得第一名。2000年，高碑店地区（乡）被评为“北京市1995—2000年度群众体育先进单位”和“北京市2000年度体育先进乡”。2002年，高碑店地区（乡）被评为“2002年度朝阳区体育先进乡”。同年，荣获“北京市农村体育先进乡镇一等奖”。2004年10月16日，荣获农业部、国家体育总局、中国农民体育协会颁发的“全国亿万农民健身活动先进乡镇”奖牌。

2005年，地区群众体育事业发展确立“以人为本、面向大众”的指导方针，继续开展全民健身运动。2006年，以“迎奥运、齐参与、健体魄、展风采、共建和谐高碑店”为主题，举办第十三届全乡健身运动会。项目包括“五人制”篮球赛、乒乓球赛、第八套广播体操、健身秧歌、民间花会等，来自乡机关、村、社区400余人参加比赛。同年8月18日，荣获国际田联世界青年锦标赛北京组织委员会颁发的突出贡献奖。

2007年5月12日，组织85人参加朝阳区第七届农民运动会，在开幕式上参加第一场威风锣鼓表演，并参加篮球比赛、乒乓球比赛、象棋比赛。同年10月13日，组织105人参加北京市第六届农民运动会开幕式表演。地区全年共组织体育活动46次，参与人数超过9000人。2008年9月25日，举办高碑店地区“重阳杯”老年乒乓球比赛，来自18个社区40多名老年乒乓球爱好者参加。

2009年4月，高碑店地区（乡）开展“全民健身月暨全民长跑”活动，启动全民健身月，掀起全民健身热潮。5月24日，举办第十四届全乡运动会，来自地区（乡）机关、5个建制村、13个社区、2个社会单位共19支代表队2000余人参加。本次运动会是建乡以来规模最大、参加单位最多、覆盖面最广的一届运动会。

2010—2014年，辖区基层广泛开展全民健身活动。2010年5月29日，为庆祝六一儿童节，八里庄社区在东恒时代小区举办“和谐家园 快乐生活”第五届家庭趣味运动会。运动会以家庭为单位，设立跳绳超人、疯狂呼啦圈、顶沙包、传帽子、运球、拔河6个项目，社区工作人员及居民共100余人参加。2011年，地区各村、

2005年，花北西社区举办居民运动会

社区围绕“全民健身”主题，开展乒乓球、象棋、篮球、羽毛球等多项体育赛事，参加人数6000余人。同年，半壁店村盛世龙源舞蹈队在朝阳区第二届体育节比赛中获得三等奖。2013年5月26日，举办第十五届全乡运动会，共23个代表队参加。2014年，地区（乡）举办首届“文创杯”篮球联赛。

2015年4月26日，举办第十六届全乡运动会，来自5个建制村、26个社区千余名运动员参加比赛。5月16日，举办第二届“文创杯”篮球联赛，23支球队参加。经过2个月角逐，机关代表队和天翌物业代表队分获冠亚军。同年12月，由地区篮球联赛产生10名优秀选手组成高碑店地区代表队参加北京市市民篮球比赛，经过一个多月拼搏，荣获第三名。2016年，举办第十七届全乡运动会。同年6月5日，北京市体育局、市体育总会、朝阳区政府在通惠河高碑店水域举办北京国际龙舟邀请赛，来自9个国家和地区20多支队伍约360名运动员参加。2017年，地区（乡）组织参加市、区篮球联赛、乒乓球比赛、交谊舞比赛等，分别获朝阳区篮球联赛第一名、北京市篮球联赛第三名、乒乓球比赛第一名。同年7月，举办高碑店地区（乡）第一届社区篮球羽毛球联赛，24支篮球队和19支羽毛球队参赛（至2019年共举办3届）。同年9月23日，举办第十八届全乡运动会，共35支队伍参加比赛。在开幕式上，进行千人太极拳表演。2018年，参加朝阳区社区篮球联赛，荣获第二名。同年，半壁店村举办第一届通惠河畔非公企业运动会（至2020年共举办三届）。2019年4月23日，高碑店地区工会组织社区工作人员在兴隆公园举办职工春季健步走活动，全程约1.6千米。

2021年4月，在朝阳区举办的中部片区篮球邀请赛中，乡篮球队荣获第一名。同年6月11日，地区（乡）在大运河通惠河畔举办端午龙舟比赛。各村、社区组织小型篮球联赛、羽毛球联赛、广场舞大赛等体育活动。为迎接2022年北京冬奥会，地区（乡）组织冬奥会知识培训，向基层印发冬奥相关知识手册，组织冬奥知识讲座、开展冰上运动体验等活动。

残疾人体育活动　高碑店地区开展残疾人体育活动始于21世纪初期，由地区残疾人联合会组织。2002年，组织地区残疾人参加朝阳区首届残疾人运动会，共10名运动员参加游泳、象棋、乒乓球、趣味田径等10个项目比赛。2005年，地区（乡）残联参加朝阳区第二届残疾人运动会，在游泳、乒乓球以及田径等项目上获得3项第一、2项第二、1项第三的好成绩。同年，参加朝阳区残疾人游泳比赛，高井村肢体残疾人马松和在50米仰泳、100米自由泳比赛中，均夺得第一名。

2006年10月21日，高碑店地区举办残疾人运动会。18个社区残疾人通过初赛、复赛，有31名选手参加定点投篮、投掷飞镖、定位足球射门、后抛球等8个项目比赛。有

12 名残疾人分获一、二、三等奖。

2008 年，地区（乡）残联组织辖区部分精神残疾人员开展“牵手残疾人、走进残奥会”游览北京植物园踏青主题活动。组织精残人员到顺义小汤山采摘园、平谷金海湖和湖洞水公园开展郊游采摘等娱疗活动。在北京残奥会期间，组织社区残疾人专职工作者、残疾人专职委员、高碑店温馨家园康复人员以及残疾人和残疾人家属 150 余人到国家体育场、国家体育馆观看残疾人田径项目和轮椅篮球比赛，让大家感受到残奥会热情激烈的赛场氛围以及各国残疾人运动员奋勇拼搏为国争光的爱国主义精神。

2009 年，地区（乡）残联在助残日期间，开展残疾儿童少年走进温馨家园“一日游”活动，组织 30 名残疾人到朝阳公园观赏游玩，组织地区 6 名残疾儿童到奥运嘉年华游乐场参加庆“六一”主题系列活动，组织 50 余名精神残疾人到昌平有机苹果采摘基地、平谷采摘园和八达岭野生公园开展郊游采摘等娱疗活动。在温馨家园举办由 60 余名肢体听力言语残疾人参加的地区残疾人运动会，13 名精神康复者参加区残联在朝阳体育馆组织的趣味运动会，17 名肢体听力残疾人参加朝阳区第三届残疾人运动会，并在游泳、田径、趣味等项目比赛上获得优秀成绩。

2010—2015 年，陆续组建高碑店温馨家园和各社区残疾人活动小组，安排固定场所，使残疾人体育健身活动步入常态化、规范化。鼓励和支持各社区残疾人活动小组、温馨家园残疾人积极参与社区居民文体活动，注重培养羽毛球、柔力球等文体队伍。2014 年开始，每年举办残疾人文化周，举办残疾人趣味运动会。2018 年，与区残联联合举办文化体育才艺交流展演活动暨高碑店地区残疾人趣味运动会，共 300 多名残疾人及志愿者参与活动。同年 10 月，组建残疾人旱地冰壶队（听力组），由 5 名听力障碍运动员组成。2019 年 3 月，残疾人旱地冰壶队（听力组）参加全国第十届残疾人运动会暨第七届特殊奥林匹克运动会旱地冰壶比赛，为北京队夺得唯一一块银牌。同年 11 月，在第十四届全运会上，由地区（乡）派代表参加的残疾人群体性项目荣获全国第二名的好成绩。2020 年 8 月，残疾人旱地冰壶队参加北京市健康杯旱地冰壶比赛，荣获第一名；参加京冀蒙邀请赛，荣获第一名。同年，举办高碑店地区（乡）第二届残疾人文艺汇演。

学校体育活动 中华人民共和国成立前，地域有 5 所小学。由于规模较小，缺乏专任体育教师和专门体育活动场地，学生只能开展一些简单的课间活动。20 世纪 50 年代初期，学校贯彻中共教育方针，坚持德智体全面发展，依据《体育教学大纲》教学。1952 年，北京市第十七中学成立后，开展以长跑、短跑、体操、篮球为主的体育活动。六七十年代，各学校开始做早操、课间操，做国家统一的第一、二、三套广播体操。下午课间做眼保健操。

80年代，学校体育运动蓬勃发展。1981—1985年，高碑店中心小学、半壁店小学、大黄庄小学陆续兴建、扩建操场，修建200米环形跑道及篮球场等，为开展学校体育活动提供硬件基础。1984年起，大黄庄小学开展大课间活动及中长跑运动，加强学生体育达标训练。1990年，学校被评为北京市“冬锻三项”先进单位。教师张宝元被评为全国农村优秀体育教师。1987年，半壁店小学参加北京市中小学生运动会，获男子400米第二名。1991年，半壁店小学在北京市中小学运动会上平北京市小学生男子200米纪录，破男子400米纪录。

2000—2001年，高碑店地区拨款46.18万元支持学校体育工作，为学校增添必要的体育器材和操场音响设备。北京市第十七中学扩建6条400米跑道操场，建设2个标准篮球场。高碑店中心小学、半壁店小学、大黄庄小学兴建4条200米跑道操场和篮球场。北花园小学建成篮球场1个。各校均在操场安装现代化音响设备，为举办大型体育活动创造条件。各学校坚持德智体全面发展办学方针，认真贯彻学校体育工作条例，上好“两操”（即广播体操和眼保健操）。北京市第十七中学和四所小学均已达到朝阳区教育局规定的广播操示范校标准，并获得证书。各校坚持上两课，即体育课和课外活动课。保证每天有1小时学生体育活动时间，认真做好每年中小学体育达标工作，每年各校体育达标率均在95%以上。各学校组建了田径队、跳绳队、乒乓球队、足球队、篮球队，每年召开田径运动会和学校跳绳比赛，并组队参加朝阳区每年一度的运动会和跳绳比赛，均取得可喜成绩。

2005年，乡教委撤销，学校并入城市学区管理。高碑店乡教委并入管庄学区。

第二十三章　村民生活

20世纪50年代，高碑店地域村民家庭收入低，生活较为艰苦，靠简单生产勉强维持生计。六七十年代，国家实行计划经济，社员参加集体生产劳动挣工分，收入低；各类生活用品凭票购买，消费支出主要用于吃穿等基本生活需求。八九十年代，地域调整产业结构，大力发展乡镇企业，带动村民就业增收，衣、食消费占比下降，住、行、用等条件得到极大改善，生活由温饱型向小康型转变。进入21世纪，村民人均可支配收入持续增加，绝大多数村民告别老旧住宅，住上宽敞明亮的新居，很多家庭购置了家用汽车，各种生活用品一应俱全，村民衣着更为时尚，饮食更加健康，生活环境持续改善，幸福指数不断提升。

第一节　收　入

明清通惠河漕运兴盛时期，高碑店地域一些百姓主要依靠在漕运码头“扛大个儿”，或在附近街面做小生意卖些吃穿用品，赚取微薄收入养家。土地资源较少，少量农民依靠种地为生。清末漕运废止后，地域百姓另找“饭辙儿”，一部分在通惠河边挖塘养鱼，挑“八根绳儿”到北京城里沿街叫卖小金鱼，或将家鱼挑到城里卖给鱼铺。本地民谣所谓“卖鱼人家世世穷”。挑“八根绳儿”异常辛苦，收入少，只能赚些零钱养家糊口。城里开鱼铺的很多是高碑店人，算是当时的相对高收入人群。靠近朝阳门的小庄、八里庄人多为菜农，以家庭为单位种菜、卖菜。还有一些依靠打零工维持生计，如木匠、瓦匠、小工等。另有专门从事在红白喜事上给主家抬轿子、抬棺材的行当，报酬随行就市，勉强糊口度日。

1949年中华人民共和国成立后，地域进行土地改革，农民分到土地，种植粮食作物，满足基本生活需求。同时，一些村民利用农闲从事家庭副业生产，妇女干些纯手工的纳鞋底、挑花的活儿贴补家用，男劳力搞运输、打短工，生活条件得到基本改善。1954年，地域成立初级农业生产合作社，土地“入股分红”。社员除参加生产劳动获取相应分配外，土地等重要生产资料也作为股份入社参与集体分配，社员家庭收入有所增加。1956年，初级农业生产合作社转为高级农业生产合作社，社员的大牲畜、马车等重要生产资料合理作价转为集体所有，土地不再作为股份参与集体收益分配，社员参加集体劳动。社员除从农业生产合作社领取口粮，年终决算时还根据各自劳动工分“分红”。此时期，社员家庭饲养的猪、羊、鸡、鸭、鹅、兔等畜禽，以及自留地收益成为家庭收入的重要补充。1957年，地域人均年收入约100元。就当时物价而言，收入可维持家庭基本生活所需。

六七十年代，公社社员口粮、收入由生产队统一分配。粮食交足国家的，留够集体的，剩下由生产队按人口分配。菜农按照每人每月八斤面二斤米定量供应。收入主要通过评工记分（记工分）。生产队根据每个劳动力的性别、劳动数量、劳动质量、劳动态度等评级定分，实行“自报公议”，即先由社员自报级别，然后由同组社员评议，报生产队队委会审核批准。每个社员的劳动工分由记工员按月汇总，张榜公布。年底生产队扣除社员各项预支后给社员分红。1972年，公社社员分配总额1704287元，年人均分配115元。社员每天起早贪黑劳动一天，平均收入3角多。1978年，公社年人均收入增长至225元。70年代末至80年代初，公社推行以“四定一奖”为主的农业生产责任制，调动社员生产劳动积极性，按合同兑现奖励，社员收入明显增加。1981年，八里庄生产大队由于蔬菜种植商品化程度高，且较早推行生产责任制，农业收入年人均分配436元。高井生产大队种植葡萄，年人均分配329元。其他3个生产大队以种植粮食为主，年人均分配270元左右。

80年代，高碑店乡抓住改革开放的历史机遇，进行经济结构调整，“农林牧副渔、工商运建服”全面发展。所谓“无工不富”，地域百姓收入大幅增加，很大程度上缘于乡镇企业的快速发展，吸纳大量农村劳动力稳定就业。1983年，全乡各级企业吸纳劳动力3000余个，年均收入730元，远高于从事农业生产所得。1988年，全乡经济总收入突破1亿元，有各类乡镇企业119家，极大拓展了村民就业增收的渠道，4000余人在乡镇企业就业，年均收入1286元。在改革中涌现一批以家庭经营为基础的专业户，收入水平已超过“万元户”标准，有的家庭年纯收入就超过万元。

90年代，村民收入结构更加多元化。工资、补贴、分红、出租、个体经营等多种收入形式并存。90年代中期，随着国家建设征地及绿化占地增多，农业用地萎缩趋势明显，农业收入大幅减少。生产队陆续撤队，大量农民转居、转工，除相关单位安置以外，部分农民自谋职业，流向第二、第三产业就业。1999年，地区有乡镇企业111家，吸纳就业人员6100人，仅工资收入每人每年近7000元。另有年终分红、年节补助、医疗补助等，一般普通双职工家庭年收入 2 万余元。除工资收入外，部分村民把自己多余的房屋出租，年租金收入 4000 元左右。

21 世纪初，随着农村城市化进程加快推进，地区进行产业结构升级，农业退出主导产业领域，乡镇企业从自营转向以土地、房屋租赁为主。2003 年，地区 4 个建制村农民人均年收入 12177 元，其中，高碑店村 9003 元，北花园村 11631 元，半壁店村 13508 元，高井村 14567 元。八里庄村农民全部转居、转工，为解决转工自谋职业人员收入问题，八里庄村通过成立联防、保洁、水电维修、绿化等专业服务队伍创造更多灵活的就业岗位，安置近 600 人再就业，动员辖区企业吸纳 500 余人就业，帮助村民解决就业难的问题。

2010—2021 年，随着地区文化产业发展及新农村建设开展，大部分村民就业转向第三产业。2010 年，朝阳区居民家庭年人均工资性收入 25032 元，农民家庭年人均工资性收入 10561 元，基本反映高碑店地区就业人员年度工资收入水平。除工资收入外，房屋出租成为村民家庭重要收入来源。新农村建设将农民房屋翻建成连片楼房。有的户顶层自住，低层出租，有的户整栋出租，年租金收入几万元至数十万元不等。部分地区房屋征地拆迁，居民除获得拆迁补偿金外，回迁房屋除居住外剩余房屋对外出租，一般年租金几万元不等。还有一些村民从事运输、维修、餐饮等个体经营，年轻人创办公司在互联网、新媒体行业创业，也成为家庭生活收入的重要来源。

第二节　支　出

20 世纪 50 年代至 70 年代末，地域百姓家庭支出以吃、穿等基本生活保障型支出为主。历时约 30 年，地域百姓绝大部分支出用于实现吃饱、穿暖的基本生活目标。50 年代，在农业合作化过程中，由于人多地少，人均耕地不足 1 亩，种植小麦亩产不到 100 千克，其间还要投入种子、肥料、农药等生产成本支出，农业劳动所得只能勉强满足家庭成员温饱。1958 年，八里庄幸福高级农业生产合作社社员在信用社存款合计 4600.52 元，人均存款 0.78 元，每年收入除去吃、穿等基本生活消费支出，已所剩无几。60 年代中期以后，国民经济恢复，社员生活得到改善，但有一些家庭因子女多、劳力少，所挣

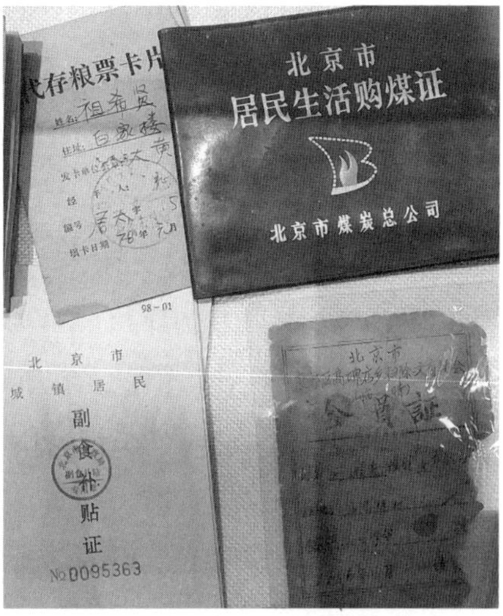

20 世纪 70 年代，高碑店人民公社社员使用的各类票证

工分无法满足全家基本消费支出，不得不向生产队借支。借支往往年复一年，新账压旧账，直到多年后才还清。有些困难家庭无法负担基本消费支出，直接影响子女教育，尽管当时每学期只交1元5角学费，也有部分家庭因贫困而导致子女辍学。70年代中期，随着地域农业不断发展，余粮供给量增加，社员基本生活消费支出占比逐渐降低，收入略有结余，社员家庭生活水平逐渐提高。

80年代，以建房、购买家庭耐用品为主的生活改善型支出占据主导。80年代初，随着社员收入不断增加，新建、翻建房屋成为家庭最重要的支出，每家平均花费一两千元。1982年，全公社有726户家庭新建、翻建房屋2214间。至1989年间，每年有二三百户家庭新建、翻建房屋1000余间。为改善生活品质，提高生活质量，村民可凭票购买手表、缝纫机、自行车、电视机、收录机、电风扇等生活用品。80年代后期，家用电器进入寻常百姓家。至90年代，家庭生活用品开始升级，成为消费支出的重要组成部分。冰箱、双缸洗衣机、双卡收录机、彩色电视机、照相机进入部分中等收入家庭。

21世纪初期，村民更加重视生活质量，围绕事业发展、下一代教育、身体健康等生活发展型支出更加凸显。随着信息化时代的到来，在电脑、手机等电子产品消费方面支出越来越多，便于提高工作效率和沟通效率，普通家庭各类电子产品一应俱全。2010年，地域约1/3家庭拥有家用电脑。很多年轻一代父母非常重视下一代教育，愿意每年花数万元甚至十多万元为孩子选择比较理想的幼儿园和中小学校。同时，为孩子报名各类补习班、兴趣班。也有个别家庭斥巨资送子女到国外求学。2010年，地域全年人均教育支出3000余元。村民更加重视健康的生活方式，在购买健康食品和健身器材方面的支出不断加大。

2011—2021年，村民以房子、车子、旅游等为主的生活享受型支出占比越来越高。地域进行新农村建设后，绝大部分村民入住定向安置房。由于置换新居，村民一般没有购房压力，主要支出集中于新房装修及购置家具、家电等，每套住房花费从数万元到数十万元不等。由于受住房商品化、高房价、学区房热等社会大环境影响，一些村民也有为子女购置优质房产的需求。房子、车子成为年轻一代结婚的标配。村民花费几万元到数十万元购置私家车。家庭外出旅游成为流行时尚。根据2021年对高碑店西社区和西店社区800户居民调查结果统计，年轻人经常利用节假日和黄金周外出浏览名胜古迹、园林景区，到海滨沙滩休闲度假，放飞心情。有60%退休人员选择外出旅游，享受退休生活。多数村民每年外出旅游2～3次，70%选择境内京外游，平均每次花费三四千元。有76%的村民选择自驾和高铁出游，20%村民选择报旅游团出游。

第三节　衣食住行用

衣　20世纪50年代，地域村民大多生活窘迫，勉强满足穿衣需求。村民多数身穿粗布自制衣服，不耐磨，补丁摞补丁。不少人一年四季只有一身衣服，春、夏、秋季为单衣，冬天絮上棉花就是棉衣。有少数更为贫困家庭，夏不能遮体、冬不能避寒，平时光足赤背。一些孩子多的家庭，往往只给老大添置新衣，老大穿旧了老二穿，依次顺延，直到穿得实在不能穿，再扯成布片打袼褙，用来做布鞋。一般村民穿的是自家做的千层底布鞋，鞋帮经常破损。一双鞋穿四季，少有棉鞋过冬。

六七十年代，村民逐步有衣穿、能穿暖。国家对生活用品实行票证制度，按人发放布票，社员凭布票购买。为了省钱，多数村民家庭都是自己做衣服，条件差的手工缝制，条件好的买个缝纫机制作。衣服样式以草绿色、蓝色、灰色、黑色的仿军服、制服、建设服为主，面料主要是条绒布，比棉布结实耐用。整体穿衣风格较为单调，穿旧军装、军大衣、工作服成为一种时尚。多数家庭到春节才能给孩子添件新衣。70年代末，村民脚上穿的多为解放鞋、球鞋，家做鞋逐渐减少。地域出现耐磨的涤纶化纤布料（的确良）。

八九十年代，村民在穿暖的基础上，追求穿得好、穿得时尚。80年代初，多数村民着装以蓝色解放装、灰色中山装为主，部分年轻人开始穿花衬衫、喇叭裤，戴蛤蟆镜，追求新潮。90年代，衣着水平大幅提高，一般家庭都有几件四季服装，一般村民出门不再为没有合适的衣服穿而发愁。市面上女装、童装、青年服装花色品种尤多，西服、夹克、皮衣、各式裙装、防寒服、羽绒服、运动服、时尚鞋帽逐渐普及。多数村民穿上皮鞋、旅游鞋，很少有人穿自制布鞋。年轻人追求青春靓丽的流行服饰，喇叭口牛仔裤流行一时。

21世纪初期，村民穿着更加追求潮流化、舒适性。随着市场经济发展和繁荣，地域服装市场、商场、专卖店遍地开花，服装供应充足，款式更加多样。村民可以根据需要就近选购服装，各类潮流服装、中外品牌服装应有尽有。网购兴起后，年轻人通过网络为自己和家人选购价格相对便宜、质量好、时下流行的名牌服装。往往很多衣服购买后穿上很短一段时间就搁置起来，没等穿旧又购买新的衣服。衣服款式更追求休闲舒适性，圆领衫、休闲夹克、休闲西服、风衣、运动服、名牌运动鞋等较为常见，即便是大部分正式场合也很少见穿西服、打领带、穿皮鞋的正式着装者。多数人穿衣以个人感觉舒适而又不失体面为原则。

食　50年代，地域开展土地改革，村民分到土地，吃饭问题基本得到解决。主食以玉米面、窝头、白薯干为主，菜肴以大白菜、萝卜为主，辅以自家腌制的咸菜。一年到头，只有请人帮工或亲友上门、逢时过节，才可能改善一下伙食，吃上几顿白面和肉菜。多数家庭过年才吃一顿饺子。1958 年，建立集体食堂，社员集体用餐，主食多是窝头、馒头等。

1959—1961 年，三年经济困难时期，粮食非常短缺，以少量粮食和杂菜为主。集体食堂采用“双蒸法”做饭，以“瓜菜代”补充主食。60 年代中期，随着公社农业生产发展和分配余粮增多，菜农粮食定量提高，生活条件好转。

八九十年代，村民饮食结构更加多样化，更加营养和健康。90 年代初，国家取消粮食统购，买粮食不再使用粮票。地域村民日常主食以米饭和白面为主，馒头、花卷儿、大饼、糖三角等。菜肴以白菜、萝卜及各种小青菜为主。90 年代中后期，饮食更加多样，主食比例逐渐下降，副食和果品比例逐渐增加。各种肉食品、水产品、水果、饮料酒水都可买到。村民家庭生活水平显著提高。

进入 21 世纪，村民饮食不仅“吃得好”，还讲究可口、健康。主食仍以米、面为主，但更注意选购优质、精细的米面食材。菜肴多样，鸡鸭鱼肉可谓家常便饭。只要饭菜可口，想吃的东西基本都可以得到满足。随着人们对健康的重视，村民越来越重视饮食营养搭配和健康。

住 50 年代，地域多数村民住茅草房、土坯房，条件稍好一些的可以建成底盘、四角为砖砌，主体墙为土坯的土砖结构房屋（俗称棋盘心）。多数家庭房屋矮小，住房不足。还有极少数贫苦人家则在村里破庙或租借他人房屋安身。50 年代中后期，随着生活条件好转，不少村民开始修缮、翻建房屋，甚至修建砖瓦房。1958 年，八里庄幸福高级农业生产合作社修建砖瓦房 31 间，土房 268 间。

六七十年代，新建、翻建房屋的家庭不多，公社整体住房面貌没有发生太大改变。普遍存在住房紧张的问题，全公社人均住房面积约 10 平方米。有些家庭全家两代三代同住一室，儿子结婚，父母需暂住到亲戚或邻居家。情况稍好一点的家庭，子女住里间，父母住外间。条件好的家庭，有多间房屋或厢房，与子女分开住。70 年代末，随着收入增加，地域村民陆续在自家的宅基地上新建、翻建房屋。

八九十年代，村民居住条件得到显著改善。80 年代，村民大规模新建、翻建房屋，以三间或四间砖瓦房为主。平均每年有三百余户申请建房，新建房屋一千余间。高碑店乡对村民房屋建设进行统一规划，村民新建房屋不能随便占用耕地，宅基地面积根据各户实际人口由乡政府批准。为避免因建房导致邻里纠纷，全乡统一规定建房柱高和进深。90 年代，村民房屋样式讲究新颖，室内装修档次提升，并且用上瓷砖、钢窗、铝合金、塑钢、涂料等新型建筑材料。90 年代中后期，高井、八里庄村因国家重点工程建设占地拆迁，村民大多易地搬迁，购买楼房居住。

进入21世纪，村民居住条件实现了由平房到楼房的历史性变化。自2006年地域启动新农村建设，至2021年，分别有高碑店村、高井白家楼（自然村）、半壁店西店（自然村）村民陆续搬迁上楼，住进环境优美、空气新鲜、生活便利的新小区。北花园村因国家建设征地，村民陆续回迁上楼。半壁店、方家村、小郊亭3个自然村完成了村民新居住宅楼建设，总建筑面积61.72万平方米，迎接村民入住。

高井村白家楼（自然村）村民居住环境

行　50年代初，地域一般村民出门靠步行，有牲畜人家远路骑毛驴或骡马。少数有钱人家有马车、自行车代步。50年代中期，地域北部和南部陆续开通9路、42路和11路公交线路，村民可乘坐公交车前往北京城里。

六七十年代，出行条件逐步得到改善。60年代，高碑店、八里庄生产大队成立汽车队，主要用于生产运输，需要时用于检查生产、外出参观乘坐。有的社员家庭开始购买自行车出行。地域先后增加12路、1路公交线路。70年代，自行车逐渐成为人民喜爱的交通工具，部分家庭购买“飞鸽”“永久”“凤凰”等国产自行车。北京公交系统陆续开通312路、306路、342路、363路通往通县等郊区的公交线路，村民出行更加方便快捷。

八九十年代，地域交通快速发展，村民出行更加便利。80年代，自行车成为村民最常用的交通工具，基本上家家都有。很多年轻人选择购置摩托车，起初是千元左右的轻型摩托，后来发展到中档摩托。小轿车成为越来越多的机关企事业单位的重要交通工具。少数家庭经济条件好的村民购置家庭轿车。地域有10条左右公交线路途经或始发，通往市内或郊区。

进入21世纪，地域交通四通八达，村民出行更加便捷。地铁八通线开通，在地域设四惠、四惠东、高碑店等站点，村民可直接乘坐地铁出行。四惠公交枢纽和四惠长途汽车站建成使用，有数十条公交线路方便村民出行。小汽车逐步进入普通家庭。多数村民投入几万元到数十万元购置小轿车作为代步工具。2016年，地域开始出现共享单车、共享电动汽车，村民出行有更多选择。

用 50年代，地域村民生活用品较为简陋。一般家庭没有太多家具，主要普通墙柜、条案、桌子、小板凳。日常多使用瓦盆，条件好的家庭才有搪瓷脸盆，平时不舍得用。一般家庭使用煤油灯照明，就是用棉花或多股棉线做成灯芯，把煤油倒在小盘子或油灯碗上，点燃灯芯照明。经济条件好的家庭会用烧煤油的罩子灯或马灯，极少数家庭用得起蜡烛。50年代末，社员家庭开始用电灯照明。烧火做饭用秸秆、杂草、木柴等自家捡的柴火，个别条件好的家庭烧火做饭安装一个木制手拉风箱。玉米、小麦等粮食加工使用碾子和石磨。

20世纪80年代，地域村民使用的家具

六七十年代，日常生活用品凭票证供应逐渐多样化。60年代，一般家庭用品主要有大长柜、小衣柜、箱子、小饭桌、板凳、瓷盆、暖瓶、水缸等。条件好一些的有大条案、八仙桌、太师椅、凳子等家具，购买手电筒、晶体管收音机等。70年代，一些村民找木匠到家打制一些家具，如床、大衣柜、简易沙发、折叠桌、折叠椅、脸盆架等家具。村民开始购买燃煤（主要为煤铺人工摇的煤球儿，也有少量原生块煤），用于取暖和做饭。70年代中后期，村民开始购置大衣柜、写字台、酒柜、高低柜等家具。家庭缝纫机比较常见。

八九十年代，村民各类生活用品不断升级档次。80年代初，地域时兴组合柜，尤其新婚之家必摆组合柜，钱少的靠后墙三组，钱多的侧面再放几组，配以木床、梳妆台等。黑白电视机、录音机进入村民家庭。80年代中后期，沙发、衣柜、写字台、梳妆台、茶几、电视柜、书柜、洗衣机和冰箱等生活用品进入普通家庭，时兴席梦思床。90年代，村民陆续购买彩色电视机、功放机、VCD、DVD等。各村集体单位安装固定电话。BP机开启即时通信时代。经济条件好的少数人用上了“大哥大”手机。90年代末，村民购买电暖器、电炉子等取暖设备。90%的家庭安装上固定电话。公用电话亭出现在地域大街小巷。

21世纪初期，生活用品一应俱全。家具、家居用品多样化，可以通过家具城或网上采购，送货到家。新家置办家具一般包括沙发、床、电视柜、茶几、衣橱、书柜等，不再流行大型组合家具。经济条件好的家庭购置红木家具、真皮沙发等。家庭彩色电视机过渡到高清数字电视。电冰箱、洗衣机、热水器、空调等家用电器成为生活必需品。固定电话基本普及到村民家庭，但逐渐被智能手机取代。几乎人人都有一部智能手机，可用来视频或音频通话、获取购物、学习、工作等信息，几乎无所不能，已成为村民日常生活、工作的必备工具。

随着生活水平提高，地域人均寿命不断增长。至2021年12月31日，高碑店地区（乡）有90岁以上老寿星54位。

截至2021年12月高碑店地区（乡）90岁以上老寿星统计表

表23–1

序号	姓名	性别	出生年月	居住地
1	张永才	男	1923年10月4日（98岁）	高碑店村
2	司文禄	男	1923年11月28日（98岁）	
3	周振明	男	1925年4月4日（96岁）	
4	曹连瀛	女	1926年6月30日（95岁）	
5	陈孝先	男	1927年5月26日（94岁）	
6	陈文荣	男	1927年7月13日（94岁）	
7	吴桂珍	女	1927年11月3日（94岁）	
8	谢淑敏	女	1928年4月4日（93岁）	
9	韩秀英	女	1928年4月25日（93岁）	
10	解景熙	男	1930年1月20日（91岁）	
11	郭俊珍	女	1930年5月24日（91岁）	
12	周维章	男	1930年8月8日（91岁）	
13	王　栋	男	1930年9月13日（91岁）	
14	张润文	女	1930年12月1日（91岁）	
15	肖淑芬	女	1930年12月13日（91岁）	
16	冯淑英	女	1930年12月28日（91岁）	
17	褚宝忠	男	1931年3月28日（90岁）	
18	高天录	男	1931年5月8日（90岁）	
19	金桂林	女	1931年10月6日（90岁）	
20	杨秀英	女	1931年10月8日（90岁）	
21	张井喜	男	1931年10月11日（90岁）	
22	刘选荣	女	1931年12月16日（90岁）	

续表 23-1

序号	姓名	性别	出生年月	居住地
23	王淑珍	女	1931 年 10 月 18 日（90 岁）	高碑店村
24	郑进才	男	1931 年 10 月 21 日（90 岁）	
25	张淑芹	女	1931 年 10 月 22 日（90 岁）	
26	刘淑青	女	1922 年 6 月 1 日（99 岁）	八里庄村
27	赵秀英	女	1925 年 11 月 23 日（96 岁）	
28	范淑珍	女	1928 年 11 月 9 日（93 岁）	
29	周文荣	女	1928 年 11 月 14 日（93 岁）	
30	玉　珍	女	1929 年 2 月 19 日（92 岁）	
31	王会云	女	1929 年 10 月 11 日（92 岁）	
32	马惠生	男	1931 年 11 月 24 日（90 岁）	
33	刘桂兰	女	1928 年 5 月 14 日（93 岁）	北花园村
34	徐志英	女	1928 年 8 月 13 日（93 岁）	
35	王秀清	女	1928 年 8 月 28 日（93 岁）	
36	牛秀荣	女	1929 年 5 月 21 日（92 岁）	
37	田淑珍	女	1931 年 2 月 4 日（90 岁）	
38	刘淑兰	女	1931 年 6 月 1 日（90 岁）	
39	卢义昆	男	1931 年 8 月 10 日（90 岁）	
40	杜秀珍	女	1922 年 10 月 22 日（99 岁）	半壁店村
41	李会兰	女	1923 年 2 月 3 日（98 岁）	
42	崔　俊	男	1928 年 11 月 8 日（93 岁）	
43	王　振	男	1929 年 1 月 3 日（92 岁）	
44	王玉秀	男	1929 年 10 月 2 日（92 岁）	
45	李淑珍	女	1930 年 1 月 15 日（91 岁）	
46	许凤芝	女	1930 年 3 月 23 日（91 岁）	
47	芦孟林	男	1930 年 5 月 6 日（91 岁）	
48	高彩霞	女	1930 年 6 月 19 日（91 岁）	
49	刘德碧	女	1930 年 11 月 17 日（91 岁）	
50	方　忠	男	1931 年 1 月 27 日（90 岁）	
51	张永珍	女	1926 年 11 月 20 日（95 岁）	高井村
52	齐子兰	女	1929 年 2 月 10 日（92 岁）	
53	李淑芹	女	1930 年 3 月 3 日（91 岁）	
54	王淑珍	女	1930 年 10 月 10 日（91 岁）	

第二十四章 民 政

1953 年，高碑店地域各乡设民政委员管理辖区民政事务。

1956 年，高碑店乡设民政委员会管理民政工作。六七十年代，由公社办事组负责民政工作。1993 年，地区（乡）成立民政科、劳动科。2001 年 12 月，成立社会保障事务所。2020 年，民政工作由民生保障办公室负责，并设立便民服务中心。

六七十年代，民政工作重点是困难户救济、拥军优属等。公社建立农村合作医疗，为社员提供医疗保障。1978 年改革开放后，民政工作以社会保障和社会福利为重点，内容扩展至救灾救济、社会福利、社区服务、社会养老、拥军优属、殡葬改革管理等。至 2021 年，民政组织机构及各项关系民生工作更加规范化、制度化。

第一节 机构设置

1953 年，高碑店地域各乡设民政委员管理辖区民政事务。1956 年，高碑店乡设民政委员会。1958 年，幸福人民公社成立福利部。1961 年，高碑店人民公社设办事组。

1983 年 3 月，高碑店乡机关设办事组，分管居民和待业青年工作。1988 年，乡成立社会保障委员会，各村设立村级社会保障小组。1993 年，乡机关由民政科、劳动科负责管理民政相关工作。2001 年，地区（乡）进行机构改革，增设劳动和社会保障科，民政工作由民政科、劳动和社会保障科共同负责。2001 年 12 月，成立社会保障事务所。2011 年，民政科与劳动科合并为社会事务管理科。

2020 年，高碑店地区（乡）进行机构改革，组建民生保障办公室。社会保障事务所更名为便民服务中心，加挂退役军人服务站牌子。主要承担政务服务、社会保障、住房保障、就业促进、养老助残以及其他直接面向群众和驻地区单位的综合便民服务工作。机构设置至 2021 年底未变。

第二节　社会救助

五保老人救助　1949年中华人民共和国成立后，五保老人救助成为社会保障制度重要组成部分。1957年，高碑店乡制定《高碑店高级农业社关于五保户五保条例的方案》，将五保户分为3个等级，一级五保户全年每人发放72元，二级五保户全年每人发放60元，三级五保户全年每人发放48元。

1958年，幸福人民公社八里庄工作站建立敬老院，接收无劳动能力、无经济收入、无儿无女的老人，由集体统一纳入五保供养，保衣、保食、保住、保医、保葬。敬老院有专职人员照顾老人衣食住行。养老费用不需老人负担，由工作站、生产队负责，生活标准略高于普通村民。五保户老人去世后，房产、个人财产等归原所在生产队集体所有。

六七十年代，五保户老人供养主要是由公社分配给各生产队负责。1962年，高碑店人民公社对117位无依无靠老人实行保吃、保穿、保住、保医、保葬五保制。五保期间，按时足额给他们发放生活费用，其他费用也依照规定给予报销。1978年，高碑店人民公社对五保户坚持本人自愿、生产队审查、群众讨论和队委会批准相结合的方式进行评定。对五保户老人，生产队负责每月给予一定的生活补助金和日常生活照顾，对特别困难的老人指派专人照料生活起居。

1980年，高碑店人民公社建立敬老院，院长赵玉英（女）。入住五保户10人。1981年，公社敬老院入住五保户19人，其中年龄最大者91岁。春季两次组织五保老人前往人民大会堂、北海、颐和园等景点游览，丰富老人晚年生活。1983年，乡全年入住敬老院老人18人，占分散五保老人37%。乡政府为10户五保户建卡并实施帮扶救助。1985年，乡全年入敬老院老人16人。为改善老人生活质量，提高健康水平，伙食费由过去每人每月25元提高到35元。1988年，乡敬老院为两位70多岁自由恋爱的五保老人举办婚礼，让老人晚年过上美满幸福的生活。

1996年，高碑店地区（乡）充分发挥敬老院和基层五保服务组织作用，有近20人负责五保老人供养工作。对集中供养的老人，重点抓好敬老院建设管理工作，建立完善工作人员岗位责任制，严格按照制度落实各项工作。除了五保老人月生活费250元，每年定期给老人添置换季衣物。每逢节日，乡、村拨专款购买有益健康的食品以改善老人生活。对1户分散供养的五保老人，村指派专人负责照顾，每月生活费150元，定期为老人拆洗衣被，医疗费用百分之百报销。对五保老人的吃、穿、住、医、用等方面都给予保障，全年用于五保对象生活拨付资金近10万元，医疗拨付资金1万余元。为贯彻落实好五保供养工作条例，高碑店地区（乡）制定五保供养暂行管理办法，推进五保供养工作组织化、制度化，提高对五保老人的服务质量。1999年5月，对全地区（乡）范围内五保对象普查核实，已入住敬老院的7人，本人不同意入住的3人，由亲属供养的5人。

进入21世纪，随着地区五保老人不断减少，敬老院停办。地区养老服务逐渐向社会化养老发展，养老对象由五保老人扩展至有养老需求的家庭。2011年，地区（乡）实施居家养老工程，全乡1187名80岁以上老人享受到居家养老服务。建成村（社区）老年餐桌5处，解决老人就餐2.4万人次。建成老年日间照料室20个。2017年，地域成立金隅泰和养老照料中心、高井村光明山养老公寓、半壁店村嘉德老年公寓3家养老机构（其中后两家为民营），为地区居民提供养老服务。2019年4月，高碑店社区卫生服务中心与高碑店村民委员会合作，为本地居住的80岁以上老年人提供日间照料服务。同年，成立兴隆家园社区养老服务驿站和康家园西区养老服务驿站2个民营养老照料中心。2021年，地区（乡）启动养老联合体项目创建工作，融合3家养老服务机构、2个养老服务驿站、1个卫生院、8个卫生站等养老护理机构，争取区级财政资金30万元，为辖区居民有需求居民提供养老服务。

社会募捐 1994年9月，为援助贵州省贫困州县，高碑店地区（乡）开展衣被等生活用品募捐活动。共募集单衣、棉衣、被褥等合计11260件，价值6万余元。

2003年，为救助内蒙古赤峰乌兰察布盟和江西省吉安市灾区，高碑店地区（乡）开展“多一份捐赠，多一份贡献，多一份爱心”募捐活动，接收捐款353195.47元。2004年3月6日，地区（乡）机关举办慈善义卖活动，义卖所得4200余元，接收捐款1872元。5月8日，在中国紫檀博物馆举办“博爱在京城”大型募捐活动，接收捐款19.88万元。6月20日，在“无忧工程”捐赠现场，乡5个村民委员会和属地单位率先向无忧工程捐款27.5万元。2004年，乡捐赠站共接受社会各界捐赠爱心款13828元，捐赠物品10511件。

2005年5月8日，世界红十字日当天，地区（乡）开展“博爱在京城、博爱在朝阳”大型募捐救助活动，共募集善款50452元。此后，每年都举办此项募捐活动，每年募集善款5万余元。同年，开展向海啸灾区人们献爱心活动，辖区居民1万余人参加，共收到捐款161934.22元。

2006年11月17日，地区（乡）为江西灾区捐款3.2万元，捐衣被等物13250件。同年，高碑店地区（乡）荣获“北京市社会捐助工作先进集体”奖牌。

2008年5月12日，发生汶川特大地震，高碑店地区（乡）捐款人数达到118620余人次，全地区捐款总额达到2348088.4元。两次捐赠物品15730件，折合款393265元，居全区各街乡前列。当年，高碑店乡被评为“北京市社会救助工作示范先进单位”。2010

年8月，为舟曲灾区捐款3.8万元。9月，组织辖区居民为青海西宁灾区捐物10253件，为玉树捐款1275782.85元。

2003年建立的高碑店乡“爱心超市”

爱心超市 2003年，随着国家经济社会发展，一系列的救助政策惠及因种种原因导致贫困的人员，社会救助工作进入新的发展阶段。8月16日，高碑店地区（乡）社会捐赠工作站揭牌，同日建立北京市首家“爱心超市”，面积300多平方米，负责全地区（乡）捐赠物资接收、登记、消毒、仓储、包装、运输等工作。“爱心超市”确定“政府推动、民间运作、社会参与、百姓受益”工作思路，坚持“民想我急，民呼我应，民需我办，民困我帮”慈善理念，主要面向全地区（乡）的低保户、空巢老人、失业人员以及外来务工人员等7类困难人群开放。贫困居民只要每个月在“爱心超市”参加义务劳动满40个小时，都可以领取到一张标准为500～1000元的爱心卡，凭爱心卡实行分类刷卡“消费”，一般是200元的食品、150元的日用品，余额就是衣物，每周二领一次。特困群众持地区（乡）民政部门发放的“爱心救助卡”就能到“爱心超市”免费申领救助物品。“爱心超市”成立一个月，接到来电来访200多人次，接收捐赠物品4000多件（套）。高碑店“爱心超市”成为朝阳区社会救助服务的样板之一。

2004年，高碑店地区（乡）在“爱心超市”参照周边市场价格对捐赠物品予以明码标价，将原来单纯的接收发放使用变得更加直观透明，将爱心卡限定为500元、800元、1000元三档，并按食品、生活用品、衣物分类限额，在困难群众需求时，都可持爱心卡到爱心超市免费“购买”，通过慈善与救助点亮捐赠者的心愿。同年，在“爱心超市”成立北京市首家基层残疾人俱乐部，并购置康复、娱乐以及教学设备，设康复训练室、图书阅览室、就业培训室、娱乐活动室，聘请专业技术指导师，使俱乐部初步具备学习教育、娱乐活动、医疗保健、社会保障等功能。

2005年，“爱心超市”全年接收捐款1.1万元，接收物品9493件。组织为困难户义务理发，316人次参加。144户特困群众选到自己需要的物品，总价值97451元。同时，加强爱心超市制度建设，制定《管理员工作职责》《仓库管理员工作职责》《工作人员工作制度及工作纪律》《卫生消毒隔离制度》《捐赠款物分类标准》《捐赠款物接受移交程序》《爱心救助卡办理条件》《文明用语规定》等规章制度，从制度上保证爱心超市的有序运行。

截至2006年4月末，地区（乡）已有包括流动人口在内的681户贫困家庭通过“爱心超市”接受了来自政府和社会组织的救助，其中有100多户通过救助实现脱贫脱困。“爱心超市”接收来自政府、企业、社会单位和个人捐助物品4万余件、捐款达102万元。

2007年11月16日，原中国残疾人联合会主席团主席邓朴方带队视察指导“爱心超市”工作并题写“温馨家园”四字。同年，“爱心超市”募捐和救助范围扩展至辖区以外的企事业单位。在春节、儿童节期间带着价值3010元的物品慰问品前往蒙恩福利院、弱智儿童培训学校，慰问孤残儿童。在八里庄社区成立“爱心社”，高碑店社区成立“爱心救助公益服务社”等，进一步推动“爱心超市”扶贫济困平台的作用。

2009年，为进一步调动救助人员参加公益活动为地区做贡献的积极性，“爱心超市”为219户救助人员发放爱心救助卡。救助人员通过在社区参加力所能及的日常公益活动，如捡拾垃圾、打扫卫生等，兑换更多爱心储值，凭爱心救助卡领取更多生活用品。2010年，“爱心超市”进行品牌项目延伸，结合创建文明城区工作，提高救助人员文明素质。与兴隆家园社区、天翌物业公司联合举办“牵手绿色”环保活动，组织救助人员定期清除白色垃圾，为创建文明城区做贡献。活动共举办4次，参加人员120余人次，受到朝阳区民政局的肯定和赞扬。

2013年，“爱心超市”以“捐赠月”“慈善日”活动为契机，为地区225户778人特困家庭办理“爱心卡”，投入救助资金12万元。为15名困难人员提供慈善大病医疗救助，年度救助金达4.1万元。随着地域居民生活水平提高，“爱心超市”救助功能逐渐减弱。2018年，“爱心超市”关闭。

第三节　社会保障

养老保障　1978年改革开放前，高碑店人民公社社员主要依靠家庭与生产队相结合的农村养老保障。80年代初，部分生产队依靠集体经济条件，开始试行农民退休制度，为退休社员发放退休金，提供最基本的养老保障。

1992年，朝阳区政府成立农村社会养老保险基金委员会，制定《朝阳区农村社会养老保险暂行办法》和《朝阳区农村社会养老保险试行方案》，在全区推广农村社会养老保险工作。同年，高碑店村开始试行农村社会养老保险。高碑店乡党委、乡政府和农工商总公司审批通过《高碑店村关于村民退休养老生活补贴费办法》，规定享受农村退休养老条件：一是人员属高碑店村管辖之内农业户口，且曾经参加过集体劳动；二是男年满60周岁，女年满50周岁，可办理退休，每人每月发放生活补贴费115元；三是若遇到国家征地，按国家规定转为非农业户口，享受国家退休待遇，不再享受本村农民退休待遇；四是个体从业人员不享受集体退休生活补贴；五是补贴费用由本村、生产队和村级企业共同负担。次年，其他各村根据实际情况，制定农民退休养老补贴办法。

1993—2003年，重点做好国家占地转工自谋职业人员养老保险工作。截至2003年，全地区（乡）共有占地转工自谋职业人员5049人，其中信息采集录入微机人员4941人，符合补缴条件人员4060人，实际参加缴费人数3703人，补缴社会保险费（含养老保险）总金额13373.93万元。负担比例为：北京市承担40%，5349.57万元；朝阳区承担30%，4012.18万元；高碑店乡承担10%，1337.39万元；个人负担20%，2674.79万元。1998年，地区（乡）5个建制村和华东公司（村）为1287位老人发放退休贴补，补贴总金额250万元。

2008年，北京市开始实行“农村保险”与“城镇保险”接轨，建立新型农村社会养老保险。按相关文件规定，农村集体为农民缴纳农村社会保险，建立参保人员缴费金额台账，与各单位签订《农村保险责任书》。缴纳农村新型养老保险后的农民，转居后按照北京市社会保险相关规定执行，与城镇保障衔接。高碑店地区（乡）筹措资金1400余万元，为3703名农转居人员办理社会保险（含养老保险），参保率90.3%。2021年，全地区共180人（新参保10人，续保170人）缴纳城乡养老保险，缴费107927元。

医疗保障 20世纪50年代，高碑店地域缺医少药，农民生活水平普遍较低，加之看病自己花钱，造成“小病拖、大病磨、请不到医生请巫婆”现象普遍存在。

1966年，八里庄生产大队、高碑店生产大队建立合作医疗室。此后，北花园、半壁店、高井3个生产大队均建立生产队合作医疗室，实行合作医疗制度。60年代末，3个生产大队建立大队医疗室。成立由生产大队党总支委员、贫下中农代表、赤脚医生、卫生院医务人员参加的“四结合”合作医疗管理委员会，在大队党总支领导下，管理合作医疗工作。具体情况为：社员看病拿药全免费，大队医务室只收5分钱挂号费，接生只收2元接生费。做到“小病不出村，大病少花钱”。其他费用从大队集体公益金中提取。至70年代末，全公社建立起较为完善的农村合作医疗制度体系。

八九十年代，高碑店乡（地区）集体经济的发展为农村合作医疗提供充足的资金保障，农村合作医疗继续完善和发展，报销比例不断提高。1996年，合作医疗为村民报销50% ~ 60%医药费，重病人给予特殊照顾。1998年，地区（乡）在各合作医疗站设立老年人特需门诊和药房，老人看病医疗费可报销 80%，全年报销总额达 200 万元。

2003 年，全地区（乡）农村合作医疗筹集资金 135 万元，其中，乡政府投入 21 万元，村集体投入 91 万元，村民个人缴纳 23 万元。人均合作医疗资金 1100 元。全年大病报销总额 55.1 万元，门诊支出 61.14 万元，合作医疗总支出 116.24 万元。合作医疗制度的实行，让农民享受到“小病不出村，大病不用愁”医疗服务。

2004 年，按照朝阳区《新型农村合作医疗管理办法》，地区（乡）开始施行新型农村合作医疗（简称新农合）。新农合资金筹集办法为：市、区、乡三级财政补助每人每年分别为 10 元、28 元、20 元，村级财务补助 70 元。农村居民以家庭为单位参加，每个家庭成员缴费标准为 80 元。（乡）农民每人每年筹集资金 208 元，其中 108 元为基本医疗，100 元为大病医疗统筹。当年，新农合参保农民 1983 人。

2005 年，全地区（乡）共筹集新农合资金 223005 元，其中，个人筹集资金 148910 元，村补助金额 42340 元，乡补助金额 31755 元。农民参保率 90.47%。为加强合作医疗基金监管，维护农民切身利益，乡主管部门将基本医疗费用补偿情况进行公示，给参加新农合农民一本“明白账”。2006 年，农民参保人数 2179 人，参保率 97.32%。高碑店地区（乡）被评为朝阳区 2006 年度新型农村合作医疗先进集体。

2007 年，地区（乡）调整新农合筹资标准：按每人每年计算，居民缴费 240 元，农民缴费 120 元；独生子女 50 元；乡政府补助 40 元；村集体补助 85 元；区政府对农民补助 15 元；农村低保人员免费参保。农民参保人数 2045 人，参保率 92.02%。2008 年，新农合筹资标准进一步提高，乡政府每人每年补助提高至 55 元；村集体每人补助 85 元不变；区政府对农民每人补助提高至 50 元。农民参保人数 1963 人，参保率 96%。至 2010 年，全地区（乡）共 2231 名农民参加新农合，参合率达到 100%。2015 年，高井村在确保新农合参合率 100% 基础上，对个人支出部分实行医保二次报销，报销比例 90%。

2018 年 1 月 1 日，根据《北京市城乡居民基本医疗保险办法》，北京市实施统一的城乡居民医疗保险制度，新农合与城镇居民医疗保险合并为城乡居民医疗保险。地区（乡）新农合纳入城乡居民医疗保险体系。2021 年，全地区新增城乡居民医疗保险人员和续保人员共 6130 人。

最低生活保障　1996 年 6 月 20 日，根据《北京市关于实施城镇居民最低生活保障制度的意见》，全市要求从 7 月 1 日起建立并实施城镇居民最低生活保障制度（简称低保）。同年 7 月，高碑店地区（乡）召开各村民委员会、居（家）委会干部会议，传达文件精神，分阶段、分类别落实建立低保制度。对月平均收入低于 170 元的家庭进行摸底调查，确定对象，乡民政部门进行审查、核实并办理相关手续。经过两个多月的工作，15 户低收入家庭被批准为低保对象。1997年，北京市城镇居民最低生活保障线调整为190元，地区（乡）为11户月平均收入低于190元的家庭办理低保。1998年，最低生活保障线调整为200元，全地区办理低保11户。1999年，最低生活保障线进行两次调整，增长至273元，乡民政科对低保户进行重新审批，全地区共有低保家庭57户129人。

2002年4月27日，根据《北京市关于建立和实施农村居民最低生活保障制度意见》，全市开始实施农村居民最低生活保障制度。2004年，全地区有月平均收入低于290元的低保家庭200户420人。同年，乡民政科举办低保户生活保障政策培训班2次，参加232人次，增加低保工作透明度。

2007年，朝阳区实现城乡低保待遇统一，最低生活保障线统一为330元。全地区享受城乡低保待遇236户508人。2008年，办理新申请城乡低家庭27户57人，发放爱心卡212户，发放救助金额10.57万元。对低保家庭进行医疗救助报销8.3万余元，为38名低保老人办理助老慈善医疗卡。

2011年，高碑店地区（乡）重点对低保工作进行规范化管理。对低保家庭进行全面经济调查，撤销低保家庭33户。严格申报、审批程序，新增低保家庭6户。按照全市统一要求，将低保标准由每人每月480元调至500元。全地区有低保家庭213户430人。全年发放低保金238.8万元。2014年，对全地区低保家庭进行动态管理，对低保人员进行逐一入户走访，对已享受低保政策人员资质进行全面复查，新增9户18人。全地区有低保家庭181户335人。

2016年，对全地区低保家庭172户308人进行调标、年审工作，取消15户31人低保待遇，新增低保1户7人。全年发放低保金310余万元。2019年，地区有低保家庭126户220人。2021年，全地区有低保家庭143户251人。按照全市统一标准每人每月1245元，全年发放低保金370.3万余元。

第四节　拥军优属

拥军　高碑店乡具有拥军优属优良传统。1950年，抗美援朝期间，辖区各村积极组织广大青年踊跃参军，开展拥军捐献活动。

1985年，八一建军节期间，乡政府给辖区现役军人发出慰问信，为辖区每户现役军人家属送去慰问金。

1990年，乡为支援部队发展副食品生产送去价值万元的优良种猪。1993年，为辖区现役军人办理养老保险。1994年，春节、“八一”期间，给武警十三支队送去慰问金。90

年代末，为北京卫戍区某团打井，安装空调，建放映室、放映墙，种植花草树木，绿化营区。

2005年，地区（乡）加强宣传弘扬拥军光荣传统，报道双拥工作中涌现的模范人物及事迹。在地区（乡）交通要道、驻地和醒目地段，制作大幅拥军优属标语，营造浓厚的双拥工作氛围。2009年，慰问走访北京卫戍区某团、预备役某师、武警十三支队、朝阳巡防支队、四惠消防中队、地区民兵应急分队等单位，创作巨幅诗词书法作品7幅赠送给北京卫戍区某团。9月，慰问某师官兵，送去慰问品。

2014年，高碑店地区（乡）通过短信、书信、电子邮件、传真、政府网络平台等形式，让现役军人充分了解党和政府的惠民政策和优抚政策，深入了解地区经济发展，让他们在部队安心服役，保家卫国。2015年，北京卫戍区某团一名战士因病住院，乡领导得知此事后，通过爱心行动，及时送去5000元以示慰问；针对部队缺少文化娱乐设备和器材状况，乡政府划拨4万元，对军营房屋进行装修，并购置卡拉OK设备和篮球、乒乓球等体育器材。为官兵购置科技、文化书籍1000余册。元旦、春节和八一建军节期间，地区（乡）领导到北京卫戍区某团、武警消防中队、光荣院、烈军属及重点优抚对象家中走访慰问，并以座谈会、联欢会等多种形式举行庆祝活动。

2016年，在全地区交通要道、村（社区）和醒目地段，制作宣传标语近60幅，并在乡政府门前高碑店北路建成“双拥一条街”，营造浓厚双拥工作氛围。7月，乡直属企业天罡物业公司到北京市陆军预备役某师进行座谈和慰问，送去米、面、油、蛋等慰问品。乡武装部到四惠消防中队走访、座谈和慰问，并送去慰问品。为家庭困难的士兵，每人送去慰问金。

2017年，八一建军节期间，朝阳区残疾人艺术团与高碑店地区残疾人文艺队90余人，到北京陆军预备役某师，为部队官兵慰问演出。同时，对共建部队走访慰问。2021年，乡政府领导继续走访慰问北京卫戍区某团、卫戍区预备役某师、朝阳区消防救援支队。

优属 1962年，高碑店人民公社对烈军属、复员伤残军人以及生活特别困难军人家庭给予经济补助。1965年，根据“群众优待和国家抚恤相结合”方针，对于生活有困难的军属给予定期定量生活补助。在春节、建军节等节日期间发动干部群众为烈军属打扫卫生、贴春联，送上节日祝福和蔬菜、肉食类慰问品。

20世纪80年代，进一步加强优属工作，除给予必要经济补助外，还组织军烈属参加各种活动。1983年，为老复员军人建新房提供砖瓦、木材等物资。1987年，乡民政部门组织部分军属代表参加“登上天安门城楼、饱赏首都风貌”活动。为生活困难军属发放补助金。1990年，为辖区军属送去水果、鱼肉、暖瓶、被罩等节日慰问品。

1991年，全乡5个建制村成立优抚服务小组，制定优抚服务制度，各服务小组每月服务优抚对象一次。同年3月，高碑店乡被评为朝阳区“双拥模范乡”。1992年，开展“节日送温暖，关心在平时”活动，举办多场座谈会，送去慰问品和电影票。1993年，各村成立双拥小组。春节期间，为优抚对象送去慰问品。组织6场电影招待会。为每户义务兵家庭发放统筹金，为每位义务兵办理退役养老保险。八一建军节期间，召开民政干部会进行安排，组织多种形式的双拥活动，5个村民委员会走访优抚对象，送去慰问品。1996年，高碑店地区（乡）被评为朝阳区“双拥工作先进乡”。1999年，发放辖区烈属、军属、老复员军人慰问品，给予义务兵和烈属、老复员军人补助。接收部队转业干部到乡机关工作。2000年，地区（乡）被评为“北京市民政工作全优乡镇”和朝阳区“双拥模范乡”。2002年，被评为“北京市民政工作全优乡镇”和“朝阳区民政工作全优乡镇”。2003年，被评为“朝阳区民政工作全优乡镇”。2014年，召开复员军人代表、伤残军人代表、现役军人家属代表参加的“八一”座谈会，组织参加坦克博物馆一日游国防教育活动。

2019年，北京市政府为复转军人、烈军属发放“光荣之家”荣誉牌。2020年，走访慰问抗美援朝复员老军人，发放“中国人民志愿军抗美援朝出国作战70周年”纪念章。2021年，地区（乡）为退役士兵办理保险接续，为退役军人提供政策咨询、心理疏导、法律援助、矛盾化解等服务。

第五节　培训就业

1978年改革开放后，就业问题凸显，高碑店人民公社开始开展培训就业工作。1983年，在有关部门配合下，为230名待业青年、220名临时工安排工作，就业率96%。1984年，乡帮助139位待业青年找到工作，就业率98%。155名待业青年参加培训，116人被53个单位招收录用。1988年，乡为200名待业青年办理“求职证”，建立卡片，为各单位53人办理招工录用手续。

2001年，全地区（乡）失业人员593名，农转居失业人员1575人，其中办理提档手续579人，办理失业人员“求职证”1227个，办理外来经商人员“就业证”1267个，举办外地务工经商人员培训班8期。2004年8月，地区（乡）为增强失业人员再就业能力，开设家庭服务员、物业管理、电梯司机、电梯维修、库管、保健按摩、美容美发、社区保洁、电工、计算机、园林绿化、焊工12个专业培训班，439人取得职业资格证书。10月，地区（乡）政府联系企业448家，登记招聘企业166家，发布岗位2777个，组织较大规模就业招聘会7次，参加应聘人数2079人，招聘岗位1432个。实施“千人就业行动计划”，实现就业1188人，其中社会安置162人，社区就业206人，市场分流820人。2005年，制定《关于鼓励失业人员参加职业资格培训进行经济补贴实施意见》，全面启动“双六百工程”。组织各类人员培训7次780人，600人获得职业技能证书。2006年，开展农村劳动力与城保对接、新生劳动力培训希望工程和自主创业典型引导工作，开发就业岗位2432个，安置就业1047人，为334名大龄农转工自谋职业人员进行托底就业安置，并为其缴纳各项社会保险，为274名大龄特困就业群体提供就业援助。完成培训876人，467人取得国家颁发的“职业资格证书”。2008年，地区（乡）按照“产业、培训、就业、保障”四位一体工作机制，针对失业“4050”人员、农村劳动力、新生劳动力等不同群体分类指导和就业推荐。新开发就业岗位4372个，安置城镇登记失业人员1159人、就业困难人员594人。失业人员再就业技能培训307人，农村劳动力引导性培训200人，技能取证136人。1188名农村劳动力实现多种形式转移就业。2010年，强化职业技能培训，辖区168人获得“职业资格证书”。开展职业指导2123人，开发就业岗位4915个，近千名城镇登记失业人员实现再就业。实施创业促就业工程，通过自主创业带动1655人实现就业。

2007年，八里庄村开展中国结编织培训

2014年，举办第八届社区“商务岗位直通车”大型招聘会。参会企业16家，提供岗位400余个，包括传媒类、销售类、电子商务类、行政类等20多个工种。求职人员填写报名表106人次，达成初步意向62人，正式录用35人。2015年，15个社区被评为“充分就业社区”和“北京市培训工作先进”单位。对辖区劳动协管员采取专题培训和以会代训形式，共培训12次468人次。2017年，全年新增城镇失业人员实现再就业608人，其中城镇就业困难再就业363人。开发就业岗位2530个，完成区下达任务100%。开展“就业援助月”活动，帮助困难人员再就业。共走访就业困难人员和零就业家庭371人，登记认定未就业困难人员人数538人，帮助就业困难人员享受政策344人，帮助就业困难人员实现就业19人。开展“春风行动”专项活动，共组织30余家企业到场招聘，提供30余类工种 200 余个就业岗位。开展主食食堂等培训班 2 期，参训 80 人。组织协管员参加职业指导培训，40 人获得“职业指导员资格证书”。

2020 年，全年新增失业人员 776 人，其中 244 人次通过网络办理失业登记，88 人次通过网络办理失业金申领。实现就业 547 人，就业率 70.49%。全年新申请注册灵活就业人员 477 人，通过网络招聘、网上就业政策宣讲、电话走访等方式促进就业。精准支持重点行业中小微企业稳定就业，协助 730 家单位成功申请稳岗补贴。开展职业技能提升行动，实现就业指导 710 人、就业困难摸查 465 人，对 68 名就业困难人员进行就业援助，其中托底安置 16 人。全年完成开发就业岗位 2071 个，新增签订日常服务协议 61 户次，签订日常服务协议 160 家，对单位跟踪走访服务 705 次。创建充分就业社区 19 个，带动就业人数 73 人。

2021 年，地区全年新增招聘单位 43 家，开发就业岗位 1977 个，对 480 名新增失业登记人员进行就业指导，对 598 名新增就业困难人员和 83 名失业登记人员进行职业技能培训。开展“就业帮扶 真情相助”就业援助月专项活动，帮助 24 名重点人员实现就业。开展“金秋招聘月”活动，走访招聘单位 32 家，帮助 49 名重点人员实现就业。

第六节　殡葬改革

中华人民共和国成立后，高碑店地域陆续开展破除封建迷信活动，带有封建迷信色彩的殡葬活动和仪式逐渐被取消，殡葬习俗得到很大改变。

1978 年改革开放以后，殡葬风俗最大的改变就是由土葬逐渐转为火葬。1985 年，高碑店乡根据《国务院关于殡葬管理的暂行规定》，陆续进行殡葬改革。1987 年，火化率达 100%。

20 世纪 90 年代中期，高碑店地区（乡）组织各村民政干部利用清明时节集中开展群众性平坟和移碑工作。1999 年，高碑店地区（乡）利用清明、寒衣两节召开专题会议 6 次，张贴大小标语 300 多条、广播 40 多次，平掉新堆起坟头 300 多个，加强殡葬用品销售管理。

2004 年，高碑店村实行“以树代墓”。村民委员会免费向村民提供松树苗 400 余棵，每棵松树代表一个坟墓，松树上悬挂写有已故亲人姓名的小木牌。这样既节约用地，又绿化美化环境，为高碑店乡殡葬改革带一个好头。2005 年开始，其他各村陆续开展“以树代墓”活动。

2015—2021 年，地区各村、社区居民节俭办丧事已经形成风尚。

第二十五章　精神文明

二十世纪八九十年代，高碑店乡（地区）持续开展精神文明建设，继承和发扬中华民族的传统美德。加强思想道德建设，开展“五讲四美三热爱”“爱社会主义、爱国主义教育”等活动。开展文明村、文明厂等文明单位创建活动。21世纪初期，地域精神文明建设注重以人为本，推动文明建设常态化。加强社会主义核心价值观教育。2018—2021年，高碑店地区（乡）整合村史馆等文化资源，成立新时代文明实践站，巩固和发展精神文明建设成果，将精神文明建设推向新阶段。

第一节　思想道德教育

“五讲四美三热爱”　1979年国庆节，中央领导在国庆讲话中首次提出加强社会主义精神文明建设。80年代初，“五讲四美三热爱”活动（即“五讲”：讲文明、讲礼貌、讲卫生、讲秩序、讲道德；“四美”：心灵美、语言美、行为美、环境美；“三热爱”：热爱祖国、热爱社会主义、热爱中国共产党）逐步在全国开展起来。1983年，高碑店乡开展“五讲四美三热爱”活动，通过制订文明公约、创建文明村（厂）和争创“五好家庭”，增进邻里团结，促进家庭和睦，树立良好社会风尚。活动中建立学雷锋小组31个，文明街35条，文明厂12个，清理垃圾146.5吨，植树17815棵。

1984年，高碑店乡以“文明礼貌月”活动为抓手，深入开展“五讲四美三热爱”活动。乡党委召开“文明礼貌月”动员大会，号召大家遵守《首都文明公约》，争做文明市民。结合各单位实际情况制定乡规民约、村规民约、厂规民约。通过文明礼貌月活动，从治脏治乱入手，初步解决环境脏乱差问题，村容村貌得到一定改观。

1985年，高碑店乡在“五讲四美三热爱”活动中采取一般号召与个别指导相结合方法，召开动员会、经验交流会，组织三级干部参观学习样板村。将样板村、模范村先进工作经验推广至全乡。在全乡营造“讲文明、讲卫生光荣，不讲文明、不讲卫生耻辱”的社会风尚。

爱社会主义、爱国主义教育活动 90年代初，高碑店乡开展社会主义教育实践活动。1990年，乡落实市、区关于社会主义教育工作部署，对全乡青少年进行爱社会主义教育。同年，开展第一批青工轮训工作，全乡35岁以下青年1683人参加社会主义初级阶段理论学习。开展以“巩固社会主义公有制经济”为主题的社会主义宣传教育工作，历时3个月。

1996年，地区（乡）按照《爱国主义教育实施纲要》和朝阳区“爱国爱朝阳，报国建朝阳”教育活动方案，以建党七十五周年和红军长征胜利六十周年为契机，结合实际，制定《思想上爱国，行动上建乡，为我乡“九五”规划做贡献》爱国主义教育工作计划。制定每月第一个周一升国旗制度，要求机关干部工作一切要以祖国和人民利益为重。把爱国主义教育与爱家乡、爱岗敬业教育相结合，开展“爱国在心中，体现在行动，见效在工作中”劳动竞赛。组织党员、积极分子和机关干部500余人观看“红岩魂”展览，开展“在红岩精神鼓舞下”主题演讲比赛。五四青年节前夕，组织团员积极分子参观圆明园遗址，以史实教育激励青年牢记国耻，建设家乡，报效祖国。

1997年，除完成朝阳区布置的各项爱国主义教育任务外，根据实际情况，开展“做合格党员”活动和“塑共产党员光辉形象，振奋共产党员革命精神”讨论。在广大群众特别是广大青少年当中开展“五个一”活动，即“读一本爱国的书籍，看一部爱国教育影片，参观一次爱国主义教育基地，唱一首爱祖国的歌曲，组织一次歌唱祖国的文艺活动”。举办革命歌曲大合唱比赛。以香港回归祖国为契机，将爱国主义教育与洗雪百年国耻、喜迎香港回归结合起来，开展“迎回归知识竞赛”“迎回归广播宣传周”“迎回归演讲比赛”等一系列活动。

“讲文明、树新风” 1998年，地区（乡）开展“讲文明、树新风”活动。活动坚持“领导重视，常抓不懈，全面规划，突出重点，加强投入，树立典型，讲求实效”方针，促进全乡社会良好道德风尚形成。

2000年，开展社会公德、职业道德、家庭美德教育，进行“在社会做个好公民，在单位做个好职工，在家庭做个好成员”的文明素质教育。创建“十佳文明窗口单位”“十个好精神文明标兵”“五好文明家庭”“人民满意公仆”等系列活动广泛开展，深化、强化道德领域社会监督和舆论监督，弘扬正气，鞭挞丑恶，与邪教组织进行坚决斗争。加强文明校园建设，拓宽村民文明素质、文化素质教育渠道，为青年人成才拓宽道路，创造条件。

2004年，地区（乡）在开展全面提高人口素质、大力倡导文明健康生活宣传工作中，紧紧把握“提高文明素质，建设首善之乡”主线，组织“做首都文明市民”大讨论，开展“崇尚科学”宣传教育活动。通过把创建“全国体育先进乡”和“首都文明乡”紧密结合，组织开展“五月的鲜花”文化活动月、“喜迎新春秧歌大赛”“金秋艺术节”等大型群众性文化活动。

2005 年，以市民文明学校为载体，开展社会主义、爱国主义和社会公德、职业道德、家庭美德以及“讲文明、树新风”等系列教育活动。开展“引领成长、塑造未来”青少年教育活动，开展“携手同行、共筑社区，走进流动人口驻地活动日”“人文奥运大讲堂”等活动。

2007 年，地区（乡）以迎接北京奥运会召开为契机，开展“迎奥运、讲文明、树新风”活动。全面落实朝阳区人文奥运“五进”工程和人文奥运“十百千”品牌评选活动要求，申报十大人文奥运示范品牌 1 项、百个人文奥运特色亮点 23 项、千支人文奥运优秀群众队伍 47 支。组织开展“人文奥运大讲堂”活动，举办各类讲座和培训 80 余次，参加培训近万人次。以“爱我高碑店”为主题，开展文明标兵系列评选、“我眼中的文明素质”大讨论和演讲比赛等一系列群众性精神文明创建活动。

2008 年，以“我参与、我奉献、我快乐”为主题，广泛开展“我为奥运添光彩、奥运因我更精彩”系列主题活动。共举办各种特色文化活动 30 余场，为奥运会营造良好文化氛围。组织文明观众 4200 余人次观看火炬传递和奥运赛事，组织参观奥林匹克森林公园和奥林匹克公共区，近距离感受和参与奥运。5906 名志愿者积极参与、无私奉献，为奥运会成功举办贡献自己的力量。高碑店地区（乡）和高碑店社区温馨家园被北京市奥组委评为“北京奥运会、残奥会先进集体”。高碑店地区（乡）党委、八里庄村党总支、高井村党总支、太平庄北社区党委和通惠家园社区党委被授予朝阳区 2008 年奥运集体功勋奖。

社会主义核心价值观教育　21 世纪初期，地区（乡）逐步开展社会主义价值体系和社会主义核心价值观教育。2013 年 5 月，高碑店村在漕运文化广场南侧建成孝亲敬老园（孝悌园），来自山西省侯马市张少村 300 位老人和高碑村老人在漕运文化广场举行“手牵手心连心”联欢。2014 年 8 月，高碑店村在通惠灌渠南岸举办以“弘扬孝道文化，传承传统美德”为主题的中元河灯节。

2015 年，高井村道德讲堂建成并投入使用，位于白家楼自然村一区 133 号，占地面积 680 平方米。道德讲堂通过开展以静思、诵经典、典型道德事例宣讲、送吉祥、行崇德礼等为主要内容的活动，让身边人讲述身边事，让身边人感动身边人，以春风化雨、润物无声的形式，教育引导人们接受道德洗礼，感受道德力量，对村民进行社会主义核心价值观教育。至 2021 年底，已开展各类活动 330 余次，宣讲人数 260 余人次（其中高井村民

2015年建成的高井村道德讲堂

参与宣讲100余次），受众群体23000余人次。

2018年，高碑店地区（乡）坚持培育和践行社会主义核心价值观，参与区级榜样人物评选活动，充分发挥榜样的示范作用，树立道德典型，以道德模范和榜样人物的力量，鼓励和引导地区广大群众主动提升自身的文明程度。坚持开展每月“文明有礼好乘客”推选活动，深化“公共文明引导日”主题宣传实践活动，树立文明有序乘车良好氛围。组建由6人组成的“同心筑梦”宣讲团，为百姓宣讲社会主义核心价值观，并指导各村、社区组建宣讲员队伍，深入基层开展宣讲活动。2019年，结合辖区实际，以道德讲堂为依托，开展职业技能培训、心理健康辅导、节日习俗宣讲、法律援助、志愿服务等活动，将道德宣讲与传播民族传统文化、提升文明素养、营造良好家风相结合，促进百姓思想道德素质全面提升。

2020—2021年，地区（乡）以贯彻落实中共中央、国务院《新时代公民道德建设实施纲要》和《新时代爱国主义教育实施纲要》为抓手，深入贯彻落实《朝阳区关于培育和践行社会主义核心价值观实施办法》，推动社会主义核心价值观落细、落小、落地、落实。贯彻落实《北京市文明行为条例》，加强专题普法宣传，提升市民文明素质和文明程度。刊播“社会主义核心价值观”公益广告。举办“我们的节日”主题文化活动，探索传统节日文化活动创新。与五四青年节、“七一”党的生日、重阳节等时间节点相结合，精心设计活动形式内容，深入挖掘节日内涵，进一步传承弘扬中华民族优秀传统文化。2021年10月，花园闸社区党委书记刘强当选朝阳区农村系统第九届“践行社会主义核心价值观十佳人物”。

第二节　文明单位创建

文明村（厂）创建　20世纪80年代，高碑店乡以争创文明单位、文明村镇、建设美丽乡村为契机，积极开展文明乡村建设，使整个乡村面貌焕然一新。

1984年，高碑店乡认真贯彻朝阳区关于建设文明村（厂）的意见和要求，先后召开五次专题会议，明确重点建设文明村（厂）的意见。在开展“学三明、抓共建、创三优、迎国庆”活动中实行“门前三包”责任制，为每户发放宣传资料共5000余份，制订卫生管理细则，为达标家庭发放“卫生之家”标志。1984年底，高碑店乡被评为区级文明乡，其中2个自然村被评为区级文明村。1986—1990年，为推进乡域文明村建设，全乡开展季度百分赛评比活动，将“门前三包”责任制列入百分赛评比和年终总评中。全乡文明村达标率95%，文明厂达标率90%。各厂划分责任区，实行文明卫生责任制。由专人负责，建立健全各项规章制度，绿化美化厂区，厂容厂貌得到改善。由于加强企业管理，广大职工安全意识增强，做到安全生产，文明生产。其中，高碑店电镀厂、高井汽车修理六分厂等单位建成花园式企业。

1992—1996年，全乡围绕“建首善、创一流”工作目标，以创建文明乡村、文明居（家）委会、文明行业为重点，深入开展群众性精神文明创建活动。方家村（自然村）、八里庄村、教师楼家委会被评为市级文明先进单位。1998年，高碑店乡实施农村精神文明“四项计划”，坚持“领导重视，常抓不懈，全面规划，突出重点，重在建设，加强投入，树立典型，讲求实效”的方针，推动文明村、文明居（家）委会、文明单位建设。方家村（自然村）连续14年被市、区评为精神文明先进村；高碑店村被评为区级文明村。同年，高碑店乡在全区迎接第四次全国城市环境卫生大检查综合整治中，获得重点整治奖和优秀组织奖，获得区委、区政府“以奖代投”一等奖，奖金45万元。

2000年，高碑店地区精神文明先进乡创建目标圆满实现，高碑店、半壁店村顺利通过市级文明村验收，八里庄、北花园、高井村通过区级文明村验收。乡村级精神文明创建率达到100%。2002年2月，地区（乡）被评为朝阳区精神文明示范乡。2005年，地区（乡）被评为“全国创建文明村镇工作先进村镇”。2004—2010年，地区（乡）连续7年被评为首都文明乡镇。

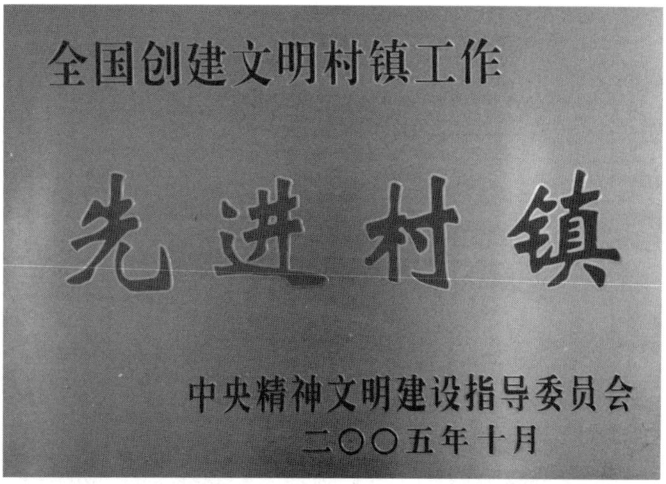

2005年10月，地区（乡）荣获“全国创建文明村镇工作先进村镇”奖牌

2012—2021年，高碑店地区（乡）在深化文明村镇创建

活动中，牢牢把握培育和践行社会主义核心价值观这个根本任务，坚持以人为本、重在建设，以美丽乡村建设为重要载体，加强农村环境综合治理，着力培养新型农民、建设文明乡风，在文明乡村建设方面取得瞩目的成绩。2017 年，高碑店村荣获“首批全国农村社区建设示范单位”。2018 年，高井村、半壁店村、北花园村被评为 2015—2017 年度首都文明村。力源里社区、康家园西社区被评为 2015—2017 年度首都文明社区。2020 年，高井村被中央文明委授予第六届“全国文明村镇”荣誉称号。

“五好家庭”创建　相关内容参见本志书第九章《群团组织》第三节《妇女联合会》。

第三节　村史博物馆

高井村史博物馆

高井村史博物馆　始建于 2007 年，2008 年试运行，2009 年 1 月 1 日正式对外开放。位于高井村白家楼小区，建筑占地 270 平方米。馆藏展品 95 件，是见证高井村发展变化和保护乡村历史文化的重要场馆。村史馆以“美丽中国·幸福高井”为主题不断充实村史馆内容，以“乡愁”“乡情”“乡风”三个篇章展现高井村从以劳动耕作为主到改革开放农村乡镇企业的发展、再到新经济时代的到来与新农村建设、传媒产业园成立发展的历史，在促进高井村村史普及和村风、家风建设方面起到重要作用。

高碑店村史博物馆　2009 年 3 月开始筹备规划建设，2012 年 1 月对外开放。原址位于高碑店水库南岸高碑店西社区居民委员会办公楼地下一层。2019 年迁入高碑店村红店党建主题园区。馆藏展品 300 余件。室内面积 850 平方米，分地上、地下两部分，地上部分为互动交流区，主要用于开展日常活动和临时展览；地下部分为展示陈列区，分“五闸进京”“繁华古村”“沧桑变迁”“古村新貌” 4 个部分，以高碑店村历史文化发展脉络为主线，通过场景复原、文物陈列、图文展示等，集中展示高碑店村农耕历史文化。

村史博物馆入口处有一幅浮雕，完整呈现了高碑店村的历史脉络和特色文化。右上方

高碑店村史博物馆

区域刻画的是古代通惠河平津闸漕运场景，反映高碑店村的漕运历史和漕运文化；左上方区域刻画了高碑店人走街串巷叫卖小金鱼儿的场景，反映高碑店村以渔为业的历史，诠释了高碑店村的金鱼文化；右下方刻画了高碑店村高跷秧歌走出国门表演高跷的场景，记录了高碑店村的高跷历史和高跷文化；左下方是高碑店古典家具一条街门牌楼，代表了高碑店村的古典家具文化，反映了高碑店村发展古典家具产业的历史。中间的书法字体“高碑店村史博物馆”是我国著名书法大师米南阳的亲笔题字。

村史博物馆建成后，每年接待参观人员五六千人，成为展示和传播高碑店村历史文化的重要平台。

半壁店村史博物馆 2018年建成并对外开放。位于西店村18号楼弘胜大厦地下一层，占地面积932平方米。馆藏展品400余件。展厅分“序厅”“千年古村”“复兴之路”“美好明天”4个部分。通过数字沙盘、幻影成像、弧幕投影、全息投影技术及视频放映形式，展现半壁店村悠久的发展历史。馆内老物件老爷车、缝纫机、老报纸、照相机、摄像机等，大多由村民捐赠。馆内较为重要的物件是我国核工业科学家吴景云先生捐赠的保密柜，曾用于保存核武器研制过程中的绝密资料。

半壁店村史博物馆

2018年，村史博物馆全年接待参观111次6607人。2021年，举办半壁店村与中国文物交流中心文化振兴合作签约仪式、纪念中国第一颗氢弹爆炸成功54周年座谈会等活动。截至2021年底，接待来自全国各地266个团队共9950位参观者。半壁店村史馆是北京市和朝阳区爱国主义教育基地。

八里庄村史陈列室

八里庄村史陈列室 2019年10月建成并对外开放。位于康家沟八里庄村民委员会办公楼一层，展厅面积240平方米。馆内分为“足迹”“心路”“征程”三大主题展区，通过图片展览、文字介绍、模拟还原历史景象及实物展列方式，全面展现八里庄村从20世纪50年代农业合作化时期、到人民公社时期，再到改革开放以后各项事业的发展成就。整个展区以“路”贯穿始终，运用科技手段还原历史变迁中的三种道路，从土路到石路、砖路，再到柏油路、水泥路，每一条路的发展和转变都承载着每个时期的历史故事。从人走、马行再到马车、汽车，随着交通网络的四通八达和交通工具的转变，“路”让人们到达更远的地方。贯穿其中的是探索、是发展、是延续，虽有曲折，但始终前进。

村史陈列室建成后，每年多次接待区、乡领导参观指导。多次组织辖区在职党员干部、社区工作人员、退休老党员老干部及社区居民参观。

第四节　新时代文明实践所（站）

2019年6月，按照《朝阳区新时代文明实践中心建设工作方案》《朝阳区关于新时代文明实践志愿服务工作措施》等文件要求，高碑店地区（乡）成立新时代文明实践所，5个建制村28个社区均成立新时代文明实践站。乡新时代文明实践所由乡党委书记兼任所长，乡长兼任第一副所长。下设办公室，设在乡机关党建办公室。新时代文明实践站由各村、社区党组织书记兼任站长。同时，地区（乡）成立新时代文明实践志愿服务中队，地区工委书记兼任队长。各村、社区成立志愿服务分队，由党组织书记兼任分队长。新时代文明实践所（站）以“宣传群众、教育群众、关心群众、服务群众”为宗旨，通过整合基层公共服务阵地资源，以志愿服务形式，发挥党员示范作用和志愿者主体作用，开展各类文明实践活动。6月2日是新时代文明实践推动日，各村、社区以“文明朝阳 实践有我”

为主题，开展文明实践站宣讲、垃圾分类宣传、扫黑除恶入户宣传、老年人防骗知识讲座、关爱未成年人健康成长宣传等精彩纷呈的文明实践推动活动。

2020—2021 年，高碑店地区（乡）各新时代文明实践所（站）全部挂牌。全地区有志愿者服务队 73 支，重点围绕垃圾分类、疫情防控、法律宣讲、反诈宣传、健身健康、爱国卫生、党史学习等方面，开展文明实践活动 300 余次。

1958—2021 年高碑店乡（人民公社、地区）及村、社区所获部分市级以上荣誉一览表

表 25–1

单位	荣誉称号名称	年份	颁奖单位
幸福人民公社	农业社会主义建设先进单位	1958	国务院
高碑店乡	北京市蔬菜工作先进集体	1988	北京市人民政府
	北京市蔬菜生产先进单位	1990	北京市人民政府
	北京市“八五”期间城市规划管理突出贡献奖	1996	北京市人民政府
	北京市社会商业普查工作先进集体	1998	北京市社会商业普查办公室
	北京市城市环境综合整治先进单位		北京市环境综合整治领导小组
	北京市无偿献血先进单位	1999	北京市献血委员会
	北京市民政工作全优乡镇	2000	北京市民政局
	北京市残疾人康复工作先进单位		北京市残疾人联合会
	北京市体育先进乡		北京市体育局
	首都绿化美化达标乡镇		首都绿化委员会
	北京市 1996—2000 年法制宣传先进集体	2001	北京市司法局
	北京市交通安全宣传工作先进单位		北京市交通安全委员会
	北京市交通安全文明乡镇		北京市交通安全委员会
	北京市人口与计划生育工作先进单位		北京市人口和计划生育委员会
	北京市民政工作全优乡镇	2002	北京市民政局
	京郊税收超亿元乡先进单位		—
	北京市农村体育工作先进乡镇一等奖		北京市农民体育协会
	北京市交通安全先进单位		北京市交通安全委员会
	北京市绿化隔离地区建设先进乡镇		北京绿化隔离地区建设总指挥部

续表 25–1

单位	荣誉称号名称	年份	颁奖单位
高碑店乡	北京市献血先进单位	2002	北京市献血委员会
	北京市人口与计划生育工作先进单位	2003	北京市人口和计划生育委员会
	首都防治非典型肺炎工作先进单位		北京市委市政府
	北京市环境优美乡镇	2004	北京市农村工作委员会
	全国亿万农民健身活动先进乡镇		农业部 国家体育总局 中国农民体育协会
	北京郊区环境优美乡镇	2005	北京市农村工作委员会
	首都文明乡镇		首都精神文明建设委员会
	全国残疾人工作先进乡镇		中国残疾人联合会
	全国创建文明村镇工作先进村镇		中央精神文明建设指导委员会
	北京市群众体育先进单位		北京市体育局
	北京市“四五普法”先进集体		北京市依法治市领导小组 北京市人事局
	首都维护国家安全先进单位		北京市国家安全工作领导小组办公室 北京市人力资源和社会保障局
	北京市婚育新风进万家活动先进集体		北京市人口和计划生育委员会
	北京市计划生育先进集体		北京市人口和计划生育委员会
	2003—2005 年度创建“五个好”先进乡镇党委		中共北京市委组织部
	北京市社会捐助工作先进集体	2006	北京市民政局
	全国人口和计划生育外事工作先进集体	2007	国家人口计生委
	全国村务公开民主管理先进乡镇	2008	中国社会工作协会 乡镇工委
	北京奥运会残奥会先进集体		中共北京市委 北京市人民政府 北京奥组委
	北京奥运会残奥会交通服务工作贡献奖		交通部第 29 届奥运组委会
	中国民间文化艺术之乡		文化部

续表 25–1

单位	荣誉称号名称	年份	颁奖单位
高碑店乡	全国绿色小康村	2008	中央宣传部 中央文明办 全国绿化委员会 国家林业局
	全国综合减灾示范社区	2009	民政部
	首都精神文明创建工作先进单位		首都精神文明建设委员会
	北京市新农村建设先进乡镇	2010	中共北京市委农村工作委员会 北京市农村工作委员会 北京市人力资源和社会保障局
	全国妇联基层组织建设示范街道		全国妇联
	全国文明城区	2011	中央精神文明建设指导委员会
	北京市规范化人民调解委员会	2014	北京市司法局
	北京市规范化司法所 AAA	2015	北京市司法局
	2011—2015 年北京市法治宣传教育先进集体	2016	北京市司法局
	首都创建文明村镇活动示范点	2020	首都精神文明建设委员会
	优秀残疾人职业康复站		北京市残疾人联合会
	首都文明乡镇		首都文明建设委员会
高碑店村	北京市交通安全文明村	1999	北京市交通安全委员会
	北京市卫生村	2001	北京市爱国卫生运动委员会
	全国民主法治示范村	2005	司法部、民政部
	北京市残疾人工作“五好村”		北京市残疾人联合会
	市级特色商业街	2006	北京市商务局
	先进基层党组织		中共北京市委
	北京市最美的乡村	2007	首都精神文明建设委员会
	全国绿色小康村	2008	中央宣传部、中央文明办 全国绿化委员会 国家林业局
	全国文明村镇	2011	中央精神文明建设指导委员会
	北京市先进村民委员会	2011	北京市民政局
	全国文明交通示范村	2013	中央精神文明建设指导委员会
	中国最美休闲乡村	2015	农业农村部

续表 25–1

单位	荣誉称号名称	年份	颁奖单位
八里庄村	北京市先进村民委员会	1989—1996	北京市民政局
八里庄村	交通安全文明村	2000	首都精神文明建设委员会
八里庄村	北京市爱国卫生先进单位	2004	北京市爱国卫生运动委员会
八里庄村	北京市第一批“垃圾分类示范村”	2021	北京市生活垃圾分类推进工作指挥部
北花园村	北京市卫生村	2001	北京市爱国卫生运动委员会
北花园村	首都文明村	2001	首都精神文明建设委员会
北花园村	北京市交通安全文明村	2002	北京市交通安全委员会
北花园村	北京市 2003 年绿化隔离地区建设先进集体	2003	北京绿化隔离地区建设总指挥部
北花园村	北京市残疾人工作“五好村”	2004	北京市残疾人联合会
北花园村	北京市 2004—2005 年度北京市体育先进村	2005	北京市体育局
北花园村	北京市残疾人工作“五好村”	2005	北京市残疾人联合会
北花园村	全国男性健康日宣传教育贡献奖	2005	中国人口文化促进会
北花园村	中国人口文化促进会人口文化活动示范基地	2005	中国人口文化促进会
北花园村	全国人口文化工作先进集体	2005	中国人口文化促进会
北花园村	全国人口文化工作先进集体	2006	中国人口文化促进会
北花园村	北京市村务公开民主管理示范村	2007	北京市社会主义新农村建设领导小组 村务公开工作办公室
北花园村	北京市村务公开民主管理示范村	2009	北京市社会主义新农村建设领导小组 村务公开工作办公室
半壁店村	北京市交通安全文明村	1999	北京市交通安全委员会
半壁店村	1999 年度京郊百强村	2000	中共北京市委农村工作委员会 北京市人民政府农林办公室
半壁店村	北京市五好村党支部标兵	2000	中共北京市委组织部
半壁店村	北京市先进村民委员会	2000	北京市民政局
半壁店村	北京市卫生村	2001	北京市爱国卫生运动委员会
半壁店村	北京市消防安全工作先进单位	2004	北京市防火安全委员会

续表 25–1

单位	荣誉称号名称	年份	颁奖单位
半壁店村	北京市残疾人工作“五好村”	2004	北京市残疾人联合会
	北京市残疾人工作“五好村”	2005	北京市残疾人联合会
	北京市首都文明村	2007	首都精神文明建设委员会
	北京市五四红旗团支部		北京市团委
	迎奥运、讲文明、树新风、争做首都文明职工活动优秀集体		北京市总工会
	北京市村务公开民主管理示范村		北京市社会主义新农村建设领导小组 村务公开工作办公室
	全国民主法治示范村（社区）	2015	司法部、民政部
高井村	北京市交通安全文明村	1999	北京市交通安全委员会
	北京市卫生村	2001	北京市爱国卫生运动委员会
	北京市优秀工业小区	2002	首都精神文明建设委员会
	北京市爱国卫生先进单位	2004	北京爱国卫生运动委员会
	北京市民主自治示范村	2005	北京市民政局
	北京市人口和计划生育工作先进集体		北京市人口和计划生育委员会
	北京市残疾人工作“五好村”		北京市残疾人联合会
	北京市民主法治示范村		北京市民政局
	北京市交通安全先进单位		北京市交通安全委员会
	北京市先进治保会	2006	北京市公安局
	北京郊区生态文明村		北京市环保局
	北京市思想政治工作优秀单位		中共北京市委
	全国民主法治示范村	2007	司法部、民政部
	北京市再就业先进工作单位	2008	北京市人民政府
	北京市交通安全先进单位		北京市交通安全委员会
	全国民主法治示范村		司法部　民政部
	北京市交通安全先进单位	2009	北京市交通安全委员会
	北京市交通安全先进单位	2010	北京市交通安全委员会
	北京市交通安全先进单位	2011	北京市交通安全委员会
	北京市敬老爱老为老服务示范单位		北京市人民政府
	2011—2012 年度北京最美乡村	2012	北京市委农村工作委员会
	北京市交通安全先进单位		北京市交通安全委员会

续表 25–1

单位	荣誉称号名称	年份	颁奖单位
高井村	北京市充分就业示范村	2012	北京市劳动和社会保障局
	北京环境建设先进村	2013	北京市委生态文明建设委员会
	北京市无偿献血工作突出贡献先进单位	2013	北京市献血办公室
	全国文明村镇	2020	中央精神文明建设指导委员会
	北京市第二批“垃圾分类示范村”	2021	北京市生活垃圾分类推进工作指挥部
	北京市农村工作（2017—2021）先进集体	2021	中共北京市委农村工作领导小组办公室、中共北京市委农村工作委员会、北京市乡村振兴局、北京市人力资源和社会保障局
花园闸北里西社区	北京市和谐社区建设示范社区	2009	北京市民政局
康家园西社区	北京市敬老爱老为老服务示范单位	2012	北京市老龄委员会
兴隆家园社区	首都文明社区	2008	首都精神文明建设委员会
	全国综合减灾示范社区	2009	国家减灾委员会民政部
	北京市敬老爱老为老服务先进单位	2010	北京市人民政府
	北京市先进社区居民委员会	2011	北京市民政局
	北京市先进社区居民委员会	2012	北京市民政局
	全国综合减灾示范社区		国家减灾委员会民政部
	北京市节水型小区		北京市水务局
	北京市地震安全社区	2013	北京市地震局
	北京市民主法治示范社区		北京市司法局 北京市民政局
	国家地震安全示范社区		中国地震局
	北京市气象安全示范社区		北京市气象局
	北京市三八红旗集体	2014	北京市妇女联合会北京市总工会 北京市人力资源和社会保障局
	北京市体育生活化社区		北京市体育局

续表 25-1

单位	荣誉称号名称	年份	颁奖单位
兴隆家园社区	首都绿化美化花园式社区	2016	北京市人民政府 首都绿化委员会
八里庄社区	首都文明社区	2008	首都精神文明建设委员会
	首都文明社区	2011	首都精神文明建设委员会
	北京市爱老敬老未老服务示范单位	2012	北京市政府
	平安北京志愿服务优秀团队	2015	北京志愿者联合会 首都治安志愿者协会
	北京市“六型社区”示范社区	2016	北京市民政局
	先进社区居民委员会		北京市民政局
	北京市全民健康生活方式示范社区		北京市卫生和计划生育委员会 北京市全民健康生活方式行动办公室
	北京市社区青年汇重点地区店优秀奖	2017	共青团北京市委员会
高碑店西社区	全国社会工作服务标准化建设示范社区	2012	民政部
	社区发展创新奖	2014	中国社区发展协会
	北京市生活垃圾分类示范小区	2021	北京市生活垃圾分类推进工作指挥部
文化园社区	中国十大特色古典家具品牌	2014	中国民间文物传世工程组委会
	文化产业园社区市级人民调解工作室	2016	北京市人民调解协会
	市级社区之家（科举匾额博物馆）	2019	北京市社会建设工作领导小组办公室
	市级社区之家（中国艺术研究院油画院）	2020	北京市社会建设工作领导小组办公室
	首都绿化美化花园式社区	2020	首都绿化委员会
力源里社区	首都文明社区	2018	首都精神文明建设委员会

第二十六章　民　俗

高碑店地区（乡）地处北京近郊，受通惠河运河文化影响，在悠久的历史长河中积淀了丰富多彩的民俗文化，涉及婚丧嫁娶、生育寿诞、岁时节日、生产劳动、衣食住行、社会交往、人际关系、宗教信仰、少数民族等方方面面。随着社会发展，这些风俗习惯被注入新的时代内涵。传统民俗文化作为高碑店地区百姓宝贵的精神财富，在提高文化素质、弘扬社会公德、增强社会凝聚力、进行社会主义核心价值观教育等方面都具有非常重要的作用。本章内容以记述旧时民俗为主，现代民俗为辅。旧时一些带有封建迷信色彩的习俗，随着地域百姓科学知识水平提高，现已摒弃。

第一节　礼仪习俗

一、生育习俗

催生　旧时，高碑店地域妇女快要生孩子，娘家人会买许多宝宝出生后要穿的衣物，比如鞋袜、帽子、围兜和儿童车等，还有坐月子需要的红糖、鸡蛋、干桂圆、干荔枝等礼品去探望，俗称“催生”。随着城镇化发展，近一二十年来逐渐弱化，坐月子所送礼物也更加多元。

悬红　妇女生完小孩后，院门要悬挂红布，意为将“添丁进口”的喜讯告知街坊邻居。旧时，悬红是有讲究的，生男孩挂的是用高粱秸秆制作的小弓箭和一块红布条，生女孩挂的是一块红布，以告诉邻里街坊生的是男孩还是女孩。悬红的作用还有一个说法，就是告诉邻里家里有女人坐月子，不宜频繁串门打扰。21 世纪初，随着高碑店地区村民搬迁上楼，居住方式发生转变，没有了悬红的门梁，悬红的习俗也逐渐消失。

洗三　旧时，无论贫富人家生小孩，头三天必须“洗三”。“洗三”之日，通常只有近亲来贺，多送给产妇一些油糕、桂花缸炉、破边缸炉、鸡蛋、红糖等食品或者送些小孩的衣服、鞋袜等作为礼物。本家仅用一顿炒菜面来招待，富户亦不过在酒菜上丰富些。“洗三”的仪式一般由孩子姥姥主持。首先，在产房外厅正面设上香案，奶奶上香叩首，姥姥也随之三拜。然后，本家将盛有以槐条、艾叶熬成汤的铜盆以及一切礼仪用品均摆在炕上。这时，姥姥把婴儿抱起来，“洗三”正式开始。中华人民共和国成立后，随着医学的发展，妇女生育多到医院，既文明又卫生，“洗三”习俗逐渐消失。

坐月子　旧时，高碑店地域对产妇最看重的一件事就是“坐月子”。产妇生产后一个月内要进行休养，这一个月就是“坐月子”。传统习俗认为，一个月里产妇不能洗澡，不能干重活儿，不能洗头梳头，一定要吃小米粥喝红糖水等营养补品，适度活动，丈夫及家人精心照顾产妇。改革开放以后，随着优生观念和健康观念普及，“坐月子”很多老的讲究由于缺乏科学依据被摒弃，但现在仍然非常看重产后一个月的生活饮食健康，一些不利于产妇健康的事项仍然十分注意。

满月席　旧时，高碑店地域的小孩满月，亲朋好友一般带上红糖与鸡蛋前来贺喜，娘家要给外孙买新衣、鞋帽、座椅、推车、摇篮等小儿用品，在小孩满月的那天送去。婆家为此需办“满月席”，款待产妇娘家人及亲友街坊。现在比较随意，很多小孩用品都是自己购买，亲朋所送礼物也随时代不断变化，“满月席”也不是家家都要办。

“抓周儿”　旧时，小孩满周岁时要举办仪式，富裕人家要在床（炕）前摆上笔、墨、纸、砚、书、算盘、钱币、吃食、玩具等，如是女孩还要加摆铲子、勺子、剪子、尺子、绣线等，让小孩随意去抓，俗称“抓周儿”。一般人家程序较为简单，仅由大人将小孩抱来，不予任何诱导，任其挑选，以此预测小孩长大后能做什么职业，以后命运如何等。中华人民共和国成立后，高碑店地域“抓周儿”仍然盛行。进入 21 世纪，随着家庭结构发生改变，此习俗逐渐淡化。

二、婚嫁习俗

说媒　旧时，高碑店地域男女婚姻大事都讲究“父母之命，媒妁之言”，要有人说媒拉纤撮合，使青年男女终成眷属。只要媒人觉得男女双方门当户对，两家的闺女小子又般配，就会主动去撮合，也有一家看上了另一家托媒人给说和的。做媒人也不图能赚多少钱，但求能成一桩婚姻美事。现如今，讲求恋爱婚姻自由，大多数年轻人都是自由恋爱。

过小贴儿　一般媒人说合后，如果两家都有意，就把两个孩子的生辰八字写在红纸条上，男的写个“乾”字，女的写个“坤”字，请媒人代为交换，叫“过小贴儿”。

小定　双方家长拿到对方的生辰八字后，就请人验看两人的八字是否相合，也就是让村里有文化的先生给“掐算”一下，家里有钱的则去北京城里前门的“三元子”给验看。

当时虽然讲究这些，但是只要属相不相克就能合上，合过了如果没问题，男方要给女方家送去点儿礼物把婚事定下来，也就是“小定”。一般人家的“小定”就是给女孩置办一身衣裳，打个银镯子，条件差一点的人家就打两瓶酒，拿包茶叶，装个点心匣子，在媒人的陪伴下送到女方家里，这桩婚事也就算基本定下来了。

送彩礼 婚事有了“眉目”后，男方就要给女方家送彩礼。男方的彩礼，有两抬、四抬、八抬、十六抬，还有更多的。彩礼的“抬”主要指什盒，什盒宽约一尺半，长三尺，每层深六寸。高碑店用的什盒是三层的，每一抬里的物件是很有讲究的，头一抬讲究要用六角型的笼子抬只鹅称为“鹅笼”，鹅头要用胭脂染红，象征“姑爷”，也代表唐代“奠雁”之礼中的大雁；相对应要有“酒海”，即美酒一坛，象征婚姻和美，也用以祭祀祖先。彩礼由新郎的父亲亲自送到女方家里。彩礼中必不可少的还有女方要求的四季的衣裳、鞋袜，以及在糕点铺定做的喜饼，同时还要准备干鲜果品，如桂圆、荔枝、生花生、生栗子、红枣、柿子、苹果等，取其谐音表示早立子、早生贵子、事事如意、平平安安、多子多福等吉祥含义。

送嫁妆 结婚日子定下来后，女方家里头一天要把嫁妆送到男方家里。新房里摆设上都要贴上“喜”字。旧时高碑店普通家庭的嫁妆如今也是古玩店里价值不菲的商品了。女方家一般都会陪嫁一个栏杆床以及一些居家过日子的生活用品，如八仙桌、太师椅、梳妆盒、樟木箱、与婆家对等的被褥、油灯、茶壶、澡盆、脸盆、脚盆等等。其中不管贫富必备的有两样：一是尿盆，这是由于新娘羞涩，初到婆家不好意思开口；二是一盘饺子，称为子孙饺子，或者一团长寿面，以示新人以后的日子久久长长。

备喜 男方家的婚事筹备需要提前很多天，亲戚朋友写在名单上，提前十天要把请柬送到，宗族中辈分较高的则要由家里的长辈亲自去请，礼尚往来过的朋友也都要请到。过去有“三天为请，两天为叫，当天为提搂”一说，所以必须提前，否则亲戚朋友要挑礼的，所以“备喜”至关重要，不能马虎。这中间除了请德高望重的人主持婚事外，还要有个婚礼上必不可少的“张罗人儿”，男的“张罗人儿”料理外场，女的“张罗人儿”忙活屋里的招待，沏茶倒水剥喜糖等；婚宴料理必须的厨子，采购菜肴，收拾新房，准备喜事的鞭炮、喜字、当天新郎新娘拜天地的用品，这些也在“张罗人”的忙活范畴之内。此外，婚礼中必不可少的就是找个女“全福人”（俗称全活儿人）。所谓“全福人”就是和男方有些关系的，有儿有女、父母健在、婚姻完美的人。新房的被褥由“全福人”来做，同时还会作为娶亲太太为男方接亲，请“全福人”参与婚礼也是借她的福气给自家婚事求个吉祥。

照轿 娶亲那天，迎亲的轿子会早早地在男方家门口准备好，吉时一到，娶亲太太就会拿一面铜镜，向喜轿里四面上下晃，称为“照轿”。

压轿 照完之后，娶亲太太盘腿坐在喜轿之内称为“压轿”。浩浩荡荡的娶亲队伍在媒人和娶亲太太的带领下去女方家接亲，当然，还有骑着马负责压轿、保护队伍安全、照应一切的娶亲爷们儿。女性接送亲讲究的是“姑不娶，姨不送”，可是当时轿子是不能空的，随行的轿子坐的是两个不到10岁的男孩，他们一个提金银水壶，一个负责提盖头。两个男孩象征着“多子多福”，让他们随着队伍就好像把新娘和童子一起带到男家，能为男方家添丁。男童随着娶亲太太进到待嫁的新娘屋子，待新娘梳妆打扮完毕，娶亲太太就给新娘盖上男童提来的盖头。

迎亲 男方备彩轿，奏鼓乐，鸣鞭炮前往女家。迎亲的整个队伍吹吹打打迎着“抬花轿”乐曲一路前行，后面还有专门为新娘抬梳妆用具的，走在村里的时候，街坊四邻都看着，娶亲爷们儿要压住轿子的速度，轿夫们都要抬头挺胸，迈着小步还要步伐一致；等出了村子，轿夫们就开始喊着号子走着花步子，这样整个迎亲队伍的速度就快起来了。喜轿是八抬大轿，要一抬到底不能换人，从发轿到娶回落轿就一直是这八个人，这样是忌讳“倒手”，怕新娘以后改嫁。当时说轿夫有几句俏皮话：“头一个扬眉吐气”，意思就是这头一个要精神抖擞、体态魁梧；“二一个不准放屁”，是说距离轿门太近，要注意礼貌；“三一个低头看地”，因为他看不到前面，所以要注意地面以免有所闪失；“四一个多走几里地”，因为他在最后，每次转弯儿的时候他要拐大弯儿。

一队人马吹吹打打就到了女方的家，女方不能轻易就让男方的娶亲队伍进门，一是让男方知道娶得不易，以后好好珍惜；二是让周围亲朋看看自家喜事有多热闹。这时娶亲太太就要自己负责叫门了，叫不叫得开就看本事了。高碑店地区大多有自己的规矩，人们也都懂，门是不能硬推的，其实也是图个吉利，比如里面问：“打哪来啊？”娶亲太太就回答：“我打喜门来。”里面问：“你们是干什么来的？”娶亲太太就回答：“是到贵府娶亲的。开门吧，别误了吉时。”总之，里面问外面就答，答得要得体，还要吉祥。到了临开门还要把红包从门缝递给里面送亲的人。开门之后还要撒小红包、扔喜糖让孩子们抢。门一开，新娘的亲戚就站在两边，男的一边女的一边，娶亲太太一边拜一边在中间走，绝不能缺了礼仪。婚轿在新娘的房前落定，待新人收拾妥当，蒙上盖头，就扶着新娘上轿启程。

迈火盆、射煞 高碑店地区方圆庙宇较多，回来的一路上，遇到庙、桥，能绕的都要绕行，绕不开的也要用红毡子象征性地遮挡。新娘的轿子一直抬到新房门口，新人下轿，迈火盆、过马鞍都在新房内完成。新郎还要拿起喜弓，向下射上三箭，寓意“射煞”，也表示“箭发连中，马到成功”。到这里，“全福人”、娶亲太太也就是算完成接亲任务了。

接下来要做的就是热情款待女方送亲的，招呼吃席。

拜堂 高碑店地域的婚礼都是有自己的特色和规矩的。一拜天地，二拜高堂，三是夫妻对拜，新娘受婆家晚辈拜，新娘与婆家同辈相拜。接着拜佛爷和公公婆婆。高碑店地域家家大都供奉关公，关公就是人们心目中的佛爷，拜佛爷也象征以后新娘要由这位保护神庇佑，成为家庭的一员了。之后在佛桌前，摆上椅子或长凳，举行大小礼。先由公公婆婆老两口坐上，接受作为儿子、儿媳的新郎新娘磕头、奉茶。公婆要给新娘红包，随后男方家的其他长辈也坐在这椅子上受磕头礼。向公婆磕头要磕三个，向其他长辈磕一个即可。受礼的人都有“张罗人”（司仪）依次安排好了，每位长辈都要给新人红包，以示祝福。然后就是新娘坐在椅子上由夫家的晚辈向她磕头见礼，她也会拿出小礼物或者红包作见面礼。这礼物和红包，都是事先打听好了人数，早有准备的。之后再平辈互相见礼，分大小，目的就是让新娘认识家人，以后相见知道是谁，方便说话。婚礼举行后，新娘要在新郎的陪伴下向喜席桌上的亲朋好友特别是长辈敬酒，也要当众给媒人敬酒，表示答谢。

滚床 一般由小男孩在新房床上打滚儿。床上放有枣、花生、核桃等，意为早生贵子、圆圆满满。接下来是闹洞房。晚上亲朋好友离开以后，新娘新郎向公婆道了晚安后，才能“洞房花烛夜”。

回门 高碑店地域至今仍有接回门的习俗。接回门有当天接的，也有第二天接的。接回门是新娘婚后首次回娘家，回家说说对婚事满意不满意，夫家情况如何，公婆好不好之类的。婚后也有新郎带着新娘，或婆婆带着新过门的儿媳妇到各家认门认亲。

瞧九、住对月 新婚夫妇结婚后第九天，女方家会带着自家的亲戚到亲家去“瞧九”，也就是男女两家亲戚的相互认识，便于以后走动。结婚一个月后，有“住对月”的习俗，媳妇要回娘家住一段时间。日子到了要向婆婆请示，能否回娘家，回去的天数由婆婆说了算。如果婆家不忙，一般都会让儿媳回去住七天左右。要是赶上农忙，时间会短一些。虽然名字叫“住对月”，但不是真的住那么长时间，最多二十天。

婚俗变革 20 世纪 50 年代，高碑店地域婚俗出现变革，一切体现出“新”，从而很多老习俗发生改变。男女婚姻不再包办，由他人介绍或自由恋爱，彩礼、婚礼从简，迎亲也由坐花轿改为坐花车，远一点的骑毛驴或骑自行车。至 60 年代，旧俗礼仪一概免除，婚嫁程序也有所简化，但终身大事宁可委屈自己也绝不能不讲点面子，很多人从亲朋好友那里借来粮票、烟票、糖票，办一场简朴婚礼。70 年代后，媒婆基本消失，倡导婚事新办，开个茶话会，让新人简介恋爱经过，唱歌、说笑话，既简单，又热闹。改革开放后，不少青年选择“五一”“国庆节”“元旦”“春节”等节假日成婚。进入 90 年代后，随着经济发展和人民生活改善，大操大办之风开始抬头，嫁妆由七八十年代的“三大件”（手表、自行车、缝纫机）到新“三大件”（彩电、冰箱、洗衣机），有的还要追求地毯、沙发、组合音响、录像机等高档商品。

进入21世纪，高碑店地域村民结婚必备的新“三大件”变成了“房子、车子、票子”。婚礼越办越大，动辄十几桌乃至几十桌，多数家庭到酒店办婚宴，酒席档次也在不断提高，从办家具到结婚，得花费几万元十几万元，甚至几十万元。

近年来，高碑店地域内婚俗呈多元化、个性化发展趋势，尤其是婚礼，有人崇沿旧俗，以古为荣；有人则崇尚西式或中西结合，还有部分人参与集体婚礼、旅游结婚等。

三、寿诞习俗

寿宴 高碑店地区富贵人家做大寿是十分隆重的，事先要向亲朋好友发请柬，一般要提前三天。做寿的时间是一天，有的在家里办，有的在饭店办。在家里办的，要在院中搭棚（夏天搭凉棚，冬天搭暖棚），棚内挂上八扇屏，上边有三国、水浒等故事的图案，棚上的玻璃窗上还要贴上大红的“寿”的繁体字、彩色的寿桃和大红框。给老太太做寿，要贴“五福捧寿”的图案，中间是一个圆形的寿字，四周围绕着五只彩色的蝙蝠。棚外还要搭起红、黄两色的喜庆牌坊或者是红、黄两色的彩球，棚内摆放茶桌。亲朋好友在接到请柬后要准备寿礼。寿礼大多是寿桃、面、带寿字的糕点和寿帐。寿桃是一种桃形的大馒头，顶部有一个尖，染成红色，可以在馒头铺里定做，自己家里也可以做。寿面是一种机器轧的细长切面，盘成塔形，顶部呈桃形，上边插着寿星供花，外边罩上红色的剪纸。面也可以在切面铺定做。寿星老儿身穿带有福寿图案的袍褂坐在太师椅上，接受家人和亲友的叩拜。晚辈一般都是磕头、跪拜时说一些吉利话，平辈人叩头时寿星儿要站起来做出用手搀的动作，表示请对方免礼。如果是长辈，只需拱手致贺。做寿当日的中午、晚上，主人要摆下寿宴招待亲友，从高档的燕翅席、海参席到普通的酒席都可以，但主食必须是面条，称之为“长寿面”。平民小户不准备酒席，只准备几样炒菜，做好面条，拌上猪肉片、黄花、木耳、蘑菇、鸡蛋打的卤。有钱人家做寿，还要请艺人唱堂会，表演的戏种有京剧、各种地方戏、曲艺、杂耍、皮影戏等。

进入21世纪，随着地域村民生活水平不断提高，多数家庭在酒店办理寿宴。

吃寿面 “长寿面”有讲究，面条儿越长越窄越好，这里的窄为“瘦”之意，因“长”“瘦”与“长寿”谐音，所以寓意祥瑞、美好。在寿宴上寿星必须要品尝寿面，众宾客则在寿星的主持下吃寿面以沾喜气。

渡坎儿 地域有“渡坎儿”的说法。“坎儿”是指每个人在寿命上的关口。从五十岁起，每隔十年左右就有一个坎，如果顺利渡过，就能再活十年；如果不顺利，遇到“坎儿”就会被卡住，不是生病就是送命。旧时有“人过五十五，阎王爷数一数”“六十六，不死掉块肉”“七十三、八十四，阎王不叫自己去”的说法，这些岁数都被称作“坎儿年”。特别是“六十六，不死掉块肉”的说法，对高碑店地区百姓影响甚深，尤为重视。至今，高碑店地区的老年人往往到了六十六岁（虚岁）这一年，都由女儿特地给买块肉，从院里扔到院外。扔出的肉，或由路人拾走，或由自家捡回。“拾走”或“捡回”都不重要，重要的是“掉块肉”。这样，即可迈过“六十六岁”这道坎儿，平安度过“坎儿年”。

过九不过十　“九”与“久”谐音，寓意长长久久。“逢十”不吉利，不宜办生日宴。因此多在寿星六十九、七十九、八十九等逢九的年份隆重举办寿宴，逢十年份则低调过寿意图吉祥平安。

放生　寿星子女从鸟贩子那里买来一些麻雀之类的小鸟，由寿星老儿手打开笼门，任鸟飞走，或者是买下一些活鱼，再放回水中，众亲友这时就会在旁边向寿星老儿请安，说一些“功德无量”“多福多寿”的吉利话。

四、丧葬习俗

中国传统的葬礼习俗主要包括安葬、殡仪、举哀等。人们对葬礼特别重视和讲究，这种讲究与宗教观念有关，其意识源于古老的灵魂观念。先人认为，人死灵魂不死，仍能干预活人的人事、祸福。受这种“灵魂不灭”观念的制约及文化传统、宗教信仰的影响，高碑店地域民间葬礼形式，大多以寄托哀思，同时也是一种炫耀，让人们见识丧事的“排场”来体现。中华人民共和国成立之前，高碑店地域的丧葬习俗以延续祖辈习俗为主。主要过程有小殓、送三、大殓、守灵、出殡、下葬、谢孝、圆坟、三七、五七。

小殓　家里亲人“咽气”后，要为逝者净身整容，如剃头、刮脸、换擦洗身、穿上寿衣，谓之“干干净净地走”。然后停放在正房堂屋木板搭成的灵床上。这个步骤要尽早，有时甚至在断气之前就进行。因为过几个小时，由于肌肉细胞死亡，会出现称为尸僵的四肢僵硬现象，影响穿寿衣。一般情况下，家人要往逝者嘴里放黄纸包着的钱币、茶叶等，所放之物称为“含”，以示“要有花有喝的”。往逝者耳朵里填塞棉球，填充的棉球称“充耳”，以示“充耳不闻阴间鬼哭狼嚎”。让逝者手中拿着玉或者其他物品，所拿之物称“握手”，以示“不能两手空空前往另一个世界”。同时，灵床前置一盏油灯（俗称“长明灯”）、一碗饭（俗称“倒头饭”）。

送三　老人咽气后，一般在出殡前一天由亲属到村头烧纸，送故人灵魂西去。

大殓　当着家属的面，将死者移入铺有褥子的棺材，死者一般是头朝里脚朝外，盖上被子，钉上钉子封棺。20 世纪 70 年代末，国家推行火葬政策，高碑店地域也实行火葬。

死者被火化后，众人会将骨灰放入骨灰盒准备下葬。

守灵　棺材安放于堂前或院中，院中搭建灵棚，架设照明，四周悬挂亲朋好友哀献的挽幛、挽联，摆放花圈。棺前放一个供桌，正中摆放挽有黑纱黑框的逝者遗像、祭品及点燃的长明灯等。停灵期间，在场的亲友，特别是死者的晚辈在灵堂轮流守护死者，定时焚纸哭灵，接受奔丧者的吊唁。

出殡　把棺材送到祖坟或公墓埋葬，俗称“出殡”。出殡之前，丧家要先请道士为逝者念经超度，再请阴阳先生选择吉日吉时安葬。出殡开始，长幼列队哭丧，缓步绕街至村外。逝男焚纸轿马车，逝女焚纸轿牛车，吹鼓手一路哀乐。同时，长子跪着拼全力将一个瓦盆摔碎，称为“摔盆儿”。丧家长幼一路嚎丧，吹鼓手一路吹奏。邻居沿街设一张张祭桌，出殡队伍经过祭桌时，需要暂停，邻居焚烧纸钱，提供茶水。沿途路口有专人抛洒纸钱，打点拦路的“野鬼”。

下葬　到达墓地后，下葬仪式有风水师协助，棺头朝东南方向，棺材缓缓下沉入墓穴。哀乐声中，长子边哭边填“头锹土”掩棺，随后孝子贤孙依次挥锹，随行众人填埋，并堆土成坟堆。同时，逝男焚纸轿马车或逝女烧纸轿牛车。

谢孝　丧家下葬归来，为感谢亲朋好友、街坊四邻，孝家需设宴款待，俗称“谢孝”。

圆坟　逝者下葬三天后，其子女和近亲需要到坟前烧纸，俗称“圆坟”或“暖坟”。这时死者家人要在坟墓前烧纸钱祭奠。

五七　逝者下葬后，丧家每七天去墓地看望并烧纸钱，一共去五次计 35 天，也即“烧七”。高碑店地域民间葬礼过程中，子孙要守到“五七”，从逝者逝世之日起第 35 天就是“五七”，由女儿糊纸伞、“摇钱树”等在坟前焚烧，儿子备酒席和众亲友前去上坟。35 天后葬礼部分正式结束。此后，每逢周年、清明节、中元节、三周年、十周年都要祭祀。

中华人民共和国成立后，高碑店地域丧葬习俗有了很大改变，许多村民逐步改变了千百年来的土葬、厚葬等传统观念，对逝去的亲人实行火葬。尤其是进入 2000 年以后，高碑店地区“以树代墓”寄托哀思的方式得到广大村民的理解与支持。

第二节　岁时节日习俗

一、春节习俗

严格意义上说，中国人过大年并非仅指年三十或大年初一那天，进入农历腊月就算是有“年”味了，尤其是到了腊月二十三，是汉族传统文化中祭灶、扫尘、吃灶糖的日子。“二十三糖瓜粘，二十四扫房子，二十五糊窗户，二十六去买肉。二十七宰公鸡，二十八把面发，二十九蒸馒头，三十晚上熬一宿”。

送信的腊八粥 高碑店过去有句俗语：“送信的腊八粥，要命的关东糖，救命的煮饽饽”，意思是说，到腊八，就快过年了；到腊月二十三，催账的就要上门了；吃上过年的饺子不要账，也就不用躲了。到了腊月初八，快过年了，家里人喜欢说这么一句话：“小孩小孩你别闹，过了腊月就祭灶。小孩小孩你别哭，到了腊八就宰猪。”到了腊八这天，家家都要早起熬粥。烟囱里冒烟，就代表这一年烟火不断，家里也不会挨饿，来年丰收。

腊八粥在太阳没出来前就得熬好。熬粥的原料大多是村民自己种的，主要包括高粱米、荧黏米、豆子、棒子渣，还有枣、栗子。有钱人家的粥里还会放上点桂圆。腊八粥不单是家里自个儿吃，还讲究送人，把对未来美好的祈愿带给其他人。腊八粥熬好后要给街坊端去一碗，表示邻里间相互的祝福。以腊八粥送人不能太晚，最迟不得过午。

腊月二十三过小年 腊八一过，家家就要开始忙着过年置办年货，有的用玉米或麦子与上街来的人换粉条。家里的女人们推麦子、舂小米、舂高粱米，还要推点细棒子面和黏谷子。有的人家还要蒸馒头、年糕和黏豆包。“小年”腊月二十三，家家户户都要祭祀灶王爷。旧时，房里一般有个灶台，灶台上贴着灶王码儿。有的人家还将灶王码儿供在用木头或秫秸秆制成的佛龛中。灶王码儿有两种，一种是灶王爷一人，另一种是灶王爷旁边还坐着灶王奶奶。腊月二十三祭灶，要将已经熏黑的灶王码儿请下来，然后用棍支着供在供桌上，摆供品、香炉给他烧香，摆点草鞋、药豆，供桌前面还要挂上元宝和黄钱。灶王爷上天时要骑马，因此还要插上一匹马。还有人家在佛龛上贴一个对联：“上天言好事，回宫降吉祥”，或“上天言好事，下界保平安”，横批是“一家之主”。天黑后，将灶王码儿和纸马一同烧掉。

祭完灶，家家就开始筹备新年。这时候，该歇工的歇工了，该收拾的收拾了。过了腊月二十三，家家户户才能开始扫房子，甭管有钱没钱，都要打扫得干干净净的。有钱的人家会把顶棚重新糊一糊。不管家里穷富，在置办年货的时候也得买上几斤猪肉。到腊月二十八，家里还要忙着蒸馒头、做年糕。有的家里还会酱上一个猪头，炖上一锅肉。快到年节的时候，老北京人为了图个吉利，喜好买几条小金鱼在四合院里养着。像高碑店村，有不少人家有鱼塘，为了讨生计，也在鱼塘里养些草金鱼苗，这时就开始往外卖了。远的有河北文安县的鱼贩来此趸鱼，更多的是本村的穷苦人来鱼塘里趸鱼。

在准备“小年”送灶王爷上天的同时，一些像高碑店村里卖小金鱼儿的男人们却开始了奔波忙碌，趁着年节，到城里串胡同挣钱去，不在村里串了。对于他们，没有办法踏踏实实地过年，春节就“黑咕隆咚”地过完了，于是这京东的村落在家家按照程序忙活着年节的同时，村里的过节气息略显得有些寥落。这“忙”年中的忙的确与其他地方不同，当然也有了别样的含义。

年三十摆佛桌祭神 大年三十，人们多半会请村里读过书的人把春联和“福”字写好，再到集市上请对儿门神。下午就要将提前准备好的春联、门神、挂千儿等分别贴上，门框两侧贴对联，门心贴门神，门楣上贴挂千儿，影壁正中贴“抬头见喜”，磨上贴“白虎大吉”，碾子上贴“青龙大吉”，马车上也要贴“远近大道逍遥过，进退连环遇交通”。走车的大门，上面贴“车驾非轻”，连井盖上也贴着“水洗万物”。

这天，女人们围着灶台开始准备年夜饭。先将前几天蒸好的馒头、豆包馏一下，再做点松糕、烙饼。那时的松糕实际上用白棒子面掺八宝粥之后上锅蒸做成，蒸熟后切成斜角。烙饼时要把饼翻个儿，意思是“把穷翻过去了”。年夜饭的菜大概有九样，包括粉条炖肉、胡萝卜、酸菜、炸豆腐、四喜丸子等。还有用绿豆浆摊成薄饹馇卷胡萝卜丝和香菜炸成饹馇盒，也有叫饹馇圈的。

这天中午，姑奶奶要回娘家吃午饭，之后再回到婆婆家。出门的姑奶奶如果年夜饭是在娘家吃的，那吃过饭马上就要走，因为大年三十夜里 12 点供佛爷（财神爷等）的时候，她们不能在娘家瞅着佛爷灯，据说瞅了佛爷灯，这家里的日子就过不好。天一擦黑，妇女们头上戴上早买好的小红纸花，孩子们则将小红花别在身上，说是可以避邪。下午 6 点钟左右，家里的老老少少聚在一起开始吃年夜饭，边吃边聊着一年来的日子。年夜饭无论丰俭，必备有鱼。“鱼”与“余”谐音，寓意“吉庆有余”。吃年糕，取“年高”之意。这是一年中最温馨祥和的家宴。吃过饭，七八点左右，就会有村里贫苦的孩子挨家给送灶王码儿，接灶王码儿还要给几个钱，钱多少不限，全凭各家的条件，随后将新的灶王码儿请到灶台之上。

年三十晚上要守夜。孩子们手里提着灯笼在院子里放小爆竹。老太太要是看见小孩儿困了，也不让睡觉，因为有这么一种说法，小孩儿睡着了，这一年就会都没精神。另外，各家还会准备各种坚果或糖类“杂拌儿”扔在地上，当夜不能扫，等到初一早上太阳出来才可以收拾。

年三十晚上 12 点，要摆佛桌祭神。佛龛里面供着财神，关公、灶王安置在两旁。佛爷面前摆上擦干净的香炉、香筒、油灯、蜡烛台以及三摞五碗元宝似的蜜供。蜜供是用油和的半发面，切成长约一寸、宽厚为三四分的小面条，油炸后滚上蜜，叠摞起来，形成方形或者圆形（中空）的宝塔状，顶端像一个小金字塔。供桌上的蜜供不到正月二十五撤供的时候是绝对不可以偷着吃的。

到了 12 点的时候，老人们坐在正屋，孩子们站成两列接财神，家人点燃香烛叩头祷告，以此来感谢佛爷为全家带来的福分。

铺上芝麻秸秆踩岁　大年三十晚上还要在院子里铺上芝麻秸秆“踩岁”。老北京有句俗话：“芝麻开花节节高。”芝麻在人们心中历来都是吉祥物。那时候，村里人年三十大清早就把芝麻秸秆铺在院子里面，三十晚上人们进进出出踩踏到上面，就会嘎嘎作响。过去老辈儿人留下来的传说，二十八星宿到了大年三十都下界来，人间就要“踩岁”，把邪气踩跑。

辞旧迎新接神饺子　年三十晚上还要包接神饺子。在人们看来，似乎饺子就是“福”的象征。饺子就是年的象征，一年的流年大运都寄托在饺子上，饺子是辞岁迎新代名词。过去有什么不吉利、不顺心的事，诸般不合也都捏合上了。接神饺子要在子夜 12 点前包好，富裕的人家吃白面的，没钱的就用细棒子面。“细箩面，细箩面，擀条儿包饺子全能干，就是当中得掺榆皮面”，这是京乡俚歌。细箩面是农村中比较细的粮食，一般是用白玉米（白棒子）粒儿碾碎，过细箩而成，再对上一定数量的榆树皮碾的面，以增加其黏合力。细箩面从表面看跟白面一样，但吃到嘴里不是一个味儿。饺子一般都包猪肉白菜馅的。单有一个饺子里面包一文小钱，吃着的人说明有福气。初一得吃素，不吃荤。初一把饺子捏上，年就算过得圆满了；捏不上，就像这年没过一样。

到凌晨 2 点左右，将饺子摆在供桌上。然后，家长拈香行礼，之后由一名男性看守，以便接香。灯火香皆不可灭，否则不祥。一般不让女性接香。孩子们给家里的长辈拜年、磕头说吉祥话，长辈会给红包。红包不论孩子年岁大小，没结婚的都有份，有人家是只给年纪最小的。

年三十祭祖　大户人家在年三十这天要祭祖。一般是在年三十下午，族里各家男性家长会带着男孩子一起去家族老坟祭祖。老坟地边上一般会有一间屋子里常年供着祖宗的牌位，不管是哪家人先到了，都要到这屋里给祖宗磕头，晚上还要留在这里守夜，直到初一早上才散去。

抢银水　正月初一时，有一个特色风俗叫“抢银水”，也叫“挑水财”。由于通惠河文化影响，人们对财富、富裕的渴望往往与水联系在一起。高碑店地域有句老话“粮满仓，水满缸”“仓没满，水得满”，表现出人们对水的重视。村民们在大年初一天不亮的时候，就去井台挑担水回来，并且谁最早担回来水，谁这一年就会最兴旺发达。这是因为在更早些年代，高碑店地域以种地为主，有了通惠河后，尤其是靠近河闸的村民们靠水吃水，从而形成这样的习俗。无论采取什么样的谋生方式，但是对于来年的期盼心情却是一样的，通过各种约定俗成的过年习俗，表达对美好未来的渴求。求吉、求财成了人们过节习俗中共同的精神追求。

拜年　到了初一早上，村里人要互相走动拜年。街坊邻居见了都要作揖，互道“新禧”。村里人要是过去彼此言语不周，抬了杠，拌了嘴，到了初一说一声“新禧”，一作揖，也就没有事儿了，什么矛盾都化解了。但初一时，许多人家的妇女忌门，做买卖的人也停业不做买卖。

一般人家到正月初六就拜完年了，因为村里有不少人在城里面做学徒，店铺初六开张就得干活去了。也有的人家亲戚多的，到正月十五元宵节还在拜年。去女方家拜年要在初七以前。村里流行这么一句话：“过了初七八，盆碗一起刷”，意思是说人家不伺候了。旧时，还流行着这么一句话：“青草没驴蹄，拜年都不迟”，意思是说，就算在青草能把驴蹄都盖住的时候，拜年也不迟。那时候各家的生活都不富裕，即使拜年多半也是空着手去，主人家一般多以瓜子、花生等零食招待。多数情况都不留下吃饭，还是要赶回自家。

过年讲究“初一饺子初二面，初三饸子往家转”。初一饺子包一小钱，谁吃到了来年有福气和财气。初二晚上讲究吃面，活得长。过年吃的面都是自家做的抻面。听老人们讲，抻面关键是面和得要筋道，抻面的人手上有劲，抻出的面粗细一样。冬天吃面不能过水，否则炸酱面泄了汤，会失去它的原味。

初三饸子往家转。饸子是北方的一种传统面食，老百姓称为菜饸子，这里用的菜主要是韭菜，馅是用韭菜和肉馅合成，把馅置于两张面片中间，四周压紧，上锅烙熟就好了，过节吃饸子希望来年的日子能和和美美。

初五被称为“破五”。过去在这一天家家要吃面、吃烙饼，顺顺当当的。过了“破五”，就能够随便吃了。但在“破五”之前，米饭不能吃。为什么不让吃呢？怕口舌，过去老人们忌讳这个。

看花会、逛庙会 从大年初二开始，主要的事情就是走亲访友，或者走村串巷追着花会看演出。春节的时候还有一项很大的活动，那就是“逛庙会”。庙会是有固定地点的，离家有远有近。庙会平时也有，只是春节更热闹。庙会上风筝、空竹、花鸟虫草、镜子头花、糖葫芦等，应有尽有，总之就是玩的、吃的、看的。男的、女的、小孩的，任何走进庙会的人都不会失望。春节庙会一般初一开始，初五、初六进入高峰期，直到元宵节前都非常热闹。

禁针线 在高碑店地域，按照旧俗，从正月初一到初五，家里大事小事，一律禁止动用刀剪针线。不准动用针线，是因为旧时的生活习俗所致。春节时，人们追求的是“发达喜庆”，不希望任何因素破坏这样的气氛。现实生活中，人们坚守着俭朴的美德，但是，出于无奈的“俭朴”，其本质与“美德”没有什么关系。大多数人过的就是不得不俭朴的生活。那时，一件衣服穿在身上，习惯上是“新三年、旧三年，缝缝补补又三年”。衣服旧了、破了，没有多余的钱换新的，只好找块补丁把损坏的地方补上，人们称此为“缝穷”。由于“针线活”有了此一种功能，人们害怕针线牵连上“缝穷”的联想，于是，喜庆的日子里，干脆禁止针线露面。好在过年时进行了充分准备，根本没有针线的用武之地。不管是因为禁忌，还是确实用不着，禁绝针线的习俗从而形成。

禁刀剪 旧俗从正月初一到正月初七，人们会把人和其他六种动物一一对应，即初一日为鸡，初二日为狗，初三日为羊，初四日为猪，初五日为牛，初六日为马，初七日为人，所谓“鸡日”“狗日”“羊日”“猪日”“牛日”“马日”“人日”，据说还有“八谷、九天、十地”的内容。不难看出，人以外，其余六畜，都是与人的生活息息相关的动物。大约人过年，六畜也要过年，于是规定一日不杀鸡，二日不杀狗、三日不杀羊、四日不杀猪、五日不杀牛、六日不杀马，七日对人不行刑。人们对此还有不同的解释，但是，“刀”毕竟是凶器，“杀”也是凶残的事情，无论怎么说都不吉利。既然七天之不准有“杀”的行为，于是也就有了过年时不动“凶器”的习俗。与此相配套，过年的所有主副食品都是年前已经准备好了的，过年这几日也用不着动刀剪，从而形成了禁刀剪的禁忌习俗。

禁门 春节拜年是一种习俗，高碑店地域民间互拜也有多种形式，如走亲戚、礼节性拜访、感谢性拜访以及串门性拜访等。但是从正月初一到初五，多数家庭均不接待妇女，谓之“禁门”。仅限于男子外出拜年，妇女则须等到正月初六以后才能外出走访，所以拜年时限可延长到正月十五元宵灯节左右。

中华人民共和国成立后，人们过春节还依然延续旧时的习俗。20 世纪 60 年代以后，春节的一些传统习俗都被当作“四旧”破除了，兴起过“革命化”春节、“移风易俗过春节”。改革开放后，过春节除了恢复了一些传统习俗外，春节期间的活动也更加丰富多彩。进入 20 世纪 80 年代，逐渐演化为除夕新年俗。除夕夜除吃年夜饭外，全家人一起观看中央电视台春节联欢晚会成为人们新的精神大餐。有的打扑克、玩麻将，守岁通宵。进入 21 世纪，随着生活水平提高，饭店、餐厅成了部分家庭团聚的场所，并逐步时兴起电话拜年、短信拜年、微信拜年等多种新形式。

二、元宵节习俗

元宵节是农历正月十五，又称上元节、元夕、灯节，是高碑店地区十分重要的节日之一。元宵节的活动主要为“逛花灯”和“吃元宵”。“花灯”是最能代表元宵节的物件。“花灯”者，即造型丰富、色彩斑斓、变化无穷的一类“元宵灯”。灯中还会藏有灯谜，供游人取乐。元宵之夜，畅游灯海，一路走来，大家一边赏灯，一边猜谜，增加了元宵节的无穷趣味。“吃元宵”是元宵佳节里必不可少的环节。元宵以可爱的形状和甜糯的口感被人们所喜爱。在元宵节这天无论男女老少都会品尝元宵，来讨一个“团团圆圆”的好彩头。元宵节时，高碑店地域家家都自己摇元宵。一般将黑糖切成骰子形的方块，放在大笸箩内的干糯米粉上，也有用黄黏米粉的，晃笸箩使馅滚来滚去而蘸上糯米粉，再用笊篱捞出蘸上点水，这样反复几次，馅儿便一层层地裹上了厚厚的糯米粉，自家摇出来的元宵比买的元宵大一些。

另外，正月十五还流行着烤百病的风俗。“烤百病”取“用火一烤，百病不生”之意。这天天不亮，要拿棉柴、芝麻秸等柴火烤身体，烤过就不疼了，比如烤烤手，手不疼，烤烤腿，腿不疼。

三、清明节习俗

清明节在公历四月初。和全国大多数地方一样，清明节也是高碑店地域百姓扫墓祭祖的日子。百姓延续旧时祭祖方式，到去世亲人坟地前添坟、烧纸、叩头行礼跪拜。20 世纪 80 年代后，国家实行殡葬改革，已故亲人火化，每到清明节，亲人们来到墓地打扫墓碑、清除杂草、重描碑文、摆放鲜花等。

进入 21 世纪，地域老姓清明节祭祖方式有了很大改变，一般到公墓前祭扫，摆放鲜花，寄托哀思。一些年轻人在网络祭扫平台点燃虚拟蜡烛，祭奠先人。

四、端午节习俗

端午节是农历五月初五。高碑店地域人们过端午节非常讲究，各家各户的当家人过了农历三月三就互相提醒“该奔节过伙了”，意思是要多劳动多挣钱好过端午节。还有各家的主妇，她们为了过好节，不但要把家务做好，还要在节前把全家的针线活做好。

老人们常说，过年是会亲走亲，过节是会友，还说逛庙逛的是人。所以大部分的家庭主妇为了到端午节叫全家大人孩子穿上新衣服去逛庙，她们就起五更睡半夜非常辛苦，没完没了地做针线。谁家要有儿童，在端午节还要给孩子穿上小动物鞋，如猪脸鞋、猫脸鞋、虎脸鞋等，据说这能驱邪灭灾。家里有大儿大女的都要把他们打扮得头是头、脚是脚，光光鲜鲜的，再由爷爷奶奶或者父母带着他们去逛庙会。一方面为了展示他们懂礼仪、有家教又有才貌，因为逛庙会时会碰到很多乡亲和远近村庄的亲朋好友，这也是对一个家庭和家教的一种展示；另一方面也是对他们的一种教育，庙会上香客、游人如织，他们也可以借机学习别人的言行举止和道德礼仪。姑娘可以在庙会上看看人们各式各样的衣装打扮，学学人家的裁剪和针线，以及流行的款式、颜色等，算是端午节庙会上的一种服装文化交流了。也有姑娘小伙因缘际遇地入了彼此的眼，说不定过了端午节就会有喜事来临。

到了五月初四下午，家家户户把菖蒲艾子割回家，放在水缸旁边保鲜。第二天是端午节，赶早把菖蒲艾子插在各家门的上坎上，然后在门上、窗户上贴上葫芦花（用红纸剪成一个有枝有叶的葫芦），用意是葫芦花的葫芦就好比是铁拐李的宝葫芦，能驱邪灭灾解毒。铁拐李是十大药王之神，他的葫芦里装有灵丹妙药能医百病，所以葫芦在民间是一种吉祥物。

2014 年，花北西社区举办包粽子比赛

受运河文化的影响，高碑店地域人们在过端午节时也有了包粽子的习惯，这个习俗也是为了纪念爱国诗人屈原。屈原是一个爱国的忠臣，后来他被昏君和奸臣陷害投江自尽了，人们为了不叫鱼鳖虾蟹吃他的尸体，就用竹筒向江里撒米，后来又用苇叶包上向江里扔，慢慢就演变成了现在每年到五月初五包粽子的习俗。

包粽子有很多讲究，要采苇叶就得采齐腰以上的，这样的苇叶又大又绿，采来的苇叶洗净后用开水浸涨起来，包米粒不滑也好包。小小的粽子代表了人们对家庭和谐美满的一种祝福，比如夫妻俩包粽子放两个枣，表示夫妻恩爱白头到老；年长的老人包粽子放三个枣，是福禄寿三星，表示增福增寿又增财；放四个枣，表示一年四季保平安；还有的开玩笑放一个枣，故意给光棍吃，叫“光乐”。老人们还说包粽子最好要适当多用苇叶，煮的时间要长，这样包开粽子会有一种清香的苇叶味，既好吃又能治病，据老人说，有解表解毒的作用。包粽子也有好坏之分，包得好的形状比较长，不漏米，大小一样还美观；包不好的形状短粗。包得好坏也是衡量谁家的媳妇姑娘是否心灵手巧的一个评判标准。

到了 21 世纪，随着高碑店城市化的加快，购物环境大改观，人们包粽子的苇叶不用采了，而是直接去商场购买。家家户户愉快过端午，乡村领导干部也乐于其中。每到端午节，地区所有村和社区都会为此举办以包粽子为主题的系列民俗活动，让传统的端午节更加丰富多彩。2006 年 5 月，在有着千年历史的高碑店村，中国民俗学会、北京市文联民间文艺家协会、北京非物质文化遗产保护中心等部门举办了首届端午民俗节，村民除了现场包粽子外，最大亮点是重现北京花会“幡鼓齐动十三档”，使非物质文化遗产真正“活”在人们的生活中。2021 年端午节期间，高碑店地区（乡）举办首届大运河通惠河畔文化节，举行精彩的端午龙舟比赛，端午节习俗继续得到传承和发展。

五、七夕节习俗

七夕节是农历七月初七，又称“乞巧节”“女儿节”，是中国传统节日中最具浪漫色彩的一个节日。在七夕节的这些名称中，“乞巧节”最为知名。“乞巧”就是在农历七月初七这一天，趁牛郎织女鹊桥相会，年轻女子们向心灵手巧的织女乞求一双巧手和一副巧艺，求她传授给自己纺纱、织补、缝衣的女红手艺。除了乞巧，七夕这一天，在高碑店地域还流传有拜月和拜织女的习俗。女孩子们在这个充满浪漫的节日晚上，仰望天空明月，摆上时令鲜果，朝天祭拜。除了乞求针织女红技法娴熟之外，更是要乞求姻缘巧配。“拜织女”纯是少女、少妇们的事。她们大都是预先和自己朋友或邻里们约好五六人，多至十来人，联合举办。举行的仪式，是于月光下摆一张桌子，桌子上置茶、酒、水果、五子（桂圆、红枣、榛子、花生，瓜子）等祭品；又有鲜花几朵，束红纸，插瓶子里，花前置一个小香炉。那天，约好参加拜织女的少妇、少女们，斋戒一天，沐浴停当，准时都到主办的家里来，于案前焚香礼拜后，大家一起围坐在桌前，一面吃花生、瓜子，一面朝着织女星座，默念自己的心事。如少女们希望长得漂亮或嫁个如意郎君、少妇们希望早生贵子等，都可以向织女星默祷。玩到半夜始散。旧时的妇女在祭拜后，还要在月下穿针取巧。届时，家中的母亲或婆婆，将七根针七根线给女儿、儿媳等每人一份比赛，谁最快将线穿进七根针眼内，谁就是像织女一样最巧的女子。还有些妇女在这天中午要将一碗水放在院中，在水上“浮针取巧”。如今，高碑店地区以七夕节为契机，举办了多场青年交友活动，帮助许多新人喜结连理，收获爱情。

六、中元节习俗

中元节是农历七月十五，又称“河灯节”。按照旧时的说法，中元节是秋气新来的阴盛之时，那天地府洞开，鬼魂四出，民间有“七月半，鬼乱窜”之语。有祀者，回家接受子孙的祭拜；无祀者，人们会请佛道做法事“普度”，毋使孤魂野鬼，流浪为害。据老人讲，从前高碑店地区的河里净淹死人，按老辈人的说法，河里有不干净的东西，要拉“替身”。所以，中元节来临之际，要请僧人做法事超度亡灵，糊法船、显神、地鬼，把河里的鬼魂渡往极乐世界，以保村人平安。高碑店村口的闸口广阔，是村里人放河灯的场所。在和尚念经的同时，人们从小船上把灯慢慢往河里搁。河灯放入河中，中间点着蜡烛，闪闪烁烁，如星如萤，自是一番颇为壮观的景象。放河灯联系着超度亡灵的意义，因此小孩子是不能靠近旁观的。河灯放完，岸边的显神、地鬼和法船也被烧掉，中元节这天的活动也就基本结束了。后来由于传统节日衰落，加之河道淤塞，放河灯的习俗渐渐消失。

如今，放河灯超度亡魂的信仰意味随着人们观念的变化已经淡漠了不少，其精神意蕴

2017 年，高碑店村举办中元节放河灯活动

也转化为一种现时代更为普泛的纪念意义。2005 年，抗日战争胜利 60 周年之际，为了缅怀先人，纪念革命烈士为了民族独立所作出的丰功伟绩，高碑店地区又恢复了“七月半放河灯”习俗。此时的放河灯已从保护村人的意蕴逐渐转变为了一种表达村人对民族、国家的认同方式。2005 年起，高碑店每年都会在中元节前后举办中元河灯节活动，至 2021 年已有十余届。中元节放河灯现场，高碑店地区的村民们聚集在通惠灌渠的两岸，手里拿着亲手制作的河灯，排着长队，依次放入河中，顺河而下，借以缅怀先人。这些河灯的原材料大都是废木条、布料、旧报纸等可回收材料。河灯一般为船的形状，它代表着一帆风顺。

七、中秋节习俗

中秋节是农历八月十五，也叫“团圆节”。中秋节的活动主要以月亮为主题，包括中秋祭月、吃月饼、赏花灯等活动。

中秋祭奠月，关键是向月神示敬，即使无月甚至下雨，也可以祭月。祭月颇为讲究，参加祭月的人中选一名主祭，一名赞礼，若干执事，其他人均为从祭，通常由年长的女性长辈或家庭主妇担任主祭。穿着上，可穿专门的祭服，也可穿着适合秋季的常服。祭月时，设香案，摆上月饼、西瓜、苹果、红枣、李子、葡萄等祭品，其中月饼和西瓜是绝对不能少的。在月下，将月亮神像放在月亮所在的方向，红烛高处。家人依次拜祭月亮，然后由当家主妇切开团圆月饼。切月饼的人预先算好全家共有多少人。在家的，在外地的都要算在内，不能切多，也不能切少，而且每块大小要一样。如有人不在家则为其留下一份，表示阖家团圆。中秋之夜，皓月当空，阖家团圆，品饼赏月，谈天说地，尽享天伦之乐。有时还爱吃些西瓜等象征团圆的果品祈祝家人生活美满，甜蜜平安。除了祭月、吃月饼外，还会组织中秋灯会。一家人热热闹闹地逛灯会，放天灯。“放天灯”即为燃放孔明灯，用纸扎成灯，下点蜡烛，热气升腾的同时带动灯飞到空中，引人追逐观赏，一盏盏升起的天灯也寓意着人们对未来美好生活的祈愿。

二十世纪六七十年代后，中秋传统节日一度不被重视。进入21世纪，高碑店地域过中秋节习俗兴起，全家人除了吃月饼外，还要聚餐吃团圆饭。当然，亲戚朋友间要带上月饼相互走动，借中秋节兴起了送礼大行动。节前弄辆车，满满地装上月饼果品，挨家挨户送。乡、村、社区组织利用中秋节举办各种形式的文艺演出，丰富群众的文化生活。

八、重阳节习俗

重阳节是农历九月初九，又叫登高节、菊花节，现称敬老节。高碑店地处北京城近郊，沿袭着老北京人的习俗，在重阳节时常常用登高、赏菊、饮菊花酒、吃花糕等方式来庆祝，以祈求平安健康。“中秋才过近重阳，又见花糕各处忙”。花糕是重阳节时必不可少的节日食品。旧时，花糕种类繁多，有“糙花糕”“细花糕”“金钱花糕”等。有的是饽饽铺里卖的烤制好的酥饼糕点，如糟子糕、桃酥、碗糕、蛋糕、沙琪玛等；有的是主妇们用黄白米面蒸的金银蜂糕及糕上码有花生仁、杏仁、松子仁、核桃仁、瓜子仁的“五仁糕”；有的是用油脂和面的蒸糕及将米粉染成五色的五色糕；还有的糕中夹铺着枣、糖、葡萄干、果脯，或在糕上撒些肉丝，再贴上“吉祥”或“福禄寿禧”字样，并插上五彩花旗。在重阳节这一天，人们会前往公园或景区赏菊，有时会在街上选购几盆菊花回家装点院子。

高碑店地区还有一个习俗，要在九月初九天明时迎接女儿回娘家，取片糕搭在女儿额头上，边搭边祝福女儿：“愿儿百事俱高”。凡有出嫁女儿者，都备名酒、糕点、水果去接女儿回家，谓之“归宁父母”，所以重阳节又称为“女儿节”。

20世纪80年代后，乡党委、政府和各村、社区普遍重视重阳节，以举办各种主题活动为契机，积极倡导尊老、敬老、爱老、助老社会风气。如1987年的“维护老年人合法权益”、1988年的“敬老、助老送温暖”、1998年的“走访高龄老人，解决实际困难”等活动，受到社会广泛赞誉。重阳节尊老、敬老、爱老、助老，还想方设法丰富老人精神生活，如1999年的秧歌赛，2005年的手工艺表演、合唱赛，2007年的象棋赛，2010年的秋游，等等。地域各级组织给老人集体过重阳节，各家子女也会为老人置办新衣裳、带上礼物回家看望老人，行孝礼、尽孝心。2020年，重阳节来临前夕，乡党委、政府诚挚邀请机关退休干部50余人“回家看看”。2021年，举办“百年建党 九九重阳”重阳节老干部活动，邀请地区退休老干部一同感受家乡的发展变化。

第三节　生活习俗

一、衣食住习俗

服饰　旧时，高碑店地域村民生活潦倒，衣服经常缝缝补补，兄长穿不下的衣服就传给弟弟妹妹穿，直到穿得实在无法再穿后，才撕成布片打袼褙，用来做布鞋或棉鞋。村内年轻女性夏季上衣多穿红色棉布或印花布制作的大襟“汗塌”，下身穿单裤（大勉裆裤），中老年妇女上衣则穿黑、蓝、灰纯色棉布制作的大襟“汗塌”，下身穿单裤（大勉裆裤）；春秋不分年龄，上衣皆着大襟夹袄，下穿夹裤；冬季不分年龄，上衣多穿加棉絮制的棉袄，下穿棉裤，都扎腿带。男性夏季上身穿白色棉布对襟纽襻扣“汗塌”，下身穿单裤（大勉裆裤）；春秋两季上身穿双层夹袄，下身穿夹裤；冬季上身穿自家织布制作的棉袄，下身穿棉裤、套裤。

人们会根据不同的场合穿着与之对应的服饰。在婚礼上，大家多身着正式的礼服，新人更是盛装打扮，服饰颜色以红色等喜庆的颜色为主色调。在葬礼上，逝者家人要披麻戴孝，参加丧葬者多身穿黑衣素服以示对逝者的哀悼和尊重。在春节等重大节日庆典，人们多会选择为自己和家人置办一身新衣服来欢度佳节。到了本命年，红色就成了人们全年穿衣打扮的不二选择，以求在本命年里生活过得大红大紫。

穿鞋习俗。旧时，高碑店地区村民无论男女终年皆穿细麻绳纳底、黑线纳帮的“踢死牛鞋”，逢年过节时女性村民偶尔穿尖口绣花鞋。村民终年皆穿自家纺织的白色棉布制作的袜子。50年代中期，村民夏季穿单脸鞋，冬季穿双脸鞋（俗称“毛窝”）。老人爱穿毡制鞋，新媳妇穿红面绣花鞋。

戴帽习俗。旧时，高碑店地区男性村民冬季多戴毡帽，夏季男性下地劳动时戴草帽，春秋两季不戴帽子，有文化的村民多戴礼帽；老年女性多戴“老太太帽”，普通女性下地劳动或外出时通常戴草帽或头巾。“文化大革命”中，有的青年男女以头戴军帽为荣，面料多为易洗的的确良布料。

发型、饰物习俗。清朝时期，男性村民皆蓄长辫。民国时期，多剃光头。20世纪50年代，已婚妇女皆盘发髻，未婚女性扎麻花辫、系红头绳、飘带等。逢年过节或回娘家时，妇女喜在发髻上插戴有图案的绒花或金银制头饰。过年时，老年妇女也头戴红花。妇女喜戴耳坠、手镯、戒指等首饰，幼儿多戴长命锁、手镯。首饰质地富裕之家多为金、银、镀金、镀银、宝石等，清贫人家多为合金、铜等。

饮食　高碑店地域有着非常丰富的饮食礼俗文化，上至宾客宴请，下至粗茶淡饭都有着非常多的讲究，逐渐形成了礼重形式、孝重心理、德重行为、教重继承的餐饮文化。

用餐习俗。用餐规矩可大致归纳为八条：一是吃饭时不能将筷子插在盛有米饭的碗里。特别是家中有老人的，绝对不允许这样做。这是因为早年间家里有人去世后要摆供品，其中“倒头饭”就是将筷子插在盛满米饭的碗里。如果将筷子插在盛有米饭的碗里，是对家中老人的最大不敬。二是吃完米饭后，碗里要一干二净，不能有剩余米粒粘在碗上。老辈人常对年轻人说，碗上粘着米粒，将来就要娶个麻脸的媳妇。这实际上是告诫年轻人养成不浪费粮食的好习惯。三是吃米饭时不能说“要饭”或“再要一碗”，要说“再来一碗”或“再盛一碗”。这是因为过去人们将乞丐称为“要饭的”。四是吃饭不能吧唧嘴，喝汤时不能发出声音，要用勺一下一下地吃，不能端起碗大口大口地吃。如果吃饭时发出的声音过大，会被视为没有教养。五是不许用筷子敲打饭碗。饭菜没端到桌子上时，孩子们要静静地坐在桌前等待。如果哪个孩子不懂事，用筷子敲打饭碗，大人会马上训斥，我这儿不收要饭的。这是因为以前乞丐多是一边敲打饭碗，一边乞讨。六是吃饭时不能闲聊。现在人们吃饭时大多边吃边聊，而过去却讲究“食不言”，特别是大户人家坐在一起吃饭时，不允许随便说话。如果孩子们在吃饭时随便说话，轻则会遭到大人的训斥，重则会被大人打上几下。七是吃饭时不能随便换座位，刚开始坐在哪儿，就要一直坐在哪儿，不能端着饭碗一会儿坐这儿，一会儿坐那儿。这是因为过去只有乞丐才是要了一家又一家，不断变换“位置”。八是吃饭时，若是有人不小心将饭碗、盘子等打碎了，别人要连忙说一声“碎碎（岁岁）平安”，以此缓和气氛，使失手的那位不至于难堪。

饮茶习俗。高碑店地域百姓不仅吃饭时讲礼，喝茶也讲究礼。给客人泡茶，如果是用茶杯，茶水不能太满，七成则可，否则是对客人不尊重。此外，倒茶时，壶嘴不能冲着客人。

用盖碗喝茶时，要一只手拿着托碟和碗，另一只手把盖轻轻翻开一道缝儿，然后举到嘴前小吸。如果把碗盖拿在手上，一仰脖把碗里的茶喝干，是对主人的不敬。这一动作似乎是对主人抗议：“你这是什么破茶呀，喝着怎么一点味儿没有呀！”此外，用盖碗上茶时，主人不能随意翻开碗盖续水。那么主人是怎么知道客人的茶碗里该续水了呢？这里也有讲究，当客人把碗盖拿起来，靠在盖碗的托碟上，就是告诉主人：该续水了。

主人给茶壶续水时，不能当着客人的面用水壶或暖瓶直接往茶壶里倒，这是对客人不友好的表现。续水时，主人应侧一下身，把茶壶拿起来，挪到远离客人的地方续水。

主人对客人感到厌烦，一般也不用动嘴，只要把碗里的剩茶往地上一倒，就是送客的意思了。所以，喝茶最忌讳当着客人的面泼茶水。

宴请习俗。虽然每次宴请视客人身份和礼仪风俗，在饭菜种类、质量档次、饭馆的选择上是有区别的，但绝不能让客人挑出“不是”来。在宴请中的祝词、敬酒、交谈、进餐、辞宴的全程中都要注重礼节。

宴请贵客需到大饭庄，点整桌的丰盛菜肴。主人一定要先到，迎接客人。客至后，主人奉茶敬烟，客齐入座。次序以左为上，右为次，上座之左为三座，次座之右为四座，以此类推。开宴前主人要将重要宾客介绍给大家，并致简短热情的祝词。开始时主人要亲自斟酒，按顺序向长辈和客人敬酒。向宾客敬菜时，要注意客人的饮食爱好，次数不能多，量不能大，否则会让客人尴尬。主人与客人落座后，先上冷菜，后上热菜。在上菜时，要附带上小点心。每上一菜，主人应举杯敬酒。当最贵的菜肴上桌后，就意味着这顿饭快吃完了。主人要注意席间相互交流的广泛性，不要热此冷彼。如有女宾，更要注意谈话内容和对女宾的尊重。主人不能先于客人放下碗筷，直到客人表示已吃好主人方可放下碗筷。主人要陪主宾漱口、净手后到另座饮茶，最后客人向主人致谢而去。

家宴习俗。家宴是指因过节和各种喜庆活动而在家中设的宴席。家宴以“长”（家长、长辈）为主，形成了许多规矩约束家人，尤其对孩子们的约束非常严格。

盛盘上菜时，盘子四周不能有菜渍。上菜要用双手端盘、端碗，手指不能抠在盘沿和碗边上。盛饭、盛汤、倒茶时不能太满。斟酒要满，但不能溢出。倒茶的动作要规范，切忌将碗盖扣在桌子上，不能将茶壶嘴对着客人。倒茶后要后退一步再转身离去。给客人上烟时要用盘子端给客人，切忌用手递烟。不要用一根火柴给数人点烟，不要在客人面前用嘴吹灭火柴。不准当着客人的面扫地、掸桌子，尤其不准当着客人的面将茶水泼在地上。

家宴时，孩子们要懂规矩、尊敬人、讲礼貌、有教养。长辈不动筷子，孩子们不能先夹菜，不准将嘴填得满满的，不准狼吞虎咽，不准站起身来夹菜，够不到的菜可示意长辈给夹。不准用筷子在菜盘中乱挑乱翻，不准边吃边用双眼紧盯着桌上的菜，不准用筷子指人，不准将不爱吃的东西扔在桌上、地上或吐在桌上、地上，不准掉饭粒，要将碗里的饭菜吃干净。

居住 高碑店地域百姓住房多以正房为主，形成院落。并且坐北朝南居多，坐西向东有之。由正房厢房与街门组成，一座院落标志着一户家庭。正房的东间住长辈，故称上房。房屋坐北朝南，利避北风，且采光好。坐西向东的正房，一是受建房地理位置的制约，二是有“日出东方、紫气东来”的意念。三合院在高碑店地区不少见，但多为富有人家。街门开在院墙正中建大门楼，对扇木门，二门内设露顶（即在厢房外山建两间较低小房）。此类布局的住宅为砖壁瓦顶，满装修，青石台基，三或五层青石台阶。硬山清水脊或元宝顶。

农村建房有很多讲究，本家准备建房，备足材料后，首先请来负责施工的人员商量建房事宜。古有“要建房院屋舍，先请工匠商量”的习俗。其次是和街坊四邻特别是左邻右舍协商。农村建房有“不怕青龙高一尺，就怕白虎长一寸”。意思是上首的房高点没关系，下首的房一点都不能高。协商的目的是和连山的房屋，地基、柱高、脊高、进深完全一致，以免建房后邻里间发生不愉快。

在住房方面，作为自己的栖身之所，人们在房屋的构建和装饰上也投入了许多心血，为住宅注入了更多的文化底蕴。

门槛儿。门槛儿就是门框下端的横木条、石条或金属条。古时的门槛高与膝齐，如今的门槛已没有这么高，大约只有 3 ~ 5 寸。按照高碑店地区的习俗来说，当客人来和走的时候，主人都要到门槛外迎接和送走，以示尊重。还有一种说法是，门槛是当家人的脖子，是当家人的肩膀，因此就有一说法：“忌踩门槛忌坐斗”，也就是忌踩门槛儿。传说踩门槛是会坏自家的风水，冲撞家神。

门首。门首儿又称“辅首”，是门扉上的环形饰物，以兽首衔环为主要形式。它是兽面纹样的一种，有多种造型，嘴下衔一环，用于镶嵌在门上的装饰，作虎、螭、龟、蛇等形状。还有一说，说辅首的兽面形是龙所生的九子之一的“椒图”。相传“椒图”形似螺蚌，性格内敛，厌烦生人，喜欢闭锁，因此把它装饰在门钹的位置并衔环。门首在地域院中的应用很广，为表示避祸求福，祈求神灵像兽类那样敢于搏斗，从而勇敢地保护自己家庭的人财安全。

门墩儿。门墩儿又称门座、门台、门鼓、抱鼓石。是用于中国传统民居，特别是四合院的大门底部，起到支撑门框门轴作用的一个石质的构件。门墩的方圆有着不同的寓意，在所有图案中最常用的就是狮子了，因为“狮”和“世”谐音，雕九只狮子的图案是“九世同居”，表示阖家团聚、同堂和睦的祝愿。

门镜。门镜就是挂在四合院门前的镜子，俗称“照妖镜”。很多老百姓都在门前悬挂。那是因为，一直有一种说法：门对窗、门对门、门对山不吉利，在自家门前挂上面小镜子，就可以将那些不吉利的事情抵挡出去。所以有“镇宅神以埋石，厌山神而照镜”的说法。门镜的镜子正面光滑明亮用以照人，背面多镌以美丽的纹饰，是吉祥之物。现在，因为很多人认为门前挂镜子，感觉阴森，所以门镜在很多人家中已经没有了。

影壁。影壁也称照壁，古称萧墙，是中国传统建筑中用于遮挡视线的墙壁，老北京人叫习惯了就成了影壁。主要有驱鬼和美观两个功能。旧时，人们认为自己的住宅中，不断有鬼来访。第二个功能就是美观，它可以遮挡住外人的视线，即使大门敞开，外人也看不到宅内。同时还可以烘托气氛，增加住宅气势。影壁上面一般雕刻的都是动物和植物，既寓意着祥和幸福，同时还可以让进门的客人首先映入眼帘的就是一派优美的景象。

门神。门神就是雕刻或贴在门前的人物像。贴门神是高碑店地域的传统，以求门神庇佑家人平安。所以，无论贫富贵贱，家家户户门上都会贴有门神。贴门神，是因为有一种老的说法：门神是家门的守护神，任何的鬼怪到门前都会被门神吓走或打走，从而保佑住宅人的安全。

二、社会交往习俗

家庭关系 旧时，高碑店地域百姓宗族观念很强，每逢春节、清明，祭祀祖先。同族内盛行修家谱、修家庙。许多家族还订有族规。中华人民共和国成立后，破除封建家族礼教，倡建新型文明的家族关系。一夫一妻制、男女平等观念深入人心。生男生女都一样，招上门女婿不再遭受非议。

邻里关系 自古以来，人们以邻里和睦、互帮互助为美德。邻里有事，各家相帮，蔚为风气。如婚事筹办待客，丧事送葬，建房取土运料，皆自告奋勇，不索报酬。对贫寒人家，遇天灾人祸，主动馈粮赠物。对鳏寡孤独者，送吃送喝，捐赠衣物。邻里之间发生矛盾，各自严以律己，宽以待人，自我责备，互求谅解。如遇哪一家难以解决之事，便备饭菜请邻里有威望的长者，调处和解。村民委员会在民众纠纷调解方面，发挥重要职能。

称谓 高碑店地域惯用尊称称呼他人。问人姓名多用“请问贵姓”等语，问年龄，多用“贵庚多少”，回答时多用谦语，以“免贵姓 ×”作答。小辈见长辈亲戚，先问好，该尊称什么就称什么，一般称“老人家”。见朋友，有的称兄道弟，有的直呼其名，见有职业者则称其姓和官衔，担任副职者不称“副”字。见年长者尊称“老人家、大爷、大娘”，见年龄比自己长者尊称“老哥、老兄、老嫂子、老师傅、老同志”等，见年龄比自己小者称“老弟、小兄弟、小师傅、小同志”等，见小孩称“小宝宝、小乖乖”，已上学者称“小朋友、小同学”。同姓的均称“一家子”。

亲属称谓 曾祖父称“太爷、老太爷”，曾祖母称“太、老太”。祖父称“爷、爷爷”，祖母称“奶、奶奶”。父亲称“爸、爸爸、爹”，母亲称“妈、娘”。向别人提及时称“屋里老人”。伯父称“大伯、大爷、大大”，伯母称“大妈、大娘”。妻子俗称“老婆、屋里人”，年轻人称“媳妇、内人”，新称“爱人”。丈夫称“老公、男人”，上了年纪称“当家的”。丈夫或妻子叫对方时，多不直呼其名，而叫孩子名加尊称代替。与他人交谈时，称“孩他爸”，现在多略“孩”称“他爸”。儿子、女儿直呼小名，与他人交谈时称“我娃、小孩”。儿子称“娃娃”，未婚女孩称“女子、姑娘”，结婚后按婆家姓氏称，如婆家姓张，称“张家的”，姓李称“李家的”。小的称大的“嫂子”，大的称小的“弟媳”。旧时，家庭成员之间的地位待遇有大小差别。现时家庭成员之间的地位、待遇都较平等。

家庭礼仪 过去，高碑店家庭成员间礼仪繁多，讲究父严、母慈、子孝、媳贤、兄弟友爱、妯娌和睦、尊老爱幼、老少有规。小辈要为长者装烟、递茶。父母与亲友或同龄人嬉笑，须避开子女。家人有病，其他人应主动侍奉。公公一般不随便进入儿媳房中。弟媳称婆家大哥为哥，相处严肃，一般不开玩笑，也不同桌吃饭。弟嫂之间可互开玩笑，但须尊重嫂子，俗谚“有父尊父，无父尊兄；有母尊母，无母尊嫂”。爷奶以上辈分，一般可与孙子、孙媳谈笑嬉戏，然举止亦有分寸。家中如吃用困难，一般要首先照顾老人和孩子。子女小辈办事或走亲访友，要征得父母同意；回来后，先到父母房中打招呼，告诉他们事情成否或亲朋情况。媳妇在做饭前须向婆婆请示做何饭菜。子女若领回朋友要先见父母，介绍相关情况，何故来家；招待后，领到自己住室相处。中华人民共和国成立后，许多封建家庭礼规已被废除，一些烦琐礼仪已无人注重，家庭成员间地位平等，没那么多讲究了。

相见礼仪 清末至民国初，遇亲朋来，若是男客，男主人作揖，若是女客，女主人一拜，门外迎接，以示欢迎。中华人民共和国成立后，提倡移风易俗。遇亲朋来，是长辈热情招呼，递烟敬茶；是同辈握手相迎，互致寒暄。路途相见，是长辈要下车止步，上前问候；是同辈或朋友也要下车止步，上前握手问好。饭后相见，问“吃了吗”，互相致意。客到要迎，客走要送。客人来时，出门迎接问候，为客人推车提包。招呼进屋后，先送温水洗脸洗手；远路来客，不管什么时分，都要为客人做饭。主要亲戚或贵客迎入堂屋后，主妇和成人要一一前来问候。客人临走，替客人提包推车，往前送一程，临别时要热情说声“走好”“以后常来”或“再见”“欢迎再来”。坐车、骑马者要送上车、马，远行者要送上路干粮，有时买车票，并祝“一路平安”。

高碑店过去有留客习俗。若有人路过自家，不论相识与否，均热情招待，天黑留宿供食，分文不取。习尚家中客人多，人情好，有德行。若能扶贫救危留远客成家立业者，为“仁慈之家”，受人尊敬。叫花子上门，要用食物打发。到别人家，若叫门主人不答应，一般不进门，否则视为无礼。投宿问路，舍男而问女，有轻薄之嫌。入室先推让长辈、他人先进堂屋就座。有长者不坐上座，茶、酒、饭先让长辈或他人。无主人陪同或允许不得随便入室。

宴饮礼仪 凡红白喜事惯以宴席待客。宴席有定格，宾主亦有定礼，俗称酒席宴间分高低（长幼）。宴席多设方桌，一般 8 人，以对应“八仙”，表尊敬之意；也有 10 人为 1 席的。正面为上席，为位尊、辈高、年长者座位；两侧为侧席，为一般宾位；背座为下席，为年轻辈小者座位。客位主次的座次一般严格按辈数分排，尊卑上下，不可颠倒。客人入席应先事谦让，但不可错坐位次，受人讥笑。宴席分酒、餐两部，先酒后餐。开酒后，由主人自上席开始依次敬酒，首杯共干。动筷后，客人可相互敬酒；白事之外，可行令猜拳，直至席终，但多限平辈之间，长小辈间多不猜拳。宴席中，每道菜饭，皆随上席长者而动。“丸子”之类，人限一丸，主餐面食必不可少；食毕不得独自下座，等散席酒、烟敬过，上席离座，其他才能下座。家宴举杯动筷及言语，均须掌握分寸，不能放肆，尤忌醉酒和轻浮。

交往礼仪 高碑店亲戚交往，主要在宗亲、母亲、妻亲、姑亲、姊妹亲和干亲六大亲属中进行，其中又以前三亲最为重要。六亲中凡遇婚丧、生寿、节庆、兴建、患病、功名等大事，均须以礼吊贺。亲有远有近，礼有厚有薄，情有来有往，来而不往，谓之失礼，如礼仪不周，会受到社会指责，失礼过重，甚至引来问罪之师，乃至断交。

待客虽以客人身份高低和交往时间长短而分为贵客、稀客和常客，但都热情迎送，倾其有而款待。平常偶然客至，一般杀鸡、买肉等好饭款待。凡吃饭、睡觉、洗脸等，先客后主，尽力招待。一般不在客人面前打骂孩子、与家人争执。做客也注重礼节，一般为客不自居上座，让座后上座为礼。客不择食，且以先动粗淡饭菜为礼。

不管穷家小富，每逢红白喜事，都通知亲友、邻里、家族共同操办，亲友间都相互送礼吊贺。数额一般不能太高，否则有以财压人之嫌。此外，根据亲朋关系亲疏，红事也送化妆品、衣料等；白事送纸活、香纸、挽联等。主家《礼簿》登记礼物，以备忘还礼。嫁女、娶媳时，如父母健在，亲戚朋友只能向其父母贺喜，而不能给本人贺喜。逢年过节，亲邻送礼，相互往来，备置酒菜招待。

三、人际关系习俗

抱养 旧时，婚后没有儿女的家庭通常会抱养孩子；也有一连几个孩子都夭折的家庭，便会抱养一个别人家健康的孩子，希望再出生的孩子能活下来。所抱养子女改为抱养家庭姓氏，称呼抱养夫妇为爸妈，随抱养家庭居住生活。抱养夫妇去世时，披麻戴孝等同亲生儿女，并继承遗产。

分家 高碑店地域曾有三代同堂、四代同堂，也有部分父母，为了子女的发展，适时而主动地提出“分家”。民国以来，政府则倡导“分家”，社会舆论也盛赞小家庭的好处，令“分家”普遍深入人心，从而形成了独具特色的“分家”习俗。俗话说：“树大分丫，人大分家”，分家是社会发展的产物，就是将一个偌大的家庭分成若干个小家庭，其实就是在不改变亲缘关系的情况下，将家庭财产分成若干部分归若干个儿子所有，对家政实施分而治之。故分家仪式必须由母舅主持，如母舅因故无法担任主持，则要从“家后”（母亲的娘家）另选一人充当。分家仪式大多在厅堂里举行，参加者除父母兄弟之外，还邀请家族中的“老大”（长辈）以及伯父、叔父等光临，其中“老大”作为分家的见证人，伯父叔父则作为分家的监督人，借此既表示父母不偏心，又可防止在财产分配上因兄弟算计而出现不愉快之纠葛。

20世纪70年代以后，实行计划生育，提倡优生优育，每家每户都只生一个子女，分家之俗自然而然地被另一种更新颖、更公正的形式所代替，那就是生男生女一个样，儿子和女儿都有权继承父母财产，又都有义务赡养父母。

拜师收徒 旧时，高碑店地区村民通常会让儿子拜认一位师傅学习手艺。拜师前，家长或学徒本人一般会请介绍人向师傅介绍徒弟的具体情况。师傅决定收徒后，便择日举行拜师仪式。拜师时，徒弟向师傅磕头，木匠师傅、瓦匠师傅分别赠予徒弟斧头和瓦刀，代表承认收下徒弟。随后师傅会摆宴席宴请师叔师兄等，向大家介绍新收之徒。拜师后，大年初一徒弟要给师傅拜年。收徒后，师傅也要关爱徒弟。在技艺传授中，师傅给徒弟严格指导和中肯批评。大年三十晚上，师傅也需给徒弟留饺子，等他大年初一来拜年时吃。

探望病人 旧时，当亲友患病时，村民一般携以物品前往探望、慰问。探望病人时，首先应选择适当时机，尽量避开病人休息和医疗时间。由于病人的饮食和睡眠比常人更为重要，所以不宜在早晨、中午、深夜以及病人吃饭或休息时间前去探视。与病人谈话时，一般要先询问病人身体状况及治疗效果。在谈话的内容上，针对患者的焦虑心态要多说一些轻松、宽慰的话，或释疑开导，或规劝安慰，以利于病人恢复平静稳定的心情。对患了绝症的病人，探病谈话忌讳提及真情。即使所患并非绝症，谈话也不宜触及病人最难受的症状。旧时，看望病人一般送些鸡蛋、挂面、饼干之类的东西，20世纪70年代后，看望病人所送礼品增加些鱼肉、水果罐头。改革开放后，随着经济条件的好转，市场供应的丰富，探视病人的礼品又增加了奶粉、核桃粉、莲子羹、人参鹿茸制剂等营养滋补品。还有送鲜花的，也有人根据病人的兴趣和爱好送一些礼品。

开张与送行 商家开业或改换门面，多邀请权贵、同行、亲友等参加开业仪式，以制造影响，意图买卖兴隆。主家以礼相待，并备宴席招待来客。改革开放以后，祝贺开张之风日盛。旧时，民间若逢喜事出门、委任外地就职、会考中榜等，均要告知亲友，择日邀他们来家，并备酒席相待。被邀者，必备礼物前往祝贺。现在，送行的乡俗，扩大到大中专学校录取学生及应征入伍者等，且欢送的规模更加隆重。

四、宗教信仰与庙会

七叶树 在高碑店地域通惠河南岸水南庄自然村有一棵七叶树，当地村民把它当成菩提树，被尊为佛教圣树。旧时吉日，常有僧人信众、达官贵人、四乡百姓以至南方漕船商贾前来七叶树下，直至20世纪50年代还有信众在此设案供佛敬香祈福。

娘娘庙会 高碑店地域的庙宇很多，仅高碑店村就有5座，其中与高碑店村民生活最密切的是朝阳庵庙、龙王庙、将军庙等，同时，这些庙宇也联系着人们的日常生活。无论男女老幼、地位尊卑，都可以参加村落庙宇的信仰和祭祀活动，从而以庙宇为中心形成了民众的狂欢之所。庙宇成为当地人世俗生活中不可或缺的一部分。

高碑店的娘娘庙在本村和附近十里八乡是最有名气的庙宇。娘娘庙建于何时已无从考证，村里人也都记不清了。据说清光绪十六年（1890）以前就有这座庙宇，娘娘庙坐落在辖域高碑店村中，坐北朝南，分东院和西院。西院是娘娘殿，供有三位娘娘，两院中间有道墙。进入东院，首先映入眼帘的是大肚弥勒佛殿，再往后走是十八罗汉殿，最后面的殿叫金佛爷殿。

娘娘庙每逢初一、十五开庙，接纳四方香客。这里的娘娘在四里八乡人们的心中颇为“灵验”。人们遇有病有灾的，或有什么愿望，都会到娘娘那儿去许愿。在每月的开庙日，来娘娘庙烧香拜神、祈求平安的善男信女非常多。每月的初一、十五香火旺盛，但娘娘庙的香火最鼎盛的时候是每年的五月初一至初六，村里都会举办娘娘庙会。

五月初一时，娘娘庙的和尚和村长会在庙里上香请娘娘。清晨开庙门，讲究抢头炷香，谁要抢到头炷香，就会获得娘娘更多的佑护。在娘娘“当值”庙会时，还有“拜香”的香客，他们更身体力行地来庙中许愿。“拜香的”以外村的香客居多。等拜香的香客进了村，庙会的茶棚专门有个会头拿着会旗来接，托着茶盘，准备茶壶、茶碗，到许愿的人那儿献茶，后边跟着人放炮仗。庙会的茶棚是王四营的茶会，茶会自个儿有大缸、大桶来舍茶，香客们用蓝边碗盛茶。庙会时天刚好热，茶会在茶棚里舍茶也是济人之困，解来往香客之忧。虽茶水免费，怎么喝都不要钱，但香客喝茶必须要喝干净，不许倒茶，不许泼茶。逢“拜香的”来，都是对娘娘的虔诚，茶会自要出去接。“拜香的”的香客磕头出了满身汗，也就顺势歇会儿。到了庙里，“拜香的”磕头许愿，口里念叨着有什么病，要是娘娘能让好了，来年五月五来还愿之类的话。许完愿、磕完头，还要撂香钱，把钱往香桌上的笸箩里扔，还有一个耳口的木箱，也可以往里面扔钱。如果许的愿实现，来年庙会的时候香客就会来这儿为娘娘服务。

娘娘庙庙会的高潮是五月初六为娘娘送驾。“送驾”是指把三位“当值的”娘娘送走。村长是“送驾”仪式的组织者。“送驾”开始，先由村长到庙里烧香，然后村长要捧着“疏”出庙，走到村东口的栅栏门外。也就意味着把娘娘送出村了。村长手中的“疏”是黄表纸叠的，下面铺着黄布，托在盘里。紧跟村长后面的是和尚与吹鼓手，后面跟着长长的送驾队伍。到村东口的栅栏门外，把“疏”烧了，大家就散了。也就是说，初六中午为娘娘“送驾”，娘娘庙会也就结束了。

娘娘庙庙会起于何时，尚不得而知。但是它在清末及民国时期在十里八乡就已颇有影响。在五月节开庙的时候，信徒如织、香火旺盛，逐渐吸引了各方买卖人汇集于此，娘娘庙庙会也就充当起集市的作用。

高碑店后街是一条商业街，本村和邻村人的日常生活用品都可以在这里买到，人们的吃喝用度等日常生活所需都可以得到满足。但是，庙会所形成的集市功用不仅仅是针对高碑店村民而言，更多是出于周围十里八乡民众的需要，娘娘庙庙会的影响也大大超越了村落的界限，成为了一定区域中心的集市。庙会时，远至南边的王四营、马驹桥等乡村的民众都过来逛会。热闹的时候，娘娘庙前的大空场子都挤不动。

从清末到民国，高碑店村的娘娘庙会基本上年年有，但中间也经历了几次大起大落。其中在日本侵华时期，战乱频仍，世道不安，渔行不景气，庙会也颇为冷清。曾经有过的市集在庙会期间很是寥落，做买卖的人不多。没有了集市娱乐的氛围。不过，娘娘庙庙会从来没有中断过，再混乱的年头，高碑店人也不会忘记拜娘娘。为了便利往来香客烧香许愿，娘娘庙年年也会开庙门。“送驾”的仪式虽不如往昔盛大，但也在延续，有时也会有邻近东店村的吹鼓手。

抗战胜利后，往昔庙会的盛况得到部分恢复。从 1946 年至 1948 年共办了三届庙会。那几年渔行有所回暖，收成也比往年有所好转，所以，高碑店地域有了财力又恢复了多年不走的高跷会，庙会也开始筹备。那几届庙会上，有高跷会为娘娘送驾，还请马戏团来跑马戏。但那时世道依旧不宁，庙会上也出了不少乱子。1947 年，当时地方也不安定，各方势力在庙会上你争我斗。这年庙会来了一个金署员，坐镇庙会，人们有事向他请示。观音堂以南的地方势力不服，庙会正热闹时，突然朝金署员放了一枪，把他打伤。枪声过后，整个庙会乱作一团，人们四散逃避，拥挤踩踏，那年的庙会不欢而散。1948 年庙会也是一样，虽然没有发生枪打金署员那么大的乱子，但由于各地方势力互相叫板，也引起了混乱。

中华人民共和国成立之初，娘娘庙庙会还举办过几届。但随着神像被毁、娘娘庙被拆，庙会退出了历史舞台。娘娘庙被拆后，本地成立了文工团，之后建立了高碑店文化馆。虽然娘娘庙已经不存，渐渐远离了人们的生活，但至今高碑店的老人回忆起旧时的娘娘庙庙会，仍然津津乐道。

第四节　少数民族习俗

一、回族习俗

生育习俗　高碑店地区回民的生育习俗绝大部分来源于伊斯兰教教义的规定。在怀孕、生产、育儿的过程中有着各种礼俗，其中又以诞生礼、命名礼、割礼最为凸显。

诞生礼。回族妇女有孕称之为“有喜”，其间不送亲，不参加婚礼，不见已故的人，不送葬。若在途中遇见送亲、送葬的，要尽快避开，不能迎面而行。临产时，孕妇要洗大净。除了接生者外，男人一律不准入内。孩子出生三日后，要用热水洗身，称之为“洗三”。这天，主人办席款待亲戚、朋友、乡亲，祝贺小孩儿平安无事，长命百岁。而亲友则送长面、油香、鸡蛋、肉类等营养品给产妇。孩子满月后，还要举行满月礼，也叫贺满月。孩子到一百天，有的还举行“百日礼”。

命名礼。在婴儿诞生后，必须请一位阿訇给婴儿举行命名礼，即起经名，也叫回族名。命名礼，首先是主人抱立孩子在门槛里恭候，阿訇站在门口或门槛外，先对着小孩的右耳低念“邦克”，左耳一句，右耳一句。仪式完毕后，阿訇便从伊斯兰教众多的先贤中选出一个美名，写在纸上，交给孩子的家长，以示吉庆、俊美。在举行命名礼的这天，有条件的要炸油香等，送左邻右舍、亲戚朋友，以示庆贺。命名礼结束后，则用红枣、白糖、红糖、冰糖水等甜食给小孩开口。

割礼。即割除男孩阴茎包皮的仪式。回族俗称“逊乃提”，也叫割礼或成丁礼。割礼一般在 5 ~ 9 岁进行。这种手术过去都是由专门宗教人员施行，称其为“逊乃巴巴”。过去回族民众对此礼非常讲究，气氛隆重。

婚姻习俗

婚礼程序大致如下：

以前，经过父母同意，媒婆选一个主麻日（星期五）去女方提亲，由男方备简单的礼品。女方如不同意这门亲事，当时就不收礼。如暂时收下，让她下主麻听话。到下主麻媒婆去了，还是不同意，就把求亲礼退回。如果同意了，就找个主麻日，双方家长“拿手”，算初步定下了。再往下就决定下定的日期，并商定彩礼。女方可以开一彩礼单，也可以口头说，媒婆拿去和男方商量。彩礼可包括衣服、布料、首饰、食品等。衣服、布料、首饰都写上具体名称、质量成色等。食品分单四盒为单数，双四盒为双数。如果男方同意了，自然就去准备，不大同意还可以商量，直到双方满意。男方彩礼准备得差不多了，就商量“下定”的日子。下定的日子自然也定在主麻日（周五），男方把彩礼如数送到女方家。和女方商定结婚的日子，日子定了后，双方分头准备。男方准备婚房的装修，还要准备里屋连三桌子、堂屋条案、八仙桌子、椅子。女方家长为女儿准备嫁妆，带罩的大座钟，相匹配的带罩的两个大盆景，梳妆台、帽镜等。女方这时就基本大门不出了，不能见婆家人，更不能见新郎了。女方在家自己做新娘的衣服、上轿子的扎花鞋等。下定后，结婚日子定了，双方都要到亲朋好友家请人参加婚礼。女方用下定来的茶叶、糕点等做礼物请人。

结婚头天，男方要搭“喜”字席棚，女方也有搭棚的。女方把嫁妆送到男方婚房，女方家要有送嫁妆的，要有小辈儿较近的孩子拿马桶（痰桶），这两部分人得多给钱（称压嫁妆钱），亲朋好友的孩子都可以去，人数不限。都要给压嫁妆钱或东西。还有一个人负责摆嫁妆，称安妆的。安好以后送嫁妆的人都要在男方坐席。

结婚当天，男方的开销就更多了。俗话说“轿子到了门前，还得一头牛钱”。以前，结婚姑娘都坐轿。娶亲太太是选“全福人”，能懂点礼数的，是男方出人，到女方家还要给新娘戴头饰等事。送亲太太是女方的长辈老太太。新娘的脚不能沾地，上轿和下轿都是由新娘的父亲或兄长抱轿，新娘坐在红毯上抱到轿里。新娘穿红挂绿，戴满首饰，头戴凤凰的绒花帽，再盖上红盖头。下轿后抱到炕上，新娘向后扔一把枣和栗子，取意“早立子”。男方在棚里要为送亲的摆席。摆席开始前，请两位阿訇为一对新人写“伊扎布”（穆斯林的结婚证）。“伊扎布”是用红纸写的，一个阿訇写，一个阿訇念，要写上双方父母的经名，介绍人的经名，新郎新娘的经名。写“伊扎布”时，男女双方都必须是穆斯林。男女双方到场。阿訇问，女方答“达旦”（意思是“我愿意嫁给他”），男方答“盖毕了图”（意思是“我愿意娶”）。“伊扎布”上还要写上男方给女方的聘礼金额，称“卡宾银”。写完“伊扎布”，双方家长拿手赞圣，相互祝贺。新亲坐完席，送新亲。接着，女方的近亲也要拿着礼盒“会当日”。凡来“会当日”的，以后就正式走亲戚了。

丧葬习俗　高碑店地区回民的丧葬习俗绝大部分来源于伊斯兰教教义的具体规定。主要包括停尸、善面、备殓、净身、殡礼、下葬、提念亡人等。

停尸。回族人停止呼吸后，在身旁守候的阿訇或亲人，要给亡人瞑其眼，合其口，顺其手足，理其发须，还要整好尸体。人逝世后不能停在睡觉的床上，有条件的要安排在通风凉爽的客堂大厅，如住房紧张或家境贫寒，可在客房地上铺上席子或停尸床，将尸体置于上面，但不能停在伙房。

善面。回族也叫探埋体（尸体）。当阿訇、满拉、亲朋、乡邻来丧主家，在向丧主和亲属表示悲痛后，到停尸房揭开亡人头上覆盖的白布单，看看面容。

备殓。回族俗称缝“克番”。回族的“克番”都是白色的，一律是白棉布。

净身。也叫“着水”，或称洗“埋宜台”。净身无论在清真寺还是在丧主家，都要准备好浴床（一般是洗干净的门板）、汤瓶、毛巾等。如在丧主家净身，离清真寺较近的，都从寺里担水。途中，担水人累了，可以由另一人替换，但水桶不许落地。

殡礼。回民称站“折纳则”，是回族丧葬中最重要的部分。凡参加殡礼的人必须洗大净。殡礼的领导者，一般都是由本坊清真寺里的阿訇担任，也有的根据亡人的遗嘱来确定，不论辈分、地位，只要懂伊斯兰教规，在群众中有较高的威信即可。

下葬。回族人的坟墓全都是南北方向，均呈长方形的一个坑，且口大底小，丧主家一般要求把坟坑打得宽敞一点，但并不是越宽越好，而是要达到一定的尺寸规定，土质坚硬的地方，墓深五尺至六尺；土质较软的地方，深约一丈，同时准备一块木板或石板盖住尸体。

提念亡人。回民把提念亡人叫干“尔埋力”。参加提念亡人的人员有阿訇、亲属、朋友。提念亡人一般根据亡人无常时间的长短来采取不同的规模和方式。提念的日期有七日、四十日、百日、周年等。

二、满族习俗

生育习俗　落草。生儿落草是满族生育习俗。妇女怀孕，被认为是全家的一件喜事。为保护胎儿的正常发育，对孕妇有许多清规戒律，如：不准坐锅台、窗台、磨台；不准进产房；不准祭祀祖先和参加别人的婚礼；禁食兔肉，怕生孩子三瓣嘴；不要多吃盐和酱，唯恐孩子成“喉巴”。其规矩之繁多，往往给产妇精神上造成很大压力。产房一般不设在西屋，不能将孩子生在炕席上。孕妇生产前，要把炕席卷起，在土炕上铺上谷草，让孩子生在谷草上，所以孩子出生称“落草”。

采生。婴儿看到的第一个外人被称为“采生人”，意为采生人将对婴儿产生影响，有的还被认为干爹干妈。

开奶。请多子女的妇女给婴儿喂第一口奶，意谓消灾无病好养活。

“洗三”与打聪明。在孩子出生的第三天，要进行“洗三”，将一位儿女双全又有威望的老太太（称为“姥姥”）接到家中，由姥姥用一大铜盆给孩子洗热水澡，边洗边唠叨：“洗洗头，做王侯；洗洗腰，一辈倒比一辈高；洗脸蛋，做知县……”最后用一根大葱打三下，边打边说：“一打聪明，二打伶俐，三打明明白白。”说完，孩子的父亲将大葱扔到房上，亲友们一齐向孩子的父母道喜。

办满口。婴儿满月，要举行上索仪式，宴请亲友。上索，即将“子孙绳”请出，一端拴于祖先板的斜柱子上，另一端拉至门外，拴在早已准备好的柳枝上，然后全家人向祖先板叩拜。生男孩则在索绳拴一小弓箭，生女孩则拴上“他哈补钉”。亲友都来祝贺、馈赠礼品，多是送长命锁等。

挂悠车。满族人生第一个孩子，满月时，姥姥家要给孩子蒸“河咧”（长蛇型的面驹驹），俗谓吃了可多生发。其舅父在这天要送给一个悠车，并亲手挂起来。悠车以经人用过的为佳，俗称“养活孩子吊起来”。亲友要送小衣服和小铃铛等玩具。如婴儿哭闹，要边推悠车，边哼“悠悠调”。

婚姻习俗 相看。满族青年男女相爱后，婚前有一个“相看”的程序，即男方母亲到女方家观看姑娘的容貌，询问年龄，并考察姑娘家的有关情况等。如果各方面满意，男方母亲就送一份礼物给女方家，婚事就算确定了。结婚前几天，男方家要给女方家送彩礼（俗称“过礼”）。彩礼一般均较丰厚，有衣服、首饰、器皿和现金等。结婚前一天，新娘由陪娘陪伴，坐轿或坐车到男方家附近预先借好的住处下榻，俗称“打下墅”，第二天由男方在下榻处迎娶新娘。这种风俗源于历史上清朝军队多年征战，长年不归，满族姑娘赴军营完婚，需先在军营附近借房暂住。久而久之，便成一俗。现此俗已变，改为在女方家迎娶。

布置洞房。结婚这天，由父母子女俱全的长辈妇女布置洞房。铺好床后，在被子四周放置枣子、花生、桂圆、栗子，取其“早生贵子”之意，然后在被子中间放一如意或苹果。同时在洞房内奏乐，称为响房。喜轿要装饰得十分漂亮，并摆在院子里，叫作亮轿。

迎亲。婚礼这天，新郎由长辈陪同到女方家迎亲，在女方家向岳父岳母叩头后，即可迎娶新娘返家。一路唢呐高奏，鼓乐喧天，吹吹打打地一直把喜轿抬到洞房外。进洞房前，地下放一火盆，新娘的喜轿从火盆上跨过。据称，这是为了避邪。喜轿到了洞房门前，新郎手拿弓箭，向轿门连射三箭，俗称为箭射新娘。射完后，新娘才能下轿。新娘下轿后，有人将一个红绸扎口，内装五谷杂粮的花瓶（俗称“宝瓶”）放在新娘手中。接着，在门槛上放置马鞍，让新娘从上面跨过去。当新娘在床上坐稳后，新郎就可以揭去新娘头上的盖布。这时候，新郎新娘按男左女右的位置并肩坐在新床上，举行坐帐仪式：由长辈妇女把新郎的右衣襟压在新娘的左衣襟上，然后新郎新娘喝交杯酒，吃半生不熟的面食，以含生子之意。

举行拜堂仪式。迎亲结束后要举行拜堂仪式：新郎新娘要拜天地、祖先、父母和长辈，夫妻要对拜。晚上也有闹洞房的习俗。婚礼期间，男女双方家里都要大宴宾客，接受亲朋好友和来宾的祝贺。

丧葬习俗 备材。在老人50岁以上时，子女为老人上山砍木头，一般是果松（红松），请木匠做两口鞑子荷包（棺材）准备着，俗称“旗材”。城市里一般都不备材，人死后，直接到棺材铺购买。

丧仪。旧时满人讲究丧礼。当家中死者弥留之际，便更易新衣，俗称“穿寿衣”。灵床放在南炕前，头西脚东。断气之际，全家老小不许哭喊，静静地等候老人安静离开人世。人死后，白布（纸）蒙脸，用白线绑住双脚，这叫绊脚丝（入殓时打开），还让死者两手攥两个硬币，表示死后有钱花。还要把一只公鸡用手捏死，放在死者头前，叫作“倒头鸡”。这时大家开始哭啼，哭得有声有韵，哭的内容都是死者生前的优点好处，这叫“哭九场”。满族长辈人去世，儿女穿白色孝袍。孝袍一般过七天后才脱下，等到百日后再穿孝袍上坟烧纸，然后脱孝。

挂布幡。老人一咽气，首先在院子西南处竖起一根七米长短的木杆子，木杆顶端悬挂大红布幡，俗称“魂幡”。布幡一经悬挂出去，亲朋故里纷纷而来。在灵前叩头之后，男左女右，分列两旁，直到夜间。直近亲友还要轮流在灵前“守夜”。“守夜”的人不能睡觉，天冷时拢火堆取暖。丧家要准备酒和食品，供“守夜”的人取用。

入殓。择吉日吉时举行入棺仪式。棺材放在南窗下，棺内糊纸，然后把筛过的土铺在底层，土上再铺一层黄纸，放上七个铜大钱，这叫“垫背钱”。尸体从屋里抬出时，不准天日照死人，不准从房门抬出死人，因为房门是活人走的，忌讳死人经过。所以入殓处，用遮盖物支上棚。尸体由窗户抬出，长子抬头，其他儿子抱脚，装入棺材叫入殓。

停灵。停灵要根据家庭经济情况而定。人死停灵一七、三七、五七、七七不等。生活富裕的家庭，长辈人死可停灵七七四十九天，生活困难的家庭人死后随时出殡。近些年，一般都停灵三天，分小三、大三。小三指晚上死时就算一天，大三指晚上死不算一天，而且入殓和出殡同时进行。停灵时，“孝子”不能离开灵棚，朝夕守灵。

出殡与下葬。满族人出殡必择单日，说双日出殡意味死双人，不吉。那天一早，要派人到祖坟地“打井子”，先由外姓人把锹土取出放在一边，准备下葬时使用，然后大家一起往下挖，挖到二尺八寸深，就不往下挖了。灵柩发引叫“出殡”。出殡伊始，首先要把布幡从木杆上取下来，孝子或孝孙举起布幡走在灵柩前面，作为引路。起灵后，摔丧盆子，吹喇叭，红布幡在前头引路，各种纸扎物（纸人纸马等）跟在后面，一边走一边撒纸钱。到达墓地，先在地上横放两根短圆木，将灵柩落在短圆木上。之后，大家开始抢撕那块布幡，由于人多，依礼都应得上一块，因此撕得很碎。生前养的猎狗和弓箭，也要在火中焚化，将骨灰埋在灵前脚底下。

第二十七章　语言　游戏　民间传说

高碑店地域原属北京城东近郊，当地语言与普通话非常接近，与北京城区语言没有实质性区别。整体属官话方言北京官话京师片，发音四声分明，元、辅音相间，抑扬有致，节奏感强。“儿化”音、吞音现象较为普遍。语词使用较为具体化、形象化，体现京味儿语言生动活泼性。受通惠河漕运文化影响，地域语言又具有地域特色，流传着一些反映当时、当地百姓生活状态的民谣、谚语、歇后语、俏皮话等，成为高碑店地域语言文化重要组成部分。地域曾流传着郭守敬修闸、大枪张秀、七叶树（菩提树）、康八姑娘、佛首公主坟以及与娘娘庙、将军庙、龙王庙相关的内容丰富的民间传说。

第一节　方　言

一、语音

根据教育部颁布的《中国语言文字概况》（2021 年版）对汉语方言的划分，中国现代汉语方言分为官话方言、晋方言、吴方言等十大方言。其中，使用人数最多的官话方言分为东北官话、北京官话等八种次方言。北京官话又分为京师片、怀承片、朝峰片。属于北京官话区怀柔片的河北省承德市滦平县是全国普通话标准音采集地。从方言划分来看，高碑店地域方言属北京官话京师片，与现代标准普通话有一定区别。

从漫长的历史演进来看，北京官话本身就是伴随着民族融合极度杂糅的产物，而高碑店地域方言杂糅程度更加复杂。公元 10 世纪初期唐朝灭亡前的一千余年，北京地区就是远离中原的燕蓟置地，所用语言与中原古汉语已有很大区别。公元 936 年，石敬瑭将幽云十六州划归契丹，幽州地区（含今北京等地）从此脱离中原汉族政权统治。至 1368 年元朝灭亡，历经辽、金、元三朝少数民族政权长达 400 余年统治。北京地区原汉族人群与少数民族杂居、融合，形成新的方言系统。且金、元两朝将北京定为中都和大都，在语言上注入更多少数民族元素。元朝编制《蒙古字韵》，完全接续汉唐以来的中原音韵，极大改变原有语言体系。据专家考证，现在常用一些字词，如驿站、车站的“站”，就是来自蒙语。明朝建立，北京地区重新回归汉族政权统治。明初洪武至永乐年间，官方组织十余次大规模人口迁徙，近百万人从山西、河北、山东、江浙等地迁入北京及周边地区。人口大迁徙又极大改变北京地区语言体系。清朝建立后，定都北京，满语大幅度冲击原有语言系统，且影响更为深远。现在常用一些词语及发音，很多明显不同于原来古汉语，大多来自满语，如“咋呼”“磨蹭”“掰持”等。高碑店地域处于北京城东郊，受大运河漕运文化影响，语言杂糅、融合程度比北京城内更高。明清时期，漕运兴盛，南北方大量商贾、游客、船夫、衙役、苦力等各类人群，途经暂歇或长时期驻留于平津闸码头，甚至落户当地，为高碑店地域方言注入一些中原语言因素。

南北方融合、民族融合、语言融合程度越高，地域之间语言差异性越小。高碑店地域方言与北京话、普通话虽有差异，但非常小。从语音上看，尤其在书面语和正式场合用语中，高碑店地域语音与普通话发音并无区别，四声分明，抑扬有致。而在日常口语表达中，高碑店地域语言发音保留大量儿化音和吞字现象，程度上介于普通话和北京话之间，体现地域百姓语言的丰富感情色彩和生动活泼性。

从日常生活实践来看，儿化音往往用来表达一定的感情倾向，尤其对于一些小而可爱的事物。例如，小狗儿、小猫儿、鸡仔儿、小小子儿、发小儿、老伴儿、媳妇儿等，用儿化音显得可爱、亲切。对于小的地方往往也用儿化，如小店儿、小门儿、小街儿、小道儿等。而对于一些约定俗成的地名，往往不用儿化，如东直门、西直门、前门、天安门等。

高碑店地域百姓对于本地的称呼不用儿化，一般就叫“高碑店”，而不是“高碑店儿”。这很大程度上是因为高碑店在历史上就是一个很大的地域，而不是仅仅一个“小店儿”的范围，同时也透露着作为高碑店人的自豪感。对于高碑店地域下面的村，则又使用儿化，如提到高井村，都会称“高井儿”，称北花园为“北花园儿”，半壁店也称为“半壁店儿”，还有东店儿、西店儿等。因为村庄地域较小，也由于“儿化”后听着更为亲切。

二、词汇

高碑店地域方言中，很多词汇的使用往往借用生活中具体化、形象化的事物来表达抽象的意思。这符合语言发展从具体到抽象的基本规律。同时，这种源于日常生活中具体事物的借用，体现高碑店百姓原初的生活状态，提高了语言的活泼性。高碑店人说高碑店是“京门脸子”，来表达高碑店所处的位置。“门脸”一般理解为家里房屋带有装饰的入口，跨过门脸就能进入房子，距离非常近。高碑店人借用普通百姓所说的门脸，用在北京城上，说高碑店是“京门脸子”，处在北京城门脸的位置，说明高碑店离京城非常近，过了高碑店基本就到了京城。这个词汇大致形成于明代漕运兴盛时期，高碑店地域与大通闸相连，当时称为“头闸高碑店”。过了高碑店，到了头闸，就到了明北京城的城下。

明清漕运时期，高碑店人靠水吃水，大多以通惠河漕运衍生行业为营生。很多百姓以装卸通惠河漕运皇粮为业，出苦力扛包赚些辛苦钱。高碑店人借用这种工作状态，称他们为“扛大个的”。扛的麻袋个儿比较大，所以就用这个词来特指从事这个行业的人群和职业。

清末漕运衰落后，很多高碑店人开始寻找生活出路。辖域高碑店村、半壁店村依靠通惠河挖塘养鱼，八里庄村种植蔬菜。他们用扁担挑着前后两个箩筐，每个筐系着 4 根绳子，走街串巷，卖小金鱼、蔬菜等，做些小买卖，当地人称为“挑八根绳儿”。用这种形象化借用来指代游商、做小买卖的职业和人群。

这种用形象化比喻、指代所形成的特有方言词汇，为我们理解当地语言打开了一扇窗户。只需要根据生活化场景进行引申理解，大都可以轻而易举理解这些方言词汇的含义。

高碑店地域部分日常词语含义与普通话对照表

表 27–1

序号	地域词语	普通话含义	例句
1	麻利（lī）儿	赶快，快点	没时间了，你麻利儿的
2	阴招儿	阴险手段	咱们得小心他要阴招儿
3	见天	天天、经常	他最近很忙，见天儿往外跑
4	看走了眼	看错；分析不正确	算我看走了眼，没想到他是这种人
5	老着脸	厚着脸皮	事到如今，我得老着脸去求他了
6	轴	脾气执拗	他这人可轴了
7	拿弯子	说话拐弯抹角	他这人说话老拿弯子
8	歇菜	停止	这回可歇菜了
9	颠儿了	撒腿跑了；不管了	听说有球赛，他早就颠儿了
10	端	干掉，打掉	昨天警察把贼窝给端了
11	露怯	不懂行，闹笑话	我这回可露怯了
12	底儿掉	知道对方老底	这事早就被人查个底儿掉了
13	局器	仗义，大方，豪爽	这人够局器
14	裹乱	从中插入，干扰	别在这儿裹乱了
15	抹不丢	不好意思	多年没来往，要去求他，怪抹不丢的

续表 27-1

序号	地域词语	普通话含义	例句
16	该捞（gāi lao）	爱占小便宜	她这个人，什么都往家里该捞
17	点儿背	运气不好，倒霉	我最近点儿背，事事都不顺
18	打漂儿	无业，在社会上闲逛	他这人正经事不干，成天打漂儿
19	应个场	到特定场合参加活动	典礼是我朋友办的，我得去应个场
20	哪一出儿	什么事	你们这是唱的哪一出呀
21	消停	停下来；安静下来	那帮孩子走了，刚消停下来
22	全须全尾（yǐ）儿	完整，整个身子	我可把他全须全尾儿带回来了，放心了吧
23	拿大顶	倒立	再不听话，罚他拿大顶
24	眼力见儿	见机行事的能力	他这个人没一点儿眼力见儿
25	葛	脾气古怪	他这人有点葛
26	扫听	主动四处探听	我是什么样的人，你也不扫听扫听
27	老家儿（老尖儿）	父母	这件事我做不了主，还得问问我们老家儿
28	发（fà）小儿	从小一块长大的	我和张三是发小儿
29	联手儿	合伙，合作人	只要咱俩联手儿，这事肯定能成
30	大拿	行家；管事的人	老王是干这活的大拿
31	猫着	闲待着；躲起来	你老在家猫着也不行，得找个事儿干
32	练家子	有功夫的人	这小子可是个练家子
33	瞎了	倒霉；完了	这孩子不听话，多年的苦心算是瞎了
34	末了儿	最后、最终	我好话说了大半天，末了儿还是不行
35	言语	说话	我一直没言语，怎么得罪他了
36	脸盘儿	脸蛋儿、容貌	那女的，脸盘儿真俊
37	闪	闪开；躲避	听说警察要抓他，立马闪了
38	横（hèng）	态度强硬不屈服，表一种生活态度（褒义）；不讲道理（贬义）	他这个人就是横，街坊邻里都服他
39	一担挑（连襟）	女婿之间	他们俩是一担挑，关系还不错
40	倒插门儿	上门女婿	倒插门儿的日子可不好过
41	全活人儿	有父母、配偶、儿女的人	他可是个全活人儿，父母都九十多了

续表 27–1

序号	地域词语	普通话含义	例句
42	双棒儿	双胞胎	隔壁老张家生了个双棒儿
43	顺毛驴儿	吃顺不吃戗（qiāng）的人	他是个顺毛驴儿，咱跟他说话得注意点
44	侃爷	能说会道人	他就是个侃爷，听听就得了
45	傻帽儿	头脑简单的人	这个傻帽儿，什么时候能长个心眼儿
46	车把式	赶大车的人	他是个车把式，干了二十多年了
47	药罐（篓）子	久病服药的人	服侍这个药罐子，什么时候是个头
48	抠	吝啬	这人也太抠了
49	拿	刁难；要挟	这事儿谁都干得了，你拿不住人
50	铁	关系密切	他俩关系非常铁
51	磨叽	啰唆；犹豫不决	这人怎么这么磨叽
52	挠头	难办	这事还挺挠头
53	砸锅	事没办好	真抱歉，这事让我办砸锅了
54	掰了	关系破裂	他俩早就掰了
55	欢实	兴奋；起劲儿	他今天怎么这么欢实
56	皮实	结实	这孩子挺皮实的
57	待见	喜欢	这孩子不受人待见
58	叫板	叫阵；较劲	他竟然敢跟你叫板
59	将将	刚好；恰好	水别倒多了，将将够就行
60	淘换	寻求某种东西	明天去书市再淘换点书
61	咂摸	仔细考虑；琢磨	这事越咂摸越觉得不对劲儿
62	扒拉	反复翻弄	你在那扒拉什么呢
63	糊弄	敷衍；对付	他干什么事老爱糊弄
64	硌硬	厌恶；别扭	这事想想都硌硬人
65	蛤蟆骨朵	蝌蚪	河里怎么这么多蛤蟆骨朵
66	戗戗	争吵；嚷	他们俩为那点小事，在那戗戗半天了
67	马趴	面向前跌倒；跌跤	昨天刚出门就摔一大马趴
68	编排	不负责任的胡说	就这样吧，您就别编排我啦
69	狗尿	不好对付	他这人真狗尿，怎么说都不听
70	姥姥（lǎo lou）	不可能；办不到	明明是你撞了我，倒让我陪你一千块钱——姥姥

续表 27-1

序号	地域词语	普通话含义	例句
71	门儿清	明白	这事从头到尾，他门儿清
72	闲篇儿	闲话	有时间干点正事，别在这扯闲篇儿
73	加塞儿	插队	这人在前面加塞儿，真没素质
74	眼巴前儿	现在，目前	赶紧把眼巴前儿的事儿给办了
75	叫真儿	认真	他这个人没大毛病，就是爱叫真儿
76	挨呲儿	被批评	这事你要是办不好，肯定挨呲儿
77	压根儿	根本；原来	这事别怪我，我压根儿就不知道
78	出门子	出嫁	今天隔壁老张闺女出门子
79	打哈哈（hā ha）	开玩笑	正经点儿，别跟我在这打哈哈
80	犯二乎	犹豫；糊涂	这人最近老犯二乎
81	打圆场	调解	他俩关系挺僵的，我去打个圆场
82	捧臭脚	向权势者献殷勤	水平一般吧，别在这捧臭脚了
83	说开喽	讲清楚；说明白	这事说开喽，也就是张三一时冲动
84	老鼻子	多；极端	这事费老鼻子劲了，托了八层关系
85	邪门儿	反常	今儿这天儿邪门儿了
86	哭穷	诉苦；装穷	别在这给我哭穷，你们家我还不知道
87	长能个儿	长本事	这小子长能个儿了，敢跟我这么说话
88	见真章儿	水落石出；真相	别不服，咱们明天赛场上见真章儿
89	肉了吧唧	动作迟缓；太慢	挺大个人，做起事来肉了吧唧的
90	黏黏糊糊	不痛快；不干脆	他这人做事总是黏黏糊糊的
91	打马虎眼	以假象骗人	别跟我打马虎眼，如实交代吧
92	乌央	众多	今天街上的人乌央乌央的
93	甩片儿汤	说不负责任的话	事到如今，你就别在这儿甩片儿汤啦
94	搂（悠）着点儿	留有余地	这事你得搂着点儿，别把人得罪了
95	醒过闷儿来	觉悟；明白	赶紧跑，等他醒过闷儿来就麻烦了
96	有一搭没一搭	可有可无；无关紧要	她俩在那闲聊呢，有一搭没一搭的
97	前儿、昨儿、今儿、明儿、后儿	前天、昨天、今天、明天、后天	今儿你干吗去？本来想去城里的，我看要下雨，赶明儿再去吧
98	四六儿不懂	不明白事理	你都多大了还四六儿不懂的

三、语法

高碑店地域方言在语法上有一显著特征，就是用词爱加词缀“子”。加“子”组成多音节词，一方面用于稳定用词节奏，另一方面用于表达亲昵可爱的情感倾向。很多词都以“子”结尾，在生活中几乎无处不在。

高碑店人从小所见所闻就有“子”字。小时候爱玩的地方就是北京的“城门楼子”，常常趴在“箭垛子”中间俯瞰前门火车站。城墙塌了一段，能过人和车的地方叫“豁子”。看到走街串巷剃头理发的挑着“剃头挑子”。淘气的孩子惹了祸，叫“捅了娄子”，也称他们为“坏小子”。遵守纪律的学生叫“好苗子”，违反纪律的孩子叫“坏苗子”。背后称坏人叫“土匪头子、鬼子、洋鬼子、假洋鬼子”，替主子办坏事的叫“狗腿子”，长期在旧军队做坏事的叫“兵痞子”。脸上有大片胎记的叫“记脸子”。说话不文明、爱骂人叫“满嘴吐唾沫星子”。不好的昆虫动物有蚊子、虫子、虱子、耗子，招人喜欢的动物有狮子、猴子、兔子、鸽子、鸭子。鸡的头顶部有鸡冠子。见了要饭的称“叫花子”。旧社会以前管地位低下的唱戏人叫“戏子”。管文化人叫“拿笔杆子的”，管当兵的叫“扛枪杆子的”。毛泽东主席有句名言：“枪杆子里面出政权”。

平时日常生活的方方面面也离不开“子”。使用的工具有袋子、篮子、筐子、水管子、钳子、扳子、刀子、锤子、炉子、铫子（水壶）等。几户以上的村落叫村子、庄子、寨子，各户住家有房子、宅子，出脊的前沿有椽子，大门有门墩子、门槛子，还有糊着高丽纸的窗子。屋里用具有：洗漱用的梳妆匣子、梳子、洗脸盆子、照镜子、洗脸洗手用的胰子（香皂、肥皂）、牙刷子、刷牙缸子，还有桌子、椅子、凳子和装物品的柜子。屋里热了要扇扇子，椅子上面放垫子，门上挂着门帘子。桌子上摆的水果有桃子、橘子、李子、栗子、柿子，还有喝水的杯子、茶盘子，那台老收音机叫话匣子。床上有被子、褥子，床底下有鞋拔子。家里还有扫灰尘的鸡毛掸子。厨房放着包好的饺子、鸡子（鸡蛋）、茄子、豆子、黍子，还有筷子、勺子、铲子、舀水的舀子。天黑了，点着了油灯，拨拉一下油捻子，亮了后罩个灯罩子。院子里的树，树杈子太多了，树叶子太密了，树芽子又长出来了。院子里有碾子，有驴子或骡子拉磨，还有拴牲畜的桩子、喂牲口的槽子。院子里栽些花要用花盆子，浇水要用皮管子。上房要用梯子，抹房泥要用抹子。人走屋空，锁门扣好门吊子。走亲戚礼尚往来的提个点心盒子。有事向人发请柬叫帖子。和外人有了矛盾打官司起诉，要写状子。犯法了要进牢子，戴着手铐子，还有大刑的脚镣子。托关系办事要递条子，身体哪里不合适就要瞧中医，扎针灸、拔罐子，大夫开个抓药的药方子。小孩儿身体不舒服或者受了委屈就哭鼻子。外面与人办事说话，要给人留面子，否则就是打人耳刮子。现在人们生活条件好了，有了车子、房子、票子、孩子、妻子、面子。

日常的称呼也大多用到“子”。上了年纪的夫妻叫老头子、老婆子。爷爷80岁时有的孙子叫“八一子”，奶奶60岁时有的孙子叫“六一子”。男孩子叫孩子、小子，女孩子叫丫头子。给小孩取的小名叫猫子、狗子、猪子，意思是好养活。长辈称呼晚辈叫东子、华子，表示亲切和喜爱。儿媳妇在婆家称呼平辈为大姑子、小姑子、小叔子、大嫂子，称晚一辈男孩叫侄子。丈夫称妻子家里平辈叫大姨子、小姨子、大舅子、大妗子、小舅子、小妗子。总之，“子”在用词中的普遍性体现高碑店地域百姓生活的情感丰富性、幽默性和活泼性。

第二节　俗　语

一、民谣

高碑店地域曾流传一些民谣，往往与特定时期百姓生产方式和生活方式相关。清末漕运停止后，由于当地耕地少，单靠种地很难保证基本生活。很多人想办法“找饭辙”。所谓“靠山吃山、靠水吃水”，当地百姓开始在通惠河边围塘养鱼，打鱼、挑鱼、卖鱼成为重要的谋生方式。高碑店鱼行在北京城里是出了名的，过去京城里卖鱼的铺子，大多数都是高碑店人开的。大到北京城西河沿的鱼店，小到走街串巷卖小金鱼挑“八根绳儿”的，都有高碑店人的身影。把鱼从鱼塘打上来后，还要送到市场上去。除了有人骑着洋车驮鱼送到前门鱼市场外，大部分还是挑鱼去市场。在路上，还要隔一段时间就得给鱼换水。有句民谣“榆木扁担，杉木筲，龇牙咧嘴往西挑”，说的就是挑鱼的辛苦。一担鱼八十来斤，加上水就得一百二三十斤，需要很强的体力。人们一起从高碑店地界开始走，大约十里地到东便门。从东便门再到哈德门，再到前门，非常辛苦。

渔户最担心的就是下大雨。下大雨后，通惠河的水位就会升高，河水漫出来就会把鱼塘冲掉，甚至把村子给淹没。所以，养鱼也是一个靠天吃饭的行当。还有句民谣说：“金鱼难养租税重，天旱水涨一场空。扁挑行程千万里，卖鱼人家世世穷”。不仅靠天吃饭，卖鱼并不是暴利行业，利润非常低，也就赚点“活钱儿”，发不了大财。“千头鱼儿，两个眼儿，中间剩个小不点儿”，这句民谣说的就是卖鱼这个行当的基本情况，赚不了大钱，仅能养家糊口。

20世纪40年代中后期，在高碑店地域还流传着一首关于工学团的民谣：“工学团真不赖，每天窝头咸菜，蒸锅水熬小白菜”。这首民谣反映了当时王润黎先生创立的工学团在发展初期的艰辛。尽管生活条件差，但他们仍满怀革命的乐观主义精神，为高碑店地域教育、卫生事业作出重大贡献。

50年代中期，关于高碑店地域的东郊娘娘庙也流传一首民谣："泥胎泥胎，今日拆你莫怪。当初供你只为发财，财也没发，灾祸来。使土的归泥，使木的当材，从今以后不要来。"说的是中华人民共和国成立后人们对娘娘庙思想的转变。以前人们习惯于到娘娘庙烧香叩头，祈求升官发财保平安。中华人民共和国成立后，人们破除迷信，将庙里的神像拆掉，开始新的生活方式。

二、儿歌

高碑店地域传唱一些儿童歌谣，内容丰富，主要作用在于对孩子的启蒙和教育。在不同年龄阶段往往有不同的内容。在婴幼儿牙牙学语阶段，长辈带孩子时，会给孩子唱一些韵律比较强，且带有家庭关系认知启蒙的儿歌，如"拉大锯，扯大锯，姥姥门前唱大戏。接闺女，请女婿，小外孙，也要去"。这首儿歌广为流传，不仅因为韵律强，朗朗上口，还具有一定的游戏性，对孩子有逗乐的作用。一般是奶奶或姥姥一边唱，一边轻轻拉扯着孩子的小手或胳膊，模仿拉锯的动作，逗得孩子哈哈大笑，同时也起到能够朦胧认知家庭关系的作用。同样具有这种场景性和教育作用的还有拍手歌："你拍一，我拍一,一个小孩坐飞机；你拍二，我拍二，两个小孩梳小辫；你拍三，我拍三,三个小孩吃饼干；你拍四，我拍四,四个小孩写大字……"一边唱，一边教孩子交叉拍手。这首拍手儿歌虽然家家会唱，但歌词不尽统一，只要和前面数字发音押韵即可。

等孩子稍大一点，大人们会教一些描写小动物的儿歌，让小孩自己唱。如"小白兔，白又白，两只耳朵竖起来。爱吃萝卜爱吃菜，蹦蹦跳跳真可爱。"还有数鸭子歌："门前大桥下，游过一群鸭，快来快来数一数，二四六七八……"这类儿歌贴近儿童生活，描写事物具体、形象，深受儿童喜爱。

到了学龄前阶段，托儿所、幼儿园会教授一些描写事物更为抽象一点儿的儿歌，以引导孩子思维认知的提高。如腊月歌："二十三，过小年；二十四，扫房子；二十五，磨豆腐；二十六，去割肉；二十七，宰公鸡；二十八，把面发；二十九，蒸馒头；三十晚上熬一宿；大年初一满街走。"这首儿歌更包含了对于当地民俗的认知，对孩子成长也有促进作用。

等到上学阶段，尤其一二年级，学校会教授一些明显具有思想教育意义的儿歌。这些儿歌具有全国通用性，但随着时代发展，内容有所改变。20世纪90年代以前，学校教授的儿歌往往具有革命主义、爱国主义教育色彩，如《学习雷锋好榜样》《我爱北京天安门》《歌唱二小放牛郎》等，但也有像《让我们荡起双桨》这类歌唱社会主义新生活的儿歌。90年代以后，儿歌的革命主义色彩逐渐褪去，兴起的是诸如歌颂改革开放成就、身体健康、保护环境等主题的儿歌。

三、谚语

高碑店地域百姓在漫长的历史发展中，依据日常经验，总结或流传了很多关于生活环境、生活方式、生产方式等方面的诸多谚语，世代口口相传，保留至今。例如，人们通过对四季气候变化的感受，总结出不同季节出现的必然现象，所谓“一九二九不出手，三九四九冰上走，五九六九河边看柳（也有“看溜”一说，“溜”指天暖河坡有溜土），七九河开，八九燕来，九九加一九，耕牛遍地走”。这句谚语不仅概括了冬季不同阶段气候变化与人们日常行为的关系，更是对冬季这段时节生产、生活变迁的规律性总结，对生产、生活都有指导意义，体现了老百姓的智慧。再例如“早霞不出门，晚霞行千里”。这句谚语说的是天气情况，早上霞光普照，天晴得非常好，而往往过了早上会阴天，甚至下雨，不宜出远门；当有晚霞的时候，往往是好天气，不会有雨，适合远行。在那个没有现代科技进行天气预报的时代，人们只能依据生活经验对天气进行预测，以提前做好安排。

高碑店地域旧时还处于农村地区，主要从事农业生产，积累了很多农谚。即使到了人民公社时期，什么时候耕种，什么时候收获，哪个时间点做什么，人们还是依靠这些农业谚语来指导农业生产。有句农谚叫“早稻不插六月秧，晚稻不插七月秧”，总结的是水稻插秧栽种的时间点，早稻要在六月前插秧，晚稻要在七月前栽种。

高碑店地域流传常用谚语一览表

表 27-2

序号	常用谚语	类别
1	一年之计在于春，一日之计在于晨，一生之计在于勤	气候
2	清明不刮风，好天到月中；清明一刮风，一刮到月中	
3	春捂秋冻	
4	惊蛰一犁土，春分化一犁	
5	谷雨前后，种瓜点豆	
6	过了芒种，不可强种	
7	夏至天短，冬至天长	
8	夏令吃素，冬令进补	
9	头伏饺子二伏面，三伏烙饼摊鸡蛋	
10	头伏萝卜二伏菜，三伏种荞麦	

续表 27–2

序号	常用谚语	类别
11	处暑找黍	气候
12	白露早，寒露迟，秋分种麦正当时	
13	早立秋，冷飕飕；晚立秋，热死牛	
14	立了秋，把扇儿丢	
15	冷在三九，热在三伏	
16	冬炼三九，夏炼三伏	
17	霜降不起萝卜，必冻脑壳	
18	立冬不摺菜，必得受冻害	
19	冰冻三尺非一日之寒	
20	冬至不过不寒，夏至不过不热	
21	小雪封地，大雪封河	
22	冬至交天	
23	腊七腊八儿，冻死寒鸦	
24	八月十五云遮月，正月十五雪打灯	
25	一场秋雨一场寒，十场秋雨要穿棉	
26	早看东南，晚看西北	
27	夜里下雨，白天晴，打下粮食无处盛	
28	月怕十五年怕半，庄家人怕误时间	
29	栽秧要抢先，收麦要抢天	
30	秋分不收葱，霜降必定空	
31	八月葱，九月空	
32	晚谷不过秋，过秋就不收	
33	风吹一大片，雹打一条线	
34	寸草不生，五谷丰登	
35	锄头响，庄稼长	
36	三分种，七分管，十分收成才保险	
37	桃三杏四梨五年，枣树当年就还钱	
38	船到江心补漏迟，天晴须防下雨时	
39	针尖大的洞，斗大的风	
40	春雨贵如油，夏雨遍地流	
41	河里鱼儿跳，都是下雨兆	

续表 27-2

序号	常用谚语	类别
42	春天孩子面，一天变三变	气候
43	长蛇过道，下雨之兆	
44	狂风怕日落	
45	水中泥鳅翻，预告要变天	
46	大风大风一刮刮到掌灯，掌灯不停，一刮刮到天明	
47	风后暖，雪后寒	
48	麻雀闹，雨来到	
49	风后跟雨，雪停就晴	
50	天空打闪，风雨不远	
51	天低有雨，天高旱	
52	一黑一亮，大雨三丈	
53	鱼打漂，雨来到	
54	火烧云，暴雨临	
55	鸡往高处跳，大雨快来到	
56	红云边生，莫要远行	
57	蚯蚓路下爬，雨水乱如麻	
58	蚂蚁搬家，晴必雨；蜘蛛结网，雨必晴	
59	大雨过后出彩虹，必定要天晴	
60	蜻蜓低飞，不风便雨	
61	日落如灯，不是下雨，就是刮风	
62	天上沟沟云，地下雨淋淋	
63	日晕必下三天雨，月晕必刮一天风	
64	先看电，后听雷，大雨后边随	
65	先下牛毛没大雨，后下牛毛不晴天	
66	早看东南云雾起，若逢东风便下雨	
67	老人腰疼要阴天，鸡晒翅膀要下雨	
68	出门在外，饱拿干粮热拿衣，天晴不忘带蓑衣	
69	扁担是条龙，一生吃不穷	劳动
70	吃饭不靠天，全凭两只肩	
71	晴天不忘有阴天，丰收也要防灾年	
72	多出汗，勤用心，土中自会产黄金	

续表 27-2

序号	常用谚语	类别
73	干活要早起，过日子要算计	劳动
74	一粒粮食一滴汗，省吃俭用细盘算	
75	吃不穷喝不穷，算计不到要受穷	
76	荒年饿不死勤俭人	
77	靠天越靠越荒，靠干，粮满仓	
78	起早摸黑忙，秋收谷满仓	
79	阳春三月不做工，十冬腊月喝北风	
80	要想多打粮，就得日日忙	
81	常洗衣服常洗澡，常晒被褥身体好	健康
82	病来如山倒，病去如抽丝	
83	鼻子不通，吃点大葱	
84	吃饭先喝汤，老了不受伤	
85	春要捂，秋要冻，一年四季不害病	
86	大葱蘸酱，越吃越壮	
87	饭后百步走，活到九十九	
88	能忌烟和酒，活到九十九	
89	脑子在用，身体在炼；不用不聪明，不炼体不健	
90	生命在于运动	
91	卧如弓，坐如钟，站如松，走如风	
92	若要健，天天练	
93	要练肌肉一寸，不养肉厚三分	
94	要想婴儿身体胖，喂饮定时又定量	
95	与其有病请医生，不如没病讲卫生	
96	治病要趁早，除害要除了	
97	早睡早起，清爽欢喜；晚睡晚起，强睁眼皮	
98	运动，运动，疾病难碰	
99	人老心不老，人穷志不穷	
100	过了九月九，大夫高叉手；过了十月半，赛过铁罗汉	
101	寒从足下起，火从头上生	
102	忙忙活活活成命，气气恼恼恼成病	
103	早起三光，晚起三慌	

续表 27-2

序号	常用谚语	类别
104	三分医，七分养	健康
105	伤筋动骨一百天	
106	无病必防，有病必治	
107	笑一笑，十年少；愁一愁，白了头	
108	一顿吃伤，十顿喝汤	
109	早饭好，午饭饱，晚饭少	
110	冬吃萝卜夏吃姜，不用大夫开药方	
111	不听老人言，吃亏在眼前	哲理
112	三个臭皮匠，赛过诸葛亮	
113	遇事与群众商量，集体赛个诸葛亮	
114	人心齐，泰山移	
115	众人一条心，黄土变成金	
116	做事主意少，快到群众中去找	
117	师傅领进门，修行靠个人	
118	教子从小起，治家从俭起	
119	不当家不知柴米贵，不养儿不知父母恩	
120	三人行，必有我师焉	
121	站得越高，看得越远	
122	酒逢知己千杯少，话不投机半句多	
123	有理走遍天下，无理寸步难行	
124	活到老，学到老，做到老	
125	活到老学到老，还有三分没学好	
126	行千里路，读万卷书	
127	知己知彼，百战百胜	
128	千里之行，始于足下	
129	不管黑猫白猫，抓住耗子就是好猫	
130	年怕中秋月怕半，星期怕过礼拜三	

四、歇后语

高碑店地域流传一些歇后语，语句表达短小、风趣、形象。歇后语一般由前后两部分组成：前一部分起“引子”作用，像谜面；后一部分起“后衬”作用，像谜底。一前一后两个短句，用讽刺的方式揭示某种道理。如老百姓常说，天桥的把式——光说不练。天桥是旧时江湖卖艺人聚集的地方，其所练武艺也叫“把式”，五花八门。这些艺人先用“说”来招揽看客，等人聚集多了再进行表演，就可以收一些零碎的钱财作为报酬。这句歇后语往往用来讽刺一些没有真本事，只会夸夸其谈的人。

高碑店地域还流传着一则具有本地特色的歇后语，叫“二闸的狮子——会凫水”。根据明朝中期官方建置，通惠河大通闸以东至花园闸都属于高碑店的辽阔地域。二闸（庆丰闸）在明清时期就是北京城外旅游观光、休闲娱乐之地，民国初年专门在此开发泛舟观光旅游业，至 20 世纪 50 年代初，仍属于高碑店地域范围。相传清朝末年，二闸举办太狮会表演时，扮演黄狮的两位演员不小心跌入水中。本来这是个表演上的失误，但演员凭借良好的水性，在水里继续表演舞狮。另一只青狮子看到此场景，也不甘落后，索性也跳了下去，一起参加表演，赢得阵阵喝彩，场面异常火爆。所以就有了“二闸的狮子——会凫水”这一歇后语。通常用来夸奖那些本事较大的人，也用来讽刺那些刻意表现自己能力，但并不属于那个专业领域的人。

高碑店地域常用歇后语一览表

表 27-3

序号	常用歇后语
1	狗戴嚼子——胡勒（lēi）
2	狗长犄角——出羊（洋）相
3	狗掀门帘儿——嘴挑着（全凭一张嘴）
4	猫咬尿泡——空欢喜
5	狗撵（niǎn）鸭子——呱呱叫
6	狗尿苔——摆不上席面儿
7	肉包子打狗——一去不回
8	朝鲜人过年——要了狗命
9	猫哭耗子——假慈悲
10	老猫房上睡—— 一辈传一辈
11	耗子扛枪——窝儿里横
12	耗子拉木锨——大头在后面
13	耗子舔猫——嘬死（作死）
14	张飞拿耗子——大眼瞪小眼
15	腰里别只死耗子——冒充打猎的

续表 27-3

序号	常用歇后语
16	老虎屁股——摸不得
17	老虎驾辕——谁赶（敢）
18	老虎吃天——无法下口
19	猴儿吃麻花儿——蛮拧（满拧）
20	猴儿拿虱子——瞎掰
21	猪八戒摔耙子——不伺猴（候）
22	骑马不带鞭子——拍马屁
23	磨坊里的驴——听喝儿
24	张果老骑驴——往后看
25	骑驴看唱本——走着瞧
26	属驴的——牵着不走打着倒退
27	属骆驼的——好大架子
28	属黄花儿鱼的——溜边儿
29	黄鼠狼给鸡拜年——没安好心
30	蛤蟆唱歌——没谱儿
31	蛤蟆不长毛——天生那路种
32	井里的蛤蟆——没见过多大天儿
33	癞蛤蟆戴眼镜——假充文化人儿
34	王八看绿豆——对上眼儿了
35	长虫戴草帽——细高挑儿
36	蝎拉虎子掀门帘儿——露一小手儿
37	夜猫子进宅——无事不来
38	烙饼卷蚂蚱——夹着吃
39	一根绳拴俩蚂蚱——谁也跑不了
40	小蚊子打哈欠——好大口气
41	高射炮打蚊子——大材小用
42	庞统做县令——大材小用
43	顶门棍当针使——大材小用
44	麻秸秆儿打狼——两头害怕（指人与狼各自都提心））
45	猪往前拱鸡往后跑——各寻各道儿
46	鸡不尿尿——各有一便（变）

续表 27–3

序号	常用歇后语
47	铁公鸡——一毛不拔
48	俩鸭子加一鸭子——仨鸭子（撒丫子）
49	张飞吃豆芽儿——小菜一碟儿
50	丈母娘夸姑爷——傻好傻好的
51	丈母娘疼姑爷——实顶实
52	外甥打灯笼——照舅（旧）
53	大姑娘上轿——头一回
54	使唤丫头拿钥匙——当家不主事
55	奶妈抱孩子——人家的
56	小孩儿的脸——说变就变
57	（农历）六月的天——说变就变
58	孔夫子的学生——净是贤（闲）人
59	冻豆腐——难拌（办）
60	喇嘛的鼓——扛着
61	锔（jū）碗的妈——钻太太
62	刮风扫院子——假积极
63	下雨泼街——假积极
64	剃头挑子——一头热
65	香山警察——代管“八大处”
66	王婆卖瓜——自卖自夸
67	跳进黄河——洗不清（缘由：黄河水是浑浊的），全句引申为“说不清”“道不明”
68	丈二和尚——摸不着头脑
69	瞎子算卦——两头堵
70	汽车压罗锅——死了也直（值）了
71	唱戏的胡子——假毛
72	茅房的砖头——又臭又硬
73	起五更要饭——穷忙
74	叫花子唱歌——穷开心；穷欢乐
75	要饭的打狗——穷横（hèng）
76	竹篮儿打水——一场空
77	坐轿子号丧——不识抬举

续表 27-3

序号	常用歇后语
78	娶媳妇打幡——跟着哄
79	天桥的把式——光说不练
80	墙上挂门帘——没门儿
81	脚底板抹油——溜了
82	挑水的回头——过井（景）了
83	擀面杖吹火——一窍不通
84	小葱拌豆腐——一清二白（葱叶青，葱白、豆腐白）
85	老九的弟弟——老十（实）
86	哑巴吃黄连——有苦说不出
87	哑巴吃饺子——心里有数
88	罗锅子上山——前（钱）紧
89	凉锅贴饼子——蔫溜了
90	碌碡（liù zhou）砸磨盘——石打石（实打实）
91	老太太吃柿子——拣软的捏
92	老太太上鸡窝——奔（笨）蛋
93	老爷庙的旗杆——独一根儿
94	蝎子拉屎——毒（独）一份儿
95	土地爷掏耳朵——崴泥（崴了；坏事了）
96	茶壶里煮饺子——肚里有货倒（道）不出来
97	卖水的见大河——全是钱（旧时卖水者以水为财，故成此语）
98	泄了气的皮球——瘪了
99	老黄瓜刷绿漆——装嫩
100	飞机上挂暖壶——高水瓶（平）
101	飞机上吹喇叭——响（想）得高
102	绱鞋不使锥子——针（真）好
103	二郎神缝皮袄——神缭（聊）
104	老和尚娶媳妇——下世见
105	屎壳郎爬竹竿儿——过一节儿说一节儿（得过且过）
106	屎壳郎趴城门——冒充大铆钉
107	屎壳郎爬进首饰店——假装黑宝石
108	屎壳郎打滚儿——滚球儿

续表 27-3

序号	常用歇后语
109	屎壳郎变知了——一步登天
110	揪着胡子过河——牵须过渡（谦虚过度）
111	腊月里出门儿——冻手冻脚（动手动脚）
112	大水冲了龙王庙——一家人不认一家人
113	黄连树下吹喇叭——苦中作乐
114	黑鬼掉进面缸里——白鬼
115	电线杆上绑鸡毛——好大的掸（胆）子
116	戏台底下掉眼泪——替古人担忧
117	锔碗儿戴眼镜——找碴儿
118	马尾（yǐ）儿拴豆腐——提不起来
119	姓贾的嫁给姓贾的——贾门贾氏（假模假式）
120	姓何的嫁给姓郑的——郑何氏（正合适）

五、俏皮话

高碑店地域百姓中流传一种特殊的语言形式，称为“俏皮话”。俏皮话往往只在对话中出现，前一部分回应他人的对话内容，后一部分是打岔。打岔部分大多是与别人逗闹取笑，有时也拿自己开玩笑，而这种取笑大多并没有主观恶意。例如，高碑店地域有个风俗，往往把办红白喜事叫搭棚办事。下面这个场景下，用的就是俏皮话。

甲、乙二人在街上偶遇，甲说：“干吗去？今儿咱喝点去？”乙说：“今儿不行，我有事。”甲接着说：“有什么事儿啊？有事儿你不搭棚！”

这是一个对话，甲问乙今天是否有时间一起喝酒聊天，乙回答甲说今天没时间，还有其他事情要做。这是俏皮话的前半部分，一问一答提供双方基本信息。这时，甲开始打岔开玩笑，说了句“有事儿你不搭棚”，言外之意是，今天你说的有事，是你们家有红白喜事吧，并且侧重指白事。这种打岔在一般人看来可能是一种不敬，但在关系非常好的邻里熟人之间，则是一种无关道德判断的玩笑。正是这种俏皮话，拉近了熟人之间的关系，其效果是其他语言形式达不到的。

第三节　游　戏

拉大锯　大人哄幼儿游戏。大人与幼儿在炕（床）上相对而坐，大人拉着幼儿的手，前仰后合，边玩儿边唱：拉大锯，扯大锯，姥姥门前唱大戏，接闺女，请女婿，就是不带宝贝儿去，叽里咕噜滚着去。

猜谜 智力游戏。一个大人与几个幼儿一起玩儿，谜语一般比较简单、形象、有趣（多为幼儿的身边物品），如“我家有只大公鸡，见了客人就作揖（茶壶）”等。

过家家儿 模仿成人游戏。几个幼儿分别扮“爸爸”“妈妈”“孩子”等家庭成员，用一些身边的玩具当“家具”“宠物”等，各自按所扮角色表演。

做柳笛儿 春天柳树发芽时，取一段柳条儿，用力一拧，即可将皮剥下来呈管儿状。管儿两端用剪子剪齐，较细端再轻轻削掉一小段儿薄表皮儿，捏扁成吹口，就可当“笛子”吹了。不同粗细的柳笛，声音高低各异，可“吹奏”出欢快的《春天交响曲》。

编柳帽儿 春天柳树发芽时，采集细柳枝儿，将一束盘成柳帽，戴在头上。孩子们戴着柳帽，相互追逐嬉戏，尽享春天带来的欢乐。

做万花筒儿 将废弃的镜子，裁成3条各长20厘米、宽5厘米左右的镜片，拼成三棱形（镜面向内），捆牢，放入圆纸筒儿内；再裁3片圆玻璃片，一片放在圆纸筒儿上端，贴上中间有圆孔的纸；另两片放在圆纸筒儿下端（两片之间略留空隙，放入五色纸屑），用胶带将3片玻璃片与圆纸筒固定好，“万花筒”就做成了。转动“万花筒”，即可从圆孔纸端看到筒内五彩缤纷、千变万化的图案。

放风筝 用竹条儿，扎成雨燕或其他形状，糊上纸，施以彩绘，再用纸条儿做尾巴，风筝就做成了。用长线拴住，到空旷地方即可放飞（现在一般人都喜欢买现成的风筝，无形中失去了亲手制作的乐趣）。

摇风车儿 3张对折纸条儿交叉相叠、拉紧，即成为一个尖顶小风车儿。用根尖头小木棍儿顶住，向前跑去，小风车就迎风转动起来了。

扔纸飞机 用一长方形的纸，通过对折叠成飞机投掷。

抛降落伞 四方手绢每个角各拴一线，再将四根线剪齐，线下面各系一小石子（或其他稍重物），抛向空中，手绢“降落伞”随即张开，缓缓下落。

飞蜻蜓 将一竹片磨平，中间打孔，安上圆棍儿，做成螺旋的样子，用双手快速搓动圆棍儿，顺势放出去，“竹蜻蜓”即可在空中旋转、飞翔。

抖空竹（zheng） 以长绳舞耍哑铃状竹制滚轴（即抖空竹）。空竹又分单轮（木轴一端有圆盘）、双轮（木轴两端都有圆盘）。因圆盘边缘有音孔，抖起来会发出悦耳的声音（现已有塑料空竹和磨盘大的空竹）。

转枣儿磨 取一大青枣儿，上面扎一根针（或截去大青枣儿上端的一半儿，露出枣核尖儿），下面扎三条腿儿（类似三脚架），放在桌面上——“磨盘”底座就做好了；再用一长席篾（miè）儿，两头各扎一个大小相同的小枣儿，将长席篾儿中点放在大青枣儿上面扎的针尖上（或露出的枣核尖儿上），用小棍儿一拨，“枣儿磨”即旋转起来。

推铁环儿 铁环即用钢筋焊接成的直径50厘米左右的铁圈儿，铁圈儿上面再套几个小小铁环儿。用一端带把儿的铁钩推着大铁环跑，小铁环同时转动，发出悦耳的声响。

画鼻子 墙或黑板画一大脑袋，不画鼻子。玩者蒙双眼从几米外处缓步摸索上前，根据自己的想象判定位置，添画缺失的鼻子。玩者往往很难在准确位置画上鼻子，惹得围观的孩子们阵阵哄堂大笑。

荡秋千 树或架子上系牢两根长绳，长绳底部拴上木板，玩者或坐或站木板上，两手抓紧长绳，用力悠荡。

玩儿冰车儿 “冰车”又叫“冰床子”。用几块木条钉成长方形小平板车的样子，板下顺着长边方向平行装几根儿粗铁丝，再用两颗钉子钉在两根木棍儿下端，人坐平板车上，用下端带铁钉的木棍儿在冰面上一顿、一顿地向后或向前撑动（以铁钎子代替木棍儿也可），“冰车”即可向前或向后滑行了。

粘季鸟 用一根长杆儿，顶端绑铁丝圈儿，沾满自制的糊状物质（把小麦粒嚼成糊状，再用水把麦麸冲掉），就可以去粘树上的知了（蝉、季鸟）了。

幠（hū）蚂（mā）螂（lang） 蚂螂就是蜻蜓。夏天蜻蜓较多，找一根一人多高的木棍儿，一头扎上网，拿着扑向蜻蜓。也直接用扫帚扑向蜻蜓。

玩儿弹弓（玩绷弓子） 弹弓是男孩喜爱的玩具。两根胶皮条或皮筋儿，一端绑上一块稍宽的皮兜子，另一端系在一个Y形的树杈上（或粗铁丝做的弓架上）。用小石子当“子弹”，就可以玩儿了。

弹球儿 用玻璃球儿互相弹射的游戏。玩法很多，有“钉大箱”“跑疆”“续锅儿”“掏坑儿”“吊球儿”等多种。

捻转儿 找一小硬圆片儿（铁、木、纸都行），中间穿插一小棍儿，小棍儿下端削尖，捏住小棍儿上端，朝地面方向用力一捻，随即松手，小玩具就在地面旋转起来。

抽“汉奸” 即抽陀螺。用一小截儿圆木削成下尖的锥形体，锥尖儿嵌入钢珠（自行车轴上的珠子），就做成了“汉奸”（陀螺）。用一小鞭儿不停地抽打，令其不停地在地上或冰面上转动（人们痛恨汉奸，故将此游戏称为抽“汉奸”）。

玩水唧筒 找一节竹子，一头钻个小眼儿，一头放入一根前端缠着布的木棍儿（类似打气筒），竹节里装上水，推动木棍儿，水即可以从另一头小眼儿中冲出。

踢毽儿 用几根鸡毛放入铜钱孔内，再用线绑紧，毽子就做成了。踢毽的方法很多，通过蹲（蹴）、奔、上、打拐等动作使鸡毛毽子上下左右翻飞，可以玩出许多花样。

倒背缸 两人后背相对，互相将胳膊挎起来，一仰一合，你背我一下，我背你一回，边玩边唱：“背缸，倒缸，咸菜缨儿好香……”

撞拐 两人各自将一条腿抬起弯曲，以手抱脚，然后用盘起的膝盖相撞，脚先落地者输。

猜（cèi）丁壳 以手为主要动作：五指攥拳为锤子，伸出食指、中指为剪子，五指张开为布；或以脚为主要动作：双脚并拢为锤子，一前一后为剪子，双脚左右叉开为布。布包锤、锤砸剪、剪裁布——前者赢，后者输。

压（yà）闸板（跷跷板、压跳板） 一长木板放在一根粗圆木上，两端各坐一人，一起一落。

掰手腕儿 两人对面而坐，各伸同一手与对方相握，用力将对方手腕扳倒在桌面为胜。

顶牛儿 二人面对面，头顶头站好，开始用力相抵，顶向对方，进者为胜。

斗草 两人各执一草，将草棍儿弯曲相套，用力拉扯，草断者负。

玩棋 此游戏种类甚多，如“老虎吃羊”“四角撑”“憋死猫”“倒关门”等，棋的种类也不少，如军棋、象棋、跳棋、飞行棋、两子棋、五子棋等。

弹脑门（mēi）儿 大拇指紧扣中指指盖儿，中指发力，用力弹向对方前额（多用于对游戏输者的惩罚）。

翻绳儿 又称“吃线”“吃绳儿”。一根两端对接的线套于一人双手中间三指，两中指互挑线，变成两边为直线，中间为斜线。另一人伸出双手通过不同动作将线翻套于自己手指，线的形状发生变化，如此反复。四条直线叫“小面条儿”，对角交叉线叫“花手绢儿”，上下对角叫“牛槽子”，多角相连叫“乱劈柴”……

画田格（写“天下太平”） 两人各在地上画一田字格，每格最终要写成一个字，即“天下太平”四字。然后双方通过猜（cèi）丁壳决定胜负，胜者即可在自己的田字格内写一笔，以先写完“天下太平”四字者为胜。

找朋友 众人站成一圈儿，一人在圈儿内面向众人不停跑动，大家边拍手边唱：“找啊找啊找朋友，找到一个好朋友！敬个礼，握个手，你是我的好朋友，再见！”这人边唱边表演“敬礼”和“再见”后，跑着与“朋友”交换位置、角色。“朋友”再继续游戏。

丢手绢 大家围成一圈儿，面向圈儿内蹲着或坐着，其中一人拿着手绢在圈外转着跑，跑时可随意将手绢悄悄地放于某人身后。同时，大家拍手唱：“丢啊丢，丢手绢，轻轻地放在小朋友的后面，大家不要告诉他，快点儿快点儿抓住他，快点儿快儿点抓住他……”如果转了一圈，背后有手绢者仍未发觉，就被罚表演节目；如发觉了，就立即起身追丢手绢儿的人，丢手绢儿的人需赶紧跑占被放手绢儿者的位子，被追上则罚表演节目。

击鼓传花 众人围坐一圈儿，相互传递一朵红花，一人擂鼓不断，鼓声停时红花落于谁手，谁即出来表演节目。

老鹰捉小鸡儿 一人当“老母鸡”，多人当“小鸡”排其身后，后人拉着前人衣襟。有一个人当“老鹰”，站在“母鸡”对面，忽左忽右，想办法去捉“母鸡”后面的“小鸡”。被捉住的就要出队，在一旁看着别的小朋友玩儿。

拔河 人分两组，双方各出相同人数，同握一粗长绳（绳子中间点处拴下垂的红色标志物）。地面画两条相距两米左右的直线为界（即“河”）。赛前，红色标志物悬于两条直线之间等分线位置。比赛开始，双方发力，奋力将对方拉出界，将对方拉出界的队为胜。

三条腿跑 两人一组：将一人左脚与另一人右脚用带子绑住。听到口令，大家一起向前跑，最先到达终点者为胜。

捉迷藏 游戏前，确定一人负责找人，用围巾将双眼蒙上。游戏开始，众伙伴躲藏。约 10 分钟后，找人者将蒙在双眼的围巾取下，各处寻找躲藏起来的小伙伴儿。首先被发现的小伙伴儿则被罚表演节目。

套圈儿 各种物品摆于地上（多为小玩具、小食品等），在距其数米外处画一条线，用几个竹圈儿抛去套物品，套中者归己。

打雪仗、堆雪人儿 将雪攥成团状，互相扔击，就是打雪仗。把雪堆成人形，安上眼睛（圆石子或者煤球儿）、鼻子（胡萝卜或红辣椒），胡子（玉米须），戴上帽子（破草帽），插上小旗儿（竹竿挑着的红布条儿、绿布条儿……），一个雪人儿就堆成了。

拍洋画儿 洋画是火柴盒大小的画片儿，上有各种图案。将一张洋画放在地上，用巴掌去拍（或用另一张洋画拍），地上的洋画被搧翻就归搧者所有。近几十年来由于洋画渐渐消失，孩子们就用厚纸片（画报纸等）叠成方形或三角形等举行类似游戏（称“搧方宝”“搧三角”）。

打尜（gá）儿 箭杆儿（玉米或高粱秸秆）十来根儿，半掩土中，人在数米外用砖头或瓦片投掷，以击倒秸秆多者为胜。

打水漂儿 以石片或瓦片为镖，贴着水面弯腰用力向前抛去，边抛边念：“片儿拉，片儿拉，一打十仨，十仨不够，一打一大溜……”以打起水漩多者为胜。

招兵 一男孩儿招呼几个孩子排队跟着走，边走边唱“招兵买马”小调儿：“是我的兵，跟我走。不是我的兵，拿屁崩，崩两半，换起灯……”沿途的孩子忍不住“诱惑”与“恐吓”，纷纷加入队伍，队伍不断壮大……

跳皮筋儿 以众多皮筋连接成长绳（松紧带儿也可以），两头各有一人拽着，一人或两三人在中间跳来跳去，边跳边唱：“小皮球，香蕉菊，马兰开花二十一,二五六,二五七,二八二九三十一……”

跳房子 在地上画几个正方形（当“房子”），玩的人一脚抬起，用另一脚一次次跳动，踢着石片从正方形中一一穿过。最先穿过全部“房子”者胜。

夹包儿 用六块相同正方形的小布块缝制成正方体状的包儿，包儿内装些玉米粒儿等，地上画一条线，玩者用双脚夹住布包，蹦起来用力向前甩去，甩得最远者为胜。

抓（chuá）拐 用4个羊拐（羊的骨关节）和1个沙包儿，玩时将沙包儿抛向空中，边接沙包儿边迅速翻动羊拐（或一次抓起游戏前规定的1个或2个或3个或4个羊拐），接到沙包儿同时翻动羊拐者（或同时抓起游戏前规定的羊拐数目者）为赢，否则为输，换另一人玩儿。

摔泥盆儿 用胶泥捏成盆状，用力投掷于硬地面，由于空气冲力与惯性作用，泥盆底部会破成洞，另一方以胶泥片填补，赢胶泥多者为胜利。

第四节 民间传说

一、人物

郭守敬修闸 郭守敬主持开浚通惠河过程中，为什么要采用建闸拦水，其灵感来源有这样一个传说。相传，郭守敬在主持开浚通惠河施工中，由于京西玉泉山水源不足，再加上元大都地势高，通州地势低，两地落差很大，难以水平凿通。这可急坏了郭守敬，一连七天，愁得他吃不下饭，睡不好觉，在工地上转来转去，总琢磨这件事。第八天，郭守敬又来到工地上，只见成千上万的民工，有的用锹镐挖河泥，有的用小车运石、推土，还有不少小商小贩赶来做生意。有卖麻花、火烧的，有卖油条、煎饼的，到处是呼叫声、吆喝声。忽然远处传来：“炸——炸糕！”的叫卖声，那声音十分洪亮。随着叫卖声，来了一个侧身骑着小毛驴的老头儿。郭守敬仔细一瞧，这老头，须发似雪，老态龙钟，两只眼却挺有神。他在郭守敬面前翻身下驴，把手中的篮子一举，又喊了几声“炸——炸糕！”郭守敬觉得奇怪：这卖炸糕的老头为啥和别人吆喝的不一样呢？再听他与别人说话，又不是个“结巴”，为啥非要喊两个“炸”字，而且第一个“炸”字比第二个“炸”字声音还高。郭守敬是何等聪明的人，此时他由“炸”联想到“闸”，豁然开朗：这“炸——炸糕”，不就是“一闸比一闸高”嘛！若是这样，一级一级地把水提升上去，不就解决了水源不足、落差太大的难题了嘛！想到这里，正要向老头道谢，那老头早已骑着毛驴“哒哒哒”地走远了。

郭守敬返回行辕，立刻制定沿坡分段设闸拦水的设计方案，又连夜赶绘各处闸门图样，第二天命河工按图施工。不到一年时间，就凿通了运河。运河通航以后，人们望着河里穿梭往来的船只，望着那一座座高低错落的水闸，拍手唱道：

大船摇，小船漂。
不用背，不用挑。
一闸还比一闸高，
万担皇粮北来漕！

为了保护通惠河，郭守敬又带领京城丞相以下的官员和两岸百姓，在河堤上种植了大量的杨树、柳树、枣树、桃树等。从此，运河两岸，杨树摇，柳树飘，桃杏枝头春意闹，成了风光秀丽的好地方。

大枪张秀除暴安良　相传清朝时期，八里庄村有个大枪张秀。此人二十出头，高高的个子，魁梧的身材，浓眉大眼，粗黑的发辫在脖子上盘了圈。春夏秋三季总穿着白对襟褂子，黑灯笼裤，力气过人，性格憨厚直爽，勤劳不惜力。他的媳妇聪明贤惠，把家里料理得井井有条。张秀家境还算富裕，在高碑店、小郊亭一带有长垄地，在朝阳门城里还有祖上留下的铺面买卖。铺面是雇用的掌柜来打理，张秀全家人住在乡下种地。

过去讲“穷文富武”，张秀家境好，加上当时天下不太平，社会上也习武成风。张秀经常在家腿绑沙袋子练功，踢腿、抖麻辫子、举碾子磨盘，轻举轻放干净利落。在十八般武器中，他最喜欢舞枪弄棍。一丈多长的白蜡杆长枪，尺半的矛枪头，一尺多的红缨，在他手里舞动起来，轻巧得像绣花针，快得像银蛇出洞。他想学罗成、马超、岳飞、林冲，做个英雄好汉。经武林前辈引荐，张秀拜在了当时八卦掌门人童林童海川门下，在武馆学习八卦、形意。童林是清廷侍卫，武林高手，全国闻名。经师父点拨，张秀对罗家枪、岳家枪、林派枪渐渐入门。冬练三九，夏练三伏，终于练就了一身好功夫。同时，他遵从武训，讲武德，以武会友，从不以武欺人，从不乱杀无辜。没多久，张秀远近闻名，人送绰号“大枪张秀”。

这一年转眼到了七月份，张秀又要去城里师父武馆习武，家里人要他顺便到城里自家铺面柜上收取半年的银两进项。这天早上也就四更时分，张秀扛着大枪从高碑店过十里堡、八里庄、红庙、朝外吉市口，等开城门进齐化门（朝阳门），先去了武馆拜过师傅，临近中午来到了家里的铺面柜上，吃了午饭，清点了银两装在包裹里，便辞了掌柜的及柜上伙计，趁着午后人少，赶路回家。一路上大枪在肩，枪上拴着装银两的包裹，出了齐化门（朝阳门）往东而来。

那时的齐化门（朝阳门）外苇塘丛生，坟冢遍地。官道两边除了玉米地、菜地，就是坟地、树林。过了慈云寺往东，路上人烟稀少。树林里时不时传来几声喜鹊、猫头鹰的凄厉叫声，偶尔路边草丛里会窜出一条三四尺长的蛇吐着芯子，钻进另一边的草丛不见了。胆小的人一个人经过这里，一定会毛发悚然。

张秀头顶烈日，不到半个时辰就走到了八里庄的一片树林处。正当张秀倚在路边一棵大树下稍作休息时，七八个人从两旁树林深处和玉米地里钻了出来，一下子把张秀团团围住。这几个壮汉个个手拿利刃，其中一个络腮胡子腆着大肚子喊道："此树是我栽，此路是我开，你要是想过去，留下买路财！"这张秀本是豪爽之人，一想钱是身外之物，算了，就把装银子的包裹扔给了劫匪，转身而去。劫匪一看包裹里的白花花的银子，心里那个乐啊，嘴上还嘀咕着：这个人识相，花钱消灾买命啊！

再说张秀回到家里，他媳妇问道："你拿回柜上的银子呢？"张秀答道："在八里庄的树林里遇到劫道的了，我把包裹给了他们就回来了。"媳妇一听，又气又恼道："亏你还叫大枪张秀呢，你的武术呢？"张秀这时才想起来："嘿！我刚才倒把这事给忘了！"随后提枪转身就走。

等张秀赶到树林的时候，因为天热，那伙蟊贼还在树林里乘凉。张秀一眼就认出了贼人，把辫子往脖子上一绕，大枪往地上一立，大喝一声："大胆的蟊贼，快快把包裹还我，饶你们几个不死！"几个劫匪见他又返回来了，不禁狂笑："看来你是不要命了，还敢跑回来送死！"张秀道："刚才我是把武术忘了，这才回来找你们算账。"几个劫匪手持利刃跳过来又把张秀围住。一个劫匪手持七节鞭，上来照张秀又抽又打，张秀手起出枪迎战。七节鞭缠在了枪杆上，只见张秀把枪一挑，把劫匪连鞭带人甩出了几丈远，扑通一声重重地摔在了地上。几个劫匪一看，嚷道："好大的胆子！"齐拥上，刀砍剑刺。只见张秀把大枪舞动，使得劫匪近身不得。枪尖奔这个匪人的眉心点去，奔那个劫匪的喉咙扎去，又朝另一个劫匪胸口戳去。随着枪杆又朝后面劫匪裆部奔去，抽回枪又抽在另一个劫匪的持刀手腕上，磕飞了劫匪手中的大刀。一杆大枪在张秀手中左右翻飞，像银蛇、像飞镖，打得全部劫匪倒在地上哼哼呀呀，直呼饶命。张秀夺回了装银两的包裹，怒斥几个劫匪道："今天饶你们几个不死，看你们再敢干这伤天害理、打家劫舍的勾当。往后再撞到我大枪张秀的手上，定要你们几个性命。起来快滚！"几个劫匪听到这一声，齐刷刷地跪下给张秀磕了几个响头，谢饶不死。起来搀着、背着、扶着，丢刀弃剑向树林深处落荒而逃。

从此，大枪张秀的威名四起。这个地区从此劫匪无影，进京城、返通州的商旅路上安然太平。

二、事件

高碑店村名由来 传说高碑店原来名叫高蜜店。很久以前，在现在高碑店地域内一处村落来了一对外乡夫妻，在此落脚过着男耕女织的生活。到了晚年，这对夫妻开始在门前院落养蜜蜂，时常用蜜蜂酿的蜜来招待邻居。据说这种蜂蜜特别甜，含糖量特别高，是因为蜜蜂采花是在西边有一处叫郎家园的枣树林。郎家园的枣特别甜，特别出名。所以，以郎家园的枣花为基础酿出的蜂蜜也特别好。后来，邻居们知道后，都开始竞相养蜂酿蜜。这个村庄成为远近闻名的蜂蜜产地，因而得名“高蜜店”。据说一直到清末都非常有名，宫廷老佛爷都用这里生产的蜂蜜来养颜，京城各大药铺都用这种蜂蜜入药。

最初，这些养蜂人害怕蜜蜂染病，因为一旦染病就会造成减产，甚至是毁灭性灾难，所以就想办法避免这样的事情发生。古人缺乏医疗知识，就认为，如果能在养蜂的地方修建一座高大的石碑，就能够镇住危害蜜蜂的妖魔。所以他们就选择了一处地势较高的地方修了石碑，这个石碑在方圆十几里都算是高的。从此以后，除了“高蜜店”这个名字外，还伴随着“高碑店”这一名称。再后来到了近代，由于郎家园的枣树越来越少，蜜蜂也逐渐无蜜可采，养蜂行业就衰落了，高蜜店这个名称逐渐被人冷落和遗忘，只剩下高碑店这一地名了。

另外，高蜜店转变为高碑店还有一种说法。传说高蜜店的南边修了个寺庙叫马蜂寺，高蜜店人想，马蜂是吃蜜蜂的，会把高蜜店越吃越穷，所以就干脆改名叫高碑店了。碑是石头的，马蜂啃不动，这样高蜜店就改成高碑店。再后来，那个马蜂寺叫来叫去也叫走了音，就变成今天的马房寺。

北花园村名由来 明成祖朱棣即位后决定把都城迁到北京，于是大兴土木，修筑北京城。过了几年，北京城已初具规模。朱棣带着刘伯温和其他亲信大臣从南京到正在建设的北京御察。当时的什刹海是大运河的终点，繁华异常。朱棣看到这些，心里就打了鼓：“什刹海离皇宫这么近，要是有人造反，宫里岂不是太不安全了！”于是他下旨，把码头迁到城外。

有一天，朱棣从新建的码头向东巡视，一路观赏风光景致。突然有一个村庄吸引了他。这里麦田飘来阵阵清香，通惠河里粮船成行结队，传来了船家的号歌声。最让他高兴的是，麦田边有一排叫不出名的野花，大如手掌，五彩缤纷。他突发奇想，要是在这里种花，供宫内玩赏可真是个好事。于是口传圣谕：“此处命名北花园，专门种植花卉，供宫廷御用”。“北花园”由此得名。从此，宫廷派来专职的花匠与当地农民一起种植花卉。这里的农民从此不纳粮，还得到皇家的补贴。但是好景不长，十几年以后，朱棣驾崩，仁宗朱高炽继位。这个皇帝只在位几个月，又由朱瞻基继位，就是宣德皇帝。这位皇帝不爱花，特别爱瓷器，对北花园的事置之脑后。北花园虽照例进贡花卉，但是俸禄越来越少，最后就全没有了。

小郊亭村名由来 关于小郊亭村的来历，传说与一段历史有关。公元1399年，明惠帝朱允炆继位。这位皇帝领兵“扫北”，这一天到达今小郊亭附近。由于战火纷飞，鞍马劳顿，惠帝就地合眼儿睡了一会儿。朦朦胧胧一觉醒来，睁开眼一看，此处风平浪静，就赐名为“小消停”。后来居住的户数多了，渐渐把名字叫白了，叫成了“小郊亭”。传说这个村开始时，就村西头儿老马家一户人家。后来人口慢慢增多，形成一个小的村落。中华人民共和国成立初期，小郊亭一共有72户人家。

陈家林村名由来 八里庄有个自然村叫陈家林。传说陈家林在以前不叫这个名字，叫三棵茶叶树村。早年因为村里织席刘家门前有三棵茶叶树得名。他家门前有一条河，当时河上没有桥，人们出行只能靠摆渡，渡口就在三棵茶叶树下，人们很远就能看见。到了清末，北京城里东四大街一带有一姓陈的大户人家，要买一块墓地，最后选中了三棵茶叶树村。在当时，买墓地必须买道路，于是他就将整个村子买了下来。从那时起，三棵茶叶树村就改为现在的陈家林村。

康家沟村名由来 相传北京城东有一个村庄叫歪泥沟，是皇族的坟地。村中住着13户人家，多数是世代看坟的。村中有一口井，在井东面有一条水沟。紧挨着沟边住着一个姑娘，她善良、勤快，时常帮着村里人干活，她就是康八姑娘。她本是皇族后裔，但年幼丧母，与奶娘相依为伴。这位康八姑娘非常勤劳，每日很早就将院里院外收拾得干干净净，还养鸡饲鹅。谁家的孩子、老人生病了，她都将平日里舍不得吃的鸡蛋送给他们补养身体。谁家的女人身体不好，她都帮衬着做一些针线活儿。后来，他的奶娘去世了，家里就剩下她一人。最后，康八姑娘也因积劳成疾，撒手人寰了。康八姑娘死后，村里人将她葬在了歪泥沟。人们为了纪念这位善良的康八姑娘，将歪泥沟改名为康家沟。

三、风物

七叶树与书生赶考的传说 在高碑店地域通惠河南岸水南庄自然村有一棵七叶树，当地村民把它当成菩提树。据说，它是很早以前从西山潭柘寺移植过来的。传说很早以前，南方一位孟姓书生坐船进京赶考，沿京杭大运河向京城而来。一路观光，借景抒情，吟诗作赋，对世俗民情更有了一番体验。这天傍晚，他来到高碑店平津闸码头，没想到盘缠已用尽，只得沿河徒步赶路。来到高碑店附近的时候，突然间乌云翻卷，电闪雷鸣，大雨来临。书生四顾，周围一片田野，无处躲雨。说来也巧，这时铁拐李等八位仙人从西山潭柘寺游玩后，腾云驾雾正路过此地。铁拐李见此情形，想起刚从潭柘寺得到的七叶树，顺手把它抛在书生身旁，为他遮风避雨。知道八仙来此，通惠河龙王庙的龙王出河相见，一张八仙桌摆出时鲜佳肴，鲜鱼、河蟹、河虾、鸭肉、莲藕、龙眼葡萄、郎家园枣、江南糯米饭，取出玉液琼浆，众仙人与孟生共餐。席间谈笑风生，八仙嘱咐书生寒窗苦读，得了功名莫忘黎民百姓。

位于通惠河畔产业园区的七叶树

一觉醒来，书生才知道这是梦境，但八仙的话萦绕耳边。孟生进京应试，在考场上他以七叶树为题，写下了一篇好文章，高中金榜。皇帝钦点他留在京城朝廷为官。此后，他念念不忘关切民生，政绩卓著。每年夏至时节，他都要携同僚、家人专程来此七叶树下，翻新地，除杂草，浇水呵护此树。今天，这棵七叶树所在地已成高碑店地区重要文化景观之一，引得众多游人拜谒、观赏，以求得吉祥、和谐、平安。

双石碑消除水患的故事　传说1682年通惠河发生水患，大水冲垮河堤，淹没了运河边上的人家和庄稼，百姓困苦不堪。且水势日涨一日，整个北京城危在旦夕。大臣们各抒己见进行抢险救灾，但效果不好。一日，康熙帝在凉亭中观景，看到一只乌龟悠闲地在水中戏耍后爬上河堤晒太阳。此景使康熙皇帝突发奇想：龟乃神物也，可在运河河堤上放置一石龟，请高僧撰写碑文驮于龟身，必能年年岁岁看护河堤，以决水患。于是，于康熙二十二年（1683）立碑于现四惠附近。说来也是神奇，立碑后通惠河水势大退。有人说是乌龟将多余的水喝了，多年平安无事。转眼间，康熙皇帝四子雍正即位，多年的水患又卷土重来。雍正效仿其父，在北面又竖起石碑一座，水势很快消退。一个月后，通惠河水位急退，接近干涸。雍正帝非常着急，召见大臣们想办法。有大臣说，有人看到两只乌龟在运河边喝水。于是请来法师，将先皇所立碑挥刀一砍，砍下一角，从此后运河水位没有持续下降。如今的石碑南北各一座，直到今天还有一块碑被削下半边。

关帝庙护佑百姓轶事　关帝庙位于今半壁店村西街，始建年限不详。内设前后殿，前殿供关公，后殿供观音。据说有几百年历史了。传说原来本村有一位姓丰的先生，每年的六月二十四日（关公生日），都要杀猪到此磕头膜拜关公，请村民们去吃席，热热闹闹地为关公过生日。后来，丰先生供奉关公得道，秉承关公的忠义之心，为附近有疑难杂症的乡亲看病，屡看屡好，很见成效。丰先生的故事口耳相传，来这里祭拜祈福的百姓络绎不绝。以致后来村里人每到六月二十四日都要集资善会，点上香摆上供品，供奉祭拜关公。然后大家买菜买米，一起吃全村饭，为关公过生日。逢干旱时节，全村百姓都到庙前求雨，企盼关公保佑，能够有个好收成。关帝庙从此也就留下了美好的传说。

在这座庙里，曾先后有两位教书先生。一位原是石板房村的马老先生，后一位是丰姓的地主人家请来专门教丰姓人读书的沈华堂老先生。沈先生是个秀才，饱读诗书，很有学问，不少村民到他那里去求学，逐渐就成了一处小规模的私塾。中华人民共和国成立后，沈华堂老先生被调到小郊亭公立学校教学。后来，半壁店村进行规划，关帝庙被拆除。

药王庙由来的传说 药王庙是清朝末年当地的一位富豪领头兴建的，位于今五环路大黄庄桥东侧，朝阳路北。占地十多亩，前后有两座大殿，前殿供奉着关公，还有他的马童周仓与那匹枣红马。后殿供奉的是药王。在大殿两旁是东、西配殿。庙前空场左边有一口井，井边有两棵槐树。空场前是朝阳路，路边上有一块通县界碑。四边垂柳环绕。

这位富豪原在城里开一个大旅馆。有一天，旅馆来了一位旅客，带着个不起眼的木箱子存在了柜上。在这住的几天，客人每天夜出晨归，白天在屋里睡大觉。睡得有时连饭都忘了吃，后来就白天出去很晚才回来，而且显得很累。一天，那位客人急匆匆地回来找掌柜的，说有急事要转程离店。客人就和掌柜的说：“掌柜的，我有件事还得麻烦您，这只箱子在您这儿存下，两年内我来取。过了两年我不来取，这箱子就是您的了，您有权利处理一切。”掌柜的说：“好吧，您在我这住了好几天，也没能好好和您说上几句话，也没能招待好您。至于箱子，您就放这儿吧。看您说哪儿去了，还什么您的我的，就算我给您看着了。”那位客人斩钉截铁地说：“不，我说两年就是两年。两年之内是我的，过了两年之后就是您的。”客人说完，连头都没回就走了，从此杳无音讯。

有几次店伙计跟掌柜的说：“把这箱子给扔了吧，在这儿碍事绊脚的。”掌柜的说：“不行，做人就得一诺值千金，守信如节，这是咱老祖宗传下来的。”店伙计白了掌柜的一眼，掌柜的跟店伙计急了：“这是说好了的，给人家看着。又不让你背着抱着的，你干嘛看它那么不顺眼。谁也不能动，好好的给我看着。”

一来二去，转眼两年过去了。那客人一直没回来取那箱子。又过了半年，店伙计又催促掌柜的说：“可都两年半啦。”掌柜的说：“好好好，就把它拿到后院库房去吧。”当伙计往起搬的时候，掌柜的说：“哎，等等，把它打开看看。”等到打开一看，哇！可让在场的人都惊讶了，里面全是金光闪闪的元宝。这下可把掌柜的为难坏了，心想：这不义之财不可得，想得必惹杀身祸。来财是好事，但不是自己用血汗挣来的呀。这钱是什么东西，身外之物，向来就是生不带来，走不带去的。掌柜的吃不香，睡不着，这财宝成了他的一块心病了。

后来，他和伙计商量："你们说这钱到底怎么办啊？"伙计生气地说："我说分了，你不干。真累！干脆，用这些钱到家乡买一块地，盖起座庙，供着它。"这一句话还真让老掌柜的开了窍。老掌柜的想：对呀，让神灵护佑四方的黎民百姓，让大家多讲仁、义、礼、智、信，多学好，多做好事，免除灾病。这是好事啊！

于是还真的就盖起了这座药王庙。老掌柜不爱财重义气，一诺千金，守信如节，人们称赞他为"再世关公"。每年初夏，都有一次为期五天的盛大庙会在这里举行，进庙烧香的，赶场子做买卖的，唱蹦蹦戏的，样样都有。

孟公墓与镇南大将军的传说　位于八里庄村熏皮厂自然村内。相传墓主是乾隆年间孟姓镇南大将军。孟公在乾隆年间因闽南地区有敌入侵，被皇帝派去征战。战场上因寡不敌众，将军战死。敌人为请功，把将军头颅砍下带走。众将领奋力抢救，终于保住将军尸身，并带回故乡。皇帝为鼓舞将领士气，重赏将军全家，钦赐将军金头一个，并为将军墓撰写碑文。日军侵华期间，将军墓被洗劫一空，掠走金头，抢走所有金银财宝。孟将墓在北京热电厂改建时得到保护。经朝阳区文物局鉴定为古文物。

穆桂英点将台轶事　北宋雍熙年间，在今通惠河南岸北花园村一带矗立着一处高土堆，位置就在原北花园小学对面，现花园闸桥东南。据村里几位老人回忆，这个土堆传说是穆桂英挂帅时候的点将台。经历了近一千年的风吹雨打，原来光上面就有一百多平方米见方的大土堆拆的时候只剩下 5 丈多高。点将台历经沧桑，和通惠河相伴。每年杂草丛生，上面长满了酸枣树棵子。奇怪的是，和山西、陕西、甘肃、新疆一带土质一样，土堆的土质全是立土。在元朝千户、万户的跑马占地时，点将台之地也没有归属过谁。据老辈人流传下来的说法，这点将台是兵卒们用一帽壳儿一帽壳儿的土倒在一起堆积而成。曾经有一个小孩爬上点将台后下不来了，家里人在点将台底下烧香，准备许多盘碗的供品，小孩儿才从上面平安地下来。后来当地人一直把它作为神坛祭祀。1978 年左右，北花园村修马路，把点将台的土拆下，拉走垫了马路地基。

四、习俗

跳墙和尚　传说旧时高碑店村娘娘庙的娘娘特别灵验，附近十里八乡，谁家孩子体弱或总是闹病，家里人会到娘娘庙去许愿，以求神佛护佑。在烧香磕头时，有的人家会许愿让小孩来庙里做个"跳墙和尚"。所谓"跳墙和尚"，只是象征性"出家"，并不是真的把小孩送到娘娘庙去修行，仅仅是人们消灾祛病、祈祥解厄的一种手段。一般都是小孩病到比较严重的情况，才往庙里送。烧过香，在娘娘跟前念叨念叨，祈求能躲过灾祸。等到了 15 岁，再来还愿，也是"还俗"。传说有个基本的仪式：先烧炷香，拿块黄布，像个包袱皮似的，拿一把新筷子，十双一打，庙门那儿搁一木板，当作庙墙。两个人抻着布，斜着，由娘娘庙里的和尚（拿着筷子）一双一双往布上扔，嘴里念叨一打你这个，二打你那个，等快扔完了，念完了，给他一耳刮子，说一句不要你了。孩子站起来蹬着木板跳过去就跑，不准回头。出了庙门外就不管了，仪式就结束了。

第二十八章　人　物

高碑店地域各领域人才辈出，成就斐然，泽被后世。中华人民共和国成立前，既有高碑店高跷老会创始人张家斌、北京德寿堂药店创始人康伯清，又有为地域教育、文化、医疗卫生事业作出重要贡献的奠基人王润黎。中华人民共和国成立后，既涌现出在抗美援朝中牺牲的革命英雄田巨丰、献身国防事业的核工业领域科学家吴景云、参加过援越战争的少将杨存仁，又有为地域社会经济发展呕心沥血、尽职尽责的好干部沈玉珍、福永年等，还有为传承非物质文化遗产默默奉献的牛玉亮、王树才。他们的成就和精神必将激励一代又一代高碑店人奋进图强。

第一节　人物传

高其佩（1660—1734）　字韦之，号且园、南村，别号且道人、山海关外人、创匠等。男，汉族，1660 年出生，祖籍辽东铁岭。清代艺苑创匠、指画大师。原隶汉军镶白旗，后雍正皇帝特嘉改汉军镶黄旗。官至刑部右侍郎、正红旗汉军都统。后人因其将指头画艺术推向巅峰，影响深远，称其为指头画开宗立派大师。生前常来京城东隅半壁店地域游赏写生，结交村民，钟情于此。特立遗嘱葬于半壁店。有文献记载："高其佩，1734 年（74 岁）病逝于北京，诰封光禄大夫，葬于北京广渠门外半壁店。"墓地具体位置现已无法确定。

张家斌　男，汉族，生卒年不详，高碑店村人。高碑店高跷老会创始人。1886 年，张家斌在"童子军高跷队"基础上，成立高碑店高跷老会。在创作上，张家斌以高碑店村庄历史悠久的文化生活和河泽密布的生态环境为创作源泉，在传统每档高跷十二个角色基础上，增添老太太（鲇鱼精）、花子（嘎鱼精）二角，并借鉴传统戏剧模式，把高跷会中的角色分为生、旦、净、末、丑。在表演风格上，把角色分为文、武两类，表演起来文武兼备，动静相谐，走起会来文丑武斗，耍技逗哏，妙趣横生。张家斌高跷技艺高超，被村里人尊称为“张铲头”。张家斌为传承高跷会付出巨大心血，几乎耗尽家财。至今在高碑店村还流传着“没有张家斌，就没有高碑店高跷会”的说法。

康伯卿（1887—1945） 字印春，号旭东。男，汉族，1887年出生，半壁店村半壁店（自然村）人。北京德寿堂药店创办人。少年时，在西单舍饭寺一家中药店当学徒，在努力学习制药技术的同时，对各种丸药的配方仔细琢磨，默记于心，刻苦钻研各种中药材的性能和效用。学成后，开始在家中制作各种中成药，如七珍丹、黑虎丹、眼药棍、万应锭、小膏药等。由于这些药品货小价廉，服用方便，且疗效显著，不久便打开销路。20世纪20年代初，在花市南小市口59号独资开设德寿堂药店，聘请有经验的老中医吴鸿溪为药店坐堂诊病的大夫。在吴鸿溪协助下，成功研制康氏秘制牛黄解毒丸、牛黄清心丸等消热解毒、散风止痛良药。因药疗效显著，德寿堂药店声名大振。1928年，在东花市大街开设德寿堂东号。1934年，在虎坊桥大街12号开设德寿堂南号。为维护德寿堂信誉，康伯卿对制药质量要求极为严格，选料讲究。附在药丸中一起出售的说明书内容不厌其详，以便使药品发挥最佳疗效，同时杜绝因服药不当而出现的副作用。1945年逝世。中华人民共和国成立后，德寿堂将牛黄解毒丸秘方捐予国家，专门经销成药与汤剂，继续为解除百姓疾病贡献力量。

刘宝全（1927—1977） 男，汉族，1927年1月出生，北花园村花园闸（自然村）人。1949年，加入中国人民解放军，参加解放战争。1951年，入朝参加抗美援朝战争，在战斗中负伤（等级为二等乙级）。1952年5月回国，复员后到北花园村工作。1960年，到北京市联合收割机厂工作。1977年9月，因公出差突发疾病在石家庄逝世。

祖锡光（1929—1988） 男，汉族，1929年3月出生，高井村白家楼（自然村）人。1947年9月，加入中国人民解放军。1950年10月，入朝参加抗美援朝战争，任高射炮测距机手。1956年，转业到中国电影发行公司工作。1958年，调到新华书店外文发行部工作。1982年，从中国图书进出口（集团）有限公司退休。1988年9月逝世。

王润黎（1903—1989） 字子厚。男，汉族，1903年出生，河南南阳人。中共党员。高碑店乡域文化、教育、医疗事业奠基人。早年毕业于河南南阳师范学校。1935年，任职于北平教育局。工作期间，主动要求到东郊高碑店地域从事教育工作，创建高碑店短期小学，先后担任教员、校长等职。1939年，回到河南投身抗日战争。1946年，重返高碑店小学。同年11月7日，创办高碑店工学团，推行小先生制。同年，在高碑店朝阳庵创办“敦化医院”，培养医务人员，为百姓解除病痛。此时期，通过工学团组织便民合作社服务乡村，组织小剧团表演各类文艺节目。1951年，返回湖北省，任湖北省水产局科员。1989年逝世。

梁进德（1927—2005） 男，汉族，1927年出生，八里庄村小庄（自然村）人。中共党员。1949年1月，参加中国人民解放军。1951年，入朝参加抗美援朝战争。曾担任班长，立三等功1次，获奖章6枚。1955年4月归国，复员到北京市百货公司关东店分店工作。六七十年代，任高碑店人民公社八里庄生产大队小庄生产队民兵连长、治保主任。1980年12月，转工分配到中央美术学院任电工。1986年9月退休。2005年5月逝世。

付汉强（1919—2008） 男，汉族，1919年12月出生，原籍贵州省毕节县。中共党员。1935年11月参军，任中国工农红军二方面军六军团战士。1936年12月，任六军团十六师四十七团三营通讯班班长。1942年12月，任中国人民抗日军政大学第七分校学员班长。1948年7月，任中央军政干校八队指导员。1953年4月，任郑州市公安三师军事检察院检察长。1962年6月，任中共方城县委委员、监委副书记。1974年6月，迁至高碑店人民公社。1979年12月离休。2008年3月逝世。

沈玉珍（1934—2012） 女，汉族，1934年出生，高井村高井（自然村）人。中共党员。1950年11月，在大黄庄行政村参加工作，担任团支部书记。1953年6月，担任大黄庄乡乡长。1954年、1955年，被评为北京市农业劳动模范。1956年3月，担任高碑店乡乡长。1957年，被评为北京市农业劳动模范。1958年，被评为北京市农业社会主义建设先进个人。1963年，被评为北京市农业劳动模范。沈玉珍共荣获5枚劳动模范奖章，其中1枚于2009年收藏于北京市朝阳区档案馆。1972年，调入北京市无线电元件厂工作。1980年11月退休。1982年，经居民推荐选举，担任高碑店人民公社东大楼居委会主任，从事居委会工作达12年之久。2012年逝世。

吴景云（1929—2013） 男，汉族，1929年出生，半壁店村西店（自然村）人。早年考入东北人民大学。1953年，公派苏联留学，攻读无线电制导专业。1960年，由莫斯科航空学院毕业，获硕士学位及工程师职称。同年，回国从事核武器研究。1965年，进入中国第一个核武器研制基地从事研究工作。参加我国第一颗原子弹、氢弹研制；领导参与“两弹”结合实验；负责组织基地核设施及某型号核导弹退役工作。曾获“第一颗原子弹爆炸成功突出贡献”荣誉证书和金质奖章、核工业部颁发的“长期从事核事业建设”荣誉证书和证章、国防科学技术委员会颁发的“献身国防事业35年”荣誉证书和证章。荣获国家民族事务委员会、劳动人事部、中国科协颁发的“在少数民族地区长期从事科技工作”荣誉证书和证章。荣获第1批“核工业部国家级政府特殊津贴”。此外还获得国家级发明奖1项、国家级科技进步奖2项、国防科工委重大科技成果奖3项、省部级科技进步奖13项。2013年逝世。

方 青（1927—2018） 男，汉族，1927年出生，半壁店村方家村（自然村）人。中国人民解放军全军环保先进个人。1946年开始从事部队军工武器检验工作。1949年中华人民共和国成立后，历任北京军区下属工厂技术科科长、北京军区工厂局副总工程师。参与北京燕京牌汽车、北京吉普车研发制造。参与1970年全军第一台“五七”牌旅行车研发制造。2018年8月逝世。

康　祥（1936—2019） 男，汉族，1936年出生，半壁店村半壁店（自然村）人。中共党员。高级工程师。1963年，毕业于北京石油学院。1963—1966年，任职于国家地质部石油局。1967年，被地质部评为教授级高级工程师（局级）。在地质部工作期间，负责我国第一条海洋石油钻井船总体设计和海上运输船设计，负责在美国、英国、法国、日本等国家引进半潜式钻井船和电子探矿船。设计、建造和引进各类船只23艘。2019年逝世。

第二节　革命烈士

田巨丰（1925—1951） 男，汉族，1925年11月出生，北花园村小花园（自然村）人。中国人民解放军第四野战军战士。1951年7月，在抗美援朝战争龙头山战役中英勇牺牲。被中央军委追认为革命烈士。

刘　全（1943—1968）男，汉族，1943年出生，原八里庄生产大队居民区生产队人。中共党员。解放军战士。1968年12月，牺牲于河北省康保县。被中央军委追认为革命烈士。

曾卫东（1973—1994） 男，汉族，1973年11月出生，北花园村花园闸（自然村）人。1991年，考入北京市第十七中学职高班机电专业。1993年，加入共青团。1994年，分配在高碑店污水处理厂实习。同年4月19日，曾卫东因抢救一名不慎落入污水池人员不幸遇难。被北京市人民政府追认为革命烈士。

第三节　人物录

王　振 男，汉族，1929年1月出生，半壁店村水南庄（自然村）人。中共党员。1949年1月，参加中国人民解放军。1950年10月，入朝参加抗美援朝战争。1951年2月，在战斗中身负重伤（等级为七级）。2020年，荣获“中国人民志愿军抗美援朝出国作战70周年”纪念章。

马惠生 男，汉族，1931年11月出生，八里庄村陈家林（自然村）人。1951年6月参军，同年入朝参加抗美援朝战争，任文化教员。1953 年，回国退役。

费文忠 男，汉族，1934 年 2 月出生，原籍通州漷县镇吴营村。中共党员。参加工作后定居半壁店村西店自然村。1957 年 9 月，执教于北京市第十七中学。1959 年，被评为“北京市教育和文化、卫生、体育社会主义建设先进工作者”。1960 年，被评为全国“先进儿童工作者”。1994 年退休。费文忠退休后，积极参与基层文化建设，先后创作诗歌 600 余首；为社区青少年开办书法班，累计培养学员 500 余名。多次被高碑店地区（乡）评为优秀共产党员、社区优秀志愿者等。

马宗棠 男，汉族，1934 年 10 月出生，高碑店村人。1950 年 3 月，从上海加入中国人民解放军。同年 11 月，入朝参加抗美援朝战争，从事医务及作战炮兵测量工作。1952 年 4 月回国。1955 年退伍，到第二机械工业部第四研究所工作。1976 年，调到航空制造工艺研究所（现北京航空制造工程研究院）。1995 年 1 月退休。2020 年，荣获“中国人民志愿军抗美援朝出国作战 70 周年”纪念章。

罗世洪 男，汉族，1936 年 8 月出生，半壁店村西店（自然村）人。中共党员。1956 年，考入天津南开大学中文系。1959 年留系任教。1977 年，调入中央党校任教。1988 年，任中央党校进修部副主任。1991 年，评为教授。1992 年，任进修部主任。1996 年 12 月退休。著作有《现代汉语词汇》《关于文章三性问题的辨析》，合作编著《干部写作教材》《干部写作》等。

福永年 男，满族，1937 年 1 月出生，来广营乡北湖渠村人。中共党员。1961 年，毕业于北京农科院，分配到北京市朝阳区农林局工作。同年 8 月，调到朝阳区高碑店人民公社工作，任林果技术员。80 年代，福永年任高碑店乡林业技术员期间，对葡萄生产进行研究，改进生产技术，采用省工、丰产、修剪“一、二、三育苗法”，使葡萄试验田亩产量由 1000 多千克提高到 4316 千克，最高时亩产达到 4430 千克。获得北京市科技成果奖。1982 年 7 月，任高碑店人民公社管理委员会副主任。1984 年，获高级工程师职称。同年，被评为北京市劳动模范。1986 年 7 月，任高碑店乡农工商总公司副总经理。1997 年退休。

牛玉亮 男，汉族，1938 年 7 月出生，高碑店村人。中共党员。20 世纪 50 年代，先后拜师学习杂技和口技。1959 年，加入北京杂技团。1988 年，调到中国杂技团工作。1997 年退休。2012 年 12 月，被认定为国家级非物质文化遗产项目口技代表性传承人。牛玉亮在继承传统口技艺术基础上，开创“循环运气法”和“循环发声法”，形成自己独特的表演艺术风格。多年来，坚持“以德为先、德才兼备”育人目标，将人才培养与日常教育相结合，先后举办“非遗进校园公益讲座”20 余场，为口技艺术传承培养后备人才。

亲授弟子25名。出版个人专著《中国口技》。口技表演代表作有《百鸟争鸣》《深谷鸟鸣》《二鸟争食》《百灵十三套》等。

杨存仁 男，汉族，1944年7月出生，半壁店村小郊亭（自然村）人。中共党员。中国人民解放军军事科学院院务部原部长，少将军衔。早年就读于北京市第十七中学。1961年8月入伍。1966—1978年，在中国人民解放军某军任战勤参谋，其间参加抗美援越战争出国作战一年，荣获团通令嘉奖。1978年11月，任24军某师后勤部战勤科长，荣立三等功。1979年10月，任24军后勤部战勤处长，其间到后勤学院培训指挥队学习。1983年10月，任24集团军后勤部副部长，参加部队整顿，荣获军通令嘉奖。1985年7月，任24集团军后勤部部长。1988年，被中央军委授予大校军衔。1989年，到国防大学国防进修系学习。1992年，任中国人民解放军军事科学院院务部部长。1994年7月，被中央军委授予少将军衔。2002年退休。

谭志强 男，汉族，1961年出生，高井村兴隆庄（自然村）人。中共党员。1978年10月入伍，服役期间立二等功1次。1983年12月退役。曾任高井村治保主任、团总支书记等职。1996年转为居民，在中国书画院师从著名画家史国良先生学习国画。2017年，受聘担任中国书画院研究员。现为国家一级美术师、中央国家机关美术家协会会员、中国少数民族美术促进会会员、北京市美术家协会会员、加拿大皇家维多利亚艺术学院客座教授。代表作有《幸福家园》《吉祥草原》《秋实图》《印象吐鲁番》等。

王树才 男，汉族，1968年4月出生，原籍河北省三河市。国家二级演员，太平庄北社区居民、北京琴书非遗传承大使。2001年，拜师关学曾先生学习北京琴书。2003年，在北京戏曲艺术职业学院大专尖子班学习，毕业后被分配到北京曲艺团工作，成为一名北京琴书演员。2012年，被北京市文化局认定为北京市非物质文化遗产项目——北京琴书代表性传承人。2018年9月，在太平庄北社区建立北京琴书非遗传承基地，开办北京琴书培训班。截至2021年，已办班104期，累计参加学员3000余人次。代表作有《阳光总在风雨后》《英雄城市》《人间大爱》等。

1960—2021年高碑店乡（人民公社、地区）部分国家级劳模、先进个人一览表

表28-1

序号	姓名	单位	荣誉称号名称	年份	颁奖单位
1	费文忠	北京市第十七中学	先进儿童工作者	1960	全国总工会 全国妇联 共青团中央

续表 28–1

序号	姓名	单 位	荣誉称号名称	年 份	颁奖单位
2	王秀兰	高碑店人民公社	全国三八红旗手	1979	全国妇联
3		高碑店乡人民政府	全国三八红旗手	1983	全国妇联
4			国家公务员一等功	1997	人事部
5	高淑清	高碑店乡人民政府	全国计划生育先进个人	1986 年	国家计划生育委员会
6	周振兴	高碑店乡人民政府	第四次全国人口普查国家级先进个人	1990	国务院第四次全国人口普查领导小组
7	龚延鸿	高碑店中心小学	全国优秀教师	1993	教育部
8	支　芬	高碑店村	全国劳动模范	2002	全国总工会
9			全国劳动模范	2005	全国总工会
10			全国三八红旗手	2006	全国妇联
11			全国优秀党务工作者	2006	中共中央组织部
12			全国三八红旗手标兵	2012	全国妇联
13			全国妇女创先争优先进个人	2012	全国妇联
14	陈啟红	高碑店地区办事处（高碑店乡人民政府）	第一次全国经济普查国家级先进个人	2005	国务院第一次全国经济普查领导小组
15	庄庆春	高井村	全国五一劳动奖章	2006	全国总工会
16			全国“五五”普法中期先进个人	2009	中央宣传部 司法部 全国普法办
17	王磊	高碑店地区办事处（高碑店乡人民政府）	百名优秀气象信息员	2015	中国气象局

1954—2021 年高碑店乡（人民公社、地区）部分市级劳模、先进个人一览表

表 28–2

序号	姓名	单位	荣誉称号名称	年份	颁奖单位（部门）
1	沈玉珍	大黄庄乡	北京市农业劳动模范	1954	北京市人民政府
2			北京市农业劳动模范	1955	北京市人民政府
3		高碑店乡	北京市农业劳动模范	1957	北京市人民政府
4		幸福人民公社	北京市农业社会主义建设先进个人	1958	北京市人民政府

续表 28–2

序号	姓名	单位	荣誉称号名称	年份	颁奖单位（部门）
5	沈玉珍	高碑店人民公社	北京市劳动模范	1963	北京市人民政府
6	刘荣珍	八里庄乡信用社	北京市农业劳动模范	1955	北京市人民政府
7	刘正喜	八里庄乡	北京市农业劳动模范	1955	北京市人民政府
8	赵洪奎	花园闸乡	北京市农业劳动模范	1955	北京市人民政府
9	孙传庆	八里庄乡	北京市农业劳动模范	1955	北京市人民政府
10	李凤鸣	八里庄光辉高级农业生产合作社	北京市农业劳动模范	1956	北京市人民政府
11	杜永福	小庄团结高级农业生产合作社	北京市农业劳动模范	1956	北京市人民政府
12			北京市农业劳动模范	1957	北京市人民政府
13	李德祥	高碑店乡	北京市农业劳动模范	1956	北京市人民政府
14		高碑店乡	北京市农业劳动模范	1957	北京市人民政府
15	张德泉	高碑店乡	北京市农业劳动模范	1957	北京市人民政府
16	任仲奎	八里庄光辉高级农业生产合作社	北京市农业劳动模范	1957	北京市人民政府
17	曹秀芳	高碑店生产大队幼儿园	北京市社会主义建设教育先进工作者	1959	北京市人民政府
18	王春湘	半壁店生产大队	北京市农业劳动模范	1962	北京市人民政府
19			北京市农业劳动模范	1963	
20	王秀兰	八里庄生产大队居民区生产队	北京市农业劳动模范	1965	北京市人民政府
21		高碑店乡人民政府	北京市劳动模范	1984	北京市人民政府
22			北京市劳动模范	1988	北京市人民政府
23	刘　亮	高碑店生产大队	北京市农业劳动模范	1965	北京市人民政府
24	崔恩厚	八里庄生产大队道家坟生产队	北京市劳动模范	1981	北京市人民政府
25	福永年	高碑店乡人民政府	北京市劳动模范	1984	北京市总工会
26	张凤仙	高碑店乡人民政府	北京市优秀思想政治工作者	1990	北京市委、北京市人民政府
27	王洪刚 孙承凯 孙凤仙	高碑店乡鼓风机厂	“星火”一等奖	1996	北京市人民政府

续表 28–2

序号	姓名	单位	荣誉称号名称	年份	颁奖单位（部门）
28	方春玲	高碑店地区（乡）城管分队	北京市人民满意公务员	2000	北京市人民政府
29	方志强	高碑店村	北京市劳动模范	2000	北京市人民政府
30	吴凤岐	高碑店乡人民政府	北京市计生先进个人	2001	北京市委、北京市人民政府
31			首都精神文明建设先进个人	2002	首都文明委
32	佟继春	高井村	北京市计生先进个人	2001	北京市委、北京市人民政府
33	支　芬	高碑店村	北京市劳动模范	2005	北京市人民政府
34			首都巾帼之星标兵	2006	北京市总工会
35			北京市有突出贡献的农村实用人才	2008	北京市委、北京市人民政府
36			北京奥运会、残奥会个人功勋奖		
37	庄虔春	高井村	首都精神文明建设奖	2005	北京市委、北京市人民政府
38			首都劳动奖章	2005	北京市总工会
39			首都精神文明建设奖	2006	北京市委、北京市人民政府
40			首都劳动奖章		北京市总工会
41			北京市优秀共产党员		北京市委
42			首都时代楷模	2012	首都文明委
43	王淑芳	北京天翌物业管理有限公司	北京市三八红旗奖章	2007	北京市总工会
44			首都劳动奖章	2014	北京市总工会、市人力资源和社会保障局
45	李金和	半壁店村	首都劳动奖章	2017	北京市总工会、市人力资源和社会保障局
46	文　波	高碑店乡人民政府安监科	北京市安全生产先进个人	2018	北京市人民政府
47	马乃军	半壁店村	北京市劳动模范	2020	北京市人民政府

参考文献

一、古籍类

〔元〕熊梦祥:《析津志》,北京古籍出版社,1983 年。

〔明〕吴仲撰:《通惠河志》,中国书店,1990 年。

〔明〕张爵、〔清〕朱一新:《京师五城坊巷胡同集·京师坊巷志稿》,北京古籍出版社,2001 年。

〔明〕刘侗、于奕正:《帝京景物略》,上海古籍出版社,2001 年。

〔明〕张茂节修,李开泰等纂:《中国地方志集成·北京府县志辑·康熙大兴县志》,上海书店出版社,2002 年。

〔清〕敦敏撰:《懋斋诗钞》,清稿本,中国国家图书馆藏。

〔清〕周家楣、缪荃孙等编纂:《光绪顺天府志》,北京古籍出版社,2001 年。

〔清〕于敏中等编纂:《日下旧闻考》,北京古籍出版社,2001 年。

二、史志类

《北京气候志》,北京出版社,1987 年。

《北京林业志(上、下卷)》,中国林业出版社,1993 年。

《北京市朝阳区地名志》,北京出版社,1993 年。

《北京郊区古树名木志》,中国林业出版社,1995 年。

《北京市重要文献选编(1948.12—1949)》,中国档案出版社,2001 年。

《北京市重要文献选编(1950)》,中国档案出版社,2001 年。

《北京市重要文献选编(1951)》,中国档案出版社,2001 年。

《中国共产党北京朝阳区历史大事记(1944—2000)》,北京出版社,2002 年。

《北京志·公共交通志》,北京出版社,2002 年。

《北京志·林业志》,北京出版社,2003 年。

《北京志·水产业志》，北京出版社，2003 年。

《通县志》，北京出版社，2003 年。

《朝阳建设史》，北京出版社，2006 年。

《高碑店村民俗文化志》，民族出版社，2007 年。

《北京市朝阳区志》，北京出版社，2007 年。

《中国共产党北京市朝阳区基层组织史资料（1949—2010）· 农村卷》，中共党史出版社，2011 年。

《北京志·政府志》，北京出版社，2013 年。

《北京志·总述·历史概要·大事记》，北京出版社，2013 年。

《中国共产党北京市朝阳区历史大事记（2001—2013）》，中央文献出版社，2015 年。

《北京市朝阳区豆各庄乡志》，中国时代经济出版社，2016 年。

《高碑店村志》，方志出版社，2017 年。

《北京市朝阳区常营回族乡志》，国家图书馆出版社，2018 年。

《北京市朝阳区志（1996—2010）》，线装书局，2018 年。

《北京市朝阳区地名志》，方志出版社，2021 年。

三、研究类

谭其骧主编：《中国历史地图集》，中国地图出版社，1982 年。

韩光辉：《北京历史人口地理》，北京大学出版社，1996 年。

尹钧科：《北京郊区村落发展史》，北京大学出版社，2001 年。

杨海山：《京郊清代墓碑》，学苑出版社，2014 年。

四、年鉴类

《北京市朝阳区统计年鉴》1972—2020 年卷。

《北京朝阳年鉴》2005—2020 年卷。

后 记

北京市朝阳区乡志文化工程系列丛书之《高碑店乡志》(简称乡志)编纂工作是分两个阶段进行的:第一阶段,2016年3月启动,调研收集资料,编写资料长编。2017年5月,完成征求意见稿,下发120套,广泛征求意见。补充修改后于2019年底完成第一次送审稿。第二阶段,2021年3月,按传统志书编纂要求,乡志再次启动,延长下限6年,全面调整篇目,扩大资料征集面,进一步查证史实,严格按照志书体例和规范语言,重新梳理和撰写内容。乡志上限1953年6月,下限2021年12月。全书由地图、彩页、序、凡例、概述、大事记、正文、后记8个部分组成。

乡志上限时间点是按照地域有“乡”的官方建置确定。1953年6月,高碑店地域建立高碑店、八里庄、小庄等7个“小乡”,开始有“乡”的建置,乡志撰写的时间自此而始。1949年3月,高碑店村虽成立乡政府,但管辖范围仅限于高碑店自然村,且不到半年时间就撤销建立了行政村。为保证志书记录的完整性,这段史实在《建置区划》中作了如实记述。与志书相关的重要内容,凡有历史文字记载的,均追溯到事物的发端。考虑到地域具有上千年的发展历史,尤其是明清通惠河漕运时期发展尤为兴盛,也是地域的一大特色,遂在建置区划、人口、农业、商业服务业、文化、村民生活、民俗、语言游戏民间传说、人物等多个章节进行较为详细的历史追溯,且均依据官方正史及历史遗存反复考证,确保脉络完整、内容可信。此部乡志是高碑店乡的第一部志书,且按照传统志书体例撰写,需记录全乡最新的发展状态,展现地域发展的最新成就。

在撰写乡志过程中,为补充因部分档案缺失造成的内容盲点,编辑部主持召开座谈会107场,参加1122人次。其中,召开专题座谈会26场,邀请事件当事人、历史亲历者现身口述当时的所见所闻,抒发所思所感,为执笔人释疑。口述者过去数十年来,或生于高碑店、成长于高碑店,或奋战在建设高碑店的各个领域平凡的工作岗位上,他们是高碑店历史的见证人,对这块土地上的风土民情和历史变迁有着切身的体悟。口述材料内容鲜活、语言生动、真实感人。乡志收录了14篇口述,附于相关章之后,丰富志书内容,增添“乡土气息”，提高志书可读性，供读者作为辅助性材料参阅。另外，在高碑店西社区、西店社区发放调查问卷800份，了解村民生活状况。

乡志撰写的过程是不断征求、补充群众意见的过程，也是广大干部群众广泛参与的过程。2021年8月，将17章乡志书稿印制200套发至机关科室、村、社区征求意见。修改意见返回后，编辑部逐条审核修改。2022年2月底，又将11章重点书稿240套发送至机关科室、村、社区，并在各村（社区）宣传栏公开征求意见。收回反馈意见后，编辑部继续审核修改。至4月底，编辑部再次对全书进行修改、完善，精雕细琢、数易其稿，完成乡志送审稿，提交区志办专家组审阅。6—8月，编辑部根据区志办专家组反馈的意见，进一步对相关章节内容微调，并结合顾问团意见，对书稿进行两轮精细化修改，努力把乡志打造成精品。11月中旬完成乡志书稿，送交出版社。2023年7月，根据出版社审校反馈的具体修改意见，对全书进行再次修改。

2021年3月中旬，乡党委成立顾问团指导乡志编纂工作。顾问团由朝阳区农委原副书记、副主任、高碑店乡原党委副书记张凤仙负总责。成员有陈文奎、侯文治、王秀兰、王金水、李翠华、朱大强、周振兴等老领导。一年多来，顾问团全程参与了乡志编纂工作，从提供、补充内容，到修改篇章布局，严把史实关、政治关、志书体例关、语言文字关。顾问团成员不顾年龄大、身体弱，甚至带病参加工作，为乡志编纂倾注了自己的心血。没有顾问团的指导和帮助，这部乡志是无法高质量完成的。在此，对顾问团成员的辛勤付出表示衷心的感谢！

乡志编纂人员及分工：凡例、概述、大事记、后记，宋富法；第一、二、三、四、十六、十七、二十七章，宋富法；第五、六、七、八章，祁凤山；第九、十、十一、十二章，刘丽娟；第十三、十四、十五章，王英；第十八、十九、二十章，司君琪；第二十一、二十二章，黑永健；第二十三、二十四章，贾伟龙；第二十五、二十六、二十八章，董韶华。全书总纂：张凤仙；统稿：侯文治。管永前、李应良、张利萍、杨军、梁苗等为前期初稿撰写作了大量辅助性工作。

各级领导高度重视和关心乡志编纂工作。北京市地方志办公室原党组书记、主任王铁鹏亲临指导，讲授地方志特点和编写方法，提出宝贵建议，提升了志书的整体层次。朝阳区档案馆副馆长、区志办副主任王维成悉心指导目录修订，多次培训执笔人员，帮助解决撰稿过程中遇到的诸多难题。区志办专家组谭烈飞、胡良骥两位专家从专业角度对全书内容从严审订，提出了诸多宝贵的修改意见和建议，进一步提高了志书质量。区志办王源科长、韩跃强老师多次关心工作进展情况，并对内容撰写和修改提出许多宝贵建议。方志出版社审稿人丛珺、杨卓轩、王超、程方勇、李江对全书进行了认真细致的审校，对各位领导的辛勤付出表示感谢。

高碑店乡党委书记顾洪涛一直支持、关心、关注志书编纂工作，整合全乡之力推进修志工作顺利开展，多次慰问参与志书编纂工作的老干部及工作人员。乡机关各科室，各村、各社区负责人和人民群众积极支持、参与修志工作。在此，对各位领导的支持与广大群众的参与表示诚挚的感谢！

由于我们水平有限，志书编纂经验不足，加之时间跨度大，收集及撰写的资料难免欠缺。疏漏和不妥之处，恳请相关专家学者与广大读者指正。

北京市朝阳区高碑店乡志编纂委员会

2023 年 7 月

《高碑店乡志》资料提供人员

图片资料提供

时新德　俞振江　高碑店地区（乡）所属各社区及村委会

其他资料提供

方志新	孔继庆	刘少春	宋　昆	贾润深	董书祥	福永年	丁　辉
丁　雄	丁可香	丁智敏	于　洋	于金凤	于宝森	于艳艳	于爱华
于新华	山　晨	凡细火	马　平	马　鹤	马　璐	马玉梅	马宗棠
马惠生	丰跃忠	丰淑琴	王　力	王　伟	王　旭	王　持	王　振
王　娟	王　微	王　静	王　睿	王　慧	王子圣	王凤芹	王玉龙
王庆燕	王齐辰	王克本	王秀臣	王秀荣	王茂生	王雨晴	王明江
王金华	王金萍	王学军	王学富	王建泉	王树才	王洪义	王洪刚
王洪铎	王娅菲	王艳苹	王素芳	王晓芳	王晓丽	王培杰	王晚荣
王淑兰	王淑芳	王瑞琴	王殿臣	王殿泉	王璐瑶	牛玉亮	牛秀萍
毛会民	仇　艺	方　岗	方　静	方凤兰	方宇龙	方志伟	方志安
方春玲	尹桂珍	邓永奎	石　莹	石凯月	布文仲	龙　灿	卢　宁
卢翠平	田　文	田　颖	田万云	史新辉	付　旺	付冬春	白　云
白凤启	白淑凤	冯　烁	宁建永	皮建国	邢振华	成芸飞	毕玉香
毕国亮	吕　蕾	吕金波	朱广祥	朱军辉	朱佩金	朱铭豪	伊　托
刘　飞	刘　江	刘　宇	刘　佳	刘　建	刘　洋	刘　玲	刘　祥
刘　铭	刘　程	刘　福	刘士斌	刘万昌	刘云鹏	刘少秋	刘文玲
刘仲清	刘志芳	刘秀凤	刘秀红	刘秀荣	刘金环	刘学忠	刘宝才
刘春玉	刘玲玲	刘荣珍	刘振才	刘淑华	刘景红	刘景岚	刘新利
刘慧敏	齐付梅	闫丽君	祁　忠	许秀翠	许嘉桐	孙　林	孙万岭
孙凤仙	孙印生	孙印亮	孙承凯	芦启荣	杜振亭	杜振清	杜淑琴

杜德才	李　刚	李　伟	李　娜	李　涛	李　萌	李　斌	李　想
李　腾	李子德	李天才	李世喆	李伟丽	李丽珍	李秀荣	李秀琴
李佑富	李奇峰	李国宪	李明军	李宝文	李诗琦	李春燕	李茜宇
李俊文	李晓清	李健佼	李继楠	李崇旺	李景生	李腊梅	李德宝
杨　华	杨　燕	杨万银	杨存仁	杨教起	吴世英	吴秀莲	吴国荣
吴海峰	吴蓉蓉	邱　爽	佟继春	余淑敏	邹雪开	沈　艳	沈德祥
宋　爽	宋　雪	宋　琦	宋　福	宋立萍	宋秀兰	宋秋雪	宋艳芬
宋振平	宋淑清	张　华	张　远	张　贵	张　振	张　铎	张　超
张　彭	张　新	张　槟	张凤山	张世山	张永延	张永明	张秀芳
张秀玲	张宝玲	张建敏	张春梅	张春敏	张晓敏	张淑芹	张景龙
张景茹	张瑾砚	张德全	陈　莉	陈　越	陈文治	陈文革	陈文喜
陈文溢	陈延军	陈向楠	陈旭淼	陈庆余	陈连启	陈启红	陈国梁
陈金兰	陈宗薇	陈贵增	陈艳岩	陈桂洪	陈爱军	陈海涛	陈媛媛
苗德雨	范宇熙	范恩红	林雪竹	林德珍	果　洪	果屹娜	呼秀敏
呼淑兰	罗世洪	罗世宽	罗雪静	季和平	岳思禹	金文志	周世珍
周秀敏	周昕憬	周秉林	庞文霞	孟　发	孟宪丽	孟宪娥	孟尊荣
赵　生	赵广福	赵立新	赵年生	赵红林	赵莉莉	赵桂芳	赵德江
郝文艳	柳凤云	钟卫红	胖希芬	姜　春	祖长海	费文忠	秦淑华
袁铭泽	贾　仲	恩　虎	徐友生	徐茂有	徐翼森	殷秀英	高凤杰
高秀梅	高俊伶	高继婷	郭　娜	郭文新	郭书才	郭世英	郭艳宁
郭德连	郭霖贝尔	唐彩然	桑志强	黄晓宇	黄莉莉	常淑芳	崔　欣
崔友连	康金颖	康宝金	康美英	梁　彬	梁春福	屠宏一	彭　珊
彭大龙	彭春月	彭新民	董　玉	董　全	董　晶	董美金	董美喻
董桂珍	董雪林	董惠卿	蒋先平	韩　芳	韩大增	韩殿明	焦雨琛
曾繁建	温　俊	靳艳丽	解克昌	褚　玉	蔚炳建	谭志亮	谭志强
熊成兴	颜廷建	冀古月	穆玉珍	衡桂兰	衡朝霞	籍文化	